中国年鉴精品工程
High Quality Project of China's Yearbook

乌当年鉴

WUDANG YEARBOOK

乌当区地方志编纂委员会办公室　编　　2023年　总第10卷

2023

方志出版社
Publishing House of Local Records

图书在版编目（CIP）数据

乌当年鉴. 2023 / 乌当区地方志编纂委员会办公室编. -- 北京：方志出版社，2023.12
ISBN 978-7-5144-6157-2

Ⅰ. ①乌… Ⅱ. ①乌… Ⅲ. ①区（城市）- 贵阳 - 2023 - 年鉴 Ⅳ. ① Z527.34

中国国家版本馆 CIP 数据核字 (2023) 第 253082 号

责任编辑　李　静
责任校对　张玉霞
责任印制　梅中英
出 版 者　方志出版社
地　　址　北京市朝阳区潘家园东里 9 号（国家方志馆 4 层）
邮　　编　100021
网　　址　http://www.zgfzcb.cn
发　　行　方志出版社图书营销中心（010-67110500）
印　　刷　深圳市金丽彩印刷有限公司
开　　本　889 毫米 ×1194 毫米　1/16
印　　张　23
字　　数　1800 千字
版　　次　2023 年 12 月第 1 版
印　　次　2023 年 12 月第 1 次印刷
定　　价　300.00 元

爽爽贵阳　活力乌当

序

国务院办公厅2015年8月印发的《全国地方志事业发展规划纲要（2015—2020年）》（以下简称《规划纲要》）要求，到2020年要做到地方综合年鉴一年一鉴，公开出版，实现省、市、县三级综合年鉴全覆盖。《规划纲要》还要求，坚持存真求实，正确处理质量与进度的关系，将精品意识贯穿于年鉴编纂出版工作全过程。2015年12月，中国地方志指导小组办公室启动中国年鉴精品工程，将其与先期实施的中国志书精品工程视为姊妹工程，一道作为加强地方志质量建设的重要抓手。

实施中国年鉴精品工程有助于推动中华优秀传统文化传承发展。近年来，在党中央、国务院的高度重视和关心支持下，全国地方志事业发展迎来最好的发展时期。年鉴编纂发端于欧洲，鸦片战争后被引入我国，在我国走过了100多年的发展历史。在长期的编纂中，年鉴在内容和形式上不断发展，逐渐演变成为适合反映中国国情、具有鲜明中国特色的一种文化载体，并在改革开放后出现了快速发展的局面。2006年5月，国务院《地方志工作条例》颁布施行，明确将地方综合年鉴纳入地方志工作范畴，年鉴工作走上了有法可依的轨道。《规划纲要》出台，为从依法编鉴转变到依法治鉴指明了方向。2016年12月，中国地方志指导小组印发《全国年鉴事业发展规划（2016—2020年）》，更进一步明确了到2020年全国年鉴事业的任务书、时间表、路线图。经过多年的发展，年鉴工作已经成为地方志工作的重要组成部分，成为中华民族优秀文化传统的有机组成部分，其存史、育人、资政作用日益彰显。实施中国年鉴精品工程，是年鉴工作者紧扣时代脉搏、坚持创新发展的一项重要举措，对于坚定文化自信，传承弘扬好中华优秀传统文化意义重大。

实施中国年鉴精品工程有助于为全面建成小康社会提供更多智力支持和历史借鉴。党的十八大作出全面建成小康社会的战略部署。党的十八届五中全会提出到2020年如期实现全面建成小康社会的目标要求。完成《规划纲要》确定的目标任务是年鉴工作者的神圣使命，更是年鉴工作者以自身力量为全面建成小康社会献上的厚礼。一方面，可以更好地利用年鉴这种年度资料性文献，及时记录各地区在全面建成小康社会伟大征程中每年取得的新成绩和新经验、出现的新情况和新问题、涌现的优秀人物和典型事迹等；另一方面，可以更好地积累地情、国情资料，为推动经济社会发展和深化改革提供智力支持，为推进国家治理体系和治理能力现代化提供历史借鉴。

实施中国年鉴精品工程有助于全面推进地方志事业转型升级。地方志不是单纯修志编鉴工作，而是全体方志人“修志问道，以启未来”的一项事业，这项事业包含着巨大的时代担当与使命追求。地方志工作要在“五大建设”总体布局和“四个全面”战略布局中发挥与其自身价值、功能相匹配的作用，就要因时而谋、乘势而上、顺势而为，全面推进地方志事业转型升级。转型升级，当下最重要的目标就是完成“两全”目标，包括“年鉴全覆盖”目标；长远的目标就是基本形成地方志编修体系、理论研究和学科建设体系、质量保障体系、资源开发利用体系、工作保障体系“五位一体”的地方志事业发展综合体系，包括“五位一体”的年鉴事业发展综合体系。中国年鉴精品工程是一项探索工程，也是一项创新工程，是推进地方志事业转型升级的重要内容。通过实施中国年鉴精品工程，不仅有助于确保年鉴质量，不断编纂出版具有鲜明时代特征、年度特点和地域特色的精品年鉴，也有助于推动年鉴工作适应经济社会发展形势和时代需要，不断改革创新，与时俱进。

多年来，在中国地方志指导小组办公室的指导和全国各级地方志工作机构的共同努力下，年鉴种类数量快速增长，年鉴成果粲然可观，为实施中国年鉴精品工程奠定了坚实的基础。实施中国年鉴精品工程，就是要在全国地方志系统起到示范作用，进一步培育精品意识，打造精品年鉴，以点带面，在提高年鉴质量方面探索出一条切实可行之路，使这项探索工程和创新工程能够积累经验，发挥引领作用。

“万山磅礴，必有主峰；龙衮九章，但挈一领。”实施中国年鉴精品工程，是筑牢地方志事业特别是年鉴事业发展根基之举，其意义与价值不言而喻。但编修出年鉴精品佳作，绝非朝夕之功，需要付出长期艰辛的努力。希望通过实施中国年鉴精品工程，能够进一步推进年鉴质量建设，使年鉴真正成为传承中华民族优秀传统文化的重要载体，成为展示中国国情、地情的重要窗口，成为“为当代提供资政辅治之参考、为后世留下堪存堪鉴之记述”的资源宝库，在全面建成小康社会过程中作出更大贡献。

是为序。

中国社会科学院原副院长
原中国地方志指导小组常务副组长

编辑说明

一、《乌当年鉴》是经中共乌当区委、乌当区人民政府批准创办，乌当区地方志编纂委员会主办，乌当区地方志编纂委员会办公室主编的一部年度资料性文献。

二、《乌当年鉴》于 2014 年首次编纂，2016 年公开出版，按年度公开出版，迄今已出版 10 卷。《乌当年鉴（2023）》收录资料时限为 2022 年 1 月 1 日至 12 月 31 日，个别资料依据实际情况，略有前后延伸。

三、《乌当年鉴（2023）》以马克思列宁主义、毛泽东思想、邓小平理论、“三个代表”重要思想、科学发展观、习近平新时代中国特色社会主义思想为指导，坚持辩证唯物主义和历史唯物主义的立场、观点和方法，全面、系统、客观地记录 2022 年度乌当区经济社会发展现状及取得的成就，为各级、各部门决策与研究提供重要的参考资料，为社会各界人士了解乌当、认识乌当提供最新信息。

四、《乌当年鉴（2023）》采用分类编辑法，设类目、分目、条目。卷首设有专题图片专辑，正文设特载、专文、大事记、区情概览、中国共产党乌当区委员会、乌当区人民代表大会、乌当区人民政府、中国人民政治协商会议乌当区委员会、中共乌当区纪律检查委员会·乌当区监察委员会、民主党派·工商联 、群众团体、法治、军事、经济管理、大健康产业 、全域旅游、工业·开发区建设、农业、商贸服务业、金融业、交通·邮政·通信、城市建设、乡村振兴、生态环境保护、应急管理、教育、科学技术、文化、卫生健康、体育、社会生活、街道·乡镇等 32 个类目，本卷特设“大健康产业、全域旅游、乡村振兴”三个类目更加突显区域特色。卷尾设有人物荣誉、统计公报、附录、索引。本卷年鉴共有分目 181 个，条目 1348 条，表格 32 个，比上年卷年鉴均有所增加。

五、《乌当年鉴（2023）》所用稿件均由乌当区各单位、开发区、部门、团体、企业、乡（镇、街道）提供，收入本书时除对各单位提供的文稿按年鉴规范作相关技术处理外，基本事实和数据不予改动。由于各部门统计口径或数字资料来源不同，条目之间同事项的统计数据有的不尽一致，使用时以区统计局提供的数据为准。

六、《乌当年鉴（2023）》数字用法、标点符号用法分别采用国家标准《出版物上数字用法》（GB/T15835—2011）、《标点符号用法》（GB/T15834—2011），计量单位采用国家技术监督局 1993 年 12 月发布的《量和单位》系列国家标准，个别计量单位遵从习俗。

七、《乌当年鉴（2023）》除“民主党派”部分外，未标明党派的“市委”指“中共贵阳市委”，“区委”指“中共贵阳市乌当区委”，“党员”指“中共党员”，“党建”工作指“中国共产党建设”工作。

八、《乌当年鉴（2023）》设有目录和索引，方便读者检索。

图片专辑

乌当名片

金江苑社区全国侨胞之家
2020年12月
中华全国归国华侨联合会

全国老年太极拳之乡
2020年1月
中国老年人体育协会

全国民族团结进步示范区示范单位
2021年1月
国家民委

"国家小型微型企业创业创新示范基地"(国家级)
2022年1月
工业和信息化部

紧密型县域医疗卫生共同体建设国家级试点
2019年8月29日
国家卫生健康委 国家中医药局

"绿水青山就是金山银山"实践创新基地
2017年9月15日
生态环境部（原环境保护部）

国家首批智慧城市创建试点
2013年1月
住建部

首批全国科技示范区
2004年3月
科技部

国家可持续发展试验区
2015年10月
科技部

国家级医养结合试点区
2016年9月
国家卫健委（原国家卫计委）、民政部

全国建设新时代文明实践中心试点区
2019年10月
工业和信息化部

国家全域旅游示范区
2020年11月
文化和旅游部

“数”说乌当（2022）

全区面积	686 平方千米
年末常住人口	35.1 万人
城镇户籍人口	14.09 万人
农村户籍人口	9.62 万人
粮食播种面积	5146.63 公顷
森林覆盖率	59.73%
水资源总量	5.79 亿立方米
空气质量优良率	100%
全年平均气温	15.8°C
地区生产总值	195.90 亿元
第一产业增加值	22.08 亿元
第二产业增加值	94.98 亿元
第三产业增加值	78.84 亿元
旅游业收入	58.7 亿元
一般公共预算收入	16.19 亿元
一般公共预算支出	26.23 亿元
城镇居民人均可支配收入	45075 元
农村居民人均可支配收入	23765 元
全区普通中学在校生	24698 人
全区普通小学在校生	27289 人
全区有医疗机构	190 个
医疗机构床位	3434 张
全区有高新技术企业	59 家

乌当区全景

（李欣／摄）

学习宣传贯彻党的二十大精神

2022 年，乌当区围绕“喜迎二十大”主题，组织开展相关活动，营造全区盼迎盛会的喜庆氛围。党的二十大胜利召开后，全面开展“大学习、大落实”活动，第一时间召开区委常委会会议和理论学习中心组会议学习贯彻党的二十大精神，区委常委班子带头宣传宣讲 27 次，举办产城融合高质量发展培训班等 4 个班次、覆盖党员干部 600 余人次，推动党的二十大精神在乌当落地生根、开花结果。

2022 年 10 月 16 日，区委组织领导干部集中收看中国共产党第二十次全国代表大会开幕会　　（区委办　供图）

2022 年 11 月 30 日，学习贯彻党的二十大精神贵阳市委宣讲团报告会在乌当区举行，全面深入解读大会精神 （区委宣传部 供图）

2022 年 12 月 22 日，区委宣传部和区社科联在新堡布依族乡开展“从万桥飞架看中国奋斗理论宣传二人讲” （区工会 供图）

2022 年 11 月 14 日，乌当区高新路街道新添村组织党员学习党的二十大精神 （区委宣传部 供图）

乌当区新光路辖区贵阳东站“喜迎党的二十大”主题装饰　　（中新社　供图）

2022 年 6 月 29 日，乌当区文化志愿团队在振华广场举行“喜迎二十大·七一颂党恩”文艺演出活动　　（区文旅局　供图）

2022 年 10 月 26 日，乌当区羊昌镇党员干部以“重走长征路”的方式，开展“学习宣传贯彻党的二十大精神”主题党日活动 （郭渊　余正发　供图）

2022 年 11 月，乌当新堡布依族乡举办“声入百姓”微宣讲活动，学习贯彻党的二十大精神 （区融媒体中心　供图）

乡村振兴

2022 年，乌当区实施山地绿色农业增效，发展林药、林禽等林下经济，利用林地面积突破 1.47 万公顷，产值突破 18 亿元。推动绿色转型发展，发展林下经济，加快森林抚育项目建设，实现产值 17.8 亿元，带动就业 7000 余人。全面提升生态环境质量，坚持山、水、林、田、湖、草、沙一体化保护和系统治理，区委常委带头开展巡河巡林 69 次，持续推进长江“十年禁渔”行动。推进环境污染防治，空气质量优良率达 100%，国控、省控水环境监测断面水质优良率均达 100% 。推进乡村治理体系和治理能力现代化，主题鲜明、功能完善、产业兴旺的醉美偏坡、体验新堡、五彩百宜、食养新场等新型特色小镇组团加速构建。升级改造、新建乡村级电商服务站点 59 个，乡镇电商服务网点覆盖率 100%。全区农业总产值完成 38.2 亿元，比上年增长 7%。

渔洞峡，位于东风镇，面积约 6 平方千米。上游为地下河溶洞以及人工湖，湖两岸是高 200 米至 235 米的峡谷，下游为鱼洞河，是集河流峡谷、山川洞石于一体的风景名胜区

（郑铁 / 摄）

天贵茶园，位于百宜镇拐比村林场组，总规划面积 200 公顷。其中，核心茶园 66.67 公顷，园内主要种植福鼎大白、梅占、金观音、黄观音、瑞香、春兰、奇兰、金宣、台湾乌龙、肉桂等 10 多个品种的茶树 （区农业农村局 供图）

百宜镇罗广村梯田油菜花海 （区农业农村局 供图）

偏坡村隶属偏坡布依族乡，布依族人口占97%，2014年，入选首批中国少数民族特色村寨，2020年入选第二批全国乡村旅游重点村。村寨保护完好，布依文化特色浓郁

位于水田镇石龙村的千坎箐水库

（李雁秋／摄）

（龚小勇／摄）

2022 年，乌当区以“农业科研专家 + 农技推广 + 示范主体”方式，辐射带动周边农户应用水稻生态化栽培和水稻高产栽培主推技术，累计建成高标准农田 2780 公顷。图为新场镇保寨村水稻田 （区农业农村局 供图）

水田镇罗庄村村民在田间犁田耙地 （王荣志／摄）

2022 年，乌当区完成 13.73 万公顷水稻种植任务。图为下坝镇岩山村村民在田间插秧 （王荣志 / 摄）

新堡布依族乡马头村葡萄园基地，种植有巨玫瑰、玫瑰香、醉金香、夏黑、金手指等 10 多个品种葡萄 66.67 公顷，年产葡萄 25 万千克

（葛基民 / 摄）

新堡布依族乡马头村种植的葡萄

（区农业农村局 供图）

下坝镇岩山村种植的桃子丰收　（韩德贵／摄）

2017 年，贵州农业职业学院在百宜镇红旗村建立实训基地，占地 200 公顷，核心实习实训区 53.33 公顷，可同时满足至少 3000 名学生及社会农技人员参与实训。图为农技人员在采摘豇豆

（李文华/摄）

下坝镇新桃村的榆黄菇 （区农业农村局 供图）

百宜镇红旗村高效农业培训基地的瓠瓜 （李文华 / 摄）

2022 年，下坝镇有草莓种植基地 6.67 公顷，品种以巧克力和奶油味为主 （区农业农村局 供图）

乌当区阿栗村杨梅基地种植的杨梅 （区农业农村局 供图）

2022 年，乌当区建成同创生态养殖基地、百宜山黑羽鸡万亩森林牧场体验基地、谷庚村绿壳蛋鸡养殖基地，发展林下土鸡养殖，林下养鸡面积 33.33 公顷，全年可出栏林下鸡 8 万余只

（葛基民 / 摄）

健康乌当

2022 年，乌当区持续做强健康医药主导产业，抓住“两药一械”发展窗口期，实施医药产业基础再造工程，健兴药业、新天药业等龙头企业实现逆势上扬。依托国药西部医疗产业园，加快打造中国医疗器械贵州总部基地和医疗器械与医药生产基地，集研发、制造、包装、物流于一体的健康医药产业集群初步形成。推进“健康乌当”建设，深入实施紧密型县域医共体国家级试点，以区人民医院为龙头的医共体总院组建完成，慢病管理省级医防融合中心加快推进，危急重症双向转诊机制不断完善，“五大专科联盟”不断健全，区域医疗资源配置优质均衡发展。推进养老服务、健康养生等生活性服务业向高品质和多样化升级，支持贵阳曜阳养老服务中心打造省市养老知名品牌。

智汇云锦大健康产业孵化基地，位于东风镇云锦村，项目建设秉持“节能、环保、绿色、海绵、数据”的理念，占地面积 23.53 公顷，建筑面积 45 万平方米，总投资 19 亿元

（郑铁 / 摄）

国药西部医疗产业园项目位于东风镇云锦村，占地约 33.33 公顷，主要围绕医疗器械生产制造、医药产品生产制造和医药产品流通服务三大环节开展运营

（区工信局　供图）

贵阳新天药业股份有限公司创建于 1995 年 8 月，拥有通过 GMP 认证的硬胶囊剂、合剂、颗粒剂、凝胶剂、片剂、糖浆剂、酒剂、露剂等 8 个剂型生产线及中药饮片 A 线、B 线两条饮片生产线，主要从事泌尿系统疾病类、妇科类及其他病因复杂类疾病用药的中成药产品研究开发、生产与销售 （区工信局 供图）

乌当区新天药业苦参凝胶生产车间 （区工信局 供图）

乌当区新天药业宁泌泰胶囊包装车间 （区工信局 供图）

贵州威门药业股份有限公司成立于1996年12月12日，位于乌当区高新路，是一家集科研、种植、生产、销售于一体的现代化中药、保健品、保健食品、直接口服的中药饮片生产企业，荣获国家高新技术企业、国家知识产权优势企业、全国民族用品定点生产企业、贵州省重点龙头企业称号

（区工信局　供图）

威门药业固体制剂车间

（区工信局　供图）

贵州天安药业股份有限公司系江西博雅医药投资有限公司旗下的一家集研发、生产、销售于一体的高新技术企业。公司是糖尿病药物的专业化制药企业，建有省级企业技术中心，荣获“贵阳市创新型企业”“贵州省科技型企业”，连续多年获“明星纳税企业”“先进纳税企业”等荣誉称号

（赵慧鹏／摄）

贵州景峰注射剂有限公司成立于 1990 年，2010 年 1 月更名为贵州景峰注射剂有限公司。公司位于贵阳市乌当区新天工业园区。是一家主要从事大、小容量注射剂的研制、生产和销售，以及相关技术进出口业务的医药企业。建有 4 条符合 GMP（药品生产质量管理规范）的生产线。核心产品参芎葡萄糖注射液

（韩德贵／摄）

贵州远程制药有限责任公司成立于1998年5月，注册资本3000万元，是一家集生产、销售、科研、药材标准化种植于一体的高新技术制药企业。公司生产基地位于乌当区高新北路，拥有胶囊剂、片剂、颗粒剂、喷雾剂（含中药提取）4条GMP生产线。年生产能力为胶囊剂3亿粒，片剂15亿片，颗粒剂3000万袋，喷雾剂150万瓶，中药前处理500吨

（区工信局 供图）

贵州健兴药业有限公司创建于1996年，位于乌当区高新东路，占地面积9万平方米，是贵州省科技厅认证的高新技术企业、贵州省重点工业企业、贵阳市千企改造龙头企业，已成为贵州省现代中药产业的骨干企业。有合剂、颗粒剂、胶囊剂、凝胶剂、滴丸（含中药提取）5个剂型，12个中成药品种，20条GMP生产线，主要从事各类剂型的中成药及民族药的研发、生产及销售

（赵慧鹏/摄）

贵黔国际总医院位于乌当区东风镇，占地面积 20 公顷，总建筑面积 45 万平方米，编制床位 3000 张，总投资 35 亿元，是西南地区单体面积最大的，集医疗、教学、科研、预防保健于一体的大型混合所有制三级综合医院之一　　（区卫健局　供图）

2022 年 12 月 17 日，贵州医科大学附属乌当医院无陪护病区启用，病区设置无陪护病床 38 张，由经过专业化培训的护工采取分级陪护的方式，24 小时承担病区无陪护患者的生活护理、协助检验检查、日常康复等工作　　（区卫健局　供图）

2022 年，乌当区有社区卫生服务站 11 家，实行以健康为中心、家庭为单位、社区为半径、需求为导向的服务，为社区居民建档，为老年人、慢性病患者提供体质检测和“体卫融合”服务。图为新光路街道新光里社区卫生服务站为居民测量血压（区民政局　供图）

2022 年 6 月 25 日，贵州医科大学附属乌当医院在乌当区新天卫城未央广场开展“学史力行担使命，为民服务守健康”大型义诊活动。图为消化内科医生在为市民解答疑问（知知贵阳　供图）

贵阳市曜阳养老服务中心，是全国首家由二级中西医结合的医院和现代化老年公寓组成的医养结合型养老示范性基地。建成面积 16000 平方米，床位 266 张

（赵慧鹏 / 摄）

2022 年 8 月 1 日，贵阳市曜阳养老服务中心举行八一建军节活动

（区委办 供图）

新光路街道医养康复中心，是集“医疗、康复、护理、养老”于一体的综合性医疗养老机构 （区民政局 供图）

2022年1月20日，高新路街道新添村辖区老年音乐爱好者在新添村养老服务站开展文娱活动 （区民政局 供图）

2022年10月5日，观溪路街道观云社区养老服务站举办传统孝道文化节 （区民政局 供图）

2022 年 5 月 6 日，市民在乌当区水田镇盘龙山森林公园进行康养健身活动

2022 年 9 月 13 日，市民在新堡布依族乡马头村康养生态度假区休闲娱乐　（李雁秋 / 摄）

（郑铁 / 摄）

2022 年 8 月 20 日，游客在乌当区新堡布依族乡枫叶谷康养基地体验亲子丛林探险项目 （韩德贵 / 摄）

爽游乌当

2022 年，乌当区发挥国家全域旅游示范区引领作用，实现旅游大提质。持续培育旅游业态，按照“一心三区”（“一心”，即打造都市温泉康养大中心，“三区”，即打造醉美乡村民俗生活区、醉美乡村健康生活区、醉闲乡村体验生活区）旅游发展格局，做足“山、水、林、泉、城”五篇文章，“医疗康体、滋补养息、温泉理疗”养生旅游产业持续发展，“乡村旅游、避暑度假、观光体验”休闲旅游产业巩固壮大，逐步构建起大健康为主题的“产、学、研、旅”目的地。围绕“温泉第一区”发展定位，开展“贵阳冬游到乌当”旅游推介等大型主题活动，持续擦亮“温泉景城融合·游憩医养共享”品牌。发展市民近郊亲子游、外地游客避暑游、中老年群体休闲康养游项目。依托偏坡布依族乡、新堡布依族乡、羊昌镇等乡镇的布依文化，打造民族特色非遗展示、养生度假、特色景区于一体的旅游经济。支持规模以上住宿企业申报“避暑度假酒店”和星级酒店，组织全区旅游企业申报文旅基金项目 12 个。发布“爽爽贵阳·活力乌当”城市品牌，百宜镇、偏坡布依族乡分别荣获“省级乡村旅游重点镇”“市级非遗小镇”称号，温泉接待 61.4 万人次，盘活闲置低效旅游项目 2 个，全区累计接待游客 555.83 万人次，过夜游客达 64.5 万人次，实现旅游收入 58.7 亿元。

2022 年，乌当区在进行农村“五治”（治房、治水、治垃圾、治厕、治风）后，乡村呈现绿水、青山与稻田、民居相映成趣，人与自然和谐共生的景象。图为治理后的羊昌镇马堡村

水田镇安多村云雾山，海拔 1600 多米，山峰起伏连绵，森林茂密，四季分明，每年冬天的雾凇景观最为出名　（郑铁 / 摄）

（余正发 / 摄）

万象温泉，是集温泉养生与旅游度假于一体的温泉养生综合体，占地面积 2.4 公顷，按照国家 AAAA 级旅游景区标准规划建设，园林式设计风格，日接待客容量为 2300 人次　　（区委宣传部 供图）

新堡布依族乡枫叶谷旅游度假区的园林式生态温泉，泉水以硫磺泉为主，富含偏硅酸、偏硼酸、偏磷酸等 30 余种微量元素及铅、锶、硒等 20 余种矿物质，温泉水 pH 高达 7.7，有室内泡池 8 个，室外露天园林式泡池 30 余个　（区文旅局 供图）

新堡布依族乡枫叶谷旅游度假区的水上乐园，有大型单体项目 13 余项，小型项目 30 余项　（韩德贵 / 摄）

保利·国际温泉，位于新光路街道，占地 10 公顷，建筑面积近 15000 平方米，室外面积 23000 平方米，涵盖温泉、餐饮、客房、SPA、保健、棋牌等服务项目，是国家 AAAA 级旅游景区、中国十佳温泉度假酒店
（区文旅局 供图）

贵御温泉，位于东风镇，是集温泉泡汤、客房、餐饮、棋牌、会议、美体保健等于一体的露天温泉休闲度假景区，有 20 余个形态、大小、水温各异的特色泡池和 1 个标准游泳池。包含水疗区、儿童戏水区、特效药池区、漩涡浴、波光浴、石板浴、鱼疗、温泉游泳池等项目
（区文旅局 供图）

乐湾国际温泉，由贵阳弘祥康养老产业开发有限公司投资兴建，打造的园林式温泉，总投资 3 亿元，位于乐湾国际城。由室内外温泉区、中医养生馆、风情汤屋、中餐厅、足浴 SPA 以及 3D 影院 6 大板块构成
（区文旅局 供图）

羊昌镇花画小镇，国家AAAA级旅游景区，是集观光、娱乐、文化体验、休闲度假、商务会议于一体的综合性文化休闲旅游地，景区包括特色民俗餐饮区、亲子秀贤游乐园、中草药园区、农耕文化园、知青文化园、精品花卉生产基地、创意农特产品园等功能区 （区文旅局 供图）

羊昌镇花画小镇房车宿营基地 （区文旅局 供图）

2022 年，乌当区以偏坡东风民宿集聚区（偏坡村、下院村、头堡村）、新堡羊昌民宿集聚区（马头村、王岗村、陇脚村、羊昌村）为重点打造一批民宿集聚区，分步推动闲置农房和其他农村建筑设施向民宿的升级转型。图为偏坡布依族乡偏坡村荷塘悦色民宿（区文旅局 供图）

新堡布依族乡纸墨·书香别院民宿（区文旅局 供图）

偏坡布依族乡下院村寻篱原舍 （区文旅局 供图）

羊昌镇平坝村十全九美民宿 （区文旅局 供图）

2022 年，乌当区依托布依族传统民俗文化，培养了“长桌宴”“竹竿舞”“布依祭祀”“簸箕画”等本地特色文化，旅游总收入年均增长 25%。图为偏坡布依族乡偏坡村长桌宴 （陈继华／摄）

欢腾的长桌宴 （韩德贵／摄）

偏坡布依族乡偏坡村民俗活动——抛梁粑　　（偏坡布依族乡 供图）

布依族竹竿舞　　（张清林／摄）

偏坡布依族乡偏坡村布依族祭祀号角 （沈龙生／摄）

簸箕画，被列为第五批市级非物质文化遗产保护名录，主要流行分布于新堡布依族乡陇上村及周边区域，其中以渡寨簸箕画最为突出，以布依族的民族传说、神话故事、当地民情、风俗习惯等为绘画题材

（陈秀梅／摄）

新堡布依族乡渡寨的儿童在进行簸箕画绘画

（区文旅局 供图）

偏坡布依族乡挖掘布依民俗文化，引入社会资源发展文创产业，鼓励民间艺人、民间工匠兴办文创工作室，打造民族文化创意产品和旅游商品，促进乡村特色旅游文化产业发展。2022 年，全乡累计非遗工坊 10 家，文创工作室、文创作坊 11 家。图为部分文创作品 （区文旅局 供图）

国家级非物质文化遗产保护项目“土法造纸”遗址——新堡布依族乡香纸沟 （余正发／摄）

总目

目录

特载

专文

大事记

区情概览

中国共产党乌当区委员会

乌当区人民政府

中国人民政治协商会议·乌当区委员会

群众团体

法治

军事

经济管理

大健康产业

农业

商贸服务业

金融业

交通·邮政·通信

城乡建设

应急管理

教育

科学技术

文化

卫生健康

体育

社会生活

街道 乡镇

人物荣誉

统计公报

附录

索引

特　载

深入学习宣传贯彻党的二十大精神
奋力谱写“美丽乌当·活力新城” 现代化建设新篇章

——在中国共产党贵阳市乌当区第十一届委员会第四次全体会议上的报告

（2022 年 12 月 30 日）

中共贵阳市乌当区委书记 王鸣明

各位代表，同志们：

受区委常委会委托，向全会作工作报告。

一年来，区委常委会坚持以习近平新时代中国特色社会主义思想为指导，全面贯彻党的二十大精神和十九届历次全会精神，衷心拥护“两个确立”、忠诚践行“两个维护”，围绕主战略、主定位，紧扣“四主四市”工作思路，深入实施“强省会”行动，以加快打造“五个新高地”为主抓手，全面推进“美丽乌当·活力新城”高质量发展，全区各项事业取得了新成效。

这一年，区委团结带领全区各级党组织和广大党员干部群众埋头苦干、奋勇前行，得到省、市领导充分肯定。时任省委书记谌贻琴到我区水田镇竹林村调研指导农村基层党建、乡村治理工作，省委副书记、省长李炳军深入振华集团、新天药业、高新惠诚调研企业生产经营情况，省政协主席刘晓凯到圣济堂制药、威门药业、长通集团开展入企走访活动，省委副书记、省委政法委书记时光辉 2 次到我区调研“一中心一张网十联户”机制运行情况，省委常委、省纪委书记、省监委主任李元平到我区调研纪检监察工作，省委常委、市委书记胡忠雄多次到我区调研指导工作，为乌当加快发展、加速腾飞进一步明晰了路径方向、注入了强大动力。全区上下以最坚决的态度、最迅速的行动、最有力的举措抓贯彻落实，更加自觉把上级关心关怀转化为推动工作的强大动力和实际行动，重点抓了四个方面工作。

一是以实际行动迎接党的二十大胜利召开。围绕“喜迎二十大”主题，推出“乌当非凡这十年”等系列宣传报道，在《人民日报》、新华网、《贵州日报》等主流媒体刊发《踔厉奋发向未来 蓄势腾飞正当时》等 12 篇专题报道，组织全区 6000 余人次党员领导干部到黄连红军村、百宜红军烈士陵园等红色教育平台开展纪念活动，营造全区上下翘首以盼迎盛会的浓厚喜庆氛围。党的二十大胜利召开后，我们全面开展“大学习、大落实”活动，第一时间召开区委常委会会议和理论学习中心组会议学习贯彻党的二十大精神，区委常委班子带头宣传宣讲 27 次，举办产城融合高质量发展培训班等 4 个班次、覆盖党员干部 600 余人次，全力推动党的二十大精神在乌当落地生根、开花结果。

二是经济发展稳中有进。坚持以高质量发展统揽全局，统筹推进稳增长、促改革、调结构各项工作，召开全区激发市场活力稳住经济增长专题会、深入落实“强省会”行动和高质量发展工作专题会等 21 次会议，对全年经济发展进行系统部署。抢抓新国发 2 号文件政策机遇，梳理区级 161 项工作任务，81 项政策类、66 项工程项目类、4 项产业基地类、2 项改革试点类和 8 项示范类任务全面启动实施。引进总投资 50 亿元的国药西部医疗产业园项目，超额完成 50 万平方米标准厂房建设任务。发挥振华集团带动作用，新天电子元器件产业园项目建设取得实质进展。今年地区生产总值完成 195.9 亿元、增长 1.8%；完成固定资产投资 169.92 亿元、增长 4%；一、二、三产业占比 11.38%、49.01%、39.61%，产业结构进一步趋优。

三是惠民成果更加丰硕。始终坚持以人民为中心的发展思想，大力办好教育、医疗等民生实事。全力实施“教育强区”行动，制定出台教育高质量发展“1+10”文件，乌当中学与贵阳一中教学合作联盟顺利启动。完成新堡中学、偏坡九年制学校（初中部）等 12 个学校、教学点撤并整合。大力实施公办强校工程、教学质量提升工程，入学率、九年义务教育巩固率等各项教育衡量指标均创历史最佳。全力推进“健康乌当”建设，深入实施紧密型县域医共体国家级试点，以区人民医院为龙头的医共体总院组建完成，慢病管理省级医防融合中心加快推进，危急重症双向转诊机制不断完善，“五大专科联盟”不断健全，区域医疗资源配置优质均衡发展，得到市委副书记、市长马宁宇同志肯定性批示。不断提升城乡公共服务供给水平，投入16.26亿元持续推进观溪北衙、新天等生活圈建设，温石路惠民停车场、振华农贸市场投入使用，改造完成雨水管网、污水管网、燃气管道等21.24千米。完成1050户农房风貌整治，巩固提升2.38万人农村饮水安全，建成投用7个镇级收集站，完成7130户农村旱厕和无厕治理，羊昌甲岗、百宜红旗、新堡王岗3个市级移风易俗示范村通过市级验收，全区城乡品貌有效提升。发布“活力乌当”城市品牌，凸显了乌当由美而活的全新城市定位。

四是安全稳定持续加固。统筹发展和安全，全力应对多重困难挑战，推动高效率防控与高水平安全良性互动。全区安全事故发生起数同比下降25%，未发生较大以上安全生产事故，全区安全形势持续稳定向好。特别是面对“8·31”疫情，较短时间内实现社会面和隔离点“双清零”。以保利公园2010为代表的社区防控工作得到省委副书记、省长李炳军和国家卫健委副主任雷海潮的肯定，疫情防控“12345”乌当战法、下坝院区救治工作和“2+2+1”防院感、防外溢机制得到省、市领导和市委充分肯定。

一年来，区委常委会总揽全局、协调各方，研究新情况、解决新问题、打开新局面，全面推进了各项工作。

一、坚持政治为先，高质量建设“美丽乌当·活力新城”方向更明

坚持把党的政治建设摆在首位，团结带领全区各级党组织和党员干部群众以实际行动衷心拥护“两个确立”、忠诚践行“两个维护”，不折不扣落实党中央和省委、市委各项决策部署。

（一）“第一议题”抓学习。带头做习近平新时代中国特色社会主义思想的坚定信仰者、积极传播者和忠实践行者。今年以来，先后召开48次区委常委会会议、4次区委理论学习中心组研讨会，传达学习习近平总书记重要讲话和重要指示批示精神，研究贯彻落实措施。聚焦学校、机关、基层等领域开展宣传宣讲1500余场次，覆盖4万余人次，切实推动学习贯彻习近平新时代中国特色社会主义思想、党的二十大精神等向深里走、实里走。

（二）“第一遵循”抓贯彻。在加快打造“五个新高地”生动实践中，始终把习近平总书记重要讲话精神作为最根本的动力源泉，不断从中找坐标、找方法、找思路，确保乌当各项工作方向不偏、靶心不散，标准不降、动力不减。把学习贯彻习近平总书记重要讲话精神，与学习贯彻党的二十大精神和省、市、区党代会精神相结合，做到一体学习贯彻、一体推进落实，明确区委工作要点和区委常委班子领衔重点调研课题，融会贯通转化为推动乌当高质量发展的重大思路和工作抓手。

（三）“第一政治要件”抓落实。把坚决落实习近平总书记重要指示批示精神作为忠实践行“两个维护”的最直接体现，不断提高全区党员干部政治判断力、政治领悟力、政治执行力。对习近平总书记关心强调的民生领域、粮食安全、安全生产、疫情防控等重点问题，逐一研究部署，专题督导调研，实行重点督办。今年以来，建立贯彻落实习近平总书记重要指示批示精神闭环管理台账4个、分解具体任务事项45件，编发督查报告48期、督办函131期，办结率达100%。

二、坚持发展为要，高质量建设“美丽乌当·活力新城”动能更足

坚持把高质量发展作为首要任务，千方百计稳住经济大盘，以加快打造“五个新高地”为抓手，全力推动经济发展行稳致远。

（一）加快打造“两山”理论实践创新高质量发展新高地。持续推动绿色转型发展，围绕“产业生态化、生态产业化”，培育威门石斛水、黔鲜铁皮石斛粉等生态品牌。大力发展林下经济，加快森林抚育项目建设，实现产值17.8亿元，带动就业7000余人，生态红利持续释放。全面提升生态环境质量，坚持山水林田湖草一体化治理，区委常委带头开展巡河巡林69次，持续推进长江“十年禁渔”行动。深入推进环境污染防治，持续打好“五场战役”，抓好第二轮中央环保督察反馈问题整改，扎实推进工业废气、秸秆焚烧和城市扬尘污染治理管控，加快松溪河、环溪河两岸、龙塘大沟排水管网等工程建设，空气质量优良率达100%，国控、省控水环境监测断面水质优良率均达100%。

（二）加快打造大健康产业高质量发展新高地。坚持把新型工业化作为“主引擎”，推动“一主一特”产业和食品加工优势产业量质齐升。今年全区预计完成工业增加值49.9亿元、同比增长4.8%，预计完成工业投资28亿元、同比增长79.5%。健康医药主导产业持续做强，抓住“两药一械”发展窗口期，实施医药产业基础再造工程，健兴药业、新天药业等龙头企业实现逆势上扬。依托国药西部医疗产业园，加快打造中国医疗器械贵州总部基地和医疗器械与医药生产基地，集研发、制造、包装、物流于一体的健康医药产业集群初步形成。电子信息制造特色产业持续做优，推动中高端制造业系统集成发展，以电子元器件制造为核心的新天电子元器件

产业园加快建设，招引项目入驻20余个，电子材料、电子元器件、机电组件、终端整机制造全产业链逐步打通。振华风光在上海证券交易所上市，成为贵州省第一家芯片上市公司。食品加工产业持续做大，支持高新惠诚、五福坊等企业发展农产品精深加工，打造药食同源类中高端保健品，火石坡特色食品生态园项目加快建设，全区食品产业完成工业产值7.2亿元，休闲食品、烘焙食品、调味品等多业态并进的食品产业集群逐步形成。大力培育专精特新企业，新天光电、贵州捷盛等6家企业获国家级"小巨人"装备制造类认定，宇光电工、千叶药包获省级"小巨人"认定，11家企业获省级专精特新认定。

（三）加快打造乡村振兴高质量发展新高地。坚持农业农村优先发展，全面推进"五大振兴"，促进农业高质高效、农村宜居宜业、农民富裕富足。夯实农业农村基础，持续巩固拓展脱贫攻坚成果，深入开展"3+1"保障全面"回头看"专项行动，搬迁户有劳动力家庭就业率100%。全面落实粮食安全党政同责，坚决遏制耕地非农化、基本农田非粮化，超额完成国家下达的粮食播种面积和粮食产量任务，十届市委、区委涉粮问题整改完成率100%。扎实抓好高标准农田及冬修水利建设，全面完成1000公顷高标准农田建成任务和23处农田水利损毁设施修复任务。加快发展特色高效现代农业，以现代农业产业示范带建设为抓手，实施"百园百品"带富工程，促进"蔬果药花茶"和生态养殖"5+1"特色优势产业加快发展，培育新增种养大户154户、市级以上龙头企业6家，创建乌当农产品"五零吾当"区域公用品牌，在新场镇、百宜镇示范种植水稻100公顷。纵深推进和美乡村建设，坚持以"五个一"行动推进乡村治理体系和治理能力现代化。主题鲜明、功能完善、产业兴旺的醉美偏坡、体验新堡、五彩百宜、食养新场等新型特色小镇组团加速构建。升级改造、新建乡村级电商服务站点59个，乡镇电商服务网点覆盖率100%。今年，全区农业总产值预计完成38.2亿元、同比增长7%。

（四）加快打造全域旅游高质量发展新高地。充分发挥国家全域旅游示范区"金字招牌"引领作用，奋力实现旅游大提质。持续培育旅游业态，按照"一心三区"旅游发展格局，做足"山、水、林、泉、城"五篇文章，"医疗康体、滋补养息、温泉理疗"养生旅游产业持续发展，"乡村旅游、避暑度假、观光体验"休闲旅游产业巩固壮大，逐步构建起大健康为主题的"产、学、研、旅"目的地。持续打造旅游品牌，围绕温泉第一区发展定位，开展"贵阳冬游到乌当"旅游推介等大型主题活动，持续擦亮"温泉景城融合游憩医养共享"品牌。紧扣非遗文化爽心、城乡美食爽口等"六爽"主题，打造长桌宴市集，推出周末"庖汤大会"，形成冬日养生餐饮品牌。推进乡村旅游建设，偏坡村入选2022年贵州乡村旅游与少数民族特色村寨深度融合发展示范点，"泉城五韵"乡村旅游品牌全面提升。持续优化旅游服务，深入开展"四转一上"工程，支持规模以上住宿企业申报"避暑度假酒店"和星级酒店，组织全区旅游企业申报文旅基金项目12个，引导68家规模以上涉旅企业入驻"贵商易"平台。今年以来，全区累计接待游客555.83万人次，实现旅游收入55.39亿元（预计数）。

（五）加快打造产城融合高质量发展新高地。加快推进以人为核心的新型城镇化，促进"人、产、城"良性互动，有效提升乌当在黔中城市群的发展能级。坚定不移"优"城镇布局，按照贵阳市"一核三中心多组团"总体布局，严守"三条控制线"，高标准编制国土空间规划、控制性详细规划和村庄规划，科学划分都市区、工业区、农业区、生态功能区等功能板块，城市建成区面积增至31平方千米，城镇化率达67.1%，"一轴双核多组团"的产城融合发展格局加快构建。坚定不移"强"城镇经济，大力发展楼宇经济、总部经济等现代服务业，高品质建设打造乌当核心中央商务区，不断提升乌当城市承载力、竞争力和综合实力。东风片区与新添城区基础设施、公共服务共建共享水平不断提高，狮岩路、区医院地标性商圈加快推进。坚定不移"提"城镇品质，深入推进"六网会战"基础设施建设，马东路（民大附中段）建成投用，北龙路、新东二环基本建成，轨道交通3号线（乌当段）、智慧路、云锦路等加快建设，"三环五横七纵"骨架路网结构加速优化，"对外大贯通、对内大循环"的城乡互联互通交通路网格局初步构建。

三、坚持改革为源，高质量建设"美丽乌当·活力新城"活力更强

坚持把全面深化改革作为解难题促发展的关键一招，以深化重点领域改革为突破口，推动发展提质、治理增效，着力破解制约高质量发展的突出问题。

（一）深化改革蹄疾步稳。坚持以"自然人+法人（含非法人组织）、咨询+投诉"的"2+2"形式设置窗口，全区13个乡（镇、街道）、110个村（社区）均建立"一站式"政务服务中心和便民服务站。914项区级行政权力事项实现全程网办，1584项政务服务事项实现100%"一窗办"，省政务中心与省税务局联合在乌当区开展全国首例系统融通试点。大力推进减税降费，今年完成增值税留抵退税2.4亿元、累计减免各类税费2.95亿元，进一步激发了市场主体活力。持续深化农村综合改革，完成土地确权长效管理工作第一、二批次工作量。投资712.27万元实施农村"三变"共享项目4个，72个村已按程序完成村党支部书记担任村集体经济

股份合作社负责人工作。

（二）内外开放持续扩大。坚持以“一主一特”产业为抓手、以产业园区为依托，用好“两图两库两池”，强化工业招商、以房招商，在加快标准厂房建设同时，引导振华集团、国药集团等企业从用地发展向用房进驻转变。今年以来，区党政主要领导赴省外招商22次，全区新引进项目93个，重点签约招商引资项目14个、投资总额130.5亿元，成功引进联德液压（贵阳）有限公司等优强企业26家。目前已开工项目85个，项目开工率达91.4%。全区外贸进出口总额全年预计完成4250万美元，同比增长25%。

（三）营商环境不断优化。持续深化“放管服”改革，健全“招一安一扶”全生命周期工作体系，对全区10273户（快报数）企业开展大走访大宣传，共收集企业诉求200件，办结率100%。全力推行“一网通办”，“网上办税”网报率达99.7%，最大程度做到让企业和办事群众“零跑腿”。今年新开办市场主体6617户，注册资本67.4亿元。不断擦亮“贵人服务”乌当品牌，持续优化政务环境、市场环境，获得电力、纳税、登记财产、政务服务、办理建筑许可等指标持续优化提升。

四、坚持科教为径，高质量建设“美丽乌当·活力新城”支撑更实

坚持科技第一生产力、创新第一动力、人才第一资源，深入推进教育、科技、人才协同发展，不断塑造发展新优势，为现代化建设提供基础性、战略性支撑。

（一）加快推动科技创新。坚持抓科技就是抓发展、谋创新就是谋未来的理念。推动科技企业发展，积极引导规模以上工业企业完成研发投入4.6亿元、同比增长68%，全区高新技术企业增至67家。推进科技成果技术交易，2022年完成科技成果技术合同认定7.3亿元，获批市级科技成果转化培育计划项目4个。强化科创平台搭建，依托我区“一主一特”产业等重点产业发展，累计建设市级以上各类科技创新平台70余个，38家科技型企业入驻智汇云锦孵化基地，全区科技从业人员达5000余人。

（二）全力办好人民满意教育。加大教育供给保障力度，教育经费投入实现“两个只增不减”，乌当四中、区实验小学分校、乌当三幼、四幼建成投用，泉天下幼儿园、阳晨美林幼儿园等6所幼儿园完成收购、改扩建，新增公办校（园）学位6270个。持续深化教育教学改革，全力推动“双减”政策落地，乌当中学与贵阳市普通高中联盟组合试点工作扎实推进。深入实施“三名”工程，39名教师获评贵阳市第五届中小学（幼儿园）教坛新秀，1名教师获评省级骨干教师，组建7个区级“三名”工作室，全区教师专家库成员达321人。教育发展更加均衡，学前三年普惠率达94.23%，九年义务教育巩固率达139.46%，义务阶段进城务工人员随迁子女在公办就读比例达100%。

（三）奋力推进人才大汇聚。加快实施《乌当区“人才兴区”十二条措施（试行）》及其配套实施细则，区域人才发展环境持续优化。通过人博会、高校“面对面”等活动，引进制造业人才1198名、大数据人才641名。开展高校毕业生就业创业行动，新增高校毕业生就业4814人。开展区管人才评定，为46名专家人才授予“乌当人才优享卡”，筹集人才保障性租赁住房660套。组建人才服务专员队伍为120家重点企业提供服务，协调解决问题44个。慰问高层次人才45名，表彰全国技术能手3名。目前，全区各类人才总量达7.43万人，占常住人口总数的22.18%，占比高于省、市平均水平。

五、坚持惠民为本，高质量建设“美丽乌当·活力新城”保障更优

坚持推动各种资源向民生倾斜，促进全区人民得到更多实惠，群众获得感成色更足、幸福感更可持续、安全感更有保障。

（一）持续推进保就业促增收。全力开展春风行动等招聘活动33场，提供岗位28520个，达成就业意向2330人。认真落实就业扶持政策，开展“马兰花计划”职业技能培训，打造家政护理、电子元器件制造等乌当技工品牌。持续加大创业扶持，围绕扶持创业人员和小微企业，发放小额担保贷款2721.67万元。今年以来，全区累计完成城镇新增就业6007人、农村劳动力转移就业2317人，城镇登记失业率始终控制在5%以下，城乡“零就业家庭”保持动态为零，城镇、农村居民人均可支配收入分别达42582元、24099元，均同比增长8%。

（二）提升医疗卫生水平。着力提升“一老一小”健康服务覆盖率，全区老年人健康管理服务率达68.17%、每千人口托位数为1.8个，每千人拥有3岁以下婴幼儿托位数为3.05个，各项指标均完成目标任务。建立“医联体+医共体”模式，完善贵黔国际总医院与区医共体成员单位常态化互动交流机制，初步形成“基层首诊、双向转诊、急慢分治、上下联动”医疗格局。投入1.5亿元建设龙广路、新光路和洛湾3个社区卫生服务中心，打造区卫生健康信息化平台，提升医共体综合服务效能。区、乡、村医疗机构实现电子医疗应用全覆盖，实现60%常见病不出乡镇、90%常见病不出区的目标。

（三）全面筑牢社会保障网。完成全年城乡低保标准提标和年度核查工作，各类救助保障政策全面落实到位，救助保障资金按时足额发放，累计保障城乡低保等各类特殊人群110401人

次，发放保障金、救助金、生活费、护理费、高龄老人长寿补贴及惠民殡葬费等2496.68万元，实现应保尽保。持续抓好养老“一刻钟”生活圈建设，实现“一刻钟”养老生活圈全覆盖，全区共建养老服务机构城市社区覆盖率达52.94%、乡镇覆盖率达92.3%。

六、坚持安全为重，高质量建设“美丽乌当·活力新城”推进更稳

深入贯彻落实总体国家安全观，加快建设平安乌当，全力防范化解各种风险，坚决守住不发生系统性风险底线，为高质量发展营造和谐稳定的社会环境、公平正义的法治环境。

（一）全面加强平安乌当建设。全面抓好风险防范，努力建设更高水平的“平安乌当”。圆满完成两会、“北京冬奥会”和党的二十大期间信访工作。落实“415”工作机制，开展网络空间清朗工程。持续打好常态化扫黑除恶、“两严一降”、禁毒人民战争、维护稳定“四大战役”，全区刑事发案同比下降46.06%，被省禁毒委命名为首批“全省禁毒示范城市”，被省委平安贵州建设领导小组命名为“全省平安建设示范县（市、区）”，群众安全感满意度进一步提升。

（二）全面加强法治乌当建设。坚持深化法治能力建设，努力建设更高水平的“法治乌当”。全面落实省委依法治省办暗访督导问题整改。组织实施“八五”普法，开展“民法典”宣传月系列活动，组织5955人参与在线学法，开展法治宣传300余次、受众群体约17万人，不断强化全民自觉守法意识。依法平等保护各类市场主体合法权益，妥善处理涉企纠纷1177件，推动法治成为全区最好的营商环境。

（三）全面加强基层社会治理。深入推进市域社会治理现代化建设，创新推出“123456+8”工作思路，以羊昌镇、新堡布依族乡、偏坡布依族乡为依托，成功打造“产镇融合、精准精细、共治善治”基层社会治理试点示范标杆。做实“一中心一张网十联户”机制，基层治理整体效能大幅提升，得到省市领导充分肯定，经验做法被兄弟市州借鉴，在全省市域社会治理现代化试点工作会议上作经验交流发言。今年以来，共排查化解矛盾纠纷3353件、处置12345热线案件35953件（含涉疫案件12912件）、落实疫情居家管控人员32612人次，保障了社会大局和谐稳定。

七、坚持民主为基，高质量建设“美丽乌当·活力新城”底气更硬

始终坚持党的领导、人民当家作主、依法治国有机统一，充分发挥党委总揽全局、协调各方作用，更好凝聚各方智慧力量，全力画出乌当最大同心圆。

（一）全力支持人大政协工作。持续加强和改进党对人大工作的全面领导，召开区委人大工作会议，全力支持区人大及其常委会围绕“五个新高地”打造、“一圈两场三改”“五治”等中心工作，开展视察调研和执法检查，共作出决议、决定14个，提出审议意见19份。发挥人民政协作为专门协商机构作用，不断推进政协协商与基层协商有效衔接，《乌当区政协探索“123”工作法深入推进“社区协商”》被省政协初步遴选为县级政协履职亮点工作优秀品牌案例，云锦尚城社区协商成果“‘商’出美好乌当”在《人民政协报》刊登报道。

（二）扎实抓好文化宣传事业。我区首部代表黔中布依族第二语区的书籍《布依族婚宴歌》获省民委认定。列为2022年贵阳市重点纪实文学作品《千秋浩然—贵州地下党私家相册》加快创作。举办“爽爽贵阳·活力乌当·‘粽’情端午”诗会暨诗集《活力乌当》首发仪式。建成新光路街道保利公园居委会示范点等3个“壹刻宝文化驿站”项目，推进优质公共文化服务向社区下沉延伸，让群众享受更优质的文化配套服务。开展全民阅读推广系列文化活动177次，参与线下文化活动人员达13037人次。

（三）持续巩固发展爱国统一战线。坚持和构建大统战工作格局，以学习贯彻《中国共产党统一战线工作条例》为主线，全面促进“五大关系”和谐发展。全力支持各民主党派、工商联、无党派人士开展工作，加强民营经济、民族宗教、港澳台侨和新的社会阶层人士等工作。引导动员五福坊、福万康医院、飞龙雨等12家民营企业参与“万企兴万村”行动，共为全区农民提供400余个就业岗位，灌溉173.33公顷农田，捐献物资50万元，累计受益群众2万余人。发挥统战成员单位联系广泛优势，全力参与疫情防控阻击战，共捐款捐物200余万元。

八、坚持党建为根，高质量建设“美丽乌当·活力新城”基础更牢

坚决扛牢管党治党政治责任，统筹推进党的各项建设，全区各级党组织创造力凝聚力战斗力不断增强。

（一）坚决扛起管党治党责任。区委常委带头推动党风廉政建设与区委中心工作深度融合，持续向“庸、懒、散、软、浮、推”作风顽疾亮剑宣战，引领全区党员干部群众奋发有为、干事创业。今年以来，共召开区委专题会议24次，开展专项调研36次，推动《区委常委会2022年工作要点》20个方面106项年度任务高质高效落实。区委常委班子带头建立党支部工作联系点12个，调研指导工作30余次，讲党课、作专题报告15次，为所联系党支部办实事20余件。

（二）着力夯实基层战斗堡垒。持续推进党支部标准化规范化建设，金

江苑社区第八党支部“双化”建设成效得到省委组织部充分肯定。压实抓党建责任，区委常委带队对全区76个村（社区）“两委”开展换届“回头看”。抓实优化网格党建，在全区579个网格建立网格党小组，推动网格党小组组建率达100%。落实“双报到”制度，推动103家区属机关企事业单位党组织与34个城市社区党组织结对共建。在疫情防控工作中，全区各级党组织和党员充分发挥战斗堡垒和先锋模范作用，建立“临时党委+临时党支部+临时党小组+党员先锋队”工作体系，350余支党员先锋队、1700余名党员、4000余名联户志愿者投身一线，筑牢了疫情防控“红色防线”。全面加强货车“司机之家”建设，设立货车司机流动党支部，“司机之家”作为全市深化货车司机党建试点接受全市观摩。成立外卖快递行业党委，组建外卖快递行业流动党支部，构建“新就业群体—党组织站点联络员—流动党支部—主管行业党委”诉求表达机制。

（三）大力建设高素质专业化干部队伍。顺利完成两会选举任务及政府组成部门换届工作，对8个乡镇开展专项调研，逐一了解党政班子中的年轻干部和“五方面人员”履职情况。今年以来，区委常委会专题讨论干部工作18次457人次，提拔或进一步使用114人、交流调整161人。建立健全正向激励体系，制定在高质量建设“美丽乌当·活力新城”中激励干部担当作为的实施意见，激励全区干部敢干、实干、快干、会干。加强对领导干部考核监督工作，完成全区2021年度综合考核工作，同步兑现年度考核等次奖励，评出优秀区管干部137名。

（四）坚定不移推进自我革命。深入开展“六个大力整治”，对45名党员干部在工作中不作为、慢作为、履职不力、作风消极等问题进行追责问责。全力支持区纪委区监委履行监督责任，聚焦工程建设、项目审批、资金拨付等腐败案件易发多发领域，立案查处各类违纪违法案件150件，给予党纪政务处分128人，移送司法机关9人，一体推进不敢腐、不能腐、不想腐。深入纠治“四风”问题，严防隐形变异，查处违反中央八项规定精神案例21起23人。组建15个巡察组，通过4轮对全区43家党组织开展了巡察，完成问题整改232个，办结问题线索10条。

在肯定成绩的同时，区委常委会深入分析存在问题，主要有：重大产业支撑不够，稳增长、保目标任务艰巨繁重，民生领域还存在一些短板弱项，干部作风建设有待继续加强等。对此，我们将深入分析研究，采取非常举措，狠下功夫加以解决。下步，我们将坚持以习近平新时代中国特色社会主义思想为指导，持续深入学习贯彻落实党的二十大精神，踔厉奋发、锐意进取，埋头苦干、勇毅前行，加快打造“五个新高地”，奋力谱写“美丽乌当·活力新城”现代化建设新篇章！

（注：本报告所用数字均为预计数）

政府工作报告

——在乌当区第十八届人民代表大会第二次会议上

（2023年2月15日）

乌当区人民政府区长 艾 疆

各位代表：

现在，我代表区人民政府向大会作工作报告，请予审议，并请区政协委员和其他列席人员提出意见。

一、2022年工作回顾

2022年，是党和国家历史上极为重要的一年，也是乌当发展进程中极不平凡的一年。面对复杂多变的外部形势和超预期因素冲击，我们深入贯彻落实党的二十大精神和习近平总书记视察贵州重要讲话精神，坚决落实“疫情要防住、经济要稳住、发展要安全”重要要求，坚持以高质量发展统揽全局，统筹疫情防控和经济社会发展，统筹发展和安全，抢抓国发〔2022〕2号文件重大机遇，围绕“四新”主攻“四化”，大力实施“强省会”五年行动，奋力推进“五个新高地”建设，经济社会发展稳步前行，取得了来之不易的成绩。

过去一年，我们精准施策，成功防住了疫情。坚持“人民至上、生命至上”，因时因势调整优化防控措施，打赢了“8·31”疫情防控攻坚战。防控政策调整后，迅速将重心从防感染转向“保健康、防重症”，全力做好药品保供、农村地区防控、重症救治等工作，全区平稳有序度过感染高峰期，最大限度保护了人民群众生命安全和身体健康。

过去一年，我们攻坚克难，成功稳住了经济。认真贯彻落实国家、省、市稳增长、稳市场主体、保就业一系列积极政策措施，全年地区生产总值完成195.9亿元，增长1.8%，全市排名第六；一、二、三产分别增长3.7%、3.8%、－1.1%；固定资产投资完成169.92亿元，增长4%；规模以上工业增加值完成50.56亿元，增长1.9%；社会消费品零售总额完成67.91亿元；一般公共预算收入完成17.83亿元，增长7.36%；城镇、农村居民人均可支配收入分别为45075元、23765元，增长5.2%、6.5%。

过去一年，我们常抓不懈，成功保住了安全。围绕“防风险、保安全、迎二十大”工作主线，扎实开展安全生产专项整治三年行动和“集中攻坚”“打非治违”专项整治行动，生产安全事故起数下降25%，未发生较大以上安全事故。荣获“全省平安建设示范区”、首批“全省禁毒示范城市”称号。

一年来，我们重点抓了六个方面的工作。

（一）狠抓实体产业，发展质量不断提升。工业稳中提升。工业产业加速聚集，健康医药主导产业逆势回升，电子信息制造特色产业高速增长，“一主一特”产业分别完成产值58.68亿元、78.65亿元，在全市占比分别达37.9%、20.4%。工业企业不断壮大，新增规模以上工业企业6户，新增专精特新企业14家、“小巨人”企业3家，高新技术企业产值占规模以上工业产值比重达85.03%，战略性新兴产业产值占规模以上工业产值比重达83.32%。健兴药业产值突破30亿元，振华集团获得国家智能制造试点示范，振华风光成功在科创板上市，成为贵州省第一家芯片上市公司。工业项目有序推进，新天中药配方颗粒、振华电子元器件厂房等6个项目基本建成，健兴药业数字化提取制剂车间（二期）、国药西部医疗产业园、振华新天电子元器件产业园等一批项目加快建设，9个标准厂房项目按计划推进，完成工业投资29.04亿元，增长94.9%。工业园区持续建强，科学划定17.13平方千米工业集聚区范围，基本完成集聚区规划、环评报告，园区布局进一步优化；收储工业用地40公顷，建成标准厂房45.93万平方米，振华路、洛湾排水主干线等一批基础设施加快建设，园区承载能力进一步提升；23项园区社会事务全面剥离，涉企事项实现“园区事园区办”，园区管理机制进一步理顺。农业稳中提效。完成耕地非农化、非粮化和撂荒地治理、高标准农田建设450.33公顷，完成粮食种植面积6341公顷、产量3.05万吨，打造了“五零吾当”生态大米品牌，新增种养大户154户、市级以上龙头企业6家，28个行政村经营性收入达20万元以上，农产品加工转换率突破60%。旅游业稳中提质。深入开展“六爽”系列活动，发布“爽爽贵阳·活力乌当”城市品牌，百宜镇、偏坡布依族乡分别荣获“省级乡村旅游重点镇”“市级非遗小镇”称号，温泉接待61.4万人次，盘活闲置低效旅游项目2个，全年过夜游客达64.5万人次，实现旅游收入58.7亿元。

（二）狠抓区域协调，城乡面貌加快改善。空间布局更优。精准划定“三区三线”，高标准编制国土空间总体规划、控制性详细规划、乡镇国土空间规划及村庄规划。科学划分功能板块，加快构建“一轴双核多组团”发展格局，完成14个专题规划研究。收储各类用地43宗596.73公顷，完成用地农转建报批12批次311.93公顷，消化批而未供土地约133.33公顷。城市功能布局和产业发展要素支撑不断增强，城市建成区面积增至31平方千米，城镇化率达67.1%，常住人口增至34.8万人。城市配套更足。大力实施“一圈两场三改”，投入16.26亿元完成7个“15分钟生活圈”112个配建项目建设，新增停车场5个，改造农贸市场2个，改造棚户区5个2704户、老旧小区4个3750户、背街小巷20条7630米。深入推进“六网会战”，服务保障乌长高速、贵平高速、贵黄高速延伸段加快建设，轨道交通3号线一期土建工程基本完工，马东路（民大附中段）建成投用，北龙路基本建成，新增城市道路11.35千米。新建、改造地下雨污管网15.8千米，铺设燃气管道8千米，新增5G基站245个。全面打响生活垃圾分类“百日攻坚”行动，151个小区和361栋高层分类设施实现全覆盖。乡村环境更美。狠抓农村“五治”，整治农房风貌1050户，完成40宗闲置宅基地、农房盘活利用试点任务。新改建农村户厕7130户。阿栗、高穴片区及上坝村供水工程全面建成。新建污水处理设施29套，覆盖2327户6013人。新建镇村级垃圾收集站点65个，农村垃圾外运减量50%。提升改造农村公路725千米，乌当成为“四好农村路”全国示范县创建单位。全面建立执行“两书一约一会”，婚事新办、丧事简办、其他不办的文明乡风深入人心。

（三）狠抓生态文明，绿色优势更加凸显。生态保护扎实推进。严格落实“河湖林”长制，长江流域“十年禁渔”扎实推进，投入1350万元完成高建河流域水生态保护与修复。新增小微公园2个、公园绿地5万平方米，改造公园绿地4.4万平方米。完成8.6公顷历史遗留矿山生态修复，抚育森林面积333.33公顷，森林覆盖率达59.73%，保持全市第一。环境治理成效显著。深入推进蓝天、碧水、净土、固废治理和乡村环境整治“五大攻坚战”，第二轮中央生态环保督察反馈的39个信访件全部办结，区内15条河流水质有效提升，国、省控断面和集中式饮用水源地达标率均为100%，空气质量优良率100%，工业企业固体废物综合处置利用率达98%以上。绿色经济不断壮大。新增63.33公顷林下食用菌种植，林下经济利用林地面积达14586.67公顷，林下经济完成产值17.8亿元。大力推进碳达峰、碳中和工作，单位能耗强度下降2.75%，绿色经济占地区生产总值比重稳步提升。

（四）狠抓改革开放，活力动力持续增强。改革创新深入推进。持续推动简政放权，动态调整区级行政权力事项592项。“四房”联动、农村“四块地”和国企国资改革稳步推进。新增21家高新技术企业，累计达67家。发放科技研发补助资金969万元，兑现科技项目扶持资金超过2000万元。科技研发投入达4.64亿元，增长68.9%。人才支撑不断夯实。装修人才保障房660套，发放人才优享卡46张，兑现扶持资金305万元，加强与厦门大学、贵州师范学院、贵州农业职业学院等院校合作，引进高层次创新创业人才团队3支，新增各类人才7164人。营商环境持续改善。成立乌当区优化营商环境服务中心，建立优化营商环境“五项机制”，持续做优“贵人服务”品牌。严格落实惠企纾困各项政策，办理增值税留抵退税2.48亿元，兑现、发放各类区级奖补资金9035万元，净增“四上”企业29户、市场主体4743户。深化一窗通办“2+2”模式改革，乌当成为全国首例税务系统融通试点，政府门户网站被评为“2022年度中国领先政务网站”。招商引资再添动力。大力开展产业链招商、以房招商、以商招商，新引进项目93个，成功引进国药集团、联德液压、绿循投资等优强企业26家，项目到位资金82.62亿元，工业到位资金占比达65.9%。贵州路桥集团总部成功迁入乌当。

（五）狠抓民生供给，人民福祉与日俱增。就业保障不断夯实。大力巩固脱贫成果，托底安置“三类人员”就业814人，易地搬迁劳动力就业率达96%，未发生返贫致贫。全力稳就业，发放就业创业补助2796万元，城镇新增就业6016人，农村劳动力转移就业2317人，城镇调查失业率控制在5%以内。教育事业稳步发展。投入3.97亿元新建、改扩建中小学、幼儿园16所，新增学位2160个，乌当实验小学分校建成投用，兴农中学转为公办。学前教育公办率、普惠率以及九年义务教育巩固率分别达63.74%、91.37%、117.63%。深入实施“公办强校”计划，乌当中学与贵阳一中组建教育发展联盟。全面落实义务教育“双减”政策，整治清理29家校外培训机构。医疗卫生更加惠民。医共体改革深入推进，区人民医院、区妇幼保健院深度融合，区卫生健康信息化建设平台项目基本建成，新建2个社区卫生服务中心、2个社区卫生服务站，医疗机构新增床位830张，区域就诊率达90%以上。16.2万人激活医保电子凭证，一码就医购药逐步实现。

（六）狠抓风险防范，社会大局保持稳定。金融风险稳步化解。严格执行政府性债务管理“七严禁”措施，强化债务风险动态监控，政府债务成功“守橙”，未发生债务违约情况。有效处置6起非法集资案件，金融秩序保持稳定。安全生产抓铁有痕。严格落实国务院安全生产“十五条”和省“六十条”措施，保持“打非治违”高压态势，立案调查976起，行政（刑事）拘留69人，行政处罚金额942.32万元，国务院督导帮扶组以及省市交办问题全部整改完成，安全生产形势总体稳定。社会治理不断完善。争取保交房专项借款资金11.38亿元，有效助力5个“问题楼盘”及时复工复产。延伸社会治理“一中心一张网十联户”服务领域，创新实践“1+2+N”诉源治理模式，排查化解矛盾纠纷率92%。全力维护国家政治安全，深入推进常态化扫黑除恶斗争、打击整治养老诈骗、电信网络诈骗和禁毒“大扫除”专项行动，刑事案件发案数下降33.73%，基层社会治理能力有效提升。

一年来，我们坚持和加强党的全面领导，认真学习宣传贯彻党的二十大精神，坚定捍卫“两个确立”、坚决做到“两个维护”。坚持依法行政、为民施政，积极推进法治政府示范创建，扎实开展审计监督和审计整改，12345热线等平台受理群众诉求37305件，办结率100%。主动接受人大法律监督和政协民主监督，人大代表议案和政协提案办复率和满意率保持100%。落实政府“过紧日子”要求，压减一般性支出达15%。坚决贯彻全面从严治党要求，坚定不移落实中央八项规定，大力开展“改进作风、狠抓落实”年系列活动，持续纠治“庸、懒、散、软、浮、推”作风顽疾，不断提升政府服务效能。

国防动员、双拥共建、退役军人工作不断加强，民族、宗教、外事、侨务、统计、气象、人防、科协、金融等工作取得新成效，青年、妇女儿童、老龄、残疾人、红十字、慈善等事业健康发展。

各位代表，2022年极不平凡、殊为不易，我们政民同心、政企合力，顶压前行、迎难而上，成功应对各种风险挑战、顺利踏过各处陡坡险滩，保持了稳中有进的良好局面。这些成绩的取得，离不开市委、市政府和区委的坚强领导，离不开区人大、区政协的监督与支持，离不开各类市场主体的守望相助和全区人民群众的团结奋斗。在此，我代表区人民政府，向全区人民致以崇高的敬意！向各位人大代表、政协委员，向离退休老同志，向各民主党派、工商联、无党派人士、各人民团体，向驻区武警部队官兵、公安干警和消防救援人员，向所有关心支持乌当发展的各界人士表示衷心的感谢！

在肯定成绩的同时，我们也清醒地认识到，乌当在推进高质量发展道路上面临的困难和挑战很多，存在的问题和薄弱环节不少，主要表现在：一是主导产业规模小，产业园区配套不完善，龙头企业少，发展后劲不足。二是债务包袱沉重，刚性支出持续增长，“三保”压力较大，财政收支矛盾突出。三是教育、医疗、养老等公共服务供给还不优，生产性、生活性配套基础设施均有较多欠账。四是干部“庸、懒、散、软、浮、推”现象仍一定程度存在，履职能力还需进一步提升。对此，我们一定高度重视，采取有力措施，切实加以克服和改进。

二、2023年主要工作目标任务

今年是贯彻落实党的二十大精神的开局之年，是推进“十四五”规划承上启下的关键一年，做好全年工作意义重大、至关重要。

2023年政府工作的总体要求是：以习近平新时代中国特色社会主义思想为指导，全面贯彻落实党的二十大精神和习近平总书记视察贵州重要讲话精神，认真落实中央、省委经济工作会议精神和市第十一次党代会、市委十一届五次全会、市委经济工作会议、区委十一届四次全会、区委经济工作会议精神，坚持稳中求进工作总基调，完整、准确、全面贯彻新发展理念，坚持以高质量发展统揽全局，更好统筹疫情防控和经济社会发展，更好统筹发展和安全，紧盯高质量建设“五美五活”的“美丽乌当·活力新城”美好愿景，持续提振信心，防范化解风险，推动经济运行整体好转，实现质的有效提升和量的合理增长，为谱写新征程“强省会”新篇章作出乌当新贡献。

2023年经济社会发展主要预期目标是：地区生产总值增长6.5%，工作中力争更好成绩；农业、规模以上工业、服务业增加值分别增长6%、9%、7%；建筑业总产值增长15%；固定资产投资增长8%以上；社会消费品零售总额增长8%；一般公共预算收入增长2%；城镇新增就业6000人以上；城镇、农村常住居民人均可支配收入分别增长7%和9%左右。

围绕上述目标任务，重点抓好以下九个方面工作。

（一）聚焦投资消费，坚定不移扩大内需。坚持政府和市场双向发力，全力稳投资、促消费，保持经济稳定运行。

突出项目建设扩投资。围绕国发〔2022〕2号文件等政策大力争资争项，安排2000万元项目前期工作经费，支持各单位聚焦“四化”产业发展、新型基础设施、交通水利、生态环保、乡村振兴等重点领域谋划包装和储备项目，全力提高项目前期工作的精准度和成熟度。制定完善奖惩机制，积极争取上级预算内投资、地方政府专项债券、省“4+2”基金和政策性开发性金融工具等支持，力争谋划和储备基金支持项目不少于16个，争取落地项目不少于6个。强化项目全生命周期服务管理，全力推动贵阳东风冷链物流园、高穴标准厂房以及区医院、狮岩路地块城市更新等24个省重大工程和重点项目建设，启动贵阳东部循环经济产业园建设，力争全年固定资产投资项目入库达到130个，完成投资185亿元，工业投资达50亿元以上。

突出商贸消费挖潜能。抢抓多彩贵州·助商惠民消费券等促消费政策契机，支持区内商圈经营主体持续开展促消费活动，确保全年开展大型商贸活动不少于10次。加大对餐饮、住宿、零售等行业扶持力度，积极引进和扶持新能源汽车销售企业，开展新能源汽车下乡、绿色家电下乡和以旧换新活动，不断壮大汽车、住房、家电等大宗消费，确保培育上规模商贸业企业10家以上。大力引进健康医药物流企业，努力打造全省最大医药物流聚集区。大力发展夜间经济，改造提升新光里文创产业园、北衙路美食街等3个“夜间经济”精品街区。大力促进电商消费，推动以有米欢伯为代表的电商、网络直播等多样化经营消费企业加快发展。加快区域商业体系建设，支持供销社壮大农产品购销网络，推动瀑布冷链物流园改造升级，确保东风农贸市场建成投用。

（二）聚焦“一主一特”，坚定不移大抓工业。坚持把新型工业化作为

"第一工程"，优质资源要素更多向工业倾斜，奋力实现工业大突破。

乘势发展重点产业。狠抓健康医药产业，对接争取二类医疗器械审批权下放试点、委托代加工等政策支持；抢抓全市医药产业布局乌当政策机遇，推动"两药一械"优质企业贵州总部向乌当集聚；加快国药西部医疗产业园、洛湾威门医药工业园、健兴药业标准厂房等项目建设，力争完成健康医药产业产值65亿元以上。狠抓电子信息制造产业，推动振华系产品持续升级，确保新天电子元器件产业园交付使用；大力引进半导体分立器和功能件、移动电源等企业，带动产业链上下游及振华电子集团外协加工等基础产业加速聚集。全力推动振华永光六英寸半导体功率器件芯片线、振华群英TO—5微型继电器智能制造示范线等20个项目开工建设，力争完成电子信息制造业产值90亿元以上。狠抓生态特色食品产业，加快火石坡特色食品产业园、易商集团（ESR）贵阳食品电商产业园、千秋实业中高端大健康食品生产基地等项目建设，持续支持高新惠诚、黔五福、贵州龙等企业规模化、特色化、品牌化、集群化发展，力争完成特色食品产业产值10亿元以上。

培育壮大工业企业。深入开展培育壮大市场主体三年行动，继续设立800万元上规入统专项奖补资金，重点培育龙头、骨干、上市、专精特新"四类企业"。聚焦龙头企业，支持企业技改升级、开拓市场、提升产量，力争推动振华电子集团产值达80亿元、健兴药业产值达35亿元、新天药业产值达15亿元以上，新增省级龙头企业2家。聚焦骨干企业，继续实施"规模以上企业倍增计划"，新增规模以上工业企业15家以上，确保总量突破100家。聚焦上市企业，加快推进威门药业北交所上市、远程药业启动IPO。聚焦专精特新企业，力争新增国家级"小巨人"企业2家，省级专精特新企业15家，市级创新型中小企业20家。

全力抓好要素保障。继续完善工业集聚区规划，集中编制贵州乌当经开区工业集聚区环保基础设施建设方案，全力保障工业项目新增建设用地，力争完成工业用地收储53.33公顷。加快云锦、洛湾等8个标准厂房项目建设，确保存量标准厂房招商入驻率达90%以上，新建成标准厂房60万平方米以上。加强与高校、科研院所对接合作，引进产业人才，力争"一主一特"产业人才突破2万人，具有大学本科及以上学历人员占比达30%。加快高新北二路、振华路、云锦路、云锦排洪大沟等项目建设，启动火石坡工业园区污水处理厂扩容工程、云锦工业污水处理厂、马百路一标、洛湾排洪大沟等项目建设，不断提升开发区产业承载能力。

（三）聚焦乡村振兴，坚定不移强农固本。坚持以乡村振兴统揽"三农"工作，不断巩固脱贫成效，强化新农村建设，让农业强起来、农村美起来、农民富起来。

大力发展现代高效农业。坚决遏制耕地"非农化"和"非粮化"，完成333.33公顷高标准农田建设任务，落实领导干部包保责任田制度，优化粮食生产结构，保障粮食产量稳定增长，持续打造"五零吾当"生态大米品牌，确保粮食产量2.3万吨以上。立足都市近郊区位优势，发挥新场—羊昌—百宜现代农业产业示范带引领作用，大力发展果蔬药花茶和生态畜牧业"5+1"产业，实施3个特色产业提质增效项目，打造2个"最美果园"。发挥火石坡特色食品产业园集聚作用，大力发展农产品加工业，确保农产品加工转化率达62%以上。

加快建设文明美丽乡村。立足资源禀赋、人文特色，持续推进农村"五治"，建立健全农村公共基础设施建管运维长效机制。严格执行村庄规划，完成600户宜居农房改造、50宗闲置宅基地盘活利用试点建设，农房确权登记入库3000宗以上。新建和改造户厕236户。持续完善农村垃圾收运体系，实现垃圾外运减量80%。实施3个行政村污水治理、2个供水保障工程、2处生活污水处理设施及配套管网提升工程。改造提升"农家书屋"8个，大力巩固提升治风成效。

全力促进农民增收致富。扎实推进"一乡一业、一村一品、一产一企、一家一特、一人一技"工程，打造农业特色专业乡镇7个，创建特色产业示范村34个，培育产值500万元以上特色农业品牌13个。加大新型农业经营主体培育力度，新增种养大户150户、家庭农场20个、专业合作社5个、市级以上农业产业化龙头企业19家。持续巩固"3+1"保障和易地扶贫搬迁成果，提高涉农项目以工代赈比例，力争脱贫人口和监测对象人均纯收入增长15%以上。

（四）聚焦全域旅游，坚定不移打造旅游强区。围绕资源、客源、服务"三要素"，全面巩固提升国家全域旅游示范区创建成果，再现旅游业井喷式发展盛况。

深挖旅游资源潜力。围绕"一心三区"全域旅游发展格局，充分发挥自然资源禀赋，深入挖掘红色文化、布依民族文化等特色文化资源，大力实施旅游业态升级行动，擦亮"泉城五韵"品牌。持续抓好相思河、香纸沟等旅游资源开发利用，打造童梦溪田、和行天下房车露营等精致户外营地，培育民宿30家，推出10条精品旅游线路，有效盘活瑰御温泉度假酒店、百宜罗广乡村旅游扶贫开发等3个项目。

精准开拓客源市场。围绕"春赏花、夏避暑、秋摘果、冬泡泉"的产业特点，紧盯贵阳市民近郊游亲子游、重庆广东等地游客避暑游、中老年群体休闲康养游等需求，加强与优质旅行社、在线旅游平台合作，积极谋划避暑季、温泉季等宣传推介活动，确保游客人均消费增长11%，过夜游客接待量增长15%。

提升旅游服务质量。聚焦游客集散中心、景区餐馆、停车场、卫生间等重点场所，深入实施服务质量提升行动，推广实施旅游餐饮标准和服务规范，用好"一码游贵州"平台，加强从业人员专业能力培训和旅游设施管理，坚决防范发生旅游安全事故，优化游客游玩体验，确保游客满意度指数达95%以上。

（五）聚焦基础短板，坚定不移提升城镇品质。坚持以产兴城、以城促产、产城融合，全力聚人气、兴城镇、提品质。

持续优化城市空间布局。主动融入“一核三中心多组团”布局，按照“中优、南融、东进、北拓”的城市发展战略，提前谋划、争取落地一批重大工程和重点项目，强化乌当与老城核心、观白中心以及双龙的交通互联互通、经济互补互进，形成区域协同发展格局。聚焦服务轨道交通3号线、北京东路延伸段、新东二环沿线开发，推动国土空间规划布局与交通、产业等专项规划融合，加快构建“一轴双核多组团”产城融合发展格局。

加快补齐基础配套短板。全力推进奶牛场片区二号道路等项目建设，确保新东二环全面建成通车，保障轨道交通3号线一期投入运营，着力打通狮岩路等城市“断头路”，优化新天城区交通组织，持续抓好交通治堵，全力提升新天城区交通通行水平。扎实推进高新、东风、后所3个“15分钟生活圈”建设，新增停车位1216个，新建1个农贸市场，新增1个惠民生鲜超市。加快区医院、狮岩路、花都路和稻香村等地块城市更新进程，实施老旧小区改造1134户、棚户区改造287户，改造各类地下管网12千米，圆满完成“一圈两场三改”三年攻坚。持续巩固城市垃圾分类“百日攻坚”行动成果，全力打造清新、整洁、靓丽的城市环境。

大力促进房地产业健康发展。用好购房契税返消费券、职工团购商品房等促进房地产健康发展政策，鼓励开发商采取多种形式开展促销活动，推动全区房地产消费市场回暖，力争全年房地产销售面积同比增长10%。聚焦满足群众住房刚性需求和改善性需求，积极引进央企国企拿地，加快开发新天城区、东风片区成熟地块，推动商品房市场持续健康发展。加快北衙尚城、鸿景花园等安置房建设并投入使用，降低超期过渡费支出。

（六）聚焦生态优势，坚定不移推进绿色发展。持续巩固“两山”实践创新基地建设成果，走好生态优先、绿色发展新路。

深入推进污染防治。坚决抓好环保督察及“回头看”反馈问题整改，持续打好打赢蓝天、碧水、净土、固废治理和乡村环境整治“五大攻坚战”，开展松溪河、车田河水环境综合整治，加强PM2.5、臭氧等污染管控，加快建设乡村一体化污水治理、分散式污水处理等工程，加强农村固定污染源总氮排放控制和面源污染治理，确保集中式饮用水源地达标率保持100%，空气质量优良率高于全市平均水平。

全力打造绿色生活。坚持绿色居住品质化、交通出行低碳化、绿色建筑产业化、绿色回收规范化，推进无废示范区建设。稳步推广使用装配式建筑和绿色低碳建材，装配式建筑面积占新建建筑面积比重达到40%以上，城镇新建绿色建筑面积占比力争达到75%以上。强化绿色价值观教育，持续巩固提升文明城市创建成果，有序推进碳达峰、碳中和工作，确保公共机构人均能耗率下降1%。

大力发展绿色经济。统筹产业生态化、生态产业化，实施绿色工业提质、山地绿色农业增效、现代服务业创新、数字经济牵引、能源结构优化“五大”工程，构建乌当“1+2+5”绿色生产体系，发展壮大生态利用型、循环高效型、低碳清洁型、环境治理型产业。大力发展林药、林禽等林下经济，力争利用林地面积突破14666.67公顷，产值突破18亿元，确保绿色经济占地区生产总值比重达49%以上。

（七）聚焦发展需求，坚定不移深化改革开放。大力拓展改革开放创新的深度和广度，激发更大活力动力。

着力深化重点改革。持续深化国资国企改革，深入盘点区属国有资产，实现行政事业单位经营性国有资产集中统一监管，规范和完善区属国有企业管理事项，提升区属国有企业抗风险能力、资源整合能力和产业发展带动力。深化市场监管领域改革，激发市场主体活力，力争全年新增市场主体4500户，“四上”企业50户。深化人才领域改革，抓好“优才卡”、户籍、住房、津补贴和公共服务五项重点，力争引进各类人才6500人。全力推进青年发展型城市建设，让更多青年向往乌当、建设乌当。加大科创扶持，力争研发投入占地方生产总值比重达2.5%，高新技术制造业增加值占规模以上工业增加值比重稳定在80%以上。

持续优化营商环境。落实“优环境”十条，全力打造营商环境“贵人服务”品牌。持续实施政务服务数据融通、事项标准化、流程优化再造攻坚工程，全力推行“五个一”，不断提升一体化政务服务能力。始终坚持“两个毫不动摇”，鼓励支持民营经济发展壮大。充分发挥“贵商易”平台作用，优化完善企业“六找”功能，为企业提供精准优质服务。构建亲清政商关系，深入开展领导干部服务企业大走访活动，着力解决企业发展中的瓶颈问题。认真落实减税降费等各类政策，切实为市场主体减负。

全面提升招商质效。用好“两图两库两池”报告，依托贵州乌当经开区、国药西部医疗产业园、贵阳东部循环经济产业园等产业发展平台，紧盯央企、500强、独角兽、专精特新等优强企业，落实好“产业大招商突破年”系列部署，积极参与进博会、数博会等重大活动，深入开展央企招商、产业链招商、厂房招商、商会招商、以商招商，着力提升招商精准度和成功率，力争全年引进优强企业25家以上，新增产业到位资金88亿元以上，工业到位资金占比55%以上。

（八）聚焦群众三感，坚定不移保障改善民生。深入践行以人民为中心的发展思想，让发展红利充分转化为人民福利。

千方百计增加居民收入。始终把稳就业、保就业作为居民增收工作的重中之重，积极拓展就业岗位、搭建就业平台、落实就业政策、提高就业实效，大力实施劳动力素质提升行动，落实“技能贵州”行动部署，抓好高校毕业生、退役军人、返乡农民工等重点群体就业，确保农村劳动力外出务工组织化程度稳定在70%以上，调查失业率控制在5%以内。深入实施居民增收三年行动，千方百计增加居民“四项收入”，缩小城乡居民收入差距，确保城乡居民收入比控制在2以内。

着力办好人民满意教育。大力实施义务教育“公办强校”和县域高中振兴行动，深化乌当中学与贵阳一中联盟办学，集中优质资源打造1—2所全市一流名校。新建、改扩建中小学、幼儿园10所，确保乌当五中、乌当小学建成投用，新增学位1470个。完成6所农村和普惠性幼儿园达标改造，确保学前三年毛入园率达91%、公办率达65%。

加快健康乌当建设。落实好新冠病毒“乙类乙管”要求，统筹分级分层医疗服务资源，全力“保健康、防重症”，最大限度减少疫情影响。持续抓好医共体、医联体建设，完成区医院整体搬迁，争取获批建设县域医疗次中心。加强乡（镇、街道）卫生院和社区卫生服务中心能力建设，促进优质医疗资源下沉，确保新光路、龙广路社区卫生服务中心建成投用，全区新增床位258张。

大力完善社会保障体系。加强粮食储备能力建设，抓好重要商品保供稳价。深入推进医保支付方式改革，夯实基本医疗、大病保险、医疗救助“三重”保障能力。新增机构护理型养老床位30张，大力扶持普惠性托育机构，全力解决“一老一小”问题。深化殡葬制度改革，新建农村公益性公墓2个。

（九）聚焦平安稳定，坚定不移防范化解重大风险。全面落实总体国家安全观，严守安全底线，全力推进平安乌当建设。

坚决防范化解金融风险。加大开源节流、融资对接、资产盘活、土地出让工作力度，通过协商降息等多种方式降低债务成本、缓释债务风险，确保债务不“返红”。全力防范化解金融机构自身风险和非法集资等各类金融风险，做到风险早发现、早识别、早预警、早处置。

稳步推进问题房开项目处置。坚持“一楼一策”推进5个“问题楼盘”项目处置，落实县级领导干部包保责任和企业主体责任，用好国家“保交楼”专项借款和配套贷款政策支持，督促企业加快资产处置、全力筹措资金，全面紧盯工程进度，确保按时交付，实现“保交楼、保民生、保稳定”。

牢牢守住社会稳定底线。抓牢抓实“一中心一张网十联户”工作机制建设，优化12345热线问题诉求处置机制，深入细致抓好矛盾纠纷排查化解，系统性研究解决“两拖欠”、超期过渡费等问题。加强社会治安综合治理，维护社会安全稳定，坚决做到“六个零发生”，不断提升群众安全感满意度。

坚决防范遏制重特大生产安全事故。扎实做好国务院安委会督导帮扶组和省、市检查组反馈问题“回头看”，常态化开展“打非治违”专项行动，从严从实抓好道路交通、消防安全、建筑施工、危化品、地质灾害等重点行业领域风险隐患排查整治，压实安全生产责任，坚决维护人民群众生命财产安全。

三、切实加强政府自身建设

各位代表！时代催人奋进，使命呼唤担当。我们将不断加强政府自身建设，努力打造群众满意的有为政府，营造让“干部敢为、地方敢闯、企业敢干、群众敢首创”的浓厚氛围。

（一）始终做到对党忠诚。坚持把党的领导贯穿到政府工作各领域、全环节，用习近平新时代中国特色社会主义思想武装头脑、指导实践、推动工作，衷心拥护“两个确立”，忠诚践行“两个维护”，不折不扣落实好中央、省、市和区委决策部署。

（二）始终做到依法行政。加强法治政府建设，强化重大决策科学论证、风险评估和合法审查，推进依法科学民主决策。主动接受人大监督、政协民主监督和其他各类监督，深化政务公开，推进公正严明执法，提高政府透明度和公信力。

（三）始终做到担当务实。完善重大项目、产业链协调联系服务机制，构建工作责任推进落实机制，强化定期会商、清单管理和闭环推进，大力开展绩效管理、政务督查和行政问责，营造担当务实的干事氛围。落实正向激励和容错纠错机制，有效减轻基层负担，旗帜鲜明为敢于担当、踏实做事、不谋私利的干部撑腰鼓劲。

（四）始终做到廉洁勤政。坚持严的基调正风肃纪，紧盯权力运行各环节，管好关键人、管住关键事，严肃整治腐败和侵害群众利益问题。严格落实中央八项规定及实施细则精神，驰而不息整治“四风”，以更大力度整治“庸、懒、散、软、浮、推”等作风顽疾。

各位代表，敢为者先，实干者成！让我们紧密团结在以习近平同志为核心的党中央周围，牢记嘱托、感恩奋进，在市委、市政府和区委的坚强领导下，以永不懈怠的精神状态和一往无前的奋斗姿态，为奋力谱写“美丽乌当·活力新城”现代化建设新篇章而努力奋斗。

（注：本报告所用数字均为预计数）

《政府工作报告》中术语解释

1.“一主一特”产业：健康医药主导产业、电子信息制造特色产业。

2. 专精特新企业：实现专业化、精细化、特色化发展，创新能力强、质量效益好的企业，是优质中小企业的中坚力量。

3.“小巨人”企业：位于产业基础核心领域、产业链关键环节，创新能力突出、掌握核心技术、细分市场占有率高、质量效益好的企业，是优质中小企业的核心力量。

4.“三区三线”：“三区”指农业空间、生态空间、城镇空间；“三线”指耕地和永久基本农田控制线、生态保护红线、城镇开发边界。

5.“一轴双核多组团”：依托轨道交通 3 号线，打造乌当区城市综合发展轴；形成以新天城区为中心，联动东风片区、火车东站片区，打造贵州乌当经济开发区、洛湾云锦工业园、火石坡工业园融合发展的“城市主核”；形成以贵州中医药和医疗器械产业园为重点的“城市辅核”；形成以偏坡原味小镇、新堡体旅小镇、百宜五彩小镇等新型特色小镇组团。

6.“六网会战”：实施路网、水网、电网、地下管网、油气网、互联网基础设施建设。

7.“两书一约一会”：“两书”指《文明节俭操办婚丧事宜承诺书》《摒弃婚丧陈规陋习 弘扬时代文明新风倡议书》；“一约”指村规民约（居民公约）；“一会”指红白理事会。

8.“四房”：商品房、保障性租赁住房、安置房、标准厂房。

9.“四块地”：耕地、林地、宅基地、集体建设用地。

10.“2+2”模式改革：按照“前台综合受理、后台分类审批、综合窗口出件”的形式，以“自然人 + 法人（含非法人组织）、咨询 + 投诉”设置窗口，科学分区分类、规范服务管理、打造职业化专业化辅助团队，形成部门间数据通、系统通、业务通的政务服务协同联动机制，实现“咨询、辅导、审批、评价”的闭环管理。

11.“1+2+N”诉源治理：“1”指坚持“一个核心”，发挥“一中心一张网十联户”源头防范强基固本作用；“2”指做实区级“民商事案件调解中心”和“矛盾纠纷联动调解中心”两个平台；“N”指 N 条举措，通过整合人民调解、行政调解、司法调解和信访调解等各类资源，切实从源头上化解矛盾纠纷，减轻群众诉累。

12.“4+2”基金：新型工业化基金、新型城镇化基金、农业现代化基金、旅游产业化基金、新动能产业发展基金、生态环保基金。

13.“两药一械”企业：生产中成药、化学药和医疗器械的企业。

14.“一心三区”：以都市温泉牵动，实现温泉景城融合、游憩医养共享，全面打造都市康养大中心；偏坡布依族乡联动下坝镇，以原味小镇为主体，丰富布依文化，打造具有民族特色的“醉美乡村民俗生活区”；新堡布依族乡联动水田镇、新场镇，以枫叶谷、香纸沟、高山药为主体，丰富水东文化，打造山体运动、非遗展示、养生度假、特色景区于一体的“醉优乡村健康生活区”；羊昌镇联动百宜镇，以花画小镇、田韵罗广、研学农场为主体，丰富生态文化，打造“醉乐乡村体验生活区”。

15.“一核三中心多组团”：以南云（南明、云岩）老城为“一核”，以观白（观山湖、白云）、贵清（贵安、清镇）、花溪为“三中心”，以双龙、乌当、修文、开阳、息烽为“多组团”，打造可承载千万级人口的城市发展空间。

16.“1+2+5”绿色生产体系：以打造全省高能级绿色产业集群“一个”核心为引领，统筹产业生态化、生态产业化“两大”抓手，实施绿色工业提质、山地绿色农业增效、现代服务业创新、数字经济牵引、能源结构优化“五大”工程。

17.“四项收入”：城乡居民工资性收入、经营性收入、财产性收入、转移性收入。

专 文

加快打造“五个新高地”推动高质量发展再上新台阶

时间镌刻奋斗足迹，实干凝聚前行力量。在区第十一次党代会上，乌当区提出把加快打造“五个新高地”（“两山”理论实践创新高质量发展新高地、大健康产业高质量发展新高地、乡村振兴高质量发展新高地、全域旅游高质量发展新高地、产城融合高质量发展新高地），作为推动全区经济社会发展的总路径、总抓手，高质量建设“美丽乌当·活力新城”。2022 年，乌当区坚持以高质量发展统揽全局，围绕主战略、主定位，紧扣“四主四市”工作思路，锚定“五美五活”现代化新城目标，加快打造“五个新高地”，全区现代化建设各项事业取得新成效、实现新突破，完成地区生产总值 195.90 亿元、同比增长 1.8%。

加快打造“两山”理论实践创新高质量发展新高地。拓展“两山”转化通道，实现生态环境高水平保护与经济社会高质量发展协同并进。整治环境污染，打好蓝天、碧水、净土、固废治理、乡村环境整治“五场战役”。运用“燕子冲”等国、省控站点监测扬尘污染，常态化整治秸秆焚烧、道路扬尘、餐饮油烟等污染源，对 19 家加油站开展油气回收监管，督促排污企业做好自行监测，全年空气质量优良率达 100%。以改善水环境质量为核心，加快松溪河、环溪河两岸、龙塘大沟排水管网等工程建设，实施高建河流域水生态保护与修复。治理新场镇谷溪村等 5 个行政村的生活污水，新建污水处理设施 26 套，解决 2327 户污水问题。定期开展水质监测，2022 年，国、省控断面达标率 100%、优良率 100%，集中式饮用水源地达标率为 100%。加强“6+1”土壤重点行业的风险排查、管控，土壤安全利用，建设用地安全利用率 100%。推进“无废”城市建设，健全固废、危险废物、医疗废物等垃圾分类投放、收集、运输、处理闭环管理体系，全区工业企业固体废物综合处置利用率达 98%以上，全区 54 家党政机关成功创建节约型机关。提升环境质量，坚持山水林田湖草一体化治理，狠抓第二轮中央环保督察反馈问题整改，依托“双随机、一公开”制度加大对辖区重点行业、重点污染源、非煤矿山、畜禽养殖、散乱污企业等污染源的执法检查力度，完成8个反馈问题、39件信访件整改落实，妥善化解环境信访投诉。全区 7 家矿山企业均建立“一矿一策”台账进行管理，生态修复 2 处历史遗留矿山图斑。落实好河湖治理管护，区委常委带头开展巡河巡林 69 次，扎实推进长江“十年禁渔”行动。全面完成第四次石漠化调查，有序开展森林抚育、退耕还林、林木种苗保护，强化地质灾害隐患点监测预警、整治搬迁，开展高雁垃圾填埋场技改、迁改，切实提升生态环境质量。2022 年，生态修复 8.6 公顷历史遗留矿山，防

贵阳东站 （余正发／摄）

治病虫害453.33公顷，抚育森林面积333.33公顷，森林覆盖率达59.73%、居全市第一，治理13个地质灾害点，22个地质灾害隐患点纳入自动化监测，绿色生态底色不断厚植。推动绿色发展，坚持"产业生态化、生态产业化"，利用乌当中药材资源丰富和生态环境良好两大优势，威门药业铁皮石斛和头花蓼种繁基地拥有"铁皮石斛"良种繁育基地20余公顷，培育威门石斛水、黔鲜铁皮石斛粉等生态品牌。发挥森林覆盖率高优势，引进多家公司大力发展林禽、林药、林菌等特色林下经济，林下经济利用林地面积达14580公顷，其中林下种植266.67公顷，林下养殖400公顷，林下采摘666.67公顷，森林景观利用13200公顷，林下经济全产业链产值达17.8亿元，生态红利持续释放。

加快打造大健康产业高质量发展新高地。坚持把新型工业化作为"主引擎"，围绕健康医药和电子信息制造"一主一特"产业定位，全力推动实体经济发展，2022年，完成工业增加值50.56亿元、同比增长1.9%。做强健康医药主导产业，抓住"两药一械"发展窗口期，实施医药产业基础再造工程，推动健康医药产业向现代中药、高端制剂、医疗器械（二、三类）等补齐短板和转型升级，健兴药业、新天药业等龙头企业实现逆势上扬。依托国药西部医疗产业园，加快打造中国医疗器械贵州总部基地和医疗器械与医药生产基地，集研发、制造、包装、物流于一体的健康医药产业集群初步形成。做优电子信息制造特色产业，按照"军工龙头+民营推进器"模式，军民两用技术加快转化、军地产业协同互融，中高端制造业系统集成发展，以电子元器件制造为核心的新天电子元器件产业园加快建设，招引项目入驻20余个，电子材料、电子元器件、机电组件、终端整机制造全产业链逐步打通。振华风光在上海证券交易所上市，成为贵州省第一家芯片上市公司。做大食品加工产业，支持高新惠诚、五福坊、贵州龙等企业发展农产品精深加工，延伸产业链条，丰富产品种类，打造药食同源类中高端保健品，培育具有乌当标识的"两品一标"产品。火石坡特色食品生态园项目加快建设，全区食品产业完成工业产值7.56亿元，休闲食品、烘焙食品、调味品等多业态并进的食品产业集群逐步形成。培育专精特新企业，聚焦梯度培育、精准帮扶、建强平台、优化环境等方面持续发力，新天光电、贵州捷盛等6家企业获国家级"小巨人"装备制造类认定，宇光电工、千叶药包获省级"小巨人"认定，11家企业获省级专精特新认定，一批拥有核心技术、成长性好、专业化水平高、创新能力强的企业不断成长。

加快打造乡村振兴高质量发展新高地。坚持农业农村优先发展，全面推进"五大振兴"，促进农业高质高效、农村宜居宜业、农民富裕富足。夯实农业基础，深入开展"3+1"保障全面"回头看"专项行动，落实好教育、医疗、住房、饮水等政策，搬迁户有劳动力家庭就业率100%，脱贫攻坚成果得到进一步巩固拓展。严守耕地保护红线，全面落实粮食安全党政同责，加强用途管制，坚决遏制耕地非农化、基本农田非粮化，超额完成国家下达的粮食播种面积和粮食产量任务，十届市委、区委涉粮问题整改完成率100%，饭碗端得更稳更牢。抓好高标准农田及冬修水利建设，完成1000公顷高标准农田建成和23处农田水利损毁设施修复任务，不断夯实农业生产根基。发展特色农业，以现代农业产业示范带建设为抓手，实施"百园百品"带富工程，促进"蔬果药花茶"和生态养殖"5+1"特色优势产业加快发展，开展良种创新攻关、良种繁育，支持羊昌种业小镇打造全省种繁基地，引进种业主体3家，培育新增种养大户154户、市级以上龙头企业6家，创建农产品"五零吾当"区域公用品牌，全面提高绿色食品附加值。2022年，全区粮食产量3.04万吨、果药茶产量12.703万吨、蔬菜（含辣椒）产量24.95万吨、食用菌产量0.8413万吨、生猪出栏数3.0615万头、家禽出栏39.1486万羽、禽蛋产量2007.95吨，水产品产量452吨。完成农业总产值37.63亿元、同比增长4.3%。建设和美乡村，坚持"一乡一业""一村一品"，重点打造醉美偏坡、体旅新堡、五彩百宜等新型特色小镇组团。优化农村快递物流体系，升级改造、新建乡村级电商服务站点59个，乡镇电商服务网点覆盖率100%。以农村"五治"为抓手，深入开展农村人居环境整治，强化农膜、秸秆、畜禽粪污等农业废弃物的资源化利用，持续改善农村面貌。2022年，完成48个村庄规划编制，整治农房风貌1050户，组织134人参加农村建筑工匠培训；完成5个行政村生活污水治理，建成乡镇污水处理厂7座，村级污水处理厂1座，建成集中式、无动力分散式污水设施共316套，农村供水覆盖率100%、入户率100%；全区乡镇实现垃圾收运设施全覆盖，生活垃圾外运量约为30吨，基本实现50%的减量目标，完成治厕7130户；完善"两书一约一会"机制，创建3个市级移风易俗示范村、2个区级移风易俗示范村。

加快打造全域旅游高质量发展新高地。充分发挥自然资源、生态环境优势，擦亮国家全域旅游示范区"金字招牌"，奋力实现旅游大提质。全年累计接待游客584.39万人次，完成旅游收入58.7亿元。培育旅游新业态，按照"一心三区"旅游发展格局，统筹区域、流域、路域旅游整体规划，做足"山、水、林、泉、城"五篇文章，"医疗康体、滋补养息、温泉理疗"养生旅游产业持续发展，"乡村旅游、避暑度假、观光体验"休闲旅游产业巩固壮大，逐步构建"产、学、研、旅"目的地。打造旅游新品牌，围绕温泉第一区发展定位，开展"贵阳冬游到乌当”旅游推介等大型主题活动，擦亮“温泉景城融合·游憩医养共享”品牌。紧扣“六爽”主题，推出非遗文化爽心体验、欢乐假期爽游体验、靓丽花海爽眼体验、康养温泉爽身体验、城乡美食爽口体验、端午别样爽购体验，向游客提供沉浸式旅游体验。深度挖掘不同季节资源，策划推出品质露营、亲子遛娃、城市漫游、民宿体验、徒步登山等多种玩法，不断推出新业态、新玩法、新体验。重点围绕乡村旅游资源开发、业态提升等推进乡村旅游建设，丰富完善休闲采摘游、非遗体验游等旅游新业态，偏坡布依族乡偏坡村入选2022年贵州乡村旅游与少数民族特色村寨深度融合发展示范点，“泉城·五韵”乡村旅游品牌全面提升。优化旅游新服务，深入开展“四转一上”工程，支持规模以上住宿企业申报“避暑度假酒店”和星级酒店，组织旅游企业申报文旅基金项目12个，引导68家规模以上涉旅企业入驻“贵商易”平台。

加快打造产城融合高质量发展新高地。坚持以人为核心的新型城镇化，推动“人、产、城”良性互动，有效提升乌当在黔中城市群的发展能级。提标城镇布局，按照贵阳市“一核三中心多组团”总体布局，严守“三条控制线”，高标准编制国土空间规划、控制性详细规划和村庄规划，科学划定都市区、工业区、农业区、生态功能区等功能板块，城市建成区面积增至31平方千米，城镇化率达67.1%，“一轴双核多组团”的产城融合发展格局加快构建。提振城镇经济，不断优化营商环境，加大双招双引力度，大力发展楼宇经济、总部经济等现代服务业，贵州路桥集团总部成功迁入乌当，高品质打造乌当核心中央商务区，城市承载力、竞争力和综合实力进一步提升。积极培育“夜间经济”“流量经济”等新兴业态，加大商贸业招商引资力度，推进蓝波湾、新天国际等步行街、商场商圈提档升级，全年社会消费品零售总额达67.91亿元。提升城镇品质，加强基础设施建设，完善城市功能，深入推进“六网会战”，马东路（民大附中段）、新东二环建成通车，北龙路、大坡路至北二环森林防火通道建成投用，轨道交通3号线（乌当段）、智慧路、云锦路等加快建设，畅通城市内外循环“主动脉”，“三环五横七纵”骨架路网结构加速优化。新建、改造地下雨水管网7.41千米、污水管网7.8千米，铺设燃气管道8千米，新建5G基站245个，联通地上地下“毛细血管”。加快推进狮岩路区医院城市更新项目，提高城镇基础设施、公共服务水平，让城市更宜居、更美丽。

（区委政策研究中心）

精准实施农村“五治”打造宜居宜业和美乡村

2022年，乌当区践行为民宗旨、厚植民生情怀，紧盯目标，精心谋划，全面部署，精准发力，深入开展治房、治水、治垃圾、治厕、治风“五治”工作，打造了一批村容村貌整体提升、农民生活环境明显改善、乡风文明显著增强的美丽宜居乡村，实践探索出一条建设宜居宜业和美乡村的新路径。

精准“治房”。做好“清、建、管、用”四篇文章，打造具有特色、风貌协调、环境舒适、现代宜居的农村住房。全面“清”。开展农村“房地一体”调查确权登记，推进农村宅基地、集体建设用地及地上房屋确权登记并入库，对存在违法违规、资料不全等问题的，根据具体情况逐步化解。共摸排30894宗，登记入库8004宗，完成入库汇交率100.05%。规范“建”。安排规划师进村做技术指导，完成48个村庄规划的编制、专家评审及批复，实现村庄规划编制全覆盖。编制《乌当区农村住宅通用图集》，设计20种户型供农户选用。实施1050户农房风貌整治，因户施策补齐短板。培训农村建筑工匠134人，提升农村建房水平。严格“管”。落实“一户一宅”和“建新拆旧”规定，深入开展整治，强化对乱占耕地建房、乱搭乱建以及危房的排查整治，拆除房屋514处，拆除面积19.57万平方米。加强农村宅基地审批管理，要求新建农房严格按照审定图集修建，从增量源头控制农村房屋整体风格。对刚需建房实行全程监管，确保批哪里建哪里、批多少建多少、批什么建什么。盘活“用”。采取集中连片租赁、农户与公司合作、农户自行盘活等方式，鼓励引导村集体和农户盘活利用闲置宅基地和闲置住宅，通过自主经营、合作经营等方式，发展特色民宿、农家乐等农文商旅产业，拓宽农民增收渠道。创建新堡布依族乡王岗村和偏坡布依族乡偏坡村2个盘活利用试点，盘活宅基地、农房1.38万平方米、农户40户、增收173.7万元、就业120人。

精准“治水”。坚持饮用水、生活污水、黑臭水体“三水同治”，以减量化、无害化、资源化为治理目标，将水管起来、净起来、活起来。保障饮用水。围绕“水量、水质、水价”三个关键，以城镇管网延伸及千人以上覆盖为重点，将千人以上集中供水工程和城市周边村寨纳入城市管网覆盖范围，助推城乡水务一体化。引入专业化水务管理企业参与农村供水保障体系建设，打造专业化管理服务团队，积极破解农村饮水安全工程“运管难”问题。制定《乌当区农村饮水安全工程运行管理办法》，确保农村供水工程“有人管、管得好”。建成农村集中式供水工程共186处、农村供水水厂7座，供水保障工程完成率100%，农村供水覆盖率100%，入户率100%。治理农村生活污水。采取“政府主导、因村制宜、梯次推进”的思路，科学规划、因地制宜，梯次推进农村生活污水治理。加大资金投入，引入第三方运营管理，建立农村生活污水处理基础设施“建、管、养”长效管护机制，开展存量设施运维管护，提高农村生活污水处理率。坚持“因村制宜，一村一策”，采取能集中则集中、宜分散则分散，以及“污水治理+资源化利用”等模式，选择适宜的农村生活污水治理模式和处理工艺，探索农村生活污水治理新模式。建成乡镇污水处理厂7座，村级污水处理厂1座，建成集中式、无动力分散式污水设施共316套，完成不正常污水设施提升改造47套，覆盖人口2.2万人，全区污水收集处理

百宜镇拐吉村村景　　（赵慧鹏/摄）

率达68%以上。消除黑臭水体。采取“截污控源、清淤疏浚、生态修复、水体净化”等措施进行综合治理，优先对纳入国家监管的黑臭水体开展整治，实行“拉条挂账、逐一销号”。对纳入省级监管的黑臭水体分期分批进行整治，逐步消除农村黑臭水体存量。完成1处纳入国家监管的农村黑臭水体进行综合治理，成功消除农村黑臭水体存量，并实施长效管控，确保长治久清。

精准“治垃圾”。坚持“源头减量、就地处置”，开展“干湿分类”，完善处置设施，加快收转运体系建设，以规范化、标准化促进乡村人居环境改善。源头减量。指导村民在家中做好第一次分类，厨余垃圾通过喂养家禽牲畜或沤肥就地利用，煤灰等垃圾就地无害化还土利用，引导农户湿垃圾不出户，做好源头减量。发放农户干湿垃圾分类桶1万余个，实现农村生活垃圾“干湿分类”全覆盖。畅通环节。增设村寨分散分类收集设施，按“五个环节”治理生活垃圾工作要求，明确各个环节责任主体，确保工作无缝衔接、落地落实落细，整合乡镇公益性岗位人员开展垃圾转运，有效解决因住房离垃圾斗太远不愿入斗问题，实现农村生活垃圾应收尽收。投放垃圾斗或桶761个、果皮箱130余个。构建体系。按照分类标准，将可回收物、有害垃圾和其他垃圾分拣出来，可回收物进行再利用，有害垃圾由公司收运处置，其他垃圾投放至垃圾桶或垃圾斗，运至乡镇转运站后再次筛选做无害化处理。建设完成7个镇级可回收物及有害垃圾收集站，规范配置58个村级可回收物及有害垃圾收集点，可回收垃圾收集筐8000余个，所有乡镇实现垃圾收运设施全覆盖。积分激励。为村民发放分类垃圾桶，引导村民在家里进行垃圾“干湿”分类，厨余湿垃圾就地消化，干垃圾进行分选后由工作人员用“蓝色袋子”上门收取可回收物，村民只要参与垃圾分类就可以累计积分，积分可以用来兑换物品。每日产生生活垃圾由68吨减至外运量30吨，基本实现50%的减量目标，逐步实现“减量化、无害化、资源化”。

精准“治厕”。坚持政府引导、农民主体、多元参与、因地制宜、分类推进的原则，充分尊重群众意愿，实施无害化厕所建设，推动改厕工作提档升级。统筹推进。争取省、市资金1221万元，区级配套2620万元开展“治厕”。制定区、乡、村三级实施方案，建立区、乡、村领导干部包保工作机制，组建区、乡两级改厕技术队伍、村级监督人员及项目监理方队伍和改厕工匠队伍三支队伍，深入施工现场进行技术指导，严保工程进度和质量。发动群众。召开“院坝会”、入户宣传、发放农村“治厕”倡议书、张贴明白卡等多种方式，深入全区72个行政村对农户进行广泛宣传发动，激发群众参与建设积极性和主动性，从“要我干”变为“我要干”。居住分散或土地距离化粪池相对较近的农户，将通过“三格式”化粪池处理过粪水用于浇菜、浇花，农村厕所革命粪污资源化利用得到有效推广。因户施策。坚持“一户一策一方案”，科学性、多样化推进“治厕”工作。建房审批治一批，把户厕与农房建设捆绑审批治厕786户；农户自筹治一批，部分经济宽裕农户、民宿经营户、农家乐经营户主动改造居住户厕367户；财政奖补治一批，对经济相对困难、劳力相对缺乏、积极性相对较差的农户采取财政出一点、社会筹一点、自己出一点的方式进行改厕7074户。长效管护。将农村公厕日常保洁纳入村庄环境长效管护保障重点，建立健全长效管护机制，确保达到“四净三无两通一明”标准。积极探索“谁使用、谁建设、谁维护”以及购买第三方社会化服务等运行模式的运行模式，提升农村厕所监管水平，实现农村公厕、户厕的长效性管护。

精准“治风”。围绕建章立制、宣传引导、示范带动等方面持续发力，坚决打好移风易俗持久战，促进社会风气持续改善。建章立制。建立全部门联动信息共享机制、道士先生和“一条龙”服务队管理机制、红白喜事安全和食品安全检查机制、备案机制、举报奖励制度，确保第一时间信息互通、把准方向、精准施策。制定农村“治风”举报线索处置流程图，规范举报信息处置流程。修订村规民约，将整治婚丧陋习纳入其中，成立红白理事会，完善理事章程，规范理事流程，推动移风易俗制度化、常态化。宣传引导。通过发放倡议书26万份，签订《文明节俭操办婚丧事宜承诺书》1.26万份，开展移风易俗下基层文艺巡演、“花画田园·囍在乌当”集体婚礼等活动130余场，志愿服务活动2410余场，制作宣传景观小品、墙绘等290余处、视频230余个，布依族等少数民族自发将“治风”政策与山歌相结合，制作朗朗上口传播快速的民族歌曲，提高群众知晓率、参与率。试点示范。以新堡布依族乡为试点，探索积分管理模式，将遵守村规民约等内容纳入“红黑榜”和积分量化考评，已有510余名村民根据积分进行礼品兑换，以正向激励和反向约束机制推进乡风文明建设，初步形成德治、法治、自治融合的治理格局。以创建市、区示范村为契机，深入推进移风易俗，成功打造羊昌甲岗、百宜红旗、新堡王岗3个市级示范村以及水田竹林、新堡大寨2个区级示范村。监督管理。对全区道教教职人员、殡葬民间从业人员建立台账，进行常态化管理情况，组织文明殡葬教育培训15次。规范引导酒店餐馆、“一条龙”酒席服务团体签订“不承接其他不办酒席”承诺书，引导其自觉主动抵制、举报违规操办酒席规模，减少铺张浪费，带动社会风气好转。将“治风”举报线索较多的村列为重点村强化督查，加强村民宣传引导及巡查劝导力度。

（区委政策研究中心）

“两山”理论实践创新　实现环境美生态活

2017年，乌当区入选全国首批“绿水青山就是金山银山”实践创新基地，经过5年创建，生态环境质量稳步提升，绿色产业发展释放生态红利，“两山”转化通道不断拓宽，居民幸福感大幅提升，形成人与自然和谐共进新局面。2022年，乌当区立足良好生态优势，以加快打造“两山”理论实践创新高质量发展新高地为主抓手，坚定不移推进绿色发展，拓宽“两山”转化通道，持续巩固“两山”实践创新基地建设成果，推动“含绿量”与“含金量”共进，“高颜值”与“高品质”共鸣，让美丽乌当环境更美、活力新城生态活力更足。

构建绿色生态空间。坚持全方位、全地域、全过程开展生态保护、生态治理，打好污染防治“五场战役”，抓好生态环保督察反馈问题整改，全面扩大环境容量和生态空间，让乌当天更蓝、水更清、生态环境更美好。

高效治理生态环境。打好“蓝天”保卫战，运用“燕子冲”等国、省控站点监测扬尘污染，推进细颗粒物和臭氧联防联控，强化轻、中度污染天气应急管控，常态化整治秸秆焚烧、道路扬尘、餐饮油烟等污染源，对19家加油站开展油气回收监管，督促排污企业做好自行监测，确保环境空气质量稳定达标。全年空气质量优良率100%。打好“碧水”保卫战，定期开展集中式饮用水水源地水质、地表水河流及水功能区断面水质、农村环境质量的监测，实施高建河流域水生态保护与修复；治理完成新场镇谷溪村、大桥村、大岗村、东风镇新村村、高新阿栗村等5个行政村生活污水，新建污水处理设施26套，解决2327户污水处理问题。2022年，国、省控断面达标率100%、优良率为100%，集中式饮用水源地达标率为100%。打好“净土”保卫战，开展土壤污染状况调查，加强“6+1”土壤重点行业的风险排查、管控，强化土壤重点监管单位监管，签订土壤污染防治责任书，定期开展排查；开展土壤安全利用，确保建设用地安全利用率为100%。打好“固废”治理战，推进“无废城市”创建，健全固废、危险废物、医疗废物等垃圾分类投放、收集、运输、处理闭环管理体系，加强白色污染治理和危险废物、医疗废物收集处理，强化重金属污染防治，推动钢铁、建材等工业固废循环利用，全区工业企业固体废物综合处置利用率达98%以上。打好“乡村环境”整治战，以深入实施农村“治房、治水、治垃圾、治厕、治风”为抓手，统筹开展农村人居环境整治三年行动，有序推进羊昌甲岗、百宜红旗乡村振兴集成示范点建设，不断改善农村人居环境，打造宜居宜业和美乡村。2022年，治房上，完成48个村庄规划编制，整治农房风貌1050户，组织134人参加农村建筑工匠培训；治水上，完成5个行政村生活污水治理，建成乡镇污水处理厂7座，村级污水处理厂1座，建成集中式、无动力分散式污水设施共316套，农村供水覆盖率100%、入户率100%；治垃圾上，全区乡镇实现垃圾收运设施全覆盖，生活垃圾外运量约为30吨，基本实现50%的减量目标；治厕上，完成任务7130户；治风上，完善“两书一约一会”机制，创建3个市级移风易俗示范村、2个区级移风易俗示范村。抓实生态环保问题整改，有序推进第二轮中央生态环境保护督察反馈问题和信访件核实整改，切实解决环境污染问题。完成8个反馈问题、39件信访件整改落实，妥善化解环境信访投诉。

高标保护生态资源。一体推进生态系统、自然生态屏障、生物多样性、生态环境安全保护。加强生态系统保护，综合修复破损山体，整治砂石矿山突出生态问题，有序开展森林抚育、退耕还林、林木种苗保护，强化地质灾害隐患点监测预警、整治搬迁，开展高雁垃圾填埋场技改、迁改，切实提升生态环境质量。保护生物多样性，严格落实长江“十年禁渔”，全力救护金沙鲟鲤等珍稀濒危物种，开展林业有害生物防治，重点保护古柏树、千年银杏等古树名木，严厉打击野生动植物非法交易、非法捕猎滥采滥伐等违法行为，保持生态系统平衡。2022年，查处7起非法经营国家一、二级保护动物经营案件，防治病虫害453.33公顷，生态修复历史遗留矿山8.6公顷，抚育森林面积333.33公顷，退耕还林抚育补植133.33公顷，森林覆盖率达到59.73%、保持全市第一，治理13个地质灾害点，22个地质灾害隐患点纳入自动化监测，不断厚植绿色生态底色。

高质构建生态空间。优化绿色空间，科学划定“三区三线”，推进“多规合一”全覆盖，围绕打造乌当“一城两心三轴多点”城镇规划布局，合理规划生产、生活、生态空间，统筹“山水林泉城”地标元素，科学做好总规、控规、专项规划和城市风貌设计，确保城乡空间立体性、风貌整体性、文脉延续性、生活宜居性。完善生态设施，实施“海绵城市”建设，深入推进“六网会战”，马东路（民大附中段）、新东二环建成通车，北龙路、大坡路至北二环森林防火通道建成投用，建成城市道路11.35千米，畅通城市内外循环“主动脉”，“三环五横七纵”骨架路网基本成型。新建、改造地下雨水管网7.41千米、污水管网 7.8 千米，铺设燃气管道 8 千米，新建智慧停车场 2 个、5G 基站 245 个，联通地上地下“毛细血管”，让城市更宜居、更美丽。美化生态环境，深入推进“千园之城”建设，实施城市增绿、添花、加彩行动，利用城市闲置地、边角地打造“口袋公园”“小微公园”新增小微公园 2 个、公园绿地 5 万平方米，不断提升城市绿地率。

发展绿色生态产业。把绿色发展理念贯穿产业发展全过程、全链条、全领域，创新“两山”转化新路径，形成具有乌当特色的“大数据 + 大健康 + 全域旅游 + 生态农业”四大“两山”转化模式，大力培育绿色经济新增长点。

大生态与大健康产业融合发展。依托良好生态资源优势和全省医药制造聚集地、医药物流集散地的产业优势，围绕“医、养、健、管、食、游”六大板块，构建上游药材种植、中游健康医药生产、下游健康服务的大健康全产业链发展模式，培育绿色发展新动能。依托丰富优质的道地资源、优良种植环境，通过“企业 + 农户”转化模式，带动中药材规模化种植。已探明野生中药材资源 1058 种，占全市中草药品种的 53.4%，种植林下中药材 266.67 公顷，铁皮石斛种植规模位列全省第一。以洛湾云锦新型医药食品工业园、国药西部医疗产业园为载体，围绕健康医药、健康医疗、健康养生养老等产业，引进 8 家医药企业，健兴药业数字化提取制剂车间（二期）加快建设，全力打造集研发、制造、包装、物流于一体的健康医药产业集群。以“政府引导 + 企业主导”模式，发展温泉养生、乡村旅游、医养结合等康养产业，打造宜居、宜养、宜旅的全龄健康生活示范区。2022 年，全区聚集健康医药及关联企业 40 余家，规模以上工业企业 12 家，规模以上健康医药工业产值达 58.8 亿元，分别占全市、全省健康医药产业的 37.8% 和 19.6%。

大生态与大数据融合发展。探索大数据在生态环保领域的应用，创新“互联网 + 环保”智慧监管新模式，以数字化、信息化、智慧化赋能生态文明建设。深化“两山”生态环境智慧云平台运用，探索数字化监控和在线采集，在全省率先实现河长云监控，建立“智慧水务综合管理大数据平台”以服务水务一体化为中心，服务用水管理、节水管理、水环境治理保护以及农业水价综合改革管理、水权交易综合管理、水利工程管理、防汛抗旱管理、水土保持管理。搭建普渡河“生命 + 智慧”生态大数据云平台，实现“河长制”业务综合管理、水质实时分析预警、实时生态调度。写好“大生态、大民生 + 大数据”融合发展文章，搭建城市公共信息技术服务智慧云平台，整合 110、12315、电子政务、社区网格化等各类系统，打造“数字城市大脑”。依托贵州政务服务网，精简办事流程，推动数据共享、证照互认、电子签章等应用，实现全程网办事项 910 项。坚持绿色化、智能化发展方向，重点培育友康达、海丝柯、医渡云等企业，全力推进数字经济发展，打造全省乃至西南地区健康大数据高地。2022 年，引进数字经济项目 12 个，培育新一代信息技术企业 7 户、数字经济骨干企业 2 户，规模以上互联网和相关服务业、软件和信息技术服务业营业收入完成 6.66 亿元。

大生态与大旅游产业融合发展。充分发挥山水、生态、田园、地热等生态优势，擦亮国家全域旅游示范区“金字招牌”，打造“爽爽贵阳·活力乌当”文旅品牌。做足“山、水、林、泉、城”五篇文章，发展山地旅游、康体运动、农业观光、文化体验等生态特色健康旅游业态，逐步构建起“产、学、研、旅”目的地。围绕“温泉第一区”定位，开展“贵阳冬游到乌当”旅游推介等大型主题活动，销售冬季旅游实惠礼包 3168 套，擦亮“温泉景城融合·游憩医养共享”品牌。紧扣“六爽”主题，推出非遗文化爽心体验、欢乐假期爽游体验、靓丽花海爽眼体验、康养温泉爽身体验、城乡美食爽口体验、端午别样爽购体验，从“爽心”“爽游”“爽眼”“爽身”“爽口”“爽购”六个维度向游客提供沉浸式旅游体验。深度挖掘不同季节资源，策划推出品质露营、亲子遛娃、城市漫游、民宿体验、徒步登山等多种玩法，不断推出新业态、新玩法、新体验。推进乡村旅游建设，偏坡布依族乡偏坡村入选 2022 年贵州乡村旅游与少数民族特色村寨深度融合发展示范点，“泉城·五韵”乡村旅游品牌全面提升。2022 年，全区新增限上住宿业 2 家，累计接待游客 584.39 万人次，实现旅游收入 58.7 亿元。

大生态与大农业产业融合发展。充分发挥本地资源优势，利用优美自然环境和丰富生态资源，大力发展城市近郊生态农业，实现生态与农业的和谐共生。实施“百园百品”带富工程，大力发展“蔬果药花茶”和生态养殖“5+1”特色生态绿色农业，不断提升农业规模效益。全区粮食产量 3.04 万吨、果药茶产量 12.703 万吨、蔬菜（含辣椒）产量 24.95 万吨、食用菌产量 0.8413 万吨、生猪出栏数 3.0615 万头、家禽出栏 39.1486 万羽、禽蛋产量 2007.95 吨，水产品产量 452 吨。实施良种创新攻关、良种繁育，支持羊昌种业小镇打造全省种繁基地，引进种业主体 3 家，培育新增种养大户 154 户、市级以上龙头企业 6 家，创建乌当农产品“五零吾当”区域公用品牌。发挥森林覆盖率高优势，利用土地资源和生态环境，发展林下种植养殖、森林康养、森林景观利用，林下经济利用林地面积达 14586.67 公顷，完成林下经济产值 17.8 亿元，实现生态财富变经济财富。推行农牧、种养结合等生态立体种养模式，强化农膜、秸秆、畜禽粪污等农业废弃物的资源化利用，持续改善农村人居环境。推动农业产业转型升级，依托火石坡工业园，推动更多初级农产品向调味品、休闲食品、饮品等中高端商品跃升，切实提高农产品附加值。全区完成食品加工业产值7.56亿元。

构建绿色生态机制。突出共建共治共享，推动跨部门、跨地域、多元化治理协作，推动生态环保监管体系与监管能力现代化。

构建生态共建机制。制定《乌当区"两山"基地建设监测指标体系》等系列制度，从资源利用、环境质量、保护治理、绿色增长等六方面，系统化、科学化开展生态环境保护、监管、治理。制定《乌当区集中式饮用水水源地环境保护"十四五"巩固提升工作方案》《乌当区2022年环境空气质量保障方案》《乌当区全面实行林长制实施方案》等制度规范，构建生态环境保护党政同责、"一岗双责"责任以及"区乡村"三级工作责任体系。强化财税、金融、科技支撑，争取上级林业改革发展资金、生态环保资金、地方政府专债等，实施天然林森林资源抚育管护、生态修复治理、国土绿化、"治水"工程等，巩固生态环境优势。落实节能环保、绿色科技创新等税收优惠，支持广毅科技、精一科技等企业，开展绿色工业、环保技术、关键核心技术科技攻关，全区工业经济中绿色经济占比达91%，单位能耗强度下降2.75%，实现科技发展与生态建设良性互动。

构建生态共治机制。综合运用水务云、生态云等生态环境管理系统，实现对大气、水、渣以及重点流域、重点区域、重点企业全覆盖数字化监管，构建"源头防控、过程严管、后果严惩"生态文明监管体系。把突出环境问题整治列入领导干部履职尽责管理"责任清单"，对领导干部实行自然资源资产离任审计。严格执行"双随机、一公开"，深入开展生态环境安全"打非治违"专项行动，对辖区重点行业、重点污染源、非煤矿山、散乱污企业等污染源加强执法检查，严厉打击各类环境违法行为，妥善化解环境信访投诉。实施跨流域联动监管，与修文等地开展5次污染联治、执法联动。高举环保执法利剑和环境准入负面清单，建立全区生态环境保护"司法、行政、公众"联动机制，引进第三方监督服务项目，形成"环境社会共治"模式。2022年，出动执法人员1700余人次，检查企业680家次，立案查处生态环境违法行为10起，下达行政处罚决定6起、处罚金额51.8万元，约谈企业3家次，督促指导企业整改问题。

构建生态共享机制。探索生态资源变生态资产，建立政府引导、市场运作、社会参与的多元化投融资机制，聘请专业团队、专业人员对松溪河、环溪河、南明河主城区段定期进行保洁管理，累计清理河道180余千米，确保河道（水库）水清、岸洁，提升河湖日常管护。鼓励公众参与环保监督，通过政府网站、"两微一端"等媒体平台公开生态环境信息，充分运用生态环境违法行为有奖举报和"12345"、12369环保信访受理平台，拓宽环境违法线索来源，深入整治"散乱污"企业、餐饮油烟、噪声扰民等突出问题，保障公众对生态环境的决策参与权、监督权。受理12345信访平台62件、12369信访平台8件，处置率、回复率、结案率均达100%，兑现环境信访举报奖励6次共2600元，提升生态环境监管执法效能。

培育绿色生态文化。统筹全区建设的生态需求、生活需求、安全需求，把绿色低碳理念融入生产生活各方面、全过程，弘扬绿色文明新风尚。

一是践行绿色理念。将生态文明建设和环境保护纳入全区党员干部理论学习、教育培训计划，推动生态文明宣传和生态环境科普进学校、社区、机关、企业、农村，通过区融媒体中心、"美丽乌当"公众号、区政府网站等新媒体宣传生态文明，增强公众的生态环境保护意识。以创建全国文明典范城市为统领，大力开展"世界环境日""贵州生态日""节能降碳"等宣传活动20余场次，参与人数达2万人次。落实全省五级干部义务植树活动要求，2月7日，"省市区乡村"五级党员领导干部200余人共同参加义务植树活动，引导市民增强绿色环保理念、树立绿色文明新风尚。深挖"两山"生态文化内涵，依托大龙滩、松溪河等湿地公园，巧妙融入生态元素、景观元素、文化元素等，打造绿色文化示范基地，推动优秀生态文化转化发展，促进绿色文明理念深入人心。

二是倡导绿色生活。大力实施绿色生活示范工程、"无废"城市创建工程、绿色建筑提升工程，引导群众绿色居住品质化、交通出行低碳化、绿色建筑产业化，全区清洁能源公交车占比100%，鼓励机关企事业单位优先采购新能源汽车，构建具有乌当特色的绿色核心区域。利用电子屏、公众号、广播等方式，积极开展"光盘行动"、节约能源资源等主题宣传，通过在办公区域、食堂等重点区域张贴节能小贴士、光盘行动、节水、节电宣传标语及发放节能降耗知识手册等，宣传落实低碳发展理念和政策，城市生活垃圾回收利用率达35.4%，生活垃圾资源化利用率达65%，形成勤俭节约、合理用能的良好社会风尚。

三是实施绿色创建。对标"一模范、四高、四力"要求，深入实施以绿色文明为核心的文明理念实践、文明示范创建、生态文明提升、文明风尚传播"四大"行动计划，开展"十四个"绿色创建活动，建立健全"1+4+14"工作体系，大力开展节约型机关、绿色社区、绿色学校、"无废"景区创建，完善生态慢行系统，优化绿色公交出行体验，形成简约适度、绿色低碳、文明健康的生活方式和消费模式。乌当区实验小学先后获得"省级绿色学校""市级绿色学校"称号，全区54家党政机关成功创建节约型机关、创建成功率100%，"绿色示范单位"创建活动不断推向深入。

（区委政策研究中心）

大事记

1月

4日

新天电子元器件产业园项目建设观摩活动举行。产业园总投资29.72亿元，规划用地9.95万平方米。

5日

中共乌当区委十一届三次全会召开。审议通过《中共贵阳市乌当区委关于深入学习贯彻党的十九届六中全会精神 高质量建设“美丽乌当·活力新城”为谱写新时代“强省会”新篇章作出新贡献的实施意见》《中国共产党贵阳市乌当区第十一届委员会第三次全体会议决议》《乌当区出席党的二十大代表候选人初步人选推荐人选名单》《乌当区出席省第十三次党代会代表候选人初步人选推荐人选名单》。

6日至9日

政协第十一届贵阳市乌当区委员会第一次会议举行。选举龙云为政协第十一届贵阳市乌当区委员会主席，黄才秀、张斌、严开华、成龙、王路杨、陈晓军为副主席。

7日至10日

乌当区第十八届人民代表大会第一次会议举行，王鸣明等26名代表当选为乌当区出席贵阳市第十五届人民代表大会代表；马定武当选为乌当区第十八届人民代表大会常务委员会主任，王远航、赵小素、陈学云、曹冰、冯良勇等当选为副主任；马仲玲等26名代表当选为乌当区第十八届人民代表大会常务委员会委员。艾疆当选为乌当区人民政府区长，李立国、蒋芳菊、谢军、朱快春、杨东华、廖文豪等当选为副区长。胡传富当选为乌当区监察委员会主任。毛晋当选为乌当区人民法院院长。王静当选为乌当区人民检察院检察长（须报市人民检察院提请市人民代表大会常务委员会批准）。会议还表决通过乌当区第十八届人民代表大会监察和司法委员会、财政经济委员会、社会建设委员会组成人员名单。

13日至14日

区委副书记、区政府区长艾疆率队到苏州考察。

14日

2022年度乌当区委召开议军会议。审议通过《乌当区关于激励大学生参军入伍的办法》。

同日 乌当区各乡镇“首厕过关”工作启动。

17日

乌当区政法信访系统2022年“入村寨进社区走企业访群众”大走访活动启动。

同日 “我们的节日·春节”移风易俗下基层新时代文明实践文艺巡演在乌当区下坝镇启动。

24日

《乌当区铁路沿线安全环境管理“双段长”制实施方案》印发。

25日

云岩区19座零散烈士墓迁葬于乌当区百宜红军烈士陵园。

29日

《乌当区“一圈两场三改”规划建设三年行动计划（2021—2023）》印发。

◆是月 乌当区新天城区育新路“双拥一条街”和贵阳火车东站“双拥广场”正式启用。

2月

7日

2022年全省义务植树活动在省市县乡村五级同步举行。省委书记、省人大常委会主任谌贻琴，省委副书记、省长李炳军等到贵阳市乌当区东风镇高穴村香炉山，与干部群众一起参加义务植树活动。

9日

人民日报客户端关注乌当区打造“五个新高地”高质量发展。

10日

区委政法工作会暨平安乌当建设大会召开。会议强调要建设更高水平的“平安乌当”“法治乌当”。

14日

乌当区党史学习教育总结会议召开。

15日

“春风行动”专场招聘会，助力节后务工就业。

17日

乌当区举行“乌当人才优享卡”授

卡仪式，46 名专家人才获得首批“乌当人才优享卡”。

18 日

中国共产党乌当区第十一届纪律检查委员会第二次全体会议召开。

21 日

贵州省禁毒委考评验收乌当区“全省禁毒示范区”创建工作。

23 日

贵阳轨道交通 3 号线顺海站至温泉路站区间右线贯通。

25 日

乌当区 2022 年重大项目集中开工仪式在新天电子元器件产业园举行。集中开工项目 17 个，总投资 66.83 亿元。

同日　乌当区首家乡贤理事会成立。

26 日

《农民日报》关注乌当区“乡土人才”助力乡村振兴。

3 月

2 日

贵阳市政协主席石邦林赴乌当区调研振华新天电子元器件产业园项目。

5 日

乌当区开展“3·5”学雷锋志愿服务活动。

11 日

贵阳乐湾国际实验学校定制巴士开通。

12 日

乌当区组织辖区 36 家企业参加在贵阳康养职业大学举行的贵阳贵安“筑人才·强省会”2022 届在黔高校毕业生就业创业行动春季招引活动。现场达成意向性协议 700 余人。

13 日

贵阳市东部循环经济产业园建设推进会在乌当区召开。

15 日

省委常委、市委书记胡忠雄采取“四不两直”方式到乌当区等地督查安全生产工作。

同日　市委副书记、市长马宁宇在乌当区调研安全稳定、疫情防控和“一圈两场三改”工作。

16 日

省法学会到东风镇法学会工作站调研。

17 日

3 月 17 日，乌当区举行 2022 年春季新兵欢送大会，60 名新兵正式向军营进发。

同日　市人大常委会对乌当区实施《贵州省长征国家文化公园条例》情况开展执法检查。

19 日

乌当区企业贵州供销贵电商物流有限公司经中国物流与采购联合会官网公示成为 1A 级运输型物流企业。

22 日

省委常委、市委书记胡忠雄到白云区、高新区、乌当区、云岩区调研企业安全生产和环保工作并督导第二轮中央生态环保督察反馈问题整改工作。

30 日

乌当区领导与贵州西能电力建设有限公司负责人召开座谈会。

◆是月　乌当区卫生健康信息化平台建设项目启动建设。项目建设资金 5600 万元。

4 月

2 日

乌当区举行第三届“公益生态葬”集体安葬仪式。

3 日

贵阳市公安局乌当分局振华广场、航天路街面警务站成立。

6 日

乌当区领导与贵州建工集团负责人座谈。

7 日

《乌当区应急成品粮油储备管理实施细则（试行）》印发。

同日　《乌当区区级储备粮管理办法》印发。

8 日

乌当区被贵州省禁毒委员会命名为首批“全省禁毒示范城市”。

同日　乌当区委人大工作会议召开。

9 日

乌当四中开通 6 辆学生专线车，惠及 8 个乡镇和新天城区学生 511 名。

11 日

乌当区根治欠薪问题专项整治工作动员部署会召开。

12 日

省药品监督管理局党组书记、局长王训伟赴乌当区调研。

14 日

人民日报客户端关注乌当：唤醒沉睡的金土地。

15 日

国开行贵州省分行到乌当区调研座谈会召开。

同日　召开乌当区 2022 年优化营

商环境暨政银企座谈会。

同日　乌当区开展全民国家安全教育日活动。

20 日

“爽爽贵阳·活力乌当”——乌当城市品牌形象发布会在乌当区行政中心广场举行。

27 日

乌当区举行新堡葡萄酒生产体验中心项目签约仪式，贵州天朝上品酒业运营管理有限公司、湖南莱昂葡萄酒有限公司与乌当区签约。项目投资 1 亿元，包含葡萄种植、葡萄酒生产与销售、体验式观光旅游等。

28 日

《人民日报》刊发《美丽乌当 活力新城 奋力开创高质量发展新未来》，报道乌当区坚持以高质量发展统揽全局，围绕“四新”主攻“四化”，实施“强省会”行动，经济社会发展稳中加固、稳中提质、稳中趋优，实现“十四五”良好开局。

同日　乌当区举行新堡葡萄酒生产体验中心项目签约仪式。

同日　乌当区举行庆祝中国共产主义青年团成立 100 周年集体入团仪式。

5 月

1 日

国务院安委办督导帮扶组到乌当区督导乌当危化企业安全生产工作。

3 日

乌当精品旅游线路发布。

6 日

召开“喜迎二十大、永远跟党走、奋进新征程”优秀青年代表交流座谈会。

同日　《中国人才》杂志关注乌当：“四字诀”打造人才新高地。

7 日

乌当区高校毕业生就业见习基地授牌仪式在贵黔国际总医院举行。

同日　乌当区举行高校毕业生就业见习基地授牌仪式，开启“人才活动月”系列活动。

同日　九三学社贵阳市委赴乌当区新堡布依族乡马头村调研创建“社会服务实践基地”。

10 日

乌当区“人才月”系列活动之“乌当青年说”启动仪式暨第一期活动在新光里乌当青年之家举行。

同日　乌当区召开优化营商环境新闻发布会，介绍乌当区优化营商环境主要做法及成效。

11 日

乌当区举行“人才月”系列活动之“乌当青年说”启动仪式暨第一期活动。

15 日

新华社“半月谈网”播发乌当区委书记王鸣明署名文章《高质量建设“美丽乌当·活力新城”为推动多彩贵州现代化建设作出应有新贡献》。

16 日

市政协主席石邦林率队到贵黔国际总医院等地开展推进“筑人才·强省会”包保联系高校毕业生在筑就业创业工作。

18 日

乌当区委、区政府表彰振华集团“全国技术能手”会议召开。会议表彰 2021 年贵州省工业和信息化技术技能大赛获奖选手、2019—2020 年度职业技能竞赛优秀选手全国技术能手。

20 日

贵州省 2022 年二季度重大项目集中开工仪式举行。其中，乌当区开工项目 2 个，总投资 21.1 亿元。

同日　市政协副主席宋平到乌当区调研贵阳市紧密型县域医共体建设工作。

同日　乌当区举行“花画田园·囍在乌当”集体婚礼活动。

22 日

“一树花开”公益学校在乌当区下坝镇开班。

23 日

乌当区“人才月”系列活动暨第五届“中国创翼”创业创新大赛·乌当区选拔赛决赛举行，20 个项目进入决赛。其中 5 个项目团队进入贵阳市级选拔赛。

27 日

乌当区与中国三峡新能源（集团）股份有限公司召开招商对接会议。

28 日

乌当区推出以非遗文化爽心体验、欢乐假期爽游体验、靓丽花海爽眼体验、康养温泉爽身体验、城乡美食爽口体验、端午别样爽购体验为主题的“六爽”体验活动。

31 日

市委副书记、市长，贵安新区党工委副书记、管委会主任马宁宇在乌当区调研盘活闲置低效旅游项目工作。

同日　贵州省政协党组书记、主席刘晓凯一行到威门药业调研考察。

◆是月　乌当区人大常委会印发实施《乌当区人民代表大会常务委员会街道工作委员会工作办法（试行）》。

6 月

1 日

在平安贵州建设表彰大会上，省委平安贵州建设领导小组命名全省 14 个“2017—2020 年度平安贵州建设示范县（市、区）”，乌当区入选。

同日　“喜迎党的二十大 争做好队员”贵州少先队主题队日示范活动在乌当区新天学校举行。

同日　乌当区委民族工作会议召开。

2日

乌当区人民政府与国药控股股份有限公司所属中国医疗器械贵州有限公司签署国药西部医疗产业园项目投资合作协议。

同日　“爽爽贵阳·活力乌当‘粽’情端午”诗会暨诗集《活力乌当》首发仪式举行。

3日

《农民日报》刊发《生态“原色”勾勒 产业“绿色”出彩》，关注乌当区生态农业。

6日

乌当区与贵州建工集团有限公司签订战略合作框架协议。

12日

陕西省汉中市留坝县政协一行到乌当区考察乡村旅游助推乡村振兴。

14日

江苏省南通市崇川区政协主席江建春一行到乌当区考察“盘活低效用地，推进空间再造”情况。

15日

省调研组检查乌当区省直达资金和专项债券使用情况。

16日

乌当区开展2022年安全生产月宣传咨询日活动，区属相关部门、街道及有关企业共计50余家单位参加宣传咨询活动。

同日　乌当区考察组到湖北考察光大环境集团项目建设运营情况。

同日　江苏省南通市崇川区政协赴乌当区考察。

20日

乌当区税务局、乌当区工商联在贵州师范学院商学院成立“助力大学生就业创业税费服务站”，并开展“春雨润苗·税收政策进校园”公益活动。

21日

新场镇中心完小校园定制专线正式开通，来自全镇的237名学生分别乘上三条定制公交路线回家。

23日

南宁市邕宁区政协副主席黄战声一行到乌当区考察学习优化营商环境等工作。

同日　乌当区开通3条农村校园小学生“定制公交”。

24日

市委副书记、市长马宁宇在云岩区、南明区、乌当区调研养老服务工作。

同日　深圳市创新产业融合促进会企业家到乌当区考察交流。

25日

乌当区举行“6·26”国际禁毒日集中宣传系列活动。

28日

区第十八届人大常委会第三次会议任命张俊妍为乌当区人民政府副区长。

29日

乌当区“2022年青年普法志愿者法治文化基层行”活动启动。

7月

4日

中宣部《时事资料手册》刊登文章《乌当——“五美”塑形“五活”铸魂》。

7日

长城证券股份有限公司、微分资本投资有限公司负责人赴乌当区考察。

8日

乌当区召开生活垃圾分类工作推进大会。会议宣读《乌当区聚焦“五个环节”推进城镇生活垃圾全程分类体系建设行动方案》。

同日　贵阳市第一中学与乌当区人民政府签订县域公办高中振兴教育发展联盟合作协议。

9日

乌当区召开生活垃圾分类工作推进大会。

12日

市政协副主席田社鸿赴乌当区调研社区协商工作。

同日　区考察组到深圳市海王集团股份有限公司考察招商。

同日　乌当区开展“食品更安全·身体更健康”食品安全宣传周活动。

13日

区纪委监委组织开展乌当区关键岗位年轻干部家属廉洁教育活动。

14日

中央督察办和西南督察局到乌当区调研中央生态环保督察整改情况。

15日

乌当区狮岩路、区医院地块城市更新改造项目商业征收动员会暨项目品牌发布会在新光里创意产业园举行，项目总建筑面积80万平方米。

同日　乌当区举办无党派人士、党外知识分子“笔飞亦墨舞 · 喜迎二十大”书画展活动。

18日至19日

区考察组到大连市开展考察招商。

21日

乌当区与贵州师范学院加强校地合作座谈会召开，双方建立共商共建共享机制，推动校地合作、实现互利共赢。

22日

贵阳市第九届老年人运动会太极拳（剑）比赛在乌当区举行。

23日

区考察组到广东深圳考察招商。

同日　第九届筑台两地现代都市农业交流活动在乌当举行。

同日　《工人日报》头版关注乌当“司机之家”。

25日

“爽爽贵阳·活力乌当”戏曲专场公益演出上演。

29日

深圳市海王集团到乌当区考察调研，双方在医药产业园建设方面达成多项合作意向。

同日　区第十八届人大常委会第四次会议任命王路杨为乌当区人民政府副区长。

同日　乌当区为辖区退役军人及其他优抚对象发放优待证。

同日　贵阳贵安“强国复兴有我”道德模范事迹巡演（乌当站）暨农村“五治”宣传文明实践活动举行。

◆是月　乌当区医共体总院成立。该院是乌当区人民医院与区妇幼保健院、3家社区卫生服务中心、8家乡镇卫生院共同组建的“紧密型县域医疗共同体”，有业务用房25785.16平方米。

8月

2日

中国振华（集团）新云电子元器件有限责任公司荣获首批“贵州省法治文化建设示范企业”称号。

3日

乌当区进口冷链食品集中监管仓开仓运行。项目总面积1万平方米，冷库面积4614平方米，建于贵州瀑布冷链农产品交易中心。

同日　乌当区征集“爽爽贵阳·活力乌当”城市主题歌词。

5日

贵阳市、乌当区两级“双拥医院”授牌仪式在贵黔国际总医院举行。

7日

《人民日报》关注贵州发展，宣传乌当旅游。

9日

山东省济南市历下区政协副主席石永先一行到乌当区考察交流产业园区建设等工作。

13日

乌当区中职学生熊兴源获2022年全国职业院校技能大赛三等奖。

14日

乌当区职工运动会开幕。运动会设五人制篮球、六人制足球、羽毛球、乒乓球、趣味运动5个项目，近1000人次运动员参赛。

16日

乌当区老年人体育协会第八届会员代表大会召开。刘安贵当选新一届区老年人体育协会主席。

17日

乌当区召开教育高质量发展大会。会议总结全区教育工作成绩，分析当前教育发展形势，系统部署全区教育高质量发展重点任务。

18日

乌当区与贵州省现代物流产业集团召开座谈会。

19日

区委书记王鸣明到罗甸县红水河镇开展对外协作工作，并向罗甸县红水河镇捐赠100万元协作资金，支持红水河镇基础设施和产业项目建设。

20日

《农民日报》关注贵阳市乌当区：下活“一盘棋” 鼓起“钱袋子”。

22日

区委组织部、区教育局、区人社局、团区委、高新路街道联合考察组到贵州师范学院考察座谈，双方就人才培养、基层党建等方面合作进行交流。

23日

乌当区2022年职工运动会多个项目开赛。

24日

“全民健身月”主题活动暨省运会群体冠军进社区志愿服务活动走进乌当。

26日

乌当区为荣获“全省党支部标准化规范化建设示范点”的党支部授牌。

同日　贵州振华风光半导体股份有限公司在上海证券交易所科创板上市。这是贵阳、贵安新区的第23家上市公司。

◆是月　“百宜非主要农作物展示平台”被农业农村部批准为国家级展示平台。

9月

8日

省委常委、市委书记胡忠雄到乌当区检查疫情防控工作。

13日

乌当区委组织部出台《关于激励全区各级党组织和党员干部在疫情防控一线担当作为的十条措施》。

15日

致公党上海市委驰援乌当抗疫物资。

17日

民建会员企业向乌当区捐赠63万元物资。

30日

乌当区干部群众向英雄烈士敬献花篮仪式在百宜红军烈士陵园举行。

10月

7日

乌当区消防救援大队指导辖区企业开展复工复产消防安全演练。

10日

市委副书记、市长马宁宇在乌当区、云岩区、南明区检查疫情防控、安全生产及复工复产工作。

11日

市政协主席石邦林赴乌当区调研定点联系企业复工复产工作。

13日

“喜迎党的二十大 感受乌当十年新变化”乌当区开展短视频征集活动。

同日　《央视新闻》关注乌当：乡村旅游 助推乡村振兴。

16日

乌当区组织集中收听收看党的二十大开幕会。

19日

《人民日报》关注乌当区：踔厉奋发向未来 蓄势腾飞正当时。

21日

乌当区好活（贵州）网络科技有限公司、贵州康心药业有限公司、贵州广奕医药物流集团销售有限公司、贵阳新天药业股份有限公司4家企业上榜2022贵州民营企业100强。

22日

《乌当区网约房、民宿等新业态管理办法(试行)》印发。

同日　乌当区城市主题书房对外开放。

24日

2022年全国示范性老年友好型社区名单公布，乌当区保利温泉新城社区上榜。

25日

贵州首张“烘焙预拌粉生产许可证”落地乌当。

28日

乌当区高标准农田治理工程开工，主要涉及土地平整、灌溉与排水、田间道等5类工程，涉及3个乡镇6个村，总投资1750万元，计划完成333.33公顷高标准农田建设。

29日

乌当区召开生活垃圾分类“百日攻坚”行动部署会，全力推进生活垃圾分类工作。

11月

1日

省委书记、省人大常委会主任谌贻琴到乌当区水田镇竹林村考察村级党组织建设、乡村治理等工作。

同日　《农民日报》刊发《贵州贵阳乌当区偏坡布依族乡：乡愁更浓 人气更旺 品位更高》，关注乌当区偏坡布依族乡以全域旅游理念推进农村人居环境整治。

2日

乌当区召开“一县一试点”工作专题会暨区委全面深化改革委员会第十七次会议。

3日

乌当区政府召开“一圈两场三改”新闻发布会，向社会各界发布乌当区“一圈两场三改”工作推进情况。全区划定10个15分钟生活圈，实施建设7个，配建项目总数量113个，总投资16.46亿元。

6日

乌当区召开“强省会”行动工作专题调度会。

9日

2022年度乌当区“11·9”消防宣传月启动仪式在马百路消防站举行。

同日　乌当区召开村干部警示教育大会。

10日

乌当区委网信办主办的“强国复兴有我 感受乌当十年新变化”短视频征集活动评审会举行。区委政法委制作的短视频《这十年——万家平安 我们守护》获一等奖。

11日

爽爽贵阳　百城百媒——“爽爽贵阳馨生活　助商惠民暖心季”主题发布会暨“爽身温泉 暖在贵阳”启动仪式在乌当区保利温泉举行。其间举办乌当非遗汤灯节、乌当温泉戏剧节等“温泉+文化”活动；以乌当特色庖汤宴为主题，打造长桌宴市集，推出周末“庖汤大会”等文旅活动。

同日　乌当区残疾人联合会第七次代表大会召开。

14日

乌当区召开2022年党风廉政警示教育暨作风整肃大会。

16 日

《乌当区全民健身实施计划（2022—2025 年）》印发。

同日　乌当区法学会选举产生第一届理事会。

17 日

贵阳贵安农村“五治”现场观摩会在乌当区举行。

同日　市文明委专职副主任朱元俊带队督导乌当区全国文明城市巩固提升工作。

18 日

十一届乌当区委第四轮巡察动员部署会召开。

同日　2022 年“共享新时代—全民健身贵阳行”贵阳市第二届健身气功站点联赛举办，乌当区代表队获个人赛第一名。

同日　《贵州日报》刊发区委书记王鸣明署名文章《展现中国式现代化生动实践》。

同日　乌当区市场监管局开展“文明在行动·满意在贵州”活动集中整治行动。

24 日

市十五届人大乌当代表团开展集中视察活动。

25 日

《人民政协报》驻贵州记者站赴乌当区采访“社区协商”工作。

27 日

民族文化研究联合教研室在乌当区挂牌成立。

28 日

乌当区贵阳永乐药业有限公司、贵州五福坊食品（集团）股份有限公司、贵州师范学院大学科技园管理有限责任公司、贵州正道生物科技有限公司 4 家企业被授予“2022 年度乌当区知识产权试点企业”。

◆是月　“贵阳市乌当区新堡布依族乡休闲农业精品线路”入选 2022 中国美丽乡村休闲旅游行（秋季）精品景点线路推介名单。

12 月

2 日

省委副书记、省长李炳军到乌当区调研工业经济运行情况。

同日　乌当区召开村级组织“三减一规范”工作专题会。

5 日

乌当中学迎接省级示范性普通高中（二类）复查评估。

7 日

“宪法宣传周”暨“法律明白人”徽章证书发放仪式举行。

10 日

“四史”教育“七进”活动走进乌当区。

15 日

乌当区分别与中能建（云南）投资有限公司、华复生物科技（江西）有限公司举行招商对接会。

16 日

乌当区召开“一主一特”产业发展专题会议。

20 日

乌当区青年联合会成立大会暨第一届委员会全体会议召开，乌当区青年联合会正式成立。

22 日

乌当区 13 人被评为市级“身边榜样”，20 人被评为区级“身边榜样”。

24 日

贵阳市第 16 届百村农民篮球赛总决赛落幕，乌当代表队夺冠。

26 日

乌当区政府门户网站获评“中国领先政务网站”。

30 日

中共乌当区委十一届四次全会举行。会议审议通过《中共乌当区委关于认真学习宣传贯彻党的二十大精神　奋力谱写“美丽乌当·活力新城”现代化建设新篇章的意见》。

同日　乌当区第十八届人大常委会第八次会议任命陈安为乌当区人民政府副区长。

◆是月　乌当区垃圾分拣中心完工。

（区档案馆）

区情概览

建置区划

【位置面积】 乌当区位于贵州省中部，贵阳丘陵盆地北部，地处省会贵阳市中心区东面，面积 686 平方千米。区委、区政府所在地距贵阳市中心 7 千米，距贵阳龙洞堡国际机场 8 千米，距贵阳火车站 10 千米。东与黔南州龙里县接壤，南与南明区、云岩区相连，西与观山湖区相接，北与修文县、开阳县、白云区交界。位于北纬 26° 32' ～ 26° 55'，东经 106° 43' ～ 107° 03'。属亚热带季风湿润气候，具有明显的高原性气候特点，由于地形、地貌类型多样，形成多种小气候，区内矿藏资源丰富，由于自然环境得天独厚，适宜于农业生产和人员居住。

（区档案馆）

【建置沿革】 乌当春秋时期属牂牁国北部领地，战国时期为楚黔中地。秦始皇统一中国后，将全国分为三十六个郡，应属象郡范围。到了西汉元朔三年（前126）秋，在西南夷置夜郎县和且兰县，莫贞定（友芝之父）考定认为，今贵阳属夜郎县地，郑子尹在《牂牁十六县问答》也同意今贵阳属夜郎县之说。据《贵阳府志》（道光）载：“大业三年改牂柯州为牂柯郡，领县二：牂柯、宾化。”今贵筑、开州、修文皆属牂牁县地。

元代在今乌当区境的行政建置，今可考者有章龙州、洪边州、瓮蓬县、武当等处长官司、水楼、瓮眼、纳八等处长官司和罗月长官司，但大都属于土司割据势力。元代所设置的章龙州即今新堡布依族乡陇上村一带，洪边州即今新添寨附近，瓮蓬县即今水田镇瓮蓬寨，武当即东风镇政府驻地乌当一带，瓮眼即羊昌镇平坝望娘寨。

据《贵州省志·地理志》记载，元至元二十九年（1292），顺元路军民安抚司领蛮夷长官司二十二，记有武当（今乌当）、水东（今新添寨）等处。元代《贵州省历史沿革图》，南有顺元宣抚司（今贵阳），东北面有武当（今乌当）。为了防范安宋土司对贵阳的威胁，明王朝在贵阳通往各地的交通道路和安隘所设的铺哨和屯堡在今乌当区境内有 2 铺、6 哨、4 屯、28 堡。郭子章《黔记》《读史方舆纪要》《贵阳府志》、宣统《贵州地舆图说》等有记载，明洪武二十八年（1395）置贵州前卫（属今乌当区辖）的有：洪边堡（即今新添寨洪边）、桥头堡（高新路街道大桥寨附近）、乌一堡（东风镇头堡）、小在堡（东风镇小堡）、乌八堡（东风镇乌当场坝）、新堡（新堡布依乡新堡街上）、垄上堡（今新堡布依族乡政府住地陇上）、谷溪堡（新场镇谷溪）、打鼓堡（新场镇达古）、猪场堡（新场镇大珠）、羊场堡（今羊昌镇政府住地羊昌）、马堡（羊昌镇马堡）、翁仰堡（羊昌镇平坝村望娘寨附近）、上卡堡（下坝镇谷金村上卡堡）、下卡堡（下坝镇谷金村下卡堡）等。据清代（乾隆）《贵州通志》载，康熙二十六年（1687）改贵州卫、贵州前卫为贵筑县。从乾隆至宣统的百余年间，今区境大部分属贵筑县，少部分属贵阳府亲辖。

民国元年（1912）设贵州督察，同时将贵筑县属地并入贵阳府辖。民国3 年（1914）1 月，改贵阳府为贵阳县，乌当区属贵阳县，属黔中道。民国 20年（1931），《贵阳县属自治年刊》所载，贵阳县共设置 9 个区 202 个乡（镇、街道），今乌当区境内在一、二、三、六、八、九区范围。民国 30 年（1941）2 月 15 日成立贵阳县乌当区署。同年7 月 1 日贵阳市政府成立，贵筑县辖乌当区署（公所）。民国 37 年（1948），贵筑县专区境内设水田区署，辖水田、羊昌、永乐、北衙、乌当、谷定、百宜7 个乡。

1951 年 10 月，贵筑县重新划分为 11 个区、91 个乡和 2 个镇。今区境内设有第七区（乌当区、驻乌当），第八区（水田区、驻水田）、第九区（羊昌区、驻羊昌）、第五区（金华区、驻金华）。1957 年 11 月 29 日，撤销贵筑县，将今属乌当区的乡镇划归贵阳市。1958 年 2 月 24 日，贵州省人民委员会批复，同意将贵阳市郊区分置乌当、花溪两个区，以黔滇公路和黔桂公路为分界，公路以北为乌当区，辖 30 个乡和修文县的鹅颈冲。乌当区成立后，区人民委员会驻贵阳市中华北路毛光翔公馆，乌当区正式成为县级行政区。1959 年下半年，区人民委员会从中华北路移驻新添寨。1966 年 8 月花溪区和乌当区合并，组成贵阳市郊区。郊区党、政、军机关同驻新添寨。1967 年3 月，贵阳市郊区又按原建制恢复乌当区和花溪区。1971 年 8 月乌当区所辖茶店公社划归云岩区。1973 年 6 月，乌当区划出所辖艳山红、沙文两个人民公社及白云镇复置白云区。1988 年 12

月 12 日，经贵州省人民政府批复，朱昌、金华、东风、水田、羊昌 5 个乡以其原来行政区划分别设立镇。2002 年 12 月，撤销新添寨镇行政建制，组建新天街道和高新路街道两个城市街道。2001 年 1 月，野鸭乡划出，归金阳新区。2009 年 1 月，永乐乡划出归南明区管辖。2009 年 2 月 24 日，金阳街道（原野鸭乡）、金华镇、朱昌镇划入金阳新区管辖范围。2012 年 11 月，设立观山湖区。金阳街道，金华镇、朱昌镇划归观山湖区管辖。2014 年，经贵州省人民政府批复下坝、新场、百宜改乡设镇；撤销新天街道和高新路街道两个城市街道，建立新天、高新、振新、创新、顺新 5 个新型社区。

【行政区划】 2022 年，乌当区辖 6 个镇、2 个民族乡、5 个街道、76 个村、34 个社区居委会。其中，东风镇辖 13 个村委会，7 个居委会，80 个村民组；水田镇辖 11 个村委会，1 个居委会，93 个村民组；羊昌镇辖 8 个村委会，1 个居委会，78 个村民组；下坝镇辖 8 个村委会，76 个村民组；百宜镇辖 9 个村委会，92 个村民组；新场镇辖 13 个村委会，89 个村民组；新堡布依族乡辖 7 个村委会，35 个村民组；偏坡布依族乡辖 2 个村委会，20 个村民组；新光路街道辖 4 个居委会，2 个村委会，13 个村民组；高新路街道辖 2 个居委会，3 个村委会，23 个村民组；龙广路街道辖 6 个居委会；新创路街道辖 7 个居委会；观溪路街道辖 5 个居委会。

（区档案馆）

自然地理

【地势地貌】 乌当区地处苗岭山系中段，属贵州高原中部，位于贵阳丘陵盆地的东北部。平均海拔在 1250 米。地形北高南低，南部较平缓，北部和东北部地势起伏较大。区境内最高为水田镇安多村云雾山，海拔 1659 米；最低为南明河出境处的百宜镇拐九村姜家渡水面，海拔 872 米；相对高差 787 米。北部片区百宜镇牛翁堆海拔 1563 米，新场镇营盘山海拔 1531 米，羊昌镇凤凰山海拔 1528 米。凤凰山由东西方向延伸，构成本区南北分水岭。地貌按成因形态，划分为山地、丘陵和坝地三大类型，面积比例为 8.5 ∶ 6.4 ∶ 1，山地主要分布大观山、凤凰山、云雾山、偏坡布依族乡等地，平均海拔在 1300 米以上，相对高差大于 200 米。丘陵主要分布在新场镇、羊昌镇、百宜镇接南明河下游两岸的广大地区，丘陵相对高差小于 200 米。坝地主要分布在东风镇的乌当、麦穰、头堡、后所、洛湾、新村、大堡等村和下坝乡的喇平，各乡镇有零星分布。坝地的地势平缓、坡度一般小于 6 度，土层厚，地势相对低，水源条件好，是粮、油、蔬菜主要产品的产地。

（区档案馆）

【河流水文】 乌当区境内河流多年平均水资源总量 3.68 亿立方米，地下水资源量 1.25 亿立方米。容水总量 7.11 亿立方米。全区地表水资源量 2.1 亿立方米。乌当区境内河流均属长江流域乌江水系，河床狭窄，比降大，流速较快，除南明河干流较长外，均为山区性河流，源短流急，洪水和枯水涨落幅度大。河流长于 10 千米或流域面积大于 20 平方千米的河流有 16 条，总长 270 千米，平均河网密度为 0.282 千米 / 平方千米。加上小支流和小溪沟，全区河流总长 487 千米，平均河网密度为 0.508 千米 / 平方千米，总流域面积为 938.4 平方千米。按河流水系分区为：南明河上游小车河支流区（金钟河）；南明河中下游及其支流区；长滩河支流区（北部鱼梁河）。境内河流多年平均水资源总量 3.68 亿立方米，地下水资源量 1.25 亿立方米（是地表水资源量的一部分）。容水总量 7.11 亿立方米。保证率为 95% 的极端干旱条件下，全区地表水资源量 2.1 亿立方米。

南明河 发源于平坝县的白泥田，流经花溪区和贵阳市区后进入乌当区境内。在区境内从新光路街道顺海村流入，经东风镇、下坝乡至百宜镇的拐九村姜家渡出境，流向为西南一东北，区内河道长 47.5 千米。南明河在区境内的支流有 6 条，分别为：松溪河、挑水河、三江河、普渡河、新寨河、石笋河。其中，松溪河发源于乌当奶牛场，长 11 千米，流域面积 44.5 平方千米，由北向南在新光路街道小河口汇入南明河；挑水河发源于龙里县醒狮镇的坡脚村，由西南向东流，在东风镇汇入南明河，全长 16.5 千米，流域 84.5 平方千米；

多彩晨光—偏坡布依族乡下院村 （李雁秋 / 摄）

三江河发源于白云区牛场乡菠萝锅，在区境内全长18千米，流域面积72平方千米；普渡河发源于水田镇千坎箐，向北流入新堡布依族乡，再流入南明河，长26.4千米，流域面积114平方千米；白水河发源于新堡布依族乡大关山，长11.8千米，流域面积88.4平方千米；新寨河，长10.5千米，流域面积40.6平方千米；南明河在区境内流域面积520平方千米。

长滩河 位于区境内北部与开阳县交界处，由西向东再转北。其在区内的支流有4条：谷溪河，发源于白云区和尚坡，长26千米，流域面积97平方千米；马路河，发源于羊昌镇乌龟山，向北流经黄连村而入青龙河（开阳县禾丰乡境内），长12.1千米，流域面积32.5平方千米；中间河，发源于百宜镇的山王沟，长15.7千米，流域面积58.4平方千米；罗广河，发源于百宜镇的良田，长13.9千米，流域面积84.5平方千米。南明河在乌当区境内的6条支流，年均产水量2.834亿立方米；长滩河支流（北部鱼梁河），在乌当区境内的4条支流，年均产水量1.205亿立方米。以上河流年均产水量为5.265亿立方米。全区河流总长约为142.05千米。

汪家大井 贵州省最大的喀斯特泉。位于贵阳乌当区东风镇汪家寨鱼梁河谷，泉水由河床底部滚涌而出。其补给区位于龙里县高枧村一带，面积达400平方千米。

【土壤】 乌当区分黄壤、石灰土、水稻土、紫色土、潮土5大类，18个亚类，50个土属，95个土种，18个变种。全区土壤面积为85666.67公顷，占全区面积的88.8%。黄壤类土壤是全区分布最广的土类，面积52073.5公顷。石灰土类土壤是碳酸盐类岩石经风化而形成的土壤，各个村均有分布，面积20653.6公顷。水稻土类土壤是区内的主要耕作土壤，各乡（镇）、村均有分布，是自然土或旱作土经过熟化而形成的一个独立土类，区境面积11682.6公顷。紫色土类土壤系紫色页岩、粉砂岩、红色钙质泥岩等风化发育而成，区内面积1161.7公顷。潮土由近代河流冲积物垦耕而成，沿河流呈带状分布，土壤具反潮回润，故名“潮土”，在区内水源条件好的已辟为水稻土，区内潮土面积不大，仅101.4公顷。

（区自然资源局）

【气候】 2022年，乌当区温度偏高、降水偏少，日照偏少。年平均温度为15.8℃，与历年平均值14.9℃相比，偏高0.9℃。年极端最高温度为36.0℃，出现在8月19日；年极端最低温度为-2.1℃，出现在2月21日。年总降水量为1007.0毫米，与历年平均值1083.4毫米相比，偏少76.4毫米；最长连续降水日数14天，出现在1月22日～2月4日，总降水量为24.2毫米；全年单日最大降水量为70.4毫米，出现在6月3日。年总日照时数为1012.9小时，与历年平均值1196.8小时相比，偏少183.9小时。全年无霜期为365天。

（区气象局）

自然资源

【土地资源】 2022年，乌当区土地面积6.83万公顷。其中，耕地面积9667.31公顷，种植园用地8179.5公顷，林地4.02万公顷，森林覆盖率59.73%，草地244.49公顷，交通运输用地1695.2公顷，水域及水利设施用地774.66公顷。同时还拥有2000公顷森林资源的盘龙山森林公园和1333.33公顷的二坡山林场，属黔中森林腹地。

【矿产资源】 乌当区主要矿藏有地热水、铝土矿、石灰岩、白云岩。全区有有效采矿权8个，有效探矿权7个。全区矿产资源主要有煤、铁、铝土矿、硫铁矿、石灰岩、石英砂、白云岩、大理石、黏土、压电水晶等，大小矿床和矿点48处。煤矿，煤种以贫煤、焦煤为主，瘦煤次之，属中灰份富硫煤。铁矿，有赤铁矿、褐铁矿两种。铝土矿，层位为中、下岩灰炭系地层下部和上寒武系侵蚀面上。硫铁矿，又名黄铁矿，矿石质量好，含硫量高，只是储量太低，不能集中开采。石英砂岩，主要分布在燕子岩马鬃岭、雷公坡和下坝镇新桃村的两矿床。白云岩，全区白云岩分布很广，目前已查明为燕子岩矿床。矿石为灰色厚层块细晶白云岩。大理岩，区境内大理岩为石灰岩彩石，有黑白花纹、分布在羊昌、新堡、下坝乡镇境内。重晶石，全区主要分布在下坝、百宜和新场镇王坝村苗砂硐、摆猛、小粪田等地。砖瓦黏土，主要分布在东风镇乌当盆地南缘和乌当大桥附近一带，系紫色泥质粉砂岩的风化矿。压电水晶，主要分布在羊昌镇马场村，产于震旦系灯影组白云质灰岩的风化浮土中。多为无色透明或茶色，晶体以完整或比较完整的柱状双锥为主。

【地热资源】 乌当区拥有占1/10面积的地热富集区，分布合理、蕴藏量大、补给量足、水质优，被誉为“喀斯特王国最神秘的温泉群”。温泉水大多埋藏在地下1500～2000米之间，出口水温在45℃～55℃，每口成井的日涌水量平均在1000吨，水中含有对人体健康有益的硅、锶、镍、锂、锌、硒、碘、锰、铁、铜、硼等20多种微量元素，具有较高的开发和利用价值。现已初步探明可开采的温泉点有14处，主要分布在新添寨地区的小河口、叶家庄、小谷龙、二中坡；水田地区的相思河、定扒（三江农场）；新堡地区的香纸沟、石板河、马头寨、大寨等地。

【动植物资源】 乌当区植被属于黔中山原湿润性灰岩常绿栎林、常绿落叶混交林及马尾松林区，主要树种有青㭎、红㭎、小叶青冈栎、柞木等，落叶树种有枫香、尖皮桦等。境属亚热带常绿阔叶林带，原生植被以常绿栎林为主，现残存的树种多为栲楮类植物，间有枫香、响叶杨、花楸、麻栎等落叶树种。原生植被保持不多，演替的植物群落主要有马尾松林及少量杉木林，大量的山地变成灌丛草坡和草丛草坡。灌丛草坡主要生长白栎、茅栗、芒萁、杜鹃、小米柴、白青冈、棕茅、白茅等。草丛草坡主要生长金茅、旱茅、莎草、扭黄茅、黄背茅等。人工植被有用材林、经济林和农田植被3类。用材林主要是以马尾松、杉木、华山松为主的针叶林，多为近年来各乡镇、村利用荒山荒坡营造。此外，农户多年来在房前屋后营造的风景兼用材林，其树种多为杉树、梓木、泡桐等。经济林主要有板栗、油桐、漆树、茶、果树等。次生植被有大面积天然牧草和灌丛草坡。野生植物资源有花榈木、榉木，药用植物有银杏、黄连、西洋参、天麻、杜仲等。经济树种以桃、李、梨、核桃、樱桃、猕猴桃、板栗、苦丁茶、杨梅等为主。

陆生动物主要有两栖纲中的青蛙、蟾蜍等，鸟纲中的画眉、斑鸠、云雀、麻雀等，哺乳纲中的松鼠、田鼠、家鼠、黄鼠狼、野兔、蝙蝠等，水栖类有鱼、蟹、蚌、虾等。野生动物资源有林麝、穿山甲、凤头鹃、隼、白腹隼雕等。

（区自然资源局）

自然灾害

【气象灾害】 全区主要出现的灾害性天气有低温雨雪冰冻、冰雹、大风、强降温、持续性的强降雨天气、高温晴热等灾害性天气。低温雨雪天气：1月27日夜间到29日、2月20日夜间至2月23日、12月15日夜间至17日、12月27日傍晚到28日，受强冷空气影响，全区各地均出现大范围的低温雨雪凝冻天气，不利天气对市民出行、城市交通造成一定不利影响。雷雨、大风、冰雹等强对流天气：3月、4月多冰雹和雷雨天气。3月16日傍晚，乌当国家气象站18时33分至18时34分雷雨中夹降冰雹，冰雹直径为6毫米，每平方米30粒左右，最大小时雨强为乌当国家站15毫米每小时，极大风速为17.6米每秒（6级）；4月24日傍晚，乌当站18时34分至18时42分雷雨中夹降冰雹，冰雹直径为10毫米，每平方米20—30粒左右。全年的强对流天气过程均未造成相关气象灾害。强降水天气：7月17日17时～20日20时，全区出现持续性强降水天气过程，多处道路垮塌，基础设施受损，直接经济损失281.39万元，受灾人数986人。持续性干旱天气：8月17日至9月26日期间，乌当区以晴热少雨天气为主，雨水偏少，旱情持续，大部地区土壤墒情差，乌当区8个乡镇（百宜镇、羊昌镇、偏坡布依族乡、下坝镇、东风镇、水田镇、新场镇、新堡布依族乡），共涉及46个村，受灾人口共10628人，直接经济损失128.1万元。

（区气象局）

【地质灾害】 乌当区地质灾害点140处，其中滑坡60处、崩塌48处、地裂缝21处、泥石流沟2条、塌陷9处。

（区自然资源局）

人口 民族 宗教

【人口】 2022年，乌当区年末常住人口数为35.1万人，与2021年末常住人口相比，增加8000人。全区户籍人口数为237183人，其中城镇人口数为140970人，农村人口数为96213人。

（区统计局）

表1 2019—2022年乌当区常住人口情况一览表

时间	乌当区常住人口（万人）
2019年	33.5
2020年	33.7
2021年	34.3
2022年	35.1

【民族】 乌当区属少数民族散杂居地区。2022年，全区主要有汉、布依、苗等40个民族，占全区总人口的22.76%。有2个民族乡（分别是新堡布依族乡和偏坡布依族乡），少数民族人口达30%以上的行政村23个、自然村寨5个。

【宗教】 2022年，乌当区有佛教、道教、天主教、基督教四大宗教，宗教教职人员19人，经常参加宗教活动群众2.74万人，信教群众0.12万人，宗教活动场所12个。

（区民宗局）

历史人文

【文化遗存】 乌当区历史上是水东宋氏鼎盛时期黔中地区政治、军事、文化中心，水东文化、屯堡文化、成山文化交相辉映，遗址遗迹较多。有距今万余年历史的大堡村猫猫山古人类遗址；有建于明万历年间与甲秀楼互为“姊妹阁”的“来仙阁”；有协天宫、后所祖师庙、川主庙等宗教活动遗址；有乌当桥、普济桥遗址、万松阁、惜字塔等代表性古建筑；有中共贵州省工委北衙活动旧址、金芳云烈士墓、偏坡烈士墓群、黄连抗日标语、新场红军烈士墓、新添光学仪器厂旧址等红色革命遗址。2022年，乌当区有不可移动文物87处，其中省级文物保护单位2处：来仙阁、协天宫，市级文物保护单位25处：中共贵州省工委北衙活动旧址、洪边宋氏别业遗址、乌当桥、高廷瑶墓、后所祖师庙、金芳云烈士墓、惜字塔、云锦宋氏别业遗址、东风镇龙井、下院营盘遗址、川主庙、普渡桥、下坝古道、万民沾恩碑、定扒大沟、唐氏墓群、唐家大院、新堡造纸作坊、新堡水井、马场大河桥、险峰井、黄连抗日标语、新场红军烈士墓、断案碑、百宜红军烈士陵园，区级文物保护单位3处：喇平渡槽、朝阳寺遗址、猫猫山遗址。可移动珍贵文物5件。

来仙阁 位于东风镇麦穰村大塘河中矶石上。省级文物保护单位。明万历年间（1573—1620）始建“水月小亭”，清嘉庆十五年（1810）改亭建阁。因其四周环水，云雾缥缈，似有仙人足迹，故名“来仙阁”。光绪三十四年（1908）焚于火，乡人醵金重修。1988年维修，坐东北向西南。整体建筑由阁、山门、禅房、廊、照壁组成，建筑占地315平方米。阁高24米，六面六角三重檐攒尖顶木结构建筑，园甍筒瓦，雕花木棂。门额悬挂光绪三十四年“来仙阁”木匾。一楼墙上有彩色碎瓷镶嵌“天高地迥、岳峙渊渟”旧题。阁原祭奎宿、文昌，现无祀，未对外开放。

协天宫 位于东风镇乌当村老街场坝上。省级文物保护单位。始建年代不详，清同治年间（1862—1874）倾圮，光绪三十二年（1906）复建，1993年维修。坐东北向西南，由大殿、戏楼、左右厢楼组成封闭四合院，木结构青瓦灰墙雕花棂，占地845平方米，建筑500平方米。旧祀财神、三官。原大门前有砖石牌楼，正中嵌“协天宫”石匾，门两侧青龙白虎护卫，今仅存白虎浮雕。戏楼木雕精美。右厢房内墙上嵌有碑刻8通。1993年至1998年为东风镇文化活动中心办公地，后为村民文化娱乐活动开放场地，2009年3月正式对外开放。

【非物质文化遗产】 2022年，乌当区有50个项目被列为非物质文化遗产代表性项目，其中国家级2项：皮纸制作技艺（香纸沟土法造纸制作技艺）、布依族服饰，省级10项：卡堡苗族服饰制作技艺、苗族花鼓舞、卡堡花棍舞、文琴戏、渡寨布依丧葬砍牛习俗——砍牛经、石头寨苗族跳场、新堡濮越雷神龙灯、棋子灯、花灯戏（螺蛳花灯）、赖氏酱酒酿造技艺，市级34项：卧轮式水伞制作技艺、新场可龙红灯戏、偏坡布依族土法酿酒技艺、羊昌黄连布依婚礼夜宴歌、偏坡布依族婚宴盘古歌、布依“六月六”、新堡布依族地蚕会（三月三）、下坝乡岩底长竹舞、回旋古乐、马堡龙灯、大桥正月场、乌米饭制作技艺、簸箕画、蜡染、扎染、枫香染、土布制作技艺、谷子酒酿造技艺、花米饭制作技艺、竹编制作技艺、草鞋制作技艺、苗族木鼓制作技艺、横筒制作技艺、伸筋通腰贴、张氏苗酒酿制技艺、印染技艺、庖汤、布依民歌“三滴水”调、布依族姊妹箫、腊肉制作技艺、风肉制作技艺、八大碗烹饪技艺、豆制品制作技艺、周氏痹症特色疗法，区级4项：新堡布依婚俗、百宜朗道布依语歌、新场镇布依铜鼓习俗、四印苗古歌。有非遗代表性传承人33人，其中国家级1人：罗守全，省级6人：胡宗亮、邓开伦、王万玉、李德玉、刘朝发、程国芬（逝世），市级18人：赖世强、张荣海、陈慧珍、杨明秀、朱兴华、胡光林、陈大华、陈廷斌、熊孝忠、丁立贵、罗远方、刘芝凤、罗远礼、龚海燕、韦丽、王立琪、罗光敏、卢启国，区级7人。有区级非遗工坊9家，区级非遗旅游体验空间8家。

皮纸制作技艺 2006年入选第一批国家级非物质文化遗产代表性项目名录。乌当区新堡布依族乡香纸沟“皮纸制作技艺”始于明代洪武年间，迄今有六百多年的历史。整套操作工艺包括伐竹、破竹、沤竹、蒸煮、碾篾、提浆、抄纸、压榨、烘晾等72道工序，与宋应星《天工开物》所载造纸法完全相同。其成品既绵且韧，有隐形竹纹，还散发出淡淡香气。

卡堡花棍舞 （区融媒体中心 供图）

布依族服饰 2014年入选第四批国家级非物质文化遗产代表性项目名录。布依族服饰制作技艺是以偏坡布依族乡为代表的整个乌当区布依族服饰制作技艺，区内布依族服饰制作基本相同。布依族服饰制作需经过齐麻织布、淀染裁剪、刺绣缝合多个环节完成，以宽腿阔袖为典型特征。妇女着蓝、青、黑、白等颜色布料缝制的身宽袖大的对襟短衫，外饰方牌挑花围腰，下套阔腿长裤，用蓝黑布包头，脚穿翘鼻绣花布鞋。整套服饰的领口、肩上以及围腰、腰带、裤边均有精美、典雅的刺绣。男子服饰为蓝黑色大襟短衣或长衫，孩童头饰刺绣尾巴帽。

布依婚礼夜宴歌 坐夜宴是布依族的传统婚俗之一，主要在举办婚礼当天举行，举行坐夜宴时，女方的送亲客和男方的家族、亲朋共同围席而坐，双方对唱，一问一答。对唱的内容有入席拆封、贺词行令，盘古栽花等。通过坐夜宴唱歌，表示热闹、要礼（博礼节），表达主人对客人的欢迎、客人对主人的感谢和祝福，同时也是双方智慧的较量。

卡堡花棍舞 花棍舞是由狩猎和御敌转变而来的，至今已有五百多年的历史。通常是在春节期间、苗族跳场和“四月八”等民族传统节日和集会上表演。卡堡苗族花棍舞多为祭祀性舞蹈，常在氏族或家族的祭祀活动中表演，以祭祀祖先为目的，其动作特征是：送肩、转胯、腰活、腕柔、腿快、手灵、膝屈、脚踮。舞蹈用花棍击、点、相击、转棍、拍棍等棍法击打身体的肩、肘、胯等部位和以棍击地，舞蹈的特殊韵味就在身体的波动之中表现出来。花棍舞的演出道具以花棍为主，唢呐、大鼓、镲、大帮锣配乐。花棍的材料为木棍或竹竿，全长1米，两端挖有透空孔洞，洞中嵌入铜钱或小铜钹，在两端各挖四五个透空孔洞或挖一个细长的透空孔洞，分别嵌入四五个铜钱或小铜钹。表演者不断摇动花棍，铜钱撞击孔壁，花棍会发出悦耳的响声。

布依族地蚕会（三月三） 地蚕会（三月三）初期，当地布依族同胞自发地以唱歌、赛歌为主，寓意是祝愿粮食丰收，生活美满。歌唱有独唱、男女对唱，腔调两腔（三滴水、四平腔）四调（花歌调、夹黄调、四季调、土歌调）等不同的演唱方式，按音乐的类型分为古歌、酒歌、情歌、山歌四个类型。改革开放后，“三月三”布依歌会由单一的唱歌、赛歌发展成唱歌、赛歌、赛舞、旅游观光、贸易等多种形式的活动。

文琴戏 流传东风镇。是一种分角坐唱的曲艺种类，在贵州扬琴的基础上，采用“本地扬琴戏（即贵州扬琴）调子与土语”配以扬琴、三弦、胡琴等乐器伴奏，并用板、鼓、碰铃等伴和击节演出。《搬窑》是文琴戏中最经典的剧目。

濮越雷神龙灯 “濮越雷神龙灯”习俗主要流传于乌当区新堡布依族乡马头村一带。布依族人称自己为“濮越”人，雷神是布依父系的图腾。清朝中期，江西吉安府陈、罗、卢三姓汉人迁居马头村，汉族的舞龙习俗与当地布依雷神信仰相互融合，在当地形成“濮越雷神龙灯”习俗，祈求风调雨顺、平安吉祥。雷神龙灯每年正月初九至十五进行。正月初九亮灯、开光请水。晚上在马头村以及新堡布依族乡周边其他村寨串家，各家各户接龙、开财门，一直持续到十五晚上。后择吉日“化龙”、送龙“回宫”。“濮越雷神龙灯”习俗是汉文化和布依文化融合的活态体现，雷神龙造型龙灯独特，龙衣以及舞龙人服饰以青蓝为主色。

【历史名人】 乌当区人才辈出。明刘淑贞“卷裙走马七千里”，维护民族团结和国家统一，被诰封为“明德夫人”；水东诗人宋昂、宋昱合著《联芳类稿》闻名于当世，流传后世；高廷瑶使20万棚民免遭屠杀，并建义塾，所至之处，上司倚如左右手，而吏畏民怀；性格醇谨，见义勇为黄卓元，捐修湖口“黄公堤”；“双十一惨案”中乌当有金芳云、陆永忠、高言善三烈士。

（区档案馆）

风景名胜区

【香纸沟风景名胜区】 位于新堡布依族乡陇脚村。景区范围东起南静山、葫芦山、犀牛岩，南达山老河、尖山坡脊，西连白水河下陇脚，北至铁厂沟头，总面积54平方千米。景区集自然风光、人文景观、民族风情于一体。景区内保存着目前国内规模最大、最集中的古法蔡伦造纸作坊系统。景点主要有龙井湾、锅底箐、马脚冲、南静寺、白水河、红子沟、葫芦冲、万丈沟等，大寨、松树

香纸沟风景名胜区 （邹景峰／摄）

林等。2000年2月，省政府批准公布香纸沟风景名胜区为贵州省第4批省级风景名胜区之一。景区资源有自然景源和人文景源两大类。自然景源有悬崖绝壁、奇峰异石、溶洞、峡谷、瀑布、溪流、激流、泉、湖泊、天然林、古树名木、竹林、观赏花木、动物；人文景源主要为文物古迹及新建筑，民族风情，节日活动，田园风光。

【渔洞峡风景名胜区】 1996年2月，市人民政府评定该区为市级风景名胜区。位于乌当区东风镇境内渔洞河上，距贵阳市中心15千米。渔洞峡由鱼宫、天水一线、碧水轻舟三大景观及飞水崖、马蹄子岩、八仙居、夜郎山寨、洞穴人家和月亮洞、会歌洞、苗洞等景观组成。河水清澈澄碧，水面幽静深远，步入谷中，群峰耸立、凉气袭人、空谷回声、泛舟赏景、心旷神怡；暗河、溶洞神秘而奇绝；古风山寨，依山而建、傍水而居，与碧水轻舟相映衬。

【相思河风景名胜区】 位于水田镇瓮蓬村东北部，2000年11月，被评为市级风景名胜地区。景区因相思河而得名，相思河发源于水田镇与白云区交界处的云雾山麓，向南在下坝普渡桥汇入南明河，河长26千米（景区内长12.4千米），属长江流域乌江水系。景区东西长17千米，南北宽8千米，面积60平方千米。有管束植物620余种，古树10余株，有国家保护珍稀植物，南方红豆杉、香果树、榉树、润楠、天麻和穿山甲、云豹、苏门羚、大灵猫、红腹锦鸡等野生珍稀濒危动物，2004年对外接待游客。

（区文体广电旅游局）

土特产品

【阿栗杨梅】 贵阳市自然环境条件适宜杨梅的生长，乌当区阿栗村是全省最大的杨梅基地。阿栗村海拔在600米至1500米之间，有樱桃、枇杷、桃子、布朗李、秋锦梨等10多种优质水果共240公顷，产量达150多万千克，形成四季有花、三季有果的格局。其中4月中有樱桃、5月有枇杷、6至7月有杨梅、8至10月有桃子、11月有梨子。据考证，阿栗村种植杨梅已有700余年历史，阿栗杨梅园内现有百年树龄的古杨梅树1000余株。杨梅园以杨梅为主，间有柑、桃、李园达300公顷，年产水果5万千克以上，其中杨梅产量占92%。2003年，阿栗杨梅获“贵州省优质农产品”称号。1986年，贵阳市农科所从浙江省引进优质杨梅品种“荸荠”和“东魁”与阿栗村优质原生杨梅品种嫁接栽培。培育出的杨梅外观呈深红色，果汁量适中，甜味重，酸味轻，采摘前落果少，较耐运输，品质优于原产地，被称为“科技杨梅”。阿栗杨梅是泡杨梅酒和做酸梅汤汁的佳品。阿栗村成立专门的服务小组，引进深加工企业，制作杨梅酒、冰杨梅、杨梅酱等一系列杨梅衍生品，让杨梅的经济效益最大化。2022年，阿栗村杨梅种植面积达366.67公顷，年产30余万千克，销售收入达1000余万元。

高新路街道阿栗村杨梅 （区农业农村局 供图）

【百宜天麻】 “天麻佳品出贵州”。乌当区百宜镇生产天麻已有数百年的历史，早在清朝就以生产天麻著称。天麻做药用已有一千多年的历史，用天麻酿成的养生酒视为宫中珍品。古医书《神农本草经》和《本草纲目》里，均有天麻“除百病益寿延年”的记载。天麻为百宜特产，是名贵中药材之一，分冬麻和春麻两种，主要生长在洛坝村境内，生长面积十余平方千米。百宜镇属亚热带湿润季风气候，具有冬暖夏凉的气候特点。独特的气候和特殊的土壤，孕育出上好的百宜天麻。这里产出的天麻个大肥厚、质坚实，天麻素含量高，具有独特的品质和较高的药用、保健价值，不但能起到镇静、降血压、减慢心率的效果，而且对心肌缺血、脑血管阻塞具有一定防治作用。1985年，百宜镇（乡）人工栽培天麻9600平方米，产鲜天麻5.76万千克，初步形成以百宜为主的天麻生产基地。

【下坝樱桃】 樱桃是贵阳市栽培较早的树种之一，其中下坝樱桃较为出名，主要品种为黑珍珠和玛瑙红，是贵阳地方特色农产品。乌当区下坝镇位于贵阳市东北部，距市中心29千米，平均海拔1250米，年平均温度15℃，无霜期250天，是樱桃种植适宜区。下坝樱桃种植分布在谷定村、谷坝村、下坝村、谷庚村、喇平村、岩山村和百宜镇的拐九村。所产樱桃皮薄、肉厚、汁多、味美、色艳，而且使樱桃树形矮化，方便采摘。每年4月下旬开始成熟的下坝樱桃具有红润晶莹、鲜嫩圆润、清香扑鼻、营养丰富的特点；而“黑珍珠”樱桃呈暗红色，玲珑剔透，味美形娇，拥有着像珍珠一般圆润饱满的外形。下坝樱桃主要营养成分有蛋白质、糖类、磷、铁、钙、钠、镁、钾、维生素C等。2013年，下坝樱桃园区被确定为贵州省现代高效农业示范园区省级重点园区；2015年，园区樱桃面积达到2000公顷；2016年，下坝樱桃投产面积1000公顷，主要位于岩山、喇平、谷坝、谷庚等地，产量7000吨至8000吨。2022年，下坝樱桃年产值达5000万元以上，下坝樱桃园已经发展成为全市最大的樱桃高效农业示范园区。

【百宜苦蒜】 苦蒜又名薤白，别名薤根、幕子、野蒜、小独蒜、薤白头。百宜苦蒜种植于乌当区百宜镇洛坝村，由贵阳乌当洛坝农业专业种植合作社带头种植，是当地的“金豆子”。百宜镇产的百宜苦蒜天然无污染，色泽金黄，表皮光滑，苦蒜的钙、磷等无机盐含量较高，并含有大蒜辣素。2022年，苦蒜的种植面积达40公顷，平均亩产可达1000千克，每年8月开始收获，出售地包括成都、重庆、泸州等地，发展为特色支柱产业。

【新场红树莓】 新场村海拔1300多米，冬冷夏凉，因其地势特殊，经考证适合发展树莓种植。树莓，又称“覆盆子”，是联合国粮农组织推荐的第三代水果。新场红树莓果实为聚合浆果，柔嫩多汁，色泽宜人，营养丰富，因果内SOD、鞣化酸、树莓酮等物质含量居各种水果之首，被誉为水果中的“红宝石”。此外，新场红树莓维生素E含量也居各类水果之首，有“黄金水果”的美誉。新场红树莓果实除鲜食外，还可深加工成果汁、果酒、果酱、果脯、果冻等，尤其是酿成红酒后，树莓中富含的营养物质更容易被人体吸收。2022年，贵山红树莓种植基地面积已发展到6.67公顷，红树莓沐产4500千克，按照每千克30元的市场价计算，亩产值可达到3.6万元。树莓的附属加工产品较多，已经研发和生产树莓酒、果酱、果汁、果茶等深加工产品，形成比较完整的产业链。

【新场老鹰茶】 老鹰茶，又称老荫茶，原产大娄山，始饮于大娄山，乌江流域沿河、遵义、彭水称老鹰茶，武隆、涪陵、南川有称老鹰茶，也有称老荫茶，是一种极具地域特色和民间魅力的茶树。新场老鹰茶金毫显露、绒毛丰富，汤色金黄带红，滋味醇厚、先涩后甘，有强烈的樟科植物芳香油味及樟脑味，含15种氨基酸，氨基酸总含量约12.61%。

【偏坡米酒】 偏坡山多田少，群山绵延，田地常年泉水浸泡，布依人通常选择种糯稻。糯稻春末播种，仲夏栽植，秋天生养，初冬时候收获。米质上好，但产量却比早稻和晚稻低得多，一亩地大概只收100千克。布依人大多用糯稻来蒸酒。偏坡布依族古法酿制的米酒及其传统工艺已有四百多年的历史，被列为非遗传承。布依族人用古井泉水将米淘洗至净，并以柴火蒸出盈透糯米饭。再由经验丰富的老人们完美实践着最原始的手工酿造工序，即浸米、蒸饭、淋饭、拌曲、落罐、榨酒、煎酒、罐装、降黄，酿造。偏坡米酒，颜色呈米黄色，色泽清冽剔透。入口温和，米香醇厚，不冲鼻，回甘。

【东风枇杷】 乌当区东风镇温暖湿润，以丘陵山地为主，土层深厚、土质疏松、含腐殖质多、保水保肥力强而又不易积水，适宜枇杷的生长。东风枇杷多栽种在排水良好的缓坡山地上。每年的3—6月，是枇杷成熟的季节。贵阳市乌当区东风镇渔洞峡景区旁的花果山枇杷采摘期可持续到6月中旬左右。果大肉厚、

东风镇花果山枇杷　　（区农业农村局　供图）

籽少味甜、细嫩化渣、酸甜多汁。东风枇杷不仅是美观的果树，还可供鲜食、蜜饯与酿酒用；枇杷树叶晒干去毛可供药用。枇杷木材呈红棕色，可制作木梳、手杖、农具柄等，具有一物多用的价值。

【小寨红香米】 红香米是小寨村的传统特产，因其脱壳后呈红色且风味香美。小寨村水资源丰富，海拔较低，适于种植红香米，用原生态种植法种出来的红香米糙米呈赤红色，精米呈淡红色。蒸煮时具有浓郁的香味，口感柔软而香甜，能增进食欲，含有维生素、钙、铁、硒等人体必需营养物质，饭的保质期长，即使第二顿吃也是软糯如第一顿。小寨红香米在打谷机里脱壳时很讲究，可以根据自己的口感喜好和色彩喜好来决定其呈红、黄、白色。如果只打一道，则成红色糙米，营养高，但口感粗糙；再增加一道则成黄米，营养和口感适中；再打一道则成白色精米，口感更好，但营养价值因流失而变低。从2012年开始，小寨村扩大规模种植传统红香米。2022年，种植面积达到20公顷，总产量达15万千克。

【下坝彩米粽】 “彩米粽”是乌当区下坝镇中寨布依族沿用布依族传统技艺花米饭制作而成的特色非遗美食产品。布依族花米饭是布依族的传统饮食特色饮食。布依族人用自己家房前屋后随处可见的枫香叶、马桑叶、艾叶，以及杨梅、酸汤杆、花饭树、栀子等植物的叶、茎、根、花、果等不同部位，捣碎制作成染料，用糯米加以浸泡，制成红、绿、黄、蓝、黑以及多种层次的渐变色彩的花米饭食用，并以此为布依族人待客迎宾的特色食品。2020年被列为乌当区第六批区级非遗保护名录。用花米制作的下坝彩米粽，不仅色彩靓丽、颜色丰富、极富美感、口感清香、健康安全，而且均为纯植物染料，经纯手工制作。2022年，下坝镇新时代文明实践所联合镇社工志愿服务站举办以“‘粽’情端午·情暖下坝”为主题的端午活动，不仅传承端午节传统文化习俗，也让当地居民感受到了民族饮食——彩米粽的魅力。

（区档案馆）

2022年国民经济与社会发展

【政治建设】 2022年，乌当区先后召开48次区委常委会会议、4次区委理论学习中心组研讨会，传达学习习近平总书记重要讲话和重要指示批示精神，研究贯彻落实措施。聚焦学校、机关、基层等领域开展宣传宣讲1500余场次，覆盖4万余人次，推动学习贯彻习近平新时代中国特色社会主义思想、党的二十大精神等向深里走、实里走。在加快打造“五个新高地”生动实践中，始终把习近平总书记重要讲话精神作为最根本的动力源泉，不断从中找坐标、找方法、找思路，确保乌当各项工作方向不偏、靶心不散，标准不降、动力不减。把学习贯彻习近平总书记重要讲话精神，与学习贯彻党的二十大精神和省、市、区党代会精神相结合，做到一体学习贯彻、一体推进落实，明确区委工作要点和区委常委班子领衔重点调研课题，融会贯通转化为推动乌当高质量发展的重大思路和工作抓手。把坚决落实习近平总书记重要指示批示精神作为忠实践行“两个维护”的最直接体现，不断提高全区党员干部政治判断力、政治领悟力、政治执行力。对习近平总书记关心强调的民生领域、粮食安全、安全生产、疫情防控等重点问题，逐一研究部署，专题督导调研，实行重点督办。建立贯彻落实习近平总书记重要指示批示精神闭环管理台账4个、分解具体任务事项45件，编发督查报告48期、督办函131期，办结率100%。

【经济建设】 2022年，乌当区地区生产总值完成195.9亿元，增长1.8%，增速排全市第6位，较2021年提升2位。其中，第一产业增加值完成22.08亿元，增长3.7%；第二产业增加值完成94.98亿元，增长3.8%；第三产业增加值完成78.84亿元，下降1.1%。三次产业结构比为11.27∶48.48∶40.25，产业结构逐步优化。规模以上工业增加值完成50.56亿元，增长1.9%，增速排全市第6位；固定资产投资完成169.92亿元，增长4%，增速排全市第3位；全社会消费品零售总额完成67.91亿元，下降3.8%，增速排全市第6位；一般公共预算收入同口径完成17.83亿元，增长7.36%；新引进产业项目到位资金完成82.62亿元；外贸进出口总额完成1.66亿元；城镇、农村居民人均可支配收入分别完成45075元、23765元，分别增长5.2%、6.5%，增速分别排全市第8位、第6位；城镇新增就业人数完成6016人。

工业经济平稳运行，完成工业总产值181.08亿元，增长6.22%。贵州中医药和医疗器械产业园云锦产城融合、洛湾标准化厂房、新天电子元器件产业园等项目加快推进，完成工业投资29.04亿元，增长94.9%。为工业企业争取资金1584万元，为大数据企业争取资金340万元，企业“助企券”申领580余万元，25户工业企业缓交电费850.24万元，免交基本电费14万元。累计获得专精特新、“小巨人”认定企业31户。县域商业体系不断完善，新建品牌连锁便利店5个，新建、升级改造乡村级电商服务站点59个，乡镇、行政村电商服务网点覆盖率分别达100%、80%，新建投运营加油站1座。批零餐企业、瀑布冷链及惠民生鲜超市申请各级补贴奖励356.72万元。百宜镇荣获“省级乡村旅游重点镇”称号、偏坡布依族乡偏坡村荣获2022年

“贵州省乡村旅游与传统村落和少数民族特色村寨深度融合发展示范点”称号。2020年以来兑现住宿企业、重点文化体育娱乐企业及A级景区相关补助484万元，减免94家酒店收视费82.61万元。兑现规模以上服务业企业奖励资金89.3万元。好活（贵州）网络科技有限公司认定为贵州省省级服务业龙头企业。深入推进农村产业革命，形成“蔬果药花茶”和生态养殖“5+1”特色优势产业，农业总产值完成37.63亿元，增长4.3%。粮食、果药茶、蔬菜产量分别达3.05万吨、12.66万吨、26.76万吨；食用菌栽培2505万棒，产量9620吨。农产品加工转换率突破60%。羊昌“种业小镇”建设顺利，领导示范田累计32个示范点面积666.67公顷。成功申报省级龙头企业1家，市级以上龙头企业6家。农村“五治”扎实推进，完成47个村庄规划编制、7130户农村“治厕”、1050户农房风貌整治；建成7座乡镇污水处理厂、7个乡镇级和58个村级可回收物及有害垃圾收集点，全区110个村（社区）完成村（社区）民公约修订。深入巩固拓展脱贫攻坚成果，脱贫人口及监测对象动态管理系统调整为1359户3680人，易地搬迁户281户1058人。

乌当区各级各部门向上争取国家、省、市各类政策、项目、资金支持，争取并落实资金6.98亿元，其中中央资金5.94亿元、省级资金8273万元、市级资金1690万元；争取政策23项，包括新型工业化基金、新动能基金、申报“2023年国家生态文明示范区补助资金”等。获得地方政府专项债券支持项目10个资金4.2301亿元、政策性金融工具支持项目1个资金8659万元、中央预算内投资资金支持项目4个资金3710万元。获得国家、省级、市级表彰或推广的改革创新举措成果27个。推动项目入库，固定资产投资入库项目118个总投资136.21亿元，其中新型工业化项目30个投资43.82亿元、新型城镇化项目42个投资72.27亿元、农业现代化项目35个投资16.58亿元、旅游产业化项目11个投资3.55亿元。持续扩大有效投资，完成固定资产投资170亿元，增长4%，建安投资完成134.96亿元，增长9.6%，民间投资完成77.40亿元，占固定资产投资的45.55%。新天药业中药配方颗粒、中高端大健康食品生产基地、宜大鲜生1万吨速冻食品生产和加工基地等26个重点工程重大项目完成投资80亿元。新型城镇化加快推进。收储各类用地43宗596.73公顷，完成用地农转建报批12批次311.93公顷，消化批而未供土地约133.33公顷。城市建成区面积增至31平方千米，城镇化率达67.1%，常住人口增至35.1万人。新东二环（乌当区段）全线通车，振华路、云锦路加快推进。乌长高速完成投资47.16亿元，轨道交通3号线一期工程乌当区段土建工程完成94%，贵阳至黄平高速公路延伸段（乌当段）有序推进。建成海绵城市2.51平方千米，已建马东路、观溪路、北龙路等11条海绵型道路。燃气管道铺设8千米，城市供水管网建设3.5千米，雨水管网建设改造7.4千米，污水管网建设8.4千米。新增5G基站245个。

乌当区农村改革稳步推进，土地确权新增4400户，变更1205户，发放证书4399本，验收农村“三变”共享项目3个，换发农村集体经济股份合作社登记证书40个，行政村经营性收入均达5万元以上。要素市场化配置改革持续推进，加快用地保障，出让地块20宗，划拨用地17宗。引入贵州久利投资集团在凤凰山国有林场开展林下经济，完成约666.67公顷林下采摘，产值310万元。积极探索完善医保支付方式改革，医保基金拨付3661.04万元，使用3224.89万元，结余442.98万元。不断培育壮大市场主体规模，不含“好活平台”个体工商户，新增市场主体6694户，比上年增长26.1%，期末实有市场主体29561户，比上年增长19.2%。“四上企业”新增51户，其中新增规模以上工业企业6户，规模以上服务业企业7户，限额以上商贸业36户（含大个体），资质以上建筑业企业1户，房地产开发经营业1户。招引签约国药集团，建设国药西部医疗产业园，招引高压轴向柱塞液压泵马达、电容器智能化生产设备制造、东佑电脑品牌总部等项目，招引贵州连锁餐饮中央厨房、葡萄酒生产体验中心等项目。领导干部带头招商46次，引进优强企业26家，新引进到位资金82.62亿元，工业到位资金占65.9%。

【文化建设】 2022年，乌当区完成保利生活圈、观溪北衙生活圈、新天生活圈、新创生活圈、大坡生活圈、顺海生活圈、龙广生活圈7个生活圈、15个综合文化服务中心提升改造。以“我们的中国梦——文化进万家活动”“我们的节日”主题活动等开展文化志愿服务线下活动38场次，开展线上文化服务170次。组织文艺工作者创作各类文艺作品18件。开展全民阅读推广系列文化活动321次。全年参与线下文化活动人员23489人次。完成骆越魂等9家非遗工坊的区级认定工作。完成省级代表性传承人胡宗亮申报第六批国家级非遗项目皮纸制作技艺级代表性传承人工作，韦丽等8名区级传承人晋级贵阳市第六批非物质文化遗产代表性传承人。组织非遗传承人群培训班2期，90名非遗传承人群参加白水河手工纸技艺、王岗染织绣创新应用培训班学习。百宜镇、偏坡布依族乡分别获“省级乡村旅游重点镇”“市级非遗小镇”称号。

【社会建设】 2022年，乌当区落实国家、省、市疫情防控措施，坚决执行“二十条”“新十条”优化防控措施，购入、调拨、配发医疗物资 119 类 657 万件，免费发放生活物资 1708 吨。完成 10 类 24 件“十件实事”办理。“15 分钟生活圈”配建项目完工 112 个，石厂坡临时市场、温石路惠民停车场、地矿新庄停车场等“两场”项目完成 7 个，实施棚改、旧改、背街小巷改造项目 29 个。科技创新主体不断增加。引进高层次人才创新创业团队 3 支，中国振华集团云科电子有限公司杨舰荣获 2022 年贵州省“最美科技工作者”称号，贵州省通信产业服务有限公司侯庆的《多源异构制造大数据融合分析与云平台关键技术研究及应用》获贵州省 2022 年科学技术进步奖二等奖项目。教育公共服务体系明显完善。下坝镇中心幼儿园获省级安全文明校园称号，控辍保学动态清零，九年义务教育巩固率 117.63%，中小学净入学率均达 99% 以上，乌当中学与贵阳一中联合办学，北衙学校建成投用，新建改扩建幼儿园 4 所，资助学生 14857 人次 943.15 万元，营养改善计划惠及学生 8119 人。医疗卫生事业加快推进。完成新光里社区卫生服务站、保利公园社区卫生服务站；乌当区人民医院门诊部、新光路社区卫生服务中心、龙广路社区卫生服务中心建设项目进展顺利；公立综合医院和社区卫生服务中心（乡镇卫生院）中医科设置率均达 100%；5 岁以下儿童死亡率 4.14‰。文体事业持续推进。新天生活圈多功能运动场、保利温泉新城体育活动场地、大坡生活圈 3 个 5 人制足球场改造、观溪北街生活圈四湖区健身步道投入使用；参加全市第十四届运动会 19 个大项，获 29 枚金牌、22 枚银牌、16 枚铜牌。城镇新增就业 6016 人，网创培训 1910 人次，中长期项目制技能培训 457 人次，新建农民工创业示范园 1 个。落实一次性扩岗补助 87.3 万元，落实就业补助 2796 万元。养老服务机构 65 家 6316 张床位，乡镇覆盖率达 92.3%；农村幸福院 23 家 106 张床位，行政村覆盖率达 30.26%；日间照料中心 18 家 496 张床位，城市社区覆盖率达 52.94%。辖区每千人拥有 3 岁以下婴幼儿托位数 3.05 个。城乡低保标准提标到 725 元 / 月，累计保障城乡低保 23636 人次，发放保障金 1162.613 万元，保障特困供养 2528 人次，发放生活费 291.392 万元、护理费 133.61 万元。严打涉黑涉恶、电信网络诈骗、黄赌等违法犯罪，持续推进禁毒大扫除专项行动，开展夏季治安打击整治“百日行动”，行政案件比上年下降 51.24%。

【生态建设】 2022 年，乌当区空气质量优良率 100%，国、省控地表水考核断面、饮用水水源水质达标率 100%，建设用地安全利用率 100%。涉及核与辐射单位 54 家，累计检查 112 家次。39 家企业完成排污整改和变更排污许可证，6 家企业申请注销排污许可证。完成高建河流域水生态保护与修复，河流水质提升至Ⅳ类水体。第二轮中央生态环境保护督察反馈全区 8 个问题，明确 21 项措施及 8 个时间节点，2022 年度 14 项措施全部完成，39 件信访案件全部整改完毕并销号。探索打造生态延伸型“两山”实践创新基地绿色发展转型升级新路径，形成具有乌当特色的“大数据 + 大健康产业 + 全域旅游 + 生态农业”四大“两山”转化模式。历史遗留矿山生态修复 8.6 公顷，森林抚育 333.33 公顷，林下食用菌种植 63.33 公顷，林下经济利用林地 1.46 万公顷，产值 17.8 亿元，森林覆盖率 59.73%。

（区发展改革局）

中国共产党乌当区委员会

综 述

【概况】 2022年，中共乌当区委以加快打造“五个新高地”为主抓手，全面推进“美丽乌当·活力新城”高质量发展。省委书记、省人大常委会主任谌贻琴到水田镇竹林村调研指导农村基层党建、乡村治理工作；省委副书记、省长李炳军到振华集团、新天药业、高新惠诚调研企业生产经营情况；省政协主席刘晓凯到圣济堂制药、威门药业、长通集团开展入企走访活动；省委副书记、省委政法委书记时光辉2次到乌当区调研“一中心一张网十联户”机制运行情况；省委常委、省纪委书记、省监委主任李元平到乌当区调研纪检监察工作；省委常委、市委书记胡忠雄多次到乌当区调研指导。

围绕“喜迎二十大”主题，推出“乌当非凡这十年”等系列宣传报道，在《人民日报》、新华网、《贵州日报》等主流媒体刊发《踔厉奋发向未来 蓄势腾飞正当时》等12篇专题报道。组织全区6000余人次党员领导干部到黄连红军村、百宜红军烈士陵园等红色教育平台开展纪念活动，营造全区上下迎盛会的喜庆氛围。中共二十大召开后，全面开展“大学习、大落实”活动，第一时间召开区委常委会会议和理论学习中心组会议学习贯彻中共二十大精神，区委常委班子带头宣传宣讲27次，举办产城融合高质量发展培训班等4个班次、覆盖党员干部600余人次。

召开全区激发市场活力稳住经济增长专题会、落实“强省会”行动和高质量发展工作专题会等21次会议。抢抓新国发2号文件政策机遇，区级161项工作任务，81项政策类、66项工程项目类、4项产业基地类、2项改革试点类和8项示范类任务全面启动实施。引进总投资50亿元的国药西部医疗产业园项目，超额完成50万平方米标准厂房建设任务。发挥振华集团带动作用，新天电子元器件产业园项目建设取得实质进展。全年地区生产总值完成195.9亿元、增长1.8%；完成固定资产投资169.92亿元、增长4%；一、二、三产业占比11.38%、49.01%、39.61%，产业结构进一步趋优。

办好教育、医疗等民生实事。实施“教育强区”行动，制定出台教育高质量发展“1+10”文件，乌当中学与贵阳一中教学合作联盟启动。完成新堡中学、偏坡九年制学校（初中部）等12个学校、教学点撤并整合。实施公办强校工程、教学质量提升工程，入学率、九年义务教育巩固率等各项教育衡量指标均创历史最佳。推进“健康乌当”建设，实施紧密型县域医共体国家级试点，以区人民医院为龙头的医共体总院组建完成，慢性病管理省级医防融合中心加快推进，危急重症双向转诊机制不断完善，“五大专科联盟”不断健全，区域医疗资源配置优质均衡发展，得到市委副书记、市长马宁宇肯定性批示。投入16.26亿元持续推进观溪北衙、新天等生活圈建设，温石路惠民停车场、振华农贸市场投入使用，改造完成雨水管网、污水管网、天然气管道等21.24千米。完成1050户农房风貌整治，巩固提升2.38万人农村饮水安全，建成投用7个镇级收集站，完成7130户农村旱厕和无厕治理，羊昌甲岗、百宜红旗、新堡王岗3个市级移风易俗示范村通过市级验收。发布“活力乌当”城市品牌，凸显乌当由美而活的全新城市定位。

统筹发展和安全，全区安全事故发生起数比上年下降25%，未发生较大以上安全生产事故。以保利公园2010为代表的社区防控工作得到省委副书记、省长李炳军和国家卫健委副主任雷海潮肯定，疫情防控“12345”乌当战法、下坝院区救治工作和“2+2+1”防院感、防外溢机制得到省、市领导和市委肯定。

【经济高质量发展】 2022年，乌当区围绕“产业生态化、生态产业化”，培育威门石斛水、黔鲜铁皮石斛粉等生态品牌。发展林下经济，加快森林抚育项目建设，实现产值17.8亿元，带动就业7000余人，生态红利持续释放。全面提升生态环境质量，坚持山水林田湖草一体化治理，区委常委带头开展巡河巡林69次，持续推进长江“十年禁渔”行动。推进环境污染防治，持续打好“五场战役”，抓好第二轮中央环保督察反馈问题整改，推进工业废气、秸秆焚烧和城市扬尘污染治理管控，加快松溪河、环溪河两岸、龙塘大沟排水管网等工程建设，空气质量优良率达100%，国控、省控水环境监测断面水质优良率均达100%。加快打造大健康产业高质量发展新高地。坚持把新型工业化作为“主引擎”，推动“一主一特”产业和食品加工优势产业量质齐升。规模以上工业增加值完成50.56亿元、增长1.9%，完成工业投资28亿元、比上年增长 79.5%。健康医药主导产业持续做强，抓住“两药一械”发展窗口期，实施医药产业基础再造工程，健兴药业、新天药业等龙头企业实现逆势上扬。依托国药西部医疗产业园，加快打造中国医疗器械贵州总部基地和医疗器械与医药生产基地，集研发、制造、包装、物流于一体的健康医药产业集群初步形成。电子信息制造特色产业持续做优，推动中高端制造业系统集成发展，以电子元器件制造为核心的新天电子元器件产业园加快建设，招引项目入驻 20 余个，电子材料、电子元器件、机电组件、终端整机制造全产业链逐步打通。振华风光在上海证券交易所上市，成为贵州省第一家芯片上市公司。食品加工产业持续做大，支持高新惠诚、五福坊等企业发展农产品精深加工，打造药食同源类中高端保健品，火石坡特色食品生态园项目加快建设，全区食品产业完成工业产值 7.2 亿元，休闲食品、烘焙食品、调味品等多业态并进的食品产业集群逐步形成。培育专精特新企业，新天光电、贵州捷盛等 6 家企业获国家级“小巨人”装备制造类认定，宇光电工、千叶药包获省级“小巨人”认定，11 家企业获省级专精特新认定。加快打造乡村振兴高质量发展新高地。坚持农业农村优先发展，全面推进“五大振兴”，促进农业高质高效、农村宜居宜业、农民富裕富足。夯实农业农村基础，持续巩固拓展脱贫攻坚成果，开展“3+1”保障全面“回头看”专项行动，搬迁户有劳动力家庭就业率为 100%。全面落实粮食安全党政同责，坚决遏制耕地非农化、基本农田非粮化，超额完成国家下达的粮食播种面积和粮食产量任务，第十届市委、区委涉粮问题整改完成率为 100%。抓好高标准农田及冬修水利建设，全面完成 1000 公顷高标准农田建成任务和 23 处农田水利损毁设施修复任务。加快发展特色高效现代农业，以现代农业产业示范带建设为抓手，实施“百园百品”带富工程，促进“蔬果药花茶”和生态养殖“5+1”特色优势产业加快发展，培育新增种养大户 154 户、市级以上龙头企业 6 家，创建乌当农产品“五零吾当”区域公用品牌，在新场镇、百宜镇示范种植水稻 100 公顷。纵深推进和美乡村建设，坚持以“五个一”行动推进乡村治理体系和治理能力现代化。主题鲜明、功能完善、产业兴旺的醉美偏坡、体验新堡、五彩百宜、食养新场等新型特色小镇组团加速构建。升级改造、新建乡村级电商服务站点 59 个，乡镇电商服务网点覆盖率为 100%。全区农业总产值完成 38.2 亿元，比上年增长 7%。加快打造全域旅游高质量发展新高地。发挥国家全域旅游示范区“金字招牌”引领作用，实现旅游大提质。持续培育旅游业态，按照“一心三区”旅游发展格局，做足“山、水、林、泉、城”五篇文章，“医疗康体、滋补养息、温泉理疗”养生旅游产业持续发展，“乡村旅游、避暑度假、观光体验”休闲旅游产业巩固壮大，逐步构建起大健康为主题的“产、学、研、旅”目的地。持续打造旅游品牌，围绕温泉第一区发展定位，开展“贵阳冬游到乌当”旅游推介等大型主题活动，持续擦亮“温泉景城融合·游憩医养共享”品牌。紧扣非遗文化爽心、城乡美食爽口等“六爽”主题，打造长桌宴市集，推出周末“庖汤大会”，形成冬日养生餐饮品牌。推进乡村旅游建设，偏坡村入选 2022 年贵州乡村旅游与少数民族特色村寨深度融合发展示范点，“泉城·五韵”乡村旅游品牌全面提升。持续优化旅游服务，开展“四转一上”工程，支持规模以上住宿企业申报“避暑度假酒店”和星级酒店，组织全区旅游企业申报文旅基金项目 12 个，引导 68 家规模以上涉旅企业入驻“贵商易”平台。全区累计接待游客 555.83 万人次，实现旅游收入 55.39 亿元。加快打造产城融合高质量发展新高地。推进以人为核心的新型城镇化，促进“人、产、城”良性互动，提升乌当在黔中城市群的发展能级。坚定不移“优”城镇布局，按照贵阳市“一核三中心多组团”总体布局，严守“三条控制线”，高标准编制国土空间规划、控制性详细规划和村庄规划，科学划分都市区、工业区、农业区、生态功能区等功能板块，城市建成区面积增至 31 平方千米，城镇化率达 67.1%，“一轴双核多组团”的产城融合发展格局加快构建。坚定不移“强”城镇经济，发展楼宇经济、总部经济等现代服务业，高品质建设打造乌当核心中央商务区，不断提升乌当城市承载力、竞争力和综合实力。东风片区与新添城区基础设施、公共服务共建共享水平不断提高，狮岩路、区医院地标性商圈加快推进。坚定不移“提”城镇品质，推进“六网会战”基础设施建设，马东路（民大附中段）建成投用，北龙路、新东二环基本建成，轨道交通 3 号线（乌当段）、智慧路、云锦路等加快建设，“三环五横七纵”骨架路网结构加速优化，“对外大贯通、对内大循环”的城乡互联互通交通路网格局初步构建。

【深化改革】 2022 年，乌当区 13 个乡（镇、街道）、110 个村（社区）均建立“一站式”政务服务中心和便民服务站。914 项区级行政事项实现全程网办，1584 项政务服务事项实现 100%“一窗办”，省政务中心与省税务局联合在乌当区开展全国首例系统融通试点。全年完成增值税留抵退税 2.4 亿元，累计减免各类税费 2.95 亿元，激发市场主体活力。深化农村综合改革，完成土地确权长效管理第一、二批次工作。投资 712.27 万元实施农村“三变”共享项目 4 个，72 个村按程序完成村党支部书记担任村集体经济股份合作社负责人工作。持续深化“放管服”改革，健全“招—安—扶”全生命周期工作体系，对全区 10273 户企业开展大走访大宣传，共收集企业诉求200件，办结率为100%。推行“一网通办”，“网上办税”网报率达99.7%。全年新开办市场主体6617户，注册资本67.4亿元。

【科教兴区】 2022年，乌当区引导规模以上工业企业完成研发投入4.6亿元，比上年增长68%，全区高新技术企业增至67家。完成科技成果技术合同认定7.3亿元，获批市级科技成果转化培育计划项目4个。依托全区“一主一特”产业等重点产业发展，累计建设市级以上各类科技创新平台70余个，38家科技型企业入驻智汇云锦孵化基地，全区有科技从业人员5000余人。教育经费投入实现“两个只增不减”，乌当四中、区实验小学分校、乌当三幼、四幼建成投用，泉天下幼儿园、阳晨美林幼儿园等6所幼儿园完成收购、改扩建，新增公办校（园）学位6270个。推进乌当中学与贵阳一中组建教学联盟。39名教师获评贵阳市第五届中小学（幼儿园）教坛新秀，1名教师获评省级骨干教师，组建7个区级“三名”工作室，全区教师专家库成员达321人。学前三年普惠率达94.23%，九年义务教育巩固率达117.63%，义务阶段进城务工人员随迁子女在公办就读比例达100%。加快实施《乌当区“人才兴区”十二条措施（试行）》及其配套实施细则，区域人才发展环境持续优化。引进制造业人才1198名、大数据人才641名。新增高校毕业生就业4814人。为46名专家人才授予“乌当人才优享卡”，筹集人才保障性租赁住房660套。组建人才服务专员队伍为120家重点企业提供服务，协调解决问题44个。慰问高层次人才45名，表彰全国技术能手3名。全区各类人才总量达7.43万人，占常住人口总数的22.18%，占比高于省、市平均水平。

【民生保障】 2022年，乌当区开展春风行动等招聘活动33场，提供岗位28520个，达成就业意向2330人。开展“马兰花计划”职业技能培训，打造家政护理、电子元器件制造等乌当技工品牌。围绕扶持创业人员和小微企业，发放小额担保贷款2721.67万元。累计完成城镇新增就业6007人，农村劳动力转移就业2317人，城镇登记失业率始终控制在5%以下，城乡“零就业家庭”保持动态为零，城镇、农村居民人均可支配收入分别达42582元、24099元，均比上年增长8%。提升“一老一小”健康服务覆盖率，全区老年人健康管理服务率达68.17%、每千人口托位数为1.8个，每千人拥有3岁以下婴幼儿托位数为3.05个。建立“医联体＋医共体”模式，完善贵黔国际总医院与区医共体成员单位常态化互动交流机制，初步形成“基层首诊、双向转诊、急慢分治、上下联动”医疗格局。投入1.5亿元建设龙广路、新光路和洛湾3个社区卫生服务中心，打造区卫生健康信息化平台，提升医共体综合服务效能。区、乡、村医疗机构实现电子医疗应用全覆盖，实现60%常见病不出乡镇、90%常见病不出区的目标。全面筑牢社会保障网。累计保障城乡低保等各类特殊人群110401人次，发放保障金、救助金、生活费、护理费、高龄老人长寿补贴及惠民殡葬费等2496.68万元。持续抓好养老“15分钟生活圈”建设，实现“15分钟生活圈”全覆盖，全区共建养老服务机构城市社区覆盖率为52.94%、乡镇覆盖率为92.3%。

（区委办）

重要会议

【中共乌当区委十一届三次全会】 2022年1月5日，中共乌当区第十一届委员会第三次全体会议召开。区委委员38人、候补委员9人出席。区人大常委会主任，区政协主席列席会议。会议听取和讨论王鸣明代表区委常委会作的报告和讲话，审议通过《中共贵阳市乌当区委关于深入学习贯彻党的十九届六中全会精神高质量建设“美丽乌当·活力新城”为谱写新时代“强省会”新篇章作出新贡献的实施意见》《中国共产党贵阳市乌当区第十一届委员会第三次全体会议决议》《乌当区出席党的二十大代表候选人初步人选推荐人选名单》《乌当区出席省第十三次党代会代表候选人初步人选推荐人选名单》。区委副书记、区长艾疆就《实施意见（讨论稿）》向全会作了说明，并总结2021年经济工作，安排部署2022年经济工作。

【中共乌当区委十一届四次全会】 2022年12月30日，中国共产党贵阳市乌当区第十一届委员会第四次全体（扩大）会议举行。出席全会的有区委委员30人、候补委员6人。区纪委委员和有关方面负责同志，部分离退休老同志、基层党代表、非公企业代表等列席会议。全会听取王鸣明关于区委常委会的工作报告和讲话，审议通过《中共乌当区委关于认真学习宣传贯彻党的二十大精神奋力谱写“美丽乌当·活力新城”现代化建设新篇章的意见》。区委副书记、区长艾疆就《实施意见（讨论稿）》向全会作了说明。

【区委议事协调机构会议】 2022年，乌当区委召开全面深化改革委员会会议、区委军民融合发展委员会、区委全面依法治区委员会等议事协调机构会议。

1月14日，召开区委全面深化改革委员会第十三次会议，会议审议并原则同意区委改革办《关于审定〈乌当区计划生育协会改革方案（送审稿）〉的请示》。4月29日，召开区委全面深化改革委员会第十四次会议，会议审议并原则同意区委改革办《关于审定〈乌当区 2021 年重大项目改革工作结项报告（送审稿）〉的请示》《关于审定〈中共贵阳市乌当区委全面深化改革委员会 2022 年工作要点（送审稿）〉的请示》《关于审定〈乌当区深化医疗保障制度改革的实施方案（送审稿）〉的请示》。7 月 7 日，召开区委全面深化改革委员会第十五次会议。会议强调，要提高站位抓好改革，坚持改革顺体制、推工作、促发展，把既定的改革事项落地落实。7 月 25 日，召开区委全面深化改革委员会第十六次会议，审议区委深化改革委员会办公室《关于审定〈乌当区公立医疗卫生机构深度融合高质量发展工作实施方案（送审稿）〉的请示》。11 月 2 日，召开区委全面深化改革委员会第十七次会议。会议强调，要确保“一县一试点”工作取得实效。

7 月 20 日，会议传达学习市委军民融合发展委员会相关会议精神，听取区委军民融合发展委员会 2022 年以来工作情况报告及下一步打算，审议并原则同意区委军民融合办相关请示，并调度军民融合工作。

区委全面依法治区委员会召开会议 2 次，分别为 4 月 1 日和 8 月 5 日，审议《中共乌当区委全面依法治区委员会 2022 年工作要点（送审稿）》《乌当区党政主要负责人履行推进法治乌当建设第一责任人职责清单（送审稿）》《关于审定〈2021 年乌当区法治社会建设工作总结（送审稿）〉〈2021 年乌当区法治政府建设工作报告（送审稿）〉〈乌当区法治宣传教育第八个五年规划（2021—2025 年）（送审稿）〉的请示》，听取乌当区落实贵阳市创建法治政府建设示范市工作情况汇报，调度全面依法治区工作。

2022 年 12 月 30 日，中国共产党乌当区第十一届委员会第四次全体会议场景

（区委办　供图）

【常委会会议】 2022 年，乌当区十一届区委常委会召开会议 42 次。

1 月 4 日，第 17 次会议召开。审议并原则同意区委组织部《关于乌当区出席党的二十大代表候选人初步人选推荐人选的请示》《关于乌当区出席省第十三次党代会代表候选人初步人选推荐人选的请示》。

1 月 5 日，第 18 次（扩大）会议召开。听取中国共产党贵阳市乌当区第十一届委员会第三次全体会议各组讨论情况汇报。

1 月 14 日，第 19 次（扩大）会议召开。书面听取区 2021 年新时代文明实践工作推进情况、区近期“治风”工作推进情况汇报。审议并原则同意区委改革办《关于审定〈乌当区计划生育协会改革方案（送审稿）〉的请示》，区“一圈两场三改”工作专班《关于审定〈乌当区“一圈两场三改”规划建设三年行动计划（2021—2023)（送审稿）〉的请示》，区纪委《关于审定〈关于进一步加强乌当区乡（镇、街道）纪检监察组织建设推动监督向基层延伸的实施方案（送审稿）〉的请示》，区政府党组《关于审定〈贵阳市乌当区健康医药产业链两图两库两池研究（送审稿）〉〈贵阳市乌当区电子信息制造业产业链两图两库两池研究（送审稿）〉的请示》，区委巡察办《关于审定〈中共贵阳市乌当区委员会关于落实十届市委涉粮问题专项巡察反馈意见整改工作方案（送审稿）〉的请示》。

1 月 24 日，第 20 次（扩大）会议召开。传达学习中共中央办公厅有关文件和省两会精神。研究全区经济工作。

1 月 30 日，第 21 次（扩大）会议召开。传达学习《国务院关于支持贵州在新时代西部大开发上闯新路的意见》，并研究全区贯彻落实措施。书面听取乌当区“强省会”五年行动工作 2021 年工作成效及 2022 年工作打算，新型工业化指挥部、数字经济指挥部、总部经济指挥部、“三改”工作指挥部、乡村振兴指挥部、创新人才指挥部、枢纽能力提升指挥部、生态提升指挥部、提振消费指挥部、扩大开放指挥部、营商环境指挥部、高质量公共服务供给、纪律作风保障指挥部、交通基础设施建设指挥部工作推进情况汇报，并调度全区“强省会”五年行动工作。书面听取 2002 年春节期间信访维稳、市场保供、社会救助、水电气信保障、保障农民工工资支付等工作打算；听取 2022 年春节期间疫情防控、应急管理（安全生产）工作打算情况汇报，安排部署春节期间相关工作。书面传达《关于 2021 年全省“文明在行动·满意在贵州”活动综合考核结果的通报》，并调度全区文明城市巩固提升工作。审议并原则同意区政府党组《关于审定〈2022 年省、市、区义务植树活动服务保障工作方案（送审稿）〉的请示》。书面通报中共乌当区委常委会党史学习教育专题民主生活会情况，并对有关工作进行研究部署。

2 月 11 日，第 22 次（扩大）会议召开。听取区人大常委会、区政府、区政协、区法院、区检察院党组工作汇报。通报《关于“联东 U 谷贵阳智造园”项目情况》。书面听取 2021 年乌当区纪检监察工作情况和 2022 年工作打算报告，对 2022 年全区党风廉政建设和反腐败工作进行安排部署。审议并原则同意《区委常委会党史学习教育专题民主生活会整改落实方案》。

3 月 1 日，第 23 次（扩大）会议召开。听取乌当区 2022 年安全生产情况汇报，调度全区安全生产工作。通报贵州乌当洛湾云锦医药食品新型工业园基础设施 PPP 项目工作推进备忘录情况。通报高压轴向柱塞液压泵 / 马达项目、乌当区新型环保建材园（高穴）项目及乌当区装备制造产业园（高穴）项目情况。审议并原则同意区委办《关于将中共乌当区委财经委员会办公室调整设在区发展改革局的请示》及相关请示，区委巡察办相关请示。

3 月 9 日，第 25 次（扩大）会议召开。传达习近平总书记、刘鹤、王勇、肖捷在中共贵州省委办公厅贵州信息第 183 期上的批示精神，以及谌贻琴、李炳军、胡忠雄有关批示精神和 3 月 9 日市委常委会会议精神，安排部署全区贯彻落实措施。

3 月 16 日，第 26 次（扩大）会议召开。听取全区近期安全生产工作情况汇报及下一步工作打算，并对安全生产相关工作进行部署。审议并原则同意区政府党组《关于审定〈乌当区安全生产集中攻坚实施方案（送审稿）〉的请示》。听取乌当区创建全省禁毒示范区工作情况汇报。听取各乡（镇、街道）党（工）委书记、区属各部门党委（党组）书记述责述廉，对述责述廉对象进行测评。审议并原则同意区政协党组《关于审定〈乌当区政协 2022 年度协商与监督计划（送审稿）〉的请示》。听取 2021 年全区统战工作情况和 2022 年工作打算的报告，研究部署相关工作。审议并原则同意乌当区巡视整改工作领导小组办公室《关于审定〈乌当区巡视整改工作领导小组办公室及各整改专班工作方案（送审稿）〉的请示》，区政府党组《关于审定〈乌当区委区政府领导包片开展安全生产暗访督查工作方案（送审稿）〉的请示》，区委办《关于审定〈中共贵阳市乌当区委常委会 2022 年工作要点（送审稿）〉的请示》。

3 月 19 日，第 27 次（扩大）会议召开。会议听取乌当区生态环保督察整改工作推进情况汇报，并调度生态文明建设工作。

4 月 1 日，第 28 次（扩大）会议召开。书面听取乌当区 2021 年度国家安全、反邪教工作情况汇报及 2022 年工作意见，乌当区近期信访维稳工作情况汇报及下一步工作打算；听取乌当区近期疫情防控、应急管理（安全生产）工作情况汇报及下一步工作打算；调度全区近期疫情防控、安全稳定工作。书面听取乌当区 2022 年第一季度落实“强省会”行动工作情况汇报；书面听取区工业和信息化局（区大数据局）、贵州乌当经开区、区商务局、区财政局、区人力资源和社会保障局、区住房城乡建设局、区农业农村局、区投促局、区文体广电旅游局及各乡（镇、街道）本领域（本地区）1—3 月经济运行情况汇报及第二季度经济工作打算；听取乌当区 2022 年一季度主要经济指标监测情况分析及下一步工作建议、主要经济指标预计完成情况汇报，调度全区落实“强省会”行动工作和一季度经济工作。会议书面听取乌当区落实贵阳市创建法治政府建设示范市工作情况汇报，审议并原则同意区政府党组《关于审定〈2021 年乌当区法治社会建设工作总结（送审稿）〉〈2021 年乌当区法治政府建设工作报告（送审稿）〉〈乌当区法治宣传教育第八个五年规划 (2021—2025 年)（送审稿）〉的请示》，调度全面依法治区工作。书面审议并原则同意区纪委区监委《关于审定〈乌当区 2021 年党内政治生态分析研判反馈问题整改方案（送审稿）〉的请示》。会议审议并原则同意区委农村工作领导小组《关于审定〈关于做好 2022 年全面推进乡村振兴重点工作的实施意见（送审稿）〉的请示》，区委宣传部《乌当区城市品牌 logo 设计方案》，区人大常委会党组《关于召开区委人大工作会议的请示》，区委组织部《关于对在农村发展党员工作中严重违反入党程序相关人员进行处理的请示》。

4 月 15 日，第 30 次（扩大）会议召开。会议期间，区委主要领导与区委常委班子、区人大常委会、区政府、区政协、区法院、区检察院党组书记进行集中提醒谈话。听取乌当区货车司机群体党建试点工作情况汇报并研究相关工作。审议并原则同意中共乌当区委组织部《关于明确中共乌当区委非公有制经济组织和社会组织工作委员会书记、副书记及联席会议成员单位的请示》，贵州乌当经济开发区管委会《关于申请调整贵州乌当经开区管辖范围的请示》。

4 月 21 日，第 31 次（扩大）会议召开。听取第二轮中央生态环保督察交办乌当区群众投诉信访件整改情况汇报并调度生态环境保护工作。会议通报贵阳市全国文明城市巩固提升第一季度模拟测评情况并调度文明城市巩固提升工作。会议审议并原则同意区全国文明城市巩固提升指挥部办公室《关于审定〈乌当区 2022 年全国文明城市巩固提升暨“文明在行动·满意在贵州”活动目标考核办法〉的请示》，区政府党组《关于审议〈乌当区 2022 年营商环境全面优化行动实施方案(送审稿)〉的请示》。审议并原则同意区委办有关请示。

4月29日，第32次(扩大)会议召开。会议听取乌当区近期疫情防控、应急管理(安全生产)工作开展情况汇报，乌当区第一季度巡察工作情况汇报，安排相关工作事项。审议并原则同意区委巡察办《关于审定〈十一届乌当区委第二轮巡察工作方案(送审稿)〉的请示》。

5月17日，第33次(扩大)会议召开。观看《生命重于泰山——学习习近平总书记关于安全生产重要论述电视专题片》和《2022年安全生产警示教育片》；听取乌当区近期安全生产工作情况汇报；部署全区安全生产工作。书面听取乌当区2022年“强省会”高质量发展主要目标和重点任务1—4月完成情况汇报，各指挥部2022年“强省会”高质量发展主要目标和重点任务1—4月完成情况汇报；听取乌当区2022年一季度经济运行情况及下一步工作打算；通报乌当区新堡布依族乡葡萄酒生产体验中心项目情况，乌当区国药西部医疗产业园项目情况；研究部署乌当区经济工作和“强省会”行动工作。会议传达学习《乌当区贯彻落实粮食安全责任制实施方案》；听取《中共贵阳市乌当区委员会关于落实十届市委涉粮问题专项巡察反馈意见整改工作情况报告》《关于落实十届区委涉粮专项巡察反馈意见整改落实情况报告》通报。审议并原则同意《中共乌当区委关于围绕“四新”主攻“四化”和招商引资专项巡视反馈意见整改进展情况报告(送审稿)》，区委组织部《关于调整区委常委“五个定点”工作联系点和县级领导干部基层工作联系点请示》《关于审定〈2022年乌当区抓党建促乡村振兴工作要点(送审稿)〉的请示》《关于审定〈乌当区关于进一步加强“兵支书”队伍建设的实施方案(送审稿)〉的请示》。会议书面听取乌当区农村“五治”工作推进情况汇报，审议并原则同意乌当区政府党组《关于审定〈乌当区促进农民增收工作方案(2022—2025)(送审稿)〉的请示》，调度全区农业农村工作。听取乌当区民兵整组和兵役征集工作情况汇报，研究全区党管武装工作。审议并原则同意区政府党组《关于审定〈乌当区提高城镇居民收入水平实施方案(2022—2025年)(送审稿)〉的请示》。会议书面审议并原则同意区委统战部《关于审定印发〈中共乌当区委2022年政党协商计划(送审稿)〉的请示》。

6月2日，第35次(扩大)会议召开。书面听取乌当区打击整治养老诈骗专项行动工作情况汇报、乌当区贯彻落实全省、全市2022年禁毒工作会议精神情况汇报。听取乌当区2022年高考准备工作情况汇报，调度乌当区高考准备工作。听取乌当区2022年地质灾害防治工作情况汇报，乌当区2022年防汛抗旱工作情况汇报，调度防汛抗旱、地质灾害防治工作。听取乌当区2022年统计监督工作情况汇报，研究统计监督工作。会议审议并原则同意区政府党组《关于审定〈贵阳市创建“科技中国”试点城市乌当行动实施方案(送审稿)〉的请示》，区政府党组《关于审定〈乌当区国有企业资产损失责任追究暂行办法(送审稿)〉的请示》，区委宗教工作领导小组办公室相关请示。

6月15日，第36次(扩大)会议召开。通报贵阳市乌当区2021年度选人用人工作民主评议结果。听取乌当区发现问题和隐患整改工作情况汇报。听取乌当区集中治理重复访化解信访积案专项工作情况汇报。会议听取乌当区贯彻落实《中国共产党统一战线工作条例》情况汇报，研究全区统战工作。审议并原则同意区政府党组《关于审定〈乌当区“一圈两场三改”工作考核方案(送审稿)〉的请示》，区委巡察办《关于审定〈十一届乌当区委第一轮巡察工作情况报告〉的请示》，区委编办《关于审定〈调整中共乌当区委国家安全委员会办公室设置〉的请示》。

6月24日，第37次(扩大)会议召开。听取区委军民融合发展委员会2021年工作情况汇报。书面审议并原则同意区委军民融合发展委员会办公室《关于审定〈中共乌当区委军民融合发展委员会2022年度工作要点(送审稿)〉的请示》。书面通报贵阳市2022年第二季度全国文明城市巩固提升模拟测评报告、贵阳市2022年第二季度全国文明城市巩固提升模拟测评乌当区报告，书面听取乌当区2022年上半年全国文明城市巩固提升工作情况汇报，区综合行政执法局、市公安交管局乌当分局、新创路街道就文明城市巩固提升工作作表态发言，调度全区文明城市巩固提升工作。听取乌当区2022年食品安全和知识产权保护工作情况汇报，研究全区食品安全和知识产权保护工作。听取乌当区教育工作情况、区县域普通高中发展提升行动——贵阳市乌当中学教育发展联盟工作情况汇报，调度全区教育工作。审议并原则同意区委宣传部《关于审定〈乌当区委(党组)网络意识形态工作责任制实施细则〉的请示》。

7月7日，第38次(扩大)会议召开。审议并原则同意区委深改委《关于审议〈乌当区关于探索以健康医药产业为主引擎的新型工业化改革试点实施方案〉的请示》。听取乌当区2022年上半年驻村工作开展情况汇报。传达学习《中华人民共和国反有组织犯罪法》以及平安中国建设领导小组、平安贵州建设领导小组、平安贵阳建设领导小组有关会议精神和贯彻落实建议，听取平安乌当建设工作情况、乌当区2022年上半年违法建筑专项整治工作和乌当区生活垃圾分类工作推进情况汇报。听取乌当区对照国家反馈2021年国家巩固拓展脱贫攻坚成果同乡村振兴有效衔接考核评估反馈问题排查整改工作推进情况，乌当区对照近期国家、省反馈易地扶贫搬迁有关问题排查整改工作推进情况报告。审议并原则同意区政府党组《关于审定〈乌当区行政执法责任追究机制(送审稿)〉等4个制度的请示》。听取关于中央生态环保督察办专项督察的情况汇报，对有关工作进行调度。审议并原则同意《乌当区残疾人联合会关于换届工作的请示》，乌当区委审计委员会办公室《关于本级审计机关贯彻落实〈中共贵州省委审计委员会办公室关于做好有关文件报送转发及贯彻落实工作的通知〉的情况报告》《关于审议〈2021年度乌当区本级预算执行和其他财政支出情况审计报告〉的请示》，区委组织部《关于审定〈乌当区2022年重点村，软弱涣散村党组织及县级领导联系指导整顿工作〉的请示》。

7月25日，第39次(扩大)会议召开。会议审议并原则同意区政府《关于审定〈乌当区关于国家统计局统计督察反馈意见整改落实工作方案(送审稿)〉的请示》。书面听取各指挥部上半年“强省会”主要目标和重点任务工作完成情况，听取乌当区上半年“强省会”工作推进情况、区工业和信息化局表态发言，安排部署乌当区“强省会”工作。会议审议并原则同意区委宣传部《关于审议〈乌当区新时代文明实践中心建设提档升级实施方案(送审稿)〉的请示》。书面听取乌当区近期疫情防控工作开展情况汇报、乌当区重点人群疫苗接种工作情况汇报，调度全区疫情防控工作。审议并原则同意区政府党组《关于审定〈乌当区推进教育高质量发展实施方案(送审稿)〉的请示》，区政府党组《关于审议〈乌当区聚焦“五个环节”推进城镇生活垃圾全程分类体系建设行动方案〉的请示》，区委深化改革委员会办公室《关于审定〈乌当区公立医疗卫生机构深度融合高质量发展工作实施方案(送审稿)〉的请示》，区委组织部《关于审定〈2021年度考核等次及奖励标准〉的请示》。

8月18日，第43次(扩大)会议召开。会议书面听取乌当区市域社会治理现代化工作情况汇报，书面听取乌当区2022年抓党建促乡村振兴工作情况汇报，听取区优化营商环境工作推进情况汇报，听取乌当区2022年上半年“一圈两场三改”工作情况汇报，听取乌当区2022年上半年巡察工作情况汇报；会议审议并原则同意区政府党组《关于审定〈中天吾乡项目“一楼一策”工作方案〉的请示》，区委政法委《关于审定〈乌当区贯彻落实市关于加强基层治理体系和治理能力现代化建设十条措施的实施方案(送审稿)〉的请示》，区委办公室《关于审定〈中共乌当区委第十一届委员会工作规则(送审稿)〉〈中共乌当区第十一届委员会常务委员会议事决策规则(送审稿)〉的请示》。

8月18日，第43次(扩大)会议召开。书面听取乌当区2022年抓党建促乡村振兴工作情况汇报，并调度全区基层党建工作。书面传达学习全省市域社会治理现代化试点工作现场会精神，书面听取乌当区市域社会治理现代化工作情况汇报，调度全区社会治理现代化建设工作。审议并原则同意区委政法委《关于审定〈乌当区贯彻落实市关于加强基层治理体系和治理能力现代化建设十条措施的实施方案(送审稿)〉的请示》。听取乌当区2022年上半年“一圈两场三改”工作情况汇报，调度全区“一圈两场三改”工作。审议并原则同意区政府党组《关于审定〈中天吾乡项目“一楼一策”工作方案〉的请示》。听取乌当区2022年上半年巡察工作情况汇报，调度全区巡察工作。审议并原则同意区委办公室《关于审定〈中共乌当区委第十一届委员会工作规则(送审稿)〉〈中共乌当区第十一届委员会常务委员会议事决策规则(送审稿)〉的请示》。

8月29日，第44次(扩大)会议召开。听取乌当区老干部工作情况汇报。审议并原则同意区政府党组《关于审定〈乌当区打造营商环境“贵人服务”品牌五项工作机制(送审稿)〉的请示》，区委组织部《关于审定〈区管领导班子和区管干部2021年度考核等次建议〉的请示》。审议区纪律检查委员会相关请示。

9月1日，第45次(扩大)会议召开。传达学习中国共产党贵阳市第十一届委员会第四次全体会议精神，研究全区贯彻落实措施。

9月4日，第46次(扩大)会议召开。宣读《关于成立新冠肺炎疫情防控期间临时党委、党支部、党小组的通知》及相关文件；听取区疫情防控现场处置市区联动指挥部“一办九组”安排工作情况，研究全区疫情防控工作。

9月30日，第48次(扩大)会议召开。听取中共二十大信访维稳形势分析研判暨重点人员稳控工作开展情况、中共二十大安保维稳工作开展情况汇报，研究全区贯彻落实措施。书面听取全区疫情防控攻坚工作情况，听取“一办九组”研究全区疫情防控工作。

10月3日，第49次(扩大)会议召开。审议并原则同意区委组织部《关于确定贵阳市疫情攻坚战公务员集体和个人二等功推荐对象的请示》，区委组织部《关于对在疫情攻坚战中表现突出的公务员集体和个人记三等功和嘉奖的请示》，区人力资源和社会保障局《关于对新冠肺炎疫情防控工作表现突出的单位和个人进行奖励的请示》。

10月14日，第51次(扩大)会议召开。听取中共二十大前后信访维稳形势分析研判、安全生产工作情况汇报，调度全区中共二十大信访维稳及安全生产工作。书面通报中共二十大前后全区疫情防控工作情况，调度全区疫情防控工作。书面传达学习《中共贵州省委关于一体推进不敢腐、不能腐、不想腐的指导意见》精神，调度全区全面从严治党工作。审议并原则同意区委巡察办《关于审定〈十一届乌当区委第二轮巡察工作情况报告(送审稿)〉的请示》。

10月26日，第53次(扩大)会议召开。围绕学习贯彻中共二十大和中共二十届一中全会精神作了发言。传达学习贵州省传达学习贯彻中共二十大精神领导干部大会及10月24日省委常委会、10月25日市委常委会会议精神，研究贯彻落实意见。

11月2日，第54次(扩大)会议召开。听取“8·31”疫情以来和中共二十大期间干部作风情况和下一步工作建议，党的机关工作委员会2022年工作情况，2022年乌当区离退休干部党建工作，2022年前三季度保密工作开展情况汇报，调度全区全面从严治党工作。听取前三季度全区经济形势和第四季度经济工作打算、乌当区2022年前三季度“强省会”工作推进情况汇报，书面听取各指挥部乌当区前三季度“强省会”主要目标和重点任务工作完成情况，研究全区经济工作。审议并原则同意区政府党组《关于审定〈乌当区贯彻落实第二轮中央生态环境保护督察报告整改方案(送审稿)〉的请示》。听取乌当区生活垃圾分类工作推进情况汇报，研究全区垃圾分类工作。审议并原则同意区政府党组《关于审定〈乌当区健全完善社会救助制度的实施方案(送审稿)〉的请示》，区委组织部《关于审定〈乌当区社区工作者职业体系建设实施方案(试行)〉的请示》。

11月8日，第55次(扩大)会议召开。听取乌当区2022年前三季度安全生产工作情况汇报，调度安全生产工作。听取乌当区禁毒人民战争工作、乌当区扫黑除恶斗争工作、乌当区法学会工作、乌当区2022年“双拥”工作情况汇报，调度社会建设工作。听取乌当区妇联2022年工作，乌当区总工会2022年工作，乌当区2022年青年和少先队工作，乌当区残联2022年工作、乌当区社会组织工作情况汇报，调度群团和社会组织工作。书面通报贵阳市2022年第三季度全国文明城市巩固提升模拟测评情况、乌当区2022年第三季度全国文明城市巩固提升模拟测评情况，乌当区2022年三季度全国文明城市巩固提升暨“文明在行动·满意在贵州”活动考核情况，听取高新路街道、市公安交管局乌当分局表态发言，调度文明城市巩固提升工作。审议并原则同意区委巡察办《关于审定〈十一届乌当区委第四轮巡察工作方案(送审稿)〉的请示》。

11月18日，第56次(扩大)会议召开。审议并原则同意区禁毒办《关于审定〈乌当区贯彻落实贵阳市创建全国禁毒示范城市实施方案的工作方案(送审稿)〉的请示》，调度禁毒工作。审议并原则同意区委依法治区办《关于审定〈法治乌当建设实施方案(2022—2025年)(送审稿)〉的请示》《关于审定〈乌当区法治政府建设实施方案(2022—2025年)(送审稿)〉的请示》，区政府党组《关于审定〈乌当区整体提升卫生健康水平攻坚行动计划(2022—2030年)(送审稿)〉的请示》《关于审定医疗救治能力提升专项行动方案(送审稿)等8个行动方案的请示》，区委组织部《关于增设区委非公有制经济组织和社会组织工作委员会副书记的请示》。

12月2日，第57次(扩大)会议召开。听取乌当区2022年统一战线工作情况汇报，调度统战工作。审议并原则同意区委考核办《关于审定乌当区年度综合考核系列文件的请示》，区人大常委会党组《关于补选乌当区第十八届人民代表大会代表的请示》，同意补选代表23名。审议并原则同意区政府党组《关于对乌当区2022年区级优秀教师、优秀班主任、优秀教育管理者进行区级表彰的请示》，同意对优秀教师20名、优秀班主任20名、优秀教育管理者10名给予奖励。审议并原则同意区委组织部《关于对年度考核优秀的公务员给予奖励的请示》。听取乌当区2022年度科级领导班子、领导干部及年轻干部工作情况汇报。

12月12日，第58次(扩大)会议召开。听取国务院安委会督导帮扶组督导帮扶乌当区工作情况汇报，乌当区第二轮中央生态环境保护督察反馈问题整改情况汇报，乌当区2022年农村基层党组织建设暨抓党建促乡村振兴工作情况汇报，听取东风镇、水田镇、羊昌镇、下坝镇、新场镇、百宜镇、新堡布依族乡、偏坡布依族乡抓党建促乡村振兴工作情况汇报。调度2022年乌当区乡镇党委书记抓党建促乡村振兴“擂台比武”工作，调度农村基层组织建设暨抓党建促乡村振兴工作。审议并原则同意区委宣传部《关于审定〈关于新时代加强和改进思想政治工作的实施方案(送审稿)〉的请示》。听取乌当区2022年度党内法规贯彻执行情况汇报，研究党内法规执行工作。审议并原则同意乌当区审计委员会办公室《关于审定〈2021年乌当区本级预算执行和其他财政收支审计查出问题整改情况的报告(送审稿)〉的请示》《关于审定〈2022年乌当区本级经济责任审计综合报告(送审稿)〉的请示》。

(区委办)

重大决策

【深入学习贯彻中共十九届六中全会精神】 2022年1月5日，区委十一届三次全会通过《高质量建设“美丽乌当·活力新城”为谱写新时代“强省会”新篇章作出新贡献》，意见以习近平新时代中国特色社会主义思想为指导，深刻把握中共十九届六中全会精神重大意义、丰富内涵和实践要求；高质量建设“美丽乌当·活力新城”，切实把中共十九届六中全会精神转化为推动发展的强大动力；全面加强党的领导，推动中共十九届六中全会精神在乌当落地见效3个部分组成。提出乌当区走好“八个强”的发展新路，即：加快打造“两山”理论实践创新高质量发展新高地，全力以赴走好强生态发展新路；加快打造大健康产业高质量发展新高地，全力以赴走好强工业发展新路；加快打造乡村振兴高质量发展新高地，全力以赴走好强“三农”发展新路；加快打造全域旅游高质量发展新高地，全力以赴走好强旅游发展新路；加快打造产城融合高质量发展新高地，全力以赴走好强城镇发展新路；加快构建创新创业创造新格局，全力以赴走好强环境发展新路；加快构建爱才敬才惜才新机制，全力以赴走好强人才发展新路；加快构建共建共治共享新体系，全力以赴走好强民生发展新路。

【全面推进乡村振兴行动】 2022年2月14日，中共贵阳市乌当区委、区人民政府印发《乌当区全面推进乡村振兴行动方案》，提出全力推进巩固拓展脱贫攻坚成果五年行动、全力推进发展乡村产业五年行动、全力推进农村人居环境整治提升五年行动三大重点行动（以下简称“三大行动”）。2022年，“三大行动”取得初步成效。实现脱贫攻坚政策体系和工作机制同乡村振兴有效衔接、平稳过渡，脱贫攻坚成果稳定巩固拓展，确保不发生规模性返贫。到2023年，“三大行动”取得阶段性进展。脱贫攻坚成果持续巩固拓展、长效机制健全完善，农村群众获得感、幸福感、安全感进一步增强。到2025年，“三大行动”取得明显成效。脱贫攻坚成果高质量巩固拓展，农村经济活力和发展后劲明显增强，农村低收入人口分类帮扶长效机制健全完善，脱贫人口的农民收入增速高于全区农民平均水平。

【加强和改进新时代人大工作 推动“美丽乌当·活力新城”高质量发展】 2022年4月13日，中共乌当区委印发《关于进一步加强和改进新时代人大工作推动“美丽乌当·活力新城”高质量发展的实施意见》，提出牢牢把握新时代人大工作的方向原则、全面加强党的领导、不断提高人大工作质量、充分发挥人大代表作用、加强人大及其常委会自身建设5个方面的意见，发挥人大及其常委会的职能作用，推进全区经济社会发展和民主法治建设，使制度优势更好地转化为治理效能，推动“美丽乌当·活力新城”高质量发展。

【深化医疗保障制度改革】 2022年6月7日，中共乌当区委、乌当区人民政府印发《乌当区深化医疗保障制度改革的实施方案》，提出促进多层次医疗保障制度体系发展，完善公平适度的待遇保障机制，巩固优化基本医疗保险待遇、落实重大疫情医疗救治费用保障机制、建立“两病”门诊用药保障机制、完善生育保障制度、巩固医保扶贫成果同乡村振兴有效衔接；健全稳健可持续的筹资运行机制，巩固提升参保质量、落实筹资分担和调整机制、执行做好市级统筹、加强基金预算管理和风险预警、落实医保目录动态调整、强化医保协议管理、推进医保支付方式改革；健全严密有力的基金监管机制，建立基金监管机制、依法打击欺诈骗保行为、创新基金监管方式；推进医药服务供给改革，推进药品、医用耗材集中带量采购和使用、完善医药服务价格形成机制、促进医药服务能力提升；优化医疗保障公共服务管理，完善医保经办服务体系、优化医疗保障公共服务、高起点推进标准化和信息化建设、探索医保治理新格局、加强组织领导、凝聚工作合力、积极稳妥推进、营造良好氛围8个方面30条措施。到2025年，待遇保障、筹资运行、医保支付、基金管理等重要机制取得新突破，医药服务供给质量取得新进展，医保公共管理服务能力全面提升。到2030年，全面建成以基本医疗保险为主体，医疗救助为托底，补充医疗保险、商业健康险、慈善捐赠、医疗互助共同发展的多层次医疗保障制度体系，实现医保公平性和可及性更强、医药服务质量更高、医疗行为更加规范、医保基金更可持续。

【推进教育高质量发展】 2022年8月4日，中共乌当区委、乌当区人民政府印发《乌当区推进教育高质量发展实施方案》，提出实施五育并举“立德铸魂”工程、教育资源“布局优化”工程、学前教育“优质普惠”工程、义务教育“优质均衡”工程、高中教育“优质普及”工程、职业教育“扩容提质”工程、教育团队“素能提升”工程7项工程。通过1—2年时间的全面治理，消除制约乌当教育发展的体制机制障碍，达成“补齐短板、打通堵点、激发活力”工作目标，教育事业发展逐步迈向“优质高效”。再通过3—5年的奋斗，全区教育事业取得长足进步，教育设点布局更加科学合理，办学条件明显改善，办学水平明显提升，教育公共服务体系明显完善，教育现代化步伐明显加快，人民群众对教育的满意度明显提高，教育对经济社会发展的引领作用明显增强。

（区委办）

组织建设

【概况】 2022年，乌当区委组织部以打造坚强有力战斗堡垒、锻造敢干实干快干会干的过硬干部队伍、汇聚人才智力支撑、持续加强队伍锤炼锻造为重点，统筹推进党员干部队伍、人才队伍和基层党组织建设。将抓基层党建工作与党组织书记评先评优、选拔使用紧密结合，组织开展年度区属党（工）委书记抓基层党建工作述职评议考核。制定下发《关于在高质量建设“美丽乌当·活力新城”中激励干部担当作为的实施意见》，制定《关于开展“改进作风、狠抓落实”年“六个大力整治”实施方案》，成立全区“改进作风、狠抓落实”年“六个大力整治”专项监督检查领导小组。落实《领导干部报告个人有关事项规定》和《领导干部个人有关事项报告查核结果处理办法》，完成43名填报对象个人有关事项报告填报审核及资料收集及移交工作。加强作风警示教育，累计教育党员干部630人次。强化干部日常监管，共对70余名工作岗位变动的领导干部发出离任交接通知书，确保人权、财权、重大工作等有序交接。创建省级示范党支部3个，市级示范党支部10个，打造“筑固工程”党建示范点17个。开展软弱涣散基层党组织排查整顿，确定软弱涣散村党组织6个、重点村14个，为软弱涣散村党组织下派第一书记6名。坚持以“五个一”行动推动基层党建与乡村振兴互融互促、同频共振，相关做法获《贵阳组工信息》刊发推广。落实党员教育培训经费30万元、村级办公阵地和党员活动阵地修缮经费20万元。完成2022年贵州省公开招录公务员笔试乌当二中、新九学校考点考务工作。面向社会公开招录公务员（选调生、人民警察）、定向部分重点高校选调优秀毕业生5名。完成45名新调任到行政岗位领导干部和新录用转正公务员登记审核和报批。晋升一至四级主任科员44人，晋升职员等级508人。加强对年度综合考核工作督促和指挥调度，制定5个领域考核实施方案和指标体系。建立“立体化”考核体系，制定综合考核体系《乌当区年度综合考核实施办法》，全面完成2021年度13个乡（镇、街道）党政领导班子、84个区直单位领导班子和543名区管干部年度考核。

2022年2月17日，乌当区举行“乌当人才优享卡”授卡仪式，为46名专家颁发“乌当人才优享卡”
（融媒体中心　供图）

【党员队伍建设】 2022年，乌当区委组织部按照“控制总量、优化结构、提高质量、发挥作用”总要求，提高党员发展质量、优化党员队伍结构。制定《乌当区流动党员教育管理服务办法（试行）》，建立以区委党校为主体、职能部门为依托、乡（镇、街道）为补充的“三位一体”党员培训体系，开展培训18期次，培训党员、干部2850人次。拍摄党员教育电视片2部，录制《乌当红色文化》《深入推进“一中心一张网十联户”工作》《不断推进全体人民共同富裕》3门精品课程。2022年成立临时党小组99个，组建党员先锋队327支，3577名党员干部奋战在防疫一线。

【党内统计报告】 2022年底，乌当区有地方党委1个，党组织28个，基层党委22个，党总支39个、党支部533个。其中，乡镇、村党组织133个（党委8个、党总支4个、党支部121个），街道、社区党组织116个（党委2个、党总支11个、党支部103个），国有经济党支部11个，集体经济党支部4个，非公有制经济党组织85个（党总支1个、党支部84个），机关单位党组织131个（党委11个、党总支10个、党支部110个），事业单位党组织114个（党委1个、党总支13个、党支部100个）。其他党组织213个（党委9个，党总支20个，党支部184个）。全区有党员13014名，较2021年净增576人。其中，女性4984名，占38.3%，较上年增长262人；少数民族2353名，占18.1%，较上年增长88人；35岁以下2186名，占16.7%，较上年增长11人；大专及以上学历7355名，占56.5%，较上年增长467人；初中及以下学历3220名，占24.7%，较上年减少75人。党员总体数量平稳上升，女性党员、少数民族党员数量逐年增长，党员队伍年龄结构、学历结构和一线比例不断趋于合理，队伍整体素质得到不断提升。

【党员发展】 2022年，乌当区发展党员169名，其中农牧渔民39名，占23%；机关企事业单位63名，占37.2%；非公有制经济组织27名，占15.9%；新业态新就业群体6名，占3.5%；其他34名，占20%。

【年轻干部培养】 2022年，乌当区优秀年轻干部库共256人，其中科级干部91人，一般干部165人；35岁以下干部131人；少数民族干部66人，其中布依族干部20人。

【干部作风建设】 2022年，乌当区印发《关于在高质量建设“美丽乌当·活力新城”中激励干部担当作为的实施意见》《关于开展“改进作风、狠抓落实”年“六个大力整治”实施方案》，成立全区“改进作风、狠抓落实”年“六个大力整治”专项监督检查领导小组，向“庸、懒、散、软、浮、推”作风顽疾亮剑宣战。完成43名填报对象个人有关事项报告填报审核及资料收集移交。对70余名工作岗位变动的领导干部发出离任交接通知书，委托区审计局对3名单位主要负责人开展离任（任中）经济责任审计。开展选人用人“一报告两评议”，参加评议的132人对全区2021年度选人用人工作的总体评价和从严管理监督干部情况均为“好”。对十二届省委巡视和十届市委巡察乌当反馈党的组织建设和选人用人问题整改情况逐一进行排查梳理，形成书面情况报告。联合区纪委区监委、区督办督查局开展新冠疫情防控、安全生产、农村“五治”等工作督查，发现问题及时督促整改，全年未接到有关违反选人用人规定的问题线索举报。

【农村基层党建】 2022年，乌当区委组织部制定抓党建促乡村振兴工作要点，印发村党组织书记抓党建促乡村振兴任务清单和履职要点各8条。探索“村集体经济+混合所有制经济”发展方式，建立利益联结和风险共担机制，村级集体经济经营性收入达100万元以上村3个。组织开展“村干部上讲堂”活动、村党组织书记“擂台比武”活动40余次。持续向重点乡村选派驻村第一书记和工作队，轮换派驻22个驻村工作队，选派72名优秀干部到村开展驻村工作。制定《乌当区关于进一步加强“兵支书”队伍建设的实施方案》，培养9名优秀退役军人党组织书记。推广“导师帮带”“双培养”“招募令”等做法，储备村级后备力量274名。实施“村干部学历提升工程”，推动全区45岁及以下、学历在大专及以下层次的村干部的学历和素质提升，全区参加学历提升村“两委”干部144人，其中村党组织书记18人。

【城市基层党建】 2022年，乌当区建立区委常委和其他县级领导干部城市基层党建工作联系点制度。推进社区工作者职业体系建设，纳入社区工作者管理351人。强化物业行业党建联建，逐步扩大党组织在业主委员会、物业服务企业中的覆盖面。深化“双报到”工作，推动103家区属机关企事业单位党组织与34个城市社区党组织，围绕组织联建、党员联管、资源联用、活动联办、服务联做等方面开展结对共建，引导1900余名机关企事业单位在职党员利用业余时间投身社区志愿服务和基层社会治理工作。做好网格党建，在全区579个网格建立网格党小组，推动网格党小组组建率为100%。坚持党建引领垃圾分类，健全完善区、乡（镇、街道）、村（社区）三级党组织协调联动机制，推进基层党组织和党员参与带动垃圾分类工作。深化“共筑行动”，落实易地扶贫搬迁安置点县级领导包保制度，选派第一书记1人，组建工作队1支，工作队员3人，调整281名科级领导干部结对帮扶281户搬迁户。印发《关于进一步深化模范机关创建工作的通知》，推进模范机关建设，落实党组（党委）书记、机关党委书记、机关党委副书记、机关纪委书记(纪检委员)、党支部书记、党小组组长等责任清单，将业务工作与党建工作同部署、同检查、同落实、同考核。

【企业党建】 2022年，乌当区委组织部制定《关于区管企业在完善公司治理中加强党的领导的实施方案》，全面落实“党建入章”，修订完善党组织议事决策机制10余项，6家国企党组织配备党务干部10名。成立乌当区公立医院党建工作指导委员会，全面贯彻落实党委领导下的院长负责制。调整和设置医院基层党组织13个（其中，党委1个，党支部12个），设立党员先锋岗36个、党员示范岗190个，党员责任区30余个，推进党建工作与业务工作深度融合。

【“两新”党组织建设】 2022年，乌当区新建非公经济党组织36个，275家非公经济组织均建立党组织，其中单独建立党组织数47个，联合建立党组织49个。党员（含预备党员）641人，选派党建指导员30人。有社会组织30家，全部建立党组织，其中单独建立党组织17个，联合党组织4个，党员（含预备党员）181人。明确“两新”工委书记1名，工委副书记4名，联席会议成员单位24家，联系龙头民营企业24家，到联系点开展调研指导26次，开展宣讲48次，帮助联系企业解决问题30余个。

【“两新”组织党员之家建设】 2022年，乌当区117个“两新”党组织有党员活动室，其中单独设立党员活动室64个。打造新天药业、好活(贵州)科技、康心药业、健兴药业、威门药业等6家市区龙头民营企业党建示范点。成立区交通运输行业党委和行业工作委员会，建设货车“司机之家”，设立货车司机流动党支部，组织开展线上活动10次，线下活动4次，覆盖司机245人次，购买意外险614份。《乌当区三举措推进货车司机群体党建试点工作》《乌当区深化试点“找出来、聚起来、暖起来”》做法在《贵州改革》上刊发。

【“两新”组织党员发展】 在“两新”组织中发展党员41名，其中企业出资人1名。成立外卖快递行业党委，组建外卖快递行业流动党支部，构建“新就业群体—党组织站点联络员—流动党支部—主管行业党委”诉求表达机制，完善“诉求收集—对策谋划—跟踪落实”服务机制。26名企业党员出资人、主要负责人担任党组织书记。组织200余名两新党组织书记和党务人员参加全区新时代主题培训。选树“学习身边榜样”党员2名，其中市级1名。

【干部选拔任用】 2022年，乌当区委组织部注重从乡村振兴、疫情防控、文明城市巩固提升等重点工作中识别选拔干部，对承担风险大、破解难题多、业绩突出、新冠疫情期间表现优秀的干部及时提拔使用。抽调一批年轻干部到强省会专班、“一圈两场三改”专班培养锻炼。调整优化领导班子结构，坚持老中青相结合的梯次，配用好各年龄段干部。全年提拔乡（镇、街道）干部24名。11月，提拔新冠疫情期间表现突出干部8名（其中35岁以下干部6名），职级晋升27名。

【干部教育培训】 2022年，乌当区委组织部举办培训班12期，培训1303人次。其中，主体班8期，培训653人次；短期班4期，培训650人次。开展新时代基层干部区级主题培训7期，培训干部1488人次，完成新时代基层干部主题培训任务。配合省、市部门完成调训41期（包括线上线下培训），培训人次1383人次。配合完成新时代大讲堂前沿讲座5期，培训干部3809人次。配合完成新时代大讲堂培训26期，培训干部1903人次。

【人才引进】 2022年，乌当区委组织部围绕在筑央企制造业、健康医药、电子信息制造业、先进装备制造、特色食品、软件信息技术服务业等重点产业需求，引进制造业人才1521人，大数据人才805人，完成重点人才增加50人的目标。发布《乌当区2022年人才及项目需求》，组织企事业单位参加人博会、专场招聘会等，引进高层次人才及急需紧缺人才151人。开展高校毕业生就业创业行动，采取网络招聘、专场招聘、进校招聘、直播带岗、见习实训等多种方式吸纳高校毕业生到乌当区就业创业。征集岗位14315个，新增高校毕业生就业5958人，新增城市常住人口20066人。

【人才服务】 2022年，乌当区1个研究设计中心、2个应用创新推广中心获省级认定，3个专家工作站获市级专家工作站。32家单位150名人才服务专员服务120家重点企业。全年宣传人才政策2180次，协调解决困难、问题50余个，协调解决人才子女入学24人。推进人才保障房建设660套，对入驻企业提供住房便利，为符合条件的人才兑现租住补贴。兑现企业引才薪酬补贴、人才安家费、生活津贴、住房补贴等政策经费305.26万元。开展10余项“人才月”系列活动，在《中国人才》杂志、新华网、人民网及省、市、区级媒体开展人才工作宣传90余次，营造爱才敬才惜才的良好氛围。落实党委联系服务专家制度，开展专家人才慰问活动，增强人才政治认同感和向心力。慰问人才45名，发放慰问金2.25万元。开展区管人才评审认定，为46名专家人才颁发“乌当人才优享卡”，凭卡享受子女入学、就业创业、社会保险、落户安居、生活便利、文化旅游等人才政策红利。全年提拔11名高层次人才到领导岗位。举办培训班18期，培训党政干部2476人。开展网创培训31期975人，开展“短平快”培训14期677人。培育企业经营管理人才671人。培育社会工作专业人才107人。

【乡村人才培养】 2022年，乌当区通过绿色证书培训、农民科技培训、专项职业技能培训、阳光工程培训、新型职业农民、高素质农民培育等多种渠道，新增农村实用人才732人。激励农技人员创新创业，鼓励农技人员采取揭榜挂帅以及基础性示范服务等方式开展农技服务，全区有98名农技人员参与基础性示范服务、6人领衔揭榜挂帅榜单。

【公务员招录】 2022年，乌当区通过参与省、市公开招录公务员、选调生，采取公务员调任、调配等途径，优化公务员队伍结构，全年共招录公务员（选调生）31名，转任公务员19名。

【公务员构成情况】 2022年，乌当区有897名公务员（含参公人员）。其中，区直机关行政人员385名、政法专项人员162名、参公人员148名、乡（镇、街道）行政人员202名。897名行政人员中，女性干部325名，占36.23%；少数民族干部237名，占26.42%；非中共党员干部183名，占20.4%。全区公务员平均年龄44岁，35岁以下214名、占23.86%，36—40岁91名、占10.14%，41—50岁327名、占36.46%，51岁以上265名、占29.54%。研究生学历98名、占10.93%，本科学历729名、占81.27%，大专学历68名、占7.58%，中专及以下学历2名、占0.22%。

【公务员职级晋升】 2022年，乌当区委组织部制定《公务员职务与职级并行操作指南》《事业单位管理岗位职员等级晋升操作指南》，公务员职务与职级并行共晋升职级89人次，事业单位职员等级晋升496名。

【公务员管理】 2022年，乌当区选派选调生到村任职，选派调配高学历年轻干部到发改、投促、工信等相关岗位培养锻炼；选派优秀干部参加巡视巡察、“一圈两场三改”“强省会”、城市更新项目指挥中心等中心工作；选派民情助理到基层一线锻炼，提升公务员队伍整体能力。乌当区委组织部制作《公务员职务与职级并行制度资料汇编》、制定《公务员平时考核工作实施方案》《乌当区行政、事业单位人事调配工作办法（试行）的通知》《关于规范机关事业单位人员报考工作的通知》等系列公务员管理制度政策；制作公务员日常管理项目流程图，规范公务员管理业务办理流程，建立公务员职务与职级、新录用公务员、公务员登记管理等日常管理花名册，实现公务员“进、管、出”各个环节的动态管理、实时监督、全程跟踪。完成全区 22 家单位参公单位的认定工作，办理公务员定级 49 名、公务员登记 43 名、工龄认定 7 名、退休审批 56 名等日常工作。评选出嘉奖 165 名，三等功 33 名。

（区委组织部）

宣传工作

【概况】 2022 年，乌当区推进理论武装、意识形态、新闻舆论、精神文明、文化文艺等宣传工作，为奋力谱写“美丽乌当・活力新城”新篇章提供思想保障和文化条件。3 月 5 日，召开全区宣传思想工作会议。拓展“文明在行动·满意在贵州”活动，实施文明城市巩固提升行动、文明单位创建、文明村镇创建、文明校园创建、文明家庭创建活动，市民对文明创建满意率逐年提升，市民素质和城市文明程度不断提升。全省“文明在行动·满意在贵州”活动综合测评从上年全省第 11 名冲刺到全省第 5 名。推动新时代文明实践中心和融媒体中心互动融合发展。推进移风易俗，完成全区村（社区）民公约修订，打造羊昌镇甲岗村、百宜镇红旗村、新堡乡王岗村 3 个市级治风示范点，治风成效明显，全年考评排名全市第二。围绕第一批 3 个“15 分钟生活圈”，即观溪北衙生活圈、新天生活圈、保利公园生活圈，完成打造 3 个“壹刻宝文化驿站”建设点。推动大型纪实文学作品《千秋浩然——贵州地下党私家相册》加快创作。百宜镇和百宜镇红旗村入选第二批全省乡村旅游重点镇和第四批全省乡村旅游重点村，偏坡布依族乡偏坡村入选 2022 年贵州乡村旅游与传统村落和少数民族特色村寨深度融合发展示范点。盘活秋韵黄连旅游度假区项目、马头温泉康养生态度假区建设项目，开展“六爽”系列活动。举办“爽爽贵阳・活力乌当”品牌系列推广活动，开设“爽爽贵阳・活力乌当”乌当直播间，精心组织乌当美食直播带货推广活动和举办爽爽贵阳·百城百媒——“爽爽贵阳馨生活・助商惠民暖心季”主题发布会暨“爽身温泉・暖在贵阳”活动，向全媒体推介活力乌当新形象，《中国日报》海外版刊发《贵阳乌当区：持续做好贵州良药》，311 家外媒转引宣传推介乌当。

【理论宣传】 2022 年，乌当区委宣传部加强对各党委（党组）理论学习中心组学习统筹指导，开展列席旁听试点工作，印发《2022 年乌当区党（工）委（党组）理论学习中心组专题学习重点内容安排》《乌当区党史学习教育常态化工作方案》。推动学好用好《习近平谈治国理政》第四卷、《习近平经济思想学习纲要》等著作，推进党的创新理论学习教育常态化、大众化、实践化。创新推出红色文化历史专题纪录片《城北往事》，把乌当的红色文化历史搬上屏幕，更好地展现乌当厚重的历史文化。开展中共二十大精神大学习大宣传大落实活动，持续推出评论言论、动态报道、反响报道等。开展宣传宣讲中共二十大精神 796 场，受众人数 15.7 万余人次。特别是理论宣传“二人讲”，把讲道理和讲故事更好地结合起来，以通俗化、大众化宣讲形式，推动中共二十大精神深入人心。

【新闻宣传】 2022 年，乌当区委宣传部围绕中共二十大、全国两会，省第十三次党代会、党史学习教育，学习贯彻新国发 2 号文件精神、“强省会”行动、安全生产、“一圈两场三改”、农村“五治”工作以及疫情防控、垃圾分类等主题，在中央、省级、市级主流媒体和新媒体网站发布新闻报道 5000 余篇，实地采访 260 余次。推出“乌当非凡这十年”等系列宣传报道，在《人民日报》、新华网、《贵州日报》等媒体刊发《踔厉奋发向未来 蓄势腾飞正当时》等多篇专题报道。视频号《为乌当点赞为乌当评价》《来听钟幺爷摆白滥办酒席要不得》《“一圈两场三改”让生活更美好》等引起广泛关注。《学习党的二十大精神 阔步强军新征程》先后被中央电视台 7 频道、中国军视网、《贵州新闻联播》等中央及省级媒体采用，《乌当战“疫”十二时辰》被央视网等中央、省、市多家媒体转载，《农事催人忙不负好时光！贵阳乌当早稻插秧拉开序幕》视频登上央视新闻首页。

【意识形态工作】 2022 年，乌当区坚持党管意识形态不动摇，全面落实党委（党组）意识形态工作责任制，抓好意识形态领域及网络意识形态领域工作。聚焦“网上网下”，开展意识形态领域自查自纠、督查等，查出并整改问题 328 个；持续开展“清源、净网、护苗、秋风、固边”五项专项行动。推动“扫黄打非”进基层，建成“扫黄打非”工作站 125 个，新创路街道新联社区居委会“扫黄打非”工作站被列为省级“扫黄打非”进基层示范点，“护苗”文创作品、“护苗”宣传片等分别获市级一等奖、二等奖。营造风清气正的网上网下社会文化环境，牢牢守住不发生系统性风险、重大风险底线。

【社会宣传】 2022年，乌当区委宣传部运用LED电子显示屏、字幕滚动屏、视频电视、宣传栏、应急广播小喇叭等开展各级两会、“省第十三次党代会”“国发2号文件”“党的二十大”，新冠疫情防控、一圈两场三改、农村“五治”、绿色乌当、安全生产、国家安全教育日、创建国家食品安全示范城市、残疾人日、垃圾分类等内容的宣传。在“活力乌当”APP及微信公众号开设“垃圾分类”专题专栏。

【思想政治工作】 2022年，乌当区委宣传部将思想政治工作纳入《2022年乌当区党（工）委（党组）理论学习中心组主要学习内容》，在第二季度的区委理论学习中心组专题研讨会上，开展关于新时代加强和改进思想政治工作相关文件的学习讨论。拟定《党（工）委（党组）理论学习中心组列席旁听办法》，各级党（工）委（党组）主要负责人要带头履行好第一责任人的职责，党委班子严格落实“一岗双责”，坚决扛起意识形态责任，抓紧抓实意识形态分析研判、风险防范等重要工作，严格落实意识形态工作责任制“十个纳入”机制。将思想政治工作纳入意识形态工作督查内容。由区纪委巡察办牵头开展全区意识形态工作责任制专项检查，由区委宣传部牵头对全区各级党组织开展2022年意识形态专项督查。下发《中共乌当区委办公室 乌当区人民政府办公室印发〈关于全面推进政务公开工作的实施意见〉的通知》。

【新闻出版行业监管】 2022年，乌当区委宣传部开展“绿书签”阅读系列活动，向市委宣传部报送《贵阳市2021年全民阅读一般活动项目》19个，为《朗读者》线下活动——“朗读亭·贵阳站”推荐市民朗读者12名。配合区政务服务中心推进“一窗式”改革，完成38家印刷出版企业在贵州省印刷管理信息平台上报信息。推进“扫黄打非”工作、持续净化文化市场环境，推进“扫黄打非·正道2021”“扫黄打非·新风2021”各项行动和“净网”集中行动，联合区教育局、区司法局、团区委等开展乌当区“护苗2022”·绿书签行动暨《中华人民共和国未成年人保护法》进校园宣讲活动，开展基层宣传30余次，发放宣传资料5000余份。“扫黄打非”文创作品、“护苗”宣传视频在全市“护苗”工作大比武中分别获市级一等奖、二等奖。

【新闻传播】 2022年，乌当区委宣传部运用乌当电视台、“爽爽贵阳·活力乌当”微信公众号、“爽爽贵阳·活力乌当”微信视频号、“爽爽贵阳·活力乌当”官方抖音号等新闻、媒体平台。做好伟大精神宣传。下发中共二十大、省第十三次党代会社会宣传工作方案、新闻宣传报道工作方案、“强国复兴有我”群众性主题宣传教育活动方案等，宣传弘扬党和人民在各个历史时期形成的伟大精神；发挥“两微一端”等媒体平台作用，策划组织以劳动创造幸福为主题的宣传报道。在“五一”节期间推出致敬乌当劳模系列主题报道和宣传短视频，全媒体营造浓厚宣传氛围。结合网络传播特点在政府门户开设专题专栏，通过全区新媒体平台及时转载有关重点稿件，讲好乌当好故事，传播乌当好声音。开展科技科普新时代文明实践活动，利用“三下乡”活动契机，在农村地区广泛开展科学精神教育和科普宣传活动，倡导科学文明生活方式。开展科技科普新时代文明实践活动160余次。以党史为重点系统学习“四史”，不断扩展思想政治教育内容。用好党史学习教育常态长效机制，把四史宣传教育纳入各级党委（党组）中心组学习内容，常态化开展宣传教育，普及党史知识，引导干部群众知史爱党、知史爱国、厚植家国情怀；以加强全民国防教育拓展思想政治教育内容，增强全民忧患意识。在“国防宣传日”等重要时间节点，加强线上媒体宣传和教育引导。开展线下宣传教育活动，在全区13个乡（镇、街道）播放爱国主义电影26场次，组织动员全区干部职工积极参与筑红云国防教育答题，在全区60余块LED显示屏播放贵阳市国防教育宣传片及国防教育宣传标语。各乡镇在赶场天开展各类国防教育宣传活动。

【新闻发布】 2022年，乌当区召开新闻发布会4场，其中，召开“优化营商环境”“一圈两场三改”等主题新闻发布会2场，区委、区政府相关领导参加贵阳市人民政府贵阳贵安新冠疫情防控新闻发布会2场。5月10日，乌当区召开优化营商环境新闻发布会，介绍乌当区优化营商环境主要做法及成效、下一步工作安排。9月11日，贵阳市人民政府召开贵阳贵安新冠疫情防控新闻发布会，贵阳市乌当区委常委、区人民政府常务副区长李立国出席并发言，就贵阳乐湾国际实验学校新冠疫情防控工作进行介绍。11月3日，乌当区政府召开“一圈两场三改”新闻发布会，向社会各界发布乌当区“一圈两场三改”工作推进情况。

【媒体融合发展】 2022年，乌当区融媒体中心开设《喜迎二十大》《二十大代表风采》《推动强省会 开启新征程》《疫情要防住 经济要稳住》《爽爽贵阳城 暖暖贵阳人》《我为群众办实事》《落细落实农村“五治”》《一圈两场三改》《全国文明城市巩固提升进行时》等30余个专栏。在传统图文传播的基础上，增加采编音频、视频、问答互动、嘉宾做客演播厅等形式。制作的3期“走街串巷读报告”被央视新闻、新华社采用，点击量 100 余万人次。新媒体方面，“爽爽贵阳·活力乌当”微信公众号关注量为 46313 人，制作推出 500 余期，发布稿件 3700 余条（含综合稿），阅读量为 204.04 万次；“活力乌当”APP 客户端总下载量为 61028 次，发布稿件 8403 条，阅读量为 1070.4 万次；“爽爽贵阳·活力乌当”视频号推送视频 416 条，累计阅读量为 400 余万次。传统媒体方面，乌当电视台《乌当新闻》制作播出 200 余期，播出稿件 1600 余条（含新闻广角）；乌当电视台播出公益广告 3000 余条次，内容涉及文明城市、反诈、疫情防控、垃圾分类、农村“五治”工作等。

（周永健）

统一战线工作

【概况】 2022 年，乌当区把《中国共产党统一战线工作条例》《中国共产党政治协商工作条例》及中央、省委统战工作会议精神和全国、全省、全市统战部长会议等精神纳入区委常委会、区委理论学习中心组学习研讨内容，先后 3 次召开区委统一战线工作领导小组全体会议，专题研究调度统战重点工作。全年举办党外干部培训班、民族宗教干部培训班 2 期。组建 5 个区级督导组，到区直有关部门和各乡（镇、街道）专项督导统战工作，推进《中国共产党统一战线工作条例》贯彻落实。贵州省、贵阳市领导到乌当区调研统战工作 24 次，金江苑“侨胞之家”被省人大外侨委授予“助侨联系点”，乌当区“林泉书苑”被省委统战部授予贵州省党外知识分子统战工作实践创新基地，省社会主义学院民族文化研究联合教研室在区社会主义学校挂牌成立。在市第十一届少数民族运动会上，乌当区代表团获 6 个一等奖、6 个二等奖和 3 个三等奖的好成绩。1 人获“全省工商联系统先进工作者”称号。

【统战优势发挥】 2022 年，乌当区委统战部发挥优势同心抗疫，成立乌当区疫情防控志愿者服务管理工作专班，第一时间发出倡议，组织动员 300 余名统战干部和统战成员投身疫情防控一线，8000 余人参加疫情防控志愿服务，发动全区统战成员累计捐款捐物 200 多万元。发挥优势护航发展，组织开展 3 次民营企业走访调研服务活动，到辖区民营企业宣传助企纾困政策措施。走访民营企业 358 家，办结诉求、意见建议 83 个。成立乌当区服务民营经济高质量发展工作领导小组，推动民营经济高质量发展。举办企业合规专题培训班，邀请 14 家民营企业董事长、总经理参加“检察长·董事长”两长座谈会，为民营企业高质量发展提供专业法律支撑。成立乌当区“强省会”行动发挥商协会桥梁纽带作用以商招商工作领导小组，外出开展考察招商 1 次，签约项目 2 个。发挥优势助力乡村振兴，组织召开“万企兴万村”工作推进会、村企结对工作座谈会等，引导民营企业主动投身乡村振兴事业，乌当区飞龙雨、万顺堂等 4 家民营企业获先进集体称号。发挥优势助力中心工作，组织民主党派乌当支部（总支、支社）、区工商联围绕“强省会”行动、乡村振兴、城市“一圈两场三改”和农村“五治”等工作开展领题调研和民主监督 12 次。

【民族宗教统战工作】 2022 年，乌当区委统战部持续开展民族团结进步示范创建工作，3 月，乌当区获贵阳市创建全国民族团结进步示范市工作先进集体 2 个、先进个人 4 人。申报贵州省 2022 年民族文化教育项目 7 个，支持学校将民族民间传统文化引入校园。争取民族补助资金 711 万元，支持和帮助少数民族乡村产业转型。狠抓民族产业培育，5 家民品企业获优惠利率贴息金额 1766.93 万元。全年区委主要领导到辖区宗教活动场所走访调研 2 次，调整充实区委宗教工作领导小组，举办民族宗教队伍专题培训班和宗教“四员”学习培训班 1 期，210 人参训。区、乡、村三级党员干部深入各宗教活动场所开展风险隐患排查 100 余人次。

2022 年 5 月 19 日，区委统战部到羊昌镇马路河、迎风水库巡河

（区融媒体中心　供图）

【侨务工作】 2022 年，乌当区委统战部积极巩固提升“侨胞之家”创建成果，以凝侨心、汇侨智、聚侨力、护侨益为目标，全年开展活动 20 余次，走访慰问归侨侨眷 67 人次，发放慰问金 4.16 万元，医疗救助 1 人 1 万元，提出意见建议 6 条。

【统战工作】 2022 年，乌当区委主要领导对统战领域安全稳定工作提出明确要求，全区统战系统各单位多次召开会议，研究部署安全稳定工作，推动全区统一战线安全稳定工作落到实处。组织区直统战系统各成员单位和相关职能部门到民族特色村寨、民品企业、宗教场所开展全覆盖、全方位专项检查和联合执法 8 次，对自查发现的 88 个问题现场下达整改通知书。针对省、市督查组督查反馈的 19 个问题，制定整改方案，细化整改措施，明确责任部门和责任人员，现场督促整改，反馈的问题全部整改完成。全区统战领域未发生安全稳定事件。

【统战队伍建设】 2022 年，乌当区委统战部完善区人大代表、区政协委员中的 170 名党外人士信息数据。做好党外干部推荐任用，全区配备副科级以上党外干部 48 名。区人大、区政府、区政协、区法检两院领导班子均按要求配备党外干部。25 个政府组成部门中有 10 个领导班子配备党外干部，比例达 40%。按规范程序完成 7 名无党派人士政治面貌认定工作。加强统战干部思想淬炼、政治历练、实践锻炼、专业训练，全区统战系统党员干部政治判断力、政治领悟力、政治执行力不断提高。综合运用监督执纪“四种形态”开展集体谈话 3 次，约谈 19 人次。向“庸、懒、散、软、浮、推”亮剑宣战，开展作风整肃，推动作风持续向好。加强内部管理，全区统战系统修订完善内部管理制度 12 项。

2022 年 11 月 3 日，贵州省党外知识分子统战工作实践创新基地“林泉书苑”授牌仪式在乌当区举行

（区委统战部 供图）

【民主党派优秀年轻干部培养】 2022 年，乌当区有 7 个民主党派支部（总支、支社），有成员 400 名。以 35 岁及以下作为年轻干部界定标准，民主党派年轻干部有 27 名。年龄在 36 至 50 岁阶段的成员 188 名。从职称方面来看，获中级职称的有 85 名，占全区民主党派成员总数的 21.2%，获副高级以上职称 83 名，占比 20.7%。主要界别构成：公务员 61 人，教育界 121 人，卫生健康领域 73 人，经济、工商界成员 82 人，其他领域（个体、新阶层等）69 人。全区民主党派有副县级领导干部 5 人，科级干部 18 名，担任政府部门正职领导干部 2 人。省政协委员 1 人，市人大代表 4 人，市政协委员 3 人，区人大代表 5 人，区政协委员 34 人。

（区委统战部）

区直机关党建

【概况】 2022 年，乌当区直机关工委所属党组织涉及机关、国企、公立医院、社区、离退休党组织共 63 个单位，有 172 个党组织，其中含 7 个党（工）委、2 个机关党委、14 个党总支、149 个党支部；共有党员 3353 名（在职 2359 名，离退休 994 名）。在上级部门划拨 14 万元党费慰问一线党员干部的基础上，匹配 25 万元对卫健、公安、城管、交通、火车东站等 14 个单位共 780 人进行慰问，区融媒体中心采用《抗击疫情、机关党员“疫”不容辞》《党旗凝聚起的抗疫力量》等稿件，其中《党旗凝聚起的抗疫力量》被“筑红云”刊载。划拨 12 万元支持区医院和区市场监督管理局党组织阵地建设。在文明城市巩固提升中，成立 703 人的党员志愿队伍参与全国文明城市巩固提升工作，开展不文明劝导等志愿服务活动。围绕“组织联建、党员联管、资源联用、活动联办、服务联做”等内容到共建共驻点和帮村联系点开展支部结对活动，投入 30 万元帮助基层党组织阵地建设。

【思想建设】 2022 年，乌当区直机关工委围绕“喜迎二十大、永远跟党走”开展形式多样的主题党日活动，做到月月有主题；组织广大党员干部参与贵阳市直机关“学精神、强省会、创新绩”

主题征文活动，向市直机关工委推送《强化职责定位提升履职能力以高质量的党建引领高质量发展》等7篇文稿，其中《以高质量的党建引领高质量发展》一文被“学习强国”平台采用，《聚焦“以点促面”凝心聚力促发展》一文被《贵阳机关党建》刊登。

【组织建设】 2022年，乌当区直机关工委以提升组织力为重点，突出政治功能，持续深化党支部标准化规范化建设，提升基层党建质量。建立党支部换届工作台账，通过“线上＋线下”指导的方式对涉及换届和补选的基层党组织实行会前、会中、会后指导。指导51个党组织换届、成立41个党组织（其中包含临时党组织20个，行业党委1个）、增补30名委员，撤销4个党组织、整建制转出1个党组织。吸收入党积极分子68人、发展对象39人、预备党员21人、按期转正76人、党员身份核实11人。借助区委党校学习平台，通过联办、自办和选派跟岗等方式，强化党务干部、党员、发展对象的培训；落实好领导干部双重组织生活制度，依托百宜红军烈士陵园等红色教育资源，开展“主题党日”“讲好党员故事、展示党员风采”、过好党员“政治生日”、颁发“光荣在党50年”纪念章等活动。完善区直机关工委班子成员包片示范党建工作制度，深化“筑固工程”，推进党支部标准化规范化建设。推荐公安、人社、城管、医院、农业5个部门的5名优秀党员作为“身边榜样”人选；区委政法委支部、区医院第三支部等2家党组织被评为第三批全市党支部标准化规范化建设示范点，区委办第一党支部、区委组织部党支部、区委巡察办党支部、区税务局机关党支部、检察院机关第二党支部等7家党组织被评为第三批全区党支部标准化规范化建设示范点。开展党员信息统计系统维护工作，制定《区直机关党内统计系统维护更新制度》，实行月核对、季更新、年统计常态化管理。

2022年8月30日，区委办党总支在乌当区消防救援大队马百路消防救援站开展消防教育安全主题党日活动 （区委办 供图）

【作风建设】 2022年，乌当区直机关工委履行党风廉政建设主体责任，有针对性地对区委巡察和民主生活会中发现的问题加以整改。落实党风廉政“一岗双责”，执行重大事项请示报告和民主集中制，健全完善“三重一大”等制度，落实全面从严治党主体责任、书记第一责任，班子成员“一岗双责”。按照重点岗位廉政风险防控的各项风险点，落实防控措施，杜绝“庸、懒、散、软、浮、推”等不担当不作为现象的发生，配合区纪委区监委做好违纪党员处理工作。利用工委会、干部职工会、“三会一课”组织学习《中国共产党纪律处分条例》《关于新形势下党内生活的若干准则》《中华人民共和国监察法》等法规和典型案例，提升广大党员的政治纪律和政治规矩意识，做到警示教育常态化。

（区直机关工委）

机构编制工作

【概况】 2022年，乌当区委编办以基层改革为抓手，修改完善《乌当区东风镇行政管理体制改革实施方案》《贵阳市乌当区乡镇和街道整合审批服务执法力量试点实施方案》，出台《乡（镇、街道）职责准入制度》《乡（镇、街道）与区级业务主管部门行政执法案件移送及协作机制》《行政执法责任追究机制》等系列制度。

【乡镇“两项改革”】 2022年，乌当区贯彻落实《中共贵州省委全面深化改革委员会办公室关于印发〈乡镇和街道整合审批服务执法力量试点工作方案〉的通知》（贵改办发〔2021〕2号）《中共贵阳市委全面深化改革委员会办公室关于印发贵阳市乡镇和街道整合审批服务执法力量试点实施方案的通知》（筑改办发〔2021〕1号），将两项改革任务纳入区委深化改革工作要点，区委编办就“两项改革”方案征求区委、区政府领导及32家乡（镇、街道）和部门的意见建议。修改完善《乌当区东风镇行政管理体制改革实施方案》《贵阳市乌当区乡镇和街道整合审批服务执法力量试点实施方案》。3月12日，召开乌当区“两项改革”工作推进专题会议，传达省、市两项改革工作推进会议精神，针对改革存在的困难和问题，逐一进行分析研究。制定《推进乡镇和街道整合审批服务执法力量试点工作自查表》，督促乡（镇、街道）、相关区直部门按照《推进乡镇和街道整合审批服务执法力量试点工作自查表》开展全面自查，对部分乡镇改革后机构设置、办公场所、印章刻制、挂牌、人员到位、工作运转等情况进行实地督导，对存在的问题及时督促乡（镇、街道）进行整改。

【乡镇改革制度建设】 2022年，乌当区委编办出台《乡（镇、街道）职责准入制度》《乡（镇、街道）与区级业务主管部门行政执法案件移送及协作机制》《行政执法责任追究机制》等制度，加快推进乡（镇、街道）职能转变，构建边界清晰、分工合理、权责一致、运行高效的基层管理体制。出台《乡（镇、街道）所属事业单位机构编制管理备案制度》和《乌当区派驻乡（镇、街道）机构属地管理制度》，在编制的使用及人才引进、培养、管理、使用，派驻单位的统筹管理等方面赋予乡镇更大自主权限。

【人才兴区战略】 2022年，乌当区委编办按照新设立单位“撤一建一”原则及“超编单位只出不进、满编单位先出后进、空编单位按需进人”原则，严控编制总量，严格机构和人员编制审批。将编制管理与人才队伍建设有机结合，完善人才引进配套政策，加强与组织、人社等部门衔接，优化人才结构比例。落实机构编制实名制管理，加快推进机构编制管理网络化步伐，确保人员编制数、实有人员数、财政供养数对应的实名制管理。围绕建设贵阳公平共享创新型中心城市腹地、全省大健康产业发展引领示范区、全国“绿水青山就是金山银山”实践创新基地三大目标任务，针对大健康、经济产业及教育、医疗、乡镇、社区等民生领域需求，在机构编制调整方面给予适量倾斜，保障基层一线人才引进调动等，配齐配强人才队伍力量。高层次人才引进申请使用编制73个，将人才队伍建设列入组织部、人社局以及相关职能部门“三定”方案。建立“动态调整、周转使用”的事业单位编制统筹调剂使用制度，动态核准掌握全区各单位编制情况。收回部分事业单位空余编制30名，组建区级事业单位“人才编制池”，通过“人才编制池”调剂解决区工信局3名、科技局1名编制，用于高层次人才的引进。

（黄雪明）

政策研究

【概况】 2022年，乌当区委政策研究服务中心参与完成各类文稿200余篇，开展调研50余次。邀请省委政研室副主任、省委改革办专职副主任肖章杰到乌当区围绕贯彻落实新国发2号文件精神作专题辅导。

【重要文稿撰写】 2022年，乌当区委政策研究服务中心参与完成全区各类文稿200余篇，完成省市约稿140余篇，采编上报省市信息500篇，获省市采用100余篇。参与推出“乌当非凡这十年”等系列宣传报道，在《人民日报》、新华网、《贵州日报》等主流媒体刊发《踔厉奋发向未来 蓄势腾飞正当时》等12篇专题报道。围绕民生实事撰写各类调研报告20余篇。聚焦农村“五治”、园区经济、安全生产、“四块地”改革、“数字经济”“县域城镇化”、基层治理、“绿水青山就是金山银山”、碳达峰碳中和等内容，形成《乌当政参》9期。《深化农村“四块地”改革夯实“强省会”坚实根基——乌当区农村“四块地”改革》在贵阳市“学精神 强省会 创新绩”主题征文活动中获优秀奖。拟定《乌当区贯彻落实〈国务院关于支持贵州在新时代西部大开发上闯新路的意见〉2022年度工作任务责任分解表（示范类8项）》。围绕“探索以大健康产业为主引擎的新型工业化”“加快推进紧密型县域医共体建设”“加强和改进新时代人大工作”“探索深化基层协商机制”等17项重大改革事项，形成一批改革成果。以“一县一试点”改革为突破，深化闲置资源盘活、农村“四块地”等重点领域改革创新。完成信息上报79篇，获《贵州改革工作动态》《贵州改革情况交流》等采用9篇，获中央、省、市级媒体采用推广20余篇，获区委主要领导肯定批示5次，改革信息排名从第76位上升至第31位。

【调查研究】 2022年，乌当区委政策研究服务中心围绕影响和制约经济高质量发展的突出问题、人民群众反映强烈的难点问题、事关改革发展的重点问题开展对策性研究。参与筹备服务全区各类大、中、小型会议及调研活动150余次。针对经济下行压力持续加大，市场主体经营困难的形势，谋划筹备全区经济工作会议2次、区委常委会会议调度全区经济工作5次。完成“爽爽贵阳·百城百媒”六爽四季乌当主题推介会、“活力乌当”城市品牌发布会，“爽爽贵阳·活力乌当·‘粽’情端午”诗会暨诗集《活力乌当》首发仪式等活动。立足乌当区情，瞄准领导关心的重点问题、关系全区经济社会发展稳定和涉及民生领域的热点难点问题，谋划完成推动产业发展、乡村振兴、社会治理、城市建设等十个方面35个调研选题。其中《乌当区中医药产业发展调查研究》获贵阳市社科联课题优秀奖，《争取贵州省中医院项目落户乌当的工作专报》得到市长马宁宇肯定性批示。围绕健康医药、电子信息制造“一主一特”产业、路网建设、盘活闲置低效旅游等重点工作开展课题研究，开展调研50余次，形成调研成果。成立“一圈两场三改”“五治”工作调研小组，到竹林村、金江苑社区开展“解剖麻雀式”蹲点调研，解决基层难题。

（区委政策研究服务中心）

信访工作

【概况】 2022年，乌当区信访局走访群众1514人，走访村寨（社区）13个，走访企业学校36个，解决问题9个。通过门户网站、宣传展板、宣传手册等线上线下形式，开展《信访工作条例》宣传18场，累计发放宣传手册5万余份，覆盖群众达8万余人；累计开展《信访工作条例》培训6场次，实现全区信访系统、新任副科级领导干部全覆盖；开展知识竞赛1次并选送3人参加全市知识竞赛，获全市三等奖。聚焦经济领域安全风险成功化解19个，聚焦社会稳定领域风险成功化解16个，聚焦房地产领域风险成功化解18个，聚焦劳务纠纷领域风险成功化解15个，有效处理乐湾国际、中天吾乡等群体性突发事件。

【“三访”治理】 2022年，乌当区信访局开展“三访”治理，采取“高位化统筹、集成化调度、整体化推进”工作模式。聚焦重点领域、重点问题，全方位做好涉及群体性信访矛盾问题排查梳理，将着力点放在“问题楼盘”“欠薪欠资”“征地拆迁”等突出领域，做到“一案一策”“因案施策”减少集体访发生，比上年批次下降25.5%。制定《乌当区开展治理重复访化解疑难信访事项“两月攻坚”行动实施方案》，严格按照“三到位一处理”“三到一重”以及“五查五找”的要求，确保通过“两月攻坚”行动，推动一批群众反映强烈的合理合法诉求得到彻底解决。

【矛盾化解】 2022年，乌当区信访局督促指导乡（镇、街道）落实初信初访、首接首办，完善信访工作联席会议机制并实体化运行，整合工作力量，形成条块结合、齐抓共管信访工作格局。全面落实领导包案制度，压实信访责任，推进化解一批信访事项。全区县级领导落实包保信访案件70件，化解22件。印发《乌当区关于进一步规范共产党员和公职人员信访行为的通知》，探索规范党员、公职人员信访行为新途径，依法依纪规范党员，公职人员信访行为、越级访（非访）劝返处置程序、移送程序及问责处理等。建立区级形势研判机制，定期研究信访问题、部署信访工作，适时对住建、教育、农业农村等重点领域进行专题研判；建立重要情况函告机制，及时“点对点”通报情况、分析问题、提出建议；建立动态督查机制，常规工作巡查、重点节点督查、复杂案件督办，提升问题化解力度。

【“信访＋五治”模式】 2022年，乌当区信访局探索“信访＋五治”创新模式。“信访＋法治”方面，坚持依法按政策化解信访问题，全年化解信访突出问题57件，依法处理违法信访行为3人。“信访＋联治”方面，发挥区、乡（镇、街道）两级信访联席会议作用，将信访工作融入社会治理工作体系一体推进，发挥“一中心一张网十联户”治理效能和“党小组＋网格员＋联户长”作用，实现信访矛盾前端感知和预防调处基础作用。开展矛盾纠纷大排查8次，排查矛盾纠纷365件，化解350件，化解率为95.89%。“信访＋德治”方面，发挥群众组织、社会组织和“两代表一委员”、社会工作者作用，联合区文明办在全区开展德治宣讲，让道德模范事迹深入人心，特别是在部分诉求无理信访事项化解中，探索邀请道德模范现身讲理，引导信访群众知荣辱，守住道德底线。“信访＋自治”方面，发挥村（社区）党支部、村民委员会、村民小组、社团组织自我服务、自我管理、自我监督作用，引导群众就地反映问题，将矛盾化解在基层、化解在萌芽状态。13个乡（镇、街道）共化解各类矛盾纠纷589起。“信访＋数治”方面，运用信访大数据优势，紧盯信访形势，开展分析研判，通过数据分析，发挥预判功能，建立“提醒函”预警制度，为区委、区政府提供决策依据，从源头上降低风险点。

（区信访局）

离退休干部工作

【概况】 2022年，乌当区打造“银领乌当”工作品牌，推动老干部的政治待遇、生活待遇的落实，全面提升信息化、精准化、规范化建设质量和水平。信息化建设方面，督促各乡（镇、街道）、区有关部门主动融入全省“数字黔老”平台推广应用，实现“线上”交流与“线下”服务有机结合。第二季度全区“数字黔老”使用率月排名全省第一。精准化建设方面，指导各乡（镇、街道）、区建立健全离退休干部工作台账，为离退休干部提供精准化服务。规范化建设方面，完善相关制度，用制度巩固经验、规范工作、优化服务，督促指导各单位完善平台各模块的日常运用。全年向“贵阳市老干部工作”网站推送工作动态182篇。“贵州老干部工作网”采用12条、“贵州老干部工作”微信公众号16条、“贵阳老干部工作”微信公众号27条、《贵阳老干部》内刊3条、《晚晴》期刊6条、《天眼新闻》69条、《众望新闻》3条、《贵阳日报》13条、《中国火炬》79条、“中国火炬”微信公众号59条。“乌当老干部工作”微信公众号推送信息302条次，关注人数达682人。投入17.59万元资金慰问留守儿童、困境儿童、品学兼优学生并支持中小学、幼儿园改善教育教学设施。

【政治待遇落实】 2022年，乌当区委老干局安排专项资金10万元，为73名实职副县级以上离退休老干部订阅《中国老年报》《晚晴》等党报党刊。组织离退休老干部集中学习7次、收听收看形势报告会4场、专题讲座5次、专题党课2次，主题宣讲1次。举办离退休干部党支部书记（委员）培训班2期。将国企离退休干部党员纳入地方基层党建管理，全区有离退休党组织84个。其中，离退休党委3个；党总支7个，党总支书记7名，委员27名；党支部74个，含机关事业单位离退休党支部17个、国企退休干部职工党支部57个；党支部书记共74人（在职干部兼任支部书记4人），委员126人；全区独立离退休党支部党员3101名（已接纳国企离退休党员2458名）。离退休党支部班子成员工作补贴纳入财政预算得到全面落实，全年发放离退休党支部班子成员工作补助50.88万元。4月25日，组织全体党员干部职工及部分老同志集中收听收看贵州省第十三次党代表大会开幕会。4月27日，组织召开学习贯彻习近平总书记致首届全民阅读大会贺信"双学双讲"主题活动。10月16日，组织部分离退休干部及全局干部职工收看中国共产党第二十次全国代表大会开幕会。10月19日，乌当区离退休老干部党支部老党员们在偏坡布依族乡集中学习中共二十大精神，感受偏坡布依族乡十年来发展变化。11月11日，乌当区离退休老干部党支部开展"奋进新时代 跨进新征程"主题党日活动，集中学习中共二十大精神。

【生活待遇落实】 2022年，乌当区委老干局在春节期间慰问离退休干部及遗属490人，发放慰问金和购买慰问品共28.1万元。区四大班子领导带队走访慰问实职副县级以上离退休干部及遗属。全年为离休干部报销医药费111.37万元。组织离休干部到贵黔国际总医院体检中心进行健康体检。兑现提高离休干部生活补贴6.54万元。发放离休干部特需经费及健康疗养费23人，共1.49万元。补发离休干部遗孀医疗补贴9000元。慰问离退休干部逝世11人，发放慰问金共2.2万元。

【关爱老干部活动】 2022年，乌当区委老干局在"孝老敬贤月"走访慰问年满70周岁及以上离退休干部，为老干部祝寿。对长期生病、空巢、高龄、一般四类人员进行走访，入户走访92人。新冠疫情期间电话慰问空巢离退休干部20人次，协调街道为缺乏物资3名离休干部提供生活物资。

【老干部志愿活动】 2022年，乌当区委老干局组织"五老"开展党史学习教育进校园、传统太极文化进校园、爱读书读好书善读书进校园、家风家教进校园的"四进"活动。组织离退休干部医疗志愿服务队，到乡村为村民免费提供血压测量、问诊等志愿服务。6月1日，组织离退休干部志愿者到东风镇开展"共建清洁美丽世界"世界环境日主题宣传活动。6月20日，区委老干局与乌当区人民医院退休党支部联合区医院心内科、中医科、退休办及医共体北部片区新场卫生院等组成的"银领乌当·添能先锋"志愿服务队共18人，到新场镇开展以"夕阳红·促健康"为主题的送医下乡义诊活动。发挥"老"字号单位优势，开展农村"五治"、农业技术指导等志愿服务，巩固提质新堡马头绿色农产品科技服务示范基地等6个基地。

【关心下一代工作】 2022年，乌当区关工委投入资金7万元巩固新堡布依族乡马头村贵州省贵阳市乌当区关工委特色农产品科技服务示范基地、百宜镇红旗村与贵州省职校联合关工委特色蔬菜示范基地、偏坡布依族乡下院村振兴产业示范基地、下坝镇下坝村大健康药业示范基地、新场镇保寨村优质稻米产业示范基地建设。3月28日，省委组织部副部长、老干部局局长郭焱带队赴乌当区新堡布依族马头村调研科技服务示范基地建设项目实施情况，对乌当区关工委"党建+组合拳"老干部助力脱贫攻坚乡村振兴品牌表示赞赏。区关工委持续推动法治宣传教育进校园、进课堂、进社区、进乡村。利用"6·26"国际禁毒日，全区各级关工委开展"绿色人生健康无毒"主题禁毒宣传活动共100余场，发放各类宣传资料2万余份，

2022年1月15日，区委书记王鸣明（右）慰问离退休老干部 （区委老干局 供图）

受众面达 3 万余人。以“六一”国际儿童节、秋季开学为契机，开展农村留守儿童困境青少年“开学季、关爱行”活动；投入资金 3 万元慰问水田、羊昌、新场 150 名留守儿童、困境儿童及品学兼优学生；投入资金 1.59 万元慰问 53 名事实无人抚养青少年；投入资金 2 万元慰问支持水锦花都幼儿园教育教学设施建设。市关工委投入资金 3 万元帮扶乌当二中、乌当四中及偏坡布依族乡九年制学校教学体育设施；投入资金 1 万元结对帮扶 10 名困境儿童；投入经费 5 万元，慰问 100 名农村建档立卡脱贫户家庭、残疾人家庭、城乡低保户家庭、因病因故致贫家庭、退役军人困难家庭、事实无人抚养儿童、孤残儿童、留守困境儿童。区关工委系统干部黄兴荣获国家五部委授予的“全国青少年普法教育先进工作者”称号。区关工委获“贵州省基层关工委工作样板县”称号，区关工委罗安艳获由中国关工委主办的《中国火炬》2022 年“优秀通讯员”称号。

（区委老干局）

保密工作

【概况】 2022 年，乌当区保密系统始终牢记“党管保密”的政治属性，区委主要领导 2 次专题调度并作批示，区委理论学习中心组将新修订保密政策法规等纳入学习，抓牢保密“三大管理”（定密管理、网络保密管理、涉密人员管理）。定期开展定密知识培训和定密检查，指导机关、单位依法依规进行定密工作，明确定密责任，该定不定、不该定乱定等情况不断减少。对区检察院、区法院、区政府办、区公安分局等重点单位进行定密工作调研。聚焦涉密人员，确保底数可查。指导全区各单位严格核查本单位涉密岗位及人员，掌握底数，指导各单位完善涉密人员管理制度。开展互联网自查工作，指导全区各机关单位依法开展信息公开审查，严格按要求填写《信息公开保密审查审批表》进行报备。

【保密规范化建设】 2022 年，乌当区保密局采取自查自评、进驻式检查及各类专项检查等方式，为各类重要会议和活动的召开营造良好安全保密环境。与区委巡察办对接，将贯彻落实习近平总书记关于保密工作的重要指示批示精神和中央、省委、市委、区委关于保密工作的决策部署情况纳入区委巡察内容，保密部门相关人员纳入区委巡察人才库，制定保密巡察清单，按要求对全区各级各部门开展巡察指导工作。全区各级各部门结合方案自查目录梳理本单位保密工作，并根据自查情况及时查缺补漏，封堵漏洞，排除保密风险隐患。注重违法行为查处时效。配合市国家保密局开展失泄密线索核查，针对乌当区涉嫌泄露国家秘密及工作秘密的情况，开展调查核实，确保按时限要求及时反馈调查处理情况，对多人给予通报批评、警示约谈、书面检讨等处理。

【保密宣传教育】 2022 年，乌当区保密局开展保密宣传教育各类培训 5 次。利用乌当区党政办公室系统培训，邀请市国家保密局法规宣教处领导对全区各级各部门保密分管领导及办公室负责人开展保密业务培训；利用党校新任科级干部培训班，邀请市保密局领导对乌当区新任的科级领导干部开展保密业务培训；安排业务人员多次到区纪委区监委、区财政局、区消防大队开展保密培训课程等。在全区范围内组织学习全国、全省、全市泄密案例通报；组织全区领导干部观看保密警示教育片。国家安全日在乌当区步行街协同区委政法委等单位发放宣传册 850 份；组织区内有宣传大屏的场所及电视台投放保密宣传短片。

（区委保密办）

党史研究

【概况】 2022 年，乌当区委党史部门开发地方党史知识课件 3 个。7 月，到区老年大学开展党史知识培训，受训人员 100 余名。挖掘红色文化和“三线”文化，推动建设长征国家文化公园乌当段建设项目，助推乡村振兴和全域旅游发展。制订贵阳三线建设博物馆→省工委北衙活动旧址→羊昌黄连红军村，百宜阻击战遗址→百宜红军烈士陵园→拐九长征体验步道→宋家渡两条精品红色旅游线路并上报市委党研室。

【党史宣传教育】 2022 年，乌当区委党研室在《贵阳乌当》开设党史知识专栏，在“贵阳乌当”“乌当党史”微信公众号，持续宣传乌当烈士、地方党史和乌当长征国家公园项目等地方党史知识。同时将地方党史融入各类媒体重大主题宣传，协助区融媒体中心拍摄《黔北往事》节目，讲述中共地下党人革命烈士、仁人志士在贵州的红色革命历史。向下坝九年制学校、新天三小、羊昌镇黄连民族小学、水田三江学校、百宜镇拐九小学、百宜镇中心小学、东风镇乌当小学、乌当区云锦小学、乌当区云锦庄小学、乌当区小谷龙小学等 10 所学校赠送党史书籍。

【党史研究】 2022 年，乌当区委党研室分别到百宜镇下龙井村、马场村、拐吉村、拐九村等地进行党史征研工作。到乌当区羊昌镇黄连村岩上组，对文子清相关事宜进行史料调阅、现场查看、人物走访。应羊昌镇邀请参与召开文子清墓论证会。对全区抗美援朝老战士进行全面统计，逐步开展抗美援朝老战士口述史征研工作。对全区12处革命遗址、贵州省地下工委北衙隐蔽点、百宜红军标语、百宜红军烈士陵园、中央红军百宜指挥部、中共黄连临时支部遗址、黄连抗日宣传标语遗址、石门坎战斗遗址、金芳云烈士墓、张德龙烈士墓、偏坡烈士墓、贵阳中学支部在乌当的革命活动遗址、李四光纪念馆进行实地走访，对其管理单位提出管理建议。

（区委党史研究室）

党校工作

【概况】 2022年，乌当区委党校开展培训20期，培训人员3105人。围绕省市重大决策部署和区委区政府中心工作，开展科研咨政，完成课题5项。围绕中共十九届六中全会精神、中共二十大精神、新国发2号文件精神、省第十三次党代会精神等内容开展理论宣讲。

【科研资政】 2022年，乌当区委党校向省、市党校系统和科研机构申报立项《贵州数字乡村治理的体系构建与实践路径研究》《贵州省大力推进新型城镇化发展研究》《贵阳推动对外贸易高质量发展建设研究》等科研资政课题5项。其中申报的《贵州数字乡村治理的体系构建与实践路径研究》课题，是贵阳市党校系统唯一获省（部）级课题即贵州省哲学社会科学规划立项课题。参与市委党校“强省会”系列干部读本《工业强市》《数字活市》《人才兴市》《生态立市》4项读本相关章节撰写任务。

【理论宣讲】 2022年，乌当区委党校围绕中共十九届六中全会精神、中共二十大精神、新国发2号文件精神、省第十三次党代会精神等内容开展宣讲。录制十九届六中全会精神宣讲视频5个、新国发2号文件精神宣讲视频5个。1名教师参加区委宣传部组织的“贯彻党代会 喜迎二十大”宣讲风采展示评比获一等奖。

【干部培训】 2022年，乌当区委党校开办培训班20期，培训人员3105人。（其中，主体班8期，培训655人；短期班12期，培训2450人次），新时代基层干部主题培训班7期，培训1466人。

（区委党校）

乌当区人民代表大会

综　述

【概况】　2022年，乌当区人民代表大会常务委员会（以下简称乌当区人大常委会）率先在全市出台《乌当区人民代表大会常务委员会街道工作委员会工作办法（试行）》，规范街道人大工作。首次将乡镇人大代表纳入培训计划，组织110名乡镇人大代表开展专题培训。邀请人大代表、乡镇人大主席列席常委会、参加监督评议，组织省、市、区人大代表开展集中视察和专题调研。全年开展集中学习50余次，开展党组理论学习中心组交流研讨4次，到机关、乡（镇、街道）开展宣讲活动14场。区人大常委会走访人大代表100余人次，575名区、乡（镇、街道）人大代表走访、进站接待选民2520人次，收集意见建议1231条。建成代表联络站13个。加强对121件代表建议办理情况跟踪监督，选取10件进行重点跟踪督办。全年区人大常委会向区委请示报告重要工作、重大事项8次。依法作出《关于批准乌当区2021年区本级财政决算的决议》等15项决议决定。任免国家机关工作人员81人次。加大对区政府及有关部门审计发现问题整改工作监督力度。开展专题调研、视察活动、执法检查20余次，听取和审议专项工作报告29项。首次听取和审议国有自然资源资产管理专项报告。开展“一圈两场三改”专项视察，重点对区医院地块、狮岩路地块城市更新项目进行监督。对区人民法院执行工作、区人民检察院服务优化营商环境工作进行专题视察。对区政府贯彻执行《贵州省长征国家文化公园条例》等8部法律法规开展执法检查。加大“十件实事”督办力度，推动十件实事全面完成。

【人大代表构成】　2022年，乌当区84个选区选出乌当区第十八届人民代表大会代表176名。代表结构进一步优化，特别是一线工人、专业技术人员代表和妇女代表的比例比上届有所上升，农民、少数民族代表得到保证。当选代表中，工人代表17名，占9.65%；专业技术人员代表18名，占10.22%；农民代表34名，占19.31%；企业负责人及非公经济人士代表25名，占14.20%；干部代表69名，占39.20%；军人代表2名，占1.13%；学生代表1名，占0.56%；其他方面代表10名，占5.68%；中共党员代表111名，占63.07%；非中共党员代表65名，占36.93%；妇女代表62名，占35.22%；少数民族代表52名，占29.54%；连任代表70名，占当选代表的39.77%。

区第十八届人民代表大会代表的年龄构成，35岁以下的代表32名，占18.18%；36—55岁的代表135名，占76.70%；56岁以上的代表9名，占5.11%。代表素质有所提高，具有研究生学历以上的34名，占代表总数的19.31%；大学及大专学历的104名，占代表总数的59.09%。

【人大规范化建设】　2022年，乌当区人大常委会率先在全市出台《乌当区人民代表大会常务委员会街道工作委员会工作办法（试行）》，全面推进区乡人大规范化建设，全区8个乡（镇）、5个街道均设立人大代表联络站。制定《区乡两级人大工作规范化建设方案》，建立和完善制度45项，对区乡人大会议流程、监督程序、保障机制等进行规范，初步形成党的领导坚强有力、“两级会议”规范完善、“三项职权”依法履行、“四化平台”运转高效、“五个建设”保障得力的规范化工作新格局。7月27日召开全区人大代表联络站建设工作推进会，推进联络站标准化建设。

【人大代表联络站建设推进会召开】　2022年7月26日至27日，乌当区人大代表联络站建设推进会召开。会议以现场观摩和座谈的形式进行。参会人员先后到全区各乡（镇、街道）人大代表联络站开展实地观摩。会议要求，要从布局合理化、硬件标准化、制度规范化、运行实效化、队伍多元化等方面下功夫，抓住重点关键，准确把握、深刻领会区委对人大代表联络站规范化建设的新部署新要求；要从加强组织领导、抓好推动落实、落实经费保障、加大宣传力度四个方面，进一步加强人大代表联络站建设工作的保障力度。

（区人大办）

重要会议

【区第十八届人大一次会议】　2022年1月7日至10日，乌当区第十八届人民代表大会第一次会议举行。会议期间，召开全体会议4次、主席团会议6次。听取和审议乌当区人民政府工作报告；审查和批准乌当区国民经济和社会发展计划执行情况及2022年国民经济和社会发展计划（草案）报告，批准乌当区2022年国民经济和社会发展计划；审查和批准乌当区全区和区本级财政预算执行情况及2022年全区和区本级财政预算（草案）报告，批准乌当区2022年本级财政预算；听取和审议乌当区人大常委会工作报告，乌当区人民法院工作报告，乌当区人民检察院工作报告；审议《乌当区第十八届人民代表大会关于设立相关专门委员会的决定（草案）》。选举人大常委会班子成员7名、人大常委会委员26名；政府班子成员8名、监委主任1名；法院院长1名、检察院检察长1名，出席市第十五届人民代表大会代表26名，表决相关专委会组成人员。代表提出建议、批评和意见146件，确定将116件代表建议提交办理。

【区人大常委会会议】 2022年，乌当区人大常委会召开会议8次。

第1次会议于3月10日举行。常委会组成人员30人到会。会议听取《2021年规范性文件备案审查工作报告》；听取审议并表决通过《乌当区人大常委会主任会议关于提请通过乌当区第十八届人大常委会代表资格审查委员会组成人员的议案》《乌当区人民代表大会常务委员会议事规则修订草案》《乌当区人民代表大会常务委员会组成人员守则修订草案》。

第2次会议于4月28日举行。常委会组成人员29人到会。会议听取审议并表决通过《区人民政府关于安全生产工作暨“一法一条例”贯彻执行情况报告》；听取乌当区人民政府《关于对区人大常委会关于区人民政府贯彻执行〈保障农民工工资支付条例〉情况报告的审议意见》的研究处理情况报告，并进行测评；听取区监察委员会关于《乌当区人大常委会关于乌当区监察委员会开展扶贫领域监察监督提出监察建议工作情况报告的审议意见》的研究处理情况报告，并进行测评；听取审议并表决通过《乌当区人大常委会街道工作委员会工作办法（试行）》《乌当区人大常委会关于选举和任命的“一府一委两院”国家机关工作人员向常委会报告履职情况办法(试行)》《乌当区人大常委会专项工作评议办法（试行）》《乌当区人民代表大会代表学习培训制度》《乌当区人民代表大会代表小组活动办法》《乌当区人民代表大会代表接待选民制度》《乌当区人民代表大会代表辞职制度》《乌当区人民代表大会代表联系选民办法》《乌当区人民代表大会代表履职评估办法（试行）》《乌当区人大常委会评选先进代表活动小组和优秀人大代表办法》《乌当区人民代表大会代表持证视察办法》《乌当区人大常委会人事任免办法》《乌当区人大常委会组成人员联系区人大代表办法》《乌当区人民代表大会代表建议、批评和意见办理办法》《乌当区人民代表大会代表工作办法》《乌当区人民代表大会代表向选民述职制度》《乌当区人民代表大会代表履职情况登记制度》17项制度。听取区人民法院员额法官李雪梅作履职情况报告、区人民检察院副检察长满欣作履职情况报告，并进行测评。

2022年1月7日至10日，乌当区召开第十八届人民代表大会第一次会议。图为区第十八届常委会组成人员进行宪法宣誓仪式　　（区融媒体中心　供图）

第3次会议于6月28日举行。常委会组成人员27人到会。会议听取和审议《乌当区2021年本级预算执行情况和其他财政资金收支审计工作报告》《乌当区2021年财政决算（草案）报告》《乌当区人民政府贯彻执行义务教育“双减”政策情况报告》《乌当区人民政府贯彻落实〈中华人民共和国退役军人保障法〉的情况报告》，表决通过《区人大常委会关于对乌当区2021年本级预算执行情况和其他财政资金收支审计工作报告的审议意见（草案）》《区人大常委会关于批准乌当区2021年财政决算的决议（草案）》《区人大常委会关于对区人民政府贯彻执行义务教育“双减”政策情况报告的审议意见（草案）》《区人民政府贯彻落实〈中华人民共和国退役军人保障法〉的情况报告的审议意见（草案）》；听取和审议并测评通过区人民法院法官张本勤作履职情况报告、区人民检察院检察官文强作履职情况报告。

第4次会议于7月29日举行。常委会组成人员24人到会。会议进行人事任免。

第5次会议于8月31日举行。常委会组成人员28人到会。会议听取审议乌当区2022年上半年财政预算执行情况报告，表决通过区人大常委会关于对乌当区2022年上半年财政预算执行情况报告的审议意见（草案）；听取审议乌当区2022年上半年国民经济和社会发展计划执行情况报告；表决通过区人大常委会关于对乌当区2022年上半年国民经济和社会发展计划执行情况报告的审议意见（草案）；听取审议乌当区2022年优化营商环境工作暨实施《贵州省优化营商环境条例》情况报告，表决通过区人大常委会关于对2022年乌当区贯彻《贵州省优化营商环境条例》情况报告的审议意见（草案）；听取审议区人民政府关于贯彻执行《贵阳市推进文明城市建设规定》情况报告，表决通过区人大常委会关于对乌当区实施《贵阳市推进文明城市建设规定》情况的审议意见（草案）；听取审议区人民政府关于开展农村“五治”工作情况报告，表决通过区人大常委会关于对乌当区农村“五治”工作情况报告的审议意见（草案）；听取审议区人民政府关于乌当区高标准农田建设情况报告，表决通过区人大常委会关于对乌当区高标准农田建设情况报告的审议意见（草案）；听取审议并表决通过乌当区人民代表大会监察和司法委员会工作规则（草案）、乌当区人民代表大会财政经济委员会工作规则（草案）、乌当区人民代表大会社会建设委员会工作规则（草案）；听取区人民检察院员额检察官陈永胜作履职情况报告，并进行测评。

第6次会议于11月1日举行。常委会组成人员27人到会。会议听取和审议并表决通过区人民政府2022年“十件实事”办理情况报告；听取和审议并表决通过区人民政府对区十八届人大第一次会议代表建议、批评、意见的办理情况报告；听取和审议并表决通过区“一圈两场三改”工作推进情况报告；听取和审议并表决通过区2021年国有自然资源资产管理情况报告，书面听取全区国有资产管理情况综合报告；听取和审议并表决通过《乌当区人民代表大会常务委员会规范性文件备案审查工作规定（修改草案）》；听取和审议《乌当区人大常委会主任会议关于补选乌当区第十八届人大代表的议案》，表决通过《乌当区人大常委会关于补选乌当区第十八届人大代表的决定（草案）》；听取区人民法院员额法官王艳萍、区人民检察院员额检察官陈琛作履职情况报告，并进行测评。

第7次会议于12月8日举行。常委会组成人员25人到会。会议听取和审议并测评通过区人民政府对区人大常委会关于乌当区2022年财政预算上半年执行情况的审议意见的研究处理情况报告、区人民政府对区人大常委会关于乌当区2022年上半年国民经济和社会发展计划执行情况的审议意见的研究处理情况报告、区人民政府对区人大常委会关于乌当区2022年优化营商环境工作暨实施《贵州省优化营商环境条例》情况报告的审议意见的研究处理情况报告、区人民政府对乌当区人大常委会关于乌当区贯彻执行《贵阳市推进文明城市建设规定》情况报告的审议意见的研究处理情况报告、区人民政府对区人大常委会关于乌当区农村“五治”工作推进情况报告的审议意见的研究处理情况报告、区人民政府对区人大常委会关于乌当区高标准农田建设情况报告审议意见的研究处理情况报告。听取和审议并表决通过区人民政府关于2022年财政预算调整方案（草案）报告；听取和审议《乌当区人大常委会主任会议关于提请接受李分龙等同志辞职请求的议案》，并表决通过《乌当区人大常委会关于接受李分龙等同志辞职请求的决定（草案）》，决定接受李分龙辞去乌当区第十八届人民代表大会常务委员会委员职务，张俊妍、甘顺、陈建祥、宋玺辞去乌当区第十八届人民代表大会代表职务；听取和审议《乌当区人大常委会主任会议关于补选乌当区第十八届人大代表的议案》，表决通过《乌当区人大常委会关于补选乌当区第十八届人大代表的决定（草案）》；听取和审议并表决通过《乌当区人大常委会关于补选区第十八届人大代表工作方案（草案）》。

第8次会议于12月30日举行。常委会组成人员24人到会。会议听取和审议并测评通过区人民政府对区人大常委会关于区人民政府办理区第十八届人大第一次会议代表建议、批评和意见情况报告的审议意见的研究处理情况报告、区人民政府对区人大常委会关于区人民政府2022年“十件实事”办理情况报告的审议意见的研究处理情况报告、区人民政府对区人大常委会关于乌当区“一圈两场三改”工作审议意见的研究处理情况报告、区人民政府对区人大常委会关于区人民政府贯彻执行义务教育“双减”政策情况报告的审议意见的研究处理情况报告、区人民政府对区人大常委会关于区人民政府贯彻落实《中华人民共和国退役军人保障法》情况执法检查审议意见的研究处理情况报告、区人民政府对区人大常委会关于区人民政府安全生产专项视察暨“一法一条例”执法检查情况报告审议意见的研究处理情况报告、区人民政府对区人大常委会关于区人民政府贯彻执行《保障农民工工资支付条例》情况报告的审议意见的研究处理情况报告、区人民政府对区人大常委会关于区2021年度国有自然资源资产管理情况专项报告的审议意见的研究处理情况报告、区人民政府关于2021年乌当区本级预算执行和其他财政收支审计查出问题整改情况的报告；听取和审议区人大常委会办公室2022年度工作报告、区人大监察和司法委员会2022年度工作报告、区人大财经委员会2022年度工作报告、区人大社会建设委员会2022年度工作报告、区人大常委会选任联工委2022年度工作报告、区人大常委会城建环保工委2022年度工作报告、区人大常委会教科文卫工委2022年度工作报告；听取和审议并表决通过《乌当区人民代表大会常务委员会讨论、决定重大事项规定》《乌当区人民代表大会常务委员会闭环监督办法、乌当区人民代表大会常务委员会视察调研制度》《乌当区人民代表大会常务委员会审议意见处理办法》《乌当区人民代表大会常务委员会与区人民政府、区监察委员会、区人民法院、区人民检察院工作联系制度》《乌当区人民代表大会常务委员会主任会议成员联系指导乡(镇、街道)人大工作制度》《乌当区人民代表大会常务委员会关于加强部门预算监督的实施意见（试行）》；听取和审议并测评通过区人民法院法官陈琛、区人民检察院检察官王艳萍履职情况报告。

（区人大办）

人大监督

【概况】 2022年，乌当区人大常委会听取和审议计划、预算执行情况报告，依法批准区本级财政预算。到企业走访调研，为企业协调解决困难。加大对区政府及有关部门审计发现问题整改工作监督。执行区人民政府向区人大常委会报告国有资产管理情况制度，首次听取和审议国有自然资源资产管理专项报告。对新天电子元器件产业园、洛湾标准厂房、惠诚特色食品生态园项目建设，乌当至长顺、贵阳至平塘高速公路（乌当段）等建设进行视察，推动项目加快实施。开展盘活闲置低效旅游项目推进专题调研，“一圈两场三改”专项视察，重点对区医院地块、狮岩路地块城市更新项目进行监督。开展对乡村振兴、农村“五治”、高标准农田建设、乡村旅游、闲置房屋盘活的监督，推进巩固拓展脱贫攻坚成果同乡村振兴有效衔接。听取优化营商环境工作情况报告，促进营商环境持续改善。对区政府执行《贵州省长征国家文化公园条例》、安全生产“一法一条例”等8部法律法规开展执法检查。对2022年区政府报备的3件规范性文件和各乡（镇、街道）人大报备的24件规范性文件进行备案审查。加大“十件实事”督办力度，对2022年“十件实事”重点项目进行跟踪督办，推动“十件实事”全面完成。首次开展“十件实事”回头看，对2021年实事运行情况进行专题调研。

【民生实事监督】 2022年，乌当区人大常委会对传染病防治、义务教育“双减”、文明城市建设、垃圾分类等工作开展监督。6月17日，乌当区人大常委会对全区义务教育“双减”政策落实情况开展专题视察，6月28日乌当区第十八届人大常委会第三次会议听取和审议区人民政府作的《乌当区人民政府贯彻执行义务教育“双减”政策情况报告》，提出审议意见：区政府综合统筹，教育部门牵头负责，相关部门协同配合，保证“双减”政策落地落实；加大人才引进力度、引入名师入驻乌当，加强教师教学经验交流，不断提高课堂教学质量；加大财政对教育的投入，特别是确保教师课后服务经费保障到位，探索设立教育质量奖，激发教师对教育教学质量提升的活力，确保课后服务水平的提升；强化对非学科类培训机构的管理，杜绝打“擦边球”，非法和变异培训机构的产生。

8月17日，区人大常委会对乌当区农村“五治”工作推进情况进行视察。8月31日，乌当区第十八届人大常委会第五次会议听取和审议区人民政府作的《乌当区农村“五治”工作推进情况报告》，提出审议意见：健全农村“五治”各牵头部门协同机制，按照分工，以严格的奖惩措施推动责任落实；结合农业产业、旅游产业、闲置房屋盘活等工作，分期分批抓农村“五治”示范点和亮点，以示范带动全区农村“五治”工作全面推进；不搞一刀切，把农村“五治”工作作为做好保障农村民生的关键抓手，设身处地为群众办实事，把民生实事真正做到群众心坎上；治房、治水、治垃圾还有许多短板要补齐，覆盖面不够广，仍需要大量资金投入。

8月16日，区人大常委会视察组对百宜镇红旗村、百宜村高标准农田建设工作情况进行专项视察。8月31日，乌当区第十八届人大常委会第五次会议听取和审议区人民政府作的《关于高标准农田建设(含“旱改水”、土地碎片化治理)情况的报告》，提出审议意见：高标准农田建设是确保国家粮食安全的重大政治任务，相关职能部门要解决好高标准农田建设“建、管、用”的统筹推进问题；坚决整治高标准农田建设项目中的形式主义、官僚主义，严把施工质量关，惩治施工简单粗放、偷工减料行为；统筹“建”“管”“用”三个重点环节的相互衔接、相互促进；抓好农田用途管制，坚持良田粮用，杜绝农田“非粮化”和“非农化”现象，发挥高标准农田保粮稳粮作用。

10月10日，区人大常委会视察组对乌当区“一圈两场三改”工作推进情况进行视察。11月1日，乌当区第十八届人大常委会第六次会议听取并审议区人民政府作的《乌当区“一圈两场三改”工作推进情况报告》，提出审议意见：要得到群众认可，真正把实事办实，好事办好；对2021年还未完工的“三改”项目，要想方设法尽快完工，实现对人民群众的承诺；激发社会投资活力，鼓励更多的社会资本参与“一圈两场三改”建设；高标准编制规划设计方案，打造一批特色风貌小巷和小区；背街小巷和老旧小区三大运营商架空管线“蜘蛛网”现象仍然存在。

10月20日，区人大常委会视察组对区人民政府2022年“十件实事”办理情况进行视察。11月1日，乌当区第十八届人大常委会第六次会议听取并审议区人民政府作的《乌当区人民政府2022年“十件实事”办理情况报告》，提出审议意见：增强为民服务意识，把“十件实事”摆在更加突出的位置，有效推进各项目落到实处；对推进进度迟缓的实事项目，要进一步压紧压实责任，强化资金保障，确保各项实事项目如期完成；加强对办理工作的督查力度，对不认真办理、办理不到位的责任单位和责任人，要按照相关程序，提请有关部门严肃追究责任，确保实事按时高效办结。

10月20日，区人大常委会视察组对区人民政府办理区第十八届人大一次会议代表建议、批评和意见的情况进行视察。11月1日，乌当区第十八届人大常委会第六次会议听取并审议了区人民政府作的《乌当区人民政府关于区第十八届人大第一次会议代表建议、批评和意见办理情况的报告》，提出审议意见：区政府及相关承办单位要以高度负责的态度做好代表建议办理工作；区政府要进一步压实建议办理责任，提高办理效果和办理质量，着力于真办实做，致力于解决落实，真正做到“件件有着落，事事有回音”；区人民政府及相关部门要提高办理质量和水平，提高代表建议办理落实率。

【经济发展监督】 2022年6月9日，乌当区人大常委会就乌当区2021年本级预算执行情况和其他财政资金收支审计工作报告、乌当区2021年财政决算（草案）报告开展调研，对区人民政府提出的2021年财政决算（草案）进行初步审查。6月28日乌当区第十八届人大常委会第三次会议听取和审议区人民政府作的《乌当区2021年本级财政预算执行情况和其他财政资金收支审计工作报告》和《乌当区2021年财政决算（草案）报告》，会议结合审计工作报告，对2021年财政决算草案和财政决算报告进行审查。会议同意区人大财经委提出的审查报告，决定批准2021年财政决算。8月4日，区人大常委会组成人员对乌当区2022年上半年财政预算执行情况进行专题视察。8月31日，乌当区第十八届人大常委会第五次会议听取和审议区人民政府作的《乌当区2022年上半年财政预算执行情况报告》，提出审议意见：加强财政管理，进一步细化各领域目标任务和预算安排，坚持先有预算后有支出，严禁超预算、无预算安排支出；发挥积极的财政政策，提高财政资金使用效率，加快推动招商引资项目落地，加大重点项目建设力度，扶持重点行业和企业；加大收入统筹力度，提高财政保障水平，切实加强对经济运行的分析研判，会同税务部门做好税源经济分析和税源培植工作；加强地方政府债务监管，防范化解债务风险，进一步加强政府债务管理，落实定期向人大报告政府债务管理情况制度，依法接受人大对政府债务的全口径审查和全过程监管。8月4日，区人大常委会对乌当区2022年上半年国民经济和社会发展计划执行情况进行专题视察。8月31日，乌当区第十八届人大常委会第五次会议听取和审议区人民政府作的《乌当区2022年上半年国民经济和社会发展计划执行情况报告》，提出审议意见：区政府及有关部门要按照“疫情要防住、经济要稳住、发展要安全”的要求，稳住经济大盘，营造良好社会环境，全力保持经济平稳健康运行；对重点项目要强化要素支撑、加大服务保障，倒排工期、专班调度，确保项目如期投产达效；不断解决关系人民切身利益的突出问题，要重点围绕婴幼托育、学前教育、义务教育、养老服务、医疗卫生等供需矛盾突出的领域，加快补齐短板弱项，不断提升公共服务水平；打造“贵人服务”品牌，要以企业需求为导向，健全完善企业走访调研和问题解决机制，充分掌握企业真实发展诉求，做深做实企业服务，加大帮助企业发展力度，增强企业获得感和满意度。

开展审计查出问题整改情况监督。对2021年度“同级审”发现问题整改工作跟踪监督，听取区农业农村局整改推进情况汇报，督促羊昌镇配合农业农村局推进金家箐水库建设有关整改事项。针对自然资源资产管理审计整改不力的问题。5月26日，召开专题会议，对区人民政府2017年至2019年自然资源资产管理和生态环境保护情况专项审计反馈问题整改工作开展跟踪监督。协助常委会听取和审议《2021年区本级财政预算执行情况和其他财政资金收支审计工作报告》。提出着力聚焦审计工作重点，依法履行审计监督职责；狠抓审计查出问题整改，确保被审计单位应改尽改、按时整改；强化审计结果运用，努力实现源头治理等意见。协助人大常委会主任会议听取审核区人民政府对《乌当区人大常委会关于对2021年度乌当区本级财政预算执行情况和其他财政资金收支的审计工作报告的审议意见》的研究处理情况报告，提出强化调度、加快进度，强化指导、提升成效，科学研判、精准销号，完善制度、健全机制四个方面的建议。开展审计查出突出问题跟踪监督。印发《2021年区本级财政预算执行情况和其他财政资金收支审计查出突出问题整改重点跟踪监督工作方案》的通知，对区卫健局和新堡布依族乡审计查出的重点事项进行跟踪监督，会同区财政局、审计局相关人员组织开展专项检查。

开展经济领域重点工作监督。3月17日，对乌当区推进新型工业化情况暨工业招商引资项目落地情况开展专题调研，实地调研新天电子元器件产业园、洛湾标准厂房、惠诚特色食品生态园项目建设情况。开展营利性服务业调度分析，多次到区发改局、区统计局调研，了解经济运行情况，4月20日，召开会议专题调度分析营利性和非营利性服务业。4月21日，财经委与区发改局召开一季度规模以上服务业运行分析会，安排对全区楼宇经济主体的摸排工作。5月12日，到乌当区大数据智慧产业基地调研，了解产业发展情况，督促落实扶持政策。7月21日，到好活（贵州）网络科技有限公司、贵州智源信息产业孵化基地有限公司进行实地调研，全面了解企业生产经营情况，协调解决企业的诉求和困难。11月4日，召开营利性服务业调度分析会，传达市人大常委会调度营利性服务业会议精神，分析乌当区营利性服务业情况，提出了下一步工作建议。4月22日，与市人大财经委到好活科技调研，了解企业经营状况，督促有关部门落实相关奖励政策，732.71万元的产业扶持资金拨付到位。6月23日，与市人大财经委调度文化旅游服务业，实地走访贵州乐湾休闲运动俱乐部有限公司、贵州乐湾温泉旅游管理有限公司，督促有关部门协调上级部门加快乐湾温泉采矿权办理。

【法律法规实施监督】 2022年，乌当区人大常委会依法监督乌当区贯彻落实《中华人民共和国退役军人保障法》《贵州省长征国家文化公园条例》《贵州省优化营商环境条例》《贵州省大数据发展应用促进条例》《贵阳市推进文明城市建设规定》《贵阳市政府数据共享开放条例》等法律法规情况并进行执法检查。对区政府报备的3件规范性文件和各乡（镇、街道）人大报备的24件规范性文件进行备案审查。听取区法院4名法官、区检察院5名检察官履职情况报告，并进行测评。全面实施宪法宣誓制度和干部任前法律知识考试，健全任后监督机制。3月11日，区人大常委会主任马定武带队对乌当区《贵州省长征国家文化公园条例》实施情况开展执法检查。建议区人民政府要强化《贵州省长征国家文化公园条例》的学习宣传，充分利用广播、电视、报刊、网络等媒体加强对长征国家文化公园保护、建设、利用和管理的宣传报道和舆论监督。要强化专家在《贵州省长征国家文化公园条例》落实中的作用发挥，为有关重大政策、重大规划、重大事项提供咨询意见，使决策更加科学。要强化长征国家文化的挖掘，进一步整合资源，开展丰富多彩的活动，为乌当旅游拓展新的发展思路。要强化吸引社会资本参与长征国家文化公园的建设，发展与长征关联的创意设计、文化软件、体育休闲、艺术娱乐、乡村旅游等特色产业。要强化红色旅游基础设施建设，向上争取项目资金，做好交通基础设施建设、旅游硬件设施建设等。3月17日，市人大常委会对乌当区实施《贵州省长征国家文化公园条例》情况开展执法检查，实地考察乌当区长征国家文化公园项目——百宜烈士陵园及长征步道建设情况，并对乌当区就实施条例及红色资源挖掘保护利用过程中遇到的困难和问题、解决办法及下一步工作打算进行现场沟通交流。6月16日，区人大常委会执法检查组对区人民政府贯彻落实《中华人民共和国退役军人保障法》开展执法检查，6月28日，乌当区第十八届人大常委会第三次会议听取和审议区人民政府贯彻落实《中华人民共和国退役军人保障法》情况报告，提出审议意见：夯实退役军人基层服务和保障；抓实退役军人建档立卡及档案管理服务工作和法律法规等方面知识培训；做好退役安置、教育、就业、住房及子女入学等方面的服务保障；营造“双拥”氛围，利用八一建军节、征兵季等时间节点开展活动，增强乌当“双拥”模范城军人的荣誉感、安全感、幸福感。

8月3日，区人大常委会执法检查组对乌当区人民政府实施《贵阳市推进文明城市建设规定》开展执法检查，检查组实地对仁恒商业街和振华广场环境卫生、公益广告设置、“门前三包”责任制落实和市民文明出行等情况进行检查。8月31日，乌当区第十八届人大常委会第五次会议听取和审议乌当区实施《贵阳市推进文明城市建设规定》情况的报告，提出审议意见：宣传重点要以市民文明素质的提升为重点，从孩子抓起，从基础抓起，特别要抓好农民综合素质的提升；确保公共设施建设要增加财政资金对公共基础设施的投入，发挥财政资金的杠杆作用；落实常态化管理，杜绝让老百姓反感的“迎检式”“一阵风式”工作模式；强调以人民为中心，发动群众全民参与城市建设与管理。

8月12日，区人大常委会执法检查组对乌当区2022年优化营商环境工作暨实施《贵州省优化营商环境条例》情况进行执法检查。8月31日，乌当区第十八届人大常委会第五次会议听取和审议乌当区实施《贵州省优化营商环境条例》情况的报告，提出审议意见：加强对《贵州省优化营商环境条例》的学习宣传；区政府要对《贵州省优化营商环境条例》的落实进行责任分解，相关责任单位也要将涉及本部门的责任进行安排落实；主动当好服务市场主体的“店小二”，加强对政府及有关部门的执法监督，处理好政府和市场的关系，深化“放管服”改革，推动构建既“亲”又“清”的新型政商关系；开展营商环境评估指标分析研究；提高涉及市场主体案件的办理质效。

10月27日至11月5日，乌当区开展《中华人民共和国传染病防治法》贯彻实施情况调研及执法检查。通过区政府及卫健、司法、教育、公安、发改、财政、市场监管等部门围绕调研重点进行自查；调研组实地走访查看疾病预防控制中心、相关医疗机构；召开座谈会，听取相关工作汇报；征求相关行业代表意见建议等方式，详细了解传染病防治法实施和抗击新冠疫情中普法、执法、用法方面的好做法、好经验，发现存在的突出问题，探索解决问题改进工作的方案。形成专题调研及执法检查报告，就乌当区传染病防治工作向省、市人大寻求资金项目、政策支持，就传染病防治工作提出建立完善“平”“战”顺利转换的流调、检验专业人才库、志愿者队伍人才库等建议。同时将调研中发现的区疾病预防控制中心急需搬迁建设的问题形成调研建议报送区委区政府。

【国有自然资源资产管理工作监督】 2022 年 10 月 9 日至 11 日，区人大常委会党组书记、主任马定武率区人大常委会组成人员及部分人大代表同区政府办、区自然资源局、区财政局，先后到区自然资源局、区水务局、市生态环境局乌当分局、市不动产登记中心乌当不动产登记站，对国有自然资源资产管理情况开展专项调研。11 月 1 日，乌当区第十八届人大常委会第六次会议听取和审议区自然资源局局长罗军受区人民政府委托所作的《乌当区 2021 年度国有自然资源资产管理情况的专项报告》，表决通过《乌当区人大常委会关于区国有自然资源资产管理情况专项报告的审议意见（草案）》，提出审议意见：全面学习贯彻落实习近平生态文明思想，推进国家“两山”实践创新基地建设，提升国有自然资源管理成效；以国有自然资源资产确权登记工作为契机摸清底数，做好国有自然资源资产确权登记；促进资源开发利用，加大批后监管力度，对现有闲置土地的基本情况进行一次全面摸排，摸清底数、掌握实情，抓好自然资源的利用与包装，提升自然资源资产开发利用效率；抓好国有自然资源保护工作，区政府及有关部门要进一步强化统筹协调，完善网格化管理、林长制、河长制和相关制度建设。

（区人大办）

重大决定和人事任免

【重大事项决定】 2022 年，乌当区人大常委会依法作出《关于批准乌当区 2022 年区本级财政预算调整方案的决议》等 15 项决议。审议并通过《乌当区人大常委会街道工作委员会工作办法（试行）》《乌当区人大常委会关于选举和任命的“一府一委两院”国家机关工作人员向常委会报告履职情况办法（试行）》《乌当区人民代表大会代表接待选民制度》《乌当区人民代表大会代表联系选民办法》《乌当区人民代表大会代表履职评估办法（试行）》《乌当区人民代表大会代表向选民述职制度》《乌当区人民代表大会常务委员会讨论、决定重大事项规定》《乌当区人民代表大会常务委员会闭环监督办法、乌当区人民代表大会常务委员会视察调研制度》《乌当区人民代表大会常务委员会审议意见处理办法》。

【人事任免】 2022 年，乌当区人民代表大会对 74 名干部进行任前法律知识考试，完成 81 名干部任免工作，其中任命 74 名干部。接受辞职 10 人（其中辞去人大常委会委员职务 6 人，辞去乌当区副区长职务 3 人，辞去专委会兼职委员 1 人）。因工作变动，接受辞去代表职务 13 人，因调离乌当区，其代表资格终止 9 人。

（区人大办）

议案建议

【概况】 2022 年，乌当区第十八届人民代表大会第一次会议期间，提出代表建议 119 件，闭会期间提出 2 件，共 121 件。其中，城建交通类 36 件；经济发展与项目建设类 26 件；科教文卫类 14 件；社会治理及民生类 27 件；

2022 年 7 月，乌当区人大常委会对《贵州省大数据发展应用促进条例》《贵阳市政府数据共享开放条例》开展执法检查

（区人大办　供图）

其他类18件。筛选10件具有典型性的代表建议，作为区委、区人大常委会、区政府领导班子成员重点督办件进行督办，推动建议办理由“答复型”向“落实型”转变。121件人大代表建议全部办复完毕，办复率为100%。从办理结果来看，代表所提问题已经解决或基本解决的（A类）55件，占45%；正在解决或已列入计划逐步解决的（B类）64件，占53%；因条件限制或暂时难以解决，需待以后解决的或给予解释的（C类）2件，占2%。经过初次办理和再次办理，从代表反馈的意见看，收到征询意见反馈表121份，其中满意（含基本满意）121份，满意率为100%。

【关于安装智能升降停车位解决当前大部分小区停车位严重不足建议】 宋聚波代表提出。2022年，乌当区全面启动6个停车场项目建设（正德家邦停车场130个停车位；温石路惠民停车场76个停车位；石厂坡停车场100个停车位；地矿新庄停车场600个停车位；智慧云锦停车场420个停车位；双创基地停车场370个停车位），新增停车位1696个。已完成正德家邦停车场、智慧云锦停车场、双创基地停车场项目建设，新增公共停车位920个。

【关于实施“一圈两场三改”，推动龙广路街道新都社区雅旭园老旧小区改造的建议】 陈莉君代表提出。区政府多次召开专题会研究调度老旧小区改造工作，研究通过《乌当区雅旭园片区老旧小区改造项目设计方案》。至年底，新都花园（含测绘院小区）完成主体改造，完成总体进度100%。完成地下管网和宅间园林景观，沥青道路，楼本体楼梯间公区强电施工，弱电施工，大门及门卫室施工等工作。测绘院小区已完成宅间、道路的地下管网，宅间园林景观，沥青道路施工；楼本体楼梯间公区弱电、强电等改造。雅旭园片区完成总体进度的75%。供排水完成70%，弱电改造完成65%，道路改造完成75%，社区活动用房完成80%，停车坪修建完成80%，景观完成50%，消防登高面拆除完成100%。

【关于生活污水集中收集到镇污水处理厂的建议】 余盛惠代表提出。区政府分别于5月26日、5月30日、7月6日召集区水务、农业农村、生态等相关部门召开专题会议，研究部署农村“五治”工作，并于6月1日、8月25日先后到水田镇调研农村“五治”工作推进情况。按照《乌当区城镇污水处理三年行动计划》的工作要求及乌当区农村“治水”工作安排，投资2900万元完成水田镇集镇污水处理厂建设，处于运行调试阶段。启动乡镇污水处理设施及管网提升工程，将水田镇竹林村、瓮蓬村部分村组纳入管网提升工作计划，完成竹林村、瓮蓬村污水管网建设。

【关于进一步优化全区营商环境的建议】 龙云代表三次在区政府常务会议上专题调度和安排部署营商环境工作。出台《乌当区2022年营商环境全面优化行动实施方案》。持续擦亮“贵人服务”品牌，树立“店小二”服务精神，用心用情做好企业服务，提升企业满意度和投资信心，培育更多市场主体和“四上企业”。督促补齐短板弱项，加强与上级部门的沟通对接，苦干实干加巧干。2022年营商环境考核成绩保持在全省前20名。

（区人大办）

人大代表工作

【概况】 2022年，乌当区人大常委会分5批次组织22名市、区人大代表和人大工作者参加省市人大代表履职培训班学习。首次通过乌当区智慧人大综合服务平台对区乡两级代表开展线上培训，162名区人大代表、413名乡（镇、街道）人大代表参加。举办“乌当区人大代表和人大工作者履职能力提升培训班”，110名乡（镇、街道）人大代表及部分人大工作者参加培训。印发《关于做好乌当区第十八届人大常委会领导班子成员联系常委会委员、常委会组成人员联系区人大代表工作的通知》，促进委员、代表作用有效发挥。开展“代表选民集中走访月”活动。印发《关于持续开展“乡村振兴，代表在行动”和

2022年11月7日至11日，乌当区人大常委会组织110名乡（镇、街道）人大代表和部分人大工作者开展履职能力提升培训　（区融媒体中心　供图）

"聚力强省会，代表作贡献"主题活动的通知》，完成13个区代表小组专题调研与集中视察活动。将省、市、区、乡（镇、街道）四级人大代表全部编入代表联络站工作，实现代表服务选民、服务群众全覆盖。安排部署市十五届人大一次会议乌当代表团提议案、建议工作，形成高质量意见建议18件。

【代表培训】 2022年6月20日，乌当区乡人大代表履职培训班开班。乌当区人大常委会党组书记、主任马定武出席开班式，162名区人大代表，413名乡（镇、街道）人大代表参加培训。培训班是乌当区首次通过新建成的智慧人大网络平台开展培训。培训就新国发2号文件、省第十三次党代会、市第十一次党代会、区第十一次党代会精神作专题辅导讲座，并从全国人大网络学院精选《中华人民共和国全国人民代表大会和地方各级人民代表大会代表法》《中华人民共和国全国人民代表大会组织法》等专题讲座，帮助人大代表进一步了解人大基本知识、尽快进入角色、掌握履职途径和方法，为依法履行职责奠定基础。培训结束后，对考试合格的学员颁发结业证书，参训情况记入人大代表履职档案。

2022年11月7日至11日，乌当区人大常委会组织110名乡（镇、街道）人大代表和部分人大工作者开展履职能力提升培训。培训班围绕中共二十大精神、习近平总书记关于坚持和完善人民代表大会制度的重要思想以及中央、省委、市委、区委人大工作会议精神和《中华人民共和国各级人民代表大会常务委员会监督法》《中华人民共和国全国人民代表大会组织法》等相关法律法规内容进行专题授课。组织代表到遵义市喇叭镇、虾子镇、新蒲新区农博园，安顺市西秀区大坝村等观摩点进行实地考察，对基层人大代表联络站建设、践行全过程人民民主、乡村振兴等进行现场实践学习。

【代表履职】 2022年，区人大常委会加强人大代表履职工作，强化代表履职服务保障。制定《乌当区人民代表大会代表履职考核办法（试行）》《乌当区人民代表大会常务委员会评选优秀人大代表暂行办法》，强化代表履职保障，规范代表履职考核，建立代表履职考核办法，规范代表个人档案，首次开展代表年度履职考核，评选优秀代表26名，进一步激发代表履职热情，增强代表归属感。加强代表履职平台建设。规范人大代表联络站建设，高质量建成代表联络站13个；建成集学习平台、交流平台、接访平台、信息平台、乡镇联络平台、代表履职平台为一体的乌当区"智慧人大"网络系统。首次通过乌当区智慧人大综合服务平台对区乡两级代表开展线上培训，全区162名区人大代表、413名乡（镇、街道）人大代表参加培训。拓宽代表知情知政渠道。印发《关于做好乌当区第十八届人大常委会领导班子成员联系常委会委员、常委会组成人员联系区人大代表工作的通知》；邀请人大代表、乡（镇、街道）人大主席列席常委会会议、参加常委会监督评议活动，组织市、区、乡人大代表开展集中视察和专题调研；紧盯贵阳市"八个强"重点任务，组织市、区、乡代表围绕"一圈两场三改"、农村"五治"、产业园区建设等工作开展视察。开展集中走访活动，常委会组成人员走访人大代表100余人次，575名区、乡（镇、街道）人大代表走访、进站接待选民2520人次，收集意见建议1231条，并及时办理。

（区人大办）

2022年10月10日，区人大代表赴温泉路、千禧苑等地调研"一圈两场三改"工作

（区融媒体中心　供图）

专门委员会

【概况】 2022年，乌当区第十八届人民代表大会第一次会议决定设立监察和司法委员会、财政经济委员会、社会建设委员会3个专门委员会。乌当区人大常委会设置监察和司法委员会、财政经济委员会、城建环保委员会、教育科学文化卫生委员会、选举任免联络委员会、社会建设委员会6个专门委员会，各专门委员会受区人民代表大会及其常务委员会领导，研究、审议和拟订有关议案；对属于本级人民代表大会及其常务委员会职权范围内同本委员会有关的问题，进行调查研究，提出建议。

【监察和司法委员会】 2022年，乌当区人大监察和司法委员会加强司法监督，听取和审议《乌当区监察委员会关于〈乌当区人大常委会关于乌当区监察委员会开展扶贫领域监察监督提出监察建议工作情况报告的审议意见〉的研究处理情况报告》，并进行测评；对区人民法院开展执行工作情况进行专题视察；对区人民检察院开展服务优化营商环境工作情况进行专题视察；对区法院4名法官、区检察院5名检察官履职情况进行述职评议和测评。做好规范性文件备案审查，对区人民政府报备的《乌当区区级储备粮管理办法》《乌当区应急成品粮油管理实施细则（试行）》《贵阳市乌当区网约房、民宿等新业态管理办法（试行）》等3件规范性文件和全区8个乡镇人大报备的24件决议决定进行备案审查，未发现有和法律法规相抵触的情形，向贵阳市人大上报6件区人大常委会作出的决议决定；向区人大常委会作2021年规范性文件备案审查工作情况报告（书面）。办理涉法涉诉信访件，收到区人大常委会领导批示督办的涉法涉诉信访件4件，均按规定及时转交给区法院办理，区法院按时将4件涉法涉诉信访件的办理情况作回复。联合司法委与选任联委对区人大常委会拟任命的74名国家工作人员进行任前法律知识考试。加强制度建设，修订《乌当区人民代表大会常务委员会规范性文件备案审查工作规定》，经乌当区第十八届人大常委会第6次会议通过；制定《乌当区人民代表大会监察和司法委员会工作规则》。

【财政经济委员会】 2022年，乌当区第十八届人民代表大会第一次会议决定设立财政经济委员会。4月19日，区人大财经委召开第一次全体会议，通过《乌当区人民代表大会财政经济委员会工作规则》《乌当区人大预算联网监督系统管理办法（试行）》。完成预算联网监督系统建设，推动人大预算审查监督更加规范和更具针对性。4月28日，举办乌当区人大预算审查工作培训会，邀请省人大财经委副主任委员黄剑川为区十八届人大代表授课。5月16日，召开人大预算联网监督系统工作培训会，对区人大常委会机关干部职工、财政局相关人员、财经委组成人员进行业务培训。开展走访调研20余次、专题调研5次，撰写完成《乌当区新型工业化推进情况暨工业招商引资项目落地情况的调研报告》等10篇调研报告，向区委专报《乌当区人大常委会调度分析营利性与非营利性服务业情况报告》《关于康心大楼暨贵州（乌当）大数据智慧产业基地有关情况的调研报告》，报送工作信息11条。对财政部门2022年预算草案进行初审，并就细化预算编制、科学合理安排预算等提出意见建议。协助区人大及其常委会审查批准财政预决算，撰写《关于乌当区计划和预算执行情况及2022年计划和预算草案的审查结果报告》《关于乌当区2021年财政决算草案的审查报告》，针对财政预决算编制、财政管理中存在的问题，提出明确的意见建议。8月，协助人大常委会听取和审议《乌当区2022年上半年财政预算执行情况报告》，12月，协助人大常委会主任会议听取审议区人民政府关于区人大常委会对《乌当区2022年上半年财政预算执行情况报告审议意见的研究处理情况报告》，提出不断提升财政治理效能和可持续性，加强地方政府债务监管，防范化解债务风险等建议。协助区人大常委会审查批准2022年度区本级财政预算调整方案。撰写了关于对区人民政府2022年财政预算调整方案（草案）的审查报告，针对财政预算执行、财政管理中存在的问题，提出意见建议。

【社会建设委员会】 2022年，乌当区人大社会建设委员会开展对区政府《关于落实区人大常委会〈农民工工资支付条例〉执法检查审议意见》研究处理情况报告的审核意见逐条向主任会议作报告。到东风镇、羊昌镇、新堡布依族乡、高新路街道、观溪路街道、龙广路街道及其有关村（居），通过召开座谈会、院坝会、发放问卷调查表等形式和渠道收集“治风”工作中好的经验做法、存在问题及建议，完成乌当区村（社区）自治组织“治风”工作专题调研，形成专题调研报告（提出对策建议5条）并向主任会议作报告。开展安全生产专项视察暨“一法一条例”执法检查。在视察暨执法检查前，社会委成员对《中华人民共和国安全生产法》《中华人民共和国消防法》及相关联的有关法规、条例进行集中学习。开展《退役军人保障法》执法检查、审议工作和高标准农田建设情况专项视察、审议工作，并将区政府《关于落实区人大常委会〈退役军人保障法〉执法检查审议意见》中的4条意见的研究处理情况提出审核意见逐条向主任会议作报告。对非营利性服务业做好每季度的调度和关注其复工复产情况，推动非营利性服务业持续、健康发展。做好区十八届人大一次会议重点代表建议督办工作。采取走访代表、承办单位和召开现场督办会等方式，抓好领衔督办重点代表建议工作，抓好委员会牵头参与督办重点代表建议工作。对市、区人大有关代表提出关于振华社区附近相邻东风镇辖区内经开区电子产业园新建“智慧路”（暂定名）应该顺应居民意愿建议命名为“振华路”的建议，经与区民政局、经开区，东风镇政府、龙广路街道办事处等单位与部门对接、现场了解、沟通商议、拟命名征求意见座谈会等督办工作，将适时进行命名定牌。协助分管副主任完成巡河、创文督查、企业走访，助力下坝镇樱桃园病害治理示范基地建设、新场镇保寨村土壤改良水稻种植试验，对生态农业发展给予关注。协助市人大常委会开展贵阳市农村村民住房建设管理立法调研工作，形成调研报告上报市人大。协助市人大开展贵阳市农村垃圾管理立法调研工作，形成调研报告上报市人大；协助完成金江苑社区助侨联系点（全省仅两个）授牌工作，并给予2万元经费补助。配合省、市人大接待福建省人大外侨委参观偏坡布依族乡村振兴工作。协助完成市区上下联动的乌当区乡村振兴促进工作调研工作，形成调研报告报市人大。协助市人大完成到乌当开展安全生产督查和农村“五治”调研工作，形成调研报告上报市人大。

【城建环保委员会】 2022年，乌当区人大城建环保委员会多次对农村“五治”工作进行视察，指出乌当区在农村“五治”工作中存在思想认识不到位、基础工作不扎实、工作推进力度不够、工作机制还不健全等问题。提出提高政治站位，强化统筹、压实责任抓农村“五治”；坚持系统思维、科学谋划抓农村“五治”；坚持以人民为中心的发展思想抓农村“五治”；加大财政投入和项目建设抓农村“五治”；发挥群众主体作用抓农村“五治”等审议意见。督促区政府进一步健全农村“五治”各牵头部门协同机制，压紧压实部门和乡（镇、街道）责任，进一步构建乌当区农村“五治”工作运转有序高质量的工作格局。对交通路网进行视察。区人大常委会视察组对乌当至长顺高速公路（乌当段）、贵阳至平塘高速公路（乌当段）项目建设推进情况进行专题视察。视察组提出区相关部门、乡（镇、街道）要进一步提高政治站位，统一认识，增强责任感和紧迫感，主动担当作为，采取有效措施，着力解决影响施工进度的各类问题； 施工单位要在确保安全的前提下，倒排工期，加快工程进度，严把工程质量，打造精品工程，按照时间节点推进项目建设，助力省委省政府“强省会”部署的目标任务早日实现等意见建议。对“一圈两场三改”工作情况进行视察。区人大常委会组成视察组，实地视察乌当区中学停车场、千禧苑、温泉路背街小巷等项目，听取区政府及相关单位的工作汇报。针对视察情况提出要提高政治站位，坚持以人民为中心的发展思想抓“一圈两场三改”工作；压实责任，坚持既定目标强攻坚抓“一圈两场三改”工作；抢抓机遇，坚持多方筹措资金强保障抓“一圈两场三改”工作；提升品质，坚持高质量特色化建设抓“一圈两场三改”工作；善始善终，坚持超前谋划后续管理抓“一圈两场三改”工作等审议意见。督促区政府相关部门要压实责任、各司其职、强化措施、担当作为、协同作战全力推进“一圈两场三改”建设工作，确保“一圈两场三改”建设符合群众意愿、得到群众认可，真正把实事办实，好事办好。对狮岩路、区医院地块城市更新项目工作进行视察，针对视察情况提出要进一步坚定信心，统一思想、凝聚合力，增强工作责任感和紧迫感，紧盯目标，有计划、分步骤、稳步推进项目；要进一步解放思想，提高站位，强化措施，狠抓落实，加快工作进度、力度、速度，要紧盯项目落实不放松、在建工程不放松、项目谋划不放松，纵深推进城市有机更新；要着力解决城市发展过程中的不平衡不充分问题，补齐基础设施和公共服务设施短板，完善城市功能等意见建议。对垃圾分类工作进行督办。区人大常委会督办组，对新光路街道保利温泉新城、龙广路街道新云小区的垃圾分类工作进行现场督办，提出要高度重视垃圾分类工作；建立健全垃圾分类的相关工作机制；因地制宜地开展垃圾分类工作等督办建议。参加代表走访选民活动，到百宜镇开展代表走访选民活动，了解选民的所思所想所盼，为人民群众办实事解难事。协助分管副主任到下坝镇、偏坡布依族乡对乡镇人大学习贯彻落实习近平总书记关于坚持和完善人民代表大会制度重要思想，贯彻落实中央、省委人大工作会议精神以及《贵州省乡镇人民代表大会工作条例》《中共贵阳市乌当区委关于进一步加强新时代人大工作和建设的意见》等情况及各乡镇人大工作和建设情况进行调研并拟写调研报告。协助分管副主任调研2021年度“十件实事”的部分项目，拟写调研报告。配合省、市人大对拟制定的政策法规广泛征求意见，对《贵州省土地管理条例修订（草案）》《贵阳市房屋专项维修资金管理条例（草案）》《贵阳市违法建设查处规定（草案）》等组织讨论研究，及时向省、市人大反馈修改的意见和建议。

【科教文卫委员会】 2022年，乌当区人大教科文卫委员会撰写4个调研报告，3个执法检查报告，5个视察情况报告，2个审议意见，2个调研建议。6月，对盘活闲置低效旅游项目推进情况探索以常委会公文的形式向区政府提出调研建议。11月，正式启用人大特有公文形式，即调研建议，第一期是教科文卫工委提出的《关于区疾病预防控制中心搬迁建设的建议》。开展盘活闲置低效旅游项目推进情况调研，5月17日，区委专题调度盘活闲置低效旅游项目推进情况后，区人大成立盘活闲置低效旅游项目推进情况视察调研组，5月20日开始，分别到区文旅局、贵御温泉度假酒店项目、百宜罗广村乡村旅游扶贫开发项目等项目点现场察看，了解项目进展情况，听取工作推进情况汇报，与区文旅局、五韵旅投、涉及乡（镇、街道）相关负责人以及部分相关行业的人大代表进行座谈交流，听取意见建议。及时调整2022年区人大常委会工作安排，将8月主任会议视察调研盘活闲置低效旅游项目情况议题提前到6月。6月15日，区人大常委会班子和部分区人大代表参加，对乌当区盘活闲置低效旅游项目推进情况进行专题视察调研。视察调研组实地察看新堡布依族乡马头温泉康养生态度假区和香纸沟度假区项目，进行调研座谈，提出：高度重视项目可行性研究，严格审核建设中相关事项，充分激发市场主体活力，树立项目盘活远景目标，强化项目监管严肃追责问责，严格执行重大项目报备制度等六个方面的建议。形成的视察调研报告于6月22日提交区人大第9次主任会议讨论研究，向区委作专题报告。同时，形成调研意见建议及时向区政府反馈。

开展“文明家庭·健康婚育”专题调研，通过区人大常委会召开调研座谈会、10个乡（镇、街道）人大领衔到农村家庭入户调查，团区委对农村青年进行调研访谈，10个部门结合自身职责开展专题调研等，综合形成调研报告并报市人大常委会，为破解文明家庭建设、维护社会稳定、提高基层社会治理体系能力建设献计出力。开展义务教育“双减”政策落实情况专题视察，5月20日，区人大常委会到区教育局了解“双减”政策落实进展情况，到部分家长和教师中听取他们对“双减”工作的意见和建议。自义务教育“双减”政策实施后，中小学生作业负担和校外培训负担明显减轻，但仍然存在部分教师、家长对义务教育“双减”政策是否能真正落地持怀疑态度，个别部门对“双减”职责不清，政策执行还不彻底，部分家长焦虑不减，大量非教学任务的事务性工作导致教师负担过重等亟待解决的问题。6月17日，组织区人大常委会班子和各专（工）委主任，对区义务教育“双减”政策落实情况开展专题视察，与会人员提出意见建议。6月28日，区十八届人大常委会第三次会议审议，提出：提高政治站位，提高课堂教学质量，提升课后教师服务质量，规范管理非学科培训，狠抓师德师风和家庭教育，营造全社会共同推动“双减”落地见效的宣传氛围等六个方面审议意见交区政府研究处理落实。年内接待新疆克拉玛依市白碱滩区人大考察组一行到乌当区交流考察招商引资、营商环境建设以及乡村振兴工作。接待甘肃省人大考察组一行到偏坡布依族乡考察文物保护、非遗传承以及民族文化工作。接待德江县人大地方志撰写团队交流学习。

【选举任免联络委员会】 2022年，乌当区人大选举任免联络委员会在区第十八届人大一次会议期间，配合做好相关选举工作，依法选举产生市人大代表26名和新一届人大常委会组成人员、区政府领导班子以及监委主任、法检两长。接受辞去代表职务13人，因调离乌当区，其代表资格终止9人。加强代表培训，分5批次组织22名市、区人大代表和人大工作者参加省、市人大举办的代表履职培训班学习。3月10日，举办区十八届人大常委会、专委会组成人员暨人大工作者履职培训会。创新培训方式，首次通过乌当区智慧人大综合服务平台对区乡两级代表开展线上培训，全区162名区人大代表、413名乡（镇、街道）人大代表参加培训。开展代表轮训，11月7日至11日，在省人大培训基地举办乌当区2022年人大代表和人大工作者履职能力提升培训班，110名乡镇人大代表及部分人大工作者参加培训。加强代表建议办理，将区十八届人大一次会议期间代表提出的119件建议、批评和意见在规定时间内交区政府办理。筛选10件具有典型性的代表建议，作为2022年度区委、区人大常委会、区政府领导班子成员重点督办件进行督办，推动建议办理由“答复型”向“落实型”转变。加强跟踪督办，将《区第十八届人大一次会议代表建议资料汇编》印送给区委、区人大、区政府领导，向区政府常务副区长、副区长发出《关于加强代表建议办理的工作提示函》，提醒相关领导关注分管领域和分管部门建议办理工作，督促有关部门高质量办理代表建议。10月20日，区人大常委会分3个视察小组对区人民政府办理代表建议、批评和意见的情况进行视察，并于11月1日听取区政府办理建议情况汇报。推进常委会组成人员联系代表、代表联系群众工作。印发《关于做好乌当区第十八届人大常委会领导班子成员联系常委会委员、常委会组成人员联系区人大代表工作的通知》，开展“代表选民集中走访月”活动，在4月和10月集中开展常委会组成人员走访代表、代表走访选民活动，收集人民群众对区人大及其常委会、“一府一委两院”及其工作部门的意见和建议。开展闭会期间代表活动。印发《关于持续开展“乡村振兴，代表在行动”和“聚力强省会，代表作贡献”主题活动的通知》，对各代表小组聚焦“一圈两场三改”、农村“五治”等重点任务开展专题调研和集中视察有关事宜进行安排，13个区代表小组专题调研与集中视察活动均已完成。开展进站接待选民群众活动。省、市、区、乡（镇、街道）四级代表全部编入代表联络站工作，实现代表服务选民、服务群众全覆盖，通过“面对面”接待，听民声解民忧，推动解决民生热点问题。推进人大代表联络站规范化建设，全区8个乡（镇）、5个街道均设立人大代表联络站，构建“线上＋线下”“实体＋网络”的代表履职新平台，“线下”设立人大代表联络站，按照“八个有”要求和“九个规范”标准，规范联络站建设；“线上”建立“乌当区智慧人大综合服务平台”，实现网上代表信息管理、议案建议管理、履职管理、代表培训等功能，推动人大代表履职信息化、使用便捷化、管理规范化。突出规范制度建设。对《乌当区人民代表大会代表履职考核办法（试行）》《乌当区人民代表大会代表接待选民制度（试行）》等17项制度进行完善。7月27日，召开全区人大代表联络站建设工作推进会，推进联络站标准化建设，更好发挥人大代表主体作用。做好代表履职服务保障，为代表订阅《人大论坛》《中国人大》《中华人民共和国宪法》等法律法规和学习资料。乌当区代表履职考核办法的创新举措和开展区乡两级代表培训等工作在贵阳人大、《贵阳日报》、贵阳网等宣传平台登载。安排部署市十五届人大一次会议乌当代表团提议案、建议相关工作，形成意见建议18件；围绕农村“五治”工作和乌当区“产业园区建设”工作情况，开展市十五届人大乌当代表团专题调研和集中视察活动。

（区人大办）

乌当区人民政府

综述

【新型工业化】 2022年，乌当区从工业产业发展、主体培育、项目建设、园区建设等方面推进新型工业化。产业发展方面，健康医药主导产业企稳回升，电子信息制造特色产业扩能增量，特色食品、装备制造等传统产业提档升级，中国医疗器械贵州总部基地签约落地，振华电子集团获得国家智能制造试点示范，"一主一特"产业分别完成产值58.68亿元、80亿元，在全市占比分别达37.9%、20%。主体培育方面，新规模以上工业企业6户，新增国家级"小巨人"企业3户，省、市专精特新企业14家，振华电子集团产值突破80亿元并成功申报省级龙头企业，健兴药业产值突破30亿元，振华风光作为贵州省第一家芯片上市企业在科创板上市。项目建设方面，联德精密制造项目落地投产，新天药业中药配方颗粒项目、振华科技电子元件厂房等项目基本建成，国药西部医疗产业园、新天电子元器件产业园、火石坡特色食品生态园和9个标准厂房项目加快推进，完成工业投资29.04亿元，增长94.9%。园区建设方面，科学划定17.13平方千米工业集聚区，基本完成集聚区规划、环评报告，园区布局进一步优化；收储工业用地40公顷，建成标准厂房46万平方米，高新北二路、振华路、洛湾排水主干线等一批基础设施加快建设，园区承载能力进一步提升；23项园区社会事务全面剥离，涉企事项全部实现"园区事园区办"，园区管理机制进一步理顺。

2022年6月21日，区政府领导率队在新堡布依族乡调研农业生产情况

（区委办　供图）

【城市建设管理】 2022年，乌当区从优化空间布局、基础设施建设、城市治理、人才聚集四个方面推进新型城镇化。在优化空间布局方面，加快构建"一轴双核多组团"发展格局，高标准编制国土空间总体规划、控制性详细规划、乡镇国土空间规划及村庄规划，科学划分功能板块，完成14项专项规划编制，精准划定"三区三线"，城市建成区面积增至31平方千米，城镇化率提升至67.1%。在基础设施建设方面，推进"六网会战"，服务乌长高速、贵平高速、贵黄高速延伸段加快推进，轨道交通3号线一期土建工程基本完工，马东路（民大附中段）建成投用，新东二环提升改造完成，北龙路、大坡路至北二环森林防火通道基本建成，新增城市道路11.35千米。新建、改造地下雨污管网15.8千米，铺设燃气管道8千米，新增5G基站437个。在城市治理方面，151个小区和361栋高层垃圾分类设施实现全覆盖，投入8000万元开展高雁生活垃圾分拣中心建设；整治交通秩序，治理香槟大道、贵黔医院路段等7条已通车但交通设施不完善道路，提升车辆通行效率，城区拥堵指数持续下降，常态化开展文明城市巩固提升，努力营造舒适、便利、靓丽的城市环境。在人才聚集方面，落实"人才兴区"十二条措施及配套实施细则，优化人才"引、用、育、留"工作机制，引进高层次创新创业人才团队3支，新增高校毕业生就业5968人，新增各类人才7164人，全区常住人口达到35.1万人。

【农业现代化】 2022年，乌当区政府从巩固脱贫成果、粮食安全、产业发展、深化改革等方面推进农业现代化。巩固脱贫成果方面，严格落实"四个不摘"要求，持续做好就业帮扶、产业帮扶，夯实"3+1"基础保障，托底安置"三类人员"814人，选派72名干部到27个驻村点开展乡村振兴和巩固拓展脱贫成果帮扶，协调各类帮扶和产业发展资金 4177 万元，未发生返贫致贫。粮食安全方面，完成耕地非农化、非粮化和撂荒地治理 117 公顷，完成高标准农田建设 333.33 公顷；完成粮食播种面积 5146.67 公顷，比上年增长 19.63%，产量 2.31 万吨，比上年增长 24.7%，打造“五零吾当”生态大米公共品牌；完成秋冬油菜种植 1146.67 公顷。加快农业产业发展：以现代农业产业示范带建设为抓手，发展“蔬果药花茶”和生态养殖“5+1”特色优势产业，完成果药茶种植 13466.67 公顷、蔬菜种植 11066.67 公顷，猪、家禽分别出栏 4.1 万头、45 万羽，农业总产值完成 37.63 亿元；新增种养大户 154 户、市级龙头企业 6 家、省级龙头企业 1 家，农产品加工转换率达 61.42%。农村改革方面，打造百宜红旗、羊昌甲岗等一批集农村改革发展治理于一体的特色田园·乡村振兴集成示范点；实施农村“三变”共享项目 4 个；农村集体经济持续建强，行政村经营性收入均达 5 万元以上，其中 20 万元以上的村有 28 个，50 万元以上的村有 13 个。

【旅游产业发展】 2022 年，乌当区推进旅游产业化，在盘活闲置低效旅游资产、旅游市场恢复回暖、发展乡村旅游三个方面取得成效。盘活闲置低效旅游资产方面，采取引入市场主体运营、变更项目用途等方式，引入风向标教育、天朝上品等市场主体，实现秋韵黄连旅游度假区、马头温泉康养生态旅游度假区有效盘活。在旅游市场恢复回暖方面，开展“六爽”系列活动，新业态、新玩法、新体验加速成势，117 家文旅企业入驻“一码游贵州”，线上销售额突破 6000 万元；全年过夜游客达 64.5 万人次，游客人均消费达 1014 元，旅游收入 58.7 亿元。发展乡村旅游方面，偏坡布依族乡获“市级非遗小镇”称号，百宜镇获“省级乡村旅游重点镇”称号、百宜镇红旗村获“省级乡村旅游重点村”称号，偏坡布依族乡偏坡村获 2022 年“贵州省乡村旅游与传统村落和少数民族特色村寨深度融合发展示范点”称号。

【生态环境优化】 2022 年，乌当区推进生态文明建设取得新成效，完成中央环保督察反馈 39 件信访案件整改销号。持续打好污染防治攻坚战，全区河流国、省控断面达标率、优良率和集中式饮用水源地达标率均达 100%；环境空气质量优良率为 100%；推进河长制、林长制，举办“6·18”贵州生态日系列活动。发展绿色经济，产值达 17.8 亿元，带动就业 7000 余人，绿色经济占地区生产总值比重达 51%。

【改革创新】 2022 年，乌当区持续深化改革开放，引领全区经济高质量发展。在优化营商环境方面，成立乌当区优化营商环境服务中心，建立优化营商环境“五项机制”，持续做优“贵人服务”品牌，乌当在全省营商环境测评中排名预计提升至前 10 名。严格落实惠企纾困各项政策，办理增值税留抵退税 2.48 亿元，兑现、发放各类区级奖补资金 9035 万元，净增市场主体 4743 户、“四上”企业 14 户。乌当成为全国首例税务系统融通试点，政府门户网站被评为“2022 年度中国领先政务网站”。在改革创新方面，推动简政放权，动态调整区级行政权力事项 592 项。“1+1+6”重点改革有序实施，“四房”联动、农村“四块地”和国企国资改革稳步推进。新增 21 家高新技术企业，累计达 67 家。发放科技研发补助资金 969 万元，兑现科技项目扶持资金超过 2000 万元，研发投入达 4.64 亿元，增长 68.9%。在产业大招商方面，围绕“一主一特”产业，紧盯产业链招商、以房招商、以商招商，新引进项目 93 个，引进国药集团、苏州力源液压、贵州路桥集团等优强企业 26 家，项目到位资金 82.62 亿元，工业到位资金占比达 65.9%。签约优质项目 14 个，投资总额达 130.5 亿元。

【民生改善】 2022 年，乌当区保障和改善民生，实施“一圈两场三改”，投资 16.26 亿元完成 7 个“15 分钟生活圈”和 112 个配建项目建设，新增停车场 5 个、改造农贸市场 2 个，改造棚户区 5 个、2704 户，老旧小区 4 个、3750 户，背街小巷 20 条、7630 米。推进农村“五治”，整治农房风貌 1050 户，完成 40 宗闲置宅基地、农房盘活利用试点任务。新改建农村户厕 7130 户，旱厕实现动态“清零”。新建污水处理设施 29 套，覆盖处理 2327 户 6013 人。新建镇村级垃圾收集站点 65 个，农村垃圾外运减量 50%。“两书一约一会”全面建立执行，婚事新办、丧事简办、其他不办的文明乡风深入人心。把提升就业质效作为促进居民增收的主抓手，拓宽就业渠道，深挖岗位 13316 个，实现本地就业 2577 人，返乡农民工就业 1013 人，返乡农民工创业 104 人，累计完成城镇新增就业 6016 人，农村劳动力转移就业 2317 人，失业人员再就业 1518 人，就业困难人员就业 392 人，“零就业家庭”保持动态清零。提升公共服务水平，投入 3.97 亿元新建、改扩建中小学、幼儿园 16 所，乌当实验小学分校建成投用，兴农中学转为公办学校，新增学位 2160 个；推进医共体改革，区人民医院、区妇幼保健院深度融合，区卫生健康信息化建设平台项目基本建成，新建 2 个社区卫生服务中心、2 个社区卫生服务站，新增床位 830 张，区域就诊率达 90% 以上；城乡低保标准提标到 725 元/月，发放各类保障金 1586 万元。

【防范化解重大风险】 2022 年，乌当区开展安全生产集中攻坚、自建房安全专项整治和“打非治违”专项整治行动，安全生产整体水平明显提升，生产安全事故起数下降 25%，未发生较大以上安全事故。执行政府性债务管理“七严禁”措施，强化债务风险动态监控，落实借新还旧、展期等化解措施，政府债务成功“守橙”，未发生债务违约情况。争取保交房专项借款资金 11.38 亿元，推动 5 个问题楼盘有序复工复产；延伸社会治理“一中心一张网十联户”服务领域，创新实践“1+2+N”诉源治理模式，排查化解矛盾纠纷率 92%；推进打击整治养老诈骗、电信网络诈骗和禁毒“大扫除”专项行动，刑事案件发案数较 2021 年下降 486 起，获“全省平安建设示范区”、首批“全省禁毒示范城市”称号，群众安全感满意度明显提升。

【建议提案办理】 2022 年，乌当区第 18 届人大第 1 次会议期间，提出代表建议 119 件，闭会期间提出 2 件，共计 121 件。其中，城建交通类 36 件，经济发展与项目建设类 26 件，科教文卫类 14 件，社会治理及民生类 27 件，其他类 18 件。4 月 8 日，第 9 次政府常务会议上对代表建议办理工作进行专题研究部署。121 件人大代表建议全部办复完毕，办复率为 100%。从办理结果看，代表所提问题解决或基本解决的（A 类）55 件，占 45%；正在解决或已列入计划逐步解决的（B 类）64 件，占 53%；因条件限制或暂时难以解决，需待以后解决的或给予解释的（C 类）2 件，占 2%。经过初次办理和再次办理，从代表反馈的意见看，收到征询意见反馈表 121 份，其中满意（含基本满意）121 份，满意率为 100%。

全区政协委员、各民主党派及团体共提出提案 176 件，其中经济建设类 35 件，占比 20%；社会建设类 57 件，占比 33%；生态文明建设类 16 件，占比 9%；文化建设类 48 件，占比 27%；政治建设类 20 件，占比 11%。承担办理任务的单位共 60 家，承办件数相对较多的有区综合行政执法局（23 件）、区卫健局（23 件）、区文旅局（24 件）、区农业农村局（25 件）以及区教育局（30 件）。所有提案均办复并逐件与委员进行沟通，办复率、沟通率和满意率均达 100%。落实或基本落实的提案（A 类）85 件，占比 48%，比上年提升 3 个百分点，正在落实的提案（B 类）79 件，占比 45%，与上年持平，因政策、管理权限及财力等客观因素限制暂留作参考的提案（C 类）12 件，占比 7%，比上年降低 3 个百分点。

【电子政务】 2022 年，乌当区通过自建的“乌当区智慧城市基础网络”，实现全区党群、政府（包含街道、乡镇）、国企系统 130 家单位电子政务外网全覆盖，全区电子政务外网注册总人数为 1250 余人，每月平均收发公文 11000 条。

（区政府办）

民生实事工程

【就业创业工程】 2022 年，乌当区实施就业创业工程。完成城镇新增就业 6016 人，农村劳动力转移就业 2317 人；创建科创研学基地，提升全民科学素质，完成省、市科协科普惠农项目、科普益民工程、重点科普资助等项目申报，获科普项目 3 个；乌当区实验小学被授予乌当区科普教育基地称号；召开乌当区第五届青少年科技节暨第二届中小学生科技运动会，800 余名学生参加；区科协联合区少年宫开设科学探究、乐高、手工等课程，受益学生为 300 余人；组织区内学校参加贵州省第四届科学表演大赛、第八届全国青年科普创新实验暨作品大赛贵州赛区活动，开展“科普中国飞天梦大课堂”活动，举办贵阳市第十一届青少年机器人大赛（乌当区选拔赛）暨乌当区第二届人工智能机器人竞赛，向贵阳市展贵阳市第十一届青少年机器人大赛暨第二届人工智能大赛推送 69 支参赛队伍。

【教育提质工程】 2022 年，乌当区实施教育提质工程。建成区第五幼儿园（泉天下幼儿园）、第六幼儿园（白鹭洲幼儿园）、第七幼儿园（阳晨美林幼儿园）、第八幼儿园（幸福里二期幼儿园），新增公办学位 810 个。

【医疗健康工程】 2022 年，乌当区实施医疗健康工程。完成乌当区儿童发热门诊建设项目和乌当区卫生健康信息化项目平台建设。

【乡村振兴工程】 2022 年，乌当区建成 1000 公顷高标准农田；完成 7130 户农村户厕提升改造和 10 个集中污水收集处理试点建设；完成 2 座提灌站及 23 处农田水利损毁设施修复。

【生态建设工程】 2022 年，乌当区实施完成截污管网、分散式污水处理设施、大坝片区生活污水收集等工程建设。全年完成 18 个垃圾分类投放点建设。

【人居环境工程】 2022 年，乌当区实施人居环境工程。完成观溪路周边片区项目（496 户）、新创路片区项目（591 户）、三变办片区项目（1113 户）老旧小区改造。实施饮水安全工程。完成水田镇兴隆一组、二组饮水安全巩固提升工程，百宜镇罗广村饮水安全巩固提升工程（上下朗道组补给水源工程），偏坡布依族乡偏坡村新寨组饮水安全巩固提升工程。

【城市文明工程】 2022 年，乌当区实施城市文明工程。完成文化街区改造 10 条、普通街巷改造 10 条；完成东风镇、水田镇、下坝镇、新创路街道 4 个综合文化服务中心提升改造。实施公共安全工程。完成乌当区羊昌镇黄连村枇杷寨组滑坡地质灾害应急抢险防治工程，安装抗滑桩 42 个、桩间板 62 米、冠梁 172 米；完成全林驾校、为明温泉实验学校、贵龙驾校、行政中心广场、石厂坡为明国际小学、新天三小、振华广场 7 个应急避难场所改造提升；完成龙广路办事处、高新路办事处、观溪路办事处、新创路办事处、新光路办事处5个街道应急指挥中心挂牌工作；完成永辉超市、宾隆超市、家禾鲜超市、洪济菜场食品快速检测实验室的设备设施安装，人员培训；完成9条15.6千米村道安防工程。

【便民服务工程】 2022年，乌当区实施便民服务工程。完成高新路街道春天社区养老服务站、新光路街道保利公园社区为民养老服务站、新创路街道新竹社区养老服务站建设；完成新添农贸市场新光里美食城过渡点工程建设；完成全区63所学校体育场地全面免费向社会开放；完成正德家邦、温石路、石厂坡、地矿新庄、智慧云锦、双创基地6个停车场建设，共计新增停车位1696个。

（区政府办）

重要会议

【区政府全体会议】 2022年1月12日，乌当区第18届人民政府召开第1次全体会议，安排部署第一季度经济“开门稳”和“强省会”有关工作。研究强工业、兴农业、稳投资、促消费工作。研究打好环境提升保卫战、统筹推进优化营商环境、实施好文明城市巩固提升和农村“五治”、民生保障、重大风险防控等工作。

【区政府常务会议】 2022年，乌当区政府共召开29次常务会议。

第1次常务会议 1月12日召开。会议调度生态环保整改工作。研究并原则同意区交通运输局《关于进一步明确乌当（羊昌）至长顺高速公路建设项目（乌当段）土地、房屋征收征用安置补偿实施方案中对部分附着物种类补偿标准的请示》中的第一、三、四项，区农业农村局《关于解决羊昌镇、百宜镇、新场镇动物防疫处置所需经费的请示》《关于乌当区2021—2022年冬修农田水利损毁设施修复项目区级匹配资金的请示》，五彩农投公司《关于注入资本金的请示》，泉丰城投公司《关于增加公司注册资本金的请示》，区纪委区监委《关于申请解决乌当区村（社区）“三员合一”人员工资待遇缺口资金的请示》，经开建投公司《关于申请拨付西外环线项目、3号7号8号路项目资金占用费及借款利息的请示》，区民政局《关于审议〈2022年乌当区温暖活动实施方案〉（送审稿）的请示》，区人力资源和社会保障局《关于化解乐湾国际项目欠款风险问题的请示》。

第2次常务会议 1月30日召开。会议研究并原则同意区投促局《关于提请审议乌当区新型环保建材园（高穴）项目及〈乌当区新型环保建材园（高穴）项目投资协议（送审稿）〉的请示》《关于提请审议乌当区装备制造产业园（高穴）项目及〈乌当区装备制造产业园（高穴）项目投资协议（送审稿）〉的请示》《关于提请审议联东U谷·贵阳智造园项目、〈联东U谷·贵阳智造园项目投资协议（送审稿）〉及〈补充协议（送审稿）〉的请示》《关于提请审议贵州久天洲康养农庄项目的请示》，区教育局《关于报请审定局机关及区教培中心搬迁办公场所的请示》《关于审定〈乌当区新建改建居住区教育配套设施以资代建资金管理办法（试行）（送审稿）〉的请示》，贵州乌当经开区管委会《关于报请审批贵州工匠行专业作业企业服务有限公司、贵州呈信医疗管理有限公司项目、深圳市车管家信息服务有限公司、贵州柏壹互娱科技有限公司四家企业入驻“智汇云锦”〈入园协议〉的请示》《关于提请审定贵阳新宏亿源投资担保股份有限公司清算方案（草案）的请示》《关于报请审定〈贵州乌当洛湾云锦医药食品新型工业园基础设施PPP项目工作推进备忘录〉的请示》，区人力资源和社会保障局《关于解决机关事业单位因公伤残人员抚恤待遇的请示》，区自然资源局《关于报请审批贵阳新天望远镜有限公司国有用地土地使用权收回有关事宜的请示》，乌当区第一次全国自然灾害综合风险普查领导小组办公室《关于提请审批中央自然灾害防治体系建设补助资金（全国自然灾害综合风险普查经费）及省级2021年自然灾害综合风险普查资金用于住建系统普查工作的请示》。

第3次常务会议 2月11日召开。会议审议并原则同意区发展改革局《关于提请审议2022年地方政府专项债券申报项目的请示》。

第4次常务会议 2月18日召开。会议原则同意区发展改革局《关于提请审定〈乌当区学习贯彻国发〔2022〕2号文件及积极争取上级支持责任分解表〉的请示》。研究部署春季农业生产相关工作。研究并原则同意区水务局《关于报请审定乌当区阿栗片区及高穴片区供水工程资金结算及支付方式等事宜的请示》，区投促局《关于呈请审议高压轴向柱塞液压泵马达项目与〈高压轴向柱塞液压泵马达项目投资协议（送审稿）〉的请示》，五彩农投公司《关于报请审议易地扶贫搬迁“三块地”项目续签相关事宜的请示》，经开建投公司《关于成立贵阳乌当工业投资有限公司的请示》，区卫生健康局《关于呈请审定〈城企联动普惠托育专项行动合作协议〉的请示》。

第5次常务会议 2月25日召开，会议调度信访维稳工作及防范和处置非法集资工作。研究并原则同意区督办督查局《关于审定〈乌当区政府系统开展“改进作风、狠抓落实”年活动工作方案（送审稿）〉的请示》，区督办督查局《关于审定〈2022年《政府工作报告》重点工作与主要目标责任分解表（送审稿）〉的请示》，区发展改革局、区农业农村局《关于批准实施〈贵阳市乌当区“十四五”农业发展专项规划（送审稿）〉的请示》，区农业农村局《关于解决“乌当区农村户厕问题摸排”的请示》《关于呈请审定〈乌当区2022年培育农业重点产业实施方案（送审稿）〉的请示》，区水务局《关于批准实施〈贵阳市乌当区水务发展“十四五”规划（送审稿）〉的请示》，区交通局《关于“一圈两场三改”乌当区停车场建设项目确定建设主体的请示》。

第6次常务会议　3月9日召开，会议调度生态环境督察整改工作。研究部署经济工作。研究并原则同意区司法局《关于呈请审定〈2021年乌当区法治社会建设工作总结（送审稿）〉〈2021年乌当区法治政府建设工作报告（送审稿）〉〈乌当区法治宣传教育第八个五年规划(2021—2025年)(送审稿)〉的请示》，区发展改革局、市生态环境局乌当分局《关于批准实施〈乌当区“十四五”生态环境保护专项规划〉的请示》，区农业农村局《关于2022年乌当区农村“治厕”工作(旱厕户和无厕户建设改造项目)区级配套资金的请示》，区水务局《关于申请建设乌当区松溪河流域提质增效综合治理工程的请示》《关于申请解决乌当区集镇污水处理厂办理占用农村耕地用地手续经费的请示》《关于报请解决贵阳市南明河和松溪河环溪河（主城区段）环境卫生服务事宜的请示》，贵州乌当经开区管委会《关于申请调整贵州乌当经开区管辖范围的请示》。

第7次常务会议　3月14日召开，会议研究并原则同意区应对新冠疫情防控工作领导小组办公室《关于解决区应对新冠疫情防控领导小组工作经费的请示》。

第8次常务会议　3月25日召开，会议调度优化营商环境工作。研究并原则同意区发展改革局《关于呈请审定〈乌当区2022年营商环境全面优化行动实施方案（送审稿）〉的请示》，区食品药品安全委员会办公室《关于审定〈乌当区创建国家食品安全示范城市工作攻坚方案（代拟稿）〉的请示》，区水务局《关于申请建设贵阳市乌当区城乡一体化供水干管建设工程(云锦水厂至新场镇)的请示》，区发展改革局、区农业农村局《关于呈请审定〈中共乌当区委乌当区人民政府关于做好2022年全面推进乡村振兴重点工作的实施意见〉（送审稿）的请示》，区发展改革局《关于呈请审定印发〈乌当区粮食应急预案（送审稿）〉的请示》，《关于呈请审定印发〈乌当区贯彻落实粮食安全责任制实施方案（送审稿）〉的请示》，贵州乌当经开区管委会《关于解决火石坡工业园2号路续建相关问题的请示》，贵州乌当经开区管委会《关于申请解决火石坡食品工业园区路灯问题的请示》，区房屋征收局《关于审定乌当区火石坡WD-01-01-01地块项目〈房屋预征收安置补偿方案（送审稿）〉的请示》，区交通运输局《关于乌当区猪场村至偏坡村道路工程申请立项的请示》，区住房城乡建设局《关于加快乌当区2022年人才保障性租赁住房建设的请示》，区政府办《关于报请审定〈乌当区人民政府与贵州路桥集团有限公司战略合作框架协议（送审稿）〉的请示》，区机关事务局《关于区行政中心物业管理服务招标的请示》。

第9次常务会议　4月8日召开，会议研究闲置低效旅游项目盘活提升工作；调度信访维稳工作，安排部署省第十三次党代会期间相关工作；调度2022年人大代表议案、政协提案办理相关工作；调度生态环保工作。研究并原则同意区发展改革局《关于批准实施〈乌当区“十四五”新型城镇化发展专项规划（送审稿）〉的请示》，区医保局《关于呈请审定〈乌当区深化医疗保障制度改革的实施方案（送审稿）〉的请示》，区自然资源局《关于申请乌当区乡镇国土空间规划总体编制工作经费的请示》，区房屋征收局《关于安置房建设相关事宜的请示》，区综合行政执法局《关于购置垃圾收集容器的请示》《关于乌当区项目补办施工许可证有关工作的请示》中提出的处理措施、《关于将乌当城区部分道路纳入环卫一体化的请示》，贵州乌当经开区管委会《关于解决贵州乌当经开区工业集聚区控制性详细规划编制所需地形图测绘费用的请示》《关于提请批准宁波中元生物科技有限公司、贵州华泰智远大数据服务有限公司入驻“智汇云锦”〈入园协议〉的请示》，泉丰城投公司《关于启动力源液压高新路园区提升改造项目的请示》《关于划转凤凰山林场的请示》，区公安分局《关于解决案件专项工作经费的请示》。

第10次常务会议　4月19日召开，会议调度2022年市、区“十件实事”工作。研究并原则同意区自然资源局《关于申请乌当区农村房地一体宅基地、集体建设用地权籍调查(第二批)工作经费的紧急请示》，区土储分中心《关于启动编制乌当区〈工程建设项目区域评估相关报告〉的请示》，区教育局《关于新天一小教师集资房征收工作相关事宜的请示》，区房屋征收局《关于区医院地块城市更新改造项目涉及钟坡街未登记房屋需调查认定的请示》《关于乌当区狮岩路地块城市更新改造项目规划红线范围内涉及一一七地质队未经登记房屋和实际用途等相关问题的请示》，区投促局《关于审议乌当区新堡布依族乡葡萄酒生产体验中心项目与〈乌当区新堡布依族乡葡萄酒生产体验中心项目投资合同(送审稿)〉的请示》《关于审议乌当区贵州抖音电商直播基地项目与〈乌当区贵州抖音电商直播基地项目(送审稿)〉的请示》《关于审议乌当区东佑电脑品牌总部项目与〈乌当区东佑电脑品牌总部项目投资合同(送审稿)〉的请示》，贵州乌当经开区管委会《关于调整PPP项目中洛湾排水主干线项目实施方案的请示》，市公安交管局乌当分局《关于建议治理北京东路延伸段道路交通安全隐患的请示》，区综合行政执法局《关于治理新添城区市政道路及校园周边道路交通安全隐患的请示》，区发展改革局《关于呈请审定印发〈乌当区应急成品粮油储备管理实施细则（试行）〉的请示》《关于呈请审定印发〈乌当区区级储备粮管理办法〉的请示》。

第 11 次常务会议　4 月 29 日召开，会议调度粮食安全工作；研究部署增值税留抵退税工作；安排部署“五一”节假日期间相关工作。研究并原则同意区人力资源和社会保障局《关于审议〈乌当区提高城镇居民收入水平实施方案(2022—2025 年)(送审稿)〉的请示》，区农业农村局《关于审定〈乌当区促进农民增收工作方案(2022—2025 年)(送审稿)〉的请示》《关于申请使用乌当区现代山地高标准农田（旱改水）建设项目市级补助资金的请示》，区投促局《关于审议乌当区国药西部医疗产业园项目与〈乌当区国药西部医疗产业园项目投资合同（送审稿）〉的请示》，区教育局《关于审定〈乌当区实验小学分校举办工作方案(送审稿)〉的请示》《关于审定〈乌当区规范民办义务教育学校专项工作实施方案（送审稿）〉的请示》《关于审定〈乌当区东风镇乌当小学举办工作方案（送审稿）〉的请示》，区高速公路建设指挥部《关于报审贵州省乌当（羊昌）至平塘高速建设项目（乌当段）土地、房屋征收征用安置补偿实施方案的请示》，区委宣传部《关于 2022 年全国文明城市巩固提升工作经费预算的请示》。

第 12 次常务会议　5 月 7 日召开，会议研究并原则同意区科技局《关于审议〈贵阳市创建“科创中国”试点城市乌当行动实施方案（送审稿）〉的请示》，区国资办《关于〈乌当区国有企业资产损失责任追究暂行办法〉（送审稿）的请示》，区消防救援大队《关于提请审议“15 分钟生活圈”小型消防工作站建设的请示》，区工业和信息化局《关于乌当区装备制造产业园（高穴）项目申请新型产业用地的请示》，区发展改革局《关于狮岩路地块城市更新改造项目规划红线范围所涉区国粮购销有限公司未经登记房屋需调查认定以及明确处理在区国粮公司公房内长期居住的芮家义等 6 户历史遗留问题的请示》，区供销联社《关于审议〈贵阳市乌当区土产副食杂品公司改制方案〉和〈贵阳市乌当区土产副食杂品公司职工安置方案〉的请示》，五彩农投公司、水田镇《关于新建水田镇农贸市场相关事宜的请示》，市生态环境局乌当分局《关于确定乌当区农村“治水”5 个行政村生活污水治理经费保障的请示》，区教育局《关于对乌当区下坝九年制学校、乌当区乌当三中、新场镇大坝小学维修改造的请示》《关于新建乌当区实验小学运动场的请示》《关于改造新场镇中心小学运动场的请示》《关于乌当区中等职业学校设备采购的请示》，区住房城乡建设局《关于申请 2022 年农村风貌整治补助资金的请示》。

第 13 次常务会议　5 月 16 日召开，会议研究并原则同意区自然资源局《关于安排乌当区村庄规划编制攻坚工作资金的请示》《关于报请审批贵阳市乌当区水田供销社国有用地土地使用权收回有关事宜的请示》，泉丰城投公司《关于解决乌当区奶牛场污水处理项目运营维护费用的请示》。

第 14 次常务会议　5 月 31 日召开，会议研究并原则同意区教育局《关于审议〈乌当区 2022 年义务教育招生入学工作实施方案(送审稿)〉的请示》，区“一圈两场三改”专班《关于报请审定〈乌当区“一圈两场三改”工作考核方案〉(送审稿)的请示》《关于申请“一圈两场三改”项目建设资金的请示》，区退役军人局《关于解决部分大学生义务兵家庭优待金和艰苦边远地区一次性补助金的请示》，区房屋征收局《关于审议乌当区振华广场东侧云上(1 号综合用地)地块棚户区改造项目安置房源调整安置方案（送审稿）的请示》，区综合行政执法局《关于审定 2022 年背街小巷环境综合整治提升改造项目设计方案的请示》，泉丰城投公司对乌当区百宜镇红旗村旱改水项目进行整改，区政协办《关于追加政协第十一届贵阳市乌当区委员会第一次会议经费的请示》，五彩农投公司《关于申请香纸沟至喇平农村公路征拆资金的请示》。

第 15 次常务会议　6 月 7 日召开，会议听取全区信访形势分析研判，安排部署相关工作。研究并原则同意区“三变”办《关于审定 2022 年老旧小区改造方案的请示》，区自然资源局《关于收回贵阳市乌当区新光路街道办事处国有用地土地使用权有关事宜的请示》，区公安分局《关于解决工作经费的请示》。

第 16 次常务会议　6 月 21 日召开，会议听取乌当区粮食生产、重点农业产业项目推进以及村集体经济发展情况汇报，乌当区 2022 年禁毒工作汇报，2022 年食品安全和知识产权保护工作汇报，第二季度文明城市巩固提升工作推进情况汇报。研究并原则同意区发展改革局《关于审议〈乌当区 2022 年激发市场主体活力稳定经济增长攻坚方案（送审稿）〉的请示》，区发展改革局区财政局《关于“调整乌当区占一补一林地项目”专项债券资金的请示》，区司法局《关于审定乌当区行政执法责任追究机制(送审稿)等 4 个制度的请示》《关于审定〈乌当区人民政府 2022 年度重大行政决策目录（送审稿）〉的请示》《关于审定〈乌当区“十四五”文体广电旅游发展规划〉的请示》，五彩农投公司《关于续签易地扶贫搬迁“三块地”项目协议的请示》，百宜镇人民政府《关于贵州乌当公共实训基地建设项目立项的请示》，贵阳乌当城市更新发展有限公司《关于乌当狮岩路、区医院地块城市更新改造项目商业征收产权置换临街、临路商铺面积不足问题解决方案的请示》《关于乌当狮岩路、区医院地块城市更新改造项目住宅、办公、商业产权置换及补差单价的请示》，贵阳新天房地产开发公司《关于重新启动天骄欣园二期项目建设的请示》，区房屋征收局《关于审议〈乌当区医院地块城市更新改造项目国有土地上商（营）业房屋签约、摇号选房方案（送审稿）〉的请示》，区工业和信息化局《关于审议〈乌当区关于探索以健康医药产业为主引擎的新型工业化改革试点实施方案（送审稿）〉的请示》，区教育局《关于对乌当区阿栗小学、小谷龙小学、新天三小、新天学校、新九学校高新分校进行维修改造的请示》《关于乌当中学设施设备采购的请示》，区委办（乌委办报字〔2022〕14号）文件请示事项，由区财政局负责，据实保障项目资金。

第17次常务会议　7月6日召开，会议研究贯彻落实国发〔2022〕2号文件工作，研究部署生态文明建设工作、自建房安全隐患排查整治工作。研究并原则同意区发展改革局《关于审定印发〈乌当区关于抓好《贵州省贯彻落实国务院关于扎实稳住经济一揽子政策措施的任务清单》落地落实的工作方案（送审稿）〉的请示》《关于提请审议乌当区观溪路周边片区老旧小区改造项目等政府性投资项目的请示》，贵州乌当经开区管委会《关于研究工业集聚区控制性详细规划及环境影响评价报告的请示》，区发展改革局、区卫生健康局《关于批准实施〈贵阳市乌当区“十四五”卫生事业发展专项规划〉的请示》，区卫生健康局《关于报请审议〈乌当区公立医疗卫生机构深度融合高质量发展工作实施方案（送审稿）〉的请示》《关于建设贵阳市乌当区新光路社区卫生服务中心的请示》《关于建设贵阳市乌当区龙广路社区卫生服务中心的请示》，区投促局《关于审定〈乌当区人民政府红星美凯龙控股集团有限公司合作框架协议（送审稿）〉的请示》，区工业和信息化局《关于申请支持部分工业企业安全提升补助资金的请示》，区工业和信息化局《关于贵州远程制药有限公司等3家企业申请企业流动资金贷款补贴的请示》。

第18次常务会议　7月20日召开，会议研究部署惠企纾困工作、民生事业工作、国家统计局2021年第13统计督察组反馈意见整改工作、优化营商环境工作、疫情防控有关工作。研究并原则同意区委政法委《关于审议〈乌当区贯彻落实市关于加强基层治理体系和治理能力现代化建设十条措施的实施方案（送审稿）〉的请示》，区统计局《关于呈请审定〈乌当区关于国家统计局统计督察反馈意见整改落实工作方案（送审稿）〉的请示》，区教育局《关于审定〈乌当区推进教育高质量发展实施方案（送审稿）〉的请示》《关于审定〈乌当区民办幼儿园委托管理实施方案〉的请示》《关于审定〈关于兴农中学乌当校区移交举办实施方案〉的请示》，区综合行政执法局《关于审议〈乌当区聚焦“五个环节”推进城镇生活垃圾全程分类体系建设行动方案〉的请示》，贵州乌当经开区管委会《关于开展贵州乌当经开区园区控制性详细规划及环境影响报告编制工作的请示》，区自然资源局《关于收回中国邮政集团有限公司贵阳市乌当区分公司国有用地土地使用权有关事宜的请示》，区农业农村局《关于解决2022年农产品质量安全监督抽查经费的请示》。

第19次常务会议　8月2日召开，会议研究分析上半年经济形势，安排部署下半年工作，安排部署信访维稳工作、巩固拓展脱贫攻坚成果同乡村振兴有效衔接工作、金融领域风险防控工作。研究并原则同意区政府办《关于报请审定〈乌当区区直部门权力责任清单调整、取消、新增事项目录2022版〉（送审稿）的请示》，区司法局《关于呈请申请〈乌当区2022年法治政府建设工作要点（送审稿）〉的请示》，贵州乌当经开区管委会《关于审定印发〈乌当区关于深化“放管服”改革实现“园区事园区办”推进园区高质量发展的实施细则（送审稿）〉的请示》，区教育局《关于使用教育配套设施以资代建费支付新九学校高新分校足球场代建项目建设费用的请示》，区发展改革局《关于落实2022年储备粮油增储任务的请示》。

第20次常务会议　8月10日召开，会议研究并原则同意区住房城乡建设局《关于中天吾乡项目“一楼一策”工作方案的请示》，区投促局《关于审议电容器智能化生产设备制造项目与〈电容器智能化生产设备制造项目投资合同（送审稿）〉的请示》《关于审议1万吨花青素酒果酒及饮料生产线建设项目与〈1万吨花青素酒果酒及饮料生产线建设项目投资合同（送审稿）〉的请示》，泉丰城投公司《关于明确贵阳三线建设博物馆移交运营管理的请示》，区委宣传部《关于解决“壹刻宝文化驿站”建设经费的请示》，区人力资源和社会保障局《关于保障乐湾国际项目2022年“开学季”前农民工工资足额支付的请示》。

第21次常务会议　8月24日召开，会议听取区统计局关于国家统计督察反馈意见整改落实情况汇报。审议并原则同意《乌当区贯彻落实〈关于更加有效发挥统计监督职能作用的意见〉的实施方案》。研究并原则同意区优化营商环境服务中心《关于审议〈乌当区打造营商环境“贵人服务”乌当品牌五项工作机制（送审稿）〉的请示》，区发展改革局《关于提请审议乌当区百宜镇罗广村杨柳湾山塘除险加固工程等政府性投资项目的请示》，区教育局《关于审定〈乌当区深化新时代教育督导体制机制改革实施意见（送审稿）〉的请示》《关于完成民办义务教育占比目标任务购买学位的请示》《关于乌当区幼儿园、振新幼儿园、第三幼儿园、高新幼儿园、新天幼儿园设备采购的请示》，区文体广电旅游局《关于审议〈乌当区全民健身实施计划(2022—2025年)(送审稿)〉的请示》《关于审议〈乌当区红色文化旅游总体规划〉〈乌当区长征文化国家公园重要节点修建性详细规划〉的请示》，区国资办《关于贵阳新天房地产开发公司转型发展的请示》，泉丰城投公司《关于与贵阳市矿能集团石化发展有限公司签订投资协议的请示》，区工业和信息化局《关于高新惠诚等4家企业申报区级工业和信息化发展专项资金支持的请示》，区信访局《关于党的二十大期间乌当区信访维稳工作经费的请示》，区委组织部《关于解决乌当区驻村干部驻村工作经费的请示》。

第22次常务会议　9月25日召开，会议传达学习9月23日全国安全生产电视电话会议精神，9月25日全省安全生产电视电话会议精神，9月25日贵阳贵安安全生产电视电话会议和市政府常务会议精神，听取了区应急局关于近期全区安全生产工作的情况汇报，对相关工作进行安排部署。

第23次常务会议　9月30日召开，会议听取区发展改革局、区工业和信息化局、区商务局、区教育局、区住房城乡建设局、区交通局、区民政局等单位复工复产复市情况汇报，听取区应急局关于做好国庆假期、中共二十大前后乌当区安全生产及消防工作的建议，区公安分局关于中共二十大安保维稳工作情况的汇报，区信访局关于中共二十大信访维稳形势分析研判暨重点人员稳控工作情况汇报，对相关工作进行了安排部署。研究并原则同意区发展改革局关于印发《乌当区推进重点企业及重点项目复工复产复市工作方案》的请示，区卫生健康局关于审议《乌当区卫生健康局面向社会公开招聘非编制医务人员实施方案》的请示、《关于申请乌当区PCR实验室相关设备购置的紧急请示》、关于报请审议《关于提高新冠病毒核酸采集检测能力的实施方案(送审稿)》的请示。

第24次常务会议　10月18日召开，会议听取区优化营商环境服务中心关于优化营商环境工作的汇报、区综合行政执法局关于垃圾分类工作推进情况的汇报，对相关工作进行安排部署。研究并原则同意区公安分局《关于印发〈贵阳市乌当区网约房、民宿等新业态管理办法(试行)〉的请示》，市生态环境局乌当分局《关于审定〈乌当区贯彻落实第二轮中央生态环境保护督察报告整改方案(送审稿)〉的请示》，区民政局《关于审议〈乌当区健全完善社会救助制度的实施方案〉的请示》，区农业农村局《关于呈请审定〈乌当区中央财政农业生产发展社会化服务项目实施方案(送审稿)〉的请示》，区农业农村局《关于追加项目预算的请示》，区住房城乡建设局《关于报请审定乌当区专项借款保交楼工作方案的请示》，泉丰城投公司《关于乌当区保交房专项借款的请示》，区水务局《关于实施2023—2025年乌当灌区续建配套与节水改造项目建设的请示》，区水务局《关于乌当区2022年小型水库维修养护工程建设的请示》，区自然资源局《关于上报审批〈香纸沟风景名胜区总体规划(2021—2035年)〉及〈贵阳市相思河风景名胜区总体规划(2021—2035年)〉的请示》，区自然资源局《关于乌当区百宜镇罗广村百家院组、小翁林组、河坎组地质灾害隐患点实施搬迁治理的立项请示》，暂停执行《乌当区人民政府关于禁止在羊昌镇田园综合体项目示范点规划区域乱搭滥建和违章盖房的通告》第二条“在项目规划区域内，暂停上报审批其他建设项目和民房用地”的规定，区疫情防控现场处置指挥部《关于申请解决疫情防控期间产生相关费用的请示》，贵州乌当经济开发区管委会《关于贵州乌当经开区与贵州师范学院协作开展产教融合项目合作的请示》《关于报请审批简化招商引资项目入驻“智汇云锦”“双创基地”程序的请示》。

2022年12月24日，乌当区政府党组召开（扩大）会议　（区政府办　供图）

第25次常务会议　10月29日召开，会议听取区发展改革局、区财政局、区工业和信息化局、区商务局和区人力资源和社会保障局、区住房城乡建设局、区农业农村局、区文体广电旅游局、区市场监管局、区投资促进局、区税务局等单位前三季度有关工作情况汇报，对四季度经济运行工作进行安排部署。听取区垃圾分类工作专班关于全区生活垃圾分类工作的情况汇报，对相关工作进行安排部署。研究并原则同意区发展改革局《关于提请审议乌当区2021年小型水库维修养护工程等项目决策评估的请示》，区委组织部《关于审议〈乌当区社区工作者职业体系建设实施方案(试行)(送审稿)〉的请示》《关于审定村“两委”成员、村专职网格员享受学历补贴的请示》。

第26次常务会议　11月4日召开，会议听取区政务服务中心关于一体化政务服务能力工作开展情况的汇报，区农业农村局关于2022年巩固脱贫攻坚成果后评估工作情况的汇报，区卫生健康局关于常态化疫情防控工作的汇报，区督办督查局关于“十件实事”工作推进情况，区政府办关于2022年人大代表建议、政协委员提案办理情况，区司法局关于1—9月“两降一升”(降低行政诉讼行政机关败诉率和行政复议行政机关被纠错率，提升行政机关负责人出庭应诉率）工作情况汇报，区文体广电旅游局关于闲置低效旅游项目盘活提升工作推进情况汇报，对相关工作进行安排部署。研究并原则同意区委依法治区办《关于审定〈法治乌当建设实施方案(2022—2025年)(送审稿)〉及〈乌当区法治政府建设实施方案(2022—2025年)(送审稿)〉的请示》，区卫生健康局《关于审议〈医疗救治能力提升专项行动方案(送审稿)〉等8个行动方案的请示》，区卫生健康局《关于审议〈乌当区整体提升卫生健康水平攻坚行动计划(2022—2030年)(送审稿)〉的请示》，区人力资源和社会保障局《关于审议〈乌当区“十四五”人才发展专项规划（送审稿）的请示〉》，区公安分局《关于更换执法执勤车辆的请示》，区交通局《关于解决购买城市公交服务资金的请示》。

第27次常务会议　11月19日召开，会议听取区发展改革局、区工业和信息化局、区住房城乡建设局、区商务局、区投资促进局等单位10月份经济运行情况的汇报，区“一圈两场三改”专班和区“五治”办关于“一圈两场三改”和农村“五治”工作开展情况及下步工作打算的汇报。研究并原则同意区发展改革局《关于审定印发〈乌当区2022年度高质量发展绩效评价实施方案(送审稿)〉的请示》，区发展改革局《关于提请审议乌当区百宜镇地质灾害避险搬迁工程等项目决策评估的请示》，区工业和信息化局《关于解决好活(昆山)网络科技有限公司相关事宜及困难的请示》，区教育局《关于审定〈乌当区职业技能学历双提升工程行动计划实施方案(送审稿)〉的请示》《关于“两自一包”教育管理体制改革学校、幼儿园专业技术教师补岗的请示》《关于对乌当区优秀教师、优秀班主任、优秀教育管理者进行区级表彰的请示》《关于回购乌当五中、乌当小学、北衙中学、水田中学(乌当四中)教学设施设备的请示》，区投促局《关于审议乌当区风力发电项目及〈乌当区风力发电项目投资协议(送审稿)〉的请示》《关于审议〈乌当区人民政府中能建(云南)投资有限公司合作框架协议(送审稿)〉的请示》，区住房城乡建设局《关于东二环(原东北绕城公路)道路改建工程增加南明河大桥(乌当区段)和东郊水厂大桥(乌当区段)内容的请示》，五韵旅投公司《关于原核工业贵州化工冶金公司职工异地安置保障房资产划转相关事宜的请示》，泉丰城投公司《关于购买智慧云锦办公楼作为乌当区狮岩路、区医院地块城市更新改造项目公产搬迁安置办公场所的请示》，区自然资源局《关于高新路街道办事处阿栗村高组青杠树路段滑坡应急抢险工程治理有关事宜的请示》，区委宣传部《关于解决“爽爽贵阳·活力乌当”城市形象宣传推广经费的请示》，市生态环境局乌当分局《关于申请生态创建资金的请示》。

第28次常务会议　12月6日召开，会议听取区应急局关于安全生产开展情况的汇报，区综合行政执法局关于垃圾分类工作推进情况的汇报，对相关工作进行安排部署。调度“一圈两场三改”和农村“五治”工作。研究并原则同意区妇联《关于审议〈乌当区妇女发展规划(2021—2025年)〉和〈乌当区儿童发展规划(2021—2025年)〉的请示》，区市场监管局《关于审定〈乌当区进一步贯彻落实国务院食品安全委员会关于建立健全分层分级精准防控末端发力终端见效工作机制推动食品安全属地管理责任落地落实实施方案(送审稿)〉的请示》，区发展改革局《关于妥善解决乌当区国粮购销有限公司金华粮管所危房拆除后住户安置问题的请示》《关于落实区粮油智慧仓储及应急保障中心项目建设用地的请示》，区住房城乡建设局《关于消除我区市政道路隧道消防安全隐患有关事项的请示》，泉丰城投公司《关于审定泉丰城投公司与贵州建工集团有限公司签订〈合作协议〉的请示》，区工业和信息化局《关于给予中小工业企业抗疫纾困资金支持的请示》，区财政局《乌当区2022年1—10月财政预算收支执行情况和2022年财政预算调整方案(草案)的报告》，区疫情防控指挥部综合办公室《关于申请解决疫情防控期间产生相关费用(第二批)的请示》。

第29次常务会议　12月24日召开，会议听取区卫生健康局对当前疫情防控政策执行情况的汇报，对相关工作进行安排部署。研究部署“两拖欠”治理工作。研究并原则同意区民政局《关于审议〈2023年乌当区温暖活动实施方案（送审稿）〉的请示》，区住房城乡建设局《关于调整恒大都会广场B地块项目(总平面图)规划方案的请示》，区政务服务中心《关于审定〈关于政务服务中心申请打造政务大厅之家及婚姻登记专区经费〉的请示》，泉丰城投公司《关于启动乌当区稻香村地块城市更新改造项目的请示》，区综合行政执法局《关于乌当区生活垃圾转运至白云焚烧发电厂运费问题的请示》《关于乌当区七座农村生活垃圾转运站有关问题的请示》《关于京贵公司临时应急处置经费相关问题的请示》《关于审定乌当区城区窨井盖安全治理（专项行动方案及经费）的请示》，区人力资源和社会保障局《关于审议〈乌当区完善事业单位绩效工资等工资政策实施方案〉的请示》，区委宣传部《关于将党报党刊征订费用纳入区财政年度预算的请示》，区国资办《关于进一步规范和完善乌当区国有企业管理相关事项的请示》《关于对贵阳泉丰城市建设投资有限公司进行股份制改造的请示》《关于2017年—2019年区管国有企业负责人任期经营业绩考核结果的请示》。

【区政府专题会议】　2022年，乌当区召开政府专题会议200余次。研究乌当区安置房建设及超期过渡费发放、标准厂房项目建设、生活垃圾分类、新冠疫情防控、农村“五治”、粮食安全等相关工作，顺海大坡森林防火通道建设项目，狮岩路地块、区医院地块城市更新项目，北衙学校、北龙路、北衙尚城安置房、鸿景花园安置房项目建设，联东U谷·贵阳智造园项目，安置房建设、超期过渡费和债务风险防范化解工作，洛湾云锦医药食品新型工业园基础设施PPP项目有关事项；听取“一圈两场三改”工作情况汇报并研究部署相关工作，应急处置北京东路延伸段138县道坡体滑移，部署“五一”节假日期间拆违控违工作，推进国药西部医疗产业园项目。

（区政府办）

政务服务

【概 况】 2022年，乌当区政务服务中心受理业务630808件，办结业务590435件，提前办结率为93.59%；即办件540546件，即办率为85.69%；网上申报489611件，网办率为77.61%。各乡（镇、街道）办共受理全程代理业务125653件，办结125653件，办结率为100%；其中网上受理业务77862件，办结77862件，办结率为100%。区政务服务中心探索将涉税服务窗口前移至乡（镇、街道）、村（社区）党群服务中心，为群众办理医保缴费，上门为“小、孤、散、弱”群体服务，使政务服务更暖心。让“一网通办”缴费窗口走出政务大厅，通过“进村寨”集中宣传、集中辅导、集中缴纳、统一寄送，把以往缴费需要“两次跑”，变为“不用跑”。贵州政务网“好差评”系统乌当站点收到群众评价470282件，其中非常满意184397件，满意277448件。全年受理“12345”政府热线平台派遣件42件，贵州政务网智慧管理平台转办件446件，办结率为100%，回复率为100%，满意率为100%；政务大厅收到办事企业和群众锦旗14面、表扬信8封，大厅“意见簿”收到群众好评112条，满意率为100%，回复率为100%。年内，西藏自治区，南宁市、铜仁市、花溪区、遵义市务川县等政务服务中心到乌当区开展交流。

【企业之家专区建设】 2022年，乌当区政务服务中心为企业提供全生命周期、全生产要素、全链条服务，秉持“三全N中心”服务理念，打造“企业之家”专区。将法人服务区综合受理窗口优化至16个，配备“企业专员”，为到厅办事各类企业提供免费洽谈、合同打印、政策咨询、帮办代办等服务。同时设置“人才用工驿站”，广泛收集、发布就业岗位、招聘、求职等信息，通过大数据分析，快速实现求职意愿与企业用工需求精准匹配。“人才用工驿站”累计发布企业招聘信息1000余条，收到100余家用工需求，帮助企业招聘员工500余人。中心以“互联网+政务服务”为依托，在全省率先试点“云上座席”视频办服务，打造“云上座席”在线视频办理服务专区，向企业、群众提供“专业化咨询导办、手把手在线辅办、面对面专属快办、心连心创新暖办”，引导更多的企业网上办理。实现“让数据多跑路、让群众少（零）跑腿、让网办成习惯”。

2022年5月8日，区政务服务中心推行“帮办代办”服务。图为工作人员为市民讲解办理流程

（区政务服务中心　供图）

【政务系统融通试点】 2022年，贵州省政务服务中心与省税务局联合在乌当区开展全国首例税务系统融通试点工作，实现电子税务局和政务服务网系统融合。乌当区选取代开发票、社保费、车购税缴纳等6个高频事项，在贵州政务服务网上同步办理，实现数据互融互通、“一网一窗通办”，办理业务1500余件。打造政务服务“一张网”建设，省政务服务中心与省药品监督管理局联合在乌当区开展全程网办试点工作，乌当区通过运行测试，实现“药品经营许可”事项通过贵州政务服务网全流程网上收件、网上受理、网上审查、网上决定、网上送达。12月1日起在全省推广应用。

【一窗通办“2+2”模式改革】 2022年，乌当区政务服务中心被列为全省“一窗通办‘2+2’模式”改革试点。按照自然人综合服务区、法人综合服务区分楼层设置。将一楼整合为法人综合服务区，设置16个综合窗口，办理税务、市监、住建、发改等24家部门的业务；二楼整合为自然人综合服务区，设置17个综合窗口，办理医保、社保、公积金、不动产、公安等21家部门业务，实现“前台综合受理、后台分类审批、综合窗口出件”的“大一窗”改革目标。

【“15分钟政务服务圈”试点】 2022年，乌当区政务服务中心扩大服务半径，选取新光社区居委会、环溪社区居委会、保利公园2010社区居委会、保利温泉新城社区居委会、松溪社区居委会、新联社区居委会、振华第一社区居委会7处社区服务站重点打造“15分钟政务服务圈”先行试点。

（区政府服务中心）

督办督查

【概况】 2022年，乌当区督办督查局聚焦高质量发展绩效考核（评价）指标和强省会23项主要指标、27项重点任务，发挥督办督查的激励和约束作用，推动全区经济社会高质量发展。全年开展督查暗访120余次，编发督查专报通报46期，督查快报4期，印发工作提示函15期、督办函18期、工作通知5期，督办落实市政府主要领导批示交办事项3件、区委区政府主要领导交办事项8件。

【专项督查】 2022年，乌当区督办督查局围绕全区重点工作开展各类专项督查督办。重要会议的分解督办，将市委常委会、市政府常务会涉及事项逐一分解督办，定期跟踪、调度、汇总报送落实情况，将办理情况报告区委、区政府主要领导，共报送专报、报告28期。围绕全区工作重点、“强省会”行动、省市重点项目、区委全会、区政府工作报告、领导关注事项等开展督促检查。新冠疫情防控期间按照市级“每日调度、半月汇总”要求开展督促检查，制定《乌当区疫情防控现场处置指挥部督办督查组常态化工作方案》，拟写疫情防控各类督查报告149期，开展督查、暗访80余次，督促各乡（镇、街道）、各部门、各企业整改问题500余个。按照区委对全区安全生产工作的指示，会同区应急管理局、区委组织部成立联合督查组，对安全生产集中攻坚行动工作推进情况开展专项督查。组建区生活垃圾分类百日攻坚行动工作专班，促进生活垃圾分类宣传100%全覆盖，群众知晓率为100%。为加快高雁生活垃圾分拣中心建设，围绕“确保12月31日前建成投用”目标开展专项督查。开展对区领导领衔调度分析国民经济重点产业、标准化厂房建设、“四化”建设及招商引资、基层减负、城市更新项目（狮岩路及区医院地块）、“一圈两场三改”、工业投资指标、改进作风狠抓落实、农村“五治”、自建房隐患排查整改、文明城市创建、机构改革三定方案落实情况、信访维稳等重点工作开展督促检查。紧抓领导批示跟踪落实，将领导批示纳入重点督办台账管理，对中医药产业园项目进度情况跟踪督促，按照周报送要求，每周更新项目进展情况。对区委、区政府主要领导交办关于安全生产、农村“五治”、全国文明城市巩固提升、为基层减负、困难群众救助资金补助审计、危害粮食安全批示要求进行跟踪督促，确保交办事项“件件有落实、事事有回音”。市区两级实事项目确定后，向各分管领导呈送《实事办理情况报告》，及时协调解决实事推进过程中的困难和问题。主动接受人大、政协对实事项目推进情况监督。全面完成市级31个项目、区级24个项目。将网民留言办理作为畅通民意、联系群众、化解矛盾、增进民生福祉的重要问政创新平台，国务院“互联网＋督查”平台累计收到转办问题线索5件，均承接办理完毕；“融媒问政”平台累计留言774件，结案774件，办结率为100%，满意率为85.16%。

【绩效考核】 2022年，乌当区督办督查局将23项主要指标、27项重点任务与区政府工作报告明确重点工作与主要目标进行融合，与省下发高质量发展绩效考核指标进行融合制定考核指标。共督促70余次，印发专报8期、快报1期。以高质量绩效考核为抓手，将省综合考核办法的指标体系，“强省会”行动，市委、市政府工作及区委区政府系列决策部署和重点工作任务要求结合，确定一级指标，严格兑现奖惩，倒逼责任单位抓好决策部署贯彻落实。做好乡（镇、街道）和区直部门高质量发展年度考核工作，制定乌当区上年度考核奖和本年基础绩效奖发放工作方案，拟定《2022年度乌当区乡（镇、街道）和区直部门综合考核实施方案》。

（区督办督查局）

人力资源管理

【概况】 2022年，乌当区人力资源和社会保障局（以下简称乌当区人社局）牵头编制《乌当区“十四五”人才发展专项规划》，抓好人才引进，完成事业单位53名企业117名人才聘用工作；抓好高校毕业生就业工作，安排就业316人。

【人才队伍建设】 2022年，乌当区人社局牵头编制《乌当区“十四五”人才发展专项规划》，制定《乌当区“人才兴区”十二条措施（试行）》配套实施细则。用好第十届贵州人才博览会等平台，区属事业单位完成53名人才聘用，企业引聘人才117人，收集上报14家企业人才需求岗位90个、需求人才436人。完成市级人才绿卡申报初审81人次，发放人才优享卡46张，慰问引进高层次人才45人，发放慰问金2.25万元。兑现薪酬补贴6.45万元、安家费21.6万元、人才生活津贴12.6万元。办理事业单位人员调动66人，转正定级107人，工龄认定36人，解聘7人，调整转隶735人。招聘中小学教师 45 人、驻矿安监员 2 人、卫生系统 7 人、乡镇 5 人，公开选拔定向培养第一批中学“兵教师”1 人，定向招聘由政府安排工作退役士兵 2 人。

【事业单位人事管理】 2022 年，乌当区公开招聘 59 人（教育系统招聘 45 人、区应急局招聘 2 人、卫生系统招聘 7 人、乡镇招聘 5 人）；招募“三支一扶”人员 10 人；办理聘用 104 人，转正定级 107 人，工龄认定 36 人，解聘 7 人；完成因机构改革涉及 402 名人员的调整转隶工作；办理干部职工调动 66 人。

【职称评聘】 2022 年，乌当区有 373 人申报职称，其中中小学教师系列 180 人、农业系列 3 人、工程系列 37 人、卫生系列 37 人、新闻系列 2 人、民营系列 108 人、图书系列 1 人、大数据 5 人。评审通过 162 人。

【工资福利管理】 2022 年，乌当区完成财政统发工资审核 76681 人次，金额为 3.85 亿元；办理 94 人正常退休手续；审批工作人员死亡一次性抚恤金及丧葬补助 23 人，金额为 187 万元；完成 7 人遗属困难补助调查，月发补助 5340 元；审批事业单位 2021 年奖励性绩效工资 5041 人，金额为 4377 万元；审批教育部门上半年奖励性绩效 2283 人，金额为 851 万元；审批事业单位 2022 年前三季度在职 4817 人，基础性绩效奖金 1.42 亿元；审核退休人员生活补贴 1935 人，金额为 2864 万元；申报 2022 年机关事业单位汽车驾驶和行政事务技能等级晋升 47 人；完成遗属困难补助调标 164 人，审批补发金额 15.53 万元；完成 2022 年全区事业人员和机关工勤人员的晋薪晋级晋档审批工作；完成首批事业人员职级晋升工作，涉及人数 487 人，月增资额为 14 万元；完成事业单位工作及机关工勤人员工资标准调整审批工作。

【事业单位人事考核】 2022 年，乌当区开展 2021 年度考核工作，应参加考核人数为 4719 人，实际参加考核人数为 4709 人。优秀等次 761 人。

【人才引进】 2022 年，乌当区持贵阳人才服务绿卡人才有 91 人。借助 2022 年第十届贵州省人才博览会引才平台引进高层次及急需紧缺人才 151 名，其中事业单位 55 名、企业 96 名。为企业兑现薪酬补贴、安家费、生活津贴等各类补贴 35.25 万元。

【事业单位公开招聘】 2022 年，乌当区公开招聘事业单位工作人员 59 人。其中，中小学、幼儿园教师 45 人，驻矿安监员 2 人，贵阳市 2022 年下半年公开招聘事业单位工作人员 12 人。

（区人社局）

区直机关事务管理

【概况】 2022 年，乌当区机关事务管理局完成行政中心电梯、消防系统、房屋渗水等各类设施设备维修 90 余起，使用资金 214 万元；完成区行政中心一期监控系统改造、区会展中心用电安全辅助防控设备采购项目、区委办公楼 4 楼花园防水维修工程项目、区人大办公楼 3 楼会议室渗水维修工程项目 4 项重大维修项目，确保机关单位办公用房安全。完成区行政中心物业服务公开招标工作，中标价格比招标拦标价减少 85.32 万元。完成区行政综合楼停车场道闸系统改造及车牌录入工作，对区行政中心水管网进行查漏和维修，通过管网改造，每天节水 10 吨。承接各类大、小会议 500 余次，接待参会人数 50000 余人次。强化对音响设备、LED 视频、音频设备的维修维保，新增调音台及数字音响、功放、显示设备 20 余件，安装 16 平方米 P1.0 高清 LED 显示屏 5 块，电子显示屏 1 块。更换年久失修空调 4 台、破损电缆线 200 米、失效漏电空气开关 8 个，为 12 台空调增加氟利昂，处理空调外挂机漏水 2 处。规范职工就餐卡的管理，明确职工就餐时间、就餐标准、就餐方式等内容。向贫困县农产品企业订购农产品，完成乌当区“9+3”贫困县农产品进企业、进食堂、进农村、进网站等信息的统计上报工作。

【公务用车管理】 2022 年，乌当区机关事务管理局为全区重要活动、重大工作提供车辆保障 900 余次，为 20 家区属单位提供公务用车 25 辆，通过采取社会化保障的方式保障公务用车 60 余辆次。完成离沪返黔人员闭环转运工作 230 余人次。支出油费 18.27 万元，车辆清洗及配件费用 3.55 万元，车辆年审、维护维修费用 17.27 万元，保险费用 15.71 万元。13 家单位采购公务用车 18 辆。

【办公用房管理】 2022 年，乌当区机关事务管理局完成乌当区纪检组入住综合楼及民政局等部分单位的办公用房调配。完成区行政综合大楼办公用房面积更新核准工作，针对区人社局、区应急局、区文旅局、区自然资源局等办公用房面积变动较大情况，进行重新测量，完成乌当区纪委监委办公用房调整后的数据核准登记工作。召开全区 2022 年办公用房管理工作推进会，对党政机关办公用房管理及办公用房年度信息统计工作进行培训。协助乌当区经开区管委会核定办公用房使用标准。配合财政局做好乡镇、社区财政所资产移交及国有资产登记。对 9 家单位办公用房进行调整，面积 1036 平方米。

（区机关事务局）

中国人民政治协商会议乌当区委员会

综 述

【概况】 2022 年，中国人民政治协商会议乌当区委员会（以下简称“乌当区政协”）召开全体委员会议 1 次、常务委员会议 3 次、党组会议 59 次、主席会议 13 次。通过议政性常委会会议、主席会议协商对 2022 年国民经济和社会发展计划上半年执行情况及下半年工作安排、“十件实事”办理情况等开展协商，提出意见建议 30 余条。收到提案 178 件，立案 176 件。开展企业大走访活动，走访委员企业 180 家次，协调解决制约和影响企业发展突出问题。探索“院坝协商”“社区协商”方法路径，组织基层协商议事会 100 余场次，解决困难问题 150 余个。《人民政协报》、环球网等以《“商”出美好乌当》《在这里，社区协商都“商”成了哪些事？》对云锦尚城社区协商成果刊登报道；《乌当区政协探索“123”工作法深入推进“社区协商”》经验材料被省政协遴选为“县级政协履职亮点工作优秀品牌案例”。

【委员构成】 2022 年，政协第十一届贵阳市乌当区委员会第一次会议委员 176 名，平均年龄 42.6 岁；大专以上文化程度 167 名（其中，研究生 19 名，有硕士学位的 17 名）占 94.8%。中共委员 69 名，占 39.2%，非中共委员 107 名，占 60.8%。少数民族委员 42 名，占 23.9%；妇女委员 79 名，占 44.88%。非公有制经济人士 35 名，占 19.8%。界别设置情况。政协第十一届贵阳市乌当区委员会设 16 个界别，与上届相同，各界别委员：中国共产党 14 名、无党派人士 5 名、中国共产主义青年团 4 名、总工会 3 名、妇女联合会 5 名、工商业联合会 20 名、归国华侨联合会 6 名、科学技术界 17 名、经济界 11 名、农业界 15 名、教育界 17 名、文化旅游体育新闻界 10 名、医药卫生界 15 名、少数民族界 4 名、宗教界 3 名和特别邀请人士 27 名。

【文化文史和宣传工作】 2022 年，乌当区政协利用门户网站、微信公众号宣传政协工作动态、展示委员履职风采。与区委宣传部、《贵阳乌当》编辑部等单位建立常态化联络机制，搭建政协宣传工作新平台；推送新闻宣传稿件 100 余篇，被《人民政协报》《贵州日报》《贵州政协报》《贵阳日报》及众望新闻、天眼新闻、多彩贵州网、贵阳网、全广网等多家媒体报道转载；编撰完成 2 期《乌当文史》，收录稿件 70 余篇，近 20 万字。向省政协报送关于加强少数民族优秀文化艺术保护传承文章 1 篇，报送文史工作经验交流材料《以文史工作新局面促进政协事业新发展》；向《贵州政协“百千万”行动纪实》报送稿件 6 篇。

【交流联络】 2022 年，乌当区政协配合省市政协、党派团体在乌当开展视察调研 20 余次。组织委员和机关干部到观山湖、白云等区县学习政协工作经验做法。在省政协“社区协商”工作座谈会、市政协常委会、全市基层协商经验交流会、全市加强和改进市县政协工作座谈会、市政协重点工作征求意见座谈会上作交流发言。

【“书香政协 水墨新天”国画鉴赏活动】 2022 年 8 月 9 日，乌当区政协在贵阳新天花卉大世界“星级读书荟”示范点举办“书香政协　水墨新天”国画鉴赏活动。活动邀请贵州省文史馆特聘研究员、贵阳画院副院长查晓教授进行专题讲座，讲座以点带面，对八大山人、吴昌硕、齐白石等名家的作品进行品鉴，引领委员从优秀传统文化中汲取精神力量和领略优秀传统文化蕴含的无穷智慧，增强文化自信，不断提升履职能力。

【“朗朗读经典　同心沐书香”活动】 2022 年 8 月 3 日，乌当区政协机关与新光路街道委员联络组联合举办“朗朗读经典　同心沐书香”活动。活动特邀贵州大学教授、国家二级心理咨询师刘郁教授，以“从心理学视角解读苏东坡诗词和人生”为题，从“天才全能苏东坡、职场失利苏东坡、乐观积极苏东坡”三个方面，对苏东坡的诗词和人生进行全新的阐释。

（区政协办）

重要会议

【政协十一届一次会议】 2022 年 1 月 6 日至 9 日，中国人民政治协商会议第十一届贵阳市乌当区委员会第一次会议在区行政中心举行。王鸣明代表中共乌当区委向大会的召开表示祝贺，龙云代表政协第十届贵阳市乌当区委员会常务委员会作工作报告，王路杨代表政协第十届贵阳市乌当区委员会常务委员会向大会作了提案工作情况报告。会议选举产生政协第十一届贵阳市乌当区委员会主席、副主席、秘书长、常务委员会委员。龙云当选为政协第十一届贵阳市乌当区委员会主席；黄才秀、张斌、严开华、成龙、王路杨、陈晓军当选为政协第十一届贵阳市乌当区委员会副主席；蒋海涛当选为政协第十一届贵阳市乌当区委员会秘书长；万丹丹、马昔珍、王兰、王明辉、牛宁等27人当选为政协第十一届贵阳市乌当区委员会常务委员会委员。会议表决通过政协第十一届贵阳市乌当区委员会第一次会议决议，通报政协第十一届贵阳市乌当区委员会第一次会议提案审查情况。

2022年1月6日至9日，中国人民政治协商会议第十一届贵阳市乌当区委员会第一次会议举行，选举产生政协第十一届贵阳市乌当区委员会主席、副主席、秘书长、常务委员会委员 （区政协办 供图）

【政协常委会会议】 2022年，乌当区政协第十一届委员会共召开3次常委会。

第1次常委会会议 3月31日召开。会议通报《中共乌当区政协党组2022年工作要点》《乌当区政协2022年度协商与监督计划》；区政协各专门委员会、智力支边办2022年工作计划；《乌当区政协关于推进人民政协协商民主向乡（镇、街道）延伸的工作方案》《乌当区政协办公室2022年度“书香政协”活动工作方案》《乌当区政协2022年重点提案督办分解表》。审议并原则同意《政协第十一届贵阳市乌当区委员会全体会议工作规则（草案）》《政协第十一届贵阳市乌当区委员会常务委员会工作规则（草案）》《政协第十一届贵阳市乌当区委员会主席、副主席联系常委，常委联系委员制度（草案）》《政协贵阳市乌当区委员会委员履职考核办法（草案）》。

第2次常委会会议 8月1日召开。会议传达学习省政协十二届二十九次常委会会议精神、市政协十三届二次常委会会议精神、贵阳市区（市、县）政协“社区协商”工作经验交流会精神。会议听取区人民政府通报乌当区2022年国民经济和社会发展计划上半年执行情况及下半年工作安排。会议书面听取区政协办公室、各专门委员会、智力支边办公室2022年上半年工作完成情况及下半年工作打算。会议通报《政协贵阳市乌当区委员会关于进一步深化我区“社区协商”工作的通知》。

第3次常委会会议 10月28日召开。会议听取区政府办通报乌当区关于贯彻落实《国务院关于支持贵州在新时代西部大开发上闯新路的意见》国发〔2022〕2号文件工作的情况、区督办督查局通报乌当区人民政府关于2022年“十件实事”办理情况报告。

【政协主席会议】 2022年，乌当区政协共召开主席会议7次。

第1次主席会议 2月22日召开。会议审议并原则同意《政协第十一届贵阳市乌当区委员会主席、副主席联系界别工作分工（送审稿）》《2022年区政协主席班子成员走访委员企业一览表（送审稿）》《政协第十一届贵阳市乌当区委员会各专门委员会联系委员一览表（送审稿）》《政协第十一届贵阳市乌当区委员会委员进乡（镇、街道）分组名单（送审稿）》《乌当区政协2022年度“书香政协”活动工作方案（送审稿）》。

第2次主席会议 3月30日召开。会议审议并原则同意《政协第十一届贵阳市乌当区委员会全体会议工作规则（送审稿）》《政协第十一届贵阳市乌当区委员会常务委员会工作规则（送审稿）》《政协第十一届贵阳市乌当区委员会主席会议议事规则（送审稿）》《乌当区政协2022年重点提案督办分解表（送审稿）》《政协贵阳市乌当区委员会委员履职考核办法（送审稿）》《乌当区政协关于推进人民政协协商民主向乡（镇、街道）延伸的工作方案（送审稿）》《政协第十一届贵阳市乌当区委员会主席、副主席联系常委，常委联系委员制度（送审稿）》。会议审议政协各专门委员会、智力支边办工作计划。

第3次主席会议 4月28日召开。会议审议并原则同意《乌当区政协调研乡（镇、街道）委员联络组履职情况及作用发挥情况报告（送审稿）》。

第4次主席会议 5月31日召开。会议审议《关于建立政协第十一届贵阳市乌当区委员会应用型智库的请示》。会议通报《乌当区政协机关工作纪律“十不准”》。

第5次主席会议 7月22日召开。会议传达学习中共贵州省委办公厅印发《关于新时代加强和改进市县政协工作的实施意见》精神、政协贵州省委员会关于印发《贵州省政协“院坝协商”工作规则（试行）》的通知精神、政协贵阳市委员会《关于进一步深化我市“社区协商”工作的通知》精神。会议听取区政协办公室、各专门委员会、智力支边办汇报2022年上半年工作完成情况及下半年工作打算。会议听取《区政协常委会会议视察“一圈两场三改”乌当区狮岩路、区医院地块城市更新改造项目推进情况的报告》《区政协主席会议视察乌当区建筑业和房地产业发展情况的报告》《关于乌当区落实义务教育“双减”政策情况的视察报告》《关于区政协驻下坝镇政协委员联络组2022年开展国土空间规划专题调研工作的情况汇报》《关于区政协驻羊昌镇委员联络组、工商联界调研黄连村旅游发展工作的情况汇报》。会议通报区委《关于葛昆等同志不再担任职务的通知》。会议审议并原则同意政协第十一届贵阳市乌当区委员会专门委员会兼职副主任任职名单（草案）、政协第十一届贵阳市乌当区委员会第二次常委会会议议程、日程（草案）。

第7次主席会议 10月28日召开。会议听取区政协提案法制社会委员会《关于推进新光里文化创意产业园建设方面重点提案督办情况的报告》《关于委员与“法、检两长”专题协商座谈会情况的报告》。会议审议《政协第十一届贵阳市乌当区委员会第二次会议筹备工作方案（讨论稿）》。

（区政协办）

民主监督

【概况】 2022年，乌当区政协委员就教育提质工程“改扩建四所幼儿园”推进情况、实施医疗健康工程推进情况等开展专项监督，提出意见建议12条。加强同党内监督、行政监督、司法监督、社会监督、舆论监督协同配合，推荐委员担任乌当区优化营商环境义务监督员、法检两院公开审理案件听证员、廉洁征兵监督员等。与区人大办、区委巡察工作领导小组办公室联合制定工作机制，配合提供被巡察单位接受民主监督情况和提案办理情况。全区31件重点提案中，党政主要领导领衔督办6件，示范带动、以点带面推动提案办理水平不断提升。通过常委会议和主席会议视察督办、分管领导领衔督办、界别委员参与督办、专委会跟踪督办等方式，组织提办双方面对面交流，以商促督、以督促办，办复率、满意率均为100%。成功申报农业、交通基础设施项目3个，共协调市区两级资金支持50余万元，惠及群众600余人。《乌当区政协开展专项民主监督助推全区营商环境优化提升情况汇报》《乌当区政协深入开展入企走访助推全区经济高质量发展情况汇报》得到省、市、区领导肯定。

【专项监督】 2022年，乌当区政协开展专项监督工作，监督议题有：乌当区火石坡工业园污水处理情况；乌当区为民办“十件实事”之实施教育提质工程——改扩建四所幼儿园；乌当区为民办“十件实事”之实施医疗健康工程完成情况。提案办理协商坚持区领导领衔督办重点提案制度，就政协第十一届贵阳市乌当区委员会第一次会议中形成的重点提案开展办理协商，由区政协提案委负责统筹推进。社情民意信息监督结合界别工作和委员进乡（镇、街道）活动的开展，围绕推动解决群众的实际困难和问题，各委员联络组年内至少报送2条社情民意信息，各界别和各民主党派年内至少报送1条社情民意信息，通过广泛收集社情民意信息，开展相关民生监督。

【营商环境建设监督】 2022年，乌当区政协抓住全区营商环境建设中的重要问题、关键环节，通过座谈访谈、视察调研等形式，擦亮“贵人服务”品牌，为助推全区营商环境优化提升贡献政协力量。在走访调研过程中，针对企业反映的窗口工作人员服务意识不强、政策不清、业务不精，“一次性告知制”执行不力，“多头跑、多次跑”等现象，区政协专报呈报区委、区政府，并做好跟踪督办落实。乌当区将原来的135个办事窗口缩减为33个综合受理窗口，1580项政务服务事项纳入“一窗”受理事项数。3月，乌当区作为省政务服务中心、省税务局联合开展的“一窗通办‘2+2’模式”专项改革唯一试点区，以“进一扇门、到一个窗、办所有事”为目标，以“六个一”为抓手，实现6项高频税收业务在贵州政务服务网综合受理平台同步办理，按期办结率达100%，创新探索“2+2”改革“乌当税务模式”。

（区政协办）

协商议政

【概况】 2022年，乌当区政协梳理汇总十一届一次会议期间委员议政建言形成的5个方面29条意见建议呈报区委、区政府。通过政协常委会议和主席会议对“一圈两场三改”乌当区狮岩路、区医院地块城市更新改造项目、“十件实事”办理情况等开展协商，提出意见建议30余条。探索“院坝协商”“社区协商”方法路径，搭建多层次协商平台，就创新打造的基层协商示范点开展交流学习，组织基层协商议事会100余场次，解决困难问题150余个。围绕中国振华新天电子元器件产业园项目推进、建筑业和房地产业发展、生态环境改善、农村“五治”、教育“双减”政策落实、“一圈两场三改”停车场规划建设和运营管理、乌当区包装产业园打造等工作开展视察协商，提出意见建议50余条。遴选40名委员组建政协智库，拓宽优秀人才建言献策的渠道。《关于加快推进中国振华新天电子元器件产业园项目建设的建议》《加大人才引育力度 推进“人才兴市”的建议》在市政协十三届一次会议上作为大会发言。

【协商议题】 2022年，乌当区政协开展协商工作，其中，常委会议政协商议题有：“一圈两场三改”乌当区狮岩路、区医院地块城市更新改造项目推进情况；乌当区2022年国民经济和社会发展计划上半年执行情况及下半年工作安排；乌当区“强省会”五年行动实施情况，乌当区贯彻落实《国务院关于支持贵州在新时代西部大开发上闯新路的意见》情况，乌当区2022年为民办“十件实事”推进情况；区政府2022年度政协提案办理工作情况，2022年度党风廉政建设和反腐败斗争情况。常委会会议视察协商议题有：深入推进污染防治，改善乌当生态环境；中国振华新天电子元器件产业园项目推进情况。主席会议视察协商议题有：乌当区建筑业和房地产业发展情况、乌当区整治婚丧等陋习推进移风易俗情况。专题协商议题有：落实义务教育“双减”政策情况、打造乌当包装产业园、乌当区林下经济发展工作机制及工作措施、“一圈两场三改”停车场规划建设和运营管理情况。委员与法检两长座谈协商议题：充分发挥法院、检察院职能，积极为“强省会”行动提供法治保障。基层协商主题：“一圈两场三改”及农村“五治”工作成效。

【社区协商】 2022年7月5日，贵阳市政协主席石邦林到乌当区新光路街道生活桥小区和观溪路街道金江苑社区了解社区协商的场地建设、机制完善、活动开展、委员作用发挥等情况。要求乌当区政协要认真总结、深化提升，突出示范引领和政协特色，全力打造社区协商品牌，为助推民生改善和基层治理发挥更大作用。7月11日，市政协副主席田社鸿到乌当区调研社区协商工作，调研组先后到乌当区新光路街道新光社区生活桥小区、观溪路街道金江苑社区、东风镇云锦尚城社区了解社区协商阵地建设、机制完善、活动开展、委员作用发挥等情况，对社区协商示范点建设标准化、议事活动规范化、成果转化高效化等提出指导性意见。7月19日，乌当区政协到东风镇云锦尚城社区、观溪路街道金江苑社区、新光路街道新光社区生活桥小区调研指导社区协商工作。11月10日，区政协在东风镇开展“社区协商”暨委员进乡镇活动。视察组视察云锦尚城社区小区内绿化带绿植损毁、草坪枯黄、土地裸露等情况，通过实地查、观展板、听介绍，了解云锦尚城“社区协商”工作情况。随后召开协商座谈会，东风镇委员联络组汇报“社区协商”工作情况，与会人员围绕“云锦尚城景观绿化提升”建言献策。11月11日，乌当区政协组织开展“社区协商”暨委员进街道活动。视察组到“一圈两场三改”区医院、狮岩路地块城市更新改造项目指挥部、“三变办”片区老旧小区改造项目现场及天骄豪园居民协商议事室，了解项目建设推进情况及新创路街道“社区协商”工作开展情况。随后召开协商座谈会，就“城市交通、公共设施、执法管理、项目推进”等方面存在的困难和问题建言献策。

【视察协商】 2022年6月15日，乌当区政协开展教育视察协商活动。视察组实地视察乌当四中、中央民族大学附属中学贵阳学校心理健康工作开展情况，在中央民族大学附属中学贵阳学校召开视察协商座谈会，乌当四中及中央民族大学附属中学贵阳学校分别介绍学生心理健康工作开展情况，区教育局、区政协教育界别委员围绕如何加强学生心理健康教育工作作交流发言。提出抓好心理健康教育教师队伍建设，建立家庭、学校、社会心理健康教育体系、辅导咨询体系和危机干预体系三位一体的服务体系，在全社会形成共同参与和支持心理健康教育的良好氛围，助力学生健康成长。

6月22日，乌当区政协主席会议就建筑业和房地产业发展情况开展视察协商。视察组实地视察中天吾乡B2地块、乐湾国际8号地块项目，分别听取区住建局、中垣建设集团有限公司、贵州宏德置业有限公司相关情况介绍，了解中天吾乡B2地块、乐湾国际8号地块项目复工复产、投资融资、竣工验收、产权办理等情况。在协商座谈会上，与会人员围绕视察主题，就加大项目投资力度、强化惠企政策落实、坚定企业发展信心，全力推动建筑业和房地产业健康可持续发展进行协商交流，提出意见建议。

6月28日，乌当区政协驻羊昌镇委员联络组联合工商联界别委员，对黄连村旅游发展情况开展视察协商。视察组在黄连村少数民族传统文化传承基地、黄连村市级文物保护单位“还我河山”所在地听取羊昌镇黄连村旅游发展情况介绍，与会人员围绕视察主题畅所欲言，为黄连村大力发展乡村旅游、走好“生态+红色文化+文旅”融合发展之路提出意见建议。

11月3日，乌当区部分政协委员、提案人组成视察组，对“乌当区整治婚丧等陋习推进移风易俗情况”开展视察协商，对区政协十一届一次会议期间第16号《关于扎实推进农村“五治”，全面改善人居环境的建议》、48号《关于进一步完善农村污水生态处理系统的建议》、54号《关于加强农村有害垃

2022年9月27日，乌当区政协常委会部分成员对“乌当区国药西部医疗产业园项目推进情况”开展视察协商

（区政协办　供图）

圾收集回收的建议》、100 号《关于完善新堡布依族乡大寨村岩脚组、王岗村上王岗、陇脚村白水河污水处理设施的建议》、174 号《关于改善农村垃圾处理、污水处理现状的建议》等 5 件农村“五治”工作方面重点提案开展视察督办。视察组先后到新堡布依族乡王岗村、羊昌镇甲岗村了解农村“五治”推进情况。视察组指出要做好农村房屋“清、建、管、用”四篇文章，坚持饮用水、生活污水和黑臭水体“三水同治”，做好垃圾分类“五个环节”工作，解决好“小厕所、大民生”的问题，注重“三风同治”，加快形成新时代乡风文明新风尚。

【“乌当区‘一圈两场三改’停车场规划建设和运营管理”专题视察协商】 2022 年 11 月，乌当区政协围绕“乌当区‘一圈两场三改’停车场规划建设和运营管理”情况开展专题视察协商。视察组一行先后来到乌当中学停车场、温石路惠民停车场、地矿新庄停车场、石厂坡停车场，实地视察在建停车场规划建设情况和已建成停车场运营管理及利用率等情况。在随后召开的座谈会上，与会人员围绕协商议题，就“如何统筹好全区停车场规划布局、建好经济适用的惠民停车场、加快乌当区充电桩配套设施建设”等方面积极建言献策，提出意见建议。区交通局、区“一圈两场三改”专班、区发展改革局等部门对委员提出的问题作出积极回应。

【盘活闲置资产助推乡村振兴——请你来协商“院坝协商”座谈会】 2022 年 10 月 26 日，“盘活闲置资产助推乡村振兴——请你来协商‘院坝协商’座谈会”在乌当区偏坡布依族乡进行。乌当区政协视察组一行实地视察偏坡布依族乡半亩篱蔬、濮越古居、景尚原舍三个闲置住宅盘活利用情况，随后召开“院坝协商”座谈会。会上，村民代表踊跃发言，就盘活闲置资产过程中遇到的困难和问题提出意见建议，区农业农村局、区自然资源局、区住房城乡建设局有关负责人就相关问题一一作了解答，并就有关政策作了宣传。视察组认为，作为乌当区 2022 年农村闲置宅基地和闲置住宅盘活利用试点，偏坡布依族乡在依法维护农民合法权益和严格规范管理的基础上采取有力措施，积极探索盘活利用农村闲置宅基地和闲置住宅，提升乡村旅游承载力，促进了旅游产业化和乡村振兴。视察组强调，盘活农村闲置宅基地和闲置住宅要结合实际，突出特色做品牌、创新变化促盘活、强化管理共提升。要充分挖掘布依文化，结合四季节气，科学设计线路和民俗活动；针对盘活经营业态以农家乐、超市、餐馆为主的实际，房屋立面装修需格调一致，在室内装修和餐饮住宿服务上突出个性化，有效推动农村闲置宅基地和闲置住宅“活”起来，更好助推乡村振兴。

（区政协办）

调研与视察监督

【民生实事视察监督】 6 月 22 日，区政协班子成员对乌当区建筑业和房地产业发展情况开展主席会议视察，并召开协商座谈会。视察组实地视察中天吾乡 B2 地块、乐湾国际 8 号地块，听取有关情况介绍，围绕两大产业发展重点、难点，聚焦“保交房、保民生、保稳定”提出意见建议。6 月 28 日，区政协驻羊昌镇政协委员联络组、工商联界委员就羊昌镇黄连村旅游发展工作开展专题调研和基层民主协商。6 月 16 日，区政协驻下坝镇政协委员联络组就国土空间规划、村庄规划编制工作开展专题调研和基层民主协商。10 月 21 日，区政协组织医药卫生界别委员，对乌当区 2022 年为民办“十件实事”之一“实施医疗健康工程——乌当区儿童发热门诊项目及卫生健康信息化项目平台建设”完成情况开展专项监督视察并进行现场协商。

【重点项目视察监督】 2022 年 11 月 4 日，乌当区政协对中国振华新天电子元器件产业园项目开展常委会会议视察。视察组实地视察振华新天电子元器件产业园项目现场，并召开协商座谈会，提出意见建议：确保责任落实到位；强化服务保障，确保统筹推进到位；确保资金保障到位；确保园区建设高质高效。11 月 4 日，区政协对“深入推进污染

2022 年 6 月 17 日，区政协调研组到贵阳高新惠诚食品有限公司调研走访，协调解决企业在发展过程中遇到的困难和问题

（区政协办　供图）

防治 改善乌当生态环境的建议推进情况”开展常委会会议视察，并召开协商座谈会。视察组实地视察新堡布依族乡马头村人工湿地，查看农村生活污水处理基础设施管护情况，区政协常委及相关部门面对面座谈交流，提出意见建议：加强执法管理；打好蓝天、碧水、净土保卫战；抓好农村生活污水治理试点；推动绿色低碳发展；加大宣传力度，扩大公众参与。

【专题调研】 2022年6月9日，区政协对“一圈两场三改”乌当区狮岩路、区医院地块城市更新改造项目推进情况开展常委会会议视察，并召开协商座谈会。视察组实地视察狮岩路、区医院地块城市更新改造项目展示厅及梯子岩房屋拆迁现场，进行协商座谈，提出协商建议：强化空间规划设计；构建利益协调机制；强化政策氛围宣传。6月15日，区政协文化文史和学习委员会组织部分政协委员就落实义务教育“双减”政策情况暨2022年第9号、23号重点提案办理情况进行视察协商。提出工作建议：形成政府统一领导，乡（镇、街道）属地管理，部门分工合作、社会齐抓共管的工作格局；深化教育教学改革，优化教学方式，全面压减作业总量，降低考试压力；引导和鼓励现有义务教育学科类培训机构转型发展；加强宣传教育，做好学校课后托管服务。8月31日，区政协部分农业界别委员及市生态环境局乌当分局、区文体广电旅游局、区农业农村局、区自然资源局、空间规划执法五科有关负责人参加，到顺海林场林下红托竹荪种植基地、下坝镇新桃村林下食用菌种植基地开展林下经济发展工作视察调研，了解林菌、林禽、林药等林下经济发展经营模式、管理模式、资金投入、品牌带动等情况。提出工作建议：优化政策措施；加大人才培养；加大资金投入，建强市场主体；打造乌当品牌。

（区政协办）

提案办理

【概况】 2022年，乌当区政协十一届一次会议提交提案178件。经审查，立案176件，立案率为98.9%，提案沟通率、办复率和满意率均达100%。其中，电子信息制造、中医药制造、实体经济发展等方面提出提案35件；法治乌当建设、优化营商环境、人才引进等方面提出提案20件；公共文化服务、教育发展、旅游事业等方面提出提案48件；城市精细化管理、医疗卫生服务、城市建设等方面提出提案57件；农村“五治”、低碳循环发展、生态保护等方面提出提案16件。集体提案占比18.8%。注重引导高质量发展成果转化，24篇大会发言和联组讨论发展转化为提案。在31件重点提案中，党政主要领导领衔督办6件。区政协通过常委会议和主席会议视察督办、分管领导领衔督办、界别委员参与督办、专委会跟踪督办等方式，组织提办双方面对面交流，以商促督、以督促办，办复率、满意率均为100%。其中，《关于乌当区火石坡工业园区污水处理的建议》《关于推进新光里文化创意产业园建设重点提案督办的报告》以政协专报形式呈报区委、区政府，推动相关问题解决。向省市政协报送《坚持务实创新 强化办理实效 推动提案工作高质量发展》《优化法治营商环境 为“强省会”提供司法助力》等经验材料。

【提案督办】 2022年6月15日，乌当区政协教育界别政协委员、提案人组成视察组，对落实义务教育“双减”政策情况暨2022年第9号、23号重点提案开展专题协商督办。视察组实地视察米欧科培训机构和乌当区实验小学，了解义务教育“双减”政策落实情况。在乌当区实验小学召开协商座谈会。听取提案主办单位区教育局关于落实义务教育“双减”政策情况及提案办理情况汇报，委员围绕持续优化作业设计、提升课堂教学质量、精心设计教研活动、提高学生学习能力、强化“双减”政策宣传等提出意见建议。委员赵明政和黄丽云分别代表民进乌当支部和民盟乌当支部从提案人的角度介绍相关工作推进情况。11月4日，区政协组成重点提案视察督办工作组，实地视察新堡布依族乡马头村人工湿地、新堡布依族乡香纸沟（纸香·民宿艺术别院），组织提、办、督三方面对面座谈交流，助推提案办理落实。白孝廉委员提出的《关于加快建设“美丽乌当 · 活力新城” 促进文化旅游事业发展的建议》（第44号提案），羊昌镇委员联络组提出的《关于进一步发展乡村避暑旅游产业的建议》（第47号提案），施国玉、何萍、陈军委员提出的《关于打造乌当特色民宿 推动民宿产业发展的建议》（第64号提案），百宜镇委员联络组提出的《关于发挥现代农业产业优势 探索农文商旅融合发展的建议》（第104号提案），段海滔委员提出的《关于大力培育休闲农业、创意农业等新业态的建议》（第122号提案），偏坡布依族乡委员联络组提出的《关于大力发展研学旅行 打造乡村旅游新名片的建议》（第133号提案），谢飞委员提出的《关于统筹做好“五个坚持” 推进旅游产业高质量发展的建议》（第157号提案），王明辉、王泽学委员提出的《关于推动我区黄连村旅游度假产业发展的建议》（第159号提案）等八个全域旅游工作方面的提案作为同类提案并案，列为2022年区政协常委会会议重点督办提案，由区政协常委会会议牵头视察督办，区文旅局、区农业农村局具体承办。11月3日，区政协视察组对“乌当区整治婚丧等陋习推进移风易俗情况”开展主席会议视察，对区政协十一届一次会议期间第16号《关于扎实推进农村“五治”，全面改善人居环境的建议》、48号《关于进一步完善农村污水生态处理系统的建议》、54号《关于加强农村有害垃圾收集回收的建议》、100号《关于完善新堡布依族乡大寨村岩脚组、王岗村上王岗、陇脚村白水河污水处理设施的建议》、174号《关于改善农村垃圾处理、污水处理现状的建议》等五件农村“五治”工作方面重点提案开展主席会议视察督办。视察组实地视察新堡布依族乡王岗村、羊昌镇甲岗村，了解农村“五治”及整治婚丧等陋习推进移风易俗工作推进情况。

【重点提案办理】 在助推乌当经济高质量发展方面，《关于推动电子信息制造业发展的建议》推进新天电子元器件产业园项目建设取得实质进展，《关于大力推动乌当区中医药制造业产业发展的建议》推动乌当区与中国医疗器械贵州有限公司签订投资合作协议，乌当区国药西部医疗产业园项目落地洛湾云锦板块；《关于扶持实体企业的建议》助力振华电子集团成功申报省级龙头企业，振华新云等3家企业获国家“小巨人”企业认定，新天药业等14家企业获省级专精特新企业认定。政治建设方面，《关于实施“强省会”人才行动推动人才事业发展的建议》推动出台《乌当区“人才兴区”十二条措施（试行）》及配套实施细则，引进制造业人才1521人、大数据人才804人，兑现各类政策经费305.26万元，推进人才资源数量质量“双提升”；《关于成立乌当区非公有制经济维权服务中心的建议》推动成立乌当区非公有制经济维权服务中心，为民营企业提供法律服务；《关于提升我区政务服务效能 优化营商环境的建议》推动乌当区全面深化省政务服务“一网通办”“一窗通办‘2+2’模式”改革，920项区级行政权力事项实现全程网办，1584项政务服务事项实现100%“一窗办”。文化建设方面，《关于加快建设“美丽乌当 · 活力新城”促进文化旅游事业发展的建议》等8个旅游方面同类提案被列为重点提案，推动全域旅游景区聚合、景点融合，实现温泉景城融合、游憩医养共享；《关于加强社区体育设施建设的建议》推进多功能运动场、智能健身驿站、健身路径等项目建设，完成省、市体育健身项目15个；《关于落实义务教育“双减”政策 聚力减负提质的建议》等落实“双减”政策方面同类提案，为乌当区持续规范校外培训治理、有效减轻义务教育阶段学生负担等工作提供有益参考。社会事业方面，《关于加强老旧小区改造助推“一圈两场三改”建设的建议》等一批同类提案被列为重点提案，区委、区政府主要领导亲自领衔督办，乌当区将在三年内打造10个“15分钟生活圈”，完成一批农贸市场、停车场新建和改造及棚户区、老旧小区改造项目，2022年实施完成148个“一圈两场三改”项目，新增公共停车位1659个；《关于强化信息化运用 助推紧密型医共体建设的建议》由区委主要领导领衔督办，推进“互联网+医疗健康”建设，推进医共体人事制度改革、绩效改革和医保支付方式改革，推动优质医疗卫生资源有效下沉，紧密型县域医共体改革初显成效；《关于完善垃圾分类处理的建议》等垃圾分类方面同类提案，推动细化垃圾分类各环节措施，建设再生资源回收利用体系，投入260余万元采购设施，全面推进垃圾分类工作。生态建设方面，《关于扎实推进农村“五治”全面改善人居环境的建议》等一批同类提案被列为重点提案，区政协主席会议督办，所提意见被吸纳进《乌当区农村“五治”工作行动方案》；《关于打造乌当区“五零”公共品牌的建议》推动建立“五零”精品农业发展体系，创建推广农产品“五零吾当”区域公用品牌。《关于乌当区火石坡工业园区污水处理的建议》推动使用奶牛场污水处理厂作为火石坡工业园区污水处理过渡应急措施，并将火石坡工业园污水处理提升改造项目列入2023年地方政府专项债申报实施范围。

（区政协办）

委员工作

【委员服务管理】 2022年，乌当区政协常委会修订完善《政协贵阳市乌当区委员会委员履职考核办法》《政协第十一届贵阳市乌当区委员会主席、副主席联系常委，常委联系委员制度》，规范委员履职管理、考核结果运用，为委员知情明政、履职建言提供服务。构建多层次、多形式的委员学习培训体系，组织全体政协委员开展《建言献策与民主监督》《政协提案基本知识》专题培训，组织部分政协委员赴贵州长征干部学院参加履职能力提升培训。为疫情防控期间承担社会责任的委员（民营）企业颁发“荣誉证书”、送去感谢信。引导和支持委员参加行业领域发言、接受媒体采访、举办专题讲座等，讲好乌当故事、发出委员声音、展示履职形象。修订完善议事工作规则4个，建立健全工作制度8个，推进政协工作制度化、规范化、程序化。制发《乌当区政协机关工作纪律“十不准”》《关于在政协机关开展“改进作风、狠抓落实”年“六个大力整治”实施方案》等，强化干部职工纪律规矩意识，加强机关作风建设。

【新一届政协委员履职能力提升培训班】 2022年8月29日至9月2日，乌当区新一届政协委员履职能力提升培训班在贵州长征干部学院举行。56名政协委员参加培训。遵义市委党校、中共遵义市红花岗区委党校、省社会主义学院、贵州长征干部学院、中共贵州省委党校的专家分别围绕《讲政治 守纪律 敢担当——遵义会议启示录》《红军长征在贵州》《学习习近平总书记关于政协工作重要论述——贯彻加强和改进市县政协工作意见，推进新时代乌当政协工作上台阶》《习近平新时代中国特色社会主义思想概论》《在新时代西部大开发上闯新路——政协干部学习贯彻新国发2号文件精神》等主题开展教学。

【“社区协商”暨委员进街道活动】 2022年11月11日，乌当区政协组织开展“社区协商”暨委员进街道活动。乌当区政协视察组一行先后来到纳入“一圈两场三改”的区医院、狮岩路地块城市更新改造项目指挥部、“三变办”片区老旧小区改造项目现场及天骄豪园居民协商议事室，详细了解项目建设推进情况及新创路街道“社区协商”工作开展情况。在随后召开的协商座谈会上，与会人员围绕“加快推进城市更新改造项目”主题，就“城市交通、公共设施、执法管理、项目推进”等方面存在的困难和问题建言献策。

（区政协办）

专门委员会

【科技经济委员会】 2022年，乌当区政协科技经济委员会协助区政府和区政协组织召开“乌当区2022年优化营商环境暨政银企座谈会”，7家驻区银企、10家区属部门、50余家企业代表参加座谈会。组织召开经济界别及银企沟通座谈会，优化金融服务模式，乌当富民村镇银行为两家乡（镇、街道）授信共1亿元。组织经济界委员广泛开展调查研究，全会期间所属界别委员提交提案30余篇，协助修改大会材料和联组讨论材料30余篇，其中22篇在全会上使用。到委员企业开展走访调研，全年走访委员企业85家次，所属委员企业100%全覆盖。帮助贵州万叶包装等非公企业解决发展中遇到的扩大规模用地等困难和问题共12件次。接待云南省临沧市临翔区政协“中医药、大健康产业发展及招商引资”考察，南宁市邕宁区、兴宁区两区政协“优化营商环境及招商引资”考察和济南市历下区政协到乌当区考察学习“产业园区建设”考察，5家考察团参观考察区属3家单位9家非公企业。组织5家特色食品委员企业参与主席带队外出招商考察，走访外地特色食品企业5家，签订招商引资和合作协议各1个，接待外地公司到乌当投资考察4批次。组织政协委员开展教育捐赠暨校企对接活动。30余家企业投入280余万元支援抗击新冠肺炎疫情。协助市政协到乌当区开展“标准厂房建设运营管理及企业入驻发展情况”专题调研。按照《乌当区政协2022年度协商与监督计划》要求，到中天吾乡B2地块、乐湾国际8号地块开展主席会议视察协商。协助政协办公室组织开展常委会视察协商，重点就中国振华电子元器件产业园项目进行视察调研，对项目推进中存在的困难和问题提出意见建议形成视察调研报告。

【人口资源环境委员会】 2022年，乌当区政协人口资源环境委员会按照《乌当区政协2022年度协商与监督计划》安排，由分管副主席带队，多次到火石坡实地调研，结合民建支部提出的《关于从乌当区工业园区建设入手 提升乌当绿色制造水平》以及少数民族界别郑文祥提出的《深入推进污染防治改善乌当生态环境》提案，以经济界徐晓菁提出的《关于火石坡工业园污水处理的建议》重点提案为突破口，多次组织委员、相关部门及环保专家开展专项协商，形成合力助推火石坡特色食品产业园污水处理能力有效提升。6月10日，会同区五韵旅投公司、区五彩农投公司、区交通局、区国资办及部分政协委员就龙广路街道新都社区银泰花园地下人防工程改建地下停车场事宜开展专题协商，结合“一圈两场三改”中心工作，就切实解决小区居民停车难，提出可行的意见建议。6月15日，会同区交通局、农业局及部分政协委员实地调研新场镇保寨村撂荒地整治工作，以新场镇保粮增产促乡村振兴为主题开展专题协商，委员们就如何保粮增产、农产品如何提质增效、农业如何高质量发展提出可行的意见建议。10月，就“一圈两场三改”停车场规划建设和运营管理情况开展专题视察协商。11月18日，会同部分区政协委员及区法院、区发改局、龙广路街道相关负责人、居民代表，法律顾问，振华第一、第二社区、振华系统服务有限公司就“振华园区小区内停车收费问题”参加视察协商开展基层协商，协商视察组就尽快依法依规成立业主委员会，加强业主委员会与物业面对面沟通，公开物业服务范围及提升物业服务质量等事宜提出意见和建议。11月18日，会同区商务局、区应急局、区市场监管局、区综合执法局及部分政协委员到新场镇就“新场镇农贸市场维修改造项目”开展基层民主协商，通过实地察看和协商座谈，协商视察组就农贸市场维修改造主体建筑的安全性、摊位布局的合理性以及维修成本预算、资金来源、施工安全等方面提出意见和建议。聚焦委员企业进行两轮走访，就委员企业反映的问题梳理汇总，协调相关部门上门服务。如，华夏振华公司反映资金周转

2022年7月14日，区政协科技经济委员会委员到高新路街道召开雅筑路纳入市政管理专题协商会

（区政协办　供图）

难问题，协调银行机构上门一对一沟通，解决250万元流动资金。反映的职工培训机构资格申报事宜，协调人社局上门服务指导；新天药业反映的职工通勤安全问题，建议交管部门通过采取交警临时管控或合理设置红绿灯等措施加以解决，相关资金纳入下年度计划。按照工作安排，在联系的龙广路街道新云社区持续开展“社区协商”工作试点，强化阵地建设，通过政协搭台、群众协商的方式，把协商会开到小区院落、凉亭长廊。召开院坝会12次，协调解决问题困难65件。针对下坝镇岩山村大寨组67户246人出行安全问题，协调市智力支边办15万元资金，支持岩山村大寨组危桥改造。围绕水田镇竹林村区域产业规划与发展，协调上级资金10万元在水田镇竹林村推进保供蔬菜项目。蔬菜种植方面，编制有机蔬菜种植的技术规范，第一季蔬菜种子已播种6666.67平方米。为新天花卉大世界“星级读书荟”示范点赠送《中国共产党简史》《毛泽东传》等价值5000元书籍。以新天花卉大世界“星级读书荟”为载体，举办线上读书分享活动。结合新国发2号文件及省第十三次党代会精神的学习，委员代表线上围绕自身工作实际，畅谈体会感悟，撰写心得，从中推选出2篇优秀心得纳入区政协办分享。

【文化文史和学习委员会】 2022年6月15日，乌当区政协文化文史和学习委员会组织教育界别政协委员、提案人等组成视察组，对全区落实义务教育“双减”政策开展专题协商督办，委员们围绕持续优化作业设计、提升课堂教学质量等方面提出了切实可行的意见建议。7月12日，组织部分委员开展健康体育设施现状视察，对存在的问题提出意见和建议。8月9日，组织教育界别委员就改扩建4所幼儿园开展专项监督视察并进行现场协商。组织教育界别委员开展“学生心理健康”调研协商活动，区教育局、区政协教育界别委员围绕如何加强学生心理健康教育工作作了座谈交流。组织医药卫生界别委员，对乌当区儿童发热门诊和卫生健康信息化项目平台建设完成情况开展专项监督视察并进行现场协商，区卫生健康局、贵阳泉丰城投有限公司、区政协医药卫生界别委员20余人参加活动。指导联系新堡布依族乡、偏坡布依族乡和新创路街道驻乡（镇、街道）政协委员联络组，开展基层协商民主和“委员进乡（镇、街道）”工作。邀请区农业农村局、区文旅局、区风景名胜区管理处、新堡布依族乡政协委员联络组及马头村、陇脚村村支两委、部分群众代表和区政协委员20余人组成视察组，实地视察新堡布依族乡马头村原村委会，陇脚村水东香纸博物馆等，召开“助力乡村旅游提质升级”——“请你来协商”专题协商座谈会。指导新创路街道天骄豪园社区开展“社区协商”工作，指导匾牌、标识、制度设计制作，宣传氛围营造，资料收集，汇报材料撰写，协商活动开展等。10月26日，组织区政协驻偏坡布依族乡委员联络组部分委员、区农业农村局、区自然资源局、区住房城乡建设局有关负责人、乡党委、政府相关负责人、部分村民代表30余人参加的视察协商组，到偏坡布依族乡开展政协委员进乡镇活动暨基层协商民主（“院坝协商”）工作，召开“院坝协商”座谈会。指导各“星级读书荟”示范点开展工作，组织委员开展线上学习培训并撰写读书心得体会。召开《乌当文史》编辑工作会，完成2期《乌当文史》编撰工作，收录稿件70余篇，近20万字。加强与《贵阳文史》编辑部联系，召开《贵阳文史》专题约稿座谈会。向省政协《贵州政协“百千万”行动纪实》一书报送稿件6篇，其中《医者仁心　健康扶贫——记乌当区政协委员王富红》被采用。向省政协报送文史工作经验交流材料《以文史工作新局面促进政协事业新发展》。在区政协第十一届一次会议期间，先后对4名优秀委员作履职专题采访，对10名新任委员进行会中采访，制作新闻专题片在LED屏滚动播放。通过“爽爽贵阳·活力乌当”微信公众号、“乌当政协”微信公众号、乌当新闻等媒体平台，设置两会时间、两会代表委员说、两会报告一起读等专题专栏，共播发各类新闻宣传稿件100余条。

【提案法制社会委员会】 2022年，乌当区政协提案法制社会委员会针对十一届政协委员多数是新任委员的现状，在政协全会前夕编印《2021年乌当区政协重点提案汇编》《提案征集通知》《提案征集参考提纲》等资料，引导委员撰写提案。共收到提案178件，立案176件，不符合立案条件转作意见或建议2件。4月8日，在区政府常务会议上，将区政协十一届一次会议审查立案的176件提案分别交由区属部门和乡镇共62个单位进行办理。遴选

2022年10月26日，区政协文化文史和学习委员会部分成员在乌当区偏坡布依族乡就“盘活闲置资产 助推乡村振兴”开展视察协商　　（区政协办　供图）

14项31件提案作为重点提案，上报主席会议审议确定。其中，区委领导领衔督办5件，区政府领导领衔督办5件，政协常委会领衔督办8件，主席会议领衔督办5件，区政协副主席分别领衔督办共8件。7月26日，参加区城市综合执法局召开的提案督办座谈会，对15件提案完成情况开展督办。参加“一圈两场三改乌当区狮岩路、区医院地块城市更新改造项目推进情况”“乌当区建筑业和房地产业发展情况”“乌当区整治婚丧等陋习推进移风易俗情况”“全域旅游”等协商议政。组织委员通过实地调研黄连村少数民族传统文化传承基地和黄连村市级文物保护单位“还我河山”、甲岗村现代农业产业示范带蔬菜大棚，以及实地查看下坝镇岩山村、谷金村村庄现状情况、下坝谷定村农村“治风”情况、喇平村马架组实地查看农村“治房”情况，对羊昌镇黄连村旅游发展工作、羊昌镇甲岗村现代农业产业发展工作、下坝镇国土空间规划、村庄规划编制工作以及下午农村“五治”工作开展专题调研，形成调研情况报告3篇，建议14条。通过基层协商，贵州飞龙雨实业集团有限公司支持羊昌镇8万元帮助黄连村少数民族文化传承基地变电器建设。组建重点提案调研督办工作组，8月，分别两次组织提案人和提案承担单位实地调研贵阳市“三线”建设博物馆、区文化馆搬迁选址，查看新光里文化创意产业园建设及营运情况，提出4个方面存在的问题和5条建议。10月18日，组织委员与法检两长协商座谈会，区政协委员提出44条意见和建议，形成1篇政协专报。对联系服务的委员企业每个季度开展一次走访活动，到贵阳德堡印务有限公司、贵州万顺堂药业有限公司、贵州瀑布冷链食品投资有限公司等10余家企业开展实地走访、面对面座谈，收集问题或困难18条，提出意见建议11条，形成调研情况报告1篇。协助分管领导负责观溪路街道金江苑社区的“社区协商”示范点打造工作，规范阵地建设、完善协商机制、提炼工作方法、推动成果转化，该点被作为区政协“社区协商”工作经验交流会现场观摩点开展交流观摩学习。新冠疫情防控期间，贵州瀑布冷链食品投资有限公司、贵州飞龙雨实业集团有限公司、贵阳一航包装印务有限公司、贵州省新众食品研发有限公司、贵阳德堡印务有限公司、贵州紫楠科技有限公司、贵州金和农业科技有限公司、贵州神鼎酒业有限公司、贵阳凯源汽车有限公司等捐赠各类生活保障物资，累计价值约195万元。接待安徽省池州市贵池区政协一行到乌当区考察康养产业发展情况，先后到贵阳市乌当区爱玺养老服务中心、贵州省康复医院、贵州乌当经济开发区大健康产业智汇云锦孵化基地，详细了解乌当健康医药、健康养老、康养产业发展情况，双方分享交流发展康养产业的经验和心得。

2022年5月18日，区政协文化文史委调研新创路街道养老服务中心，察看服务中心的环境和配套设施，详细了解中心日常运营、管理模式等情况　（区政协办　供图）

【智力支边办公室】　2022年，乌当区政协智力支边办公室申报“新堡布依族乡大寨村水稻集中育秧大棚建设”等6个项目，并协调省、市智力支边办予以支持。拨付40万元支持3个帮扶项目，其中新堡布依族乡建设马头村生态农业示范基地项目10万元、下坝镇岩山村建设通组桥项目15万元、新堡布依族乡大寨村建设水稻集中育秧大棚项目15万元。陪同致公党贵阳市委开展春耕备耕及春耕生产视察活动，助推全区“强三农”工作。陪同市支边办到乌当区新堡布依族乡实地调研农业生态系统土壤改良、生态种植和林下养殖项目等。与江苏省南通市崇江区政协、青海省政协围绕“盘活低效用地，推进空间再造”、乡村旅游助推乡村振兴等课题，就如何发挥智力支边作用，巩固拓展脱贫攻坚成果同乡村振兴有效衔接进行沟通交流。完成乌当区林下经济发展工作机制及工作措施专题视察协商调研报告的拟写。完成主席会议视察，拟写整治婚丧等陋习推进移风易俗情况暨农村“五治”工作方面重点提案督办视察报告。了解联系包保政协委员联络组（东风镇、新创路街道）履职情况及作用发挥情况，持续纵深推进人民政协协商民主向乡（镇、街道）延伸情况，抓好“社区协商”各项工作，为构建和谐社区、促进社会治理、为民排忧解难贡献智慧和力量。开展委员进乡（镇、街道）活动，围绕“小区部分地面塌陷及部分墙面修复和美化”“小区景观绿化提升”“加快推进城市更新改造项目”等主题畅所欲言、建言献策。落实好政协驻新堡布依族乡委员联络办公室“书香政协”活动指导工作。

（区政协办）

中共乌当区纪律检查委员会·乌当区监察委员会

综 述

【概况】 2022年，中共乌当区纪律检查委员会区监察委员会（以下简称乌当区纪委监委）紧扣省、市、区工作部署落实情况跟进监督，推进新国发2号文件、防范化解政府债务风险、中央八项规定精神、巩固拓展脱贫攻坚成果与乡村振兴有效衔接、围绕“四新”主攻“四化”、安全生产、疫情防控等重点专项监督，发挥监督保障执行、促进完善发展作用，监督发现问题620个，督促整改问题607个，下发提示函、提醒函4份，下发警示通知书2份，对45名党员干部在工作中违反中央八项规定精神、不担当不作为、“庸、懒、散、软、浮、推”问题进行追责问责，对15起违反作风规定典型全区通报。

【纪检监察体制改革】 2022年，乌当区纪委监委探索“室组地”联动，实现监督执纪深度融合。对上年开展监督检查和审查调查工作中存在的力量不足、能力不足、质量不高问题进行专题分析，整合各派驻纪检监察组、各乡镇纪委、街道纪工委和委机关内设部门工作力量，建立分管领导定期调度、工作组分工协作的“室组地”联动机制，实现集中力量监督、集中力量办案、集中力量审理。聘请泰和泰（贵阳）律师事务所以集体名义履行法律顾问职责，发挥外部法律顾问作用，对乌当区纪委监委的法律业务咨询、合同审查、规范性文件起草、疑难复杂问题、重大决策等事项进行会商，持续加强区纪委区监委工作规范化法治化建设。开展疑难复杂问题会商处置3次，提升案件办理质量和效率。

【纪检监察队伍建设】 2022年，乌当区纪委区监委机关内设室13个，区纪委区监委直属单位2个（参公性质的乌当区非公经济投诉中心、事业性质的党风廉政信息管理站）。区委巡察办设主任1名（由区委常委兼任），副主任1名，巡察组4个（每个巡察组配备正科级巡察专员、副科级巡察专员各1名），区委巡察办直属单位1个（事业性质的乌当区巡察信息服务中心）。区纪委区监委机关及区委巡察办共有编制数100名，其中，区纪委区监委机关行政编制52名，参公编制5名，事业编制24名；区委巡察办行政编制数8名，事业编制9名。区纪委区监委机关及区委巡察办实有人数89名，其中区纪委区监委机关行政人员43名，参公人员3名，事业人员24名。区委巡察办行政人员8名，事业人员9名。区纪委区监委机关行政空编9名，参公空编2名；区委巡察办满编。乌当区8个乡镇5个街道1个社区三定方案中未设置纪检监察办公室，也无编制，仅明确人员从事纪检监察工作，共42名。全区纪检监察干部共计129名。全区纪检监察干部年龄、文化结构基本合理，以45岁以下中青年干部为主，占总人数的67%，大学本科以上学历人数占总人数的92%。分级分类开展政治理论和业务知识培训，举办自主办班2期94人次。

（区纪委监委）

重要会议

【区纪委全会】 2022年2月20日，中国共产党乌当区第十一届纪律检查委员会第二次全体会议召开，区委书记王鸣明讲话，区纪委书记、区监委主任胡传富主持并作工作报告。会议审议通过《中国共产党贵阳市乌当区第十一届纪律检查委员会第二次全体会议工作报告》及《全会决议》。

【区纪委常委会会议】 2022年，乌当区第十一届纪委共召开常委会会议34次。

第11次（扩大）会议 1月11日召开。会议听取乌当区加强乡（镇、街道）纪检监察组织建设推动监督向基层延伸工作推进情况汇报，并调度加强乡（镇、街道）纪检监察组织建设推动监督向基层延伸工作。审议并原则同意干部室《关于调整区纪委监委机关内设机构名称的请示》。听取粮食购销领域腐败问题专项整治工作情况汇报，安排部署涉粮问题专项巡察线索处置推进措施。听取并调度办公室关于《十一届区纪委二次全会筹备会议工作方案》。调度审查调查工作。

第12次（扩大）会议 1月26日召开。会议调度十一届区纪委二次全会筹备工作。听取并调度春节期间新冠疫情防控、应急值班值守相关工作。通报中共乌当区纪委乌当区监委党史学习教育专题民主生活会情况。审议并原则同意《乌当区纪委监委机关工会关于参加职工互助活动的请示》。

第13次（扩大）会议　2月9日召开。会议调度十一届区纪委二次全会筹备工作。审议并原则同意办公室《关于利用中央和省级政法纪检监察转移支付资金购买办公设备的请示》。审议并原则同意“三员合一”相关制度。审议并原则同意全区109名村（社区）“三员合一”人员名单。

第14次（扩大）会议　2月16日召开。会议传达学习十一届市纪委二次全会精神，研究贯彻落实措施。调度十一届区纪委二次全会筹备工作事宜。

第15次会议　2月18日召开。会议听取十一届区纪委二次全会各讨论组召集人汇报分组讨论情况，并调度《全会决议》工作。

第16次会议　3月3日召开。会议审议并原则同意副科级领导干部人选考察对象事宜。

第17次（扩大）会议　4月6日召开。会议审议并原则同意《关于全面推进乡村振兴行动提供坚强保障实施方案》《关于“三员合一”人员阵地建设宣传经费预算、年终奖经费预算的请示》，调度民生监督有关工作。审议并原则同意派驻各纪检监察组进驻被监督单位后勤保障事宜。审议并原则同意委机关涉密会议室及案件调度指挥室改造事宜。审议并原则同意聘请法律顾问有关事宜。审议并原则同意2021年事业人员年度考核等次。审议并原则同意调整派驻机构、委机关内设部门部分人员。审议并原则同意《中共乌当区纪委监委关于〈落实中共乌当区委常委会党史学习教育专题民主生活会整改落实方案〉的通知》。审议并原则同意《乌当区纪委监委2022年“强省会”行动监督工作要点》。审议并原则同意区委巡察办关于十一届区委第一轮巡察租车事宜。

第18次会议　4月20日召开。会议研究部署全国纪检监察系统先进工作者人选推荐事宜。

第19次（扩大）会议　4月29日召开。会议审议并原则同意党风室《关于对乌当区乡（镇、街道）及区直部门关于开展2021年度党内政治生态分析研判的情况报告》。审议并原则同意干部室《关于拟调入人员付美玲同志调动的考察情况》。会议研究部署干部室优秀干部推荐工作。

第20次（扩大）会议　5月24日召开。会议审议并原则同意干监室《关于开展纪检监察系统“改进作风、狠抓落实”干部队伍作风整肃工作方案（审议稿）》。审议并原则同意案管室《关于涉案财物管理制度（试行）》。审议并原则同意委机关工会关于机关干部体检事宜。审议并原则同意干部室关于蒋骁管理十级晋升为管理九级事宜。研究部署干部室关于2021年度区管干部考核等次评定工作。审议并原则同意审理室相关案件相关事宜。

第21次会议　6月17日召开。会议审议并同意办公室《乌当区纪委监委涉密信息系统复评及密级提升项目实施方案（审议稿）》。审议并原则同意审理室相关案件相关事宜。

第22次（扩大）会议　6月21日召开。会议审议并原则同意信访室关于《乌当区纪委监委2022年度领导班子成员信访包案方案（审议稿）》。审议并原则同意办公室关于《区纪委监委值班加班及加班误餐补助开支暂行办法》。审议并原则同意办公室关于开展党内规范性文件清理及废止部分规范性文件的事宜。审议并原则同意办公室《关于明确纪检监察内网分级保护风险测评及密级提升项目施工方的请示》。审议并原则同意办公室关于做好2021年中央纪检监察转移支付资金使用购买执纪执法装备的事宜。审议并原则同意办公室关于纪委监委大楼电网改造提升事宜。审议并原则同意办公室关于下坝镇解决饮水工程维护资金的请示事宜。审议并原则同意干部室《拟调入人员吴莉华同志工作调动的考察报告》。研究部署干部室关于2022年第一季度公务员（参公）个人考核等次评定工作。

第23次会议　6月23日召开。审议并原则同意审理室相关案件相关事宜。

第24次会议　7月19日召开。会议审议并原则同意党总支《中共乌当区纪委总支部委员会“七一”主题党日活动方案（送审稿）》。审议并原则同意审理室相关案件。听取审理室关于参加2022年全市纪检监察机关案件质量评查的肖某某严重违纪违法案、罗某严重违纪违法案、宋某某违纪案准备情况汇报，并调度案件质量自查工作。

第25次会议　7月20日召开。会议审议并原则同意干部室《关于靳文同志为晋升四级调研员人选考察对象请示》。

第26次会议　7月25日召开。会议审议并原则同意审理室相关案件相关事宜。

第27次会议　8月4日召开。会议审议并原则同意干部室《关于晋升八级职员会议推荐参考人选的请示》。

第28次（扩大）会议　8月5日召开。会议听取贵阳市各区县1—7月案件情况和乌当区纪委监委1—7月案件情况通报以及涉案财物追缴清理工作推进情况汇报，并专题调度审查调查暨涉案财物追缴清理工作。听取拓展巩固脱贫攻坚成果同乡村振兴有效衔接专项监督工作推进情况及统计造假不收敛不收手、围绕“四新”主攻“四化”及“四项监督”等重点专项监督推进情况汇报，专题调度乌当区纪委2022年重点专项监督工作。审议并原则同意干部室《试用期公务员田颖、何雪霞两名同志转正考察报告》。审议并原则同意蔡平拟晋升行政技师相关事宜。审议并原则同意审理室相关案件相关事宜。

第29次会议　8月12日召开。会议审议并原则同意第四纪检监察室《关于对国粮公司“小金库”资金实行司法会计鉴定所需经费的请示》。审议并原则同意干部室《关于事业人员晋升八级职员重点考察对象人选的请示》。

第30次会议　8月15日召开。会议审议并原则同意审理室相关案件相关事宜。

第31次会议　8月23日召开。会议审议并原则同意进一步使用副科级领导干部重点考察对象。审议并原则同意事业单位人员晋升八级职员人选。审议并原则同意审理室相关案件相关事宜。

第 32 次会议 9 月 1 日召开。会议传达学习中国共产党贵阳市第十一届委员会第四次全体会议精神，研究贯彻落实措施。

第 33 次会议 9 月 13 日召开。会议审议审理室相关案件相关事宜。

第 34 次会议 9 月 22 日召开。会议审议并原则同意审理室相关案件。

第 35 次（扩大）会议 9 月 26 日召开。会议审议并原则同意第三纪检监察室关于包某某涉嫌受贿犯罪按第三种形态处理的事宜。

第 36 次（扩大）会议 9 月 27 日召开。会议审议并原则同意第四纪检监察室《关于被调查人吴某留置期限扣除影响期限的请示》。审议并原则同意信访室相关信访件的处置事宜。审议并原则同意第三纪检监察室案件相关事宜。

第 37 次（扩大）会议 9 月 30 日召开。会议审议并原则同意审理室相关案件相关事宜。

第 38 次（扩大）会议 10 月 14 日召开。会议调度中共二十大期间相关工作。

第 39 次（扩大）会议 10 月 27 日召开。会议审议并原则同意审理室相关案件相关事宜。

第 40 次会议 10 月 28 日召开。会议审议并原则同意干部室《关于张代林同志为晋升一级主任科员人选考察对象的请示》。

第 41 次（扩大）会议 11 月 17 日召开。会议研究部署十一次区纪委三次全会筹备工作。审议并原则同意宣教室《关于党风廉政宣传工作经费的请示》。审议并原则同意审理室相关案件相关事宜。

第 42 次（扩大）会议 12 月 7 日召开。会议审议并原则同意办公室《乌当区纪检监察系统学习宣传贯彻党的二十大精神方案（审议稿）》。审议并原则同意办公室关于《关于支付涉密网风险评估服务项目费用的请示》。审议并原则同意办公室《关于使用办公经费采购复印机的请示》。审议并原则同意办公室《关于使用办公经费解决委机关驻村人员工作经费的请示》。审议并原则同意审理室相关案件相关事宜。

第 43 次会议 12 月 18 日召开。会议审议并原则同意审理室相关案件相关事宜。

第 44 次会议 12 月 23 日召开。会议审议并原则同意干部室《关于刘德良同志为晋升一级主任科员人选考察对象的请示》。

（区纪委监委）

监督执纪

【概况】 2022 年，乌当区纪委区监委紧盯政策支持力度大、投资密集、资源集中的司法、国企、粮食购销、基础设施建设、征地拆迁等重点领域和关键环节，立案 150 件 152 人，给予党纪政务处分 128 人。把整治群众身边的腐败和不正之风摆到更加突出位置，对群众反映突出的重复信访举报进行专项治理化解，紧盯群众急难愁盼问题，开展巩固拓展脱贫攻坚成果与乡村振兴有效衔接专项监督，检查发现问题 57 个，督促整改问题 57 个。开展“访村寨、重监督、助振兴”专项行动，坚决整治截留挪用、吃拿卡要等“微腐败”和作风问题。

【监督制度完善】 2022 年，乌当区纪委区监委把查办案件、加强教育、完善制度、促进治理贯通起来，推动以案为鉴、以案促改、以案促治。向区内各单位制发纪检监察建议书，下发开展“一案一整改”提示函，督促问题整改，废止制度 1 个，修订制度 24 个，新建制度 14 个。

【政治监督】 2022 年，乌当区纪委监委围绕习近平总书记重要讲话和重要指示批示精神、党中央重大决策部署和省、市、区工作部署要求落实情况跟进监督，制定落实习近平总书记视察贵州重要讲话精神闭环管理监督台账并开展专门监督。开展粮食领域腐败问题专项治理，立案查处 17 件 17 人，党纪政务处分 5 人，严肃查处李某某等粮仓“硕鼠”。围绕防范化解重大风险、围绕“四新”主攻“四化”、落实意识形态工作责任制等重大事项深化政治监督，开展统计造假不收手不收敛专项监督和落马领导干部在农村“圈地”建豪宅问题清理，发现问题 21 个，处理 5 人。紧扣“强省会”落后指标任务靶向监督，对 17 个涉及“强省会”行动重点任务和指标单位部门主要负责人进行集中约谈。

【专项监督】 2022 年，乌当区纪委监委推进新国发 2 号文件、中央八项规定精神、巩固拓展脱贫攻坚成果与乡村振兴有效衔接、围绕“四新”主攻“四化”等重点专项监督，发现问题 620 个，督促整改问题 607 个，正在整改问题 13 个，下发提示提醒函 4 份，下发警示通知书 2 份，对 45 名党员干部在工作中违反中央八项规定精神、不担当作为、“庸、懒、散、软、浮、推”问题进行追责问责，对 15 起违反作风规定典型全区通报。

【贯彻落实中央八项规定精神专项监督】 2022 年，乌当区纪委监委制定下发《乌当区关于开展贯彻落实中央八项规定精神专项监督的工作提示》，统筹全区 6 个派驻纪检组、5 个街道纪工委、8 个乡镇纪委围绕影响党中央决策部署落实、加重基层负担的形式主义、官僚主义，损害党的形象、群众反映强烈的享乐主义、奢靡之风，结合疫情防控、民生领域腐败和作风问题等方面深化监督检查，开展监督检查 132 次，发现问题 15 个，完成整改 15 个，下发提示函 3 份，谈话提醒 3 人，责令检查 1 人，通报批评 3 人，诫勉谈话 3 人，党纪政务处分 4 人。

【整治形式主义为基层减负专项监督】 2022 年，乌当区纪委监委安排部署全区 6 个派驻纪检组、5 个街道纪工委、8 个乡镇纪委围绕“某长制”工作中存在的形式主义、督检考中存在的形式主义以及文山会海隐形变异等方面开展监督。发现问题 3 个，完成整改 3 个。

【巩固拓展脱贫攻坚成果同乡村振兴有效衔接专项监督】 2022 年，乌当区纪委监委检查发现问题 57 个，督促整改问题 57 个，立案查处 4 件 4 人，督促建立完善机制 39 个，开展谈话提醒 27 人，制发监察建议书 2 份，对区人力资源和社会保障局、区农业农村局未认真落实中央、省、市、区关于促进居民增收有关部署工作进行全区通报，对区农业农村局、区综合行政执法局等 17 个涉及“强省会”行动重点任务和指标单位部门主要负责人进行集中约谈。开展“访村寨、重监督、助振兴”专项行动，走访 32 次，入户 44 户，发现问题 9 个，整改问题 9 个。开展教育扶贫 2022 年度“雨露计划”脱贫人口职业教育补助项目监督检查，对全区建档立卡脱贫户（含监测户）子女 26 人 7.445 万元财政衔接推进乡村振兴（巩固拓展脱贫攻坚成果和乡村振兴任务）补助资金进行监督检查。开展突发严重困难户动态监测监督检查，对乌当区 6 个乡镇 11 户 45 人突发严重困难户进行暗访，守住不发生规模性返贫底线。开展农村“五治”监督检查，紧盯区审计局关于农村“五治”资金使用情况专项审计反馈 7 个问题，以专项督促、明察暗访、实地督导、通报批评、约谈提醒等方式督促整改落实，监督检查发现问题 31 个，整改问题 31 个，诫勉谈话 1 人，警示谈话和提醒谈话 3 人，发放纪律检查建议书 1 份。开展农村饮水监督检查，乌当区纪委区监委民生监督检查室牵头组织乌当区水务局、乌当区发展改革局到新场镇、羊昌镇、东风镇、下坝镇，对农村供水价格监管工作开展“回头看”，随机入户 16 户，走访东风镇高穴村饮水安全工程、新场镇大桥村下改组 2 个入户管网工程，解决农村群众饮水难、饮水贵问题。开展重大项目落实情况的监督，对新堡布依族乡 2021 年王岗生态猪养殖项目中未认真履行职责的新堡布依族乡、民宗局 4 人立案调查。开展坚决杜绝铲苗毁粮切实保障夏粮丰收监督和持续加强粮食购销领域腐败问题专项整治，查处乌当国粮公司总经理、主任等 9 人的违规违纪违法行为。开展公益性岗位管理专项监督，紧盯全区城镇公益性岗位安置 515 人、乡村公益岗位安置 534 人的聘任程序、岗位补贴发放、岗位职责等，督查发现部分乡村存在公益性岗位合同不完善，资料收集不完整等 4 个问题，整改问题 4 个。开展村（社区）集体经济监督检查，各乡（镇、街道）纪（工）委开展监督检查 30 余次，发现问题 21 个，开展诫勉谈话 2 人，警示谈话 1 人，谈话提醒 2 人。开展村（社区）务公开、“一肩挑”人员民主管理工作检查，发现并督促整改问题 6 个。开展“我为群众办实事”活动，跟踪督办中央纪委国家监委“我为群众办实事·纪委请您来出题”专栏反映的保利浅山别墅相关问题 1 件，开展监督检查 37 次，实地督查 9 次，查阅资料 118 份，督促新光路街道建立常态巡查联动机制 1 个，党纪处分 1 人，对其余负有责任的区综合行政执法局、区自然资源局的 6 人进行问责。开展“民生讲堂”工作，在农业农村局、教育局、住建局、人社局、市场监督管理局等 12 个部门试行，进村入户、进校园、进企业宣讲城乡居民保险、食品药品安全、退役军人优抚、企业安全生产等民生政策，现场设立信访举报受理点和咨询服务点，开展宣讲 81 次，群众、职工、学生及家长 78229 人次参与。

2022 年 8 月 13 日，区纪委监委民生监督检查组在新场镇尖坡村与村民就水质、水量、水价、管理等进行访谈 （区纪委监委 供图）

【围绕“四新”主攻“四化”专项监督】 2022 年，乌当区纪委监委制定下发《乌当区纪检监察机关 2022 年围绕“四新”主攻“四化”专项监督工作方案》，将贵阳贵安进一步加强新型工业化专项巡视反馈意见整改工作涉及乌当区问题整改情况纳入监督范围统筹开展，重点关注区发展改革局、区农业农村局、区工信局、区文旅局等职能部门，涉及乌当细化分解的 5 个方面 55 个问题（新型工业化 12 个、新型城镇化 20 个、农业现代化 5 个、旅游产业化 13 个、产业大招商 5 个），完成整改 25 个，完成阶段性整改 30 个。

【落实新国发 2 号文件、“强省会”行动监督】 2022 年，乌当区纪委监委围绕重大政策、重大工程项目、重大专题，对区科技局、区人社局、区民政局、区卫健局等单位贯彻落实新国发 2 号文件情况进行监督，开展监督检查 30 余次；紧盯涉及乌当区的“强省会”行动“强省会”高质量发展 27 项重点任务推进情况开展监督，对 17 个涉及“强省会”行动重点任务和指标单位部门主要负责人进行集中约谈。

【一把手监督】 2022年，乌当区纪委监委协助区委对全区79个党组织开展党内政治生态分析研判，组织下一级党组织书记向区委常委会述责述廉。对5个重点乡（镇、街道）、职能部门以及区属国有企业主要领导推进全面从严治党和改进作风等方面开展约谈。坚持失责必问、问责必严，问责33人；在干部任用党风廉政意见回复中提出暂缓或否定性意见24人次。

【"四种形态"运用】 2022年，乌当区纪委监委运用"四种形态"批评教育帮助和处理204人，其中精准运用第一、二种形态处理174人，占比85.29%。立案150件152人，给予党纪政务处分128人。全年相关纪检监察业务数据创历史新高，采取留置措施9人，增长200%。查处区法院执行系统腐败窝案、区国粮购销有限公司腐败系列案件，完成省、市纪委监委指定管辖贵州师范学院、贵州医科大学行受贿案件。坚持行贿受贿一起查，开展追赃挽损，追缴涉案财物433.66万元。

【纪委监委"后半篇文章"】 2022年，乌当区纪委监委对11件典型案例开展"一案一整改"，制发纪检监察建议8份，下发开展"一案一整改"的提示函70份，督促整改问题10个，废止制度1个，修订制度24个，新建制度14个；完成全区科级以上领导干部和纪检监察干部509人廉政档案建设。坚持线上线下相结合，线上利用新媒体新技术创新传播廉洁文化，线下挖掘乌当廉洁因子，统筹推进廉洁文化清廉单元建设行动，推进廉洁文化建设；协助区委召开全区党风廉政警示教育暨作风整肃大会，用身边事教育身边人。组织全区年轻干部家属开展家教家风教育，签订《家庭助廉承诺书》，引导年轻干部廉洁齐家，建设清廉家庭。

【整治群众身边不正之风和腐败问题】 2022年，乌当区纪委监委纠治"四风"问题、"庸、懒、散、软、浮、推"作风顽疾，查处干部队伍在工作中的不担当不作为，慢作为乱作为等问题，对45名"庸、懒、散、软、浮、推"党员干部进行追责问责，对15起典型问题予以全区通报。开展党员干部和公职人员"酒驾醉驾"背后问题专项整治，向党员干部和公职人员酒驾醉驾频发的乡（镇、街道）和部门下发警示通知书。整治群众身边腐败和不正之风，围绕党中央惠民利民、安民富民政策落实、资金使用、项目实施，统筹巩固拓展脱贫攻坚成果同乡村振兴有效衔接、农村"五治""访村寨、重监督、助振兴"以及城市"一圈两场三改"等开展监督，民生领域立案34件34人，给予党纪政务处分24人。对"提级监督"试点村"两委"离任审计报告及整改情况开展复核检查。开展群众重复举报专项清理，立案查处4件7人，提醒谈话6人。

【"四风"纠治】 2022年，乌当区纪委监委整治形式主义、官僚主义问题和违规发放津补贴或福利、违规收受礼品礼金等享乐主义、奢靡之风问题，查处违反中央八项规定及其实施细则精神问题21件23人，给予党纪政务处分18人，诫勉谈话2人，谈话提醒1人，责令解聘1人，调整岗位1人。

【日常监督】 2022年，乌当区纪委区监委制定下发《乌当区纪委区监委2022年监督工作要点》，明确监督重点和重要工作目标，主要聚焦习近平总书记重要讲话精神和对贵州工作重要指示批示精神，中央、省委、市委重要决策部署贯彻落实，紧盯"关键少数"，加强对"一把手"和领导班子落实全面从严治党责任开展监督。聚焦重点任务，提升监督检查力度精度。加强对习近平总书记重要指示批示精神落地见效的监督，开展对习近平总书记重要指示批示精神贯彻落实情况的"回头看"监督，协调区发改局系统开展全区楼堂馆所有关禁止性规定执行情况专项监督检查，以省委巡视贵阳市围绕"四新"主攻"四化"反馈问题整改、营商安商和招商引资作风专项整治为抓手，对区工信局、区农业农村局、区文旅局以及区投促局等问题整改牵头单位开展监督检查。加强对党中央、省委、市委、重大决策部署贯彻落实情况的监督，开展党内法规执行情况的监督检查。对巩固拓展脱贫攻坚成果五年行动、发展乡村产业五年行动、农村人居环境整治提升五年行动开展重点监督，围绕防范化解债务风险开展监督；加强对意识形态工作落实情况监督；加强对"一把手"和领导班子监督；聚焦重点安全生产领域强化监督；坚决扛起政治责任深入开展疫情防控监督；围绕"强省会"行动重点任务和指标情况开展监督；围绕"改进作风、狠抓落实"年"六个大力整治"目标强化监督。下发《乌当区关于开展贯彻落实中央八项规定精神专项监督的工作提示》，纠治"四风"问题，开展落实中央八项规定精神制度建设"回头看"，开展整治形式主义为基层减负有关工作，部署全区6个派驻纪检组、5个街道纪工委、8个乡镇纪委围绕"某长制"工作中存在的形式主义、督检考中存在的形式主义以及文山会海隐形变异等方面开展监督。

【自我监督】 2022年，乌当区纪委区监委加强纪检监察干部理论学习，增强自律意识。坚持每周一集中开展业务学习，区纪委区监委班子成员带头授课，提高纪检监察干部综合素质和履职能力，开展学习20期720人次。抓警示教育，促进自律自警，做到清正廉洁做表率，组织70余人观看贵州省年轻干部违纪违法警示教育片《折翼之痛》。调查处置有关涉及纪检监察干部的问题线索，收到纪检干部问题线索2件，查否了结2件。

（区纪委监委）

党风廉政建设

【概况】 2022年，乌当区纪委监委深挖政策落地中有令不行、有禁不止、打折扣、搞变通等突出问题，严查责任落实过程中不作为、乱作为、慢作为的人和事。加强监督检查力度，督促问题整改，并下发提醒函、警示通知书，集中约谈17家“强省会”行动重点任务和指标单位部门主要负责人，对部分党员干部违反中央八项规定精神和“庸、懒、散、软、浮、推”问题进行追责问责，针对省委依法治省办暗访反馈问题、上级部门督查发现安全生产方面问题、疫情防控履职不到位等问题进行专门核查，严肃问责，立案查处。

【廉洁文化建设】 2022年，乌当区纪委监委坚持线上线下相结合深入开展党风廉政建设宣传教育，线上用好“爽爽贵阳·活力乌当”“清廉乌当”微信号公众平台、廉洁短信及其他网络宣传平台，线下统筹推进廉洁文化进机关、学校、医院、企业、村（社区）、家庭等七大单元阵地建设，将廉洁文化教育纳入全区干部日常教育培训，组织党员干部开展红色基地教育，聚焦“80、90后”“一把手”开展家教家风教育，协助区委召开全区党风廉政警示教育暨作风整肃大会，用身边事教育身边人，推动廉洁文化建设入脑入心。

【廉政警示教育】 2022年，乌当区纪委监委深化廉政警示教育和家教家风教育，开展家风、家教、家训讲座，弘扬传承家规好、家风正的优良传统。组织区直部门、区管企业、重点中学、区级公立医院的“80后、90后”“一把手”家属开展廉洁教育活动，赠送《习近平关于注重家庭家教家风建设论述摘编》书籍，签订《家庭助廉承诺书》，邀请书法家现场书写廉洁寄语，引导年轻领导干部廉洁齐家，建设清廉家庭。联合区妇联开展“我爱我家·家风传书”诵读短视频、音频征集活动，引导全区党员干部和社会公众崇德治家、廉洁齐家、勤俭持家。召开2022年党风廉政警示教育暨作风整肃大会，通报典型案例，观看警示教育片，用身边事教育身边人，筑牢不敢腐的思想堤坝。

【党风廉政警示教育暨作风整肃大会】 2022年11月14日，乌当区召开2022年党风廉政警示教育暨作风整肃大会。会议强调要深入推进“改进作风、狠抓落实”年“六个大力整治”。会前，全体与会人员集体观看警示教育片。

（区纪委监委）

巡察工作

【概况】 2022年，中共乌当区委巡察机构出台《中共贵阳市乌当区委巡察工作规划（2022—2026年）（试行）》，区委常委会会议8次专题审议巡察工作规划计划和巡察工作方案，听取巡察工作综合情况、整改落实情况。区委巡察工作领导小组召开7次领导小组会议，听取巡察组汇报、统筹推动整改落实。全年开展4轮巡察，其中常规巡察3轮，医疗卫生领域交叉巡察1轮；组建16个巡察组，分别对5个乡镇党委和4个提级监督村党支部、3个街道党工委及其所属18个社区党组织、6个人民团体、4个区属工作部门及3个卫健系统党组织进行政治监督。发现问题701个，问题线索22条，受理信访65件次。巡察移交问题线索22件，办结11件。下达“巡察建议书”15份，提出建议37条。

【巡察信息化建设】 2022年，乌当区委巡察机构持续推进信息化与巡察工作有效融合，整合巡察机构力量、全覆盖任务、会议研究等工作信息，谈话记录、信访台账、问题底稿、情况报告等监督成果，政策法规、制度文件、领导讲话等文档资料，建立情况明、数据准、可监控的基础数据库。完成十届区委所有巡察轮次档案信息化、数据化工作，可快速有效查询、统计、分析、比对巡察数据，切实以信息化促进巡察高质量发展。充分应用巡视单机系统和巡视巡察网络工作平台，及时更新应用巡视单机系统2.0版本。对巡察干部开展信息化培训，确保全员懂操作、会使用系统功能模块。有效开展基础数据录入，完成十一届区委第一轮、第二轮、第三轮巡察数据整理、录入、报送、归档，做到以信息化促进专业化、规范化。

【巡察成果运用】 2022年，乌当区修订区委巡察规划，明确巡察党组织213个，采取区级常规、专项、点对点和市级上下联动、交叉等形式开展巡察。开展3轮常规巡察，发现问题701个，移交问题线索22件，转办信访件65件，挽回资金10.78万元。至年底，反馈问题整改698个，整改率为99.6%，针对共性问题印制巡察建议书20份。通过巡察整改，解决基层单位补助发放不规范、作风不严不实等问题，推动被巡察单位党组织“财务管理”“三重一大”等一批常用制度“废改立”。

【巡察人才库建设】 2022年，乌当区修订完善区委《巡察人才库管理办法》，规范推荐标准，巡察人才库有人员174名（其中，组长库人员35名），党员后备人才库人员1275名。通过“一表”“一函”“一鉴定”（即：区委巡察干部工作评价表、报到函、工作表现鉴定），激发巡察干部担当作为和监督动力。

【巡察制度创新】 2022年，乌当区委巡察工作领导小组在全市率先探索巡察监督与人大法律监督、政协民主监督协作配合路径，制定《乌当区委巡察机构与区人大常委会工作机构、区政协工作机构协作联动工作机制》。修订完善区委巡察机构与区纪委监委机关、区委组织部协作联动机制；健全区委巡察机构与区委宣传部、区委政法委、区信访局、区审计局、区财政局、区统计局参与配合机制，推动形成专业力量深度参与巡察工作有效格局。建立巡察组、巡察办、整改日常监督单位、巡察工作领导小组巡察整改“四重审核”机制；邀请联系乡、镇（街道）相关区级领导参加巡察反馈会议。发动社区“两委”干部、网格员、联户长力量，十一届区委第二轮巡察，向辖区住户发放“城区巡察大家知”3.8万份，收集到老旧小区改造、物业管理、环境卫生等方面意见建议322条，印制《中共乌当区委巡察工作领导小组办公室群众意见建议转办函》进行转办。

（区委巡察办）

民主党派·工商联

中国国民党革命委员会乌当区支部

【概况】 2022年，中国国民党革命委员会乌当区支部（以下简称“民革乌当区支部”）有党员61人。有市政协委员2人，其中常委1人；区政协委员4人，其中常委1人。主要界别构成：教育界14人，卫生健康领域16人，其他领域（个体、新阶层等）31人。主委王路杨（乌当区人民政府副区长）。全年在网络、微信公众号推送活动信息8条，发布简报信息5篇。

【思想建设】 2022年，民革乌当区支部利用支委会、支部组织生活会、宣讲会等学习宣传贯彻中共二十大和习近平总书记视察贵州重要讲话精神，坚决落实“疫情要防住、经济要稳住、发展要安全”重要要求，开展集中学习、交流心得等活动4次，发表学习心得体会15篇。开展“矢志不渝跟党走、携手奋进新时代”政治交接主题教育。组织开展“履职尽责质效提升年”行动。

【组织建设】 2022年，民革乌当区支部发展党员3人。组织黄康、何嵩、陈燕鸣等3人参加市委会新党员学习培训会。建成1个支部“党员之家”，形成思想宣传的阵地、组织活动的平台和对外交流的载体。组织支部党员赴偏坡布依族乡、中国红十字会救护总队贵阳图云关抗战纪念馆等开展活动5次，走访慰问党员32人次，走访党员所在单位3家。

【参政议政】 2022年，民革乌当支部在区政协作大会发言1次，提交集体提案1篇，政协委员和人大代表提交个人提案4篇，其中《关于关注返乡农民工社保接续、助力乡村振兴发展的建议》被区政协评选为重点督办提案。全年报送社情民意信息3篇，市政协采用1篇、区政协采用3篇。申报市政协《加强我市紧密型智慧医共体建设》专项课题。参与区委政党协商，形成《关于加强我市紧密型智慧医共体建设的建议》等协商建言报告，并在市政协会上作联组发言。王路杨、黄康等2名党员被市委会评为“2022年度参政议政优秀个人”。

【社会服务】 2022年，民革乌当区支部开展医卫支边活动，到利民学校、林侩阳光家园等看望慰问留守儿童6人，向特殊教育学校学生、敬老院老人、困难退役军人、农村困难妇女捐款捐物4000元。区政府副区长、民革乌当区支部主委王路杨多次到乐湾国际学校给师生送去抗原试剂，到抗疫一线慰问工作人员。民革乌当区支部党员或捐款捐物，或参加志愿服务活动，或根据安排做各种新冠疫情防控工作。

（民革乌当区支部）

2022年5月9日，民革乌当区支部到羊昌镇开展“健康义诊进乡村 科普宣传惠民生”活动，向居民发放健康宣传手册 （民革乌当区支部 供图）

中国民主同盟乌当区支部

【概况】 2022年，中国民主同盟乌当区支部（以下简称民盟乌当区支部）有盟员52人。中高级职称及以上30人。有区政协委员4人，其中常委1人。主要界别构成：教育界35人，文化旅游领域2人，经济、工商界成员11人，其他4人，主委李海燕。全年推送活动信息20余条。

【思想建设】 2022年，民盟乌当区支部利用理论学习专题会、班子成员交接仪式暨新盟员见面会、主委会、宣讲会等学习宣传贯彻中共二十大、学习中共贵州省第十三次代表大会报告和习近平总书记视察贵州重要讲话精神6次。开展集中学习、交流心得等活动6次，发表学习心得体会6篇。组织开展“矢志不渝跟党走、携手奋进新时代”“班子成员交接仪式暨新盟员见面会”“喜迎二十大，红船，从这里起航”诗歌朗诵视频录制展播、“笔飞亦墨舞·喜迎二十大”书画展等活动。

【组织建设】 2022年，民盟乌当支部发展盟员2人。组织2名新盟员参加民盟市委新盟员学习培训。推荐3名盟员入选乌当区统一战线智库。支部组织活动6次，走访慰问盟员6人次。

【参政议政】 2022年，民盟乌当区支部提交集体提案2篇，政协委员提交个人提案或建议5篇。其中，黄丽云在乌当区两会上撰写的关于有效落实“双减”政策的提案被列为乌当区落实义务教育“双减”政策情况暨2022年第9号、23号重点提案，乌当区政协特别组织教育界别委员进行专题调研督办。全年报送社情民意信息5篇。承担民盟市委《构建优质公共服务体系，推进婴幼儿照护服务》课题调研、贵阳贵安校园体育设施开放课题调研。参与区委政党协商，并在政党协商会上发言。开展《劳动教育在中小学开展情况》调研活动。开展好民盟贵州省委“乡村振兴背景下贵州省乡村干部工作状况”调研任务，11月16日，民盟乌当区支部调研小组在乌当区羊昌镇、水田镇开展乡村振兴背景下乡村干部工作状况调研工作，并组织召开座谈会。

【社会服务】 2022年，民盟乌当支部组织盟员投身乡村振兴、新冠疫情防控、支教服务等活动。围绕强省会、乡村振兴、农村“五治”等中心工作到基层开展调研。开展“教育科研·读讲互动”阅读研讨活动进行教学研讨。9月，民盟乌当区支部成立“民盟乌当支部疫情防控小组”，负责统一协调民盟乌当区支部新冠疫情期间的相关工作，并通过贵阳市慈善总会捐款1600元。盟员孙少云获贵阳市生物带头人工作站站长荣誉，到省内外开展生物学教学研讨活动20余次。5月22日，孙少云工作站与乌当区名教师吴敏工作室联合开展新课程新教材新高考改革主题研讨活动。6月10日，民盟贵阳市委到乌当区调研构建优质服务体系推进婴幼儿照护服务课题并召开座谈会。民盟乌当支部优化育人课程坚持五育并举研学研讨会。

2022年6月16日，民盟乌当支部拍摄《红船，从这里起航》诗歌朗诵视频

（民盟乌当区支部　供图）

【“教育科研·读讲互动”阅读研讨活动】 2022年6月1日，由民盟乌当支部、民进乌当区支部、乌当区教育科研与教师培训中心、贵阳市乌当中学、贵阳市生物学科工作站、《新课改背景下普通高中生物学科融合劳动教育的实践研究》课题组共同组织开展“教育科研·读讲互动”阅读研讨活动。课题组成员等16人参加此次活动。活动由民盟乌当区支部主委李海燕主持，民进乌当区支部马仲玲对研读活动的目的和意义进行解读，民进省委会员、贵州省社科院博士龙希成引领大家解读文献，并作自由交流研讨。

【“同课异构”教研活动】 2022年5月26日，民盟乌当支部联合贵阳市生物学科带头人工作站与《新课标+信息化2.0背景下高中生物概念教学的实践研究》《新课改背景下普通高中生物学科融合劳动教育的实践研究》课题组在乌当四中举行高中生物“同课异构”教研活动，活动邀请贵州师范大学教授郭娟进行指导，来自北师大附中贵阳分校、贵州大学附属中学、人民大学附属中学贵阳分校等学校的生物教师参加活动。活动由两个部分组成。第一部分由乌当中学教师李佳琳与贵州大学附属中学教师李东旭分别进行《自然选择与适应的形成》的授课与说课，参与教研的各个学校的教师进行评课研讨；由贵州师范大学教授郭娟，乌当区民盟支部盟员、生物学科工作站站长孙少云与民盟乌当区支部主委、学科工作站特邀专家李海燕对两位教师的授课进行评课并指导。第二部分由民盟乌当区支部盟员、学科工作站孙少云站长开展主题为《如何评课及作业设计》的讲座培训。

（民盟乌当区支部）

中国民主建国会乌当区总支部

【概况】 2022年，中国民主建国会乌当区总支部（以下简称“民建乌当区总支部”）有总支1个、支部4个，会员97人。会员中具有硕士学位7人，中高级职称及以上6人。有市人大代表1人、市政协委员1人；区政协委员9人（常委3人），区人大代表1人。主要界别构成：公务员22人，经济、工商界成员55人，其他领域（个体、新阶层等）20 人，主委何萍。全年推送活动信息 12 条。

【思想建设】 2022 年，民建乌当区总支部利用理论学习中心组学习会、主委会、区委扩大会、宣讲会等学习宣传贯彻中共二十大和民建中央、省、市精神 4 次。开展集中学习、交流心得等活动 4 次，发表学习心得体会 8 篇。一支部组织开展“矢志不渝跟党走、携手奋进新时代”政治交接主题教育，四支部组织会员与民建云岩二支部开展联谊会等主题活动。

【组织建设】 2022 年，民建乌当区总支部发展会员 1 人。考察 2 人；会员企业 3 人提出入会申请。组织 10 余名会员参加市委会举办的培训班和会议。建成“会员之家”2 个。总支部组织活动 6 次，走访慰问会员 10 余人次，走访会员所在单位 6 家。

【参政议政】 2022 年，民建乌当区总支部作大会发言 1 次，提交集体提案 3 件，政协委员和人大代表提交个人提案或建议 12 件。完成《发展中药材产业助推乌当区林下经济生态产品高值化利用研究》的课题 1 篇。

【社会服务】 2022 年，民建乌当区总支部企业委员会看望慰问水田镇留守儿童 2 人，捐赠助学金 5000 元。新冠疫情防控期间，民建乌当区总支部会员企业累计向抗疫一线捐赠物资和现金 106.61 万元，32 名会员向贵阳市慈善总会捐款共 0.98 万元。

【调查研究】 2022 年 10 月 2 日、10 月 14 日，民建乌当区总支部陪同民建贵阳市委主委喻理飞等一行到乌当区贵阳凯源汽车修理服务有限公司、德堡印务有限公司、贵阳嘉旺屠宰加工有限公司、贵阳禾美花卉有限公司等会员企业进行实地走访调研。全年，民建乌当区总支部根据年初拟定的调研计划，开展《发展中药材产业助推乌当区林下经济生态产品高值化利用研究》课题调研，会同区级部门、专家等就课题进行专题协商，推动课题内容更加符合乌当实际，11 月中旬完成调研报告。

【民建贵阳市乌当区“会员之家”授牌】 2022 年 12 月 1 日，民建贵阳市委乌当区第一支部、第三支部“会员之家”授牌仪式分别在贵阳凯源汽车修理服务有限公司、贵州天下家政有限公司举行。市政协副主席、民建贵阳市委主委喻理飞，区委常委、统战部部长马晶为会员之家授牌。民建乌当一支部主委张艳介绍“会员之家”成立情况。民建乌当区第一支部副主委林健介绍场馆的设计规划和创建过程。

（民建乌当区支部）

中国民主促进会乌当区支部

【概况】 2022 年，中国民主促进会乌当区支部（以下简称“民进乌当区支部”）有支部 1 个，会员 63 人。硕士学位 1 人，中高级职称及以上 46 人；有市政协委员 1 人、区政协委员 3 人（其中常委 1 人），区人大代表 1 人。主要界别构成：教育界 52 人，其他 11 人。主委马仲玲。

【思想建设】 2022 年，民进乌当支部利用理论学习中心组学习会、主委会等学习宣传贯彻中共二十大精神 7 次。开展集中学习、交流心得等活动 7 次。开展“矢志不渝跟党走、携手奋进新时代”政治交接主题教育。参加民进贵阳市委“矢志不渝跟党走、携手奋进新时代”政治交接主题教育中青年骨干会员座谈会并发言。

【组织建设】 2022 年，民进乌当支部发展乌当区新堡村枫香染传承人韦丽为会员。马仲玲入选民进省委教育专委会，余泽卉入选民进省委乡村振兴专委会。全年民进乌当支部组织活动 7 次。

【参政议政】 2022 年，民进乌当区支部政协委员和人大代表提交个人提案或建议 7 篇。全年报送社情民意信息 2 篇，市委统战部采用 1 篇、区政协采用 1 篇。召开乌当区中小学调整布局现状问题及对策建议的课题研究座谈。针对中小学校本教研承担民进市级课题。参与民进市委政党协商，形成《“强旅游”建议》等协商建言报告，得到市委主要领导的高度评价。开展专题调研 9 次，课题研讨 3 次。

【调研活动】 2022 年 4 月 19 日，民进乌当区支部调研乌当区下坝镇喇坪村乡村振兴项目建设工作推进情况并召开农村“五治”工作座谈会，现场调研喇坪村文体用品、文化广场治理、村道治理及排洪沟治理 4 个项目建设情况。5 月 9 日，民进乌当区支部班子成员召开《关于乌当区义务教育学校设点布局现状问题及对策建议》课题研究工作推进会。全年完成《关于农村教学点现状及对策建议》《关于乌当区低端民办学校教育教学现状调研及对策研究》《乌当区关于县域高中普职融合优质发展调度报告》《乌当区关于学前教育现状及建议调研报告》。

【社会服务】 2022 年，民进乌当区支部开展“同心彩虹·绿色未来”植树活动。举办“优化育人课程·坚持五育并举”暨 2022 年研学调研活动，民进市委行政支部、民进贵安支部及民盟乌当支部的部分会员等 41 人参加活动。邀请民进市委主委杜正军赴乌当区下坝镇喇坪村调研乡村振兴项目建设工作推进情况暨农村“五治”工作座谈会。民进乌当支部联动中铁建工集团西南分公司，开展助力“爱心助学”活动。新冠疫情防控期间，协调贵州华夏骨科医院为育新、清溪社区抗疫工作点捐赠防护服、N95 口罩等共计 10 万余元防护物资。

【政治交接主题教育中青年骨干会员座谈会】 2022 年 3 月 26 日，民进贵阳市委行政支部和乌当区支部共同开展“同心彩虹·绿色未来”植树活动暨“矢志不渝跟党走、携手奋进新时代”政治交接主题教育中青年骨干会员座谈会，民进市委会主委杜正军，副主委杨吉华、施京，秘书长程艺，民进乌当区支部马仲玲等17人参加活动。民进市委传达学习全国、省、市两会精神、《国务院关于支持贵州在新时代西部大开发上闯新路的意见》、民进中央“矢志不渝跟党走、携手奋进新时代”政治交接主题教育动员会精神、市委书记胡忠雄走访各民主党派市委（支部）、市工商联机关、调研市委统战部讲话精神。

【“民进教育 · 读讲互动”活动】 2022年4月10日，民进乌当支部参加由民进观山湖支部发起的“民进教育 · 读讲互动”第3期活动，活动邀请贵州省社会科学院博士龙希成作为读讲互动专家，带领3名小学教师和3名幼儿教师和1名幼儿园园长聚焦《教师理解儿童的内在阻碍：基于一项田野考察的发现与反思》《教师理解儿童的依据与层次》展开交流研讨。

（民进乌当区支部）

中国农工民主党乌当区支部

【概况】 2022年，中国农工民主党乌当区支部（以下简称“农工党乌当区支部”）党员58人。党员中具有硕士学位2人，中高级职称及以上28人；有市政协委员1人、区政协委员9人（其中常委2人），区人大代表1人。主要界别构成：教育界12人，卫生健康领域26人，其他领域（个体、新阶层等）20人。主委秦德盛。全年推送活动信息20条。

【思想建设】 2022年，农工党乌当支部利用支委会、党员大会、宣讲会等学习宣传贯彻中共二十大和习近平总书记视察贵州重要讲话精神4次。开展集中学习、交流心得等活动4次，发表学习心得体会5篇。开展“矢志不渝跟党走、携手奋进新时代”政治交接主题教育。组织党员参加市委统战部组织的“统一战线 · 喜迎二十大”主题征文活动和“统一战线 · 喜迎二十大”书画巡展。

【组织建设】 2022年，农工党乌当支部发展党员2人。组织新党员2人参加农工党市委会新党员学习培训会。推荐党员3人入选乌当区统一战线智库。支部组织活动4次，走访慰问党员4人次，走访党员所在单位3家。

【参政议政】 2022年，农工党乌当支部提交集体提案1篇，政协委员和人大代表提交个人提案或建议14篇。全年报送社情民意信息5篇。承担“强环境”课题调研，形成《关于打通部门间数据壁垒，实现政务服务更大范围“一网通办”的对策建议》的调研文章。参与区委政党协商，并在政党协商会上发言。

【社会服务】 2022年，农工民主党乌当区支部组织党员中的医务人员在易地扶贫安置点开展义诊咨询活动，义诊100人、咨询300余人、发放宣传资料400余份。开展送温暖活动，探望患病住院的党员；春节期间，走访慰问70岁以上的老党员。支部、副主委、乌当中学教师李秀平到息烽县乌江复旦小学支教。

【“强环境”专题调研】 2022年4月24日，乌当区政协副主席、农工党市委常委黄才秀、农工党乌当支部主委秦德盛、支委王莉莎到贵阳市高新区行政审批局围绕《关于打通部门间数据壁垒、加快推行政务服务“一网通办”，促进营商环境的提质增效的对策建议》课题进行调研。调研组实地走访综合办事窗口，了解相关办事程序，与高新区行政审批局负责人和业务骨干进行座谈交流，了解政务服务工作的数据壁垒现状、惠企惠民政策宣传落实情况、存在哪些技术层面和体制机制障碍以及产生的原因等。

（农工党乌当区支部）

中国致公党乌当区支部

【概况】 2022年，中国致公党乌当区支部（以下简称“致公党乌当支部”）有党员21人。主要界别构成：教育界2人，卫生健康领域1人，国家公职人员9人，国企人员1人，金融领域1人，其他领域（个体、新阶层等）7人。有

2022年春节来临之际，致公党乌当区支部开展新春慰问活动

（致公党乌当区支部　供图）

区政协委员 5 人。主委王兰（乌当区商务局局长）。

【思想建设】 2022 年，致公党乌当支部利用支委会、支部组织生活会、宣讲会等学习宣传贯彻中共二十大和习近平总书记视察贵州重要讲话精神，开展集中学习、交流心得等活动 5 次，发表学习心得体会 10 篇。开展“矢志不渝跟党走、携手奋进新时代”政治交接主题教育。

【组织建设】 2022 年，致公党乌当支部发展党员 3 人。组织李峰、付清凤、苏婧鸿等 3 人参加市委会新党员学习培训会。组织支部党员赴市委会参加主题教育演讲比赛、息烽集中营开展活动 2 次，走访慰问党员 3 人次，走访党员所在单位 3 家。

【参政议政】 2022 年，致公党乌当支部在区政协作大会发言 1 次，提交集体提案《关于加强新能源汽车产业链发展建设的提案》1 件，政协委员和人大代表提交个人提案 4 件。

【社会服务】 2022 年，致公党乌当支部推进社会服务活动。开展“送温暖献爱心”主题关怀活动 3 次，到百花湖镇毛栗村、下麦城村两个民族村，看望孤寡残病老人 8 人，向特殊教育学校学生、敬老院老人、困难退役军人、农村困难妇女捐款捐物 0.6 万元。新冠疫情防控期间，区委统战部马昔珍副部长、致公党乌当支部王兰主委接收致公党上海市委会捐赠，共计 34.62 万元。

（致公党乌当区支部）

2022 年 11 月 4 日，九三学社乌当区支社前往振华宇光调研企业生产经营情况

（区委办　供图）

九三学社乌当区支社

【概况】 2022 年，九三学社贵阳市乌当区支社（以下简称九三学社乌当区支社）有基层组织 1 个，有社员 48 人。主要界别构成：卫生健康领域 9 人，文化旅游领域 2 人，经济、工商界成员 12 人，其他领域（个体、新阶层等）25 人，主委成龙。社员中具有硕士学位 20 人，中高级职称及以上 37 人。有市政协委员 1 人、区政协委员 4 人，区人大代表 1 人。全年推送活动信息 8 条。社员黄富贵编写并发表 2022 贵州茶业科技年会论文《海马宫黄茶加工工艺探究》；参与编写《贵州名茶志》图书。社员企业贵定县汽车行业商会成为中华全国工商联认定的“全国四好商会”；社员黄富贵获评贵州省茶叶学会“优秀工作者”，加工的“海马宫茶”黄小茶获第七届“蒙顶山杯”中国黄茶斗茶大赛金奖。

【思想建设】 2022 年，九三学社乌当区支社利用社员学习会、支社班子会、宣讲会等学习宣传贯彻中共二十大和九三社中央、社省委、社市委精神 6 次。开展集中学习、交流心得等活动 12 次，发表学习心得体会 5 篇。开展“矢志不渝跟党走、携手奋进新时代”政治交接主题教育动员会、“学习贯彻中共二十大精神座谈交流会”“矢志不渝跟党走、携手奋进新时代”政治交接主题教育年终总结及新年交流分享座谈会、“易地扶贫搬迁安置点图书捐赠活动”等主题活动。

【组织建设】 2022 年，九三学社乌当区支社发展社员 3 人。组织 2 名新社员参加社市委组织新社员学习培训会。支社组织活动 10 余次，走访慰问社员 10 余人次，走访社员所在单位 4 家。

【参政议政】 2022 年，九三学社乌当区支社在市两会期间提交提案、议案 3 件：《关于营造开放包容良好环境，推动市场主体发展壮大的建议》《关于加快推进“碳达峰、碳中和”行动促进经济健康持续发展的建议》《关于加强农药减量增效工作促进我市农业绿色发展的建议》。在区“两会”作大会发言 1 次，提交集体提案 4 篇，政协委员和人大代表提交个人提案或建议 14 个：《关于营造开放包容环境，发展壮大市场主体的建议》《农业产业发展合理施肥促进乡村振兴的建议》《关于完善园区要素促进中小企业发展的建议》《关于推动中医药产业发展的建议》《关于加强农村垃圾处理促进人居环境改善的建议》《关于乌当区农业产业结构调整的建议》《关于温石路道路畅通的建议》《关于进一步推进我区“零污染”村庄建设的建议》《关于老旧、烂尾房开小区业主委员会建立和居民委员会共同发展的建议》《关于加快我区“碳达峰、碳中和”行动促进经济健康发展的建议》

《关于增设果蔬自产自销摊点，稳步提高农民收入的建议》《严控农药减量增效助推乌当农业绿色发展》《关于大力发展我区软件和信息服务业的建议》《着力培育电动车和电瓶车专业市场的建议》。全年报送社情民意信息5个。其中，报送九三学社贵阳市委社情民意3件：《关于切实维护新就业形态劳动者权益保护的社情民意》《关于乌当区秸秆焚烧存在的问题及对策建议》《开展防盲复明的民心工程，免费解除城乡居民的老年性白内障疾病致盲》。

【调查研究】 2022年，九三学社乌当支社为帮助企业排忧解难，走访调研好活（贵州）网络科技有限公司、贵阳泉城五韵旅游文化投资开发有限公司、贵州安泰和汽车销售有限公司；帮助贵州万叶包装等非公企业解决企业扩张中遇到的用地困难等问题12件次；赴新堡布依族乡调研乡村振兴、社会化服务工作，到百宜镇调研蜂糖李基地建设情况。邀请九三学社贵阳市委赴乌当区开展走访调研活动，实地调研参观智汇云锦孵化基地建设、乌当区大数据重点企业——好活（贵州）网络科技有限公司等。

【社会服务】 2022年，九三学社贵阳市乌当支社开展慰问、医疗服务、捐赠、助学、帮扶等社会服务127次。看望慰问云锦尚城社区困难群众，并送上1.5万元慰问金；协调民政物资，慰问云锦尚城10户困难群众。5月6日，九三学社贵阳市委、乌当区政协在新堡布依族乡马头村创建“社会服务实践基地”，在新堡布依族乡马头村开展送医送药义诊、家电维修下乡、农村“五治”宣传、座谈交流等系列活动。邀请社内医疗专家就常见病、多发病开展义诊咨询及健康知识普及80余人次，免费发放药品（价值1500元），社内专业团队免费维修家电40余台。继续做好百宜镇罗广村蜂糖李种植基地建设。协调资金45万元，采取“公司+村集体+农户”的模式，建成3.33公顷蜂糖李示范基地，帮助新建蜂糖李基地绿色生态围栏950米、硬化道路300米，新建50立方米高位灌溉水池1座，安装灌溉管网500米。疫情防控期间捐赠400套防护服，3000个N95口罩，15000元慰问金及月饼等物资，帮助新业态劳动者度过疫情困难。11月25日，贵州睿鹏建设工程有限公司到乌当区马头村捐赠打印机3台，并开展农村电商培训。

（九三学社乌当区支社）

乌当区工商业联合会

【概况】 2022年，乌当区工商业联合会（以下简称乌当区工商联）有区级总商会1个，会长王路杨，会员企业572家，团体会员3个，个人会员860个。直属商会2个，分别是：贵阳市乌当区东风镇民营企业商会，企业会员96个；贵阳市农工商小微企业商会，企业会员59个。各街道开展属地商会建设，至年底，5个街道属地商会建设基本完成，待民政审批。年内开展走访调研300余次，帮助企业协调相关职能部门解决复工复产问题3个。5月27日，乌当区企业合规第三方监督评估机制管理委员会办公室正式成立。组织干部职工和非公企业人士开展疫情防控志愿服务工作，通过工商联发动非公经济人士为疫情防控捐赠物资累计价值20万余元。

【参政议政】 2022年，乌当区工商联在区两会期间，组织民营经济人士中的人大代表、政协委员，结合全区经济社会发展状况，撰写意见建议，提出提案。对全区经济社会发展中出现的矛盾问题和普遍关注的热点、难点、焦点问题，提出具有针对性、操作性的意见建议，形成调研报告1篇，解决问题3个，提出建议与对策3个。

【民营经济代表人士队伍建设】 2022年，乌当区工商联与区检察院联合举办企业合规专题培训，邀请泰和泰（贵阳）律师事务所主任潘燕律师为企业讲解《企业家刑事风险与解决方案》，推进企业守法合规经营，营造良好法治营商环境。邀请辖区贵州五福坊食品（集团）股份有限公司、贵州福万康康复医院、贵州万顺堂药业有限公司等14家民营企业董事长、总经理，到区检察院参加以“企业合规经营”为主题召开“检察长·董事长”两长座谈会，共同讨论商议企业合规工作。为企业建立健全预防、发现、处理企业违法犯罪行为的内部控制机制，确保企业及其员工的经营管理行为符合法律规定、监管规定、行业标准的要求提供专业的法律支撑。

【民营企业服务】 2022年，乌当区工商联到民营企业开展走访调研，走访企业65次，收集问题52个，均得到妥善解决。开展网络安全意识防范电信网络诈骗宣传、开展“送政策·进民企”等活动，走访企业近300家。到贵州万顺堂药业有限公司、贵州百草轩消毒清洁用品有限公司、贵州金和农业科技有限公司、贵州宏宇药业有限公司、贵州天嘉公路工程有限公司、贵阳德堡印务有限公司等20余家民营企业宣传新国发2号文件精神等，引导民营企业家用好改革红利和政策机遇。通过加强安全生产宣传，引导民营企业家坚决落实习近平总书记关于安全生产的重要指示精神，贯彻执行中央、省、市、区关于安全生产的决策部署，压紧压实安全生产责任，做好“六稳”工作，全面落实“六保”任务。

【“万企兴万村”行动】 2022年，乌当区工商联引导动员民营企业参与“万企兴万村”行动，拟定《乌当区关于开展“万企兴万村”行动实施方案》，把贵州五福坊食品集团有限公司、贵州远程制药有限责任公司、贵州阿栗山水花鸟世界有限公司、贵州瑞龙集团、贵阳玉龙花卉有限公司、世纪恒通科技股份有限公司、贵州威门药业股份有限公司、贵州天嘉公路工程有限公司、贵州

2022 年 3 月 28 日，乌当区检察院邀请辖区贵州五福坊食品（集团）股份有限公司、贵州福万康康复医院、贵州万顺堂药业有限公司等 14 家民营企业董事长、总经理，以“企业合规经营”为主题召开“检察长·董事长”两长座谈会，共同讨论商议企业合规工作（区检察院 供图）

飞龙雨实业集团有限公司、贵州西江传说餐饮集团有限公司、贵州健兴药业有限公司、贵州万顺堂药业销售有限公司 12 家企业作为乌当区“万企兴万村”行动的“先锋队”，通过 12 家企业带动广大民营经济人士、社会各界参与。飞龙雨集团有限公司为黄连红军村秋韵银杏节活动捐赠 1 万元，同时为农村人口提供就业岗位 200 余个；贵州瀑布冷链食品投资有限公司向下坝镇下坝村捐赠 2.8 万元，帮助解决修复覆盖全村 13 个村民组沟渠，灌溉农田 173.33 公顷，受益群众 3453 人；东方骨科医院志愿服务队到羊昌镇马场村开展为民办实事、义诊服务活动；贵州福万康康复医院到各个乡镇开展义诊活动，为结对帮扶的贫困户改造厨房，为低保、特困、建档立卡等人群进行义诊，提供医疗救助，累计为 400 余名贫困人员进行义诊；贵州阿栗山水花鸟世界有限公司投入 13.8 万元资金，为阿栗村村民解决用电、用水问题，同时为阿栗村村民提供就业岗位 120 个。

【企业合规经营“两长”座谈会】 2022 年 3 月 28 日，乌当区人民检察院邀请辖区内 14 家民营企业董事长、总经理，以“企业合规经营”为主题召开检察长、董事长“两长”座谈会，共同讨论商议企业合规工作。会上，乌当区人民检察院负责人介绍“涉案企业合规工作”，检察机关将全面推开涉案企业合规改革，落实第三方监督评估机制，以检察助力减少和预防企业犯罪，打造依法保护企业合法权益的更优营商环境；介绍检察机关在办理企业犯罪案件中开展涉案企业合规和非涉案企业大合规工作的侧重点、主要措施等，以及下一步乌当区人民检察院开展企业合规的计划。

【乌当区检察院涉案企业合规第三方监督评估机制管理委员会办公室成立】
2022 年 5 月 27 日，贵阳市乌当区检察院涉案企业合规改革试点工作推进会在乌当区检察院召开。会上，乌当区检察院涉案企业合规第三方监督评估机制管理委员会办公室揭牌成立，区工商联承担第三方监督评估机制管理委员会办公室日常工作职责，为“乌当区人民检察院、乌当区工商业联合会服务保障民营经济发展工作联络室”“乌当区人民检察院企业合规建设试点单位”授牌。区级第三方监督评估机制管理委员会成员单位有 23 家。建立健全涉案企业合规第三方监督评估机制，目的是防止不当办一个案件，垮掉一个企业；通过办好每一个案件，促进企业乃至行业规范发展，推进国家治理体系和治理能力现代化。成立至年末，检察院涉案企业合规第三方监督评估机制管理委员会办公室开展监督评估企业 4 家，走访企业 4 次，促进企业合规经营。

（区工商联）

群众团体

乌当区总工会

【概况】 乌当区总工会（简称区总工会）下辖镇街工会13个、系统工会4个、园区工会1个。2022年，全区有基层工会515个，会员3.4万人。2022年，乌当区总工会新建基层工会17家，新增会员431人。开展“春送岗位、夏送清凉、金秋助学、冬送温暖”等活动，打造“司机之家”活动阵地。召开女职工委员会六届一次会议。推荐评选“贵州省五一劳动奖章”1个、“贵州省五一劳动奖状”1个、贵州省“最美劳动者”56名，推荐国家税务总局贵阳市乌当区税务局新光税务分局、贵州天安药业股份有限公司等5家集体获贵阳贵安“工人先锋号”，6名劳动者获贵阳贵安“筑城工匠”称号。新冠疫情防控期间，筹措资金200万元开展抗疫一线慰问工作，与市总工会、贵州瀑布冷链食品投资有限公司工会、区市场监管局等单位，联合开展慰问活动，惠及5个街道、东风镇等乡镇抗疫一线干部职工、外来支援乌当的医疗志愿服务队员、货车司机、外卖配送员等群体。组织工会会员志愿服务车队，招募私家车11辆，为社区和各居民小区运送爱心餐、生活用品等。

【职工思想政治引领】 2022年，乌当区总工会深化“中国梦·劳动美”主题教育，开展劳模讲堂进社区、进机关、进企业活动，开展宣讲20余次，参加人数1500余人。举办干部培训班2次，组织干部职工学习中共十九届六中全会精神、省委十二届十次全会精神、市第十一次党代会精神和《中华人民共和国民法典》等内容，提高干部职工政治素质和业务能力。

【职工权益维护】 2022年，乌当区总工会健全完善建立集体协商和集体合同制度，从制度上保障职工劳动经济权益。共签订集体合同34份、工资集体协商协议34份。

【职工关爱服务】 2022年，乌当区总工会打造“春送岗位、夏送清凉、金秋助学、冬送温暖”工会品牌，重点关怀一线工作人员、家庭困难职工和易地扶贫搬迁安置点职工群众。开展“冬送温暖”活动，“两节”期间，向易地扶贫搬迁安置点云锦尚城281户职工家庭发放价值4万余元的米和油，慰问区内困难职工、劳动模范和先进工作者43人，发放慰问金39000元。开展“春送岗位”活动，2月14日，区总工会与区人社局等8家单位联合在乌当区商业街举办2022年“春风行动”专场招聘会，39家企业参加招聘会，提供岗位17199个，求职人员7315人，404名求职者与企业达成就业意向。开展“夏送清凉”活动，向乌当5个街道办、城管创文创卫一线职工，货车司机，外卖员及网约车司机等1000余人发放凉茶、矿泉水等慰问品。开展“金秋助学”活动，为16名职工子女发放助学金13万余元。对困难职工加强动态管理，及时增档退档，更加灵活精准管理，真正做到由“困时帮”转变为“常态帮”。全年投入资金40.17万元，帮扶困难职工444人次。

【基层工会建设】 2022年，乌当区总工会创建乡（镇、街道）工会规范化建设巩固提高示范点1个。开展“职工之家”和会员评家工作，培育市级先进“职工之家”、先进“职工小家”各1个，打造四星级“爽爽贵阳·劳动者驿站”1个。

2022年1月18日起，区总工会在贵阳东站开设返乡农民工送温暖服务点。图为区总工会工作人员向返乡农民工发放口罩等物资 （区总工会 供图）

【和谐劳动关系创建】 2022年，乌当区总工会把推进工资集体协商作为工会民主管理工作重点，公有制企业和事业单位厂务公开、职代会建制率动态保持在95%以上，非公有制企业厂务公开、职代会建制率动态保持在90%以上。持续开展2022—2023年度“安康杯”竞赛，对企业安全生产投入和措施进行监督检查。

【职工文体活动】 2022年，乌当区总工会组织女职工参加2022年“玫瑰书香”全市女职工主题阅读活动，7名女职工获奖。1月19日，区总工会与区文联共同开展“送万福·进万家”书法公益志愿服务活动，为易地扶贫搬迁安置点云锦尚城的职工家庭现场免费写福字、送春联。8月14日，区总工会组织开展乌当区“喜迎党的二十大 激发活力开新局”2022年职工运动会，设置五人制篮球、六人制足球、羽毛球、乒乓球、趣味运动5个项目，近1000人次报名参赛。开展劳模讲堂进社区、进机关、进企业活动，宣讲20余次，参加人数1500余人次。乌当区委宣传部牵头，区总工会联合共青团区委、区妇联为8对新人举办集体婚礼。在“筑工惠”云平台开展答题活动，组织职工就中共二十大精神、贵州省第十三次党代会精神、《中华人民共和国工会法》《贵州省女职工劳动保护特别规定》等内容进行答题抽奖，全年向职工赠送蛋糕卡、粽子礼盒、农家乐消费券等共390份。

【产业工人队伍建设】 2022年，乌当区召开新时期乌当区产业工人队伍建设改革安排部署会。构建产业工人技能形成体系。工会、人社等部门带领行业企业加强职工技能培训；依托乌当区职业技术学校，围绕人才培养、课程设置、毕业生就业等方面，提高学生就业能力；加强就业见习基地建设和师资队伍建设，帮助见习人员和见习单位解决实际困难。优化产业工人权益保障服务。区总工会会同区委组织部出资47.8万元，在货车司机聚集地打造“司机之家”，为货车司机提供热饭、取暖、休闲等活动的场地；在乌当区商圈整理出3个方便停车的劳动者驿站，响应外卖员休息、充电、饮水等诉求。通过义诊、疫情慰问、党员走访等形式，累计投入资金9.6万余元，惠及外卖员等新就业形态劳动者1300余人次。创新产业工人发展制度。利用“人力资源服务平台”和年度“春风行动”专场招聘会，宣传推送就业创业政策，常态化开展线上招聘服务，举办线上线下招聘会。组织产业工人开展合理化建议、“工人先锋号”创建等活动，培养懂技术会创新的产业工人队伍。深化与厦门大学、贵州师范学院、贵州农业职业学院等院校的合作，引进高层次创新创业人才团队，搭建人才发展平台。通过装修人才保障房、发放人才优享卡等方式，强化人才服务保障。

【劳动技能竞赛】 2022年3月，乌当区总工会与区教育局共同举办“喜迎二十大·奋进新征程”2022年教师素能提升系列活动，在全区教师队伍中开展教学技能竞赛、优质课评比等活动。3月至9月，区总工会与贵阳新天药业股份有限公司举办第二届职工技能大赛，350名职工参加。5月11日至6月11日，乌当区总工会组织开展“最美乌当之农家乐厨师”线上评比，16户农家乐参与评选，活动通过乌当区总工会微信公众号平台展示16家农家乐厨师特色菜品，累计线上浏览次数260739人次，累计独立访客数52203人次，累计投票用户9495人次，累计总票数326203票，评选出最美乌当工匠之农家乐厨师6名。

【劳模（工匠）关爱服务】 2022年，乌当区总工会推荐评选贵州省“五一劳动奖章”1个、贵州省“五一劳动奖状”1个、贵州省“最美劳动者”56名、“筑城工匠”6名、“工人先锋号”5家。4月29日，在贵阳东方骨科医院举办“学习劳动模范 弘扬匠心精神”劳模宣讲会，贵阳市劳动模范和先进工作者代表张跃平、赵娜担任宣讲员。5月，开展劳模工匠宣传月活动，区总工会与区融媒体中心开展劳模系列宣传，在新媒体平台采用图文播报的形式，宣传劳模先进事迹，展示劳模风采。春节期间走访慰问区内省、市劳动模范及先进工作者，发放1000元的慰问品。打造疗休养基地，推荐贵州黔阅文化旅游有限公司（原味小镇醉美偏坡）、贵州好一佳农业有限公司（枫叶谷旅游度假区）获“贵阳市劳模疗休养基地”。

【工会普惠服务】 2022年，乌当区总工会下拨慰问金23万元，对区交通局、区城市综合行政执法大队、市交管乌当分局及辖区所有乡（镇、街道）的一线抗凝冻职工进行慰问。走访慰问特殊群体，投入资金2.1万余元开展儿童节慰问，为党员货车司机子女、乡镇学校困境儿童、留守儿童以及易地扶贫搬迁安置点云锦尚城农民工455名儿童送去书包、水杯等慰问品。组织13名农民工师生参加为期一周的贵阳市总工会“农民工子女感恩党感恩祖国”活动。针对易地扶贫搬迁安置点云锦尚城职工子女课业无人指导的问题，联系贵州一心公益服务中心，在安置点开设为期一年的课业辅导班，并开办“阳光托管”暑期班，进行为期一月的全日托管，设置作业辅导、创意绘画、篮球、心理健康等课程。在贵阳东站设置“返乡农民工”服务点，免费给返乡农民工发放免洗洗手液、口罩、牛奶、饼干等物品。

（区总工会）

中国共产主义青年团乌当区委员会

【概况】 2022年，中国共产主义青年团乌当区委员会（以下简称共青团乌当区委）有团委14个、团工委6个、团总支10个、团支部334个，基层团干部601人，共青团员7419人。

【团组织建设】 2022年，共青团乌当区委完成110个村（社区）团支部换届工作，建立新社会组织团组织2个，非公企业团组织112个。开展乌当区团（队）培训暨少先队辅导员风采大赛、中学团组织书记团务技能比赛，提升队伍工作水平。抓好党、团、队相衔接育人链条，规范推优入党、推优入团工作机制，把好入团质量关，年度新发展团员938名。加强少先队工作，启动分批入队与“红领巾奖章”争挂活动。全年累计表彰基层团（工）委8个、团（总）支部32个、优秀团干部21名、优秀共青团员67名；少先队员乌当区红领巾奖章个人二星章104人，集体二星章中队43个、大队29个。

2022年1月28日，共青团乌当区委招募和组织西部计划志愿者和学生志愿者，到贵阳火车东站开展系列志愿服务活动，为旅客提供信息咨询、行李搬运、扫码测温、搀扶老人等服务
（共青团乌当区委　供图）

【青少年关爱帮扶】 2022年，共青团乌当区委成立乌当区青年联合会，拓展联系和服务青年渠道。全年慰问留守儿童、困境儿童、贫困儿童395人，向易地扶贫搬迁安置点青少年赠送足球、篮球等体育用品370件，开展课业辅导和课外兴趣引导300余人次，联合社会组织开展生命安全教育、防拐防骗等活动20余次，落实低保、孤儿、事实无人扶养的青年社会救助保障395人；开展教育帮扶，筹集“公益助学”资金14.5万元，帮助29名贫困学子圆梦大学。

【青少年思想政治教育】 2022年，乌当区强化青少年坚定不移跟党走的思想共识，团的引领力全面提升。发挥“青年讲师团”“红领巾巡讲团”作用，开展理论宣讲40余场次，覆盖青少年8000余人次。巩固深化“学习二十大、永远跟党走、奋进新征程”主题教育实践活动成果，推进主题团课、队课学习，开展“喜迎二十大，争做好队员”、共青团知识竞赛、贵州少先队主题队日、庆祝建团100周年集体入团仪式等主题活动20余场次，覆盖青少年1万余人次。完成“青年大学习”31期、“红领巾爱学习”17期，参与的团员青年和少先队员超过10.2万人次。推进网上共青团平台建设，建立乌当共青团信息员队伍，构建全媒体传播体系，建强“乌当青年”融媒体矩阵，“乌当青年”微信平台累计发布信息400余篇，阅读量突破7.6万人次。

【青年创业就业服务】 2022年，乌当区实施青年就业见习计划，新增认定区级见习基地（单位）2个，完成青年见习297人，开展“创业培训马兰花计划”等各类职业技能培训31班次975人次。完成存量商品房用作人才保障性租赁住房146套。61名青年人才到乌当区实习就业。暑期有30余名大学生到乌当区各部门进行实习。落实西部计划志愿者经费、“三支一扶”资金及其他各类就业创业补助资金4000余万元。

【青年志愿服务】 2022年，乌当区以青年社会组织为主体常态化开展以垃圾分类为主的公益性志愿服务活动50余次；以各乡（镇、街道）为主体开展文明城市巩固提升、安全生产、垃圾分类等志愿服务活动100余次；以新兴领域青年为主体，开展青春社区行动系列志愿者活动60余次，参与活动青少年儿童达1700余人次。与贵州师范学院联系开展“大学生三下乡志愿服务活动”。新冠疫情防控期间，成立青年突击队15支，开展走访慰问、发放健康包等志愿服务。表彰11名西部计划志愿者为乌当区“优秀共青团员”，2名西部计划志愿者为乌当区“优秀团干部”。获省级“优秀志愿者”10名，市级“优秀团干部”1名。

【青少年权益维护】 2022年，共青团乌当区委推进青少年权益工作项目化组织、社会化运作、专业化服务。通过采取“未成年人保护”法治宣传教育活动，“三防”安全教育宣传活动，推进12355青少年服务平台建设等形式，强化对特殊青少年群体的关爱和引领，推进青少年法治化维权进程。累计举办防溺水、防性侵等专题讲座培训50余场次，覆盖青少年1540人次，为青少年提供心理咨询、成长指导114人次。

【新社会组织团建】 2022年，乌当区推进团组织覆盖，到新社会组织团支部指导交流10余次，召开乌当区新社会组织团建工作专题部署会2次，加强对新兴领域青年的联系、服务和引导。至年底，建立新社会团组织2个，非公企业团组织112个。有青年志愿者协会、艺术界联合协会、人心齐社区志愿者服务队团属社会组织3个。

【少先队工作】 2022年，共青团乌当区委推进少先队基层组织全覆盖，启动分批入队与“红领巾奖章”争挂活动，规范“政治档案”和标志标识。全年评选表彰少先队员“红领巾奖章”个人二星章104人，集体二星章中队43个、大队29个。至年底，乌当区有少先队员25912人，少先队中队679个，中队辅导员664人，完成“红领巾爱学习”21期，参与少先队员超5万人次。全区小学、初中少先队建队率为100%、少工委成立率为100%、大队辅导员配备率为100%。

【青少年联系服务】 2022年，共青团乌当区委推进权益工作项目化组织、社会化运作、专业化服务，累计慰问留守儿童、困境儿童、贫困儿童395人，向易地扶贫搬迁安置点青少年送去足球、篮球等体育用品370件，开展课业辅导和课外兴趣引导300余人次，开展生命安全教育、防拐防骗等系活动20余次。深化12355青少年服务平台建设，开展“共青团与人大代表、政协委员面对面”活动，引导青少年有序参与国家政治生活。

【智慧团建】 2022年，共青团乌当区委推进“智慧团建”系统建设，全年完成全国各高校毕业生，各初、高中团组织关系线上转接1000余人。

【青年人才服务】 2022年，共青团乌当区委以青年文化行动、青年志愿者行动、青年关心关爱行动、“公益助学”行动等活动为载体，联系服务青年人才。全年开展“乌当青年说”4期；组建婚恋交友5场，覆盖青年200余人次；发放助学资金14.5万元，帮助29名贫困学子圆梦大学。开展“春晖行动·风筝计划”，动员外出务工乡友、高校大学生、优秀人才，饮水思源、反哺故土、筑梦乌当。至年底，完成注册登记4771人。

【乌当区青年联合会成立】 2022年12月20日，乌当区青年联合会成立大会暨第一届委员会全体会议召开，标志着乌当区青年联合会正式成立。大会选举乌当区第一届青年联合会常务委员会委员15名。会上，共青团乌当区委宣讲中共二十大精神，教育引导青年听党话、跟党走。全体会议结束后，召开乌当区青年联合会第一届委员会第一次常委会，审议通过乌当区青年联合会第一届委员会秘书长名单。

【“乡村振兴‘青’力而为 农村‘治风’践行有我”主题论坛】 2022年11月18日，共青团乌当区委与新堡布依族乡共同开展“乡村振兴‘青’力而为 农村‘治风’践行有我”主题论坛活动，为推进农村“治风”工作建言献策。在论坛交流中，青年团员结合自身工作实际谈认识、讲感受，并就青年团员如何在全面推进乡村振兴中书写青春华章、农村“治风”工作如何进一步提质增效等交流看法。

（简浪洪）

乌当区妇女联合会

【概况】 2022年，乌当区有镇街妇联13个、系统妇联110个。有村（社区）妇联组织110个，基层妇联执委37人。2022年，乌当区妇女联合会（以下简称乌当区妇联）指导完成全区110个村（社区）妇联换届选举工作，实现妇联主席100%进村（社区）两委，各村（社区）均配备1名主席、1名副主席、15名执委。争取省级资金2万元，建设易地扶贫搬迁安置点云锦尚城社区“妇女之家”。全区建有“妇女之家”3个，其中省级“妇女之家”1个，市级“妇女之家”2个。组建人大女代表、政协女委员、女性先进典型、中小学教师、文明家庭等为巾帼志愿宣讲队伍105个，巾帼志愿者966名。开展线上线下宣讲活动135场次，宣讲活动覆盖群众4435人。申报贵州省“锦绣计划巧手致富基地”项目，争取到资金5万元，用于贵阳市乌当区啊杜河工艺品制作专业合作社创建。

【最美家庭创建】 2022年，乌当区妇联开展“强省会最美家庭”“四月八”少数民族传统节日、“花画田园·囍在乌当”集体婚礼等活动，发挥妇女弘扬中华民族家庭美德、树立良好家风方面的独特作用和家庭家教家风在基层社会治理中的重要作用。在贵阳市妇联组织的“强省会最美家庭”“好妈妈”“好爸爸”“好孩子”活动中，乌当区获“最美爱党忠诚家庭”1个，“最美乡村振兴家庭”2个，“最美疫情防控家庭”1个，“最美清正廉洁家庭”1个，“最美绿色生态家庭”2个，“最美书香润德”家庭1个，“最美孝老爱亲家庭”1个，“最美拥军爱国家庭”1个，“最

2022年10月28日，乌当区妇联、马场村党支部、贵阳东方骨科医院党支部到羊昌镇马场村开展关爱老年人活动

（区妇联　供图）

美科学教子家庭”1个，“好妈妈”2个，“好爸爸”2个，“好孩子”1个。

【妇女儿童权益保护】 2022年，乌当区妇联接待来信、来访48件，办结48件，办结率、答复率为100%。利用“三八有爱绽芳华·巾帼普法暖万家”宣传活动，在新天商业街开展妇女权益维护、男女平等基本国策宣传；利用妇联微信公众号开展线上维权宣讲学法；组织2000余人参加与区总工会开展的“妇女职工权益保护”线上有奖知识竞赛，100余人获奖。以会代训培训基层妇联干部2次，培训妇女干部40余人次。以“建设法制贵阳·巾帼在行动”为主题，到街道、社区宣传《中华人民共和国宪法》《中华人民共和国民法典》《中华人民共和国妇女权益保障法》《中华人民共和国未成年人保护法》《中华人民共和国禁毒法》《中华人民共和国反家庭暴力法》等，提供女性维权等咨询服务。开展妇女儿童维权、婚姻家庭纠纷排查化解等调研，颁布《乌当区妇女发展规划（2021—2025年）》《乌当区儿童发展规划（2021—2025年）》。

【妇女儿童关爱】 2022年，乌当区妇联开展“两癌”患者摸底调查，为2名贫困“两癌”患病妇女每人发放1万元的救助金，为7名“两癌”患病妇女每人发放500元救助金。建立乌当区婚姻家庭矛盾纠纷调解专家库，招募爱心妈妈等，发挥妇女在推进社会管理、移风易俗、未成年人关爱、科学家教等的作用。在春节、“三八”“六一”期间，联合贵阳东方骨科医院深入易地扶贫搬迁安置点开展“义诊到社区·为民服务暖人心”“爱心义诊暖人心·让温暖从头开始”志愿关爱等活动，为15名留守儿童送去新衣服；开展科学家教、未成年人性健康、未成年人心理健康教育培训等公益讲座。联合贵阳东方骨科医院为羊昌镇马场村生活困难留守老人开展入户走访慰问、检查骨骼健康、送药活动。利用“春风行动‘就’在企业‘恩’向未来”招聘会，助力企业人才招聘和促进妇女就业架起桥梁，当好“红娘”。开展温暖未成年人多彩活动。

【巾帼服务】 2022年，秋冬时节，区妇联到羊昌镇马场小学开展为留守儿童送温暖活动。通过开展“小桔灯”亲子阅读分享活动和“书香润童心，好书伴成长”活动赠送一批图书；举办“幸福家”家庭教育“七进”大讲堂等活动。区妇联招募各类巾帼志愿者900余名，爱心妈妈800人。新冠疫情防控期间，巾帼志愿者服务达3万余人次。联合基层妇联开展垃圾分类“百日攻坚”行动。

【未成年人保护】 2022年，乌当区妇联与3个未成年人犯罪嫌疑人家庭签订帮教协议，开展未成年人犯罪嫌疑人思想和行为矫正工作。与各乡（镇、街道）、村（社区）家长学校开展家教培训230余期。

【妇女就业创业扶持】 2022年，乌当区妇联加强对失业妇女的创业就业技能培训，结合社会需求和失业妇女的创业和业务技能实际需要，到街道、社区开展创业政策宣传、创业辅导，向困难妇女提供就业信息等。为龙凤吉祥家政服务有限公司向贵州省妇联申报省级家政进社区示范企业项目，申请资金5万元。

（区妇联）

乌当区归侨侨眷联合会

【概况】 2022年，乌当区归侨侨眷联合会（以下简称乌当区侨联）打造“侨胞之家”，辖区内金江苑“侨胞之家”先后获“侨之家——全国社区侨务工作示范单位”、全国先进“侨胞之家”等称号。6月，金江苑“侨胞之家”挂牌成为贵州省人大外侨委员会及贵阳市人大农经民宗委员会“助侨联系点”。11月，中国侨联副主席程学源一行到金江苑侨联小组调研时，对侨联小组所取得的成绩给予肯定。

【侨界服务经济社会】 2022年，乌当区侨联引导归侨侨眷为家乡发展建言献策，侨界政协委员聚焦重点工作献良策，立足职能职责展优势，提出“关于乡村振兴需同步考虑厕所革命（景区、学校、医院）的建议”等6篇提案。

【侨界联络联谊】 2022年，乌当区侨联利用传统节日先后组织送花、象棋比赛、包粽子、吃社饭、送家政、送春联、包饺子、包汤圆等活动，举办健康知识讲座和义诊服务等，加强侨胞侨眷联络。投资2.5万元完善金江苑“侨胞之家”文化墙及相关配套服务设施。加强与海外侨胞联系联谊，借助各方资源搭建联谊交流平台，吸引更多新侨和侨资企业关注乌当、投资乌当。做好海外

2022年11月，乌当区侨联与金江苑侨联小组开展“凝聚侨界力量·奋进新时代征程”宣传中共二十大精神主题活动

（区侨联 供图）

留学生和归国留学人员摸底调查，团结引导广大留学人员充分发挥优势留在乌当、服务乌当。

【侨胞侨属权益维护】 2022年，乌当区侨联开展侨法宣传，发放宣传单及资料1200余份（册）。开展侨资企业调研走访70余户次，发放慰问金37700元。开展侨界安全生产企业大排查，排查走访归侨侨眷45户次，走访企业35户。

（陈莉志）

乌当区科学技术协会

【概况】 2022年，乌当区有全国科普教育基地1个、省级科普教育基地2个、市级科普教育基地5个，市级农村科普教育基地（示范基地）4个、区级科普教育基地3个。各乡（镇、街道）的科协工作由各地文化站、农办或党政办公室负责，基层没有专职科协工作人员。

【全民科学素质提升宣传】 2022年，乌当区科学技术协会（以下简称乌当区科协）制作垃圾分类、疫情防控知识等小视频，在单位微信公众号、企业群、科普工作者群、LED滚动屏滚动播放，联系区融媒体中心、区教育局等单位，利用区融媒体中心、教育局微信公众号、学校家长群积极转发，提升全民科学素质。科协主办，各乡（镇、街道）协办，开展宣传活动30余次，覆盖乌当区全区，发放科学抗疫、垃圾分类、应急避难、反邪教、反诈骗等科普宣传资料2万余份。

【重点人群的科学素质行动】 2022年，乌当区科协以科技活动为载体，推进青少年科学素质提升行动。举办乌当区第五届青少年"科技节"暨"第二届中小学生科技运动会"，开展"迈向航空新征程·共筑国防强军梦"国防科技公益科普进校园系列活动，贵阳市第十一届青少年机器人大赛（乌当区选拔赛）暨乌当区第二届中小学人工智能机器人竞赛活动，联合区少年宫满足广大未成年人学习文化、科技、艺术类优质课程的需求，开设科学探究、乐高、手工等课程，受益学生300余人。开展"我是文明小使者，垃圾分类我先行"为主题的科普实践活动。推进农民科学素质提升，邀请农口专业技术人员开展农业实用技术培训42期，培训人员1470人次。提升技能素质为重点实施产业工人科学素质提升，开展企业职工各类培训1252人次，落实证书直补补贴54人次16.62万元。提升老年人科学素养。乌当区老年大学采取线上线下相结合、与第三方合作等方式开展专项培训10余次。推进领导干部和公务员科学素质，开展培训18期，培训人员2476人（其中，主体班8期，培训655人；短期班10期，培训1821人），新时代基层干部主题培训班7期，培训1466人。

【科普教育基地建设】 2022年，乌当区新增市级科普教育示范基地1个，区级科普示范教育基地1个，全区共有国家、省、市、区各级科普教育基地8个。在开拓科普基础资源的同时，乌当区科协遵照贵州省科协、贵阳市科协项目申报要求和资金管理办法，帮助区内科普基地、区属企业完成省、市科协科普惠农项目、科普益民工程、重点科普资助等项目的申报，2022年获得省科协"科普惠农工程"项目1个：铁皮石斛种植技术示范及推广惠农科普基地建设项目（获得省级资金资助10万元）；"科普益民工程"项目1个：乌当区少年宫青少年科普教育基地（获得省级资金资助10万元）；市科协重点科普资助项目1个：乌当三中青少年特色科普示范基地（获得市级资金资助5万元）。

（区科协）

乌当区文学艺术界联合会

【概况】 乌当区文学艺术界联合会（以下简称乌当区文联）属参公事业性质单位，是党委政府联系广大文艺家的纽带和桥梁，文联有编制6名（其中主席1名、副主席1名，工作人员4名），设有办公室和组联部两个内设机构。2022年区文联主席冯容，副主席黎斌，办公室主任1名，组联部主任1名，工作人员2名。区文联下属区级文艺家协会5个，即：美术家协会、作家协会、书法家协会、摄影家协会、音乐舞蹈家协会。有会员558名，其中国家级会员15名，省会员61名，市会员43名。美术家协会有会员82人，其中中国美协会员2名，省级美协会员（含理事）19名，在省美协担任艺委会副主任及以上学术职务5人，市级美协会员9名（含3名常务理事），名誉主席倪江波，主席晏明。作家协会有会员49名，其中省级作协会员4名，市级作协会员2名，顾问欧阳俊，主席冯飞。书法家协会有基层分会5个，会员232人，其中国家级会员4人、省级会员23人，市级会员16人，名誉主席罗进、陈勇、曹西，主席王华辉。摄影家协会有会员111余人，其中国家级协会会员4人，省级摄影家协会会员11人（含省艺术摄影学会副会长1名、理事2名），市级摄影家协会会员7人（含市摄影家协会常务理事1名、理事4名），主席余正发。音乐舞蹈家协会有会员84人，其中国家级会员5人，省级会员4人，市级会员9人，主席李华英。区文联组建文艺轻骑兵队伍，到乡村、社区、学校、工厂等基层，将中共二十大精神融入文艺演出和理论宣讲中，以歌舞、快板、小品、书画写生创作等群众喜闻乐见、容易理解的方式传递党的声音和关怀。组织开展庆祝中共二十大胜利召开暨脱贫攻坚成果摄影展3期。组织文艺家申报贵阳市第一届甲秀文艺

2022年1月24日，乌当区文联开展2022年“享乌当”新时代文明实践进万家文艺轻骑兵志愿服务活动，活动由区书法家协会十余名书法家为乌当区村（社区）群众义务书写春联
（罗进/摄）

奖，有12件作品申报，其中美术3件、民间工艺1件、书法3件、文学2件、摄影1件、音乐2件。

【期刊出版与文艺创作】 2022年，乌当区文联对《乌当文苑》进行改版，开辟本土艺术家采访栏目，介绍本土艺术家，收集区内优秀文学作品，全年出版《乌当文苑》2期。挖掘整理乌当人文历史，列为贵阳市重点创作项目的大型纪实文学作品《加密档案——贵州地下党纪实》有序推进。协助做好电视专题片《城北往事：一座百年老屋及其周边记忆》拍摄工作，该片是贵州省广播电视局2022年“红色文化宣传”重点扶持项目，以《红云蔚乌当》为主要内容，从乌当区高公馆即“中共贵州省工委北衙活动旧址”入手，记录贵州地下党林青、秦天真、高言志等的奋斗历程，以及高公馆保护地下党、红军“百宜阻击战”等红色故事。由乌当区融媒体中心、原点记忆文化传媒有限公司执行拍摄。

【文艺活动】 2022年春节期间，乌当区音乐舞蹈协会副主席兼秘书长李娜钢琴演奏参加民革贵州省委线上团拜活动。2月，区书法家协会启动书法公益培训活动，全年共开展8次，共培训260余人次。3月7日，新九学校举行“书香校园建设”启动仪式，区作家协会常务副主席罗进应邀出席并作“阅读范围莫忘乌当本土文化”的发言。2021年12月8日到2022年1月24日，乌当区音乐舞蹈协会主办、乌当区体育舞蹈学会承办“璀璨耀乌当·起舞乐逍遥”乌当区首届线上迎新健身舞蹈比赛，征集作品32个，比赛分体育舞蹈类、广场舞类、街舞类三个类别，参与人数360余人。“五一”前夕，区书法家协会到清镇市老年大学开展书法、国学讲座。5月，区作家协会为移风易俗、农村“五治”宣传工作整理10个忠孝文化小故事，内容包含家风家教、赈灾济民、清官济民、为人宽厚得善报等内容。6月22日至24日，区文联开展主题为“乌当区文艺界翰墨写初心 丹青颂党恩书画作品展”，展出美术、书法作品各40件。11月4日，区作家协会应邀到乌当中学开展“书香伴成长，作家进校园”主题活动。

【抗疫文艺创作】 2022年新冠疫情防控期间，乌当区文联收集身边的抗疫故事、模范人物等素材，创作抗疫题材的文学、美术、书法、摄影、音乐等文艺作品，组织举办“文军在行动”之“以艺抗疫 同心同行——乌当区文艺家助力抗疫主题文艺作品系列网展”。开展疫情网络书法作品展2次，向抗疫志愿者捐献书法作品100件；开展疫情网络美术作品展2次，区音乐舞蹈家协会开展音乐、舞蹈抗疫作品展示3次，区摄影家协会开展疫情网络摄影作品展2次。

【《活力乌当》诗集首发】 2022年6月2日，乌当区在羊昌·花画小镇水东文化广场举行“爽爽贵阳·活力乌当·‘粽’情端午”诗会暨诗集《活力乌当》首发仪式。《活力乌当》分5个章节，由全国知名作家创作的诗歌和纪实文学作品46篇，展示乌当“爽爽贵阳·活力乌当”的城市品牌形象内涵。

（乌当区文联）

乌当区红十字会

【概况】 2022年，乌当区红十字会建立1个物资储备库。到学校、机关、企业、社区、农村开展公益培训31次，培训人员8322人，组织区实验小学分校1050人开展应急演练。举办执证培训班5期，考核合格获红十字救护员证书的303人被吸纳为应急救护志愿服务队队员。招募机关、企事业单位、乡（镇、街道）干部及居民1553人参加献血，献血41.34万毫升。做好造血干细胞志愿者回访，有意愿捐献志愿者71名，有2名志愿者进行高分辨检测，13人进行遗体捐献登记，12人进行眼角膜捐献登记。开展“应急教育进机关、健康教育进社区、生命教育进校园”志愿服务活动11次，受益人数995人。六一儿童节为20名家庭生活困难儿童赠送爱心包，投入资金3000元。新冠疫情防控期间为易地扶贫搬迁安置点14周岁以下儿童捐赠100箱牛乳棒，总价值2.97万元。开展各类宣传活动6次，发放各类宣传资料共8000余份，悬挂宣传横幅15条，现场接受群众咨询7000余人次。撰写简报37期，被省市媒体采用32条次。

【基层红十字组织建设】 2022年，乌当区红十字会新建3个基层红十字会服务站。至年底，区红十字会有26个团体会员单位，会员12770名，注册志愿者1471名。

【人道救助】 2022年元旦春节期间，乌当区红十字会开展“博爱送万家”活动，为困难家庭发放价值25.11万元的270份大米及食用油、40个温暖包和460件羽绒服，受益家庭共641户，受益人口1202人。“五八”博爱周期间，慰问辖区孤寡老人、低保户、残疾人等特殊困难群众20户，送去价值4000元的大米和食用油。开展“博爱一日捐”活动，全区108个部门和单位捐款24.72万元。利用市红十字会返还款及业务工作经费17.4万元，救助313户最易受损人群。向3名困难群众发放救助金3000元，帮助2名困难群众获市级筑梦基金救助款7000元。为3名白血病患儿申报中国红基会彩票公益金救助9万元。

【人道筹资募捐】 2022年9月，新冠疫情防控期间，接收省红十字基金会、市红十字会及爱心人士下拨和捐赠的资金3笔共13.83万元。接收全省各界23家爱心企业和人士捐赠的总价值149.27万元的26批物资，第一时间将捐赠物资分发到抗疫一线。

（区红十字会）

乌当区计划生育协会

【概况】 2022年，乌当区计划生育协会有工作人员8名，其中专职副会长1名，秘书长1名，主任（部长）3名；学历结构为研究生1人，大学本科7人。全区有协会组织116个(含4个流动人口计生协)，各级计生协理事1684人(其中女性660人），会员28120人（女性会员12958人），会员小组851个，122个计生志愿者队伍，有计生协志愿者1887人，会员小组851个，会员之家115个。

【生育宣传】 2022年，乌当区计划生育协会联合区卫健局、新创路街道等单位，开展“倡新型婚育文化促人口均衡发展——喜迎党的二十大”暨乌当区计生协“5·29会员活动日”及“贵州省第十三生殖健康服务日”宣传服务系列活动。200余名群众观看，发放宣传资料300余份，发放礼品200余份。

【优生优育指导服务】 2022年1月20日，乌当区计划生育协会与区妇幼保健院签订合作协议，区优生优育指导中心在区妇幼保健院挂牌，由区妇幼保健院、区人民医院组织产科、儿保科、儿科12名专家组成，每季度对辖区内社区工作人员、志愿者、计生协工作人员进行妇女保健、儿童保健、优生优育、生殖健康和常见病防治等内容的培训。年内，优生优育指导中心通过进社区、村寨、工厂及微信公众号等渠道进行孕前优生、民生基因工程、儿童营养宣教24次。增加假日周末孕优门诊、派孕前优生筛查医师到社区卫生服务中心、乡镇卫生院妇儿保门诊坐诊220人次，完成孕前优生筛查1920人次，完成民生基因筛查600人次，营养改善项目服务25200人。

【“健康知识进万家”活动】 2022年，乌当区开展“健康知识进万家”活动试点，全区有667名指导员，绑定居民总数101896人，组织居民开展线下活动236次，参加活动的居民14164人次，健康知识推送206万人次，群众阅读数2.6万次。各乡（镇、街道）也对村（社区）指导员进行小程序操作的培训，同时还建立乌当区“健康知识进万家”工作QQ群。

（区计生协）

法 治

社会综合治理

【概况】 2022年，乌当区成功创建首批“全省禁毒示范城市”，获平安贵州建设示范县（市、区）称号。中共乌当区委政法委员会（以下简称乌当区委政法委）制定下发《关于切实做好2022年乌当区维护国家政治安全工作的通知》，开展“4·15”全民国家安全宣传教育活动，组织辖区单位开展“增强国家安全法制意识，筑牢国家安全钢铁长城”主题宣传学习教育。在市级禁毒年度综合监测评估中得分97.63分，排名全市第二，创历史新高。禁毒工作满意度测评达97.30%，比上年提升2.09个百分点。运用政法队伍教育整顿“五大汇编”成果，推进执法司法规范化建设。全年评查案件35件，化解26件。制定《关于全区政法机关开展挂点联系重点民营企业和重大项目的实施方案》，走访企业30余次，座谈会10余次，解决问题7个。推进乡（镇、街道）、村（社区）民主法治示范创建，全面加强基层法学会工作站、法学法律专家服务站建设，全年各乡（镇、街道）法学会工作站开展法治教育和法治宣传132场次，提供法律咨询服务260人次，排查化解矛盾纠纷365个。

【社会稳定维护】 2022年，乌当区委政法委制发《乌当区2022年度防范化解重大风险暨四个专项防范化解工作实施方案》，对114个风险点开展防范化解稳控，完成率100%。推动“中天吾乡”等“问题楼盘”房地产领域欠薪欠资、延期交房、停贷断供等矛盾问题有效化解。全年开展重大决策社会稳定和安全风险评估报告备案302起，建议暂缓实施1个风险较高、群众反映强烈的重大事项。

【扫黑除恶斗争】 2022年，乌当区委政法委建立健全信息网络、自然资源、交通运输和工程建设四大行业源头治理防范整治机制，全年无涉黑案件发生，侦办涉恶势力案件4起，批捕起诉1件4人。宣传贯彻《中华人民共和国反有组织犯罪法》，发放宣传资料15000余份，张贴海报400余张、电子屏滚动播放800余次。

【平安乌当建设】 2022年，乌当区委政法委制发《乌当区贯彻落实市关于加强基层治理体系现代化建设十条措施的实施方案》，推进三级综治中心规范化运行。创新实践诉源治理模式，受理民商事一审案件4713件，比上年下降52.13%。开展打击养老诈骗专项行动，公安机关侦破养老诈骗案件188起，打击犯罪团伙2个，抓获犯罪嫌疑人20人。开展“两严一降”活动，刑事案件发案数下降46.06%，破案数上升13.66%，实现社会治理“六个零发生”。

【乌当区获平安贵州建设示范区称号】 2022年6月1日，在平安贵州建设表彰大会上，省委平安贵州建设领导小组授牌命名14个县（市、区）为“2017—2020年度平安贵州建设示范县（市、区）”，乌当区榜上有名。乌当区委平安乌当建设领导小组由区委书记、区长担任双组长，统筹协调推进平安建设工作。区委常委会（扩大）会议坚持定期调度、定期研究，推动信访、禁毒人民战争、社会治理等重点工作开展。深化矛盾风险防范化解，组建矛盾纠纷联动调解中心，探索建立“1+2+N”诉源治理模式；深化扫黑除恶斗争；深化禁毒人民战争，创建无毒村（社区）110个、无毒乡（镇、街道）10个；社区戒毒社区康复执行率100%，禁毒工作群众满意度99.16%，获首批“全省禁毒示范城市”称号。探索市域社会治理新模式，打造羊昌镇产镇融合基层社会治理示范标杆、新堡布依族乡精准精细基层

2022年6月，乌当区禁毒办在振华广场举行以“健康人生、绿色无毒”为主题的“6·26”国际禁毒日集中宣传系列活动 （区禁毒办 供图）

社会治理示范标杆、偏坡布依族乡共治善治基层社会治理示范标杆三个基层社会治理样板，26个平安示范村（社区）及十大平安示范行业等。推进“一中心一张网十联户”三位一体综合运行体系建设，全区建成“三级”综治中心124个，划分一般网格579个，划分“十联户”单元7069个。在全区形成平安办统筹调度、政法单位党组（党委）主管主抓、各成员单位各司其职的责任体系。将平安建设成效作为各级党政领导班子和领导干部考核的重要内容，纳入乡（镇、街道）党委（党工委）书记抓基层党建工作述职评议考核，进一步建立完善平安建设考核评价指标体系，发挥平安建设考核指挥棒作用。2022年1月—5月，乌当区为提升人民群众获得感、幸福感、安全感，推动“入村寨进社区走企业访群众”大走访活动，实现“发案少、秩序好、服务优、群众满意”的目标。全区政法信访各单位主要领导及班子成员深入农户、学校、企业、社区走访群众1569户，收集到问题线索和意见建议128条，解决问题及困难126个。

【乌当区获“全省禁毒示范城市”称号】 2022年4月8日，贵州省禁毒委员会命名17个县（市、区）首批“全省禁毒示范城市”，贵阳市乌当区名列其中。乌当区坚持以高质量发展统揽全局，狠抓组织领导、队伍培训、宣传教育、缉毒执法、禁吸戒管、堵源截流六大体系建设，全力以赴推进禁毒示范区创建，全区治理质效显著提升。强化宣传引导，全面发动机关、社会团体、企业、人民群众参与示范创建，积极创作禁毒布依山歌、禁毒微视频，利用新媒体平台加强宣传，营造出浓厚的禁毒文化宣传教育氛围，打造13个特色化禁毒宣传阵地。在科学戒管方面，全区建成“阳光驿站”10个，阳光助业驿站1个、分站13个、小站110个，戒毒药物维持治疗门诊1个，引进“阳光工程”集中安置点4个。禁毒示范区创建工作启动后，全区成功创建无毒村（社区）110个、无毒乡（镇、街道）10个；社区戒毒社区康复执行率100%，始终保持高位运转；禁毒工作群众满意度99.16%，人民群众安全感99.74%。

（区委政法委）

法治政府建设

【概况】 2022年，乌当区司法局及区政府的3家法律顾问单位为区政府依法行政作合法性审查、咨询意见76件，出具审查意见76份；此外，参加区政府专项讨论20余次。制定《乌当区实地督导法治政府建设示范创建工作方案》《乌当区贯彻落实省委依法治省办对贵阳市法治政府建设示范创建开展暗访督导工作情况反馈问题整改方案》《乌当区落实贵阳市创建全国法治政府建设示范市宣传工作方案》等，不断提升全区行政执法案卷卷宗标准化水平、政务服务质量、法治政府建设示范创建应知应会知晓度。全年新增审查、备案行政规范性文件3件、清理1件，现行有效行政规范性文件10件。调整区级实行告知承诺制证明事项目录，印发《乌当区实行告知承诺制的证明事项目录（2022年版）》，全年办理3508件实行告知承诺制的证明事项。

【依法治区】 2022年，乌当区出台《法治乌当建设实施方案（2022—2025年）》《乌当区法治政府建设实施方案（2022—2025年）》《中共乌当区委全面依法治区委员会2022年工作要点》《乌当区2022年法治政府建设工作要点》《乌当区法治社会建设指标体系（试行）责任分工》等文件，推动法治乌当、法治政府、法治社会一体建设。制定《乌当区党政主要负责人履行推进法治乌当建设第一责任人职责清单》，明确党政主要负责人职责，推动法治工作常态化。完成创建法治政府建设示范市工作，安排8场740余人次参加应知应会测试，开展1次实地督察、2轮座谈访谈、多轮现场检查。落实省委依法治省办暗访督导问题整改，制定整改工作方案，召开暗访督导工作情况反馈整改落实部署会议。安排部署全年法治宣传教育工作目标，分解工作任务、明确普法责任单位，组织全区结合“法律六进”利用线上媒介和线下载体，开展“民法典宣传月”系列活动。组织开展全年国家工作人员学法考勤，实施推进“法律明白人”培养工程。

【行政执法案卷评查】 2022年4月，乌当区开展行政执法案卷评查，抽取30件行政执法案卷进行评查（其中优秀6件，合格17件，基本合格7件），就评查情况作全区通报并提出整改意见。5月，对13家行政执法重点部门现场抽查案件卷宗，并现场、书面反馈存在的问题，要求立行立改。6月，区司法局与区检察院联合开展行政执法案卷评查工作，评查2021年7月至2022年2月的全部行政处罚、行政强制案卷约2000件，并由区检察院下达检察建议要求相关单位整改。10月27日，由区司法局牵头，组织各相关行政执法单位召开行政机关执法案件评查整改情况工作会，了解各单位案件评查整改情况。10月31日，区司法局与市委依法治市办到各相关行政执法单位，就案件评查整改开展实地督导工作。

【行政复议】 2022年，乌当区政府收到行政复议申请20件，受理13件，不予受理7件。被申请机关相对集中，分别为：区市场监管局6件、区综合行政执法局5件、区公安分局3件、区交通运输局2件、区教育局2件、区自然资源局1件、下坝镇人民政府1件。

【普法与依法治理】 2022年，乌当区制定并印发《乌当区法治宣传教育第八个五年规划（2021—2025年）》，出台《2022年乌当区普法与依法治理工作要点》《乌当区关于落实“谁执法谁普法，谁主管谁普法”普法责任制的实施意见》，推动政府主导、部门参与、各负其责的大普法格局形成。开展法治宣传教育，制定《2022年乌当区“民法典宣传月”工作方案》《2022年乌当区“宪法宣传周”工作方案》，深化《中华人民共和国民法典》宣传实施。完成“民法典宣传月”、全民国家安全教育日、安全生产月、防范处置非法集资、“六五”世界环境日宣传、禁毒日、“宪法宣传周”等宣传活动。推进法治漫画、法治山歌等文化精品创作，新堡布依族乡群众编纂布依特色《防范非法集资》山歌、禁毒宣传布依山歌、防范养老诈骗守好老年人“钱袋子”布依山歌等地方特色宣传视频。完善9个基层司法所建设，村(社区)法律顾问发挥专业优势，开展法治宣传45次、法治讲座24次、累计接受咨询1153次、审查各类合同31件、参与调解68件、直接参与处理群体性、敏感性案件5件、出具法律意见书8份。落实国家工作人员学法用法制度，组织全区155家单位共5600余人完成统一在线学法考试。实施法治副校长制度，54名法治副校长不定期送法进校园。为全区13个乡（镇、街道）培养输送600余名法律明白人，开展农村学法用法示范户培育推荐。实施“法律明白人”培养工程，各村（社区）共512余人参加培训并获“法律明白人”网络教学认证证书。推进法治文化建设，中国振华(集团)新云电子元器件有限责任公司成功申报为首批“贵州省法治文化建设示范企业”。对获民主法治示范村（社区）称号的单位开展自查指导工作，申报推荐省级民主法治示范村1个。开展“民主法治村（社区）”创建活动，成功创建2个市级民主法治示范社区。健全完善警官、检察官、法官、行政执法人员、村（社区）法律顾问以案释法制度，将法官、检察官等人才纳入普法队伍。建立乌当“八五”普法讲师团，开展2场培训活动。发挥媒体平台优势，开设《法治乌当》《法治政府建设》《学习民法典》等栏目，发布稿件100余条。全区各级各部门通过本部门新媒体平台推送法治宣传信息、法律知识1000余条。

【法治营商环境优化】 2022年，乌当区将优化营商环境相关法律法规纳入年度普法依法治理工作要点和谁执法谁普法责任清单，利用乌当区人民政府网、乌当电视台、“爽爽贵阳·活力乌当”微信公众号和APP等平台宣传报道优化营商环境有关内容，播放相关宣传标语、视频等200余次。在“民法典宣传月”“宪法宣传周”、消费者权益日等法治宣传节点，开展宣传活动2000余场次。13个司法所所长确定为法律援助工作站站长，司法辅助人员作为法律援助工作站的工作人员。全年法律援助中心办理涉企法律援助案件76件，为企业员工提供法律援助76人次。辖区内律师事务所为企业提供合同协议审定8次，为企业提供法律咨询3次，为企业提供委托代理1次。

【行政执法监督】 2022年，乌当区行政处罚案件5599件，处罚金1196.28万元；行政许可16372件；行政检查13174件；行政强制案件835件。印发《乌当区实行告知承诺制的证明事项目录（2022年版）》，告知承诺共3508件。乌当区推行行政执法公示、执法全过程记录、重大行政执法决定法制审核“三项制度”。推行行政执法公示制度。各执法单位在乌当区政府门户网站、贵州政务服务网、“双随机、一公开”网络平台等载体对权责清单、行政执法流程图、行政执法人员资格和执法人员岗位信息进行公示。行政执法人员开展执法时主动亮明身份，出示行政执法证，在日常工作、执法中统一规范着装和标识。推行事后公示，按照“20个工作日”“7个工作日”的时限通过乌当区政府门户网站、国家企业信用信息公示系统、贵阳市社会信用主题数据库等载体，向社会公开行政执法信息。推行执法全过程记录制度。各部门制定完善行政执法全过程记录制度，明确执法人员要通过文字、音像记录等方式对执法程序、调查取证、送达执行等行政执法过程全程记录。全区购置配发记录仪150余部。推行重大行政执法决定法制审核制度。各执法单位完善重大行政执法案件集体讨论制度、重大行政执法决定审核制度，制定重大行政执法决定法制审核目录清单，明确重大执法案件范围、条件、程序。针对各疑难案件，执法单位法制审核监督机构会同执法大队、乡（镇、街道）、法律顾问召开执法案件会商会议，重大疑难案件均按照规定集体讨论决定。乌当区组织各执法单位开展专题讲座1次，集中学习2次。组织考试7场，参考人数735人次，参与率100%，平均分90分，及格率80%。区检察院与多部门联合制定《关于推进行政执法与刑事司法衔接工作的规定》，畅通双向移送渠道，明确案件移送标准、证据认定保全、信息共享等机制，在衔接过程中不存在有案不移的情况。

【乡（镇）人民政府、街道办事处行使行政执法权】 2022年7月29日，乌当区制定印发《关于公布赋予东风镇经济发达镇部分县级行政管理权限清单和乡（镇、街道）部分县级行政管理权限清单的通告》，东风镇承接执法事项32项；各试点乡（镇、街道）承接执法事项16项。主要涉及城乡规划、民政、农业、应急、自然资源等5个领域，均属于授权执法。乌当区委、区政府联合制定印发《乌当区行政执法人员培训制度》，为乡（镇、街道）提供执法培训、技术支撑和专业指导；制定《乌当区行政执法责任追究机制》，建立监督制约机制；制定《乌当区乡（镇、街道）与区直部门行政执法案件移送协调机制》《乌当区乡（镇、街道）职责准入制度》，各乡（镇、街道）人民政府与区级业务主管部门建立健全执法主体之间无缝衔接的监管机制，厘清源头监管、后续监管、末端执法的职责边界，明确移送案件的类别、范围及标准等。

【行政规范性文件审查】 2022年，乌当区司法局指导全区各行政部门开展行政规范性文件制定和合法性审查。新增审查、备案的行政规范性文件3件、清理 1 件。现行有效的行政规范性文件为 10 件。

（区司法局）

公　安

【概况】　2022 年，贵阳市公安局乌当分局（以下简称乌当区公安分局）推进“枫桥式公安派出所”创建，以高新路派出所作为全区“枫桥式公安派出所”创建示范点，推进“两队一室”“一村一警”警务运行，城区 5 个派出所和东风镇派出所推行“两队一室”警务运行模式，北部乡镇 6 个派出所推行“集约用警”警务运行模式，采取一岗多能、综合用警方式开展各项警务工作。按照“应采尽采、全面覆盖”的原则和“完整、准确、鲜活”的要求，全区社区警务平台采集标准地址 42352 条、实有房屋 141009 间、实有单位 2260 家、实有人口 292104 人。乌当公安分局出动人员 13486 人次，开展消防安全检查 15480 家次，下达整改 5160 家次。乌当公安分局治安大队联合区应急部门对东风镇辖区两家有隐患的烟花爆竹店进行关停处罚，4 月、10 月联合区相关职能部门对 90 余家自建房进行安全检查。在新冠疫情防控方面，分局召开局党委会和疫情防控专题会议 20 余次。各单位全面启动 24 小时勤务模式，累计投入警力 26460 余人次、车辆 1795 车次。

【警务改革】　2022 年，乌当区公安分局推进“情报、指挥、行动”一体化实战化运行机制，建设分局“情指行”一体化实战平台，按照“平战结合、分级响应”原则，明确“常态、战时、应急、专项”等不同情形下“情指行”一体化机制运转模式，在党的二十大安保维稳等重点工作中得到实战检验。选调特警专业队员打造整建制特警轻骑兵尖刀队伍，发挥“小、快、灵”优势，提高街面见警率、管事率，提升街面快反处置能力。建成振华广场“刘海兵”街面警务站、航天路“陈荣贵”街面警务站，发挥公安武警联勤工作机制，依托街面警务站、各快反点及主辅格力量，科学精准划分主网格及辅格具体巡逻区域、路线，保持严打严防严管严控高压态势。

推进由法制部门对刑事案件重点执法环节进行统一审核、统一对接检察机关的“两统一”改革。在派出所实施法制员制度，强化对执法办案全过程质量把控，贯彻落实执法全流程记录制度，实现对执法活动的全过程留痕、可回溯管理。完善与检察机关协作配合和制约监督机制，实施“阳光警务”，自觉接受各方面监督。全面完成派出所执法场所办案区规范化设置，按照“安全、规范、集约、智能、高效”的原则，推进建设“一站式”执法办案管理中心，推行执法办案、监督管理、服务保障一体化运行模式。全面推行网上办案，形成执法办案网上“单行道”和“快速路”。推行执法资格等级考试制度，全局民警 301 人获基本级执法资格，5 人通过司法考试。把握乌当区智能化助力顽瘴痼疾整治试点契机，针对队伍教育整顿过程中暴露的涉案资金、保证金、涉案财物、案件卷宗等环节存在顽瘴痼疾，建设跨公、检、法部门刑事司法涉案财物管理中心，并创新运用大数据、信息化、智能化手段研发形成“一系统、一中心、两平台”整治体系，实现对涉案财物、涉案资金、案件卷宗、案件音视频全环节、全流程、全要素监督管理，从源头上杜绝“有案不立、压案不查、有罪不究”等民警执法廉政风险。

2022 年 8 月 17 日，乌当区公安分局开展综合实战汇报演练　（区公安分局　供图）

【民生警务】　2022 年，乌当区公安分局打造落户政策“最宽松”、落户流程“最方便”、落户时限“最快捷”，全面推动 7×24 小时“随时办”、创新方式“网上办”、主动服务“上门办”等，实现身份证、居住证快速办理取证。持续深化推进公安政务服务“一网通办‘2+2’模式”改革。依托贵州“互联网＋公安政务服务”平台，公安政务服务标准化事项进驻政务大厅，为户籍窗口配齐人像采集设备，配备公安业务自助服务设备，派出所建成 6 个“智能自助警务室”，户籍、车驾管等业务实现“全程网办”，公安政务服务“全程网办”率 89%以上，全区自助设备使用 8831 次，办理身份证 8530 张，办理车辆业务 34 次，驾驶证办理 115 个，违章处理业务 457 次。

【打击犯罪】　2022 年，乌当区公安分局严打违法犯罪行为，刑事案件比上年下降 33.73%。开展夏季治安打击整治“百日行动”，破获 22 年命案积案 1 起，“百日行动”期间，刑事案件比上年下降 51.77%，受理行政案件比上年下降 51.24%。推进打击整治养老诈骗专项行动，受理线索 28 条，办结 27 条，线索成案率 57.14%。在侦案件 5 起，抓获嫌疑人 20 人，追赃挽损 60 万余元。破获案件 247 起，其中“5·19”系列养老诈骗案件是全省第一起养老诈骗案件。破获寻衅滋事案件 2 起，抓获 4 人，抓获“4·15”专案（恶势力犯罪组织）嫌疑人 4 人。破获电信网络诈骗案件 177 起，刑事拘留犯罪嫌疑人 324 人。抓获涉“两卡”人员 839 人，缴获“两卡”1400 余张，捣毁各类“黑灰产”窝点 10 个。止付账户 5171 个，止付资金 2.20 亿余元，冻结账户 1318 个，冻结金额 0.29 亿余元，资金挽损 240.33 万余元。打击组织卖淫团伙 1 个，打掉非法洗浴场所 2 家、野外流动赌场 3 处。办理涉赌刑事案件 11 起，采取刑事强制措施 41 人，办理涉黄刑事案件 7 起，采取刑事强制措施 36 人，办理涉黄行政案件 131 起，行政罚款 164 人，涉赌行政案件 160 起，行政处罚 579 人，收缴赌资 39 余万元。

【道路交通安全管理】 2022 年，乌当区查处各类交通违法行为 104132 起，其中，查处违法停车 45387 起，各类违法 30802 起，货车各类违法 5703 起，查处酒驾 669 起，醉驾 87 起。乌当区公安分局启动“清停风暴”、行车秩序专项整治、“僵尸车”大起底大清仓等专项整治行动，排查僵尸车 213 辆。用好“鹰眼铁骑 + 视频巡查”，加强易拥堵点段交通秩序整治，以主次干道、交通路口、背街小巷、商业大街、新时代文明实践中心（站、所）、农贸市场、景区景点等为重点，组建党员、青年、社区、行业和“绿丝带”文明巡访志愿者队伍，在辖区全面开展交通文明引导志愿服务活动。在国庆节等重要时期，采取定点值守、强化疏导等措施，确保交通安全畅通。开展新天城区交通秩序整治，严查违法停车、摩托车超员、酒驾、醉驾等重点交通违法行为。开展以响管摩托车、非法改装车、非法飙车为重点整治对象的“静夜”行动。强化云开二级公路的交通管控，严格执行“六必查”、24 小时巡逻制度，严禁违规摩托车、低速货车驶入云开二级公路，对超员、超载、疲劳驾驶、摩托车、电动自行车未戴头盔、无证运输、酒后驾驶等各类交通违法行为一律严处。利用集成指挥平台拦截处罚各类预警车辆，预防重特大道路交通事故的发生。联合乡镇“两站两员”，加强对农村红白喜事、赶集、周五中小学生放学回家、周日返校和民俗节日等重点时段的管控。在新添城区重要交通节点设置酒驾查缉卡点，每天开展酒驾行动，同时将严查酒驾态势向农村地区延伸。加强高铁东站周边秩序整治，继续与乌当区交通局、区城管局开展联合执法，每周不定时在新添城区、高铁东站以及各主要路口查处非法营运，重点加强对夜间非法营运车辆的打击力度。3 月 10 日，拆除位于新光路口中间隔离护栏，从新添大道顺海立交往温泉路的车辆可在三个方向通过，同时，直行停止线前移，左侧车道可左转、可调头，前往观溪路、育新路、北衙路等路段的车辆可行经此路口；通过调整该路口交通信号灯配时、取消新光路口位于宾隆超市一侧的斑马线，增加新添商业街一侧斑马线的宽度等措施提高路口通行效率。8 月 18 日起，保利公园小区内道路（保利·香槟大道）对外开放，来往车辆可借道通行，同时，在顺海立交匝道两旁及航天路口设置提示牌，提醒驾驶员往白云区、观山湖区方向可通过新东二环往高铁东站经偏坡隧道前往，缓解四光路、大坡路的交通压力。10 月，在各个学校设立“护学岗”，严格按照定时、定人、定岗、定责的勤务机制开启“护学行动”，确保校园周边道路通行秩序井然。3 月 11 日开通贵阳乐湾国际实验学校定制巴士，4 月 8 日开通贵阳首个农村校园——乌当区第四中学“学生专线·定制巴士”，6 月 21 日开通乌当区新场中心完小定制巴士。

【重点单位安全保卫】 2022 年，乌当区开展校园周边治安整治，全区有学校 148 所，其中高校 1 所、高中 4 所、初中 11 所、完全小学 36 所、幼儿园 91 所，中职学校 4 所，特殊学校 1 所。建成驻校警务室 26 个，并派驻民警建立“护学岗”，落实校园上、放学高峰时段“见警察、见警车、见警灯”，并 100% 落实“一键报警”和视频监控与公安机关联网。配备驻校保安员 297 名，检查学校 200 余家次，开展反恐演练 110 余次。95% 以上的校园保安从保安公司聘请，实现保安队伍专业化。开展法治教育进校园 50 余次。开展各类考试安保 14 场（次），出动警力 68 人次，未发生任何案件和事故。加强油、水、电、气企业安全保卫，对区内 5 座 110 千伏安以上变电站下达安全隐患整改通知书 5 份，对广电 761 台下达隐患整改通知书 1 份；对区 20.5 千米国家管网中石化贵渝成品油输油管道开展隐患排查整治，组织和参与管道巡护和宣传 7 次，对存在的安全隐患下达整改通知书 1 份。加强中航力源液压股份公司、贵阳万江航空机电设备有限公司、中国振华电子集团公司及其下属企业等 9 家军工企业安全保卫工作。加强金融机构安全监管，全区有金融机构 18 家，营业场所 43 个，自助银行 17 个，自助设备 139 台，金库 1 座。检查银行业金融机构 125 家（次）。审批改建营业场所 3 家。推进“平安医院”建设，将贵黔国际总医院、贵阳医科大学附属乌当医院、乌当区人民医院等重点医院视频监控接入公安块数据中心平台，形成公安机关与医院保卫部门的整体联动，检查医院 137 家次。加强对旅游景区的管理，检查旅游景区 137 家次。加强对生态环境保护，未发现私挖滥采和污染环境问题线索。

【危爆物品管控】 2022 年，乌当区公安分局打击危爆类违法犯罪活动，对

2022 年 1 月 18 日，市交管局乌当分局到羊昌镇黄连村开展“送摩托车驾考培训”下乡活动，向参加学习的村民发放安全头盔，开展“一盔一带”交通安全宣传
（市交管局乌当分局　供图）

辖区内 3 家民爆从业单位检查 102 次，爆破作业项目点检查 56 次，3 家民爆仓库和 2 家烟花爆竹仓库分别检查 134 次，对危险化学物品从业单位开展安全检查 564 次，发现安全隐患 106 处，现场整改 89 项，下达整改意见书 27 起，全部整改完毕，整改率 100%。查获非法储存、买卖烟花爆竹类案件 9 起，行政拘留 5 人；办理违规燃放烟花爆竹类案件 20 起，行政罚款 20 人，收缴烟花爆竹 454 卷，查获烟花爆竹不合格产品 140 卷；办理危险作业罪案件 6 起，采取刑事强制措施 6 人，扣押油罐车 2 辆，扣押未销售柴油 7.2 吨；办理涉危险化学品非法经营罪 1 起，采取刑事强制措施 5 人；办理非法买卖危险物质类案件 46 起，行政处罚 46 人。

【110 接警工作】 2022 年，乌当区公安分局接群众有效报警 26811 起，其中刑事类报警 408 起，治安类报警 623 起，群体性事件类报警 6 起，交通类报警 49 起，纠纷类报警 5401 起，各类群众求助、咨询类警情 10005 起。

【出入境管理】 2022 年，乌当区公安分局出入境管理科受理出入境证件 198 件，其中护照 88 件、往来港澳通行证 108 件，往来台港通行证 2 件。率先主动使用“外管通”开展核查工作，推动全局“外管通”普及使用。对省公安厅下派的涉嫌非法出入境人员逐一进行核查、列控；侦办妨害国（边）境管理刑事案件 3 起，抓获组织、结伙偷越国（边）境犯罪嫌疑人 5 人，抓获偷渡人员 4 人。查获“三非”案件 3 起，行政处罚 4 人，遣送出境“三非”外国人 3 人。对相关酒店开展业务培训、指导，提升乌当辖区各酒店业涉外人员接待能力、水平。

【网络安全管理】 2022 年，乌当区公安分局开展“净网”“护网”专项行动，乌当区内的公安备案网站 260 家，严格落实“7×24”小时网上巡查机制，发现上报本地违法信息 64 条，到辖区企业网站、单位开展网络安全检查，依法对 20 家企业网站下达网络安全监督检查通知书，责令整改，并同时开展网络安全宣传教育，对违反相关规定的 50 家单位予以行政警告。对辖区网吧落实实名制要求及场所安全要求，对重点 LED 屏管理单位开展网络安全管理宣传，签订“安全责任承诺书”，落实 LED 屏安全管理责任。网安大队办理破坏计算机工具程序罪、侵犯公民信息罪等主侦案件 39 起，刑事打击 70 人，协助办理打击电信网络诈骗案件 130 起，抓获网逃人员 27 人。

【警务督察】 2022 年，乌当区公安分局综合运用“四不两直”、暗访抽查、实地测查、突击夜查等方式，问责民警 22 人。其中，予以党纪、行政处分 5 人；诫勉谈话 1 人；警示谈话 2 人；责令书面检查 3 人；提醒约谈 11 人。

【禁毒工作】 2022 年，乌当区制定《乌当区毒情综合监测评估办法》《乌当区 2022 年度毒情综合监测评估指标体系》《2022 年乌当区禁毒工作要点》等文件。加强禁毒宣传，利用元旦、春节、妇女节、五一节、“6·3”“6·26”、中秋、国庆等重要时间节点和乡（镇、街道）赶集日，开展集中禁毒宣传 200 余场次、“十进”活动 550 余场次，发放各类宣传资料和宣传品 3 万余份。在国家级媒体发布乌当禁毒信息 3 篇（条）、省市级发布 65 篇（条）。开展禁毒“大扫除”专项行动，破获案件 14 起，打击处罚嫌疑人 30 人，起诉嫌疑人 58 人，查处吸毒人员 72 人，查处吸食“笑气”52 人，完成吸毒行政案件 39 起，缴获各类毒品 474 克。落实社区戒毒社区康复“T+1”模式，全区 12 个乡（镇、街道）“阳光驿站”法治宣教室对社区戒毒社区康复人员进行执行宣告、法治教育等工作。对辖区 57 家牛羊肉粉店、火锅店、麻辣烫店等开展食品罂粟壳成分快速检测，共检测样品 57 批次，所有检测结果均为阴性。查处非法种植毒品原植物案件 11 起，处理嫌疑人员 12 人，刑事处理 6 人，行政处理 6 人，铲除毒品原植物 4496 株。捣毁一个“互联网＋物流寄递”涉毒团伙案件，抓获涉毒违法犯罪嫌疑人 103 人。破获贵州首例非法贩卖“笑气”案，抓获违法犯罪嫌疑人 60 人。缴获非法经营“笑气”50 余罐，净重 153.75 千克，查扣涉案资金 6.7 万元，抓获 2 名公安部“钉子”逃犯。

【街面警务站建设】 2022 年，乌当区建成振华广场“刘海兵”街面警务站、航天路“陈荣贵”街面警务站。年内警务站投入警力 7140 人次，救助服务群众628人，帮助群众办理身份证268张，现场调解处理纠纷1320起，群众赠予锦旗11面，处置各类违法犯罪16起，处置寻衅滋事打架斗殴185起，视频巡查发现打架隐患提前调度警力处置警情46起，推送矛盾纠纷信息2539条，打架斗殴事件下降30.36%，寻衅滋事案件下降30.36%。

【基层派出所工作】 2022年，乌当公安分局有派出所13个，其中户籍派出所12个，治安派出所1个。一级公安派出所2个（高新路派出所和东风派出所）、二级公安派出所4个（龙广路派出所、水田派出所、百宜派出所和新场派出所）、三级公安派出所6个（新创路派出所、观溪路派出所、新光路派出所、新堡派出所、羊昌派出所和下坝派出所）、四级公安派出所1个（培席派出所）。推进“两队一室”“一村一警”警务运行模式，城区5个派出所和东风派出所推行“两队一室”警务运行模式，6个乡镇派出所推行“集约用警”警务运行模式，采取一岗多能、综合用警的方式开展各项警务工作。全区在社区警务平台采集标准地址42352条、实有房屋141009间、实有单位2260家、实有人口292104人。高新路派出所开展“枫桥式公安派出所”创建示范。加强对“九小场所”消防安全检查，加大对自建房的管理。开展消防安全检查15480家次，出动人员13486人，下达整改5160家次，发现隐患5160次，全部整改完毕。关停东风镇有隐患的烟花爆竹店2家。4月、10月，检查自建房90余家次。

【特种行业管理】 旅店业管理，全区有各类酒店、宾馆、旅社、足疗洗浴场所133家（在册装机开业）、娱乐场所6家。召开全区行业场所管理会议4次，开展各类专项行动42次，检查旅店业1236次，查处不按规定如实登记旅客信息的旅店55家，取缔“黑旅社”2家。使用自建房开办旅馆业78家，进行房屋安全鉴定65家，未进行房屋安全鉴定13家，停业13家，取缔“黑开自建房旅店”1家，关停洗浴场所2家（鑫悦、入享泉）。加强对机动车修理业、出版物、包装装潢和其他行业的管理。开展联合检查10次，开展春季“护苗”工作清理6次，开展剧本杀清理1次，开展专项（雪域）出版物清理1次，检查打字、复印店300余家次。加大对寄递物流的检查。全区有寄递企事业57家（代办点30家）、物流企业12家（站点2家），从业人员460人，对全区寄递企业逐一建档并纳入管理，检查寄递物流350家次。有印章刻制企业3家，刊刻印章单位企业1420家。有注册保安公司11家，有武装押运企业1家、保安分公司3家、保安培训机构2家、自招保安单位9家。保安从业人员1457人。开展保安培训24次，处罚从业单位3家，经考试合格发放保安员资格证918个。

（区公安分局）

检　察

【概况】 2022年，乌当区检察院依法批捕各类刑事犯罪168人、起诉316人，办理民事诉讼监督案件54件，非诉执行案件9件，公益诉讼案件110件，协同推进反腐败斗争，起诉职务犯罪9人。优化营商环境，依法批捕侵害企业和企业家合法权益犯罪9人，起诉金融诈骗、破坏金融管理秩序等犯罪12人。推进企业合规改革，成立29家单位参与的第三方监督评估机制管理委员会，办理企业合规案件3件，经验做法在全省推广。参加“断卡”行动，起诉电信诈骗及相关黑灰产业链犯罪64人。开展养老诈骗专项整治活动，办理以老年人为主要侵害对象的非法集资、养老金诈骗等案件6件。1件案件被评为全省检察机关打击养老诈骗专项行动典型案例。办理全省首例保健品诈骗案，追回养老金14万余元。加大未成年人司法保护，对侵害未成年人犯罪“零容忍”，起诉18人。对犯罪轻微的“问题少年”竭力挽救，不诉8人。针对管教不严、监护缺位等发出“督促监护令”116份，促“甩手家长”履责管教。引入社工力量，对16名涉案未成年人精准帮教。开展法治进校园活动18场，制作的课件《守护花朵的绽放》被评为全省检察机关“未成年人精品法治课”。对安全生产监管领域存在的问题发出检察建议8件。参与铁路护路，被评为贵阳市铁路护路联防第二十一轮承包工作先进集体。深化“两山”理论实践，起诉滥伐林木、非法捕捞、危害珍贵濒危野生动物等破坏生态环境和自然资源违法犯罪12人。严格耕地保护，起诉非法占用农用地犯罪3人。通过引导和解、支持起诉等方式，帮助30多名农民工讨回欠薪50余万元。开展司法救助，严防因案致贫返贫，向34人发放救助金35.5万元。聚焦农村“五治”，严厉打击整治农村赌博违法犯罪，起诉6人，促进乡风文明；对农村集中式饮用水工程水源周边污染问题开展监督，保障群众饮用水安全，做法得到《贵州日报》、长安网、新华网等多家媒体报道。落实驻村帮扶任务，出资10余万元帮助大桥村、拐吉村改善乡村人居环境、推进村级产业发展。全面强化政治引领，妥善处置涉检舆情2起。服从防疫安排，参加志愿服务290人次。组织分层分类培训105人次。《帮助信息网络犯罪活动“口袋化”问题及应对》等多篇调研文章在省市级刊物登载并获奖。以课程研发带动检察干警教、学、研水平一体提升，2门课程课件入选全省检察机关精品课程。加大公开听证力度，采取上门听证、简易听证、网上听证等多形式，听证案件201件。邀请人大代表、政协委员、人民监督员974人次，参加学术研讨、“两长”座谈等活动。加强检察新闻宣传，“两微一端”发布信息1159条，72篇稿件被国家级和省级媒体转发。

【刑事案件检察】 2022年，乌当区检察院依法批捕各类刑事犯罪168人、起诉316人。对严重暴力犯罪始终保持高压态势，起诉抢劫、绑架等危害人民群众生命财产安全重大刑事犯罪61人。常态化推进扫黑除恶斗争，起诉涉恶犯罪11人。严厉打击各类毒品犯罪，起诉19人，成功办理全省首例非法经营“笑气”案。强化刑事执行监督，针对社区矫正中存在问题发出纠正意见38件、检察建议15件。开展涉黑涉恶和职务犯罪案件刑事裁判涉财产部分执行检察专项活动，确保刑事裁判财产刑执行到位。

【民事行政案件检察】 2022年，乌当区检察院办理民事诉讼监督案件54件，其中，对民事生效裁判提出再审检察建议3件，对审判程序和执行活动违法情形提出纠正意见25件，办理支持起诉案件22件。办理非诉执行案件9件，“检察＋司法行政”联合评查行政处罚案卷1700余册，针对发现的程序违法、适用法律错误等问题，发出检察建议91件。以检察建议、释法说理等方式，实质性化解长达3年的残疾人讨薪行政争议。

【公益诉讼检察】 2022年，乌当区检察院办理公益诉讼案件110件。聚焦安全生产、公共卫生等新领域立案8件。运用诉前磋商方式，促成99%的行政公益诉讼在诉前解决。办理民事公益诉讼案件8件。持续跟进监督，提起刑事附带民事公益诉讼8件。4件案件入选最高检公益诉讼“千案展示”。

【控告申诉检察】 2022年，乌当区检察院监督立案撤案51件，追捕追诉37人，对违法取证、适用强制措施不当等提出纠正意见55件，对认为确有错误的刑事裁判提出抗诉5件。

【刑事诉讼监督】 2022年，乌当区检察院深化虚假诉讼监督，成功办理万某与贵阳某砖厂任某某虚假诉讼案，为被害人挽回经济损失53万元，移送犯罪线索2人，该案被评为全省检察机关民事检察监督典型案例。注重围绕社会治安、交通运输等领域开展类案分析，制发检察建议9件。对不需要继续羁押的建议变更强制措施18人，诉前羁押率降至33.4%，最大限度减少社会对立面。适用认罪认罚从宽制度449人，一审服判率达96.48%。妥善办理群众来信来访119件131人，做到“群众信访件件有回复”。

【诉源治理】 2022年，乌当区检察院构建诉源治理新机制，与相关司法机关、行政部门联合签署《关于建立支持起诉工作协作的意见》《涉民营企业民事、行政申诉案件调解联动机制实施细则》《共同推进行政争议实质性化解的实施办法》《关于防范和查办虚假诉讼的意见》等。用足用好领导包案、公开听证、司法救助等信访化解手段，检察长主持首访案件听证会，推动信访积案化解，开展上门听证8件、简易听证12件。与区司法局联合开展行政案件质量评查，调阅行政机关卷宗1700余本，针对行政执法中程序违法、适用法律错误、未全面收集证据材料、《行政处罚决定书》制作不规范应诉等行政违法行为，召开行政执法监督事项监督听证会2次、发出检察建议91份。针对酒店行业存在未成年人进出管理漏洞，提出检察建议1件，督促行政部门强化监管；针对非法捕捞类案反映出的政策宣传不到位、检查力度不足、禁渔工具认定模糊等问题，提出检察建议1件；针对银行信贷人员未尽到职业审慎义务，导致银行失去追索权的问题，提出检察建议1件；针对发现矿山地质环境治理恢复基金（保证金）的提取存在不规范不严谨的情况，提出检察建议1件。

【司法行政强制戒毒检察监督】 2022年5月26日，乌当区检察院驻贵阳市三江强制隔离戒毒所“检察官办公室”揭牌。该工作是全省检察机关开展强制戒毒检察监督试点，针对强戒人员权益保护、强戒未执行完毕出现“脱管”等问题发出检察建议3份，移送案件线索21条，帮助解决戒毒管理执法面临的现实困难问题、提升强制隔离戒毒执法规范化水平。

【全省首例保健品诈骗案】 2021年底，重庆某商贸有限公司法人汪某与唐某合谋，以开展养生讲课销售羊胎盘冻干粉的方式实施诈骗，该公司员工余某与乌当某粮油食品杂货店老板杜某取得联系，在乌当某酒店开展“养生讲座”，对羊胎盘冻干粉功效大吹特吹，诱骗老年人以3999元购买宣称价值7万余元、实际价值仅400余元的保健产品。经核实，该商贸公司的“销售网络”遍及重庆、贵州、湖南等近30个省份，500余家实体经销商，涉案金额达9700万余元。乌当区人民检察院于2022年10月24日对汪某、唐某等7人保健品养老诈骗案向法院提起公诉。

（区检察院）

法　院

【概况】 2022年，乌当区法院审结各类案件10908件，法定审限内结案率88.26%。运用巡回审判、“入村寨进社区走企业访群众”大走访活动、“一中心一张网十联户”工作以及驻村工作，到乡（镇、街道）、村（社区）开展以《中华人民共和国民法典》为重点的普法宣传活动。15名干警受聘担任15所学校法治副校长，10名法官担任“八五”普法讲师，开展“法官送法进企业”“宪法进校园”等专题宣讲6场次。运用微信公众号、抖音、快手等新媒体推送典型案例62期、以案释法案例37个，省、市、区级媒体采用转发169期192次，编发普法读本1500册。成立乌当区人民法院民商事案件调解中心，引入贵阳学院作为特邀调解机构，并将调解中心作为法律人才的培养基地，高效化解房地产、物业、劳务纠纷等各类案件，全年新收一审民商事案件4713件，比上年减少5133件，下降52.13%，民商事受理案件数连续增长7年后首次下降。成立水田、新场等6个人民法庭法官工作站，打通司法服务“最后一公里”。继续实施员额制法官、司法辅助人员、综合行政人员、司法警察专业能力素质提升工程，通过区人大任命，遴选10名中青年法官入额。

2022年6月8日，乌当区人民法院干警到乌当区振华广场开展“打击整治养老诈骗”宣传活动
（黄沙／摄）

【刑事审判】 2022年，乌当区法院审结刑事案件213件，结案率96.82%，判处罪犯325人。公开宣判涉恶案件1案4人。依法判处贪贿、玩忽职守等职务犯罪案件9案9人，涉案赃款追缴到位145.7万元。审理毒品、盗抢、卖淫等各类案件44案73人。整治“两诈”犯罪，审结电信网络诈骗及关联犯罪案件39案84人。

【民商事审判】 2022年，乌当区法院制定出台《关于进一步优化涉企商事案件办理机制的实施方案》，审结各类合同纠纷2720件。开展破产案件清理专项行动，全年清结破产案件3件（强制清算2件，破产重整1件）。依法审结涉教育、就业、医疗等民生案件292件，审慎办理房地产纠纷案件，做好“保交楼、稳民生”工作。审理婚姻家庭纠纷案件175件，发出人身安全保护令1份。严惩恶意欠薪，帮助农民工讨回欠薪143.6万元。为困难群众7人、企业1家减、免、缓交诉讼费共计12.2万元，向21人发放司法救助金35万元。

【行政诉讼】 2022年，贵阳市、乌当区两级法院受理审结涉及乌当区行政诉讼一审案件56件（包含2021年立案开庭2022年审结案件），其中败诉23件，败诉率41.07%（其中行政赔偿案件未计败诉率）。一审败诉案件分别为行政强制类案件10件、行政征收补偿案件5件（区本级4件，轻轨三号线强制征收补偿）、征收协议纠纷案件3件、行政处罚案件3件、公益诉讼1件、行政裁决（土地争议，经行政复议）1件。区本级全年新增行政诉讼案件20件（不含2021年未结案件），其中一审9件，二审2件，抗诉案件9件；收到判决17件，败诉1件（土地林地纠纷），败诉率5.88%。

【诉源治理】 2022年1月13日，乌当区委政法委召开乌当区诉源治理工作会议，加强诉源治理推动矛盾纠纷源头化解，同时常态化开展民商事案件诉调对接工作。7月20日、8月10日，乌当区人民法院开展调解培训2次。人民法庭工作站（点）入驻东风镇综治中心，为社会维稳和矛盾纠纷调处工作提供法律指导。同时从东风镇综治中心选派1名调解员作为法庭特邀调解员参与法庭诉前调解工作。羊昌法庭下设的水田工作站入驻水田镇综治工作中心，联动水田综治工作中心调处矛盾纠纷6件，参与综治中心矛盾纠纷调处调度工作会议4次。乌当区内15家基层治理单位入驻人民法院调解平台，区人民法院制定《贵阳市乌当区人民法院人民调解平台“三进”机制》《贵阳市乌当区人民法院人民法庭与基层组织对接工作实施制度》《贵阳市乌当区人民法院关于开展加强诉源治理、推动“无讼”乡村（社区）创建工作的实施方案》，乌当区人民法院诉前调解成功率75.04%。年内，乌当区人民法院受理民商事一审案件4712件，比2021年收立民商事一审案件9845件下降52.14%。委派调解诉前调解6150件，比2021年委派调解诉前调解3477件增长76.88%。

【案件执行】 2022年，乌当区纳入失信被执行人员名单4448人，对4628名被执行人依法限制高消费，依法对13名被执行人采取拘留、罚款、拘传等强制措施。开展“黔山雷暴专项行动”，共执结案件5883件，冻结银行存款2.2亿元，扣划银行存款0.82亿元，执行到位金额2.66亿元，查封房产、土地56140.27平方米。有财产可供执行案件法定审限内执结率98.64%，无财产可供执行案件终本合格率100%，执行案件整体执结率92.19%。可供处置的土地、房产、车辆等资产实现网络司法拍卖全覆盖，全年共处置资产243项，成交金额共8088.17万元。

【审判体制改革】 2022年，乌当区法院制定《员额法官绩效考核办法》《审判辅助人员、司法行政人员、书记员考核办法》《四类案件监督管理办法》等规章制度，对员额法官、司法辅助人员、书记员工作进行量化考评，与绩效奖金挂钩，并作为评先选优晋升的重要参考依据，促进案件质效提升。开展瑕疵案件专项整治行动，制定《乌当区人民法院开展“坚持常抓不懈整治瑕疵案件专项治理活动”实施方案》，抽调业务骨

2022 年 7 月 1 日，乌当区人民法院干警到新天三小开展“学习民法典，做遵纪守法小学生”主题宣讲活动（王晨昕 / 摄）

干成立瑕疵案件评查小组，对发回、改判、再审案件、涉诉信访案件等十六种类型案件，逐案开展评查。对可能超期审理、发回重审等瑕疵案件下发院长督办令 11 份，动态管理、逐一督办、逐案销号，构建瑕疵案件“预警防火墙”。

【诉讼服务创新】 2022 年，乌当区法院加强智慧法院建设，全面推行立案登记制改革，建设完善诉讼服务大厅、网上诉讼服务中心、“12368”诉讼服务热线三位一体的多层次、立体化综合诉讼服务平台。创建“为群众办实事示范法院”，构建“互联网 +”诉讼费收退费系统，全面实现网络立案、跨域立案、电子送达，为群众提供分层次、多途径、高效率、低成本的纠纷解决方案，提高诉讼服务品质。

【审判监督】 2022 年，乌当区法院邀请人大代表、政协委员和各乡（镇、街道）代表参加典型案件庭审旁听。主动向区人大专题汇报“诉源治理”“优化营商环境”等工作情况。邀请市、区人大常委会委员和部分人大代表、政协委员到院调研，听取工作意见和建议。落实反馈纪检监察建议，支持纪委监委开展派驻监督，以监督促公正。办理检察建议 20 件，邀请检察长列席区法院审判委员会 2 次，审结检察机关抗诉案件 3 件。区人大任命 78 名人民陪审员，与法官一起行使审判权。由合议庭审理的一审案件，人民陪审率 96.08%。

（区法院）

司法行政

【概况】 2022 年，乌当区司法局优化营商环境，全年矛盾纠纷联动调解中心调解涉企纠纷 458 件，调解成功 256 件，申请司法确认 137 件，履行协议 256 件。法规科及区政府 3 家法律顾问单位合法性审查、咨询意见 76 件，出具审查意见 76 份。减时限、减跑动和即办程度方面，涉及政务服务的 56 个事项，法定办理时限为 20 日的缩短至 1 日，对于法定时限是 15 日或者 15 日以下的缩短至 1 日。扫黑除恶常态化，把扫黑除恶法治宣传列入全年乌当区法治宣传教育工作重点，印发《乌当区司法局扫黑除恶安全稳定工作实施方案》。组织扫黑除恶常态化宣传 10 余次，发放各类宣传资料 8000 余份。

【公共法律服务】 2022 年，乌当区村（社区）法律顾问累计接受咨询 1153 次，审查各类合同 31 件，参与调解 68 件，直接参与处理群体性、敏感性案件 5 件，出具法律意见书 8 份、开展法治宣传 45 次，开展法治讲座 24 次，主要围绕养老诈骗专项行动、优化营商环境等工作开展法律宣传。法律援助办理 164 件（其中民事案件 108 件，刑事案件 56 件），代书 53 件。派出走访人员 459 人次，走访群众 2511 户，走访社区 5 个，走访重点企业 2 个，走访学校 3 个，收集问题线索或意见建议 44 条，解决群众困难 3 个，解决企业困难 1 个。

【人民调解】 2022 年，乌当区司法局制定《乌当区司法局关于加强诉源治理推动矛盾纠纷源头化解的工作方案》，成立诉源治理工作领导小组。全区 13 个乡（镇、街道）、110 个村（社区）均成立人民调解组织或设立调解室，实现纵向到底、横向到边的大调解工作格局。全区 13 个司法所共排查矛盾纠纷 504 起。区矛盾纠纷联动调解中心采取“1+3+N”模式，即 1 个引导区 3 种调解方式（人民调解、司法调解、行政调解）有机结合和 N 种对接功能区（主要包括警调对接、诉调对接、访调对接、物调对接、环调对接、医调对接、劳调对接和家调对接）机制，确保实现矛盾纠纷诉源、诉调治理。区调解中心聘有专职调解员 5 名，兼职调解员 15 名，调解辅助人员 7 名。共接收各部门移送各类案件 1447 件，其中适合调解案件 547 件，调解成功 396 件，申请司法确认 220 件。各司法所牵头排查纠纷 504 起，调解纠纷 504 起，成功化解纠纷 487 起，调解成功率 96%；区矛盾纠纷联动调解中心与法院民商事调委会加强诉调对接，区矛盾纠纷联动调解中心牵头调解纠纷 544 件，调解成功 396 件，调解成功率 72%。全年共调解涉企矛盾纠纷458件，调解成功256件，已申请司法确认137件，履行协议256件，较上年增加232件。

【司法所规范化建设】 2022年，乌当区司法局制定《乌当区司法局“一圈两场三改”司法所规范建设方案》《乌当区司法局为民办“十件实事”实施工作方案》。各司法所均能满足集法律咨询、法律服务、社区矫正、人民调解、安置帮教、普法宣传等职能于一体的功能，打造“一所集成、高效服务”的政务环境，配置调解室、社矫宣告室、公共法律服务室、远程会见室、档案室等功能室，完成升级改造，实现规范化司法所建设。区司法局建成达标司法所9个（新光路、新创路、观溪路、龙广路、高新路、水田、东风、新堡、羊昌），完成率100%。

2022年5月，乌当区开展“民法典”宣传月系列宣传活动。图为志愿者向群众发放宣传资料
（区司法局　供图）

【“民法典宣传月”系列活动】 2022年，乌当区开展主题为“美好生活 民法典相伴”的“民法典宣传月”系列活动。“民法典进农村”活动，开展法治宣传讲座，围绕《中华人民共和国民法典》中土地承包、婚姻家庭、继承扶养、违约侵权、民间借贷等法律知识进行讲解；利用“赶集日”开展集中宣传10次，重点普及防养老诈骗、禁毒反邪等法律知识；到田间地头、村前屋后，向村民发放《中华人民共和国民法典》宣传资料900余份，解答村民提出的法律问题。“民法典进机关”活动，全区50余家单位充分依托干部职工大会、党委（党组）理论学习中心组学习、主题党日等方式宣传《中华人民共和国民法典》；打造《中华人民共和国民法典》宣传阵地，通过设置宣传展板、摆放宣传资料、悬挂横幅、张贴海报、LED屏滚动播放等形式让《中华人民共和国民法典》抬眼可见；组织干部职工参加《中华人民共和国民法典》有奖竞答活动和统一在线学法考试。“民法典进网络”活动，利用区级媒体平台及各单位微信公众号、新浪微博、抖音等新媒体平台推送《中华人民共和国民法典》宣传工作动态、以案释法案例、重点条款解读、宣传海报共计300余条。“民法典进企业”活动，到黔五福、振华集团、五韵旅投等企业，了解企业经营状况和法律需求，向企业经营管理者及企业员工讲解《中华人民共和国民法典》相关知识，现场解答员工法律问题，提升企业员工法治意识。“民法典进学校”活动，组织法治副校长进校园开展专题讲座，向在校学生讲解《中华人民共和国民法典》颁布的重要意义及主要内容。各中小学通过组织全体教师学习《中华人民共和国民法典》、制作黑板报、悬挂横幅等形式，在校内营造良好的宣传氛围。

【律师工作】 2022年，乌当区有律师事务所8家，专职律师34名。完成第七轮村（居）法律顾签约，实现乌当区一村（社区）一法律顾问。顾问下村（社区）开展工作1071次，审查各类合同31件，参与调解57件，直接参与处理群体性、敏感性案件4件，出具法律意见书8份、开展法治宣传38次，开展法治讲座22次。

【公证工作】 2022年，乌当区公证处办理公证事项307件，其中办理国内民事公证307件、参与政府拆违控违15人次，外出证据保全6人次、“增殖放流”现场监督3人次、接待咨询1022人次、开具银行存款查询函61人次，提供上门公证服务1次、调查核实523人次，公证法律宣传5人次，参加省、市公证协会培训20人次。

【法律援助】 2022年，乌当区司法局法律援助中心办理法律援助368件，其中民事案件224件，刑事案件144件，代书53件。涉及农民工案件180人次，妇女维权103人次，残疾人维权6人次，老年人维权17人次，未成年人59人次。咨询757人次，其中代书31人次。

【社区矫正】 2022年，乌当区社区矫正工作实行日报告制度，掌握辖区矫正对象动态。接受司法机关委托开展调查评估，制作调查评估意见48件，接收矫正对象6人，解除矫正对象58人，在册社区矫正对象73人（其中缓刑65人，暂予监外执行3人，假释3人，管制2人）。

【安置帮教】 2022年，乌当区做好刑满释放人员信息核查、衔接、安置、跟踪回访等，接收衔接对象156人，重点9人。全区登记在册刑满释放安置帮教期人员665人，重点78人。

（区司法局）

【贵阳市三江强制隔离戒毒所】 2022年，贵阳市三江强制隔离戒毒所开展“改进作风、狠抓落实”年自查自纠，整治“慢作为、不作为、乱作为、文山会海、官僚作风、弄虚作假”和“庸、懒、散、软、浮、推”六个方面作风问题。督察检查中发现问题的全部整改落实，加强队伍革命化、正规化、专业化、职业化建设。发挥督察部门“传感器”“听诊器”“刀把子”作用，按照月、季、年目标任务，跟进督察工作推进情况。全年65次通过现场督察与视频督察相结合方式，就新冠疫情防控工作措施落实情况进行督导检查。坚持一线“深”督、暗查“真”督、智慧“快”督、开门“实”督的全方位立体式警务督察工作模式，在场所封闭执勤期间，督察民警分3批次进驻场所封闭执勤现场，全天24小时跟进督察。发挥警务督察“探头”作用，同步全所戒毒人员就医管理、场所防疫管理、警察履职担当、警容风纪的现场督察和视频督察，在时间和空间上构筑立体式督察工作模式，实现督察网络全覆盖。加强联合督察和专项督察力度，联合纪检监察室、所政管理科和习艺生产科等部门开展重大事项，重要时段的督察，推动各项决策部署落地见效、整体工作提档进位。对共性问题、突出问题，协同纪检监察、政工等部门联合会诊，下发专项督察通知书8份、督察通报7份，现场纠正各种不规范行为300余人次。

（三江戒毒所）

军 事

乌当区人民武装部

【概况】 2022年，乌当区人民武装部（以下简称区人武部）贯彻习近平强军思想，贯彻新时代军事战略方针，按照“举旗铸魂把正方向，聚焦使命主动作为，严格管理确保安全，军地齐心共同发展”的工作思路，武装工作呈现出整体推进、稳步发展的良好态势。全年高质量开展战备训练，高标准完成民兵3期训练任务，圆满完成春秋两季新兵征集任务，助力3家驻区部队和辖区单位签订共建协议，被贵阳警备区评为“全面建设先进单位”。

【思想政治建设】 2022年，区人武部坚持用习近平强军思想铸魂育人，把思想奠基贯穿始终，教育引导干部职工在厚植理想信仰中打牢忠诚底色、坚定政治方向。落实“双周理论日”学习制度，开展“忠诚维护核心、矢志奋斗强军”主题教育，利用“学习强国”“军职在线”APP跟进学习习近平系列重要讲话精神。到基层开展走访调研，先后组织4次专题学习讨论和3次党课辅导，1次参观见学，党员干部撰写体会交流文章40余篇。

【战备训练】 2022年，区人武部规范战备训练秩序，落实战备教育、战备演练等各项工作制度。结合重大节日和敏感时期，组织战备教育，组织公安、国安部门、应急局召开联席会议，完善军地情报共享机制，组织值班人员和专武干部战备值班培训，明确重要信息报送要求

2022年1月25日，区人武部到新堡布依族乡开展2022年春季征兵宣传，通过上门精准动员、召开院坝会等方式宣传法规，讲解政策，确保有参军意愿的青年及时知晓、积极参军

（区人武部 供图）

【民兵建设】 2022年，区人武部先后召开全区民兵组织整顿工作会议，统筹推进民兵建设。在第二阶段民兵工作检查中，获全省第一名。完成训练任务，初步具备协助地方政府完成反恐维稳、抢险救灾、治安联防等任务的能力。

【征兵工作】 2022年，区人武部按照“一年两征，四季准备”和“定目标、重过程、抓督导、看质量”工作思路，适应征兵政策调整变化新形势，围绕“理顺前置招聘机制、开通毕业生实习通道、加大应征补贴力度、完善激励机制、建立惩处措施”五个方面，出台《乌当区关于激励大学生参军入伍的办法》。在乡（镇、街道）、学校普遍设立宣传点，举办线上线下宣传活动10余次，发放各类宣传资料2万余份。完成春秋两季新兵征集任务。

【军地共建】 2022年，组织教官集训，完成2000余名新生军训。在贵阳警备区帮扶下，协调将“黄连红军村”黄连民族小学改造为全区民兵训练教育基地暨国防教育示范学校，解决百宜镇退役军人创业就业示范基地产业园区进出道路硬化问题。帮助新天学校校园用电改造，出动官兵和民兵参与森林山火巡逻、治安巡逻和文明创建等任务。

【安全管理工作】 2022年，区人武部调整健全安全工作领导小组成员，定期学习上级文电、研究安排工作、分析安全形势、查找薄弱环节、及时纠治整改。组织重大活动安全风险评估，抓好经常性安全教育和安全训练，牢固树立“不能出事、出不起事”的意识，并组织签订单位安全责任书、个人安全承诺

书，将安全管理工作的责任细分到科室和个人，形成主官管总、科室分管、个人具体管的工作责任机制。全面抓好“人车枪弹密、水火电钱网、酒油黄赌毒、涉外涉地方”安全管理的同时，突出管控重点，守住安全底线。

（区人武部）

人民防空

【概况】 2022 年，乌当区人防办参加干部综合能力提升培训 5 天 2 人次。参加“强省会”人防工程质量监督业务培训 2 天 2 人次。完成辖区人民防空警报器每月一查维护管理工作。完成汛期人防设施、人民防空警报器检查工作，配合市质检站完成人防工程验收等相关工作，配合人防设施标识标牌设置。完成营商环境各项数据指标填报，在工程建设审批上压缩审批时限实现每件 0.5 个工作日审批。

（区人防办）

【人防工程管理】 2022 年，乌当区出动 90 余人次，对全区范围内在用人防工程和早期人防工程开展安全检查，核实在用人防工程 15 处、早期人防工程 2 处，检查人防工程 3 次，均未出现安全事故。

（区发改局）

【人防宣传】 2022 年，乌当区人防办结合“3.1”国际民防日、“5.12”防灾减灾日开展防空、防灾知识宣传活动，发放宣传资料 5000 余份。9 月，区人防办与区教育局、新光街道联合开展人防宣教进校园、进社区活动。

（区人防办）

退役军人事务管理

【概况】 2022 年，乌当区委、区政府主要领导担任退役军人事务工作领导小组组长，定期组织听取退役军人事务工作开展情况汇报。建立区、乡、村三级退役军人服务中心（站）与区、乡、村三级综治中心的信息共享机制，在全区 110 个村（社区）服务推广“九+N”工作法（即一站一保障、一人一台账、一对一包联、一日一接待、一月一研判、一月一主题、一月一联系、一村一选树、一地一特色）。累计建成区、乡、村三级退役军人服务中心（站）124 个。推动 17 个“服务对象在 100 人及以上的村（社区）退役军人服务站”开展示范创建，全部达标验收。乌当区乡（镇、街道）退役军人服务站工作人员在编率 80.55%，专岗率 100%。对乡（镇、街道）、村（社区）退役军人服务站工作人员开展培训 230 人次，实现培训覆盖率 100%。贵阳市“非公立医院优抚对象二次医疗报销一站式结算定点医院”试点工作在乌当区全面推开；贵黔医院成为贵阳市首家市区共建民营“双拥医院”。

2022 年 4 月 18 日，区委退役军人事务工作领导小组会议召开　（区退役军人事务局　供图）

【退役军人优抚】 2022 年，乌当区整合非公立医疗资源，倡导非公立医院参与双拥工作，在全市率先推行“在非公立医院建立部分优抚对象二次医疗报销一站式结算定点医院”试点，为全区优抚对象“二次医疗报销”提供便捷服务。乌当区有 6 家医院启动试点运行。乌当区有 1228 名优抚对象，发放各类优抚对象抚恤金和生活补助资金 840.29 万元；发放优抚对象春节、八一慰问资金 134.48 万元；发放一至四级残疾军人护理费 9 人次 2.89 万元；兑现优抚对象医疗补助经费 37.91 万元，缴纳一至十级残疾军人医疗保险 3.81 万元；发放义务兵家庭优待金 146 户 530.02 万元，补发往年义务兵家庭优待金 7 户 37.71 万元；发放艰苦边远地区一次性补助 22 人 99.48 万元。

【退役军人接受安置】 2022 年，乌当区接收军休干部 1 人，符合政策安排工作条件退役士兵 2 人，自主就业退役军人 61 人。梳理为“兵”服务事项 35 项，编制印发《乌当区退役军人事务局业务操作手册（试用版）》。

【退役军人就业创业】 2022 年，乌当区在百宜镇建立乌当区退役军人就业创业（中药材）产训基地，开展退役军人就业创业培训 2 期。协调农业、人社、税务、金融机构，开展退役军人创业“三送”（送政策、送资金、送服务）活动，为 8 家退役军人企业发放“退役军人 e 贷”近 300 万元。

【双拥共建】 2022 年，乌当区推动社会化拥军，动员民营企业投身拥军爱军工作。7 月，贵州五福坊食品（集团）股份有限公司、贵州龙膳香坊食品有限公司、贵阳福安康康复医院、贵黔国际总医院 4 家企业获市级爱国拥军企业授牌。8 月，贵黔国际总医院与贵阳市、乌当区两级签订“双拥医院”共建协议，成为贵阳市首家市区共建民营“双拥医院”，为广大现役、退役军人和其他优抚对象提供优质优惠服务。建立地方政府与驻区部队“双清单”工作机制，建立《驻区部队困难问题清单》，收集驻区部队需地方帮扶解决军属就业、子女入学、住房等方面困难问题 9 个，解决 8 个。

【退役军人关爱】 2022 年，乌当区开展常态化联系走访退役军人，对联系走访中排查出的生活困难的退役军人，整合人社、民政、医疗等部门，发挥退役军人援助关爱基金作用，累计投入资金 4.9 万元，帮助 8 名退役军人解决生活困难问题、帮助 9 人解决就医困难问题、帮助 1 人解决就业困难问题。接待服务对象来访 420 人次，化解退役军人困难问题 16 个。4 月 12 日，组织部分优抚对象开展为期 10 天的疗养活动，13 个乡（镇、街道）共 40 名优抚对象参加。区退役军人事务局与区人武部建立军地联动送喜报工作机制，为 12 户荣立三等功、7 户评为“四有”（有灵魂、有本事、有血性、有品德）军人的现役军人家庭发放慰问金 1.2 万元。

【典型选树】 2022 年，乌当区推荐省市“最美退役军人”“双拥先进个人”等各类优秀人选，区退役军人陈凯获第三届贵阳市“最美退役军人”称号。

【退役军人志愿活动】 2022 年，乌当区动员退役军人参加志愿服务，累计建立退役军人志愿服务队 124 支 750 余人。其中，区级退役军人志愿服务队 1 支 40 人、乡级退役军人志愿服务队 13 支 260 余人、村级退役军人志愿服务队 110 支 450 余人。退役军人志愿服务队参加文明城市创建、乡村振兴、疫情防控、“一圈两场三改”建设、农村“五治”、雷锋精神传承、开学季护航等志愿服务。

2022 年 4 月 12 日，区退役军人事务局组织 40 名优抚对象参加为期 10 天的短期疗养

（区退役军人事务局　供图）

【纪念褒扬】 2022 年，乌当区在清明节、“9·30”烈士纪念日期间，引导烈属、退役军人参与文明祭扫、网上祭扫，举行烈士纪念日向英雄烈士敬献花篮仪式。开展“烈士寻亲”活动。申请资金 42 万元对金芳云烈士墓和百宜红军烈士陵园进行提质改造。云岩区 19 座零散烈士墓迁葬百宜红军烈士陵园。

【7 人获评“四有”优秀士兵】 2022 年，乌当区在部队被评为“四有”优秀士兵 7 人，分别为：曾繁辉、赵兴泳、张杰、明露、徐兴好、刘志阳、蔡慧俊。

【“兵支书”队伍培养】 2022 年，乌当区把退役军人作为推动脱贫攻坚和乡村振兴的重要力量，全区有“兵支书”85 人，其中担任支部书记（村委主任）15 人、支部副书记或村委副主任 11 人、委员 57 人、监委会委员 2 人；年龄在 45 岁以下的有 62 人；大专及以上学历 34 人，高中及中职 33 人，初中及以下 18 人。

【军休干部“两个待遇”落实】 2022 年，乌当区落实军队离退休干部各项生活待遇，将军队离退休干部与现役军人一并纳入每年建军节、春节慰问，并组织军休干部参加主题党日、端午节等活动。

【优待证办理】 2022 年，乌当区完成退役军人及其他优抚对象建档立卡 6267 人，建档立卡率 98.2%，完成网上申领 5728 人，收到并发放优待证 3928 张。

【“双拥医院”授牌】 2022 年 8 月 5 日，贵阳市、乌当区两级“双拥医院”授牌仪式在贵黔国际总医院举行。“双拥医院”挂牌后，贵黔国际总医院在门（急）诊挂号、缴费窗口设立“军人优先窗口”。现役军人、退役军人、军烈属凭相关证件（证明）进入优先服务流程，在院内就诊过程中，享受优先预约、优先挂号、优先收费、优先就诊、优先取药、优先住院等“六优先”便捷服务。

（区退役军人事务局）

国防教育

【概况】 2022 年，乌当区印发《中共乌当区委关于成立区委全民国防教育工作领导小组的通知》，成立区委全民国防教育工作领导小组，推进国防教育。利用广播电视台、LED 显示屏、宣传栏等宣传载体开展“国防教育”社会宣传，通过开展主题宣讲、知识问答、烈士祭扫、展播红色电影、讲述革命故事、发放国防教育宣传资料等活动，激发广大群众的家国情怀和爱国思想。

【国防教育宣传】 2022年，乌当区在天眼新闻、活力乌当微信公众号、活力乌当APP等共刊发国防教育相关新闻稿件20余条，全方位展示乌当国防教育宣传成果。在《中华人民共和国国防教育法》颁布施行21周年之际，制定《中共乌当区委宣传部关于举办纪念〈中华人民共和国国防教育法〉颁布施行21周年活动的通知》，组织全区各单位开展形式多样的宣传纪念活动，组织学习《中华人民共和国国防教育法》，强化国防意识。组织全区各部门通过LED显示屏、电视播放屏播放贵阳市国防教育宣传片及国防教育宣传标语；在全区13个乡（镇、街道）播放爱国主义电影100余场次；组织全区干部职工积极参与筑红云国防教育答题8300余次；全区教育系统在各学校青少年学生中广泛开展“国防教育进校园”活动40余次；组织全区各乡（镇、街道）开展国防教育宣传活动5次，发放宣传资料2000余份；依托乌当区新时代文明实践中心开展“国防教育”知识问答活动1次；全区各单位报送“国防教育”信息、图片50余条。

2022年1月25日，乌当区百宜烈士陵园举行零散烈士墓集中迁葬入园仪式，以庄严的仪式迎接19位烈士集中安葬

（区退役军人事务局 供图）

【国防教育基地建设】 2022年，乌当区结合百宜红军烈士陵园国防教育基地资源，打造有亮点有特色的国防教育基地，在基地设置“人民有信仰、国家有力量、民族有希望”永久性的宣传标识标牌，设置“学习贯彻党的二十大精神”景观小品，用12块活动展板对五代领导人论长征、党的生日、国庆、最小的红军战士、四大转折会议等内容进行集中展示。全年累计接待各级行政机关、企事业单位、学校、退役军人及其家属310批次，到基地开展清明祭扫和主题教育活动2.4万人次，义务为近万人进行现场解说。

（戴丽斯）

经济管理

宏观经济调控

【固定资产投资】 2022年，市级反馈乌当区累计完成固定资产投资169.92亿元，增速4.0%，全市排名第三；建安投资累计完成134.96亿元，增长9.6%，全市排名第四。新增入库项目完成投资98.83亿元，占全年完成投资的58.16%。固定资产投资项目入库118个，总投资136.21亿元，其中新型工业化项目30个，投资43.82亿元；新型城镇化项目42个，投资72.27亿元；农业现代化项目35个，投资16.58亿元；旅游产业化项目11个，投资3.55亿元。乌当区乡（镇、街道）入库项目74个，占总入库项目的62.71%。部门入库项目32个，占总入库项目的27.11%。民间投资77.40亿元，占固定资产投资的56.8%。

【经济运行分析监测】 2022年，乌当区生产总值完成195.9亿元，增长1.8%，其中第一产业增加值完成22.08亿元，增长3.7%；第二产业增加值完成94.98亿元，增长3.8%；第三产业增加值完成78.84亿元，下降1.1%。三次产业结构比为11.27∶48.48∶40.25，产业结构进一步优化。规模以上工业增加值完成50.56亿元，增长1.9%；固定资产投资完成169.92亿元，增长4%；社会消费品零售总额完成67.91亿元，下降3.8%；一般公共预算收入完成17.83亿元，增长7.36%；新引进产业项目到位资金82.62亿元；外贸进出口总额完成1.66亿元；城镇、农村居民人均可支配收入分别达到45075元、23765元，增长5.2%、6.5%；城镇新增就业人数6016人。全区经济社会发展特点：经济总量呈现积极追赶态势，全年地区生产总值完成195.9亿元；区域增长动力呈现蓬勃发展趋势，市场主体数量比上年增长19.2%，“四上”企业数量比上年增长16.5%，新增高新技术企业21家，新增各类人才7164人，研发投入达4.64亿元。

【实体经济发展】 2022年，乌当区新型工业化稳步发展，完成工业总产值181.08亿元，增长6.22%。贵州中医药和医疗器械产业园云锦产城融合、洛湾标准化厂房、新天电子元器件产业园等项目加快推进，完成工业投资29.04亿元，增长94.9%。为工业企业争取资金1584万元，为大数据企业争取资金340万元，企业“助企券”申领580余万元，25户工业企业缓交电费850.24万元，免交基本电费14万元。累计获专精特新、“小巨人”认定企业31户，新增3户企业纳入市级军民融合企业，军民融合企业达22户。旅游产业化平稳推进，新建品牌连锁便利店5个，新建、升级改造乡村级电商服务站点59个，乡镇、行政村电商服务网点覆盖率分别达100%、80%，新建投运加油站1座。批发零售餐饮企业、瀑布冷链及惠民生鲜超市申请各级补贴奖励356.72万元。百宜镇获“省级乡村旅游重点镇”称号、偏坡布依族乡偏坡村获“贵州省乡村旅游与传统村落和少数民族特色村寨深度融合发展示范点”称号。兑现住宿企业、重点文化体育娱乐企业及A级旅游景区补助484万元，减免94家酒店收视费82.61万元。兑现规模以上服务业企业奖励资金89.3万元。好活（贵州）网络科技有限公司被认定为省级服务业龙头企业。农业现代化加速发展，形成“蔬果药花茶”和生态养殖“5+1”特色优势产业，农业总产值完成37.63亿元，增长4.3%。粮食、果药茶、蔬菜产量分别达3.05万吨、12.66万吨、26.76万吨；食用菌栽培2505万棒，产量9620吨。农产品加工转换率突破60%。羊昌“种业小镇”建设顺利，示范田累计32个，示范点面积达666.67公顷。成功申报省级龙头企业1家，市级龙头企业6家。

【资金项目争取】 2022年，乌当区争取中央、省、市各类政策、项目、资金支持，落实资金6.94亿元，其中中央资金5.94亿元、省级资金8273万元、市级资金1690万元；争取政策23项，包括新型工业化基金、新动能基金、申报“2023年国家生态文明示范区补助资金”等。获地方政府专项债券支持项目10个，资金42301万元；政策性金融工具支持项目1个，资金8659万元；中央预算内投资资金支持项目4个，资金3710万元。获国家级、省级、市级表彰或推广的改革创新举措成果27个。

【重大项目管理】 2022年，乌当区新天药业中药配方颗粒、中高端大健康食品生产基地、宜大鲜生1万吨速冻食品生产和加工基地等26个重点工程完成投资80亿元。新东二环（乌当区段）全线通车，振华路、云锦路加快推进。乌长高速完成投资47.16亿元，轨道交通3号线一期工程乌当区段土建工程完成94%。建成海绵城市2.51平方千米，建成马东路、观溪路、北龙路等11条海绵型道路。天然气管道铺设8千米，城市供水管网建设3.5千米，雨水管网建设改造7.4千米，污水管网建设8.4千米。新增5G基站245个。

【经济体制改革】 2022年，乌当区农村改革稳步推进，土地确权新增4400户，变更1205户，发放证书4399本，验收农村“三变”共享项目3个，换发农村集体经济股份合作社登记证书40个，行政村经营性收入均达5万元以上。要素市场化配置改革持续推进，出让地块20宗，划拨用地17宗。引入贵州久利投资集团在凤凰山国有林场开展林下经济，完成666.67公顷林下采摘，产值310万元。探索完善医保支付方式改革，医保基金拨付3661.04万元，使用3224.89万元，结余436.15万元。“四上企业”新增51户，其中新增规模以上工业企业6户，规模以上服务业企业7户，限额以上商贸业36户（含大个体），资质以上建筑业企业1户，房地产开发经营业1户。聚焦“一主一特”产业、生态特色食品产业，招引签约国药集团，建设国药西部医疗产业园，招引高压轴向柱塞液压泵马达、电容器智能化生产设备制造、东佑电脑品牌总部等项目，招引贵州连锁餐饮中央厨房、葡萄酒生产体验中心等项目。

【粮食和物资储备】 2022年，乌当区通过购买、其他部门移交等方式储备应急物资共264.13万元，包括四大类（应急管理类、防汛抗旱类、自然灾害救援类及森林防灭火类、生活救助类），共计70余种，其中包含大米、应急充电电筒、救生衣、防寒服、棉被、折叠床、工业盐等。乌当区粮食（稻谷）储备规模4710吨，食用油105吨。粮油物资储备目标完成率为100%。医药物资储备，储备物资805.11万元。至年底，库存物资滤芯无菌盒装吸头1000盒、新型冠状病毒（2019-nCoV）核酸检测试剂盒（荧光PCR法）417盒、核酸提取或纯化试剂10080人份，共计57.88万元。

【社会信用体系建设】 2022年，乌当区完成“第四届贵州省诚信示范企业”创建工作。制定印发《乌当区2023年社会信用体系建设工作要点》。

【营商环境优化】 2022年，乌当区“登记财产”“获得用水”“获得电力”办理时限均缩减至0.5天，全程网办成效占82.4%，税务充分运用“一网通”登记平台，电子印章调用次数提升92.4%，收取材料数量少于全省平均水平，开办企业7个环节均实现零成本。办理增值税留抵退税2.48亿元，兑现、发放各类区级奖补资金9035万元。擦亮“贵人服务”品牌，走访服务企业10770户，诉求办结率为100%。2022年全省营商环境考核评估中，乌当区排名全省第二名。贵州路桥集团总部、贵州广毅系列企业等迁入乌当。

（区发改局）

自然资源管理

【概况】 2022年，乌当区土地面积68322.50公顷，其中耕地面积9667.31公顷，种植园用地8179.5公顷，林地40228.93公顷，森林覆盖率达59.84%，草地244.49公顷，湿地0.04公顷，交通运输用地1695.2公顷，水域及水利设施用地774.66公顷，其他土地4199.34公顷，同时还拥有2000公顷森林资源的盘龙山森林公园和1333.33公顷的二坡山林场，属黔中森林腹地。全区有效采矿权8个，有效探矿权7个。

【国土空间规划】 2022年，乌当区完成生态红线评估、现状评估工作、“一张底图”初步成果，永久基本农田试划、乌当区过渡期城镇开发边界划定，8个专题向区空间规划委员会成员单位征求意见，向乡镇部门开展2个专题座谈和征求意见。完成乡镇国土空间规划现状摸底调查、经费申请、乡镇走访座谈。初步完成“三区三线”划定工作，划定耕地保有量9538.93公顷，划定永久基本农田6873.11公顷、生态保护红线面积13869.85公顷、城镇开发边界6353.23公顷，城镇建设用地6353.23公顷（新增745.33公顷，占现状城镇建设用地面积的0.33倍）。

【用地管理】 2022年，乌当区完成农转建报批8个批次、287.33公顷（不含工业），消化批而未供土地133.33公顷。完成工业土地出让10宗，出让宗地面积40.36公顷（净地面积35.03公顷）。完成工业用地农转建报批6批次、36.52公顷，完成经开区土地集约利用评价工作，完成惠城食品工业园二期农转建手续以及完成高穴片区标准厂房，下坝、新堡成片征收方案和农转建报批以及出让规划编制。全年批而未供和闲置土地处置任务纳入市、县推动高质量绩效考核指标。全区需完成批而未供土地处置最终基数为450.52公顷，按照一季度7%（31.54公顷）、半年14%（63.07公顷）、三季度21%（94.61公顷）、全年28%（126.15公顷）的最低比例完成土地处置任务。“土地市场动态监测与监管系统”显示全区处置数据为217.4公顷，处置率为48.26%。全区闲置土地27.57公顷，高质量发展处置任务率为20%（本年度处置目标任务为5.51公顷），“土地市场动态监测与监管系统”显示全区闲置土地处置数据为23.23公顷，处置率为84.24%，完成全年闲置土地处置任务。

【不动产登记管理】 2022年，乌当区受理各类不动产登记业务37040余件，办理不动产权证书1.1万本，开具不动产权证证明1.06万份。不动产查询服务可通过微信公众号查询，查询范围覆盖所有乡（镇、街道）。

【测绘管理】 2022年，乌当区有测绘资质单位23家（其中甲级1家、乙级22家）。辖区范围内完成测绘项目备案审查12个，同意予以备案。开展年度辖区测绘地理信息综合监管，利用“双随机”抽查和重点抽查相结合的巡查方式，对辖区内测绘资质单位的资质检查巡查，配合省自然资源厅、市自然资源局行业主管部门、省测绘产品质量监督检验站联合开展测绘成果质量监督检查。完成辖区23家单位测绘资质巡查。开展“问题地图”日常排查整治活动，到辖区5家书店走访，抽查带有国家版图信息的产品（包括图书、音像制品、地球仪等）有无出版号、所附版图信息的完整性，检查地图产品种类10余种。做好测量标志保护管理和监管，定期开展测量标志巡查、普查、建档工作。全区有31个测量标志点，其中基准站1个、水准点17个、三角点5个、GPS（C）级点4个、GPS（E）级点4个。开展“8·29”测绘法宣传日暨国家版图意识宣传周活动，设立宣传咨询台1个，悬挂系列宣传横幅2条，发放环保宣传袋及宣传资料各1000余份，张贴海报40余幅。组织辖区少儿参加贵州省第七届少儿手绘地图大赛，收集少儿参赛作品108幅，其中78名少儿获省、市奖项，乌当区获全省国家版图意识宣传优秀组织奖。

（区自然资源局）

【土地储备与供应】 2022年度，乌当区列入储备土地供应计划地块24宗，用地面积98.56公顷（其中，商业、商品住宅用地6宗，用地面积21.95公顷；工业用地5宗，用地面积32.46公顷；公益设施用地13宗，用地面积44.15公顷）。全年完成各类用地收储入库43宗，总面积596.76公顷，净面积543.12公顷，其中，商业、商品住宅用地15宗，总面积87.49公顷，净面积68.30公顷；工业用地收储入库地块11宗，总面积47.90公顷，净面积40.08公顷；划拨用地入库17宗，总面积461.37公顷，净面积434.74公顷。全年挂牌出让17宗地块，总面积69.01公顷，净面积55.73公顷，出让总价160,694.90万元（其中，工业用地10宗，总面积40.36公顷，净面积35.03公顷，出让总价19570.00万元；商业、商品住宅用地7宗，总面积28.65公顷，净面积20.7公顷，出让总价141124.90万元）；终止挂牌8宗地块。全年完成15宗地块划拨手续，总面积330.78公顷，净面积304.93公顷，划拨总价120356.01万元；终止划拨1宗地块。

（市土储乌当分中心）

2022年2月7日，乌当区组织义务植树活动　　（区自然资源局　供图）

【房地一体确权登记】 2022年，乌当区启动农村房地一体宅基地、集体建设用地权籍调查，农村房地一体宅基地及集体建设用地为30894宗，集体建设用地权籍59宗，筛选出符合相关规定8004宗上报导入不动产登记库。

【闲置农村宅基地和闲置住宅利用】 2022年，乌当区探索盘活利用农村闲置宅基地和闲置住宅，创建农村闲置宅基地和闲置住宅盘活利用示范创建点2个。在农村宅基地和集体建设用地使用权确权登记颁证工作基础上，全面完成盘活利用示范点的闲置宅基地和闲置住宅底数摸排，建立盘活利用台账，经摸排，全域应开展闲置宅基地和住宅摸底调查7个乡镇58个村，闲置宅基地7284宗、面积99.6万平方米，闲置房屋112.36万平方米。

（区自然资源局）

国有资产管理

【概况】 2022年，乌当区纳入国资办监管正常经营的国有企业共14家，资产总额681.45亿元，国有资本及权益总额352.17亿元，营业收入9.89亿元，净利润1.55亿元。企业在职人数有393人。乌当区泉丰宜信融资担保有限公司资产总额2.05亿元，国有资本权益总额1.46亿元，在职人数有8人。乌当区行政事业性国有资产总额20.82亿元，国有资本权益总额10.53亿元。其中，行政单位资产总额9.36亿元，事业单位资产总额11.46亿元。

【国有企业整合重组】 2022年，乌当区28家区属国有企业重组及39处划转资产的相关工作全部启动。28家企业中，出资公司1家，一级子公司7家，其中，完成工商注册变更的6家；应重组的11家二级子公司，完成2家、启动9家；启动9家公司注销工作。

【国有企业改革】 2022年，乌当区国资公司按功能定位进行改革重组，原控股一级子公司贵阳新宏亿源投资担保有限公司正在按法律程序进行清算，参股一级子公司贵州通冶建设发展有限公司（云锦医药园）在进行清产核资。原乌当区交通局一级参股公司贵阳乌当黔通汽车快捷客货运输有限公司变更到五韵旅投公司。公司法人治理结构正在搭建中，内部组织架构获出资人批准。

【国资监管效能提升】 2022年，乌当区启动对全区国有企业资产清查工作，建立资产管理台账，定期对区属国有企业的资产进行监督管理，至年底，全区国有企业资产总额770.55亿元（不含行政事业单位所属企业7家）。其中，经营性资产91.74亿元，非经营性资产350.91亿元。有闲置低效旅游项目8个，至年底盘活闲置低效旅游项目2个。

（区财政局）

民营经济管理

【概况】 2022年，乌当区实际新增市场主体6678户，比上年增长20.51%，其中，私营企业1294户，个体工商户5368户，其他16户。全区民营经济单位数29442户，占全区市场主体的95%，其中，私营企业10134户、个体工商户19308户、资质等级以上建筑业民营企业17户、限额以上批零住餐业民营企业83户、规模以上服务业民营企业52户、规模以上民营工业企业75户。全区民营经济二、三产业主要集中在制造业和新兴服务业，增加值约占全区生产总值的60%以上。民营经济实现税收14.66亿元，占全区税收比重约51.35%。民营企业新增吸纳就业人员4000余人，在吸纳就业中占主导地位。全区民营经济符合“五六七八九”（民营经济贡献50%以上的税收，60%以上国内生产总值，70%以上技术创新成果，80%以上城镇劳动就业，90%以上企业数量）的特征，对全区经济社会发展作出突出贡献。

【民营经济结构优化】 2022年，乌当区民营经济主要集中在工业、商贸业、服务业等行业领域。虽受宏观经济下行压力、新冠肺炎疫情反复

表2　2022年乌当区重点民营企业项目一览表

项目名称	项目简介
万寿台酒业酒类包装加工生产线项目	该项目为新型工业化、优质烟酒产业项目，总投资15000万元，总建筑面积2.85万平方米，新建1条酒类包装生产线。项目于2021年开工建设，主体建设全部完工，等待设备安装。
新天药业中药配方颗粒项目	该项目为新型工业化、健康医药产业项目，总投资17318万元，总建筑面积3.8万平方米，新建厂房、库房、质检楼及饮片生产线、颗粒剂生产线等配套设施，年产中药配方颗粒5.7亿袋。项目于2021年开工建设，主体已完工。
万顺堂药业生产改扩建项目	该项目为新型工业化、健康医药产业项目，总投资10000万元，总建筑面积4.6万平方米，包括改扩建液体制剂生产线、保健食品生产线、消毒用品生产线；仓储设施、企业技术研发中心；引进多套自动化、信息化设备设施。项目正在办理施工许可证。
宜大鲜生1万吨速冻食品生产和加工基地项目	该项目为新型工业化、生态特色食品产业项目，总投资30000万元，总建筑面积4万平方米，建设生产加工车间、冷链食品成品仓库、线上线下销售管理用房、员工食堂及员工宿舍等，建成后年产速冻食品1万吨。项目部分主体已封顶。
中高端大健康食品生产基地项目	该项目为新型工业化、生态特色食品产业项目，总投资20000万元，总建筑面积3万平方米，新建健康米粉、刺梨活性益生元产品、多肽化刺梨原汁灌装等生产线。项目主体施工中。
惠诚特色食品生态园项目	该项目为新型工业化、生态特色食品产业项目，总投资80000万元，总建筑面积15万平方米，新建集烘焙食品观光工厂、食品文化体验馆、贵州健康烘焙研究所、烘焙学院、休闲配套于一体的现代化生态产业园。
易商集团（ESR）食品电商产业园项目	该项目为新型工业化、城镇产业融合发展工程项目，总投资100000万元，总建筑面积13万平方米，新建冷链中心、中央厨房、食品流程优化及标准化中心、仓储及配送中心。
新型环保建材产业园项目	该项目为新型工业化、新型建材产业项目，总投资45000万元，总建筑面积40万平方米，建设装配式混凝土（PC构件）、环保型混凝土搅拌站、干拌砂浆、新型建材制品生产线及环保型沥青搅拌站，研发与检测中心、综合楼、职工生活中心以及配套公用及环保设施等。
装备制造产业园项目	该项目为新型工业化、大数据电子信息产业项目，总投资110000万元，新建27万平方米标准厂房及配套设施，包括新型电子器材标准厂房、新型装备制造标准厂房、仓储物流配送中心、新型能源材料研发生产中心，大数据调度及商务中心，科研楼及人才公寓，职工生活中心以及配套公建。
中天吾乡建设项目	该项目为新型城镇化项目，总投资380亿元，建筑面积553万平方米，建设居住区、体育公园区、商业休闲区及其他配套设施等。项目已全面动工建设，部分楼栋已完工。

（区发展和改革局）

冲击等因素影响，民营经济市场主体总体保持平稳。全区三次产业比例为11.38 ∶ 49.01 ∶ 39.61，产业结构表现为“二、三、一”形式，结构不断优化。区委、区政府将健康医药作为主导产业，电子信息制造作为特色产业，全区产业发展定位和路径进一步明晰，资源要素不断向工业领域集聚，民营经济新型工业化进程不断加快，带动生产性服务业、生活性服务业加快发展，助推民营经济结构不断优化。

（区工信局）

财　政

【概况】 2022 年，乌当区一般公共预算收入完成 161869 万元，为预算调整的 103.08%；同口径（剔除留抵退税因素）完成 178296 万元，比上年增长 7.36 个百分点，税收收入占一般公共预算收入比重达 68%。实施惠企利民政策，为 345 户纳税人办理增值税留抵退税 24800 万元。全年减税降费共计 20345 万元（其中 2022 年新增政策 10 余项，共减免缓退税费 12006 万元，占新增减税降费优惠额度的 59.01%），办理缓缴税费 13905 万元。

【一般公共预算收支】 2022 年，乌当区一般公共预算收入 157038 万元，完成 161869 万元，为预算的 103.08%，比上年增长 0.6%。其中，税收收入预算 102955 万元，完成 105043 万元，为预算的 102.03%；非税收入预算 54083 万元，完成 56826 万元，为预算的 105.07 %，比上年增长 49.21%。一般公共预算收入同口径完成 178296 万元，比上年增长 7.36%。全区一般公共预算可支配财力 413719 万元。其中，一般公共预算收入 161869 万元，各项上级补助收入 167313 万元（其中，返还性收入 15842 万元，一般性转移支付 130788 万元，专项转移支付 20683 万元），新增一般债收入 5125 万元，债务转贷收入 33269 万元，动用预算稳定调节基金 20000 万元，上年结余 26143 万元(专款结余)。减上解支出 15947 万元，债务还本支出 33380 万元，安排预算稳定调节基金 43042 万元，调出资金到政府性基金预算 20000 万元，当年一般公共预算实际可支配财力 301350 万元。一般公共预算支出预算 282983 万元，完成 262415 万元 (其中专款 33931 万元)，为预算的 92.7%，年终滚存结余 39045 万元（专款结余）。

【区本级一般公共预算收支】 2022 年，乌当区本级一般公共预算收入

2022 年乌当区一般公共预算收入完成情况表

表 3　　　　单位：万元

科目名称	2022 年完成数	与 2021 年完成数比较情况		
		完成数	2022 年为 2021 年（%）	2022 年比 2021 年增减额
合　计	161869	160905	100. 60	964
税收收入	105043	122820	85. 53	-17777
增值税	33285	50458	65. 97	-17173
企业所得税	17158	9689	177. 09	7469
个人所得税	8159	5524	147. 70	2635
资源税	228	122	186. 89	106
城市维护建设税	5665	6465	87. 63	-800
房产税	9281	10465	88. 69	-1184
印花税	4427	3122	141. 80	1305
城镇土地使用税	3689	3440	107. 24	249
土地增值税	3416	11663	29. 29	-8247
耕地占用税	948	3119	30. 39	-2171
契税	18707	18731	99. 87	-24
环境保护税	37	-36	-102. 78	73
其他税收收入	43	58		-15
非税收入	56826	38085	149. 21	18741
专项收入	5876	5817	101. 01	59
行政事业性收费收入	1794	1713	104. 73	81
罚没收入	11944	7529	158. 64	4415
国有资源（资产）有偿使用收入	36955	22038	167. 69	14917
政府住房基金收入	2	18	11. 11	-16
其他收入	255	970	26. 29	-715

2022 年乌当区一般公共预算支出完成情况表

表 4　　　　单位：万元

科目名称	2022 年完成数（含专款）	与 2021 年完成数比较情况		
		完成数（含专款）	2022 年为 2021 年（%）	2022 年比 2021 年增减额
合　计	262415	263936	99.42	-1521
一般公共服务支出	43646	39171	111.42	4475
国防支出	2455	270	909.26	2185
公共安全支出	15591	16408	95.02	-817
教育支出	57030	65592	86.95	-8562
科学技术支出	494	1331	37.11	-837
文化旅游体育与传媒支出	2517	3801	66.22	-1284
社会保障和就业支出	35278	34124	103.38	1154
卫生健康支出	21000	23126	90.81	-2126
节能环保支出	2381	1503	158.42	878
城乡社区支出	14311	13183	108.56	1128
农林水支出	28791	34005	84.67	-5214
交通运输支出	2263	3192	70.90	-929
资源勘探信息等支出	8794	8254	106.54	540
商业服务业等支出	3273	498	657.23	2775
自然资源海洋气象等支出	1612	1601	100.69	11
住房保障支出	13236	7730	171.23	5506
粮油物资储备支出	113	165	68.48	-52
灾害防治及应急管理支出	2714	3240	83.77	-526
债务付息支出	6880	6719	102.40	161
债务发行费用支出	36	23	156.52	13

2022 年乌当区本级一般公共预算收入完成情况表

表 5　　　　单位：万元

科目名称	2022 年完成数	与 2022 年预算数比较情况		与 2021 年完成数比较情况		
		预算数	完成数为预算数（%）	完成数	2022 年为 2021 年（%）	2022 年比 2021 年增减额
合　计	151975	145459	104.48	151552	100.28	423
税收收入	95542	104852	91.12	114129	83.71	-18587
增值税	30106	45494	66.18	46581	64.63	-16475
企业所得税	16850	8734	192.92	9179	183.57	7671
个人所得税	8033	5174	155.25	5458	147.17	2575
资源税	209	-43	-486.91	-334	-62.69	543
城市维护建设税	5298	5341	99.20	6170	85.87	-872
房产税	8683	7666	113.27	10010	86.74	-1327
印花税	4187	2709	154.54	3099	135.09	1088
城镇土地使用税	3378	3671	92.03	2032	166.25	1346
土地增值税	3188	7322	43.54	11443	27.86	-8255
耕地占用税	443	-951	-46.63	2463	18.00	-2020
契税	15104	19655	76.84	18045	83.70	-2941
环境保护税	20	20	97.85	-75	-26.09	95
其他税收收入	43	60	71.67	58		-15
非税收入	56433	40607	138.97	37423	150.80	19010
专项收入	5496	5044	108.96	5391	101.94	105
行政事业性收费收入	1781	850	209.52	1477	120.58	304
罚没收入	11944	4638	257.52	7529	158.64	4415
国有资源（资产）有偿使用收入	36955	29355	125.89	22038	167.69	14917
政府住房基金收入	2	700	0.29	18	11.11	-16
其他收入	255	20	1275.00	970	26.29	-715

2022 年乌当区本级一般公共预算支出完成情况表

表 6

单位：万元

科目名称	预算数	完成数（不含专款）	完成数为预算数（%）
合　计	224456	209996	93.56
一般公共服务支出	27394	39437	143.96
国防支出	681	2450	359.77
公共安全支出	17765	15073	84.85
教育支出	58188	51555	88.60
科学技术支出	984	464	47.15
文化旅游体育与传媒支出	3598	1779	49.44
社会保障和就业支出	29759	24931	83.78
卫生健康支出	18905	17321	91.62
节能环保支出	1499	1747	116.54
城乡社区支出	17263	13359	77.39
农林水支出	17065	13634	79.89
交通运输支出	4992	2213	44.33
资源勘探信息等支出	3222	7834	243.14
商业服务业等支出	865	1774	205.09
自然资源海洋气象等支出	1830	1433	78.31
住房保障支出	5258	5824	110.76
粮油物资储备支出	191	113	59.16
灾害防治及应急管理支出	2347	2139	91.14
预备费	5790		0.00
债务付息支出	6825	6880	100.81
债务发行费用支出	35	36	102.86

141864 万元，完成 151975 万元，为预算的 107.13%，比上年增长 0.28%。一般公共预算支出预算 254316 万元，完成 241062 万元（含专款），为预算的 82.53%，比上年下降 3.27%。

【政府性基金预算收支】 2022 年，乌当区政府性基金预算收入 2500 万元，完成 84346 万元，为预算的 3373.84%。全区政府性基金预算可支配财力 585208 万元，其中，政府性基金预算收入完成 84346 万元，上级补助收入 298205 万元，从一般公共预算调入资金 20000 万元，专项债券收入 130948 万元（其中，新增债券 42301 万元，再融资债券 88647 万元），上年结余 51709 万元（专款及收入）。减上解支出 2777 万元，债务还本 88647 万元，当年政府性基金预算实际可支配财力 493784 万元。政府性基金预算支出预算 338019 万元，完成 486647 万元，为预算的 143.97%，比上年下降 8.97%，年终滚存结余 7137 万元（其中专款 6993 万元）。

【社会保险基金预算收支】 2022 年，乌当区社会保险基金预算收入 31633 万元，完成 28140 万元。其中，城乡居民基本养老保险基金收入 3087 万元；机关事业单位基本养老保险基金收入 18014 万元；其他社会保险基金收入 9967 万元，为预算的 95.69%，比上年下降 12.5%。社会保险基金预算支出预算 30670 万元，完成 33315 万元，其中城乡居民基本养老保险基金支出 7214 万元；机关事业单位基本养老保险基金支出 18147 万元；其他社会保险基金支出 7955 万元，为预算的 108.62%，比上年增长 17.2%。社会保险基金滚存结余 4346 万元，其中城乡居民基本养老保险基金 2460 万元，机关事业单位基本养老保险基金 1326 万元，其他社会保险基金 560 万元。

【政府债务】 2022 年，乌当政府债务限额 923320 万元，其中一般债务限额 221236 万元、专项债务限额 702084 万元。归还置换到期债务本息 31674 万元，其中一般债务本息 6880 万元、专项债务利息 24794 万元。年末全区债务余额 884360 万元，其中一般债务余额 187287 万元、专项债务余额 697073 万元。

【财政管理】 2022 年，乌当区财政局对一般公共预算安排的 529 个项目 1－8 月支出进度及绩效目标开展绩效运行监控，根据监测评价结果及预算执行需求，调减 59 个项目，金额共 827 万元，涉及万物互联工作经费、戒毒学员给养费等项目；新增 93 个项目，新增资金 19567 万元，涉及疫情防控、市场主体培育奖励等项目。通过规范运用预算管理一体化系统，促进预算刚性约束力。对预算批复、预算执行情况、会计核算、预决算信息公开等各项管理

2022年乌当区政府性基金预算收入完成情况表

表7　　　　单位：万元

科目名称	2022年完成数	与2021年完成数比较情况		
		完成数	2022年为2021年（%）	2022年比2021年增减额
合　计	84346	436745	19.31	-352399
一、国有土地使用权出让收入	76907	411107	18.71	-334200
土地出让价款收入	78441	411107	19.08	-332666
划拨土地收入	187	0		187
缴纳新增建设用地土地有偿使用费	-1721	0		-1721
二、国有土地收益基金收入	4128	20330	20.30	-16202
三、农业土地开发资金收入		519	0.00	-519
四、城市基础设施配套费收入	618	1299	47.58	-681
五、污水处理费收入	2693	3490	77.16	-797

2022年乌当区政府性基金预算支出完成情况表

表8　　　　单位：万元

科目名称	2022年完成数	与2021年完成数比较情况		
		完成数	2022年为2021年（%）	2022年比2021年增减额
合　计	486647	534629	91.03	-47982
一、文化旅游体育与传媒支出	0	0		0
旅游发展基金支出				0
二、社会保障和就业支出	94	238	39.50	-144
大中型水库移民后期扶持基金支出	75	238	31.51	-163
小型水库移民扶助基金安排的支出	19			19
三、城乡社区支出	422945	487222	86.81	-64277
国有土地使用权出让收入安排的支出	402345	445460	90.32	-43115
国有土地收益基金安排的支出	5098	20330	25.08	-15232
农业土地开发资金安排的支出	1034	1218	84.89	-184
城市基础设施配套费安排的支出	3201			3201
污水处理费安排的支出	6567	281	2337.01	6286
棚户区改造专项债券收入安排的支出	4700	19933	23.58	-15233
四、农林水支出	0	13	0.00	-13
大中型水库库区基金安排的支出		13	0.00	-13
五、其他支出	37651	20691	181.97	16960
其他政府性基金及对应专项债务收入安排的支出	37601	19986	188.14	17615
彩票公益金安排的支出	50	705	7.09	-655
六、债务付息支出	24794	25517	97.17	-723
地方政府专项债务付息支出	24794	25517	97.17	-723
七、地方政府专项债务发行费用支出	132	203	65.02	-71
地方政府专项债务发行费用支出	132	203	65.02	-71
八、抗疫特别国债安排的支出	1031	745	138.39	286
抗疫相关支出	1031	745	138.39	286

2022 年乌当区社会保险基金预算收入完成情况表

表 9　　单位：万元

项目名称	2022 年完成数	与 2021 年完成数比较情况		
		完成数	2022 年为 2021 年（%）	2022 年比 2021 年增减额
合　计	28140	32160	87.50	-4020
一、城乡居民基本养老保险基金收入	3087	4090	75.47	-1003
缴费收入	1088	1002	108.53	86
财政补助收入	1882	2710	69.46	-828
利息收入	115	109	105.26	6
其他收入	1	267	0.42	-266
转移收入	1	2	48.68	-1
二、机关事业单位基本养老保险基金收入	18014	18103	99.51	-89
保险费收入	9843	10569	93.13	-726
财政补助收入	7885	7139	110.45	746
利息收入	19	16	118.75	3
转移收入	265	373	71.05	-108
其他收入	2	6		-4
三、其他社会保险基金收入	7039	9967	70.63	-2928
（一）就业	3008	2403	125.18	605
财政补助收入	3008	2403	125.19	605
利息收入	0	0	100.00	0
（二）失地农民	416	3675	11.33	-3259
其他收入	416	3675	11.33	-3259
（三）职业年金	3612	3886	92.95	-274
缴费收入	3561	3845	92.61	-284
（四）2017 年以前试点机关养老金缴费收入	3	3	100.00	0

2022 年乌当区社会保险基金预算支出完成情况表

表 10　　单位：万元

项目名称	2022 年完成数	与 2021 年完成数比较情况		
		完成数	2022 年为 2021 年（%）	2022 年比 2021 年增减额
合　计	33315	28428	117.19	4888
一、城乡居民基本养老保险基金支出	7214	3366	214.35	3848
基础养老金支出	3058	2827	108.18	231
个人账户养老金支出	452	463	97.68	-11
丧葬抚恤补助支出	51	75	67.60	-24
上解上级支出	3652	0		3652
二、机关事业单位基本养老保险基金支出	18147	16940	107.13	1207
基本养老金支出	18147	16940	107.13	1207
三、其他社会保险基金支出	7954.59	8122	97.94	-167
就业补助资金	3012.29	2393	125.88	619
失地农民	416.3	2811	14.81	-2395
职业年金支出	4526	2918	155.11	1608

2022 年乌当区社会保险基金预算结余情况表

表 11 单位：万元

项目名称	2022 年完成数	与 2021 年完成数比较情况		
		完成数	2022 年为 2021 年（%）	2022 年比 2021 年增减额
合　计	4346	38462	9.84	-34116
一、城乡居民基本养老保险基金年末滚存结余	2460	6587	37.35	-4127
二、机关事业单位基本养老保险基金年末滚存结余	1326	1460	90.82	-134
三、其他社会保险基金年末滚存结余	560	30415	0.00	-29855
就业补助资金	13	16	79.25	-3
失地农民		28986	0.00	-28986
职业年金年末滚存结余	314	1228	25.57	-914
2017 年以前试点机关养老金	233	230	101.30	3

2022 年乌当区政府债务基本情况表

表 12 单位：万元

项目名称	一般债务（券）	专项债务（券）	合　计
债务限额	187287.39	697072.50	884359.89
还本付息支出	6880.74	24793.63	31674.37
债务余额	221235.79	702083.97	923319.76

环节操作留痕，嵌入控制规则，形成严密内控体系，实现预算管理风险识别和预警，提高财政资金安全系数。区财政局加强资金监管，配合做好机构改革合并、撤销、更名的预算单位与银行、金库相关衔接工作，确保预算单位能正常办理集中支付业务。梳理全区单位资金流向情况，规范单位用款申请摘要和用途，强化国库集中支付管理。年内，区级 65 家预算单位纳入国库集中支付资金 708831 万元，其中直接支付 518290 万元，授权支付 190541 万元。8 个乡镇纳入国库集中支付资金 21306 万元，其中直接支付 4460 万元，授权支付 16846 万元。

【债务风险防控】 2022 年，乌当区定期召开防范化解债务风险专题会议安排部署债务管控工作，全面防范化解债务风险。制定《2022 年度债务化解方案》，将年度债务还本付息支出纳入年初预算优先保障。通过加大土地出让金力度的方式降低综合债务率，全区债务测评结果为“橙色”。在切实兜牢“三保”底线方面，全年“三保”资金共计 186392 万元，其中保工资 129622 万元，保运转 8018 万元，保基本民生 48752 万元。共收到直达资金 80832 万元，全部分配到部门及项目，分配率的 100%。

【民生投入】 2022 年，乌当区民生支出 196235 万元，占一般公共预算支出比重保持在 70% 以上。教育支出投入 57030 万元，主要用于新建、改扩建中小学、幼儿园 16 所，新增学位 2160 个。学前教育公办率、普惠率以及九年义务教育巩固率分别达 63.74%、91.37%、117.63%。“一圈两场三改”投入 162600 万元，其中财政资金 6647 万元，其他资金 155953 万元，实施狮岩路、区医院地块城市更新改造项目。社会保障和就业支出投入 35278 万元，发布适合高校毕业生就业岗位 14315 个，新增高校毕业生就业人数 5968 人。农林水支出投入 28791 万元，全区脱贫户 1310 户 3510 人，全部稳定脱贫，易地扶贫搬迁户 281 户 1058 人，未发生新的返贫致贫。申请债券资金 47426 万元，其中一般债券资金 5125 万元，用于“十五分钟生活圈”应急设施设备采购、老旧小区改造。

【政府采购管理】 2022 年，乌当区在“贵州省政府采购云平台”完成政府采购 23 次，采购预算金额 5527.94 万元，实际采购金额 5383.99 万元，节约资金 143.95 万元，节约率为 2.6%。

（区财政局）

税　务

【概况】 2022 年，乌当区完成税收收入 105043 万元。加强税收服务改革，利用税企互动平台，为纳税人提供涉税事项提醒、线上预约办税、在线取号、24 小时智能咨询等服务，发送 635 条消息，涉及普惠纳税人 30 万余人次。持续推进“税务十点半”直播栏目，为纳税人搭建线上减税降费的直通车，全年开播 35 期，普惠纳税人共 7.5 万余人次。全年报送税收新闻 282 篇，各级媒体采用 807 次。

2022 年 5 月 10 日，乌当区税务局到辖区医药企业开展问计问需、送政策解难题服务。图为税务人员在讲解相关税收政策
（王立 / 摄）

【税务收入】 2022 年，乌当区税收收入 105043 万元。其中，增值税 33285 万元，企业所得税 17158 万元，个人所得税 8159 万元，资源税 228 万元，城市维护建设税 5665 万元，房产税 9281 万元，印花税 4427 万元，城镇土地使用税 3689 万元，土地增值税 3416 万元，耕地占用税 948 万元，契税 18707 万元，其他 80 万元。

【“税安星”项目】 2022 年，乌当区税务局创新推出“税安星”项目，以企业自主申请或者税源管理需要为基础，以年为周期搭建五维数据评价模型，通过团队式数据分析和评分流程，对纳税人综合涉税情况进行评价，展现出纳税人的潜在风险，为税源管理部门有针对性开展纳税辅导提供参考。建立双向沟通反馈机制，由指定服务人员将“税安星”评价结果和处理建议，通过税企平台等媒介单点发送给企业，跟踪企业后期效应，收集企业意见建议等相关反馈。将每次互动体现的“服务 + 管理”双效应同步记录到“税安星”单户档案，形成“两个团队、一套标准、一张评分表、一幅成长图”的特色举措。通过“税安星”项目完成 2 批次，54 户企业的对口服务，形成 36 份纳税辅导建议。风险预防“体检”—纳税辅导三点有机串联一线，在上半年征管 5C 数据质量评价中，乌当区成为贵阳唯一 A+ 级别的区县局。

【减税降费】 2022 年，乌当区落实留抵退税等组合式税收优惠政策，做到应退尽退、应缓尽缓、应免尽免，增强市场主体活力。4 月 1 日至 12 月 31 日，为 345 户纳税人办理增值税留抵退税 24800 万元，办理缓缴税费 13905 万元。全年减税降费 20345 万元，其中，新增政策 10 余项，减免缓退税费 12006 万元，占新增减税降费优惠额度的 59.01%；2021 年年中出台政策在 2022 年的翘尾新增减税降费 2700 万元；实施往年延续政策减税降费 5639 万元。

【“一窗通办‘2+2’”专项改革试点】 2022 年 3 月，省政务服务中心、省税务局在乌当区开展“一窗通办‘2+2’”专项改革试点。乌当区税务局以“进一扇门、到一个窗、办所有事”为目标，“六个一”打造一流“一窗通办专列”，推出“2+2”改革“乌当方案”，实现 6 项高频税收业务在贵州政务服务网综合受理平台同步办理，按期办结率达 100%。改革窗口办理 1347 件，办件数占进厅窗口办件数比例为 23.15%。与改革前相比，改革后办税缴费平均等候时长缩短 1.6 分钟，下降 32.65%。

【税务宣传】 2022 年，乌当区税务局持续推进“税务十点半”直播栏目，由青年干部担任讲师，为纳税人搭建线上减税降费的直通车，播放 35 期，普惠纳税人 7.5 万余人次。利用税企互动平台为纳税人提供涉税事项提醒、线上预约办税、在线取号、24 小时智能咨询等服务，发送消息 635 条，涉及普惠纳税人 30 万余人次。全年报送税收新闻 282 篇，各级媒体采用 807 次。开展入街道、进校园、进乡村等活动 15 次，发放税宣资料 3000 余册。

【税务服务】 2022 年，乌当区税务局联合区工商联开展“税收政策进校园”公益活动，设立“助力大学生就业创业税费服务站”。召开纳税人满意度专题会议，细化《关于提升纳税人满意度的若干措施》28 条细则。走访重点企业、小微企业 874 户，收集意见建议 68 条，解决 68 条。召开税企座谈会 5 场。落实“首违不罚”清单，办理“首违不罚”120 笔。落实落细税收优惠政策，为 345 户纳税人办理留抵退税 24122 万元，是 2021 年退税额的 1.49 倍。

（区税务局）

审　计

【概况】 2022 年，乌当区审计局安排审计项目 12 项。其中，财政管理审计 5 项、经济责任审计 3 项、固定资产投资审计 1 项、民生资金审计 2 项、企业审计 1 项。查出问题金额 11.29 亿元，其中，违规金额 5000 万元、损失浪费金额 66 万元、管理不规范金额 10.79 亿元，非金额计量问题 53 个，提出审计建议 43 条，向有关部门报送审计信息 55 篇次。开展区行政机关、事业单位、人民团体和国有企业内部审计统计调查，区人民医院和区五彩生态农业发展投资有限责任公司内部审计专项检查，发现内审项目质量、审计结果运用等方面存在问题，提出整改建议。

【财政审计】 2022年，乌当区审计局开展2021年本级预算执行及决算草案编制情况审计；区政府专项债券审计；2021年度金库预算资金收纳、划分、留解情况审计；2021年度区财政局预算执行和决算草案及其他财政收支审计；2021年度区住建局预算执行和决算草案及其他财政收支审计。审计发现违规金额5000万元、管理不规范金额5362万元、非金额计量问题17个。

【经济责任审计】 2022年，乌当区审计局开展东风镇党委、区综合行政执法局原主要领导离任经济责任审计，羊昌镇党委主要领导任中经济责任审计。审计发现管理不规范金额3.32亿元，非金额计量问题20个。

【民生资金审计】 2022年，乌当区审计局开展乌当区“一圈两场三改”建设专项审计调查、乌当区农村“五治”资金专项审计调查。审计查出管理不规范金额1985.38万元，非金额计量问题3个。

【固定资产投资审计】 2022年，乌当区审计局开展乌当区S521洗马至清镇公路畅返不畅工程建设管理情况审计。审计发现工程竣工后未组织综合验收、未按合同支付工程款及间接费用266.60万元的问题。

【企业审计】 2022年，乌当区审计局对贵阳泉城五韵旅游文化投资开发有限公司开展资产负债损益审计，发现该公司存在资产不实、管理不到位导致资产长期闲置、固定资产未入账、签订无实质性服务合同、大额资金支出未经董事会决议等问题，查出问题金额6.74亿元。

【审计整改】 2022年，乌当区审计局完成对2021年度、2022年下半年审计项目整改工作，促进被审计单位归还原渠道资金8981.82万元，上缴国库(收缴财政）1033.81万元，调整账目2.49万元，其他方式整改383.05万元，建章立制4项。

（区审计局）

统　计

【概况】 2022年，乌当区统计局开展乡（镇、街道）、村（社区）分级培训，将村（社区）级基础数据“一张表”工作与乌当区“三减一规范”工作统筹。全区13个乡（镇、街道），100个村（社区）开通电子政务网，具备填报“一张表”的条件。各乡（镇、街道），村（社区）分别设置系统管理员、统计管理员、一般用户角色。全部村级单位按省统计局要求对上级导入的2020年、2021年村（社区）历史数据和近万家基本单位名录库数据进行初步认定。组建经济普查筹备领导小组及办公室，资金保障400余万元，提前对市场主体培育、“两员”选聘进行安排部署，对7000余家法人单位和2万户个体户数据进行维护和更新，抓好投入产出调查工作，建立平台账号，对企业行业代码，主营业务活动等信息开展核实，为投入产出调查做好准备。

【统计造假纠治】 2022年2月23日，乌当区委常委会专题听取防范和惩治统计造假、弄虚作假工作汇报。区委、区政府党组2022年度专题民主生活会上，对国家统计局统计督察反馈意见整改，专题民主生活会查找问题整改落实情况进行通报。出台《乌当区防范和惩治统计造假弄虚作假责任制规定》《乌当区贯彻落实〈关于更加有效发挥统计监督职能作用的意见〉的实施意见》。区考核办将统计工作纳入年度绩效考核指标体系，与领导班子和领导干部年度考核挂钩。区统计局与区纪委区监委建立统计违纪违法问题线索移送机制，制定《乌当区统计局统计违纪违法责任人处分处理建议移送办法（试行）》，下发《关于统计造假不收手不收敛问题统计监督工作方案》《乌当区统计局统计造假不收手不收敛问题专项纠治工作自查方案》，10月对统计造假不收手不收敛问题专项纠治工作进行总结，区委巡察办将统计工作防范和惩治统计造假弄虚作假责任落实情况纳入区委巡察“三个聚焦”重点内容。

【统计调查】 2022年，乌当区开展人口抽样调查，完成4个调查小区的指导员和调查员的选聘和培训、调查小区的摸底，入户调查160户，完成数据比对复查工作和数据质量验收。开展城乡住户收支与生活状况调查，涉及8个乡（镇、街道），共10个调查点100户调查住户，其中城镇调查点50户，农村调查点50户。调查内容包括居民现金和实物收支情况、住户成员及劳动力从业情况、居民家庭食品和能源消费情况、住房和耐用消费品拥有情况、家庭经营和生产投资情况、社区基本情况以及其他民生状况等。开展农民工监测调查，涉及4个乡（镇、街道），共4个调查点40户调查住户。调查内容包括住户成员基本情况；劳动力就业基本情况；外出从业人员及本地非农务工人员工作条件、收支情况、生活情况和社会保障情况；农村劳动力本地自营和创业情况；农民工子女教育情况；调查小区人口、劳动力及举家外出情况等。开展农民工市民化进程动态监测调查，涉及2个街道，2个调查点30户。调查内容包括农民工及随迁家属基本情况，农民工就业、健康及养老、居住条件、社会融合状况，农民工子女教育情况，农民工及共同居住家庭成员生活消费情况，以及农民工在城镇的定居意愿。开展新设立小微企业和个体经营户跟踪调查，调查对象及范围为2014年3月至7月新设立的小微企业和个体经营户（本次调查的个体经营户指在工商注册登记的个体工商户）。开展主要畜禽生产情况调查，完成76个村，30项指标的数据比对复查工作和数据质量验收。开展劳动力调查，涉及6个乡（镇、街道），共6个调查点，其中4个城镇点，

2个农村点,每个调查点每月调查16户。调查项目分为住户信息、个人信息、工作情况和无工作情况4个模块。

【上规入统申报】 2022年,乌当区月度申报“四上”单位14个,其中,工业1个、建筑业1个、商贸6个、服务业5个、房地产开发业1个。年度申报28个,其中,工业5个、商贸21个、服务业2个。

【统计普法】 2022年,乌当区对领导干部、统计工作者以及统计调查对象进行法治宣传教育,开展基层统计人员、企业统计人员培训,利用QQ、微信工作群、视频会、业务培训会等方式,对统计人员实行“滚动式”业务培训,开展统计法律法规、业务培训等43次,涉及1500余人次。

【数据质量核查】 2022年,乌当区开展数据质量核查,核查162家企业及房地产、固定资产投资19个项目。其中,规模以上工业86家,限额以上商贸业61家,服务业15家。

(区统计局)

市场监督管理

【概况】 2022年,乌当区市场监督管理局(知识产权局)开展重点领域、重点行业放心满意消费创建提升行动,打造“放心消费在乌当”消费环境,持续规范市场秩序。17家企业获生产许可证,督促企业按标准要求组织生产,确保源头产品质量安全。统筹生产和流通领域产品质量监督抽查,开展消防安全、有机产品认证和农资产品、无证查处、电线电缆3C认证、定量包装商品抽检等专项整治。开展电器及附件产品监督抽查工作18批次,检查16家危化品生产销售企业,发现7个安全隐患,督促整改完毕;查处违法案件8件,办结7件。

【市场主体登记与管理】 2022年,乌当区新增市场主体6959户,其中新增企业1296户,新增个体工商户5663户,超出全年目标数2680户。至年底,全区有市场主体(不含好活平台个体户)28550户。引导企业通过“零见面”方式在网上办理业务。全程网办企业数占办理总量的70%以上,通过“预约办”“邮寄办”等方式弥补部分群众无法网上、掌上办理短板。全年通过“一网通办”开办企业1028户,日平均办结量17.5件,平均耗时4.5小时,远低于线下办理承诺的3个工作日。持续优化绿色通道、延时服务、特事特办、急事急办等个性化办事举措,提升办事企业和群众体验感和满意度。结合清单做好“双随机、一公开”监管方案、抽查事项清单、抽查计划的制定工作,单独抽取市场主体426家次,完成424家次,完成率为99.5%。14家市场监管领域联席成员单位抽查事项313项,监管事项覆盖率为100%。检查名录库244726个,纳入执法人员库管理的检查人员502人,完成部门联合双随机检查计划42个,抽取联合检查对象119家次,100%完成检查并录入公示。移出异常名录市场主体信息789家,其中企业(含农专)148家,个体工商户641家。被列入异常名录的市场主体信息21007条,共8740家;被列入严重失信违法企业(“黑名单”)1205条,共647家。

【反垄断和反不正当竞争】 2022年,乌当区市场监督管理局受理来自“12315”平台、“12345”平台、消费者来访、来信、来电类投诉举报共3052件;组织开展涉企收费、教育收费、养老机构等专项检查;全方位加强防控物资价格监管和质量监管,严厉打击哄抬物价、强制消费、捆绑消费等违法行为。组织参加贵州省公平竞争审查业务培训会暨乌当区公平竞争审查联席会议,制定《乌当区2022年公平竞争审查工作要点》。开展现行政策措施清理,对成员单位牵头拟定的涉及市场体系建设政策措施进行严格审查,其中区综合行政执法局共清理2019年12月31日到2022年1月1日期间出台的政策措施77件。

【市场秩序监管】 2022年,乌当区市场监管局召开27次专题会议对新冠疫情防控进行安排部署,制定《乌当区市场监督管理局关于做好疫情防控工作的通知》《乌当区市场监督管理局重点人员防疫管理工作方案及应急预案》《乌当区市场监督管理局关于疫情防控常态化后临时下派人员充实分局开展工作的通知》《疫情期间电梯困人应急方案》等。加强进口冷链食品、药品零售企业和新冠疫苗专项检查,出动执法人员3584人次,检查冷链、药店、餐饮、农贸市场、快递站点等市场主体14612户次,排查19条非冷链货物信息,开展8次涉疫产品排查,督促经营户申领张贴场所码3000余张,提醒告诫285户,对检查发现的464个问题进行督促整改,查办冷链、价格、计量案件16件,移交公安机关1件,罚没45100元。将保健市场乱象治理作为整治养老诈骗专项行动主要抓手,印发《乌当区市场监督管理局打击整治养老诈骗专项行动工作方案》《乌当区市场监督管理投诉举报处理工作制度(试行)》,行业排查139次,排查企业224余家,发现线索69条(其中,市局转办22条,主动排查4条,12337转办43条),办结69条(其中,市局转办22条,主动排查4条,12337转办43条),线索办结率为100%。完成食品快检901批次。开展4次专项食品快检行动,保障“贵阳市农村治水”现场会、“花画小镇8对新人集体婚礼”“诗集《活力乌当》首发仪式”“2022高考”供餐安全。确定4个点位进行食品快检实验室升级建设。

【计量标准管理】 2022年,乌当区检定衡器524台、加油枪587支、压力表41块、天平13台,定量包装检验20批次。

2022 年 4 月 13 日，乌当区召开创建国家食品安全示范城市攻坚工作会

（区市场监督局　供图）

【计量监管】　2022 年，乌当区开展眼镜配制场所计量监督检查，检查配镜企业 6 家，其中有 3 家未建立计量管理制度，2 家未按规定登记造册，对检查中发现的问题，要求经营者限期整改。1 家存在使用超过检定周期的计量器具，现场要求当事人停止使用超过检定周期的计量器具，并进行立案查处，罚款 500 元。开展出租车计价器专项整治，到贵州聚益恒昇出租汽车有限公司、贵州七福新能源出租汽车有限公司两家出租车运营公司开展诚信计量自我承诺行动，对辖区 2 家出租车公司进行监督检查核实，共备案出租车计价器 276 台，实际在用 276 台，全部申报强检。开展定量包装商品净含量、限制过度包装商品监督检查，对辖区内 6 家存在销售过度包装商品问题及定量包装净含量检验不合格的企业相关人员进行约谈，省市局对定量包装净含量和限制商品过度包装计量监督抽检，发现 16 个批次商品的包装空隙率均超过国家标准，1 个批次商品定量包装净含量检验不合格。开展能效水效标识监督检查，共检查能效经营户 1 家、水效经营户 1 家，未发现问题。开展法定计量单位使用情况监督检查，重点检查贵阳市乌当区融媒体中心，现场抽查 7 件电视新闻类别产品，并未发现不规范使用计量单位情况。

【知识产权保护与利用】　2022 年，乌当区专利授权总量 651 件。其中，发明专利 118 件，实用新型 474 件，外观设计 59 件。有效发明专利 725 件。商标申请 1369 件，注册 1051 件，累计有效注册 5749 件。帮助百宜镇农业综合服务中心和下坝镇农业综合服务中心申报百宜天麻、百宜辣椒和下坝樱桃 3 个地理标志证明商标审查。全区有驰名商标累计 3 个。

【特种设备监督管理】　2022 年，乌当区市场监管局落实特种设备安全主体责任，持续推进双重预防机制建设，在加强对特种设备监督检查的同时，督促特种设备生产、经营、使用单位落实责任人员，落实管理制度，做到设备、人员双证齐全。结合乌当区特种设备安全专项整治三年行动，层层签订安全生产目标责任书和《特种设备使用单位安全生产承诺书》，开展特种设备安全隐患排查和重大节日特种设备专项整治。开展中央空调附属压力容器、电梯使用、锅炉等特种设备方面的专项检查活动，出动执法人员 409 人次，现场检查特种设备使用单位 194 家次，发现安全隐患问题 199 个，完成整改 199 个。组织特种设备使用单位、电梯维保单位集中培训，督促特种设备使用单位在贵州省特种设备双重预防系统开展隐患排查，利用贵州省特种设备监督管理平台及贵州省特种设备使用单位服务平台实现“双控”。通过信息化平台分析、研判、发现、治理存在的特种设备安全风险隐患 200 余条。下达《特种设备安全监察指令书》4 份，停用设备 104 台，查封扣押设备 8 台，立案查处 3 起，结案 3 起，罚款 13.65 万元。

【食品安全监管】　2022 年，乌当区种植养殖生产主体 38 家，食品生产加工、食品销售、餐饮主体单位 7090 家。其中，食品生产企业 74 家，食品生产加工小作坊 91 家，食品销售单位 3461 家，餐饮服务单位 3464 家。召开创建“国家食品安全示范城市”工作推进大会，推进国家食品安全示范城市创建工作，制定督查督办方案和清单。下发《关于开展食品安全违法行为有奖举报的通告》《乌当区食品安全信息通报制度》《乌当区食品安全形势会商制度》《乌当区食品安全风险交流机制》《乌当区 2022 年重点工作安排》《关于开展 2022 年春、秋季学期校园食品安全专项检查工作的通知》《关于做好 2022 年国庆节期间食品安全监管工作的通知》等文件，开展校园及周边食品安全整治、食品加工小作坊等整治专项行动，开展食品生产企业、食品销售、餐饮服务日常监督检查，覆盖率为 100%。开展食品及食用农产品监督抽检 1746 个批次，不合格 42 批次，合格率为 97.59%；开展食用农产品监督快检 970 个批次，合格率为 100%。

【药品及医疗器械监管】　2022 年，乌当区市场监管局开展新冠疫苗质量安全、网络销售药品医疗器械、处方药品销售、集中采购药品医疗器械监管等专项任务。对辖区内药品、医疗器械经营企业通过美团、饿了么、京东等第三方平台展示和销售药械问题进行梳理，并制作搜索指引、网络销售企业名单及网络销售企业资质展示等，确保乌当区物资质量安全。对贵阳市医药电商储备疫情防控医疗器械物资来源渠道、是否超过有效期、储存管理、台账等进行现场检查。监督检查药品经营企业 288 家次；疫苗监督检查 96 家、兴奋剂专项督查 165 家、执业药师在职在岗专项督查 170 家、互联网药品销售专项检查 136 家、中药饮片专项检查 156 家；医疗器械生产企业监督检查 8 家，医疗器械批发企业监督检查 76 家，医疗器械使用单位监督检查 144 家，经营企业 212 家；化妆品经营企业监督检查 245 家，出动执法人员 3392 人次。

【市场主体信用建设】 2022 年，乌当区市场监管局开展市场主体 2022 年度报告工作，通过张贴宣传画、发放填报手册、“3·15”宣传、短信、微信平台、电话等多种方式宣传市场主体年报的提交方法、时限等，设置年报咨询热线，共接待咨询 500 余户次，电话提醒市场主体年报 2000 余户次。开展经营异常名录、严重违法企业名单管理、行政处罚信息修复工作，对未按时提交年报，通过住所无法联系的 1528 户市场主体进行列异处理，通过国家企业信用信息系统公示为经营异常状态。开展信用修复工作，共移出异常名录的市场主体信息 1273 家，其中企业（含农专）97 家、个体工商户 1176 家（其中通过网上受理提出移除共 198 家）。对符合修复条件的 7 家市场主体 9 条行政处罚信息完成信用修复，提前终止行政处罚信息公示。

【广告监管】 2022 年，乌当区开展违法违规商业营销、滥用“特供”“专供”等类似名义标识违法违规广告宣传问题专项整治行动，净化线上线下交易环境。检查相关房地产开发公司及房产中介 87 户次，根据广告监测平台案件全年共处理相关线索 3 个，罚款 11480 元。开展农村区域户外广告逐村排查，排查 8 块大型户外广告牌，其中有 3 块公墓广告、4 块公益广告和 1 块防水材料广告。出动执法人员 28 人次、执法车辆 12 台次，对辖区 3 户网络平台运营商、24 户烟花爆竹经营户是否以烟花名义违法采购钢丝棉开展检查和清理。全年立案查处 90 件，罚没金额 75.7 万元，移送公安案件 4 件。开展违法违规商业营销宣传集中整治。制定《乌当区市场监督管理局关于开展违法违规商业营销宣传集中整治行动工作方案》，检查中未发现使用或者变相使用中国共产党党旗党徽、党和政府重大庆祝活动标志标识行为，未发现各类禁止销售的“勋章”“奖章”“纪念章”及伪造“纪念币”“纪念钞”“纪念邮票”等物品，未发现利用中央和国家机关等类似内容销售和宣传“特供”“专供”商品和标识。对广告监测平台案件进行查实回复，全年处理相关线索 3 个。查获贵州韩尔斯口腔诊所有限公司发布涉及医疗技术、诊疗方法、疾病名称等信息的医疗广告案，贵黔国际医院管理有限公司发布违法医疗广告案等案件 7 件，罚没金额 80830 元，没收国宾酒瓶标 10000 张，手提袋 2150 个，整套外包装印刷品 17 套。

2022 年，区市场监督管理局对药品开展价格和质量监管检查　（区市场监督管理局　供图）

【消费者权益保护】 2022 年，乌当区市场监管局收到各平台来件共 3721 件，其中“12315”“12345”、自办案件分别占总来件量的 16.90%、79.55%、3.55%；来件总量增加 497 件，增幅为 15.42%。按来件渠道分，其中，“12315”平台收到 629 件，减少 684 件，降幅为 50.09%；“12345”平台收到 2960 件，增加 1211 件，增幅 69.24%；自办案件平台收到 132 件，减少 30 件，降幅为 18.52%。诉转案 11 件，其中，食品安全类 7 件，两品一械类 1 件，美容、美发、洗浴服务类 2 件，旅游服务 1 件。累计为消费者挽回经济损失 40.89 万元。

【价格监管】 2022 年，乌当区加强新冠疫情期间涉疫物资价格的监督检查，立案查处 1 起涉嫌哄抬药品价格违法行为案件，罚款 1.2 万元，其他涉疫物资价格违法案件 3 起，罚没款共 1.46 万元。3 月起，组织开展对重点民生领域商品和服务明码标价、防止价格欺诈专项检查，对 7 家涉嫌未明码标价的农资经营户下达《责令改正通知书》。开展停车收费专项行动，约谈 1 家道路泊位停车收费主体和 1 家政务服务中心停车场经营单位，并对 1 家物业公司涉嫌违反《贵阳市停车场条例》的行为进行立案查处，处罚金额 3000 元。

【商标工作】 2022 年，乌当区商标申请量为 1369 件，注册量为 1051 件，累计有效注册量为 5749 件。有累计驰名商标 3 个。

【地理标志证明商标申报】 2022 年，乌当区百宜镇农业综合服务中心和下坝镇农业综合服务中心申报百宜天麻、百宜辣椒和下坝樱桃 3 个地理标志证明商标。

【医疗器械安全宣传周活动】 2022 年 7 月 19 日，贵州省药品监督管理局联合乌当区市场监督管理局在乌当区新天商业中心广场开展以“安全用械、共治共享”为主题的医疗器械安全宣传周活动。活动现场设立义诊台、咨询服务台，免费为群众测血压、血糖。通过播放系列科普宣传视频、悬挂宣传横幅、张贴医疗器械宣传海报、发放医疗器械宣传手册等方式，向辖区居民普及常见医疗器械使用注意事项和医疗器械不良事件处置办法，增强群众安全用械和合理用械的意识，防范医疗器械使用风险。告知群众遇到医疗器械等质量问题时及时致电“12315”，维护自己的合法权益。现场共发放医疗器械相关宣传资料 300 余份，接受咨询群众达 100 余人。

（区市场监管局）

大健康产业

健康生态资源

【概况】 乌当区海拔在872米至1659米之间，森林覆盖率为59.73%。是全国首批“绿水青山就是金山银山”实践创新基地。乌当区境属亚热带湿润季风气候，冬无严寒，夏无酷暑，雨热同季，四季分明。区内历年平均气温14.6℃，极端最高气温35.9℃，极端最低气温－8.3℃。最热月7月，平均气温23.4℃，平均最高气温28.2℃。最冷月1月，平均气温4.4℃，平均最低气温1.6℃，气温年较差19.0℃；无霜期288天。区境内北部和西部气候温和，南部和东部气候温热，舒适宜人，季风性气候特征明显，适宜避暑休闲养生。

【温泉资源】 乌当温泉资源属于贵阳三大地热富集区中的“松桃碧痕营走滑断裂东南西段富集区（TM13）”，同时也是“贵阳一安顺区”地热资源区中最大的富集区，该区划定面积为4000平方千米，测算日均出水量 为542万立方米。乌当区温泉资源分布面积较广，储藏量大。地热资源埋藏相对较浅，均集中在1600米至2000米之间。井口温度恒定在40—55℃之间，属于高热泉。在矿物质功效方面，乌当区内温泉含有钙、硅、锶、锂、锌、镁、硒、氟、碘、锰、铁、铜、硼、氯化物等20余种矿物质微量元素，区内温泉富含偏硅酸、重碳酸根、硫酸根等成分，属硫酸钙泉质。

【中药材资源】 2022年，乌当区探明野生中药材资源1058种，种植开发47种、规模化种植开发18种，包括天麻、头花蓼、红土茯苓、杠板归、苦参、丹参、三颗针等名贵稀有中药材，占贵阳市中草药品种的53.4%，占贵州省中草药品种的22%。

（区档案馆）

表13　　2022年乌当区温泉资源一览表

序号	名称	位置	类型	井深（米）	水温（℃）	日均出水量（立方米／小时）	等级	开发现状
1	保利温泉	城区	地热井	3200	48—67	2000	三级	已开发
2	贵御温泉	城区	地热井	1900	53	600	三级	已开发
3	枫叶谷温泉	新堡	地热井	1150	46	1200	三级	已开发
4	万象温泉	城区	地热井	2188	57	1670	三级	已开发
5	乐湾温泉	东风	地热井	2595	71	1200	三级	已开发
6	泉天下温泉	城区	地热井	2000	53	800	未评定	停业
7	马头温泉	新堡	地热井	1900	47	900	未评定	在建
8	渔洞峡温泉	东风	地热井	2900	56	1000	未评定	在建
9	香纸沟温泉	新堡	地热井	1550	46	800	未评定	拟开发
10	相思河温泉	水田	地热井	—	—	—	未评定	拟开发
11	金螺湖温泉	羊昌	地热井	—	—	—	未评定	拟开发
12	迎丰水库温泉	羊昌	地热井	—	—	—	未评定	拟开发
13	小龙古温泉	城区	地热井	—	—	—	未评定	未开发
14	情人谷温泉	高新	地热井	—	—	—	未评定	未开发
15	磨边温泉	水田	地热井	—	—	—	未评定	未开发
16	景德苑温泉	水田	地热井	—	—	—	未评定	未开发
17	大坝口温泉	水田	地热井	—	—	—	未评定	未开发
18	铁场温泉	水田	地热井	—	—	—	未评定	未开发
19	三江村温泉	水田	地热井	—	—	—	未评定	未开发
20	羊午水库温泉	新场	地热井	—	—	—	未评定	未开发

健康医药产业

【概况】 2022年，乌当区有规模以上医药制造企业11户，其中8户企业为中医药生产企业，2户企业为化学药类生产企业，1户企业为药用包材辅材生产企业。全年完成工业产值54.27亿元，比上年下降8.6%。实现营业收入49亿元，2020年至2022年平均增速5.17%。实现税收4.5亿元。

【贵州健兴药业有限公司】 贵州健兴药业有限公司属于中成药研发、生产、销售的专业制药企业，成立于1996年7月，注册资本为5300万元，位于贵阳市乌当区东风医药食品工业园。有合剂、颗粒、胶囊、凝胶、滴丸5个剂型，12个中成药品种，20条（含中药提取）GMP（药品生产质量管理规范）药品生产线。公司是省工信厅重点工业企业，千企改造龙头企业，贵阳市“一企一策”和“巨人计划”重点扶持企业，

2022年乌当区健康医药企业一览表

表14

单位：亿元

序号	企业名称	拳头单品	2022年产值
1	贵州健兴药业有限公司	肺力咳合剂、醒脾养儿颗粒、玉兰降糖胶囊、康妇凝胶	30.73
2	贵阳新天药业股份有限公司	和颜®坤泰胶囊、坤立舒®苦参凝胶、宁泌泰®宁泌泰胶囊、即瑞®夏枯草口服液	11.06
3	贵州威门药业股份有限公司	热淋清颗粒、金钱胆通颗粒	5.39
4	贵州远程制药有限责任公司	抗妇炎胶囊、筋骨伤喷雾剂、瘙清胶囊、双冬胶囊	3.52
5	贵州天安药业股份有限公司	盐酸二甲双胍片、格列美脲片、羟苯磺酸钙胶囊	1.79
6	贵州宏宇药业有限公司	金喉健喷雾剂、万金香气雾剂	1.66
7	贵州千叶药品包装有限公司	药用PVC硬片、药用塑料瓶	1.56
8	贵州景峰注射剂有限公司	参芎葡萄糖注射液	1.44
9	贵州万顺堂药业有限公司	养阴口香合剂、鞣酸苦参碱	0.40
10	贵阳治和药业有限公司	中药饮片	0.95
11	贵阳永乐药业有限公司	砂连和胃胶囊、消痞和胃胶囊	0.18
合计			58.68

2022年乌当区健康医药产业重点项目一览表

表15

单位：亿元

序号	项目名称	企业名称	项目总投资	项目建设内容	项目建设进度情况	预计建成时间
1	国药西部医疗产业园项目	中国医疗器械贵州有限公司	50.00	项目占地26.67万平方米，分两期建设，每期建设13.33万平方米。项目围绕医疗器械生产制造、医药产品生产制造和医药产品流通服务三大环节，建立健全研发、认证、检测等服务体系，建设国药第三方智慧物流仓储配送中心、国药贵州总部基地、行业头部企业生产基地、本土企业集聚基地、创新企业孵化基地	总部基地：8000平方米办公用房已按协议要求完成装修并于2022年11月10日交付国药集团；生产基地：D地块共建7栋厂房12万平方米	一期2023年3月 二期2023年12月
2	中药配方颗粒建设项目	贵阳新天药业股份有限公司	1.73	项目占地约2.67万平方米，建筑面积3.8万平方米，新建厂房、办公楼、库房、质检楼及饮片生产线、前提生产线、颗粒剂生产线等配套设施，年产中药配方颗粒570吨	提取车间、药材仓库、饮片车间主体框架已完工，正在进行内部装修，部分设备已进场安装，制剂车间二层混凝土浇筑完毕，进入三层施工，年底前制剂车间主体封顶	2023年7月
3	凝胶剂及合剂生产线建设项目	贵阳新天药业股份有限公司	0.62	项目按GMP要求建设前提生产线、凝胶剂生产线、合剂生产线及相关配套，年产凝胶剂2000万支，合剂3300万支	提取车间、药材仓库、饮片车间进入装饰装修、设备安装阶段、制剂车间进入主体二层施工	2023年7月
4	数字化提取、制剂车间项目（二期）	贵州健兴药业有限公司	1.55	项目建筑面积2.53万平方米，新建办公楼、数字化提取、制剂车间—智能化立体仓库及配套设施	正在办理施工许可证	2024年12月
5	洛湾工业园区（一期）中药提取生产线建设项目	贵州威门药业股份有限公司	0.76	项目占地约5.33万平方米，拟通过新建8400平方米的前处理车间、提取车间、原料库房等配套设施，形成年产4340吨中药净药材的提取能力	园区正在对地块的两沟一路问题进行道路改造施工，企业正在对剩余未填方部分进行填方工作	2025年12月

续表 15

序号	项目名称	企业名称	项目总投资	项目建设内容	项目建设进度情况	预计建成时间
6	生产线改扩建项目	贵州万顺堂药业有限公司	1.00	项目占地 1.6 万平方米，建筑面积 46380 平方米，拟改扩建液体制剂生产线、保健食品生产线、消毒用品生产线，生产配套设施如仓储设施、企业技术研发中心，引进多套自动化、信息化设备设施	取得地质勘察报告，总图方案设计完成，取得用地规划许可证和工程规划许可证，在办理施工许可证	2023 年 12 月
7	产能提升技术改造项目	贵阳永乐药业有限公司	0.51	对胶囊生产线进行技术改造，购入生产线关键工艺设备及质量检验设备，并完成辅助配套设施的改造；新建综合质检楼 3840 平方米、综合仓库 3625 平方米	综合仓库的建设完成投入使用，新建综合质检楼 3840.9 平方米（因资金原因暂停建设，改在老厂房三楼实施，已投入使用）	2023 年 12 月
8	研发（质量、中试）中心建设	贵州健兴药业有限公司	0.36	项目扩建总建筑面积 8793.40 平方米，新建研发中心大楼，新增研发、试验、检测等设备（仪器）28 台（套）	老厂房拆除，完成地勘，在办理施工许可证	2024 年 12 月
9	东风高新路标准厂房项目（原健兴工业园）	贵州健兴药业有限公司	2.67	项目拟建设总建筑面积约 50 万平方米。其中，厂房 35 万平方米，仓储物流配送中心 6 万平方米，研发及检测中心 5 万平方米，大数据及商务中心 2 万平方米，办公以及配套设施 2 万平方米	堡子路、高新路项目取得项目工程规划许可证；地勘资料审核通过；在办理施工许可证	2024 年 6 月
合计			59.21			

贵州省科技厅认证的高新技术企业，全国少数民族特需用品（成药部分）定点生产企业。公司拥有 15 个注册商标，6 个药品发明专利，12 个国药准字中成药品种。肺力咳合剂、醒脾养儿颗粒、肺力咳胶囊是全省销售收入超亿元的大品种。主要产品有“醒脾养儿颗粒”“醒脾胶囊”“肺力咳合剂”“肺力咳胶囊”“玉兰降糖胶囊”“康妇凝胶”“感冒滴丸”等。贵州健兴药业有限公司 2022 年实现营业收入 307269.3 万元。

【贵阳新天药业股份有限公司】 贵阳新天药业股份有限公司创建于 1995 年 8 月，2017 年 5 月 19 日在深圳证券交易所中小企业板上市交易。拥有通过 GMP（药品生产质量管理规范）认证的硬胶囊剂、合剂、颗粒剂、凝胶剂、片剂、糖浆剂、酒剂、露剂等 8 个剂型生产线及中药饮片 A 线、B 线两条饮片生产线。主要从事泌尿系统疾病类、妇科类及其他病因复杂类疾病用药的中成药产品研究开发、生产、销售。主导产品有“和颜”坤泰胶囊、“坤立舒”苦参凝胶、“宁泌泰”宁泌泰胶囊、“即瑞”夏枯草口服液。公司拥有发明专利 36 项，外观专利 11 项，获得国家新药证书 11 个，药品批准文号 32 个。贵阳新天药业股份有限公司 2022 年实现营业收入 110633.16 万元。公司拥有 100 余名研发型人才，其中硕士以上学历占比 60% 以上。7 月 12 日上榜“2021 年度中国中药企业 TOP100”。

【贵州威门药业股份有限公司】 贵州威门药业股份有限公司成立于 1996 年 12 月，有职工人数 247 人，企业注册地为贵阳市乌当区高新路 23 号，注册资本为 12580.18 万元，是一家集种植、科研、生产、销售中成药、直接口服的中药饮片、保健品、保健食品于一体的集团化国家高新技术企业、贵州省重点龙头企业、新三板双指数成分股和普通层医药龙头股企业。威门药业旗下拥有贵州兴黔科技发展有限公司、贵州同威生物科技有限公司、贵州威门堂医药连锁有限责任公司 3 家全资子公司。主要产品有热淋清颗粒、金钱胆通颗粒、川芎茶调颗粒。贵州兴黔科技发展有限公司是一家集良种繁育、中药材种植于一体的高科技农业企业，建有 1333.33 公顷头花蓼种植基地、33.33 公顷天麻良种繁育基地、33.33 公顷铁皮石斛良种繁育有机认证生产基地；贵州同威生物科技有限公司重点研发和生产铁皮石斛、天麻系列大健康产品，主要产品有威门黔鲜铁皮石斛粉、威门贵鲜天麻粉。贵州威门药业股份有限公司 2022 年实现营业收入 53855.22 万元，全年纳税近 7000 万元。

【贵州天安药业股份有限公司】 贵州天安药业股份有限公司有职工人数 187

人，企业注册地为贵阳市乌当区高新路25号，系博雅生物集团旗下的一家集研发、生产、销售与健康服务于一体的高新技术企业。公司是糖尿病药物的专业化制药企业，建有省级企业技术中心，获“贵州省民营企业100强”“贵州省十大药业企业”“贵州省大国匠心企业”“贵州省科技型企业”“贵阳市创新型企业”“先进纳税企业”等称号。主要产品有“安多维”盐酸二甲双胍片、“安多可”盐酸二甲双胍肠溶片、“安多明”羟苯磺酸钙胶囊、“安多美”格列美脲片、“安多健”盐酸吡格列酮分散片。“安多可”盐酸二甲双胍肠溶片的质量标准被《中国药典》收载，“盐酸二甲双胍肠溶片的质量控制方法”获国家发明专利证书。贵州天安药业股份有限公司2022年实现营业收入17853.1万元。

【贵州远程制药有限责任公司】 贵州远程制药有限责任公司成立于1998年，公司位于贵阳市乌当区高新北路5号，注册资本为3409.9万元，有职工105人，是集药材种植、科研、生产、销售于一体的制药企业，国家高新技术企业、贵州省企业技术中心、国家民族特需商品定点生产企业、贵州省信贷诚信企业、创新型企业、农业产业化经营重点龙头企业、扶贫龙头企业。“远程”注册商标为中国驰名商标。获药品专利22项，发明专利13项，抗妇炎胶囊发明专利荣获中国专利优秀奖，新药双冬胶囊实现产业化发展。有国家药品批准文号26个，国家基药品种3个，国家医保品种11个，品种涵盖妇产科、泌尿科、骨伤科、心脑血管科、儿科等。独家专利核心产品4个：抗妇炎胶囊、筋骨伤喷雾剂、癃清胶囊、双冬胶囊。贵州远程制药有限责任公司2022年实现营业收入35240.9万元。

【贵州千叶药品包装有限公司】 贵州千叶药品包装有限公司始建于1993年，注册资本为8000万元，是专业从事药用塑料包装制品、药用新型包装材料、药用多功能包装产品、医疗器械产品的研发、生产、销售于一体的国家高新技术企业，产品被广泛应用于片剂、胶囊、口服液、颗粒剂、粉剂、中药饮片等产品的包装。公司有员工200余人，其中研发人员30余人。大专以上学历的员工80余人，高级职称5人，专业技术人员24人。核心产品是药用PVC硬片、药用塑料瓶，其中，药用PVC硬片年产量8000吨，年产值13800万元；药用塑料瓶年产量2亿套。贵州千叶药品包装有限公司2022年实现营业收入15608.1万元。

【贵州景峰注射剂有限公司】 贵州景峰注射剂有限公司成立于1990年，2010年1月更为现名，为上海景峰制药股份有限公司的全资子公司，注册资金为7.3亿元。公司位于贵阳市乌当区新天工业园区,属于国家高新技术企业，是一家主要从事大、小容量注射剂的研制、生产和销售，以及相关技术的进出口业务的医药企业。拥有员工723人，厂区占地面积4.67公顷，建筑面积13000多平方米，建有4条符合GMP（药品生产质量管理规范）的生产线。核心产品为参芎葡萄糖注射液。贵州景峰注射剂有限公司2022年实现营业收入14391.3万元。

【贵州万顺堂药业有限公司】 贵州万顺堂药业有限公司成立于1993年，拥有贵州万隆生物科技有限公司、贵州万顺堂药业销售有限公司等企业。是一家集生产、销售、研发、种植于一体的现代化药品生产企业，占地2.53公顷，建有10000平方米的现代化GMP（药品生产质量管理规范）厂房，拥有合剂、糖浆剂、溶液剂、搽剂、胶囊剂、颗粒剂、原料药、前提取等GMP生产线。是全国民族特需商品定点生产企业、国家高新技术企业、省民族团结创建活动示范企业、贵州省A级纳税信用企业、贵阳市高校毕业生就业见习基地，同时被评为贵阳市农业产业化重点龙头企业、贵阳市科技创新型企业、贵阳市知识产权优势培育企业、中国民族医药学会理事单位、贵州省食品流通商会副会长单位、贵州省医疗保险研究会理事单位、“千企帮千村”精准扶贫行动帮扶企业。公司主要生产合剂、硬胶囊剂、糖浆剂、片剂、原料药（鞣酸苦参碱）、颗粒剂（含中药提取）、搽剂、外用溶液剂、保健用品、保健食品、保健饮料、消毒产品等。公司有职工120余人，其中大专以上学历的人员占70%以上，专业技术人员30余人，执业药师5人，高级职称3人，中级职称15人。核心产品是苗药独家品种养阴口香合剂，专利品种有鞣酸苦参碱胶囊，复方聚维酮碘搽剂，醒脾开胃颗粒等。其中养阴口香合剂被列入“中国少数民族特需商品传统生产工艺和技术保护工程”，获“优秀新产品奖”“科技成果奖”和“省科技成果转化奖”，被专家评选为“中国民族医药学会推荐产品”；鞣酸苦参碱胶囊、复方聚维酮碘搽剂被评为“贵阳市名牌产品”“贵阳市知名商标”。公司产品销往全国20余个省、自治区、直辖市。贵州万顺堂药业有限公司2022年实现营业收入4028.8万元。

【贵州宏宇药业有限公司】 贵州宏宇药业有限公司是2008年经贵州省科技厅认定的第一批“高新技术企业”，有职工人数180人，注册地为贵阳市乌当区顺新路175号，是贵州省医药行业的骨干企业，为贵州省农业产业化经营重点龙头企业，贵州省民营50强企业及贵阳市二十大药业品牌产品企业之一。有药品产品14个，其中主导产品金喉健喷雾剂（对上呼吸道病毒感染有祛风解毒的功效）和万金香气雾剂（对外感瘟疫时毒有辟秽解毒的功效）。贵

新天药业生产车间　　（区融媒体中心　供图）

岁以上的老年人看病就医提供优先医疗服务：做到挂号、就诊、化验、检查、交费、取药“6个优先”为老服务。通过公益广告、健康教育宣传栏、健康讲座及国家卫生宣传日、发放健康教育资料、播放健康教育音像宣传片，重点对老年人开展慢性病防控知识、合理用药、控烟知识宣传、食品安全卫生、健康生活方式等健康教育，不断提高老年人的健康意识和自我保健水平。医疗卫生机构为养老机构老人提供的服务量为15590人次。免费为辖区65岁以上老年人提供健康体检、中医体质辨识和生活治理评估服务。

州宏宇药业有限公司2022年实现营业收入16634万元。

【贵阳治和药业有限公司】 贵阳治和药业有限公司创建于2013年3月，位于贵阳市乌当区国家高新技术产业开发区，是贵阳新天药业股份有限公司的全资子公司，是一家集科研、生产、销售于一体的现代化中药饮片企业。公司依托贵州的药材资源优势，建设有现代化中药饮片加工生产线，注册资本为100万元，员工43人。主要生产产品为中药饮片。贵阳治和药业有限公司2022年实现营业收入9502.41万元。

【贵阳永乐药业有限公司】 贵阳永乐药业有限公司创办于1994年，从事云贵高原中草药和苗药的研究、开发、生产和销售，是国家认定的省级高新技术企业。公司有职工74名，其中专业技术人员18名。主要产品为砂连和胃胶囊、消痔和胃胶囊。年产能达1.52亿粒。贵阳永乐药业有限公司2022年实现营业收入1801.3万元。

【乌当区新天药业中药配方颗粒项目】 位于乌当区东风镇云锦村，总投资1.73亿元，其中固定资产投资1.63亿元，主要建设内容为按GMP要求拟建设厂房、办公楼、库房、质检楼，饮片生产线、前提生产线、颗粒剂生产线等配套设施，年产中药配方颗粒5.7万袋。

（区工信局）

医养结合产业

【概况】 2022年，乌当区推进医养结合服务，完善老年健康服务体系，有贵阳曜阳中西医结合医院、贵州福万康康复医院、贵州省康复医院3家医养结合机构，有床位1017张，其中医疗床位571张，养老床位446张。有人员427人，其中医疗卫生服务人员356人，养老服务人员71人。辖区养老机构与医疗机构实行签约合作，为老年人特别是高龄、重病、失能及部分失能老年人提供挂号、就诊、转诊、取药、收费、综合诊疗等就医便利服务，实现医疗卫生和养老服务融合发展。全区12家基层医疗卫生机构结合基本公共卫生服务，每年为本辖区内常住人口（包括60岁及以上老年人）免费开展健康档案建立、生活方式和健康评估、体格检查、辅助检查和健康指导及中医药健康管理、家庭医生签约等服务。对70周

【贵州省康复医院】 于2021年4月开业运行，是集医、康、养、教、研等于一体的三级公立康复专科医院，位于贵阳市乌当区水田镇，总投资5亿元，总占地面积8.53公顷，建筑面积4.88万平方米，医院职工有175人，其中教授、硕士研究生导师5人，副高级以上职称20人，博士专家顾问2人。是国家临床营养科建设试点单位，医院运营合作单位为贵州医科大学附属医院，是贵州医科大学、遵义医科大学、贵州中医药大学、贵阳康养职业大学、贵州护理职业技术学院等高校社会活动实践基地和临床实习教学医院，是省级残疾儿童康复定点医院（肢体残疾、脑瘫、孤独症）、省级退役军人/残疾人假肢辅具适配定点医院、省级脊髓损伤者“希望之家”定点培训机构，是省、市医保，城镇职工医保，城乡居民医保以及省内异地慢特病就医结算、跨省异地就医结算定点医院。2022年，有开放床位数320张，门诊诊疗病人3404人，入院753人次，医生22人、护士39人、技师58人。开设有儿童康复科、脊髓损伤康复科、神经康复科、老年康复科、心肺康复科、肌骨康复科6个康复科室和ICU、内科、外科、中医科共10个临床科室。

【贵阳曜阳中西医结合医院】 贵阳曜阳中西医结合医院是二级中西医结合医院，成立于2016年，位于乌当区阿栗村情人谷大桥下。医院设置床位100张，高、中、初级各类卫生专业技术人员80余人，其中高级职称8人，中级职称3人。开设有中西医内科（老年病全科、心身疾病科）、中西医康复理疗科、中医科、疼痛科、针灸科等专业科室。2022年门诊10813人次，住院累计治疗784人次。

【贵州福万康康复医院】 贵州福万康康复医院成立于2015年，是二级康复专科医院。主要开设科室有儿童康复科、成人康复科、疼痛科、中医传统康复科等15个科室，2022年有开放床位150张，职工127人，其中，医生24人，护士26人，康复师45人，医技、职能、后勤科室32人。高级职称专业技术人员3人，中级职称专业技术人员10人，初级职称专业技术人员71人。全年住院诊疗1262人次，门诊1946人次。

【健康产业项目】 2022年，乌当区有在建健康产业项目5个，分别是：贵阳市乌当区人民医院门诊部项目（包括乌当区儿童发热门诊），新建11600平方米业务用房；乌当区新光路社区卫生服务中心建设项目，将保利公园2010房开配套用房进行改扩建为社区卫生服务中心，面积1800平方米；区妇幼保健院行政楼改建为社区卫生服务中心治未病中心；乌当区龙广路社区卫生服务中心建设项目，将乌当区卫生健康行政综合执法局业务楼进行改扩建为社区卫生服务中心，面积1800平方米；东风社区卫生服务中心标准化项目，建设改造电气、给排水、消防、供暖、标牌标识、室内外环境工程、配套设施、功能科室建设等。新增基层医疗机构2个，分别为新光里社区卫生服务站，面积300平方米，保利公园社区卫生服务站，面积150平方米。

（区卫生健康局）

贵御温泉　（区文旅局　供图）

温泉康养产业

【概况】 2022年，乌当区打造温泉景城融合、游憩医养共享的都市温泉康养大中心。全区温泉景区中，万象温泉推出宫廷精油养生；乐湾温泉推出中药养生泡，并请中医专家坐诊指导；贵御温泉推出苗家瑶浴等温泉产品。

【保利国际温泉度假区】 位于乌当区顺海中路，是国家AAAA级旅游景区，涵盖温泉、餐饮、客房、SPA、保健、棋牌等服务项目。温泉水取自地下3200多米深的深层岩区高电性碳酸盐地层，水温为67℃，日流量为2000多立方米，pH6.97，水中富含钙、镁、钾、钠、铁、锌、锶、氯、氟、偏硅酸、重碳酸根等成分，属硫酸钙泉质。2022年，保利温泉接待游客13.84万人，营业收入1376.42万元。

【贵御温泉】 位于乌当区温泉路，国家AAAA级旅游景区，以贵州特色园林建筑风格为主，是集温泉泡汤水疗、住宿餐饮、会议棋牌、美体保健等于一体的露天温泉休闲度假旅游景区；泉水源于地下1900米，出水温度为53℃。富含偏硅酸、锶、硫、铁、氡等30多种矿物质微量元素。2022年，贵御温泉接待游客19.34万人，营业收入2867.79万元。

【万象温泉景区】 位于乌当区新添大道北段，国家AAAA级旅游景区，是贵州省100个重点旅游景区之一。景区分为泉苑、温泉馆、泉栖休闲区、温泉酒店、马陇别苑等五大板块，并按照不同游客的需求建立"温泉+"康养休闲体系。温泉取自2188米深热水层，属偏硅酸型，富含18种矿物质微量元素，温度为57℃，有"天然药泉"之称。2022年，万象温泉接待游客15.91万人，营业收入3213万元。

【乌当乐湾国际旅游区】 位于乌当区东风镇，国家AAAA级旅游景区，大型园林式温泉度假酒店，景区以温泉养生、休闲度假、健康养老为经营理念，主要由室内外温泉区、中医养生馆、风情汤屋、中餐厅、足浴SPA以及3D影院六大板块构成。温泉日出水量为1440立方米，来自地下3000米，温度为71℃，属偏硅酸泉。2022年，乐湾温泉接待游客3.06万人，营业收入357.57万元。

（区文体广电旅游局）

全域旅游

旅游项目建设

【概况】 2022年，乌当区新增投资500万元以上旅游项目16个：东风镇Ckart超音速卡丁车俱乐部项目，水田镇山屿驻地民宿项目，下坝镇谷金农旅项目，超有机草莓科研种植基地，羊昌镇甲岗村农耕实践教育基地，百宜镇迷宫花谷项目、甘塘坝亲子乐园项目，乌当区新场镇对门寨乡村振兴—农耕文化主题活动区域建设项目，新堡布依族乡飞鱼研学项目、纸香民宿项目、童梦溪田露营地项目，偏坡布依族乡农耕体验区项目，观溪贵州匠子体育健身俱乐部项目，龙广贵州斯迈尔游泳健身管理有限公司健身器材购置项目，高新阿栗休闲度假观光园示范项目、德圣户外阿栗城市营地项目。

【旅游规划】 2022年，乌当区制定《贵阳市乌当区全域健康旅游规划》《醉美偏坡原味小镇规划》《花画小镇规划》《贵州乌当新堡旅游度假区总体规划》等。完成《乌当区乡村避暑旅游专项研究》课题。采取“政府引导、政策推动、市场运作、部门联动、农户参与”多种运作模式，逐步形成辐射全区的乡村旅游产品体系和以城郊休闲度假、高科技农业观光及民族村寨体验为核心的旅游区。

【旅游信用体系建设】 2022年，乌当区印发《乌当区推进社会信用体系建设高质量发展促进形成新发展格局的实施方案》，由区文旅局牵头，区市场监管局、区发改局配合，推进旅游信用体系建设。建立文化和旅游市场的失信联合惩戒机制，将失信被执行人和以失信被执行人为法定代表人的单位，作为重点监管对象。发现有违法违规行为的，依法给予处罚并列入文化市场黑名单。对各类扰乱文化旅游市场秩序的行为进行严厉打击，年内开展专项检查100余次，部门联合行动50余次，发现问题60余个，均整改完毕。开展诚信建设专题学习教育活动，组织学习信用体系建设相关知识，提升经营业主守法和诚信经营意识。各景区和相关经营单位等通过电子显示屏等形式播放诚信宣传标语，搭设展板30余块，发放宣传资料1000余份，电子显示屏滚动播放标语2.6万次。

【旅游基础设施建设】 2022年，乌当区在新堡、羊昌、偏坡新建一批游客接待中心、旅游公厕、停车场、旅游标识标牌等旅游配套设施。拟定《乌当区千户小院改造基本要求》《乌当区千户小院改造奖励办法》《乌当区主题民宿改造设计方案》，入户指导改造实施，拟定奖励实施办法，遴选奖励经营户。推动“一村三品”培育。在辖区6个区域、4条道路制作安装完成25套标识标牌系统。

【文旅基金项目申报】 2022年，乌当区申报文旅发展基金项目、“四化”及生态环保基金项目、专项债券政府性投资项目、“一圈两场三改”专项债券9个。其中，贵州万象温泉度假酒店管理有限公司项目申请文旅基金投资0.7亿元，使用率为100%；文化体育项目提升改造项目总投资80万元，资金来源为2022年一般债券资金，使用率为100%。剩余6个基金项目和1个专债项目在办理中。

【智慧旅游建设】 2022年，乌当区完善智慧旅游应急监管平台，利用大数据手段分析旅游市场。宣传“一码游贵州”平台，要求所有酒店引导游客扫码关注。邀请“一码游贵州”运营公司为乌当区旅游企业开展专题培训，引导企业入驻“一码游贵州”网络平台，117家文旅企业入驻“一码游贵州”，线上销售额超6000万元。

【乌当区旅游集散中心建设】 2022年，乌当区按照“1161”工程精心打造乌当区旅游集散中心，即一个平台（集散平台）；一个中心（管理中心）；六个功能（旅游智慧功能，旅游客运功能，旅游集散功能，旅游咨询功能，旅游维权功能，旅游购物功能）；一个公司（运行主体）。严格按照一级城市旅游集散中心的内容及标准建设。年内完成贵阳东站乌当区旅游集散中心接待大厅、公厕升级、导视系统、公共免费Wi-Fi、百度高德地图导航、旅游监测系统、旅游商品展示区等建设。

【特色旅游街区打造】 2022年，乌当区集中打造保利温泉商业街区、北衙美食一条街、星光里夜市街区、里外里商业街区、贵州龙美食城、仁恒商业街6个特色街区。规范街区标识标牌。对旅游景区景点、各商业街区的食品经营单位开展执法检查。提升特色旅游餐饮街区、旅游文创和地方餐饮购物品牌，建立完善的线上线下投诉处理机制。

【全域旅游创建宣传推介】 2022年，乌当区与人民日报社贵州分社合作，推出《贵阳市乌当区全力创建国家全域旅

表 16 **2022 年乌当区 A 级以上旅游景区一览表**

序号	景区名称	景区级别	地址
1	保利温泉	AAAA	乌当区顺海中路 88 号
2	万象温泉	AAAA	新添大道北段 150 号
3	乐湾温泉	AAAA	东风镇渔洞峡 88 号
4	贵御温泉	AAAA	乌当区温泉路 555 号
5	花画小镇	AAAA	乌当区羊昌镇
6	天海美术馆	AAA	火炬大道中段阳晨总部基地 A 区 19 栋
7	惠诚烘焙乐园	AAA	乌当区火石坡特色食品工业园 1 号

游示范区》，深度报道《贵阳乌当：打造城市“周末花园”》；在天眼新闻 APP 开设“美丽乌当·花园之城全域旅游”专栏；邀请《人民日报》、新华社等 30 余家媒体采风发稿；在贵州交通广播每天发布乌当全域旅游音频广告；《贵阳日报》、贵阳网专题推出头版头条及二版头条，宣传推介乌当旅游发展成效。开展网络营销，启动乌当区全域旅游网络推广，邀请网红达人到乌当进行三天的实地采风创作，通过人民网、今日头条、微博、抖音等平台发布原创美图、攻略、视频、攻略等旅游信息；在微信朋友圈推出 15 秒短视频，点击视频后进入微网页（小程序），可完整看到视频及乌当旅游吃住行游购娱相关旅游信息。乌当区制作《乌当旅游宣传手册》和宣传折页，分别放置于区内各大景区景点和精品酒店进行展示推介。在龙洞堡国际机场和贵阳北站，市内公交大巴车、区内中巴车车体，市内出租车 LED 显示屏发布全域旅游广告。在地铁 1 号线车厢内 LED 屏、办公楼宇电梯井滚动播放创建国家全域旅游示范区 15 秒宣传视频。

【旅游厕所达标】 2022 年，乌当区在主要游客集中场所步行 10 分钟，或旅游公路沿线车程 30 分钟内设置旅游厕所或市政公厕；在主要游客集中场所的 A 级旅游厕所男女厕位比例适当，完成全区主要游客集中场所 23 座公厕标识标牌、文明如厕宣传画张贴和对标改造提升。

（区文体广电旅游局）

旅游资源

【概 况】 乌当区森林覆盖率 59.73%，年平均气温为 14.6℃，空气质量优良率保持为 96.5% 以上。乌当区山环水绕，风光秀美，山水林田错落有致，景区景点星罗棋布，拥有较高开发价值的旅游资源 141 处；这里资源丰富，生物多样，872—1659 米的海拔落差造就天然药材基因库，探明的野生中药材达 1058 种；这里钟灵毓秀、人杰地灵，水东文化、屯堡文化、成山文化交相辉映，明代屯堡、来仙阁、万松阁、洪边八景等历史遗迹众多，是水东宋氏鼎盛时期黔中地区政治、军事、文化中心；这里天赋温泉，堪称一绝，地热富集区绵延 30 千米，纵横 7000 公顷，蕴藏量大、补给充足、水质优良，富含锶、镍、锌等 20 多种有益人体健康的微量元素，被誉为“喀斯特王国最神秘的温泉群”，具有极高的开发利用价值。获全国“绿水青山就是金山银山”理论实践创新基地，全省健康养生产业示范基地，大数据大健康融合发展产业基地等荣誉和国家全域旅游示范区等称号。2022 年，乌当区有国家 AAAA 级旅游景区 5 个：保利国际温泉度假区、贵御温泉、乐湾国际旅游区、万象温泉景区、羊昌花画小镇；国家 AAA 级旅游景区 2 个：贵州天海美术馆、惠诚烘焙乐园；省级旅游度假区 1 个：醉美偏坡旅游度假区；还有按照国家 AAAA 级旅游景区标准打造的枫叶谷旅游度假区。有省、市、区级文物保护单位 29 处和国家、省、市、区级非物质文化遗产 42 项。

【羊昌花画小镇】 位于乌当区羊昌镇，国家 AAAA 级旅游景区，景区由都市现代农业创意区、高档花卉展示区、花艺步行街区、农耕文化园、大健康养生体验馆、猕猴桃家庭农场、趣味农事体验、知青文化园等众多项目组成。2022 年，花画小镇接待游客 14.99 万人，营业收入 515.11 万元。

【贵州天海美术馆】 位于乌当区高新路中段，国家 AAA 级旅游景区，展出

2022 年 8 月，羊昌花画小镇的花海 （区文体广电旅游局 供图）

面积为 3000 平方米，以当代艺术品收藏为主，收藏中外艺术家的雕塑、美术、油画等作品 500 多件。

【惠诚烘焙乐园】 位于乌当区火石坡食品工业园，国家 AAA 级旅游景区，是一个集生产研发、旅游观光、体验互动、科普教育等功能于一体的前店后厂工业旅游景区。游客可以参与 DIY 烘焙体验，观看烘焙产品的制作过程。

【香纸沟童梦溪田】 位于乌当区新堡布依族乡香纸沟景区内，有森林图书馆、生活美学艺术基地、萌宠天堂、自然水系、儿童游艺、家庭成长交流空间、轻奢户外美食、唯美稻田、自然农耕文化等旅游项目。游客可以体验纸浆艺术博物馆亲子互动手工、晚餐烧烤、当地农家美食，还有夜宿露营基地，儿童可以参加基地组织的研学活动。

【枫叶谷旅游度假区】 位于乌当区新堡布依族乡王岗村，距离贵阳市区仅 36 千米。贵州好一佳农业有限公司建设，投资 3 亿元，景区内有大型水上乐园和室内水上乐园；有趣味无限的陆地乐园（丛林树上探险、森林迷宫、滑草、激光打靶、淘气堡等项目）；有户外拓展教育基地（传统的高空／低空项目一应俱全，还有消防、地震、高空逃生等应急预案演练）；有花香四溢主题餐厅；有优质住宿条件（含温情水岸别墅、浪漫丛林树屋、豪华主楼酒店）；有按徽派风格建设的园林式温泉，温泉水源来自 1600 余米深的天然地热矿泉水，富含偏硅酸、偏硼酸、偏磷酸等 30 余种微量元素及钾、锶、硒、镍、钙、钠等 20 余种矿物质，温泉水 pH 为 7.7。有露天池 37 个、室内池 8 个，含鱼疗池、儿童池、药池等，日接待量可达 1500 余人。2022 年，枫叶谷温泉接待游客 13.15 万人，营业收入 801.7 万元。

【黄连省级森林公园】 黄连又称白石岩，布依族语称为“比爬那叶”及“比爬寨那叶”。黄连省级森林公园位于贵阳市北郊 45 千米，有溪流、龙井和瀑布，梯田层层旱涝丰收，村寨绿树成荫，点缀在葱葱郁郁的老松、苍柏、红枫、竹林之间，住房保持民族特色，环境十分幽雅。

【情人谷】 位于乌当区高新路街道阿栗村，汪家大井下游，规划面积为 6 平方千米。景区内林木繁茂，河谷两岸山峦对立，峭壁嶙峋。岩壁如削，古树倒悬，藤蔓纠葛，河谷中水流急湍，礁石砥流，芦苇、藻礁，涌泉鼓突，水质清澈。谷岸山体中有牛郎宫、花鱼洞、通天洞、和尚洞、蝴蝶河、神仙洞，还有鬼斧神工之作的登月天梯，以及骗牛石等处景点，组成了情人谷特有的奇观异境。观光农业是情人谷景区的特色所在，风景区内，13 个自然村寨分布在山间、山坳。溪水荡漾，田坎峦叠，果树婆娑，组合成美丽的田园风光。

【福韵·王岗】 “王岗庖汤第一村”位于乌当区新堡布依族乡，距贵阳 40 余千米，是一个典型布依特色的村寨，依山傍水、干栏式建筑群保存比较完整，2009 年列入省政府公布的首批历史文化名村。这里古树成林，河水清澈，水车悠转，铜鼓声声传递着布依人热情好客的形象。其“庖汤”宴是传统布依美食，以“三盘四碟八大碗”而远近闻名，也使得这里享有“庖汤第一村”的美誉。“庖汤”，即每年的春节前，老百姓都会杀“年猪”，意为驱邪接福。各家杀“年猪”之后，都会拿出猪身上肉质最好的部分，采用传统而独特的烹饪方式，做出口味独特的“庖汤”饭，邀请亲朋好友相聚一堂，大口吃肉，大碗喝酒。

【情韵·阿栗】 阿栗杨梅村，位于乌当区高新路街道，因产杨梅而盛名。景区林木葱郁，森林覆盖率为 90%。阿栗杨梅村拥有 233.33 公顷科技杨梅、66.67 公顷野生杨梅、桃、橘、美国黑草莓等水果基地。发展成为“四季有花、四季有果、四季有景”的成熟观光农业旅游示范区。

【醉韵·偏坡】 位于乌当区东北面的偏坡布依族乡，距贵阳市区 10 余千米。其中布依族人口占 97%，是典型的民族风韵悠长的古原生态之乡。偏坡处处青翠深绿，郁郁葱葱，森林覆盖率 62.8%。突兀耸立的古树群，高大挺拔的古银杏，古井的泉水，同心树下盟誓，走进璞越香街，层层叠叠的民居，品味花香、茶香、酒香。偏坡布依族文化丰富多彩，《醉美偏坡》实景歌舞表演展示布依人的民俗风情，布依婚嫁、上梁、抢花炮。每年的“六月六”是布依民族传统节日，要举行盛大的祭祀盘古典礼，祈盼丰收。

【古韵·陇脚】 位于乌当区新堡布依族乡香纸沟景区内，距贵阳市区 42 千米。整个村寨依山傍水，旖旎迷人，一幢幢特色浓郁的布依民居掩映在青山绿水间，一簇簇翠竹婆娑，溪水潺潺在奇险峡谷中流动，是一个与世无争的宁静而祥和的世外桃源。其延续近千年的土法造纸工艺，已被列入国家级非物质文化遗产保护名录。

【美韵·渡寨】 位于乌当区新堡布依族乡，距贵阳市区近 40 千米。在这里可以听着优美的布依山歌，欣赏独特的原生态簸箕画、竹编画、木贴画、瓢画、烙画。其簸箕画艺术更是在国内外都有一定的知名度，曾被贵州省文化厅命名为“农民画之乡”。其糍粑节、“三月三”地蚕会、布依族独特婚俗等传统民族节日形成独特的文化品牌。

（区文体广电旅游局）

红色旅游线路开发

【概况】 2022 年，乌当区编制《乌当区红色文化旅游总体规划》，制定《长征国家文化公园贵州重点建设区贵阳段乌当区工作实施方案》，挖掘乌当红色文化旅游资源。完成黄连红军村、中共贵州省工委北衙活动旧址、百宜红军烈士陵园、乌当区红军长征步道和三线建设博物馆等项目的提质升级。推出百宜红色文化体验线路、黄连红军村红色文化线路、三线文化体验线路 3 条红色文化精品旅游线路，逐步成为红色旅游目的地。

【百宜红色文化体验线路】 拐九村后寨—猫耳洞—茶马古道—红军桥—宋家渡渡口—体验红军餐—百宜红军烈士陵园。红军途经乌当的长征步道全长 8 千米。从拐九村后寨出发，经过穿洞红军小课堂，穿洞是天然屏障，曾经放有两门炮台，是长征步道上的补给站。途经猫耳洞，当年红军战士钟仕洪受伤后，被百宜村民张文英救下，将其藏在猫耳洞中，持续半个月为其送饭，直至伤愈后归队。走过饱经风霜的茶马古道、红军桥到达宋家渡渡口，百宜阻击战后，中央红军来到宋家渡，河边只有一艘小木船，渡河困难，当地群众自发把自己家里的楼梯、木桌、门板等扛到大河边，军民联手搭建浮桥，帮助红军顺利渡河。重走历史长征步道归来，可以体验红军餐。来到百宜红军烈士陵园，这里掩埋着“百宜阻击战”牺牲的 6 位红军烈士。2018 年 8 月百宜红军烈士陵园被列为全省爱国主义教育基地。除浓厚的红色文化资源，百宜镇乡村旅游资源令人陶醉，“山上有果，林间有茶，地里有菜，田边有花”是“五彩百宜”的真实写照。百宜镇以“农文商旅”融合发展为主路线，打造“百园百品”示范园，涉及全镇 5 个村，包含八月瓜园、彩霞辣椒园等近 20 个园子 30 种农产品，可进行现代农业观光、教学、采摘、品鉴等。

【黄连红军村红色文化线路】 黄连村—黄连小学校园内中共黄连临时支部遗址—抗日标语—红军桥—白沙井（红军井）—古银杏树—红军亭—羊昌花画小镇。黄连村位于羊昌镇东北部，距乌当区城市中心区 40 千米。全村面积 13.2 平方千米，森林覆盖率达 65% 以上。民国 29 年（1940）7 月，中共贵州省工委地下党员邵冠群、戴志纯、肖世平以黄连小学教员的身份隐蔽下来，

原味小镇·醉美偏坡花喵街 （区文体广电旅游局 供图）

成立临时党支部，还在附近村寨多处醒目墙壁上书写抗日标语。在黄连村双狮岩上书写的“还我河山”四个大字现在仍然清晰可辨。红军进入黄连时，在当地布依族同胞的支持下，在河上架起一座简易而牢固的石桥，使红军顺利过河。后来，人们把这座石桥称作红军桥。红军桥旁是黄连瀑布，似银河倾泻，十分壮观。村中有一处古井，名白沙井，又名红军井。始建于明代，保留完好，井水清甜甘洌。红军过黄连村时，村民与红军共用一口井，红军帮助村民挑水，是军民鱼水情的见证。红军井旁有一棵树龄 1200 年的古银杏树，每到秋天，来此打卡的游客络绎不绝。2003 年，为纪念红军长征途经黄连，当地村民修建一座亭子，命名“红军亭”。从黄连出来到羊昌镇，可参观游览国家 AAAA 级旅游景区——羊昌花画小镇。花画小镇是一个集观光、娱乐、文化体验、休闲度假、商务会议于一体的综合性景区。景区内包含花卉展示区、知青文化园、房车露营基地等。

（区文体广电旅游局）

旅游业态

【三线文化体验线路】 位于乌当城区的新光里文化创意产业园，曾是新天光学仪器厂旧址，前身为上海光学仪器厂，1966 年迁至乌当，是我国“三线建设”保密军工核心厂之一，是“三线建设”时期在国防科研上有重大贡献的工业遗产。曾是我国最大的光学计量仪器生产基地，后改为新天精密光学仪器公司。乌当区以“三线建设”的艰苦奋斗、自力更生精神为魂，以红色文化为内涵，以保护原厂风貌为基础，对标国际优秀的旧工厂改造模式，提升打造成新光里文化创意产业园。总建筑面积 2.6 万平方米，依托“85 号信箱博物馆”“潜望镜科普馆”“中共贵阳市委初级党校旧址”“贵阳市装备制造智能技术研究院”等建设基础，打造贵阳“三线建设”博物馆。园区内包含艺术文化主题区、文化公社主题区、慢活休闲主题区，涉及主题餐厅、文化创意等多个行业商家。

【温泉旅游】 2022 年，乌当区探索“温泉 + 康养”的发展思路，打造为温泉景城融合、游憩医养共享的都市温泉康养大中心。乌当区有 5 家温泉景区，其中 AAA 级旅游景区 1 家，AAAA 级旅游景区 3 家。年内接待温泉游客 18.5 万人次。

【乡村旅游】 2022 年，乌当区有乡村旅游经营户（客栈）11 家，农家乐 86 家。其中，五星级 11 家、四星级 22 家、

三星级53家。通过新堡体旅小镇、羊昌花画小镇、偏坡原味小镇等乡村旅游项目，使水东土司文化，布依族、苗族为主的少数民族文化、知青文化等融合发展。通过羊昌、新堡、下坝、新场、偏坡5个升级高效农业园区建设，展示“以农促旅、以旅助农”建设成果。全区有乡村旅游重点村8个（其中，国家级重点村1个——偏坡布依族乡偏坡村，省级重点村5个——王岗村、马头村、拐吉村、拐比村、陇脚村，市级重点村2个——罗广村、陇上村）。百宜镇获“省级乡村旅游重点镇”，红旗村获“省级乡村旅游重点村”称号；偏坡布依族乡获“市级非遗小镇”称号，偏坡村获“贵州省乡村旅游与传统村落和少数民族特色村寨深度融合发展示范点”“贵州省特色旅游示范村”授牌，坡里·小苑和寻篱原舍获贵州省示范民宿，半亩篱蔬和阿渡餐饮山庄获贵州省五星级乡村旅游经营户称号。田园人家、普渡半岛等9家农家乐获贵阳市四星级乡村旅游经营户称号。

（区文体广电旅游局）

旅游宣传及推广

【文化旅游产品宣传】 2022年，乌当区文体广电旅游局发布公众号、官方微博、活力乌当APP、今日头条信息2912条，阅读数157万余人次；发布文化旅游产品及线路信息349条，阅读量19万余人次。制作“爽爽贵阳·活力乌当”IP系列的纸杯、礼袋等办公用品、文化旅游宣传手册和宣传短视频。

【旅游推介】 2022年，乌当区打造“爽爽贵阳·活力乌当”城市IP品牌，引入运动赛事，体育竞赛、节庆活动，并强化抖音、快手等知名网络平台运营，借助山水资源、体育运动等优势，精心打造一批自带流量网红打卡点、核心IP，开辟新消费模式。谋划系列旅游活动，推出以非遗文化爽心体验、欢乐假期爽游体验、靓丽花海爽眼体验、康养温泉爽身体验、城乡美食爽口体验、端午别样爽购体验为主题的“六爽”体验活动。推出文化体验一日游、美丽乡村休闲游等旅游精品线路，成为全省热门旅游目的地。策划推出品质露营、亲子遛娃、城市漫游、民宿体验、徒步登山等多种玩法，开展“玩转避暑季 点亮夜经济”避暑季活动和冬季旅游宣传营销活动，打造“新乌当·实惠游”冬季旅游实惠礼包，销售3168套，销售额近65万元。新堡童梦溪田、羊昌花画小镇露营基地、东风超音速卡丁车等网红打卡点广受好评。

【乌当城市品牌形象发布】 2022年4月20日，由中共乌当区委、乌当区人民政府主办，中共乌当区委宣传部承办的“爽爽贵阳·活力乌当”—乌当城市品牌形象发布会在乌当区行政中心广场举行。在图形设计方面：从“W”诠释型标志升级至“无限”启发型标志，增加乌当首字母“D”的应用，以飘逸动感的翠色飘带描绘生态自然乌当。在字体设计方面：来自不同城市的书法人一起为“爽爽贵阳·活力乌当”进行书法体设计，最终呈现一组飘逸灵动的专属乌当品牌字体。在色彩设计方面：以绿色和蓝色作为绿水青山的乌当城市底色，分别象征着乌当“生态成就”和未来发展的蓝图，是爽爽贵阳的绿色，亦是乌当创新发展的城市之蓝。发布会上，还作“爽爽贵阳·活力乌当”城市品牌四季主题文旅活动策划发布，2022年乌当区以四季为主题串联全年文旅产品，打造符合受众喜好的文旅IP、康养IP，让受众到乌当品、到乌当游、到乌当乐、到乌当享。春季，参加爽爽贵阳·百城百媒——“寻味贵阳”上线仪式暨直播活动，举办贵阳三线建设博物馆宣传活动，展示红色文化魅力等乌当特色文化名片，为大家呈现一场乌当文旅“春日盛宴”。夏季，打造“活力避暑季”系列文旅活动，“夜温泉理疗包月”“夜温泉泡汤夜宵券”大礼包等秒杀活动，“活力亲子营”文化主题研学活动，全景展示乌当民族文化、非遗文化、红色文化、乡村文化。秋季，开展“活力山地行”活动，贵阳农民丰收节，户外康体休闲活动，塑造乌当的良好生态品牌形象。冬季，开展“活力暖冬泉”康养生活季系列活动，“温泉+”康养产业嘉年华活动，乌当区“生态黔菜”评选活动暨庖汤创意料理美食节。

（区文体广电旅游局）

旅游行业管理

【概况】 2022年，乌当区制定《乌当区乡村旅游管理制度》等，推进乡村旅游的标准化建设和规范管理。接待旅游人次584.39万人次，比上年下降46.49%，实现旅游收入58.7亿元，比上年下降36.82%。限额以上住宿餐饮业营业额比上年增速下降1.8%。其中住宿业营业收入10451.5万元，比上年增长2.71%。餐饮业营业收入1.05亿元，比上年下降6.3%。新增限上住宿业2家，过夜游客达到64.5万人次，游客人均消费达到1014元。规模以上（限上）旅游企业累计68户，旅游产业增加值完成6.24亿元，增长5.69%。限上住宿企业13家（其中五星级酒店1家，三星级酒店1家）。辖区内无旅行社。住宿业营业收入9787.7万元，比上年增长4.78%。百宜镇获“省级乡村旅游重点镇”，红旗村获“省级乡村旅游重点村”称号；偏坡布依族乡获“市级非遗小镇”称号，偏坡村获“贵州省乡村旅游与传统村落和少数民族特色村寨深度融合发展示范点”“贵州省特色旅游示范村”荣誉；坡里·小苑和寻篱原舍获贵州省示范民宿；半亩篱蔬和阿渡餐饮山庄获贵州省五星级乡村旅游经营户称号；田园人家、普渡半岛等9家农家乐获贵阳市四星级乡村旅游经营户称号。

【旅游企业培育】 2022年，乌当区成立市场主体包保领导小组，详细研究省、市企业上规入统相关补助政策，鼓励企业发展生产经营，上规入统。乌当区有限上住宿企业13家、规模以上文化体育娱乐企业3家、规模以上游览企业2家、其他居民服务企业4家。有旅游市场主体1825家，其中旅游出行类10家、住宿类51家、餐饮类234家、游览类485家、购物类635家、娱乐类37家、综合服务类248家、旅游辅助服务类102家、政府旅游管理类9家、14家露营基地。乌当区拟入库住宿企业3家，其中，贵州欧曼酒店管理有限公司1—10月营业收入245万元；贵阳万家筑业酒店管理有限公司1—11月营业收入238万元；贵阳市乌当区雅之家酒店1—11月营业收入203万元，均达上规入统条件。

【旅行社管理】 2022年，乌当区内在“全国旅游监管服务平台”备案的旅行社及门市服务网点55家，其中，含旅行社总社4家：驴妈妈、教育学院旅行社（已停业）、随心游旅行社（已注销）、务美旅游文化发展有限公司（无办公场所未开展经营活动）；旅行社门市服务网点51家，在市场监管局注销25家，因疫情影响自主停业21家。辖区内无购物场所、旅游车队。

【文旅企业服务】 2022年，乌当区文体广电旅游局组织辖区内景区、酒店、乡村旅游经营户，参加服务技能培训，学习投诉处理技巧，提高旅游从业人员素质，避免发生因服务质量引发投诉。乌当区69家规模以上涉旅企业入驻“贵商易”平台，“一对一”指导企业学习平台发布的各项纾困扶持政策，协助企业落实税收、房租减免、供水供气、金融贷款展期等优惠政策，帮助企业渡过难关。有11家涉旅企业享受增值税留抵退税政策，总额720余万元，4家住宿企业和1家文化体育娱乐企业享受免税政策。

【旅游市场监管】 2022年，乌当区提高旅游从业人员素质，旅游投诉比上年下降60%，投诉处置率为100%，旅游投诉满意率和结案率均为100%。会同乌当区各相关部门出动检查组130组次，人员170余人次，检查旅游企业、乡村旅游经营户、景区周边企业260家次。各旅游景区、酒店、乡村旅游点均能做到明码标价、诚信经营。

【旅游领域安全生产监管】 2022年，乌当区文旅局牵头，区应急局、区市场监管局等部门配合，印发《2022年乌当区文化和旅游系统安全工作方案》《乌当区2022年旅游领域安全生产监管工作方案》《乌当区文化和旅游行业及酒店、宾馆、客栈等场所消防安全专项整治实施方案》，调整充实安全工作领导小组，由局长任组长，副局长任副组长，各科室（所）负责人为成员。定期到乌当区文化旅游企业开展安全生产督导检查，督促各旅游企业开展隐患排查，全年检查景区（点）、宾馆（酒店）、旅行社151家次，参加检查人员353人次，出动车辆146辆次，检查企业309家次，排查隐患133条，整改133条，整改率为100%。各景区景点、酒店宾馆、旅游场所等的安全管理水平提升，全年未发生旅游领域安全生产事故。

【旅游商品监管】 2022年，乌当区以景区景点、周边商场、超市及宾馆、酒店附近的商店为重点区域，加强旅游必需品、工艺品、纪念品等重要旅游商品的监管，出动执法人员40人次，出动执法车辆21车次，检查景区景点4个，检查经营户120余户。对旅游必需品等开展质量监督抽查，抽查6个批次的衣服、鞋子等商品，发现2批次不合格，并立案调查处理。

【旅游市场整治“黔锋行动”行动】 2022年，乌当区文旅局牵头，区市场监管局配合，印发《乌当区旅游市场整治“黔锋行动”工作方案》，开展“不合理低价游”专项整治、旅游客运市场专项整治、公共场所卫生专项整治、酒店宾馆客栈秩序专项整治等行动。春季行动中，召开2期全区文旅企业警示教育会，开展从业人员法治教育和职业道德培训10余次，指导各文化旅游行业协会开展自律警示教育活动，在“爽爽贵阳·活力乌当”微信公众号进行典型案例宣传5期，提高辖区各文旅企业的自律意识和从业人员的守法、诚信、文明意识及服务质量。共印发宣传资料1000余份，各景区景点LED屏滚动播放宣传标语1.5万次，组织市场主体和从业人员全覆盖签订《守法、诚信、文明经营承诺书》。夏季行动中，发放宣传资料800余份，线上宣传20余次。出动检查人员50余人次，检查旅游企

表17 **2022年乌当区旅游酒店一览表**

序号	酒店名称	酒店级别	地址
1	保利温泉酒店	酒店5星	乌当区顺海中路88号
2	宜尚酒店		新添大道北段113号
3	森林酒店		新添大道北段143号
4	半山酒店		乌当区保利温泉四光广场
5	汇融酒店		新添寨高新路126号
6	双福酒店	酒店3星	新添寨高新路278号
7	喜天酒店		新添大道北段24-8号
8	东大酒店		东风镇乌当村东风客运站
9	丽坤酒店		新添大道北段2号
10	华美达酒店		新添大道北段156号
11	格林豪泰酒店		火车东站
12	万象温泉酒店		新添大道北段150号
13	城市森林酒店		乌当区大坡路8号
14	欧曼地中海酒店		火车东站
15	城市精选酒店		火车东站

业、农家乐、景区周边企业127家次，查处暂扣黑车16辆次。下达专案整治通知书15份，发现问题均整改完毕。秋季行动中，开展联动执法10次，下达问题整改通知书10余份。开展摸排检查20余次，发现问题30余个，均整改完毕。开展宣传动员20余次，发放宣传资料800余份，开展政策宣传宣讲10余次。冬季行动中，开展联合执法检查10余次，下达问题整改通知书10余份，涉及问题均整改完毕。

（区文体广电旅游局）

特色民宿

【概况】 2022年，乌当区有128家民宿酒店，房间2182余间，主要分布在偏坡布依族乡、新堡布依族乡、羊昌镇、东风镇。其中，省级示范民宿2家，优品级客栈（民宿）2家，标准级客栈（民宿）7家。直接或间接带动创业人员40余人，农村致富带头人10余人。全年接待旅居人数4500余人，旅居产业收入2000余万元。

【坡里·小苑】 坡里·小苑民宿坐落于偏坡布依族乡偏坡村关口组，于2021年3月正式营业，2022年申报为省级示范民宿。占地面积250平方米，建筑面积800平方米，拥有客房9间，床位13张，庭院面积1000多平方米。坡里·小苑四面环山，树木葱郁，可观远山美景，近处绿植相邻。2022年接待旅居人数45人，营业收入6.2万元。

表18 2022年乌当区主要民宿一览表

名称	位置	级别
坡里·小苑	偏坡布依族乡偏坡村关口组	省级示范民宿
寻篱原舍	偏坡布依族乡偏坡村牛厂组	省级示范民宿
尚客园山庄	百宜镇拐比村一组	优品级客栈（民宿）
隐贤居	羊昌镇羊昌村南门组	优品级客栈（民宿）
花画农家乐	羊昌镇羊昌村西门组	标准级客栈（民宿）
辉辉餐饮	羊昌镇平坝村下改马组	标准级客栈（民宿）
汤氏南江鱼馆	羊昌镇平坝村上改马组	标准级客栈（民宿）
兄弟农家乐	羊昌镇平坝村下改马组	标准级客栈（民宿）
朱姐餐饮店	羊昌镇羊昌村灰幺组	标准级客栈（民宿）
芙桂苑	羊昌镇黄连村岩上组	标准级客栈（民宿）
贵州尚豪民宿有限公司	羊昌镇羊昌村西门组	标准级客栈（民宿）

偏坡布依族乡荷塘民宿 （区文旅局 供图）

【寻篱原舍】 寻篱原舍位于偏坡布依族乡偏坡村牛厂组，于2019年10月正式营业，2022年申报为省级示范民宿。占地面积1200平方米，建筑面积650平方米，拥有客房8间，床位15张。“原舍之下，可以依栖。”寻篱原舍以此为意而命名，房屋结构保持布依族建筑特色、外观运用油画的色彩，清新、典雅的浅墨绿色门框、窗框配上白墙与自然环境相融合。2022年接待旅居人数52人，营业收入9.3万元。

（区文体广电旅游局）

工业·开发区建设

综　述

【工业产业发展】 2022年，乌当区完成工业总产值266.1亿元，规模以上工业增加值50.56亿元，比上年增长1.9%，增速17%。完成工业投资29.04亿元，比上年增长85.7%。规模以上工业企业14户，当年新增规模以上工业企业6户。完成新增标准厂房45.93万平方米，完成新增标准厂房开工65万平方米。完成工业用地收储40.07万平方米，为年度目标的100.17%。10户央企制造业企业完成工业总产值93.59亿元，比上年增长15.56%，为年度目标的85.08%。工业支柱四大产业健康医药、电子信息制造、生态特色食品、先进装备制造，完成工业总产值164.99亿元，比上年增长7.30%，为年度目标的103.12%。新引进产业项目到位资金82.62亿元，为年度目标的103.28%。工业项目到位资金53.92亿元，占新引进产业项目到位资金的65.26%，为年度目标的122.54%。制定乌当区"上规"培育方案，建立拟"上规"培育企业台账，联合乡（镇、街道）开展业务指导和生产经营帮扶。培育新建"上规"企业1户，完成老企业"转规"5户。新增规模以上工业企业6户，引进4户等级建筑业企业。

【工业项目建设】 2022年，乌当区围绕在筑央企制造业、健康医药、电子信息制造业等重点产业，谋划和建设工业项目58个，总投资340.64亿元。其中，拟建项目20个，总投资102.58亿元；在建项目18个，总投资31.52亿元；新开工项目10个，总投资41.6亿元；建成投产5个，总投资2.44亿元；在谈项目5个，总投资162.5亿元。区工信局依托国药西部医疗器械产业园、振华新天电子元器件产业园、洛湾标准化厂房等标厂建设，打造产业发展承载平台，吸引外资投入。实施新天药业股份有限公司中药配方颗粒建设、千叶药包PVC硬片技改搬迁及配套工程、千秋实业中高端大健康食品生产基地、振华永光半导体功率器件产能提升等改扩建项目。全区重大工程项目26个，计划完成投资79.6亿元，累计完成投资80.5亿元。26个项目中，新建项目7个，马家湾公租房（乌当区大健康人才公寓）、贵州日报报业集团印务中心、宜大鲜生1万吨速冻食品生产加工基地、中高端大健康食品生产基地等4个项目开工建设。纳入省重大工程和重点项目管理的洛湾标准化厂房等7个项目开工建设。

【专精特新企业培育】 2022年，乌当区"分门别类"培育专精特新中小企业，累计获各级专精特新、"小巨人"认定企业31户，总计奖励资金1376万元。其中，国家级"小巨人"装备制造类企业认定6户，省级"小巨人"特色轻工、装备制造类企业认定2户，省级专精特新新型建材、健康医药、装备制造、特色食品类企业认定11户，市级专精特新现代企业认定12户。

【企业资金上争】 2022年，乌当区组织医药、装备（电子）、特色食品等在建项目申报上级资金，其中振华红云争取省级专项发展资金65万元；推荐中高端大健康食品项目申报扩能技改扶持资金，获扶持资金100万元。累计为61户企业争取上级奖补资金4609万元。其中，健兴药业获省级企业技术中心认定，获奖励资金50万元；健兴药业、振华永光等4户企业申报"千企改造、一企一策"奖励补助，获奖励资金180万元；贵州阳光南教商务有限公司获贵州省大数据发展专项资金60万元；好活（贵州）网络科技有限公司等9家公司获贵阳市大数据发展专项资金160万元；好活（贵州）网络科技有限公司"好活云"灵活就业智能服务平台项目获贵州省大数据发展专项资金120万元。

【"两化"融合】 2022年1—11月，乌当区500万元口径互联网和相关软件信息技术服务业收入8.23亿元；规模以上互联网和相关软件和信息技术服务业收入8.73亿元。10月，组织232家企业参加"贵州省大数据与实体经济深度融合测评服务系统"微观指标评估，其中工业类企业78家，建筑类企业12家，批发零售类企业45家，住宿餐饮类企业18家，服务业企业52家，房地产类企业27家，填报平均分59.74。全区大数据与实体经济深度融合带动企业达45家。中国振华集团有限公司"集团管控平台"与"集中采购"大数据分析项目等8个项目被认定为贵阳贵安融合优秀示范项目。贵阳万江航空机电有限公司航品全流程一体化数字综合管控系统项目等4个项目申报入选省大数据局万企融合项目，中国振华集团永光电子有限公司（国营第八七三厂）基于工业互联网的功率半导体器件数字化生产线建设等3个项目申报入选省工信厅两化融合项目。全区实现主城区、乡镇行政村光纤网络100%覆盖，乡镇实现移动网络全覆盖，30户以上自然村4G网络覆盖率为100%。新建5G基站437个，超目标任务2.34%，累计建设1448个，主要覆盖新添寨和东风镇密集住户小区、大型楼盘、城市主干道、高校等区域，并逐步延伸至乡镇中心地段，以及国道、高速沿线。

【企业安全生产】 2022年，乌当区工业安全生产平稳，落实重大风险隐患提级管控、顶格管理要求，加大对风险隐患重点企业、重要时段和危险作业等管控力度，杜绝安全事故发生。制定年度工贸领域安全、消防安全计划及方案，与全区规模以上工业企业签订安全生产目标责任书和承诺书，确保企业管理范围内较大生产安全事故控制在"0"，各类生产安全死亡人数控制在"0"。每季度进行安全生产大检查1次，在中共二十大、"国庆节"及重大节点，联合经开区、应急、消防等部门开展工贸领域规模以上工业企业安全生产"打非治违、疫情防控、电气火灾、有限空间作业"等大排查大整治。全年开展安全检查91次，出动车辆182台次，人员273人次，检查出安全隐患123条，责令限期整改123条。联动经开区、安委办、消防等多家行业部门开展各类安全生产宣传、警示教育，企业通过微信、LED显示屏、张贴海报等多种方式，宣传《中华人民共和国安全生产法》、消防安全、疫情防控等各项安全生产工作。对规模以上工业企业发放"国务院安委会安全生产十五条措施""五落实五到位"规定等安全资料800余份。组织申报贵州省工业和信息化厅安全生产专项资金项目，区内贵州永乐药业获奖励资金84万元。贵州五福坊、贵阳天安药业等18户企业获乌当区安全提升奖励，每户5万元，共计90万元。

【惠企政策落实】 2022年，乌当区工信局制定《乌当区深入开展领导干部入企走访活动工作方案》，落实工业企业包保责任人，走访企业260余次，协调电力迁改、物流运输、污水排放等问题36个。开展人才、税收、融资等惠企政策宣传，发放资料2000余份；指导企业用好用活"贵商易"平台，组织符合条件规模以上企业申报新型工业化基金及新动能基金，精一科技申报新型工业化基金资金0.5亿元、贵州飞龙雨实业集团有限公司申报新动能基金0.5亿元；为企业申领"助企券"120余次，累计金额580余万元。组织全区规模以上工业企业开展校园招聘，为全区引才、留才打基础。落实《乌当区"人才兴区"十二条措施（试行）》，新增制造业产业人才1521人，引进大数据人才804人，人才倍增计划完成14人，培育非公领域企业经营管理人才671人。联动供电部门帮助94家企业加入电力交易市场，为25户工业企业兑现用电政策，缓交电费850.24万元，免交基本电费14万元。会同区金融办协调银行支持，帮助佳华印务、佳信塑胶等10户企业协调银行降息、融资贷款等；累计为贵州贵乐食品、贵州飞龙雨实业集团有限公司等6家企业申报中小微应急转贷资金2800万元。

（区工信局）

电子信息制造业

【概况】 2022年，乌当区电子信息制造业发展迅速，成为全区制造业重要支柱。全区有规模以上电子信息制造业10户，民营企业3户。全年完成电子信息制造业产值73.6亿元，完成工业增加值17.85亿元，比上年增长11.12%，占规模以上工业企业总产值的39.5%。乌当区电子信息制造业主要以电子元器件制造为主，振华永光规模最大，完成工业产值17.29亿元。振华风光增长最快，完成工业产值22.03亿元，比上年增长95.47%。从技术创新看，全区电子信息企业技术含量越来越高，企业逐步向高科技密集型企业转变，科技创新能力明显增强，建有国家级研发中心1个，省级企业技术中心5个，9家企业建有技术研发中心，其中中国振华拥有国家级技术中心、博士后工作站、国家863成果转化基地、CNAS国家认可实验室和4个省级企业技术中心。产品逐步向高价位市场需求转变。中国振华电子集团宇光电工有限公司注册商标获"中国驰名商标"称号，电子元器件生产企业实现进口元器件替代的产品品种3000多项，振华集团下属企业振华新云公司是中国唯一通过欧洲航天局认证的A级供应商。振华新云公司获批国家智能制造试点。设立贵州振华电子信息产业技术研究有限公司，获批成为贵州省首家省级制造业创新中心。

【振华新天电子元器件产业园】 乌当振华新天电子元器件产业园项目，总投资26亿元，占地约9.33万平方米，位于振华新天工业园区。总建筑面积18.8万平方米。项目建设新型电子元器件厂房、生产配套设施及人才公寓，用于中国振华集团半导体分立器件、通用元件、机电组件、特种元器件等产品研发和生产，以及生活配套；集聚一批电子元器件企业在乌当区集群式发展，将布局振华永光六英寸半导体功率器件芯片线、振华云科生产线填平补齐项目、振华群英TO—5微型继电器智能制造示范线建设项目等26个电子信息产业项目。

【贵州振华风光半导体股份有限公司】 贵州振华风光半导体有限公司（国营第四四三三厂）直属中国振华电子集团有限公司，2022年有职工622人，地处贵州省贵阳市乌当区新添大道北段238号，是贵州省唯一一家从事IDM（Integrated Device Manufacture）集成电路生产研发专业企业。公司从事单片模拟集成电路（线性、非线性）、混合集成电路（厚膜、薄膜）研发与生产。形成以单片模拟集成电路、单片数字集成电路、混合集成电路及功能模块等四大系列为主体的军用高可靠集成电路科研生产厂家。

【贵州振华群英电器有限公司】 贵州振华群英电器有限公司（国营第八九一厂）（原名中国振华集团群英无线电器材厂）始建于1966年，隶属于中国振华集团电子有限公司，为军用继电器定点生产厂家。公司地处贵阳市乌当区新添大道北段258号，属国有大二型企业。2022年有员工569人，其中工程技术人员76人，质量管理和质量检验人员49人，一线操作工人284人，持有中级以上职称人员53人。工厂拥有研制军民继电器及接触器的全套生产设备、检测设备及试验设备，生产的产品有微型密封电磁继电器系列、密封延时继电器系列、功率继电器系列、接触器系列及汽车继电器系列，广泛应用于航天、航空、电子、舰船、兵器、电力控制及汽车制造等领域。民用继电器年产能力500万只，继电器市场占有率为40%。

【贵州振华红云电子有限公司】 贵州振华红云电子有限公司（国营第四三二五厂）（原名中国振华集团红云器材厂）是电子元器件科研生产军工企业，始建于1966年7月，1976年底正式验收投产，2004年搬迁到乌当区。主要产品有压电陶瓷蜂鸣片、压电陶瓷蜂鸣器、压电陶瓷超声波传感器、氧化锌避雷器、PTC热敏电阻器、瓷介电容器系列产品。压电陶瓷蜂鸣片及器件年产销量4亿个，氧化锌避雷器年生产能力500万个，瓷介电容器产品年生产能力为10亿个，PTC热敏电阻器年生产能力达5000万个。

【中国振华（集团）新云电子元器件有限责任公司】 中国振华（集团）新云电子元器件有限责任公司隶属中国振华电子集团有限公司，主要从事各类钽电解电容器科研、生产和服务，是国内重点军工配套企业和骨干企业。其主要产品为全密封固体电解质钽电容器、气密封非固体电解质钽电容器、气密封非固体电解质全钽电容器、片式固体电解质钽电容器、模压封装有引线固体电解质钽电容器。主要产品为全密封固体电解质钽电容器、气密封非固体电解质钽电容器、气密封非固体电解质全钽电容器、片式固体电解质钽电容器、模压封装有引线固体电解质钽电容器。

贵州振华群英电器有限公司继电器制造车间　　（中国振华电子集团有限公司 供图）

【中国振华集团云科电子有限公司】 中国振华集团云科电子有限公司有职工565人，其中高级技术职称8人，中级技术职称10人，初级职称16人，外聘专家2人，工程技术人员23人。大专以上学历的科技人员有115人，占职工总数的20%，从事产品设计、工艺技术研究和试验的人员有54人，占职工总数的10%。公司产品有厚膜片式电阻器、厚膜片式电阻网络、薄膜片式电阻器11个大系列，品种规格上万个。其中包括高可靠性厚膜片式固定电阻器、宇航用片式固定电阻器、片式固定电阻网络，大功率、无感片式固定电阻器、新型精密薄膜片式固定电阻器、超低阻厚膜片式固定电阻器、超高阻厚膜片式固定电阻器、正温度系数厚膜片式固定电阻器、负温度系数厚膜片式固定电阻器等系列产品。公司片式电阻器的民用产品年供货能力为100亿个。

【中国振华集团永光电子有限公司】 中国振华集团永光电子有限公司（国营第八七三厂）始建于1966年，属于国家二级企业，贵州省首批重点高新技术企业，中国重要的半导体研制生产骨干企业和军工产品定点企业，是集研制、生产和销售于一体的半导体器件专业企业。2022年有在岗职工1001人，其中技术工程人员372人，公司注册资本为2.85亿元，总资产3.6亿元。有生产线6条，其中军标生产线4条，民品生产线2条，有生产设备1202台（套），试验检测设备及仪表515台（套），具有各种半导体器件测试和可靠性试验及分析的能力以及零部件设计加工能力。主要产品有硅整流、开关、瞬态、稳压二极管系列，功率开关晶体管，达林顿晶体管，功率晶体管模块系列，塑封和陶瓷表面贴装二、三极管，汽车用雪崩、整流二极管及组件系列等，年生产能力为15亿只。

【中国振华电子集团宇光电工有限公司】 中国振华电子集团宇光电工有限公司（国营第七七一厂）建于1966年。是研制、生产、销售真空灭弧室、真空断路器、高低压开关成套设备的专业公司。公司形成生产“宇光”真空灭弧室共两大类100多个品种，陶瓷结构真空灭弧室生产线具备年产量20万个的生产能力，成功试制出贵州第一台真空开关。公司产品国内市场份额长期保持在25%以上，“宇光”真空灭弧室系列产品连续获“贵州省名牌产品”称号和“国家重点新产品”证书。产品还远销美国、俄罗斯、德国、日本等20多个国家和地区。

【贵阳振兴铝镁科技产业发展有限公司】 贵阳振兴铝镁科技产业发展有限公司隶属中铝国际—贵阳铝镁设计研究院有限公司。主要从事有色行业计算机网络信息系统、工业控制系统及工业软件的开发、设计、集成；工业数据分析、数据挖掘与服务；工业APP、工业云平台开发、设计；机器人和智能装备的研发、设计及制造；节能、环保装备的研发、设计；技术咨询、技术开发、技术转让及技术服务；设备工程安装；电子与智能化工程专业承包；设备材料购销与进出口贸易。公司创造性地采用具有独特风格的高效率的控制策略，研发出行业领先的先进控制系统（APC）技术。主要产品有有色行业计算机网络信息系统、工业控制系统及工业软件的开发、设计、集成。

【贵州航天电源科技有限公司】 贵州航天电源科技有限公司成立于2001年2月18日，公司位于贵阳高新区新天园区南方汇通高新科技工业园内。2022年公司员工人数为900人，从事二次电池及其组合电池的研制、开发、设计、生产，锂电矿灯用安全帽灯的研发、组装、销售。公司相继推出二次扣式电池、数码产品智能电池包、数据终端电源、GPS定位仪电源、便携式产品配套电源、特种电源、智能均衡控制保护电路板、新型锂铁矿灯等100余种型号的产品群。主要产品有移动通信锂离子电池、数码锂离子电池、能源交通锂离子电池。拥有国内一流、国际先进的锂离子电池及聚合物锂电池生产线、组合电池组装线及矿灯生产线。贵州航天电源科技有限公司2022年实现营业收入4410.671万元。

【贵阳新豪光电有限公司】 贵阳新豪光电有限公司是中国数显协会理事单位、中国数显标委会成员单位，位于贵州省贵阳市乌当区新光路12号，是一家以研制、生产、销售光栅传感器数显系统产品的高新技术企业。公司成立于1995年，其前身系贵阳新天精密光仪器公司（现名贵阳新天光电科技有限公司）于1984年成立的传感器厂。公司主导产品有光栅传感器、光栅玻璃尺、数显表、光电检测仪及影像测量仪等五大系列。2022年，公司有员工118人，其中专科及各级技工以上人员59人。厂房面积5000平方米，其中新建2000平方米的净化生产车间。贵阳新豪光电有限公司2022年实现营业收入3563.5万元。

（区工信局）

特色食品产业

【概况】 2022年，乌当区有食品生产企业20余户，规模以上企业14户，涵盖风味肉制品、调味品、白酒、西点、面点、冷饮制品、豆制品、健康食品等数十种类别。其中，龙膳香坊、高新惠诚从事面包、糕点等西点生产，老干爹以生产各类调味品及烹饪辅材为主；富鑫酒业为白酒企业，为高增加值率产业。完成规模以上工业产值6.56亿元，工业增加值1.55亿元，比上年下降11.42%。以五福坊、龙膳香坊及老干爹为代表的特色食品企业开发出包括风味猪肉制品、特色腌腊制品、糖果、调味品等具有地方特色的小吃、菜肴及烹饪辅料等，形成以“黔五福”“贵州龙”“老干爹”等为代表的食品品牌。

【火石坡特色食品产业园】 乌当区火石坡特色食品产业园是乌当医药食品新型工业园的重要组成部分，以特色食品加工、物流为主导产业，位于乌当区与白云区交界处，紧靠火车东站、高速公路尖小线火石坡收费站和北京东路延伸段。2022年，园区内重大项目有贵州宜大鲜生供应链有限公司速冻食品加工项目，总投资1.3亿元，项目占地2.13万平方米，净用地1.67万平方米，总建筑面积4万平方米，主要建设生产加工车间、冷链食品成品仓库、线上线下销售管理用房、员工食堂及员工宿舍等，建成后可年产速冻食品1万吨；贵州千秋实业有限公司中高端大健康食品生产基地（一期）项目，总投资1.97亿元，项目用地需求3.33万平方米，拟选址地块面积1.47万平方米，主要包括健康米粉生态建设基地、司弘健康速食米粉项目、刺梨大健康宜生元产品生产项目、新型食品药品包装材料生产项目等4个子项目。其中厂房9285平方米，办公楼3000平方米，相关配套附属设

火石坡特色食品工业园是乌当医药食品新型工业园的重要组成部分，以特色食品加工、物流为主导产业
（区工信局 供图）

施4613平方米；贵阳高新惠诚食品有限公司惠诚特色食品项目，总投资8亿元，净用地9.33万平方米，主要以贵州特色食品为产业核心，联合江南大学食品学院成立贵州健康烘焙研究所，创办西南（贵州）博士后工作站，推动产学研结合，打造创新食品企业。

【贵阳高新惠诚食品有限公司】 贵阳高新惠诚食品有限公司成立于2006年，位于贵阳市乌当区火石坡特色食品工业园1号。主要从事面包、西点、酥类、粽子、月饼等产品的研发、生产、加工及销售，是一家大型现代化烘焙食品企业。2012年，公司将传统品牌“惠诚饼屋”重塑为“惠诚滋知”新品牌形象。2018年10月底入驻重庆市场。2020年，公司发起成立贵州省烘焙食品糖制品行业协会。2022年，公司占地面积4公顷、标准化厂房6万多平方米、现代化生产线6条。拥有管理团队100余人，生产人员400余人，销售人员2000余人。在贵州省有近200家直营连锁店，重庆有15家直营连锁店。贵阳高新惠诚食品有限公司2022年实现营业收入25539.4万元。

【贵州龙膳香坊食品有限公司】 贵州龙膳香坊食品有限公司成立于2003年5月，位于乌当东风工业园区，占地10公顷。2022年有员工598人。公司是市级农业产业化龙头企业和市级扶贫龙头企业之一，获糕点（含月饼、粽子）、软罐头食品（小米鲊、即食菜）、肉制品、调味品（辣椒）、酱腌菜等五大类产品的QS生产许可，形成粽子/小米鲊500吨/年、肉制品500吨/年、软罐头食品300吨/年、辣椒制品1000吨/年、糕点（月饼）350吨/年等5条生产线。从2006年起，连续6年获乌当区“年度优秀纳税企业”称号。2011年，公司生产的贵州龙牌“月饼”及“腌腊制品”被评为贵阳市名牌产品，“辣子鸡”获“贵阳市优秀新产品二等奖”。公司通过采取“公司+基地+农户”的发展模式，“订单农业”的方式，发

“黔五福”品牌是贵州省十佳著名商标。产品有以广味香肠、贵州腊肠、老腊肉、贵州风肉为代表的腌腊制品系列

（工信局 供图）

展有贵州特色的深加工产品，初步形成集种植、初加工于一体的原料第一生产链。贵州龙膳香坊食品有限公司2022年实现营业收入7771.6万元。

【贵州飞龙雨实业集团有限公司】 贵州飞龙雨实业集团有限公司成立于1993年，位于贵州省贵阳市乌当区水田镇三江村，有兴义、凯里、贵阳、毕节4个包装饮用水规模化生产基地，包装饮用水产业销售服务网络覆盖全省9个地（州）86个县（市、区）及云南、广西、四川、湖南周边相邻地区市场，拥有专业供水站2500个，物流运输车辆90辆。贵州飞龙雨实业集团有限公司2022年实现营业收入10880.52万元。

【贵州丁家脆哨特色食品有限责任公司】 贵州丁家脆哨特色食品有限责任公司位于贵州省贵阳市乌当区奶牛场火石坡工业园，始创于1978年，公司成立于2015年5月28日，注册资本500万元。公司从事脆哨食品的加工开发以及相关食品的深加工生产。拥有包括厂房和无菌检测车间等各种卫生高效的制作环境，通过国家工商注册和食品安全许可证。日产量为0.75吨，日产值10万元。贵州丁家脆哨特色食品有限责任公司2022年实现营业收入3243.2万元。

【贵州黔五福食品有限公司】 贵州黔五福食品有限公司源自1959年，2001年5月在原贵州肉联厂的基础上改制成立。2022年有员工600余人。畜禽食品精深加工厂占地4公顷、年产5000吨肉制品，猪肉产品初加工厂年屠宰、分割加工50万头生猪，建有省级企业技术中心、贵州省猪肉制品工程技术研究中心和集常规理化检测、微生物检测于一体的现代化开放式综合化验室。产业覆盖生猪定点屠宰、猪肉初加工、猪肉制品精深加工、物流配送、品牌连锁零售经营、电子商务等领域。主要产品有以广味香肠、贵州腊肠、老腊肉、贵州风肉为代表的腌腊制品系列；以小米鲊、贵州辣子鸡、红烧肉为代表的软包装餐桌食品系列；以蔬菜猪肉干、猪肉丝、猪肉脯为代表的“有点意思”猪肉类休闲旅游食品系列；以贵州冷鲜肉和精制速冻肉为代表的猪肉初加工系列，总共四大系列100多个品种和规格。“黔五福”品牌是贵州省十佳著名商标。贵州黔五福食品有限公司2022年实现营业收入9028.2万元。

【贵州老干爹食品有限公司】 贵州老干爹食品有限公司从事辣椒调味品研发、生产与销售。是GB/T20293《油辣椒》制订企业、省/市两级“农业产业化经营重点龙头企业”、省/市两级“扶贫龙头企业”。公司产品销往全

国 30 多个省、自治区及直辖市，并出口部分海外国家和地区，“老干爹”品牌获“中国驰名商标”称号。公司占地 12000 平方米，总资产 2000 多万元，员工 120 人左右。公司主要产品有“老干爹”“苗家”两大品牌三大系列产品。油制辣椒系列：风味豆豉油辣椒、辣三丁油辣椒、油辣椒、香辣脆油辣椒、鸡辣椒、肉丝豆豉油辣椒、牛肉豆豉油辣椒、油爆剁椒、孜然牛肉酱、鸡腿菇、古镇辣子鸡、香菇牛肉酱。豆制品系列：红油腐乳、稻香腐乳、风味腐乳酱、风味水豆豉。特色系列：酸汤火锅料。贵州老干爹食品有限公司 2022 年实现营业收入 2471.4 万元。

【贵州贵乐食品有限公司】 贵州贵乐食品有限公司位于贵阳市乌当区火石坡特色食品工业园区，占地面积 2 万余平方米。公司经营“贵乐”“三童”两个品牌系列共 50 余种产品，产品分类有：蒸饺系列、贵州黑毛猪产品系列、贵州风味汤圆系列、宁波风味汤圆系列、杂粮面点系列、贵州特色风味糕点等多品种口味产品。“贵乐”品牌多次被评为“贵州省著名商标”。公司在贵阳市乌当区新场镇杨梅村、百宜镇洛坝村等地建立农产品种植养殖扶贫基地，直接或间接帮扶带动近 100 户农村贫困户发展。贵州贵乐食品有限公司 2022 年实现营业收入 2355 万元。

【贵州富鑫酒业有限公司】 贵州富鑫酒业有限公司组建于 2000 年 7 月，位于乌当区火石坡特色食品工业园，是从事白酒研发、生产、销售的民营企业。公司主要产品有“百家福”“福满樽”“福满春”等多个品牌系列白酒。公司在全省有 80 多个销售点。贵州富鑫酒业有限公司 2022 年实现营业收入 2031.418 万元。

【贵州双精食品有限公司】 贵州双精食品有限公司 2015 年 11 月落户乌当区水田镇，自建标准厂房 15000 平方米，项目总投资 4900 万元。主要生产鸡精、味精、辣椒面。公司有员工 18 人，其中研发人员 1 人。公司具备大专以上学历的员工 3 人。贵州双精食品有限公司 2022 年实现营业收入 2003 万元。

【贵阳添一味食品有限公司】 贵阳添一味食品有限公司创办于 2004 年 4 月 28 日，位于贵州省贵阳市乌当区火石坡特色食品工业园内，生产销售食用植物油、调和油（半精炼）分装、豆制品加工、坚果类的分装、五谷杂粮类分装、速冻食品、肉制品及副食品、火锅底料及香辛料加工、食品添加剂、鸡精调味料、味精分装、固态、半固态调味品。有职工 20 名，其中专业技术人员 3 名。贵阳添一味食品有限公司 2022 年实现营业收入 2470.9 万元。

【贵州省新众食品研发有限公司】 贵州省新众食品研发有限公司成立于 2020 年 9 月 10 日，位于贵州省贵阳市乌当区顺海中路 329 号，注册资金 1000 万元。主要产品有菌生鲜大礼包、菌山珍大礼包、刺梨蜂蜜组合、刺梨原汁、有机山茶油、高原大米、菌益宝礼盒。贵州省新众食品研发有限公司 2022 年实现营业收入 3334 万元。

【中高端大健康食品生产基地（一期）项目】 贵州千秋实业有限公司实施，总投资 2 亿元。建设周期 1 年半，项目选址于火石坡工业园 W-03-05 地块，用地面积 13946.67 平方米。建设刺梨活性益生元产品、多肤化刺梨原汁灌装等生产线。

【贵州贵乐食品有限公司整体搬迁改造项目】 占地面积 15866.67 平方米，投资 4000 万元。总建筑面积 36300 平方米（一期建筑面积 23000 平方米，二期建筑面积 13000 平方米），包括生产厂房、产品研发中心、化验室，仓库、冷库、办公楼、职工宿舍、食堂、值班室等用房。扩建年生产 8000 吨冷冻食品生产线三条。

【乌当区贵州宜大鲜生 1 万吨速冻食品生产、加工基地一期项目】 贵州宜大鲜生供应链有限公司实施，总投资 1.3 亿元，建设周期 1 年，项目选址火石坡食品工业园 W-03-05-29 地块，用地面积为 20666.67 平方米。建设冷冻食品生产、加工厂房、仓储、办公楼。

【乌当惠诚特色食品生态园项目】 以贵州特色食品为产业核心，联合江南大学食品学院成立贵州健康烘焙研究所、创办西南（贵州）博士后工作站。以新型工业 + 生态观光为开发模式，通过产、研、学、文体、旅、娱多业态的创新融合，打造集烘焙食品观光工厂、食品文化体验馆、贵州健康烘焙研究所、烘焙学院、主题公园、休闲配套于一体的现代化生态产业园。净用地面积 93333.33 平方米。完成 3.22 万平方米标准厂房土地摘牌并签订土地出让合同，9 月全面动工。

（乌当经开区）

开发园区建设

【概况】 2022 年，贵州乌当经济开发区发展健康医药主导产业、电子信息制造特色产业和生态特色食品辅助产业。全年有规模以上企业 89 家，实现规模以上工业总产值 181.08 亿元。完成保障性住房 153 户 13114.8 平方米，可供 500 人居住，人才公寓 206 户 16663.38 平方米，可供 900 人居住。经开区企业累计上报规模以上工业产值 172.86 亿元，比上年增长 5.9%；增加值 49.07 亿元，比上年增长 5.6%。其中，健康医药产值 58.68 亿元，占比 33.9%；电子信息制造业产值 78.18 亿元，占比 45.2%，“一主一特”产业产值占比 79.1%。健康医药产业增加值 20.47 亿元，占比 41.7%；电子信息制造业增加值 18.99 亿元，占比 38.7%，“一主一特”产业增加值占比 80.4%。完成工业投资 29.04 亿元，配合工信部门培育 6 家企业上规入统。完成收储工业用地 40.07 万平方米，新开工标准厂房项目 11 个，面积 65.42 万平方米，建成标准厂房 45.95 万平方米，使用率为 85%。初步构建以健兴药业、新天药业、景峰制药、威门药业、远程制药、天安药业、宏宇药业等为代表的现代医药产业体系，以中国振华所属企业和华城楼宇为代表的电子信息产业，电子元器件、电子原材料、视听产品和通信设备全面带动信息产业升级。贵州乌当经济开发区建设投资开发有限公司有全资子公司 6 家，控股子公司 2 家，参股子公司 6 家。公司投建的洛湾标准化厂房（一期）建设项目获贵州省建筑工程优质质量结构工程、贵州省房屋市政工程安全文明施工样板工地荣誉。在建的重点项目有乌当区振华地块城市更新改造项目、智汇云锦项目（一期）。全年完成 4 个酒店整改等工程，改造总面积 18000 平方米。在全区产业招商综合成效测评中排名第一。

【基础设施建设】 截至 2022 年，乌当区累计投入 30 余亿元用于乌当经开区园区配套基础设施建设。建成马东路、马百路、高新北路、园区支路、云锦路中段、云锦路东段、园区 7 号路等道路 12.7 千米；在建云锦路、马百路一标、高新北二路及智慧路建成 4.14 千米。架设 10 千伏输电线路 4.5 千米，园区建成的主次干道同步铺设电力通道，由 220 千伏万松变电站和 110 千伏新天变电站为园区供电。园区供水管网与主干路网同步规划建设，建成道路供水管网均铺设到位，由乌当区云锦水厂、渔洞峡水厂为园区供水。园区污水依托建成投运的新庄城镇污水处理厂二期、火石坡污水处理厂一期进行处理；园区建成道路雨（污）排水管网和高新北路、大堡、部分洛湾排水主干线。其中，建成雨水管网 26.07 千米、污水管网 27.59 千米；在建道路雨（污）排水管网和云锦排水主干线，其中在建雨水管网 10.30 千米、污水管网 12.9 千米。园区建成道路同时铺设天然气管网为企业生产提供天然气清洁能源。园区综合通信管网及网络设施由中国电信、移动、联通、广电四大运营商投资建设，全部覆盖园区建成投产区和在建区。

【招商引资】 2022 年，乌当经开区制定《乌当经开区 2022 年招商引资工作方案》，形成以招商引资工作团队为主责部门、其他工作团队协同开展的全员招商工作模式，实行“五个一跟踪服务机制”（一个招商项目 + 一名党工委班子成员 + 一名科级干部 + 一名工作人员 + 一名企业联系人），对招商项目企业进行“招、安、扶、服”全生命周期服务。接待各类客商、企业、商协会意向洽谈 40 余家，到省外开展招商引资推介、考察、交流等 13 次；省内参与招商引资活动 5 次。乌当区经开区入驻“国药西部医疗产业园”等项目 34 个；完成新引进产业项目（工业项目）到位资金 42.3 亿元；引进优强企业总数 6 家；完成外贸进出口总额 2205.13 万美元。

【工业集聚区建设】 2020 年以前，乌当经开区产业园区遵循“一区多园”空间规划格局发展，由新天园区、东风医药工业园、洛湾云锦医药食品新型工业园和火石坡食品工业园组成，总规划面积 16.62 平方千米。2022 年，乌当经开区按照工业集聚区理念进行科学规划，调整优化产业园区规划布局，按照连片式、组团式开发模式，将乌当工业集聚区规划为“一园一带两融合”，具体为新天电子信息产业园、乌当健康医药产业带、火石坡融合产业园、新场融合产业园，集聚区规划总面积 26.68 平方千米，工业用地 7.36 平方千米。乌当区完成《乌当区工业集聚区控制性详细规划（初稿）》编制。贵阳综保区牵头编制完成《贵阳综合保税区—火石坡产业园产业融合发展方案（2023—2025 年）（征求意见稿）》。

【标准厂房建设】 2022 年，乌当经开区标准厂房新开工建设 65 万平方米。其中国药西部医疗产业园生产基地与 7 家生产型企业签订标准厂房使用意向协议，需求标准厂房 3 万平方米。贵阳恒巨科技有限公司、贵阳立特精密机械有限公司、贵州仪康酿造有限公司等 18 家企业意向需求 36 万平方米标准厂房。

【乌当洛湾标准化厂房项目】 项目总用地面积 7.69 万平方米，总建筑面积 12.63 万平方米。新建主体结构和外装工程、基坑土石方及边坡支护工程、高低压变配电、室外环境工程、室外车道、硬化、铺装工程、室外管网铺设工程等。

【乌当区国药西部医疗产业园项目】 2022 年 6 月，乌当区政府与国药器械贵州公司签署《乌当区国药西部医疗产业园》项目投资合同，国药器械贵州公司投资 50 亿元，开展总部基地、生产基地建设。总部基地办公用房 1.4 万平方米，其中一期 8000 平方米完成交付。生产基地建设 40 万平方米标准厂房。签订意向入驻协议的企业 17 家，其中入驻总部基地医药商贸企业 10 家，入驻生产基地医疗器械生产等企业 7 家。

【乌当区装备制造产业园（高穴）项目】 项目投资主体为绿循投资（广东）有限公司，占地 20 万平方米，投资 11 亿元，其中一期 3 亿元、二期 4 亿元、三期 4 亿元。新建新型电子器材和新型装备制造标准化厂房、仓储物流配送中心、新型能源材料研发生产中心、大数据调度及商务中心以及其他配套辅助设施。

【乌当区新型环保建材产业园（高穴）项目】 项目投资主体为绿循投资（广东）有限公司，占地 6 万平方米，包含：新建绿色环保混凝土搅拌站 1 座，投资 1.5 亿元，占地面积 2.5 万平方米，配置环保型商品混凝土生产线 2 条、沥青混凝土生产线 2 条，设计产能 180 万立方米 / 年；新建绿色环保 PC 构件厂 1 座，投资 3 亿元，占地面积 3.5 万平方米，配置 PC 构件新型材料生产线 3 条，设计产能 12 万立方米 / 年。总建筑面积 60000 平方米。

（贵阳乌当经开建投公司）

农 业

综 述

【产业发展】 2022年，乌当区完成农业总产值37.63亿元，增速4.3%；农业增加值22.08亿元，增速3.7%；农产品加工总产值93.05亿元，农产品加工转化率为57.26%。

【农业龙头企业发展】 2022年，乌当区有农业龙头企业18家，其中国家级2家、省级9家、市级7家。主要经营土鸡、土鸡蛋、农业科普教育、种植苗木、种植蔬菜、食用菌、蜂糖李、猕猴桃、茶叶、花卉苗木种植及销售、农业项目设施建设等，企业从业人数为2594人，带动农户8982户。

【农业执法】 2022年，乌当区农业农村局办理各类农资案件16起。取缔私屠滥宰点、仔猪贩卖点3处，取缔违法动物源性生产饲料厂1家；查处违法生猪调运3起，对4家商贩下达责令改正通知书，办理贵阳市融媒体问政平台转办件5起。联合交警部门执法检查42次，暂扣脱检变拖1辆，收回到期号牌54块，查处假牌假证案件1起。向公安移送非法捕捞水产品案件8起，收缴非法锚鱼作案工具1套，多钩垂钓工具11副，收缴爆炸钩326套。

【都市现代农业】 2022年，乌当区持续推进偏坡“原味小镇”、羊昌“花画小镇”、新堡“旅体小镇”、百宜“五彩小镇”等特色小镇提升改造工程，都市消费型山地高效现代农业特征越发明显，全年接待游客610万人次，实现旅游收入78亿元。

【农产品质量安全】 2022年，乌当区农业农村局对蔬菜、水果、畜禽、水产等农产品进行抽检共3059批次，合格率为99.2%。开展质量安全监管检查151次，检查生产主体151家次，发现安全隐患29项，全部完成整改。区内正常生产主体38家，100%签订农产品质量安全承诺书。区内实施主体32家，开具承诺达标合格证369张，产量356吨。注册实际生产主体28家，利用国家农产品追溯应用信息平台监管39次。组织农技人员及专家到田间地头对种植养殖大户进行安全用药知识宣讲，制作并张贴安全用药知识100余份，解读农兽药残留要求和标准。发放创建食品安全示范城市宣传资料570余份，提升辖区人民群众知晓率。

【农业科技】 2022年，乌当区农业农村局完成农技人员能力提升100人，完成高素质农民培育92人，完成新增农村实用人才培训858人，对新增实用人才以及存量全部纳入系统化管理。完成农民负担监测调查、新型农业经营主体调查、农村专项调查等农村固定观测点工作。完成475个岗位征集发布工作，完成150余名大学生就业。激励农技人员参与创新创业行动，98人参与基础性示范服务，6个技术团队（个人）参与揭榜挂帅。

【农业保险】 2022年，乌当区政策性农业保险共有8个险种，包括水稻、玉米、油菜、蔬菜、果树、茶叶、畜牧及其他，应收保费360.61万元，实收保费142.8万元。承保农户19432户，承保企业1家，受灾理赔552.64万元。

【农药管理】 2022年，乌当区将农药生产企业和经营单位纳入日常监管，形成常态化、规范化监管；以禁限用高毒农药、假冒伪劣农药为重点，不定期对全区农药经营单位进行专项检查，从源头上杜绝禁用农药及假劣农药流入市场。加强蔬菜、水果、茶叶、中药材等农产品生产基地、现代农业示范园区、农民专业合作社等农产品种植重点区域的安全用药工作指导和监管，强化农药使用记录监管和追溯，严厉打击违规使用高毒、违禁农药行为。全年共检查农

百宜镇猕猴桃园　　（区农业农村局　供图）

药经营户 48 户，农药品种 245 个，标签 145 个，数量 4.5 吨，抽检农药 29 个，未发现有违规经营和销售不合格产品现象，所有抽检农药均达合格标准。

（区农业农村局）

种植业

【概况】 2022 年，乌当区完成粮食播种面积 5133.33 公顷，产量达 2.3 万吨；全区蔬菜种植面积为 10413.33 公顷，产量达 22.82 万吨，产值 13.4 亿元；食用菌采摘面积为 216.33 公顷，产量 9335.72 吨，产值 2.5 亿元；水果种植投产面积为 7660 公顷，总产量 10.35 万吨，产值 11.6 亿元；中药材种植面积为 1126.67 公顷，产量 7299.62 吨，产值 2.7 亿元；茶叶种植投产茶园 806.67 公顷，产量 637.25 吨，实现产值 1.07 亿元。

【粮食种植】 2022 年，乌当区粮食播种面积完成 5133.33 公顷，产量 2.3 万吨。粮食平均单产 299.07 千克 / 亩，较 2021 年单产增加 1.62 千克 / 亩，其中，水稻 458.65 千克 / 亩，玉米 299.21 千克 / 亩，马铃薯 225.2 千克 / 亩，大豆 67.89 千克 / 亩，红薯 219.84 千克 / 亩。

【蔬菜种植】 2022 年，乌当区蔬菜种植面积累计 10414.27 公顷，产量 22.8205 万吨，产值 13.4 亿元。下半年大部分地区持续高温、降雨日数较常年偏少。乌当区对蔬菜实行分类施策，对受灾较轻蔬菜品种，能上市的早上市，处于幼苗期的进行抢救急救，加强田间管理，完成蔬菜管理 38 公顷，完成速生菜种植 93.33 公顷。冬春保供蔬菜完成“稻十菜”种植 68 公顷，花色品种示范种植 86.67 公顷，大宗蔬菜示范种植 83.6 公顷。

【耕地土壤培肥改良】 2022 年，乌当区全面推广应用耕地土壤培肥改良技术，播种面积达 6900 公顷，推广率达 92.66%。

【种业振兴行动】 2022 年，乌当区实施种业振兴行动，完成良种良技种子项目 1 个，面积 1.47 公顷，品种 97 个，通过试验，鉴选出适宜乌当区种植的主要农作物品种 2 个，并通过市级验收；制定乌当区现代种业高质量发展方案，明确项目申报审批程序。引进 2 家玉米育种种业落户乌当开展玉米育种，帮助玉米育种企业落实玉米育种基地 50 公顷，开展玉米育种转基因检测 1 次，纯度检测 1 次。

【科学施肥】 2022 年，乌当区农业农村局实施化肥减量增效，配合贵州省农科院开展田间试验 6 个，完成 15 个土样采集和样点资料收集、土样送检，共检测 165 项次；推广专用兼用绿肥种植 1200 公顷，秸秆综合利用率 89.73%；测土配方施肥技术推广面积达 39 万亩次，测土配方施肥技术覆盖率达 90% 以上。在水田镇李资村、新堡布依族乡大寨村两个示范点开展 13.33 公顷新型肥料无人机喷施示范，完成示范点标牌树立、肥料喷施、现场农户观摩等工作，促进辖区范围内化肥减量增效。检查肥料经营门市部 37 户次，肥料经营生产企业 2 个，肥料品种 62 个次，配合开展肥料相关知识宣传、培训，共发放和张贴宣传资料 500 余份。

【农业污染防治】 2022 年，乌当区开展受污染耕地整治，农膜回收率 95%，秸秆资源化利用率为 89.73%；与辖区内 2 家有机肥生产企业签订“严禁将城镇生活垃圾、污泥、工业废物直接用作肥料”承诺书；全区受污染耕地范围均因地制宜落实“种植饲料玉米、品种调整、优化施肥、种植非食用农产品、种植低富集农作物、调整为非农用地”等安全利用与严格管控措施；完成乡（镇、街道）级受污染耕地安全利用台账建立；严格管控种植可食用性农产品的地块采集样品并送检，共采集样品 6 个。

【植物保护】 2022 年，乌当区发出病虫情报 11 期次，上报重大病虫害发生、防治信息月（周）报共 174 期次，植保动态 11 期；稻水象甲防治项目完成防治面积 1.65 万亩次，防治率 100%，建区（县）级稻水象甲疫情防控示范点 1 个，区级监测点 19 个；全区绿色防控技术推广应用面积为 15386.67 公顷，辐射示范 33450 公顷。开展两杂种子调运检疫专项检查工作，

2022 年 7 月，乌当区下坝 33.33 公顷桃园丰收。图为果农在采摘艳红桃 （韩德贵 / 摄）

共检查两杂种子经营门市 33 户，种子生产企业 3 个，检查仓库 5 个，抽查两杂种子 8750 千克；检查苗木繁育基地和产业园区 6 个，苗木 1.2 万株；开展稻水象甲、菜豆象、红火蚁等重大检疫性病虫害疫情防控。

（区农业农村局）

养殖业

【概况】 2022 年，乌当区完成生猪出栏 4.06 万头，家禽出栏 47.59 万羽，禽蛋产量 1130.53 吨，牧草种植 40 公顷，牛品种改良 3505 头，水产品产量 407 吨。

【养殖项目建设】 2022 年，乌当区完成肉牛品种改良项目，总投资 6 万元，为财政补助资金，通过区级验收和市级复验。完成明松养殖场林下生态养鸡项目，总投资 12.5 万元，实施单位为贵阳乌当新堡明松养殖场，通过区级验收和市级复验。完成在百宜镇、新堡布依族乡、羊昌镇稻田养鱼 66.67 公顷目标任务。完成乌当区普渡河水域投放鱼苗 65.38 万尾的渔业资源保护和转产转业项目。

贵州南洋现代农业发展有限公司蛋鸡养殖场 （区农业农村局 供图）

2022 年 11 月 11 日，区防疫工作人员对养殖户散养鸡进行动物免疫抗体飞行检查采样 （区农业农村局 供图）

【畜禽粪污利用】 2022 年，乌当区开展畜禽养殖情况摸排，针对排查出的问题，实行技术人员包片指导，每人包保 2 个乡镇，督促指导问题场（户）按时完成整改。针对中央生态环境保护督察“回头看”反馈问题，区农业农村局加强后续巡查监管，防止反弹。推进畜禽养殖粪污废弃物综合治理，通过以会代训、现场指导服务方式，加强粪污资源化培训。加大畜禽粪污资源化利用整治，全区畜禽粪污综合利用率 88.45%，规模化养殖场粪污处理设施设备配套率为 100%。

【动物防疫检疫】 2022 年，乌当区农业农村局制定《乌当区 2022 年动物防疫工作意见》，成立动物防疫工作督查小组。全年发放消毒液 200 余件，各类治疗类药品 970 余盒（瓶、包）；出动人员 120 余人次对各责任区域进行技术指导和督查，全区动物免疫工作按期完成。全年监测样本 4897 份，畜禽主要动物疫病群体免疫抗体合格率为 80.4%。动物疫病专项监测共 533 份，检测结果均为阴性。接种狂犬疫苗 3307 剂（含加强免疫），办理免疫证 1259 本，通过“贵阳犬管（管理端）”APP 审核 619 只登记犬。屠宰企业官方兽医派驻率为 100%；定点屠宰场出场动物产品检疫率、持证率和病死动物及病害产品无害化处理率为 100%；全年共屠宰检疫生猪 23.96 万头，常态无害化处理病害生猪 850 头，瘦肉精抽检 1850 样份；检疫畜禽 119184 头（羽）；加强票证管理，对票据证章管理采取专人负责、专库存放、专账登记、统一领取、统一发放、统一回收、统一审核、统一销毁；对辖区内肉类市场、定点屠宰场、超市、养殖场、冷库等进行有效监管，杜绝未经检疫及病死动物产品上市。严厉打击私屠滥宰行为，查处东风镇云锦村、麦穰村2个宰牛窝点。加强动物诊疗机构、兽药经营企业监管，检查兽药经营及使用企业11家次，未发现使用或销售违禁兽药现象。审核“动物防疫条件合格证”14个，新办理“动物防疫条件合格证”2个；动物诊疗许可证年审6家；执业兽医证年审16人。完成乌当区2021年流浪犬收容改造项目验收。

【畜禽养殖场管理】 2022年，乌当区有规模养殖场15家，其中家禽养殖场9家、生猪养殖场3家、肉牛养殖场3家。全区50头以上猪当量的养殖场户89户。区农业农村局对畜禽养殖场选址规划、规模养殖场备案、畜禽养殖场生产、养殖档案的建立、畜禽养殖粪污资源化利用和畜牧业安全生产等方面进行技术指导与服务，区镇两级开展畜牧技术指导4672家次，检查饲料安全生产工作53家次，开展瘦肉精检测136头份，发送安全生产警示短信1365条，发放明白卡4895份，安装（喷涂）永久性警示标识标牌2521份，开展畜牧业安全生产工作培训119次，培训从业人员490余人。

（区农业农村局）

林 业

【概况】 2022年，乌当区森林覆盖率为59.73%，居全市第一。完成8.6公顷历史遗留矿山生态修复工作，森林抚育面积为333.33公顷，实施63.33公顷林下食用菌种植，林下经济利用林地面积为14586.67公顷，其中林下种植331.33公顷，林下养殖387.6公顷，林下采摘666.67公顷，森林景观利用13200公顷，林下经济产值17.8亿元。全区全面落实林长制。

【义务植树】 2022年2月7日，2022年全省五级干部义务植树活动在乌当区东风镇高穴村香炉山举行。省、市、区领导干部200人参加活动，种植树种有金叶复叶槭、美人梅、小叶桢楠、红豆杉、枇杷、海棠、柿树等900株，用地总规模为1.33公顷。

【森林资源保护】 2022年，乌当区全面落实林长制，推进“六个严禁”专项行动。2021年至2022年，办理全区重点建设项目及基础设施建设使用林地手续11起，批准使用林地面积162.5951公顷，征收森林植被恢复费4780.7272万元。

【护林队伍建设】 2022年，乌当区拟定《天然林资源保护年度实施方案》，与森林管护护林员208人，生态护林员180人签订管护协议，同各乡镇签订管护目标责任书，层层落实管护责任。

【古大珍稀树木保护】 2022年，乌当区管护1098株古树，重点监测55株。实行每月不定期巡查巡视，实现对全区古树名木大树的常态监测。发放宣传海报500余份。

【退耕还林补贴兑现】 2022年，乌当区上一轮退耕还林生态林补助到期面积森林抚育补助兑现资金31.39万元，涉及农户3569户，补助标准为20元/亩；2017年新一轮退耕还林2022年延长期补助兑现资金20万元，涉及农户357户，补助标准为100元/亩。

【林下经济】 2022年，乌当区林下经济利用林地面积14585.6万公顷，其中林下种植331.33公顷（林下食用菌种植63.33公顷、林下中药材种植约221.33公顷、林下蔬菜种植46.67公顷），林下养殖387.6公顷（林下养鸡利用林地120公顷，林下养蜂1338箱，利用林地面积267.6公顷），林下采摘野生菌、野菜、野生中药材等利用林地约666.67公顷，森林旅游、森林康养等森林景观利用林地面积约13200公顷。林下经济全产业链产值为17.8亿元。有省级林业龙头企业1家——贵州威门药业有限公司；木材经营加工企业20户；林下中药材、野生菌种植企业、大户11户；林下养鸡6户、林下养蜂户24户；森林人家、林家乐等47户。

【林业行政执法】 2022年，乌当区林业执法机构调整，森林公安执法队伍整体划转到地方公安系统。乌当区自然资源局成立林业行政执法队，分为4个片区组开展林业行政执法、信访案件调查、应急事项处置等。国家林业和草原局下发乌当区森林督查疑似变化图斑267个，形成林业行政案件6起，6起林业行政案件均进行行政罚款及林地复绿，执行完毕。形成林业刑事案件5起，依法按程序向公安机关进行案件转移。

（区自然资源局）

农业机械化

【概况】 2022年，乌当区有农机社会化组织11家，涉农乡（镇、街道）农机作业服务全覆盖；有农机从业人员111人，其中机手25人，有机具65台套，主要是拖拉机、收割机、无人机、插秧机。

【农机作业】 2022年，乌当区实现机耕面积6253.33公顷，机播面积533.33公顷，机收面积920公顷，水稻、油菜、大豆、玉米等耕种收综合机械化率为46.8%。

【农机推广】 2022年，乌当区组织农机现场会议、机械作业现场会议，增强群众使用农机作业的认可度，新增加农机具33台。

【农机安全监理】 2022年，乌当区农业农村局与10个乡（镇、街道）签订农机安全责任书，乡（镇、街道）与84个村签订农机安全责任书，村级与农机手签订377份安全责任书。与市公安交管局乌当分局联合，在各乡镇针对拖拉机无证驾驶、无牌行驶、超速超载、违法载人、酒驾、疲劳驾驶等严重违法违规行为开展排查整治行动。全年开展执法检查31次。

【农机购置补贴】 2022年，乌当区农业农村局争取各级农机购置补贴资金，全年下达中央购机补贴资金13.55万元，办理农机具补贴27台套，补贴金额13.52万元，完成农机总动力20.8万千瓦。

（区农业农村局）

绿色家园——乌当偏坡　（李雁秋／摄）

农田水利

【概况】 乌当区灌区面积为5540公顷，其中，中型灌区1个、面积3573.33公顷，由20个子灌区打捆组成，小灌区153个、面积1966.67公顷。有规模以上山塘41座，分布于8个乡镇，总库容118.33万立方米。乌当区农田灌溉主要以水库、山塘、河流为水源点，修建提灌泵站、灌溉渠道、灌溉管网等。有泵站26座，灌溉主要渠道80余千米，解决灌溉面积5333余公顷。

【水利基础设施建设】 2022年，乌当区成功申请水利工程地方政府专债项目3个，共投资1.15亿元，获批专债资金8076万元。完成百宜柏枝田水库（124万立方米）建设并通过竣工验收。下坝新桃水库（46万立方米）主体建设完毕，完成蓄水验收。启动盘龙水库、谷溪水库两座中型水库前期工作，其中，谷溪水库总库容为1499万立方米，盘龙水库总库容为2154万立方米。

【农业综合开发】 2022年，乌当区建成高标准农田1000公顷，涉及水田镇、新堡布依族乡、新场镇和百宜镇4个乡镇，分9个项目实施完成。冬修农田水利损毁设施修复项目，涉及2座提灌站及23处农田水利损毁设施修复，建设地点含6个乡镇23个村，全部竣工并完成市、区两级验收。

【农田水利设施管护】 2022年，乌当区水利局争取各级资金430万元，用于水库、山塘维修养护。其中90万

表19

2022年乌当区水库设施一览表

水库名称	位置	总库容（万立方米）	建成时间	灌溉面积（公顷）	年人饮供水量（万立方米）
渔洞峡水库	东风镇	1860	2013年		3000
三江水库	水田镇	678	2003年	187	1398
金家箐水库	羊昌镇	105	2016年	236.67	41.1
千坎箐水库	水田镇	109.09	1993年	346.67	40
柏枝田水库	百宜镇	124	2021年	380.87	暂未供水
下坝电站水库	下坝镇	985	2009年	0	0
新桃水库	下坝镇	47	预计2024年底	207.8	16.7
巴山丘水库	水田镇	13.77	1978年	26.67	0
蜂塘冲水库	新堡布依族乡	12.49	2008年	42.67	0
红旗水库	百宜镇	41.06	2000年（除险加固）	91.27	0
螺丝田水库	羊昌镇	49.3	1987年	164.6	20
弄箐水库	新堡布依族乡		2010年	340.85	8
羊午水库	新场镇	53.98	1958年	111.93	0
迎丰水库	羊昌镇	43.27	1958年	43.33	0

元用于全区水库维修养护，180 万元用于百宜镇杨柳湾山塘防渗除漏治理，160 万元用于水田镇犀牛洞山塘防渗除漏治理，为 1030 人饮水及 35.33 公顷农田灌溉水源提供保障。完成乌当灌区 2023—2025 年项目申报前期工作，加大灌区水利设施谋划、山塘维修改造及水库养护维修项目申报，加强乌当区水利设施补短板建设；完成《贵阳市乌当区乌当灌区续建配套与节水改造项目立项建议报告》编制，规划涉及乌当灌区范围内 20 个二级灌区，规划总面积为 3573.33 公顷，涉及全区 5 镇 1 乡 30 余个村民组，项目规划总投资 5000 余万元。建立生态流量预警机制，除一月份渔洞峡电站因特殊考核期断档导致生态流量合格率低于 90%以外，其余时段所有电站合格率均在 90%以上。

【农业综合水价改革】 2022 年，乌当区完成农业综合水价改革工作，农业水价改革以中型灌区建设项目和高标准农田建设项目为改革点，共完成改革面积 460.6 公顷，超计划 73.93 公顷，于 6 月通过区级验收。

【水库设施】 乌当区境内共有水库 14 座，其中中型水库 1 座：渔洞峡水库，小（1）型水库 5 座：三江水库、下坝电站水库、金家箐水库、千坎箐水库、柏枝田水库，8 座小（2）型水库：新桃水库、巴山丘水库、蜂塘冲水库、红旗水库、螺丝田水库、弄箐水库、羊午水库、迎丰水库。

（区水务局）

商贸服务业

综　述

【商贸市场建设】　2022年，乌当区完成洪济、心怡2个农贸市场的提升改造和验收，完成新添农贸市场搬迁过渡工程项目建设。建设惠民生鲜超市9个，调整优化惠民生鲜超市1个。新建改建品牌连锁社区便利店75个。建有永辉超市、宾隆超市、盒马生鲜奥莱、喜乐购、易盛客、尚优玛特等社会化大型超市；建有新添、振华、洪济、心怡等4个农贸市场；城区有商业综合体2家、装饰建材3家（新天卫城、怡美居、万邦）、家居家私8家、家电2家、汽车4S店12家、花卉市场2家（新天花卉、阿栗山花卉）。医药及冷链流通企业不断集聚，建成投运11家医药流通企业，规模较大的有康心医药、凯归众民、广奕医药、光正医药、中卫时代等。冷藏冷冻食品2家（瀑布冷库、乾元冷链）。快递物流企业不断赋能，聚集恩煜祥、志吉、金仓、华宇、佳吉等一批货运物流企业，吸引“四通一达”、顺丰等快递企业入驻。形成以核心商圈为龙头，以社区便民商圈、乡镇商圈为骨干的三级商圈网络体系。

【新添农贸市场】　项目于2022年2月启动建设。新添农贸市场是乌当区2022年“一圈两场三改”农贸市场提升改造项目之一，同时纳入民生实事任务，也是乌当区医院、狮岩路地块城市更新项目主要搬迁板块。该市场旧址位于乌当区新泉路1号，占地面积4400平方米，经营面积2800平方米，有门面、摊位291个，经营户234户。新址面积5200平方米，规划改造门面、摊位296个，总投资735.89万元。

【对外贸易】　乌当区2022年有实绩外贸企业12家。新增培育外贸主体9家。全年完成外贸进出口总额16537万元，有实绩外贸企业进出口总额超过亿元的一家；进出口总额上千万元企业有两家。

（区商务局）

批发零售业

【概况】　2022年，乌当区有限上批发企业27家。其中医药企业16家，大宗物资企业4家，食品企业7家。全社会批发业完成128.7亿元，增速7.1%，全市排名第六位。限上零售企业26家。其中机动车类零售企业5家，酒类零售企业2家，超市类企业9家，成品油零售企业3家，食品零售企业4家，其他零售企业3家。全社会零售业完成45亿元，增速2.1%，全市排名第五位。

【销售活动】　2022年，乌当区通过线上线下融合的促销方式开展消费促进活动，组织企业参加“多彩贵州·助商惠民”促消费专项行动、跨年迎新狂欢购活动、多彩贵州春暖花开消费季活动、购房契税消费券活动。出台《乌当区关于推动夜间经济发展的工作方案》，培育“夜泡温泉”“夜游乌当”“夜赏文创”“夜品佳肴”“夜购潮货”“夜健体魄”及“夜宿乌当”的“七夜”生活业态，实现农、商、旅、文、学、体深度全面融合，打造以新光里夜间美食城、仁恒步行街、北衙路美食街等一批“夜乌当”地标。各大商贸企业自行组织开展促销活动，3月宾隆超市、正德家邦、华通兴汇等企业推出“3·8女神节”“月女人季·遇见最美的自己”等促销活动。

表20　**2022年乌当区主要批发零售企业一览表**

序号	企业名称	备注
1	贵州康心药业有限公司	批发
2	贵州科开医药有限公司	批发
3	贵州广奕医药物流销售有限公司	批发
4	贵阳市医药电商服务有限公司	批发
5	贵州康福乐医药有限责任公司	批发
6	贵州瑞诺医疗科技有限公司	批发
7	贵阳泉丰城投物资商贸有限公司	批发
8	贵州信邦药业有限公司	批发
9	贵州凯归众民医药有限公司	批发
10	贵州世康科贸有限责任公司	批发
11	贵州东旭高新医疗科技有限公司	批发
12	贵阳乌当惠诚食品经贸有限责任公司	批发
13	贵阳味莼园贸易有限公司	批发
14	贵州中卫时代医药经营有限公司	批发
15	贵州慷燃网络科技有限公司	批发
16	贵州杰西众志科技有限公司	批发
17	贵州通和济康医药有限公司	批发
18	贵阳锐诚贸易有限公司	批发

2022 年，完成改造后的新添农贸市场　　（区商务局　供图）

续表 20

序号	企业名称	备注
19	重庆市天友乳业股份有限公司贵阳经销部	批发
20	贵州融盛瑞丰贸易有限公司	批发
21	贵阳黔五福食品销售有限公司	批发
22	贵阳鑫圣农食品贸易有限公司	批发
23	贵州康瑞和药业有限责任公司	批发
24	贵州林泉医药有限公司	批发
25	贵州福润达药业有限责任公司	批发
26	贵州润丰铁路物资有限公司	批发
27	中连商（贵州）供应链管理有限公司	批发
28	贵州华通兴汇汽车贸易服务有限公司	零售
29	贵州安泰和汽车销售有限公司	零售
30	贵阳博昱朗商贸有限公司	零售
31	贵阳胡坤食品有限公司	零售
32	贵阳市乌当区果弟百货店	零售
33	贵州合鼎元实业有限公司	零售
34	贵阳新民食品贸易有限公司	零售
35	贵阳乌当合力生鲜超市有限公司	零售
36	贵阳乌当宾隆购物有限公司	零售
37	贵州三鑫文化用品有限公司	零售
38	贵州宏成远贸易有限公司	零售
39	贵州贵浩千润商贸有限公司	零售
40	贵阳乌当欧佳玛购物中心	零售
41	贵阳乌当新一佳超市	零售
42	贵州黔五福电子商务科技有限公司	零售
43	贵州杜宁科技发展有限公司	零售
44	贵阳乌当家禾鲜商贸有限公司	零售
45	贵州黔五福品牌连锁管理有限公司	零售
46	贵州自由行摩托车有限公司	零售
47	贵阳乌当迈达盛能源有限公司	零售
48	贵阳乌当宾隆生鲜食品有限公司	零售
49	贵州通源金雪汽车销售服务有限公司	零售
50	贵州龙韵投资发展有限公司	零售
51	贵州有米欢伯科技有限公司	零售
52	贵州星瀚汽车销售服务有限公司	零售
53	贵阳市乌当区富诚生活超市	零售

餐饮业

【概况】2022 年，乌当区有限上餐饮业 18 家。其中社会零餐企业 14 家，企业食堂类 2 家，学校配餐企业 2 家。餐饮业完成产值 7.7 亿元，增速下滑 3.3%，全市排名第七位。

【餐饮企业】**贵州泉上实业有限公司。** 2019 年成立，管理运营 9 家餐饮企业：泉上美食会、泉上发现（银海元隆店、金融城店）、泉上海鲜粥、泉上·扒房、泉上·潮汕砂锅粥、泉上·酸汤鱼小馆、泉上·皇冠三文鱼、泉上·卤鹅饭。2017 年被贵州省商务厅评为贵州省十大餐饮名店，2018 年被“马蜂窝”评选为年度优选餐厅。

西江传说餐饮集团　西江传说餐饮集团前身是成立于 2009 年 5 月的西江传说民俗风味庄，位于乌当区水东路，营业面积 2600 平方米，可容纳 300 人就餐。

乌当区王捌院子　位于乌当区温泉路土巴寨村民组 30 号，以生态汉寿甲鱼为特色的地道湖湘土菜。

黔竹盛宴　是以“全竹宴”为特色的餐厅，集中展示竹文化、竹系列。

表 21

2022 年乌当区主要餐饮企业一览表

序号	企业名称
1	贵阳花彝笨厨食品有限公司
2	贵阳市乌当区泉上美食会
3	贵阳市乌当区荟萃餐厅
4	贵州振发印象锦康餐饮有限公司
5	贵州泉心泉意餐饮服务有限公司
6	贵阳市乌当鸿利来餐厅
7	贵阳市乌当区龙港大酒店
8	贵州锦泓源酒店管理有限公司
9	贵阳市乌当区礼江全牛毛肚火锅店
10	贵阳市乌当区善厨餐饮店
11	贵阳市乌当区黔北莊园餐饮店
12	贵州馨欣肴餐饮管理有限公司
13	贵阳市乌当区新壹烤清粥小菜坊
14	贵阳市乌当区老庆毕节鹅肉馆
15	贵阳市乌当区朋来乐餐饮店
16	乌当区脍炙餐饮店
17	乌当区成高餐饮店
18	乌当区圣维拉餐饮店

2022年11月11日，供销主播在“爽爽贵阳生活·助商惠民暖心季”主题发布会暨“爽身温泉·暖在贵阳”启动仪式直播推荐乌当农特产品

（区商务局　供图）

电子商务

【概况】　乌当区是贵州省电子商务进农村示范县试点，建设以“三园一街一基地”（农村电子商务产业园、电子商务孵化园、电子商务物流园、电商商务示范一条街、电子商务产业基地）为依托的“1+3+N”电子商务发展体系。2022年，乌当区结合“贵电商”原有的53个站点进行升级改造并新建站点，截至年底，整合、升级改造、新建站点59个，其中3个为镇级站点，乡镇电商服务网点覆盖率为100%，行政村电商服务网点覆盖率为80%。

【电商直播】　2022年，乌当区贵州黔五福电子商务科技有限公司“黔五福”品牌3个抖音账号/直播间每日直播6小时以上；抖音黔五福零食好货企业店账号以黔五福美味肉丝和蔬菜猪肉干为主打休闲零食系列，抖音黔五福预制菜甄选店以贵州辣子鸡为主打餐桌预制菜系列，抖音黔五福旗舰店账号以广式香肠和贵州腊肉为主打腌腊系列。其中抖音黔五福旗舰店账号实现全月不断播，直播间单场自然流直播突破10万人，旗舰店账号单日直播销售突破11.13万元。

【电商企业培育】　2022年，乌当区支持企业入驻“一码贵州”开展线上销售，入驻企业117家，上架产品数为617个，销售金额为6238万余元（含校农结合）。1月，贵州有米欢伯企业管理服务有限公司成立，该公司位于乌当区智慧云锦双创基地，3月达到商贸零售业限额以上规定上限入统，公司以直播及代运营服务为核心，以农产品、食品、生鲜为销售主体，全年销售额达1亿元。

【电商活动】　2022年，乌当区商务局组织企业参加省市电商活动，开展“黔货出山进军营”企业及产品目录推荐申报，推荐贵州五福坊食品（集团）股份有限公司申报。

（区商务局）

招商引资

【概况】　2022年，乌当区新引进产业项目到位资金80.21亿元，完成全年目标的103.3%；工业到位资金54.3亿元（工业占比65.9%），完成全年目标（44亿元）的123.4%；优强企业26家，完成全年目标的113%。党政主要领导带头招商46次，引进产业到位资金10.43亿元，投产率为87.1%。报送“强省会”工作信息40条，其中被市级采用1条。全年重点签约招商引资项目14个，投资总额130.5亿元，重点在谈项目12个，投资总额240亿元。招引签约国药西部医疗产业园、高压轴向柱塞液压泵马达、电容器智能化生产设备制造、葡萄酒生产体验中心等项目，为全区产业发展及产业链完善提供支撑。乌当区招商引资综合成绩在全省32个I类方阵中排第十一位，全市14个区（县、市、开发区）中排第八位。

【精准招商】　2022年，乌当区聚焦健康医药产业，以“两图两库两池”为蓝本，精准招引签约国药集团，建设国药西部医疗产业园，打造中国医疗器械贵州总部基地和医疗器械与医药生产基地。聚焦电子信息产业，发挥振华等龙头企业的带动作用，延伸培育招引电子信息制造业上下游和周边企业，招引高压轴向柱塞液压泵马达项目、电容器智能化生产设备制造项、东佑电脑品牌总部等项目。聚焦生态特色食品产业，以火石坡特色食品产业园为载体，结合全区农业产业基础、名贵中草药富集等优势，培育生态特色食品、药食同源等多种业态，招引贵州连锁餐饮中央厨房、葡萄酒生产体验中心等项目。依托国药西部医疗产业园等具有引领作用的项目，集聚优质配套中小企业。紧盯保健品制造业、健康服务等薄弱环节，引进海王健康产业园、宁波中元肿瘤检测等项目。瞄准实力雄厚央企和优强企业，引入光大集团贵阳市东部循环经济产业园等项目，拉动产业经济的发展壮大。

【招商企业服务】2022年，乌当区以标准厂房、定制厂房和智汇云锦孵化基地为载体“筑巢引凤”，不断完善园区水电气信及道路管网等配套设施，为企业落户提供载体，全年度建成标准厂房（含部分建成）16.37 万平方米，投入使用 4.8 万平方米，在建标房 35.53 万平方米。紧盯粤港澳大湾区、京津冀、长三角、成渝地区等区域产业转移契机，发挥驻点牵线搭桥作用，参加武汉、重庆、上海等地招商推介会，联系邀请广东商会、湖南商会、云南商会、深圳市创新产业促进会、清华企业家联合会等商协会，进行“多触角”延展，与推想医疗、上海获硕贝肯、北京苗家萝萝等目标企业建立精准联系，扩充招商企业库。对招引项目开展“全周期”跟踪，推进成果转化。推进新堡布依族乡葡萄酒生产体验中心、装备制造产业园（高穴）等项目落地。全年为 86 个贵州省招商引资项目管理信息平台项目提供代办咨询服务和跟踪服务共 170 余次。贵州省招商引资项目管理信息平台代办服务办结率为 100%，服务覆盖率为 100%，企业好评率达 98%以上，代办事项实现“0”超时、服务“0”投诉。

【招商引资项目】 2022 年，乌当区招商引资工作领导小组办公室印发乌当区“一主一特”产业链两图两库两池研究报告《贵阳市乌当区健康医药产业链两图两库两池研究（2021 版）》《贵阳市乌当区电子信息制造业产业链两图两库两池研究（2021 版）》。乌当区重点签约招商引资项目 14 个，投资总额为 130.5 亿元。14 个项目分别是：国药西部医疗产业园项目、新天电子元器件产业园项目、乌当区风力发电项目、高压轴向柱塞液压泵马达项目、装备制造产业园（高穴）项目、新型环保建材产业园（高穴）项目、联东 U 谷·贵阳智造园项目、新堡布依族乡葡萄酒生产体验中心项目、年产 1 万吨花青素酒果酒及饮料生产线建设项目、电容器智能化生产设备制造项目、东佑电脑品牌总部项目、贵州抖音电商直播基地项目、新生儿遗传代谢病检验收样实验室建设医疗器械项目、宁波中元肿瘤检测项目。

（罗伟）

数字经济

【概况】 2022 年，乌当区 500 万元口径互联网和相关服务业、软件和信息技术服务业营业收入完成 9.64 亿元，规模以上互联网和相关服务业、软件和信息技术服务业营业收入完成 6.66 亿元。互联网和相关服务业、软件和信息技术服务业企业 220 户，从业人员 3400 人。推进大数据与实体经济深度融合发展，组织 232 家企业参加“贵州省大数据与实体经济深度融合测评服务系统”微观指标评估和宏观指标评估。全区大数据与实体经济深度融合带动企业有 45 家。中国振华集团有限公司“‘集团管控平台’与‘集中采购’大数据分析”等 8 个项目被认定为贵阳贵安融合优秀示范项目。万江机电等 3 家企业共获省大数据发展专项资金 310 万元，振华永光、捷盛钻具、五福坊食品、飞龙雨等 9 家企业获市大数据发展专项资金 160 万元。引进包括电子信息制造业在内的成长性强的数字经济项目 12 个，引进培育新一代信息技术企业贵阳云巡数字科技有限公司等 7 户，引进培育数字经济骨干企业贵州省东佑科技有限公司（深圳华誉同创教育科技有限公司）、贵州有米欢伯企业管理服务有限公司（上海威豆贸易有限公司）2 户。互联网和相关服务业、软件和信息技术服务业企业共引进大数据人才 804 人。

【数据中心建设】 2022 年，乌当区建设贵州乌当大数据基地机房，位于乌当区高新路 67 号，占地面积近 300 平方米。乌当区智慧医疗、乌当区社区网格化管理、午当锄禾等平台在线运行。

【智源信息产业孵化基地有限公司】 贵州智源信息产业孵化基地有限公司是区属国有公司，业务包括大数据产业、智慧城市项目及信息产业集群发展、大数据大健康融合发展。2022 年，资产总额为 19674.65 万元，比上年下降 1.37%，负债总额为 5357.18 万元，比上年下降 6.18%，负债率为 27.23%，净资产 14317.47 万元，实现营业收入 675.94 万元，比上年增长 56.82%，利润总额为 80.27 万元，比上年增长 20.04%。“天地双网”（天网指无线

2022 年 7 月 6 日，供销主播在乌当区情人谷布朗李园（左）接受记者采访，向网民推介布朗李

（区供销社 供图）

Wi-Fi，地网指基础网络）建成4个主干环网达328千米，其中城区布放光缆210千米。全区电子政务终端累计接入2596个，互联网接入终端4171个，更新免费Wi-Fi实用点551个，接入全区116个单位部门，以及8个乡镇5个街道和社区的政务外网及互联网接入。实现万兆通路、千兆到单位、百兆到桌面网络通道建设。完成乌当区智慧房屋征收大数据平台（V2.0）建设。与区征收局签订《乌当区智慧房屋征收大数据平台（V2.0）工程项目》合同，实现房屋征收从过程到结果一体化管控。公司运营的智慧停车云平台运营收益112.57万元，新增727个停车位。公司实施北衙路棚改地块（铁塔部分）迁改项目、振华新天电子元器件产业园弱电迁改项目、乌当区云锦村安置房（云华新苑安置房项目）通信线路迁改项目、狮岩路地块城市更新改造项目等工作。基地在孵及挂户企业40家，新增企业12家。入驻在孵化企业实现服务业税收收入125.3万元。完成招商引资1亿元。完成区工信局"千企千策、一企一策"项目申报，获项目资金100万元。为入驻企业累计落实解决"保障性住房"179套。

（智源信息公司）

供销合作

【概况】 2022年，乌当区供销合作社联合社配合贵阳供销百合联供应链管理有限公司完成33个百合联网点营运能力提升改造，超额完成目标任务数4个，为网点提供供应链仓储、农产品集采集配、农产品加工、生活必需品统配、百合联大数据支持等服务。各网点供货品类由原来的20余种增加到100余种，网点盈利能力提高，平均每月增加营利1000余元。夯实为农服务基础，指导督促企业管理公司完成公司董事和监事的换届工作。推进乌当区土产副食杂品有限公司改制。安排11万元维修资金对百宜和永乐供销社社有资产进行维修，共维修社有资产990平方米。对全系统12家基层社和2家直属公司资产进行清查、核实，完成省、市供销社下达的社有资产建档立卡工作。

【农业生产服务】 2022年，乌当区供销合作系统做好农业春耕生产、秋种、冬种的化肥供应，保障乌当农业生产正常开展。全年供销系统化肥淡储300吨，年销各类化肥1000吨，农药300千克。

【供销系统安全生产】 2022年，乌当区供销合作社联合社加强安全责任落实，与供销系统所有出租户签订《2022年安全生产包保责任书》60余份，明确出租户安全生产主体责任。召开安全生产专题会议5次，专项排查整治自建房安全隐患20余次，涉及房屋30余栋，下达限期整改通知书1份，在系统内悬挂安全生产宣传标语18条，LED显示屏播放宣传标语23次。不定期对各基层社、公司及各代管资产开展安全检查工作，对存在安全隐患的地方立即整改，开展安全生产检查工作20余次，建立安全生产检查台账100余份。常态化做好烟花爆竹仓库24小时值班值守工作，确保不发生安全事故。

【农产品流通服务】 2022年，乌当区供销合作系统以电商公司为抓手，通过"农合联优选"购物平台、贵阳首杨水果实体店以及公众号等方式，助销农特产品。通过抖音直播平台、微信视频、微信公众号、粉丝群等渠道开展10余场直播以及现场推荐活动，帮助农产品生产者以及定点帮扶的罗甸县、长顺县敦操村脱困群众打开销售通道。销售产品有东风镇布朗李、偏坡布依族乡红宝石玉米、新场镇保寨红米、张跃平同创养殖场林下鸡和蛋、百宜糟辣椒、糍粑辣椒等农产品，助农增收10余万元。

（区供销合作社）

家政与养老服务业

【概况】 2022年，乌当区完成高新路街道春天养老服务中心、保利公园社区为民养老服务站、春天社区养老服务站等养老服务设施建设项目12个（其中含4个市、区两级民生实事项目）。全年发放高龄老人长寿补贴396.37万元，百岁老人生活补助1.46万元。

【家政服务业】 2022年，乌当区限上家政企业有贵州天下家政有限公司，位于乌当区高新路中段阳晨总部基地B30栋，注册资本为1500万元，营业收入5000万元，家政员工总人数为1000人。公司成立于2012年12月20日。2020年5月，获评国家级保洁服务标准化试点单位；2020年6月，获评贵州省家政服务业标准化试点单位；2020年12月29日，获评贵州省家政示范企业；2022年4月，获评贵阳·贵安"工人先锋号"，获评乌当区级劳务品牌。服务范围覆盖家庭、公园、医院、银行、学校、商超、市政等，提供驻场保洁服务、物业管理服务、专业安保服务、市政环卫服务。为家庭用户提供保洁、开荒、月嫂、育婴、私厨、收纳、护工等到家服务。

【养老服务设施】 2022年，乌当区有养老服务机构65家6316张床位（含贵黔3000张），其中养老机构17家5652张床位，乡镇敬老院7家62张床位，农村互助幸福院23家106张床位，日间照料中心18家496张床位。按60岁以上老人39600人测算，千名老人养老床位拥有率为159.4张。

【居家养老】 2022年，乌当区启动建设高新路街道春天养老服务中心、春天社区养老服务站、新竹社区养老服务站、新泉社区新创社区养老服务站、保利公园社区为民养老服务共5个。

【曜阳养老服务中心】 2022年，乌当区备案登记医养结合的养老服务中心

表 22 **2022 年乌当区重点物流企业一览表**

序号	企业名称	地址
1	贵州瀑布冷链食品投资有限公司	乌当区东风镇食品、药品工业园
2	贵州广奕医药物流集团销售有限公司	乌当区东风镇东风大道 69 号
3	贵州金仓物流有限公司	乌当区奶牛场火石坡食品工业园区内
4	贵州恩煜祥物流有限责任公司	乌当区奶牛场火石坡特色食品工业园
5	贵州供销贵电商物流有限公司	乌当区阳晨总部基地 A88 栋
6	贵阳同诚全洲货运有限公司	乌当区东风镇云锦村石头寨组 1 号
7	贵州大宗运力货运有限公司	乌当区高新路 67 号贵州（乌当）大数据智慧产业基地（4）楼

为贵阳市曜阳养老服务中心 1 家，曜阳养老服务中心入住老人 192 人。全年为老人提供医疗服务累计 15590 人次，其中住院老人 784 人次，门诊老人 14806 人次。

（米运飞）

物流业

【概况】 2022 年，乌当区形成多种现代物流企业共同发展良好格局。恩煜祥物流、金和农业、上恒物流等企业盘活闲置库房。推进瀑布冷链、康心药业等企业为代表的现代物流产业体系建设。打造智能物流体系，贵州瀑布冷链食品中心（三期）扩建项目获城乡冷链和国家物流枢纽建设项目中央预算内投资资金 1700 万元。贵阳市增设贵州瀑布冷链食品投资有限公司为进口冷链食品 2 号集中监管仓。加快贵阳东风冷链物流园项目、贵州瀑布冷链食品中心(三期扩建）等冷链物流项目建设。

【贵阳东风冷链物流园项目】 贵阳东风冷链物流园项目为贵阳市物流有限公司建设，总投资 9.28 亿元。项目获得政策性、开发性金融工具（基金）支持 8659 万元。

冷链物流 （余正发 / 摄）

【贵州瀑布冷链食品中心（三期扩建）】 贵州瀑布冷链食品中心（三期扩建）建设主体为贵州瀑布冷链食品投资有限公司，总投资 3 亿元，累计完成投资 1.26 亿元。

【贵州瀑布冷链农产品交易中心建设】 由贵州瀑布冷链食品投资有限公司投资，位于乌当区东风镇高新东路 18 号，经营范围涉及冷链农产品、冷藏食品、冷链物流、冷库租赁、市场管理等业务。是中国最具竞争力冷链物流产业园区、贵州省冷链物流建设示范基地、贵州省及贵阳市两级小微企业创业创新示范基地。交易中心采取“园区平台型”商业运营模式，为从事冷链食品的生产厂家和经销商提供冷库货位、交易场所、办公配套用房租赁等服务。入驻个体经营户 168 家，主要经营肉类（猪、牛、羊等）、禽类（鸡、鸭等）、水产类（鱼、虾等）、农产品类（毛豆、嫩玉米、杨梅等）、速冻类冷冻食品，均为贵州省内一级批发经销商。交易中心占地面积为 17.33 公顷，累计投入建设资金 6.5 亿元，冷库容积为 82 万立方米，冷链食品一次性储存总量为 40 万吨，建有完善的商品交易、加工整理、商务办公、电商平台、物流中转等配套设施，市场辐射贵州全省及相邻省市区县。

【乌当区进口冷链食品集中监管仓正式开仓】 2022 年 8 月 3 日，建于贵州瀑布冷链农产品交易中心的乌当区进口冷链食品集中监管仓开仓运行，新建成的进口冷链食品集中监管仓总面积为 1 万平方米，冷库面积为 4614 平方米，以“政府督导、企业主体、市场运作”的模式进行运营管理。对外埠进入贵州省首站落地乌当区、零下 18 摄氏度下保存的进口冷冻水产品、进口畜禽冷链产品进行管控。

（区发改局）

金融业

综　述

【概况】　2022年，乌当区银行金融机构存款569.53亿元，较年初增长79.39亿元，增长率14%。人民币贷款548.47亿元，较年初增长63.4亿元，增长率为12%。

【金融服务】　2022年，乌当区金融办印发《关于报送乌当区2022年项目融资需求的通知》，建立面向全域，重点以乡镇社区为面，以行业主管部门为点的项目融资需求收集机制。健全区域社会融资信息数据收集体系，向中国人民银行提供社会融资数据。督促贵州乌当农商银行按照《贵州乌当农商银行风险处置三年规划（2020—2022年）》《贵州乌当农商银行风险化解应急预案》，理顺银行内部风险处置工作机制，稳步防控金融机构风险，确保贵州乌当农商银行不良资产率不高于4%，拨备覆盖率不低于100%，资本充足率不低于8%，所有者权益为15.93亿元。推广贵州大数据综合金融服务平台与贵商易平台，引导企业成功融资近8亿元。推动贵州大数据综合金融平台同贵商易平台形成数据共享，全区平台注册544家，企业发布需求268条，发布政策1650条，实现首贷51家，230家企业获贷款，线上授信5685万元。在供应链融资方面向驻区企业提供融资，全年小微贷融资2.85亿元，供应链融资0.1亿元。印制《乌当区金融稳经济助企纾困政策及产品》，向外宣传并发放70余本。利用贵阳市政策性信用贷款风险补偿资金池，促成区域融资6.24亿元，涉及建设银行、工商银行、贵阳银行、民生银行、农业银行、贵阳农商行、中信银行、贵州银行、中国银行等9家银行。

【金融助力乡村振兴】　2022年，乌当区金融办推进农业保险保障服务创新，推进农业保险与信贷、担保、期货（权）等金融工具联动，以农业保险撬动信贷资金向以新型农业经营主体为代表的优质农业产业适度倾斜流动，完善农业再保险体系，健全农业大灾风险分散机制，鼓励降低脱贫地区再保险业务分保费率。开展小额信用贷款，做好过渡期脱贫人口小额信贷工作，强化“户贷户用户还”原则，继续对脱贫户发放脱贫人口小额信贷，增加对边缘易致贫户发放小额信贷。做好小额信贷质量监测和续贷展期管理，符合条件的要及时启动风险补偿机制，推动小额信贷持续健康发展。太平洋保险、平安财产保险、阳光财产保险共同向乌当区提供农业保险，涉及蔬菜、辣椒、食用菌种植、茶叶种植、果树种植、樱桃种植、蜂糖李种植和中药材、石斛种植等，惠及17353户农户，价值7亿元。涉及险种8个，应收保费496.26万元，理赔125.66万元，理赔金额占应收保费的25.32%。全区实现脱贫人口小额信贷户341户，贷款额1152.9万元，比上年增长85.3%，地方财政贴息17.85万元，设立风险补偿金150万元。全域有18—65周岁劳动力脱贫户、监测户1020户，贷款覆盖率为31.1%。

2022年9月8日，贵阳农商银行乌当支行向市民开展反诈宣传　　（乌当农商行　供图）

【非法集资防范和处置】　2022年，乌当区公安部门对“黔运发农业”“杜天平”“盛锋生态”“红一渡酒业”“澳倍商务”“再坤”6起新增案件进行立案侦办，案件总体投资金额1.68亿元，投资群体521人（乌当447人）。“信始财富”问题移交省金融办指定处理；“四方财富”“凌春惠满春”公司问题启动行政执法调查。9起存量案件（投资金额1.1亿元）侦办及审判结案，完成重点案件“汇信行”案第二期资金清退，清退比例为30%。4月，再次提示贵州乌当农商银行存在高风险，持续督促贵州乌当农商银行制定风险处置化解方案。防范化解供销社股金服务组织风险，共清退807户本息3050.51万元；清收7户本息4114.3万元。区政府性债务需偿还到期本息27.35亿元。其中，政府存量债务需偿还本息15.36亿元，政府隐性债务需偿还本息11.99亿元。督促按计划逐月、逐季制定偿债计划，同时督促区属平台公司针对到期债务制定偿债计划，全年未发生违约。泉丰城投、经开建投公司在贵州省股交中心备案并发行应收账款债权转让产品，涉嫌违规募集资金，责令两家平台公司停止新发行债券，对已发行债券，本着尊重投资者个人意愿原则，对有意愿退回资金的，立即退回；对有意愿继续投资的，督促平台公司严格制定兑付措施。

【融资需求】 2022年，乌当区涉及“四化”及生态环保方面的融资需求项目60个，比上年增加15个，项目计划总投资154.77亿元，比上年减少39.85亿元，拟申请基金32.75亿元，比上年减少39.22亿元。其中，新型城镇化项目投资规模最大、项目数最多。新型城镇化项目16个，计划投资97.11亿元，占总投资的62.7%，拟申请基金19.13亿元；新型工业化项目25个，计划投资41.71亿元，占总投资的26.9%，拟申请基金4.37亿元；旅游产业化项目3个，计划投资1.82亿元，占总投资的1.2%，拟申请基金1.06亿元；生态环境保护类项目7个，计划投资5.11亿元，占总投资的3.3%，拟申请基金2.52亿元；农业现代化项目5个，计划投资9.02亿元，占总投资的5.8%，拟申请基金5.67亿元。

【国有企业融资】 2022年，乌当区政府投融委会议决定，原则通过的融资额度210.05亿元，发生89件次，以泉丰城投融资规模最大。其中泉丰城投占66.56%，五韵旅投占3.59%，五彩农投占4.76%，经开建投占25.09%。区属国有企业间生产性借款2.05亿元，环比增长33.12%，比上个月放缓27.91个百分点，期限3至365天，涉及泉丰城投、五韵旅投、经开建投、五彩农投。融资质量持续优化。平均融资期限3.23年/件次，比上月放缓0.57年/件次，单件次最长是泉丰城投公司，为期25年。平均融资综合年化率为5.91%，比上月降低0.45个百分点，平均融资成本有所下降。其中，融资综合年化率大于6.3%的，占融资规模的87.26%。短期融资（1年期以下含1年期）发生60件次，融资规模34.17亿元，占总融资的16.27%，平均年化率5.36%。比上年融资规模减少0.52亿元，平均年化率上升0.08个百分点。中期融资（1—5年期含5年期）发生13件次，融资规模为54.97亿元，占总融资的26.17%，平均年化率7.11%。比上年多融资19.52亿元，平均年化率下降0.28个百分点。长期融资（5年期以上）发生16件次，融资规模为120.91亿元，占总融资的57.56%，平均年化率6.98%。比上年多融资74亿元，平均年化率下降0.02个百分点。债券融资情况。截至12月，区国有企业发行债券6支，规模31亿元，发行期限3+2年，其中经开建投发行2支，共9亿元，占29.03%，到期时间分别是2025年3月，2026年4月；泉丰城投发行4支，共22亿元，占70.96%，到期时间2023年1月、5月、7月、8月。贵阳泉丰城市建设投资有限公司2022年面向专业投资者非公开发行公司债券，于5月12日向上海证券交易所申报，并于5月13日受理，拟发行12.33亿元公司可转债券进行偿还。截至12月底，驻区银行与区域内企业发生融资规模45.51亿元，占融资规模的27.23%，其中有贵州乌当农商银行0.88亿元、贵阳银行乌当支行15.91亿元、中国工商银行乌当支行13.57亿元、贵州银行乌当支行6.35亿元、中国农业银行乌当支行8.8亿元。区域银行存贷比为87.62%，比上半年提升1.49个百分点。存款余额规模为403.6亿元，区域社会融资增量规模为53.79亿元，区域实际融资规模仅占区域存款余额的12.7%，比上半年提升6.22个百分点，占区域社会融资增量的95.3%。

【国有资本经营预算收支】 2022年，乌当区管国有企业全部纳入本级国有资本经营预算管理，年度上缴国有资本经营预算收益19945万元，比上年增长8.61%。17家企业共缴税18557.10万元，比上年增加5705.54万元。全区国有资本经营预算可用财力为21742万元。其中，国有资本经营预算收入19945万元，上级补助收入219万元，上年结余1578万元。国有资本经营预算支出21523万元，完成20947万元（其中专款88万元），为预算的96.91%，比上年增长20.01%。年终滚存结余795万元，其中专款503万元。

（区政府办）

银行业

【概况】 截至2022年12月31日，乌当区金融机构存款为569.53亿元，存款较年初增长79.39亿元，增长率为14%。存款余额排名前三的分别是乌当农商行、工商银行乌当支行、农业银行乌当支行。存款余额增加较多的是乌当农商行、工商银行乌当支行、农业银行乌当支行、贵州银行乌当支行。人民币贷款548.47亿元，较年初增长63.4亿元，增长率为12%。贷款余额排前三的分别是乌当农商行、工商银行乌当支行、贵阳银行乌当支行，贷款余额增加较多的是贵阳银行乌当支行、浦发银行乌当支行、贵州银行乌当支行。

【中国农业银行乌当支行】 截至2022年12月31日，农业银行乌当支行各项存款余额为41.73亿元，较年初增长9亿元，日均增量5.6亿元，完成全年目标计划的133%。其中，对公存款余额22.8亿元，较年初增长6.8亿元，日均增量4.7亿元；个人存款余额18.93亿元，较年初增长2.19亿元。各项贷款余额40.2亿元，较年初增长14.9亿元，超额完成全年计划。其中，对公贷款较年初增长10.5亿元，完成全年计划的117%；个人贷款增量4.16亿元，完成全年计划的292%；其中，个人住房贷款余额16.76亿元，较年初增长4.1亿元，完成全年计划的327%。主营业务收入1.83亿元，净利润6990万元。实现中间业务收入1812万元，完成率为171%。实现银团贷款安排费480万元、现金管理服务费150万元、托管手续费26万元、票据手续费60余万元等，共计846万元，完成率为188%。实现零售中间业务收入962万元。普惠小微法人贷款余额1.08亿元，较年初增长2263万元，惠农e贷余额3683万元，较年初增长1842万元，完成率为102%。全年绿色信贷日均增量3.13亿元，完成率为667%，制造业贷款日均增量4.48亿元，完成率为455%。累计投放二手房贷款4.8亿元，个人贷款增量在分行排名第一。对公存款折效客户净增248户，完成全年计划的496%，中型法人贷款客户数6户，完成率为600%，对公线上活跃客户数780户，完成率为443%。私行达标客户18户，私行客户净资产1.78亿元。截至12月31日，不良贷款余额924万元，较年初下降887万元；不良率为0.23%，较年初下降0.48个百分点，实现“双降”；核销1671万元，完成全年计划（1035万元）的161%，清收230.5万元，核销已收回216.7万元，完成全年计划的2167%，支行信贷资产结构明显优化，资产质量明显提升。

（乌当农行）

【中国建设银行乌当支行】 2022年，建设银行乌当支行有人员22人，其中女性占61%，党员11人。支行开展“银证合作”，6月与乌当法院合作上线智慧政法平台。截至6月30日，个人存款余额10.55亿元，较年初新增0.93亿元；对公存款余额7.59亿元，较年初下降1.3亿元。普惠金融贷款余额1.89亿元，较年初新增0.33亿元，客户数231户，较年初新增47户。

（乌当建行）

【中国工商银行股份有限公司贵阳乌当支行】 工行贵阳乌当支行成立于1999年3月15日，经营范围：存款、贷款、外汇存款、外汇贷款、外汇汇款、外币兑换、国际结算、结汇、售汇业务。2022年，有员工115人，其中党员42人，党支部和联合党支部共有7个。工行乌当支行助力辖内制造业、医药行业、旅游业等高质量发展，先后与辖内街道办、公安局、工会等联合开展金融知识宣讲、居民慰问等活动。

（乌当工行）

【贵阳农商银行乌当支行】 贵阳农商银行乌当支行成立于2014年，内设业务发展部、综合结算部、风险管理部三个部门及乌当支行营业部、水东路支行两个营业网点，共有员工61人。乌当支行营业部紧扣乡村振兴银行的定位，建设“生猪特色支行”。营业部连续三年获总行授予“先进二级支行”称号，被授予“2019—2020年度市级青年文明号”；主要负责人连续三年获得总行授予的“先进二级支行行长”称号，多名员工获“服务之星”“学习标兵”“岗位能手”“营销之星”等称号。建设“社区银行”，在营业大厅内设置“城市户外劳动者综合服务站”，设置无障碍通道，并在柜台设置“小微企业绿色通道”“老弱病残优先办理通道”“爱心窗口”“军人优先办理通道”等特殊窗口，健全特殊人群业务优先办理机制。

（乌当农商行）

【邮政金融业务】 2022年，乌当邮政金融业务余额规模实现4.99亿元，实现收入1290.8万元，增幅为37.6%，其中利差收入增长136万元，增幅为24.41%，保险收入增长115万元，增幅为65.34%。

（乌当邮政）

保险业

【概况】 2022年，乌当辖区内有保险公司5家，从业人数46人。其中中国太平洋财产保险乌当支公司6人，阳光财产保险股份有限公司乌当支公司13人，中国人寿保险股份有限公司乌当支公司7人，中国人民财产保险股份有限公司贵阳市乌当支公司15人，中国平安财产保险股份有限公司乌当支公司5人。全年保费收入1.8826亿元，承保金额904.58亿元，覆盖8万余人。

（区政府办）

【中国人民财产保险乌当支公司】 2022年，中国人民财产保险乌当支公司完成保费收入7636万元，其中车险7052万元，财产险53万元，意外健康险531万元。理赔金额6513.71万元，其中车险6356.11万元，意外健康险157.6万元，理赔户数2578户，其中车险2011户，意外健康险567户。

（乌当人保）

【中国人寿财产保险股份有限公司乌当区支公司】 中国人寿财产保险股份有限公司乌当区支公司成立于2013年1月25日，主营车险、财产险、意外险、医疗险等保险产品，有员工11人。2022年保费收入2254万元。其中车险保费2043万元，非车险211万元。其中车行渠道保费占比53.59%、个代渠道保费占比24.37%、互动渠道占比17.17%、重客渠道保费占比3.14%、银保渠道保费占比0.7%、政保渠道保费占比0.41%、普通中介渠道保费占比0.25%。

（乌当人寿）

【中国平安财产保险股份有限公司乌当支公司】 2022年，中国平安财产保险股份有限公司乌当支公司累计保费达成4980万元，增速13%。其中，车险保费4220万元，增速1.2%；意健险保费520万元，增速23.2%；财产险保费 240 万元，增速 54.3%。全年，已决赔款 3971 万元。其中，机动车辆保险已决赔款 3367 万元；责任保险已决赔款 214 万元，意外伤害保险已决赔款 390 万元。全年纳税总金额为 2402.69 万元，其中增值税 505.05 万元，城建税 25.25 万元，教育附加 15.15 万元，地方教育附加 10.10 万元，印花税 14.22 万元，车船税 1832.92 万元。

（乌当平安）

【太平洋产险乌当支公司】 2022 年，太平洋产险乌当支公司实现车险签单保费 2800 万元，常规非车险 200 万元，农险 600 万元，基本实现年初预定目标 3600 万元。员工 6 人，兼职代理团队 200 人，合作伙伴 8 人。核心考核指标中续保率为 72%，车驾意渗透率为 80% 左右，三者限额 150 万至 200 万元占比 100%。

（乌当太保）

【阳光财产保险股份有限公司乌当支公司】 2022 年，阳光财产保险股份有限公司乌当支公司保费收入为 1300 万元，保单数量为 14678 张，保费计划达成率为 85%。车险保费收入 1000 万元，保单数量 11789 张；财产险 5 万元，保单数量 33 张；意健险保费收入 295 万元，保单数量 3598 张。年度赔付率为 70.99%，其中车险赔付率为 59.45%，财产险赔付率为 58.12%，意健险赔付率为 140.23%。

（乌当阳光保险）

证券业

【概况】 2022 年，乌当辖区内有证券公司 1 家（华创证券有限责任公司乌当营业部），从业人数 16 人。华创证券成立于 2002 年，以综合“一站式”金融服务、投资融资、财富管理为核心业务，2014 年获中国证监会、中国证券业协会批准成为首批 6 家互联网证券业务创新试点券商之一。华创证券乌当营业部成立于 2008 年。2022 年，托管资产（资金 + 证券）共计 97891 万元；股票总数 16277 户，代理买卖证券业务净收入 314.5 万元；新开股票账户 676 户，新开两融账户 102 户。营业部按照“统一领导、各负其责、相互协调”的原则，设立反洗钱组织架构，成立反洗钱工作小组，开展反洗钱工作。反洗钱小组成员 8 人。开展反洗钱培训、会议共 10 次，反洗钱宣传活动 2 次，自查 7 次，现场检查 3 次。以“合规经营、合规管理、全员合规”的理念开展工作。合规培训 14 次，自查 13 次，现场检查 2 次。营业部投资主题活动 15 次，涉及群众 5000 余人，通过线上和线下的模式相互结合，采取社区宣传，举办讲座，发送短信等形式开展，保护投资者合法权益。

【股权市场运行】 2022 年，全区有主板上市企业 3 家，分别为中国振华（集团）科技股份有限公司，总市值 612.80 亿元、市盈率为 48.09；贵阳新天药业股份有限公司，总市值为 38.37 亿元、市盈率为 32.36；南方汇通股份有限公司，总市值为 45.83 亿元、市盈率为 33.38。有“新三板”挂牌企业 3 家，分别为贵州威门药业股份有限公司，总市值为 6.55 亿元；贵州五福坊食品（集团）股份有限公司，无市值统计；贵州捷盛钻具股份有限公司，总市值为 2.93 亿元。从“新三板”股权市场运行看，市场的整体流动性相对较低，股权交易不活跃，企业估值和市值提升空间较小，出现摘牌的概率比较高。积极培育主板上市企业，贵州威门药业股份有限公司、贵州远程制药有限责任公司、贵州捷盛钻具股份有限公司、贵州五福坊食品（集团）股份有限公司、贵州振华风光半导体有限公司、贵州宏宇药业有限公司等 6 家企业被列为乌当区后备上市企业，积极上报相关基础信息，推进企业上市。

（区政府办）

其他非银行金融机构

【小额贷款公司运营】 2022 年，乌当区共有小额贷款公司 5 家，注册资金 1.5 亿元。截至 2021 年末，5 家小额贷款公司的贷款余额共计为 1.29 亿元，贷款年化利率为 10.13%。全年新增贷款 4 笔共 398 万元。其中，贵阳市乌当区泓银财政税务金融有限责任公司、贵州捷盛钻具股份有限公司、贵州五福坊食品股份有限公司、贵州振华风光半导体有限公司、贵州宏宇药业有限公司等 6 家企业贷款利率为 10.66%；贵阳市乌当区汇添小额贷款有限公司平均水平为 10.68 个百分点。贵阳市乌当区新合富小额贷款股份有限公司、贵阳市乌当区金和小额贷款有限责任公司、贵阳市乌当区方信小额贷款有限责任公司无新增贷款。

【担保业】 2022 年，乌当区有 2 家融资性担保公司，分别为贵州出版集团博优融资担保有限公司、贵阳市乌当区泉丰宜信融资担保有限公司。其中，贵州出版集团博优融资担保有限公司 2022 年未开展业务。贵阳市乌当区泉丰宜信融资担保有限公司营业收入 631.17 万元，增长 14.01%。其中，担保费收入 577.56 万元，投资收益 31.20 万元，利息净收入 22.41 万元。营业支出 810.59 万元，增长 73.07%。其中，计提担保赔偿准备金 646.66 万元，业务和管理费 163.93 万元。

（区政府经济发展服务中心）

交通·邮政·通信

交 通

【概况】 2022年，乌当区加大交通基础设施建设，加强客运、货运市场管理，优化运输环境。实施农村公路建设项目2个，投资884.64万元。高速公路建设项目有乌长项目、贵平项目、贵黄延伸段项目3个。全区通车里程725千米，管养农村公路总里程724.155千米，三级公路44.709千米，四级公路540.438千米，等外公路139.008千米。区内建成“组组通”硬化路256.63千米，全年新增通组公路139.008千米。区交通运输局管养桥梁52座，一类桥梁5座，二类桥梁33座，三类桥梁14座。排查隐患路段31条61个隐患点并完成隐患治理。与贵州高速黔通建设有限公司签订协议，10月起，由该公司负责全区管养的724.155千米农村公路日常巡查、保养、保洁维护作业及相关档案、内业管理等。全区汽车保有量为70070辆，停车位共60909个（公共停车位15968个），停车位面积为84.16万平方米。新建、改建6个停车场，共新增停车位1659个，完成投资11633万元。办理经营许可证57件；道路运输证核发79件；年审1275件；换道路运输证80件；补发道路运输证20件；小微型客车租赁备案2件；车辆转籍92件；注销车辆13辆；机动车维修备案7件；小微型汽车租赁备案9件。

【高速公路建设】 2022年，乌当区在建高速公路有乌长项目、贵平项目、贵黄延伸段。乌长项目于2019年4月进场，2021年开始启动征地测量、房屋拆迁、三线迁改现场测量（断面测量、征地红线测量、弃土场、料场选址与测量工作）、红线内结构（建筑物）统计、迁改方案编制、临时用地报批等工作。2022年完成用地手续、房屋土地征收方案批复。贵平项目系乌当（羊场）至平塘（黔桂界）高速公路，年内，完成项目房屋、土地征收摸底、测量工作及用地手续、房屋土地征收方案批复。贵黄延伸段项目乌当境内2.5千米，年内，完成工程总投资20000万元，完成工程总量的20.14%。

【农村公路建设】 2022年，乌当区实施农村公路建设项目2个，投资884.6402万元。农村路网结构得到改善，实现“全区8个乡镇硬化路畅通率100%、77个建制村硬化路畅通率100%”。辖区县道沥青(水泥)路路面综合服务水平的评价指标（PQI）为95、乡道沥青（水泥）路路面综合服务水平的评价指标（PQI）为93、乡道和村道的好路率为94%，县道绿化率为90%，乡道绿化率为80%，村道绿化率为85%。

【公路养护】 2022年，乌当区加大旅游路段和高边坡路段巡查频率，累计完成道路巡查23500千米，涉及7个乡镇，包括重点旅游路段，省道S102、S310、S521，县道X157、X152、X153、X154、X160、X161等。完成3条省道、26条县道、27条乡道、6条村道、5条组道日常保养。小修保养完成村道C976路基挡土墙水毁处治350米、混凝土路面修复525平方米；县道X157路面积水处治100米，沥青路面摊铺599平方米、涵管安装12米；省道S521桩号28千米处，挖除原路面基层、底基层22立方米、机械开挖土方138立方米、机械开挖石方50立方米、浆砌片石挡墙砌筑137立方米、利用石方回填138立方米、级配碎石基层摊铺63平方米、水泥稳定土基层摊铺63平方米、沥青路面摊铺63平方米；沥青路面裂缝修补32米、坑槽修补105.75平方米、80型伸缩缝更换2道、波形板更换23块、单柱式标志牌安装78块；C988K2+700—K2+750段浆砌片石挡墙砌筑1447.82立方米、机械开挖土方300立方米、机械开挖石方120立方米；清运塌方1296立方米、附着式轮廓标33个、砍伐树木13棵。

【“四好农村路”全国示范县创建】 2022年，乌当区开展“四好农村路”全国示范县创建，实施绿化提升改造工程5个，建设里程50.4千米，批复建安工程合计563.24万元，于10月初完工，11月交通运输部挂网公示，乌当区被列为全国示范县创建单位。

【道路隐患治理】 2022年，乌当区交通运输局对涉及的S102贵阳至阳溪长下坡路段等市级督办点4处、县级督办点2处，投入资金79.25万元开展整治，治理隐患里程8.67千米，增设波形梁钢护栏266米，减速震荡线702.59平方米，交通标志49套，凸面镜4套，路肩墙修复8.1立方米，爆闪灯391个，10月完成竣工验收。

【公路安全生命防护工程】 2022年，乌当区实施村公路安全生命防护工程，涉及9条村公路，共处置隐患里程15.64千米，总投资321.4万元，于10月完工并通过贵阳市交通委员会验收。

2022年7月26日，美丽农村路公路工程美化绿化　　（区交管局　供图）

【客运管理】　2022年，乌当区交通运输局成立领导小组，加强道路运输工作组织领导，加大客运站源头管理，规范客运秩序，打击非法营运车辆，优化运输环境，全年查处出租车163辆，查处网约车巡游揽客84辆，查处旅游车包车7辆，查处班线车10辆，查处公交车7辆，查处“两客一危”企业安全生产违法问题21起。

【货运管理】　2022年，乌当区交通运输局成立稽查分队对普通货物运输车辆展开治理整顿，针对没有办理资格证、擅自改装车辆等进行专项治理。全区有危货企业3家：贵阳多彩烟花鞭炮有限公司、贵阳精一科技有限公司、贵州贵满同运输有限公司。针对危货企业，每月进行一次安全监督检查，利用GPS监控平台，加大监管力度，对危货车辆技术状况及从业人员资格进行检查，确保危险货物运输车辆技术状况良好，相关驾驶员、押运员、车辆技术等级评定等资质手续齐全完善，制定突发事件紧急救援预案，确保安全生产落到实处。

【公交线路设置】　2022年，乌当区有公交运营线路16条，分别是：101路（乌当车站至金阳车站）、102路（白云车站至百花湖）、103路（幸福里小区至友谊路）、104路（新添寨至渔洞峡）、105路（新添寨至乐湾国际）、106路（贵黔国际总医院至车辆厂）、107路（新添寨至宋家坝）、108路（温泉花园至铁二局考试中心）、109路（永乐至龙洞堡）、111路（乌当车站至白云车站）、1路（乌当区政务大厅至未来方舟）、2路（凤来仪至小谷龙）、3路（云锦庄至实验二小）、5路（凤来仪至乌当区政务大厅）、6路（贵州省畜牧学校至城市魔方）、7路（龙广路至未来方舟）。

【贵阳火车东站运输管理】　2022年，乌当区加强贵阳火车东站旅客运输秩序，安排稽查队员在站内负责出租车的候客秩序，对出租车辆进行安全检查，并根据客流量及时通过GPS调度系统，调派出租车到站接驳并规范候车。贵阳火车东站上车人数242.68万人、到站人数191.52万人；出租车输送人次59.9万人次，输送车次44.72万车次；公交车输送人次50.5万人次，输送车次25321车次，未发生旅客滞留及安全事故。

【交通安全生产】　2022年，乌当区有公交线路16条，共103辆城市公交车；班线线路15条，共41辆班线车，出租车440辆。制定下发《乌当区交通运输局关于进一步明确局属各部门安全生产职责的通知》，对客货运、维修、驾培、农村公路等领域开展全覆盖、无死角监管，开展安全生产集中攻坚行动，开展“四不两直”检查35次。与3家客运企业、3家危货企业、2家出租车企业、7家驾培机构、42家维修企业签订安全生产和消防安全目标责任书。组织各企业学习《贵州省交通运输安全生产风险管控指南》，对照管控指南开展风险隐患排查辨识和整治。联合交管部门对乌当区12家商砼企业进行约谈，与企业签订《货运源头单位治理车辆超限超载承诺书》；对贵州龙行畅游旅游客运有限公司、黔通公司开展约谈，严把驾驶从业人员入口关，紧盯驾驶从业人员日常教育管理，杜绝车辆和人员“带病上路”。

【交通行政执法】　2022年，乌当区交通运输局组织各类检查660余次，检查出问题隐患826处，整改826处。针对管养农村公路排查隐患69个，处置道路隐患9条、累计15.67千米，排查水毁道路4条，投入652万元完成治理。开展“打非治违”专项行动，出动执法车辆380余台，执法人员3000余人，对重点企业、重要路段开展执法检查，延伸执法线路。累计立案722起，追责699人，行政处罚483万余元。

【驾培机构管理】　2022年，乌当区有驾培机构8家。年内开展驾培机构专项整治，针对个别驾校计时系统使用率低、日常经营教学不规范等问题进行告诫约谈，下达整改通知书1份。

【铁路沿线安全管理】　2022年，乌当区境内有4条铁路64.2576千米（沪昆线11.125千米、白龙线14.02千米、贵开线38.132千米、渝贵线0.98千米），涉及7个乡镇（东风镇、羊昌镇、新场镇、百宜镇、水田镇、偏坡布依族乡、新堡布依族乡）、2个街道（高新路街道、新光路街道），途经24个村（居委会）。年内落实高铁外部环境路地“双段长”对接3次，建立大牲畜管理台账1份，对乌当区铁路沿线大牲畜养殖户入户宣传教育50余次，签订安全协议书34份。与铁路部门开展辖区内铁路沿线安全隐患巡查10余次，巡查隐患点4处，完成处理隐患问题1处，3处治理中。

【汽车维修企业管理】 2022年，乌当区有汽车维修企业250家。其中一类2家（乌当凯源汽车服务有限公司、乌当安信捷汽车服务有限公司），二类32家，三类216家。有摩托车维修经营企业12家。

（区交通局）

邮 政

【概况】 2022年，乌当邮政实现业务收入2886万元。其中金融业务收入1290.8万元；寄递业务收入925.68万元；邮务业务收入409.6万元；代理业务收入259.5万元。完成党报党刊征订流转额433万元。普服网点营业时间达标率、四项业务开办率、乡镇普服网点覆盖率保持100%。

【寄递业务】 2022年，乌当区邮政系统以高校、商企、电商、商圈、国际、物流、农村市场为抓手，做好揽投部销售化转型，深化寄递网体系改革，拓展交管、户政、法院等服务领域，开展档案配送、录取通知书寄递工作，寄递业务收入实现925.68万元。

【村村通邮】 2022年，乌当区完善“三级寄递物流体系建设”，构建支撑“农村电商+普遍服务+金融+寄递”发展的综合生态圈，全区76个建制村实现“村村通邮，乡乡设所”。全年投递包裹邮件300万件，其中实现快递进村邮件66万件。投递党报党刊340万份，实现乡镇以上地区当日见报。

（乌当邮政）

通 信

【概况】 2022年，乌当区移动网用户新增47049户，总用户量为490402户。宽带用户新增21857户，总用户量145535户。固定电话新增2064户，总用户量为45579户。

【通信基础网络建设】 2022年，乌当区内电信运营企业开展5G基站建设，新建5G基站437个，累计建设1448个。基站新建444个，其中5G基站（含室分）274个，4G基站170个。基站累计4681个，其中5G基站1354个，4G基站3327个。光缆线路建设4404皮长千米，共7701纤芯千米，累计总投资904万元，总计建设24547千米。宽带新建端口29383个，总计315605个，出口带宽840G。区内通信运营企业、广电公司开展网络基础设施建设，实现主城区光纤网络、电网全覆盖，区域内乡镇以上城镇实现移动网络全覆盖，全区高速公路、高速铁路沿线实现移动网络全覆盖，行政村光纤网络覆盖率为100%，30户以上自然村4G网络覆盖率为100%。光缆总长度7500千米，覆盖全区8个乡镇、5个社区、76个行政村，光纤宽带网络用户131572户，移动用户502149户。建成覆盖全区的光纤网和覆盖区行政中心、行政综合大楼及图书馆的Wi-Fi运行良好，形成数据源采集、应用和自主可控以及最大存储5PB的“乌当区智慧城市基础网络及数据中心”。

【中国联通乌当分公司】 2022年，联通乌当分公司新增移网用户4585户，总用户量为9.3户。新增宽带用户2536户，总用户量为1.9户。固定电话总用户量为442户。新增4G基站20个站址，总计699个，其中5G基站315个，4G基站384个。光缆线路建设新增30皮长千米，总投资24万元，总计建设3610千米。宽带新建端口15580个，总计44800个，出口带宽40G。2022年，中国联通在乌当区域内的5G基站数量303个，5G用户数量（在网）为25565个，宽带端口建设1.51万个，新增用户数量（全业务）43142个，全业务净收入5492万元。

【中国移动乌当分公司】 2022年，移动乌当分公司新增移网用户1.6万户，总用户量为263244户。其中，5G用户8.5万户。新增宽带用户6651户，总用户量为66593户。新增固定电话23户，总用户量为134户。基站新建307个，其中5G基站（含室分）209个，4G基站98个。基站总计1810个，其中，5G基站570个，4G基站1240个。光缆线路建设300皮长千米，共7300纤芯千米，总投资300万元，总计5082千米。宽带新建端口6707个，总计157166个，出口带宽400G。全年完成营业收入2.39亿元。

【中国电信乌当分公司】 2022年，电信乌当分公司新增移动通信网用户36351户，总用户为134158户。5G用户14300户。新增宽带用户18500户，总用户为59942户。新增固定电话2041户，总用户为45003户。新建基站117个，其中5G基站（含室分）65个，4G基站52个。基站总计2176个，其中5G基站473个，4G基站1703个。光缆线路建设4074皮长千米，共371纤芯千米，总投资580万元，建设15855千米。宽带新建端口7896个，总计113639个，出口带宽400G。全年营业收入1.03亿元。

【贵州广电网络公司乌当区分公司】 截至2022年12月31日，贵州广电网络公司乌当区分公司（以下简称区广电公司）新增用户1005户，在网用户40996户，其中城区用户24052户、农村用户16944户。6月28日—12月31日，新增办理5G移动电话卡2747张，全年现金流收入3232万元。区广电公司每月坚持开展安全生产培训，全年整治干线安全隐患点位24起、联合其他运营商整治倒杆等传输线路16起，各种应急处置、抢修286次，光缆干线巡查400余次，巡查1.4万千米，杜绝各类生产安全责任事故的发生。

（区工信局）

城乡建设

综 述

【概况】 2022年，乌当区以建设“三环五横七纵”城市骨架路网为目标，推进马东路（中心城区段）、北龙路、新东二环、奶牛场片区二号路、智慧路、云锦路等道路建设。马东路民大附中段、北龙路、新东二环建成通车；奶牛场片区路网工程二号路道路工程完成总工程量的58%；作为全年断头路启动项目的智慧路和云锦路开工建设。全年新建、改造地下雨水管网共6.33千米、污水管网6.912千米、天然气管道铺设8.0千米。完成房地产固定资产投资55.6亿元，完成市政基础设施建设投资1.5亿元。建筑业产值达161.27亿元。

【农村治房】 2022年，乌当区制定《乌当区农村“治房”工作实施方案》，设计《贵阳市乌当区农房建筑风貌整治方案》，编制《贵阳市乌当区农村住宅通用图集》，设计20种农村住宅通用图集户型供农户选择，规范农村新房修建。以公路沿线、乡村振兴集成示范试点、宜居农房试点、历史文化名村、旅游景区村寨等沿线村庄为重点，整体推进农房功能优化、风貌靓化、环境美化提升，有序提升乡村风貌。全年农房风貌整治任务1050户，农房风貌整治奖补标准3万元/户，市、区两级按3∶7比例承担奖补资金，共投入资金3150万元，其中区级配套资金2205万元，争取市级补助资金945万元。全区农房风貌整治完工率为100%。将农村危房排查整治工作纳入长效机制，强化动态管理，通过各乡镇及区住建工作人员对全区农村危房实行不定期不定点进行巡查，发现一户整治一户，确保农村住房安全。对全区现有农村建筑工匠进行摸底并建档入库。区住建局组织134人参加农村建筑工匠培训，全部通过考试并取得合格证书。

【城镇规划】 2022年，乌当区编制《乌当区“十四五”新型城镇化发展专项规划》。推进国土空间规划编制、“三区三线”工作。完成《贵阳贵安主城区人行过街设施专项规划》，建设人行天桥18座。完成《贵阳贵安总体城市设计及风貌分区规划》，涉及乌当的温泉南路站重点风貌街区和洛湾站重点风貌街区。

【云锦路建设】 云锦路道路起于马百路，向东北平行于马百路，终点至北京东路延伸段。项目为城市次干道，道路全长2734.74米，宽30米，双向六车道，设计时速为40千米/小时，总投资39443.53万元。属于洛湾云锦医药食品新型工业园基础设施PPP项目（一期）。2022年，完成K1+500—K2+200段人行道外侧路缘石安装，完成高边坡钢筋除锈240米。

【高新北二路（智慧路段）建设】 道路北起现状马东路，终点接中国振华集团永光电子有限公司内部道路。项目为城市次干道，道路全长587.57米，宽18米，双向四车道，设计速度为30千米/小时，总投资1.4亿元。属于洛湾云锦医药食品新型工业园基础设施PPP项目（一期）。2022年，K0+000—K0+260段完成冠梁C25钢筋制安4.3吨、C10钢筋制安3.2吨；桩间板C30混凝土浇筑6立方米。K0+260—K0+587段完成混凝土初喷300平方米、复喷300平方米；C8钢筋制安3.7吨、C16钢筋制安0.47吨；格构梁C10钢筋制安9.63吨，C20钢筋制安14.81吨。

【新东二环建设】 为城市主干路，全长9.25千米，设计时速60千米/小时，路基宽度21.5米，机动车道规模为双

2022年完成农村治房后的新堡布依族乡马头村　（贵阳网　供图）

2022年，改造完成后的政法宿舍院　（区住建局　供图）

向四车道。全线共设置立交3座（新建航天路立交、改造新添大道立交、改建北京东路喇叭立交）、9.25千米旧路改造以及火车东站上下东北绕城高速（新添寨方向）匝道工程。2022年，完成东二环乌当区段南明河大桥右幅乌当段沥青摊铺；完成东郊水厂大桥右幅乌当段路面缺陷修补；完成高铁东站—航天立交段左、右幅（K7+000—K9+000段）沥青摊铺，标线完成；顺海大桥完成箱梁粘贴第13—15跨；箱内第13—15跨混凝土浇筑；完成箱梁第16—17跨施工平台吊架及第17跨桥下防护搭设；完成箱梁第16跨裂缝修补。

【城镇房屋安全隐患排查】 2022年，乌当区开展全区城镇房屋安全隐患排查整治，累计组织专项排查548次，涉及排查人次累计1085人次，排查房屋累计3869栋。乌当区经第三方鉴定机构鉴定为C级危险房屋15栋，D级危险房屋4栋，分别是：观溪路街道辖区2栋D级危险房屋，位于乌当区稻香村内；观溪路街道辖区5栋C级危险房屋，位于乌当区稻香村内；东风镇辖区6栋C级危险房屋，位于乌当区东风镇猪场村；新创路街道辖区4栋C级危险房屋，2栋D级危险房屋，位于乌当区新平村。

【城镇功能完善】 2022年，乌当区推进“一圈两场三改”，完成7个生活圈配建项目、8个新改扩建“两场”项目、4个棚改项目、4个旧改项目、20条背街小巷改造。狮岩路、区医院地块城市更新改造项目开展预征收及部分拆除工作。新增公共停车位920个。累计建成海绵城市面积占全区建成区面积的59.63%。推进乌长高速、轨道交通3号线一期工程乌当区段。实施改造城市供水管网。启动松溪河流域提质增效综合治理工程。完成天然气管道铺设4.8千米。免费向社会开放全区63所学校体育场地。

【城镇治理水平优化】 2022年，乌当区实施《贵阳贵安城市精细化管理巩固提升行动计划2021—2023年》，打好违法建筑治理攻坚战、垃圾分类攻坚战。实施“一窗通办‘2+2’”，区政务大厅1853项（动态事项）进驻事项全部纳入“一窗”受理事项，实现全程网办事项990项。制定《乌当区渣土消纳场垃圾填埋场安全专项整治三年行动“巩固提升”工作方案》。印发《乌当区关于深化改革加强食品安全工作的实施方案》。

【城乡融合发展】 2022年，乌当区新建品牌连锁便利店5个。打造“农产品产供销”一体化，投入400余万元资金建设“乌当区农产品产供销体系建设项目百宜集配中心”。整合、升级改造、新建城乡网点站点59个，其中3个为镇级站点，实现乡镇及行政村电商服务网点100%和80%的覆盖率。新建镇级可回收物及有害垃圾收集站7个，完工率为100%；新建村级可回收物及有害垃圾收集点58个，完工率为100%。开展农村垃圾分类多元化宣传。编制完成《乌当区农村住宅通用图集》。

【泉丰城市建设投资有限公司】 2022年，贵阳泉丰城市建设投资有限公司在建项目41个，其中市政基础设施建设项目14个、安置房建设项目11个、教育项目8个、文旅项目7个、小城镇改造项目1个。开工建设东新路，完成北龙路、观溪老旧小区、新都花园老旧小区改造项目。公司筹集资金偿还1—10月债务本息26.37亿元，未发生债务违约风险。公司落实租金减免政策，惠及商家238户，其中小微企业27户，个体工商户211户，减免金额450万元。通过“百姓拍”“12345”“社会和云”系统，协调解决投诉260余件。组织安全大检查15次，实现“零死亡、零伤害、零事故”安全目标。推行多渠道融资战略，获各类融资批复32笔，融资合同金额55.9亿元，到位资金39.86亿元。向区其他平台提供担保10笔，担保金额10.77亿元。泉丰城投及各子公司、代管公司完成16个项目立项、备案手续。完成11个项目前期“四证一书”手续。完成9次资金申报工作，获资金1960万元。公司实施的5个老旧小区改造项目涉及改造户数3555户，改造面积30.97万平方米。完成火石坡加气站地块土地挂牌出让工作，出让净用地面积0.235公顷；完成花都路城更项目5宗地块、土巴寨一期3宗地块、东风棚改4宗地块、5-2地块、东风大道加油站地块、高穴一号加油站等15宗地块共68.3公顷土地收储入库。完成贵州省疾病预防控制中心扩建项目用地 6.918 公顷土地征收；完成公交停保场置换地 2.27 公顷土地征收。

（区住建局）

一圈两场三改

【"15 分钟生活圈"项目】 2021—2022 年，乌当区实施 7 个生活圈（即：新天生活圈、保利公园生活圈、观溪北衙生活圈、顺海生活圈、大坡生活圈、新创生活圈、龙广生活圈），项目总数 105 个，总投资 16.26 亿元。至年底，开工项目 105 个，开工率为 100%；完成项目 105 个，完成率为 100%；到位资金 16.26 亿元，资金到位率为 100%。

【"两场"项目】 2022 年，乌当区完成农贸市场项目 5 个（新添农贸市场、心怡农贸市场、洪济农贸市场、石厂坡临时市场、云农临时菜场）。完成停车场项目 7 个（正德家邦停车场、菩提树停车场、温石路惠民停车场、石厂坡停车场、地矿新庄停车场、新庄路停车场、金江苑老旧小区改造项目停车场），新增公共停车位 3184 个。

【"三改"项目】 2022 年，乌当区棚户区改造项目 8 个（温泉南路地块、新寨坡地块、云上 3 号地块、东风棚改项目一期、土巴寨一期、花都路地块一期、狮岩路地块、区医院地块），改造任务户数为 4945 户，改造面积为 67.74 万平方米，开展预征收及安置房选址工作，累计签约 4959 户，总体签约率为 100%。老旧小区改造项目 6 个（观溪片区、新都花园、新创路片区、三变办片区、生活桥小区、中心城区），改造户数 5074 户，改造面积 44.06 万平方米，总投资 1.6 亿元，到位资金 1.22 亿元，资金到位率为 76%。均达成市级改造目标任务。背街小巷改造 50 条，全部完成改造并纳入长效管理，总投资 4770 万元，总长 18313 米，惠及群众 95774 人。

（区住建局）

金江苑小区"一圈两场三改"座谈会 （郭渊 / 摄）

城市更新

【概况】 2022 年，乌当区推进棚户区和老旧小区改造，涉及棚户区改造项目 2 个：狮岩路地块、区医院地块。老旧小区改造项目 4 个：新创路片区老旧小区改造项目、三变办片区老旧小区改造项目、新光路街道生活桥小区老旧小区改造项目、中心城区改造项目。

【老旧小区改造】 2022 年，乌当区老旧小区改造项目 4 个，涉及 3750 户，总建筑面积 33.57 万平方米，总投资 11835 万元。其中，新创路片区老旧小区改造项目涉及改造户数 591 户，10 个小区，43 栋，改造面积 5.47 万平方米；三变办片区老旧小区改造项目涉及改造户数 1113 户，17 个小区，29 栋，改造面积 7.39 万平方米；三感社区试点项目（新光路街道生活桥小区老旧小区改造项目）完成 195 户改造，改造 5 栋，改造面积 2.53 万平方米；中心城区改造项目包含 3 个正在实施的改造项目：乌当区观溪路周边片区老旧小区改造项目，涉及改造户数 496 户，11 个小区，19 栋，改造面积 4.496 万平方米；雅旭园片区项目涉及 415 户，1 个小区，16 栋，改造面积 3.49 万平方米；金江苑小区改造项目（一期），涉及改造户数 940 户，1 个小区，36 栋，改造面积 10.12 万平方米。

【棚户区改造】 2022 年，乌当区涉及棚户区改造项目 2 个：狮岩路地块涉及改造户数 1241 户；区医院地块涉及改造户数 999 户。共改造户数 2240 户。

（区住建局）

城乡供电

【概况】 2022 年，乌当供电局服务乌当区域供电客户 14 万余户，拥有配电线路总长 1289.6 千米，共 121 条，其中公用配电线路 85 条、专用线路 36 条。管理维护公用配变 900 台，专用配变 2557 台。年内完成 56 次保供电任务，投入保供电人员 236 人次，出动发电车（机）77 台次。发布预警 13 次（其中黄色预警 9 次，蓝色预警 4 次），发布应急响应 10 次（其中 IV 级 6 次，III 级 1 次）。

【电力供应保障】 2022 年，乌当供电局保障地方经济社会发展，梳理需求侧响应用户 70 户，需求侧响应容量 2300 千瓦，负荷管理错峰负荷 2240 千瓦。推进乌当区营商环境工作，聚焦"获得电力"便利度、客户满意度，全年完成售电量 12 亿千瓦时，客户平均停电时间 4 小时 / 户。城市居民端电压

2022 年 6 月 15 日，南方电网贵阳乌当供电局羊昌供电所工作人员走进甲岗蔬菜大棚开展上门服务，确保蔬菜丰收季大棚用电无忧　　（周晓珊 韦云 供图）

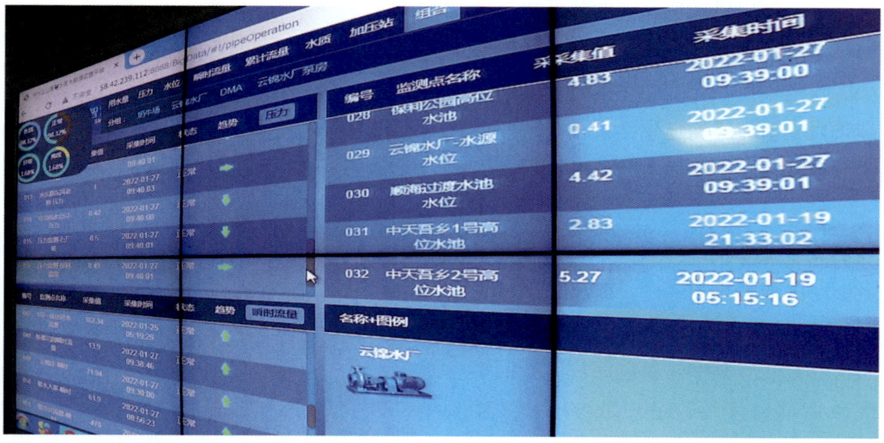

乌当供水公司通过管网检测平台，实时监测全区所有管网的运行情况　　（区水务局 供图）

合格率为 100%，农村居民端电压合格率为 100%。全面完成 36 项涉电公共安全隐患治理。

（贵州电网乌当供电局）

城市供排水

【概况】 2022 年，乌当区水务有限公司供水量 3019.33 万吨，售水量 2552.54 万吨，水质综合合格率为 100%。营业收入 10954.46 万元，利润总额 310.76 元，完成考核目标 100.16%。成立营商环境工作小组，在“托管式”贵人服务基础上，为企业用户和群众提供供水服务，召开用户座谈会 2 次，提升用户对获得用水的满意度。

【供水管网改造】 2022 年，乌当区水务有限公司完成 PE 管材老旧管网改造 3500 米，主要为：东风大道（右管）DN300 管 2000 米、贵州龙新天卫城 DN100 管 1200 米，贵州龙新天卫城 DN150 管 300 米。增设压力监测和区域流量计，降低因供水压力过高造成频繁爆管。完成保利公园高位水池 DN500 管接驳火石坡区城 DN300 管 600 米，投资 109.20 万元。完成云锦水厂应急药剂项目，高新路污水处理厂路口至新东桥 PE300 管改造 1012 米。

【供水管网建设】 2022 年，乌当区水务有限公司结合农村“治水”工作，以城镇管网延伸及千人以上覆盖为重点，将东风镇高穴村、茅草村，高新路街道阿栗村等城市周边村寨纳入城市管网覆盖范围，实现城乡水务一体化，巩固提升 1 万人饮水安全。水田镇上坝村供水保障工程完工并通过验收。高穴片区完成配水管 3485 米，阿栗片区完成主管工程量 2350 米，完成总进度的 70%。争取市级补助资金 940 万元加快推进镇、村 174 处村民组自行管理的饮水安全维修养护工程及 14 处千人以上集中规模化供水工程升级改造，巩固提升 23810 人饮水安全。推进偏坡布依族乡新寨、水田镇兴隆二组、百宜镇上下廊道等 3 处农村饮水安全改造工程。新建改造城市供水管网 1000 米。

【污水处理】 2022 年，乌当区实施主城区环溪河截污工程建设工程，该管网起点位于乌当区龙广路，在顺海立交汇入松溪河截污沟，管网全长 3.9 千米，解决龙广路片区排水困难问题。实施松溪河、环溪河水质达标整治工程，对松溪河、环溪河一级截污管进行物探检测，检测里程 13.5 千米，完成严重缺陷修复 221 处，完成管道清淤 4480 米。启动松溪河流域提质增效工程，对流域范围内污水管网进行检测。完成顺海大沟、龙塘大沟整治，顺海大沟工程解决行政中心山塘湖水直排入河以及大沟沿线雨污水混接问题，项目完成污水管网整治 8300 米，完成污水管网新建 1490 米，雨水管新建 260 米，完成 2800 米大沟截污沟修复，每天减少清水进入松溪河截污沟 6500 立方米；龙塘大沟工程新建雨污水管道 7632 米（包含雨污水管错搭乱接改造的管道），管道结构性缺陷修复75处，截流口改造10处，雨污水管错搭乱接改造30处，出水口水质均通过省、市督察验收。实施高新路污水处理厂至新东桥段1千米管网改造。新建改造雨水管网6千米项目，7月初启动建设，主要实施松溪河顺海大沟至贵御温泉沿河两侧污水管网整治。

【乡镇污水处理厂建设】 2022年，乌当区完成建制镇污水处理厂建设并投入试运行。建制镇污水处理厂建设投资2亿元，建设8座污水处理厂，其中7座投入试运行，污水厂处理规模达0.4万吨/天，实现集镇污水管网全覆盖、全收集、全处理。

【用水管理】 2022年，乌当区水务局加强用水总量管控，完成重点公共供水企业3家、重点工业4家、重点服务业企业5家共12户审核工作，审核完成率为100%。根据全国用水统计调查直报系统填报、审核情况进行统计，涉及的12户重点取用水户，前三季度用水量未发现超计划用水；对泉丰公司等3家区级重点企业实行延期缓缴规费的帮扶。全面完成28户自备水源单位和10户打捆办理农村饮水以及1个灌区的取水许可电子证照转换工作，全面实行取水许可证照电子化管理，普及率达90%以上。完成31个水保方案审批，其中方案审批14个，备案表17个，验收备案3个。全年新增计划用水户19户，临时施工用水户9户，完成高耗水行业节水型单位创建1家，节水型机关和小区创建14家，纳入计划用水管理312户。计划用水户率≥90%以上。执行最严格水资源管理制度，推进自备水源单位规范化管理建设，采用取水许可档案管理按照“一户、一证、一档”原则，建立健全取水许可台账，实行分户建档，规范和完善取水许可档案，完成所有取水许可证河道外取水口标志牌设置，取水口实行“一口一牌、一牌一码”，全面实现“身份证”式管理。

（区水务局）

建筑业管理

【概况】 2022年，乌当区有注册建筑企业17家，完成建筑业总产值161.27亿元，增速11%，在贵阳市排名第五。全年处理拖欠农民工工资27起，涉及民工工资1.55亿元，涉及人员8000余人。

【工程建设项目审批】 2022年，乌当区将工程建设项目审批事项由74项精减至46项，审批时限由80个工作日压缩至59个工作日。全年办理建筑工程施工许可证30个，均在承诺时限和规定申报材料要求范围内完成审批及发证。

【工程建设项目验收】 2022年，乌当区竣工验收项目13个，工程竣工备案项目13个。开展工程质量巡查78次。区住建局参与基础、主体、竣工监督验收23次。

（区住建局）

房地产行业管理

【概况】 2022年，乌当区在建在售商品房项目14个，其中涉及“问题楼盘”和“保交楼”项目5个（中天吾乡、乐湾国际、恒大都会广场、温泉御景和幸福里）。全年房地产投资55.6亿元，比上年下降16.06%。

【商品房销售】 2022年，乌当区商品房销售额19.89亿元，比上年下降26.03%。完成商品房销售备案1561套，比上年下降38.8%；销售面积18.41万平方米，比上年下降36.34%。新建商品房销售均价10783.95元/平方米，比上年增长15.88%。全年房地产市场商品房存量130.15万平方米，去化周期58.1个月。

（区住建局）

城市管理

【概况】 2022年，乌当区推进城市精细化管理，助推“美丽乌当·活力新城”建设。发挥智慧城管应用系统作用，“智慧城管”激活率为99%，排班率为97%，使用率为88%。建好用活“一中心、六张网”，即：城市管理监督指挥中心为中枢，5个街道中队、1个应急中队，6支队伍为网格处置力量，专人值守监控大屏，随时对城区各路段、各时段的市容环境秩序、环境卫生保洁、市政设施维护、绿化绿植养护、渣土运输管理、应急突发事件等方面，进行精准调度，第一时间发现调度处置和整改回复。全年出动执法人员5300余人次，开展集中整治240余次。将沿街商户信息录入“数智贵阳‘门前三包’移动端”，重点对沿街商铺“门前三包”责任制落实不到位的占道经营、乱停乱放、乱搭乱建等城市乱象进行整治。排查门头牌匾3360余户，存在安全隐患整改34户。严格查处机动车侵占市政设施行为。查处社会生活噪声17起，建设施工噪声820余起。加强市政设施巡查管护，保障设施正常运行。采取“限时清运”“随时清运”及不间断巡回清收保洁及“定人、定时、定路段、定责任”的方式，对各路段进行清洁打扫，保证城区大环境卫生的干净整洁。

【园林绿化】 2022年，乌当区新增城市绿地21.2万平方米，其中新增公园绿地5.01万平方米，新增小微公园2个，改造公园绿地4.39万平方米。

【违法建筑专项整治】 2022年，乌当区严厉打击违法建设行为，拆除违法建筑747户（处），面积282643.9平方米，完成市级25万平方米目标任务的113.06%，其中拆除重点区域违法建筑户129户（处），完成重点区域2万平方米目标任务的295.41%。全年收到涉及违法建筑投诉举报件44件，其中市指挥部转办件18件、群众来访4件、来信来电投诉22件，全部处置完成。

【背街小巷环境综合整治】 2022年，乌当区综合行政执法局推进背街小巷环境综合整治提升。4月底启动全区背街小巷改造，项目涉及20条街巷主体工程全部完工，其中完成文化街区改造10条，普通街巷改造10条。

【市容秩序整治】 2022年，调查违建户数106户，依法拆除违法城区建筑22558.29平方米，清理乱堆乱放560起；成立市容环境卫生综合整治小组，对辖区市容秩序开展综合整治行动，共出动执法人员5460余人次，开展集中整治260余次，共治理各类占道经营21000余起，依法暂扣各类违章物品680起，清退门面延伸占道经营5100余起，对商户不履行“门前三包”责任制下达《责令停止（改正）违法行为通知书》46起，下达《当场处罚决定书》105起，依法处罚不履行“门前三包”113起；清理“野广告”、横幅布标、落地广告牌2500起；劝离机动车、非机动车上人（步）行道、侵占市政设施违章行为3900余起，宣传教育2530余人次，依法对占用人行道停放车辆贴单2327起，依法锁扣电瓶车59起，实施行政处罚249起。

（区综合行政执法局）

乌当区垃圾分拣中心控制室　（区综合行政执法局 供图）

环境卫生

【垃圾处理】 2022年，乌当区综合行政执法局对垃圾分类投放点、公共厕所进行实地排查，新增设公厕1座，新增设垃圾投放点19个；完成600吨厨余垃圾收运处置项目调试验收；在54个高层小区352栋11415层楼设置干湿垃圾分类桶，更新补充老旧小区分类桶；发放240升分类桶1400组，完善97个老旧小区分类设施。拟定《乌当区农村“治垃圾”工作实施方案》，完成7个乡镇可回收物及有害垃圾回收站、58个村级可回收物及有害垃圾收集点建设，并通过验收。农村生活垃圾日均外运处置30吨，实现外运垃圾减量50%的目标。

【建筑垃圾专项整治】 2022年10月17日—10月23日，乌当区综合行政执法局渣土所开展建筑垃圾整治，采取定时与不定时巡查机制，加强工地巡查监管，遏制工地进出口路面污染、遗撒建筑垃圾等行为。出动执法人员70人次、执法车辆16台次，在新添大道、马百路、北京东路延伸段等路段设卡检查10次。开展建筑垃圾运输车辆巡查整治，严厉打击不规范运输建筑垃圾、随意倾倒建筑垃圾及违反《城市建筑垃圾管理规定》等行为，查处违章车辆15辆次。

【乌当区垃圾分拣中心完工】 2022年12月，乌当区垃圾分拣中心建设完工。乌当区垃圾分拣中心建筑面积10000平方米，总投资8000万元，生活垃圾处理能力为500吨/日。分两期建设。主要包括分拣转运车间、可回收物及有害垃圾暂存仓，以及配套的除臭系统、消防系统、生产及管理用房、宣教展厅等。该项目采用物理降尘+化学洗涤+活性炭吸附除臭工艺，降低臭气排放，提高臭气收集率。

（区综合行政执法局）

乡村振兴

综　述

【概况】　2022年，乌当区全面深化农村综合改革，推进农村人居环境整治，稳步提高农民收入，打牢农业农村高质量发展基础。成立区委农村工作领导小组和乡村振兴战略领导小组、“强省会”行动乡村振兴指挥部、农业现代化专项工作组，建立横向互动、上下联动、信息畅通工作机制。出台《关于全面推进乡村振兴加快农业农村现代化的实施意见》《推进现代农业产业示范带建设实施意见》《关于下发乡村振兴产业示范带产业支持政策十条措施》等文件，形成“1+10”政策体系。推进农村产业革命，形成“蔬果药花茶”和生态养殖“5+1”特色优势产业，夯实“百园百品”精品农业发展基础，按照“五零”模式（零化学农药、零化学肥料、零化学激素、零添加药剂、零转基因种），推广生态农业发展。启动“五零吾当”乌当区农产品区域公用品牌打造。培育生产主体，采取“龙头企业＋合作社＋农户”组织方式，通过土地租赁＋订单合同、股份合作、返租倒包等模式，实现公司（农场）、村集体、农户等各方互利共赢，参与的农户户均年增加收入1万元以上。全区有市级以上农业龙头企业15家。整合涉农资金，探索以政府托底增信撬动金融资金投入农业的机制，以有效益的产业项目吸引社会资本参与，破解乡村发展“缺钱”难题。全区76个行政村通过换届实现干部年龄和学历“一降一升”（年龄降，学历升）目标，选好乡村振兴驻村队，发挥驻村队员作用，抓党建促乡村振兴，以“筑固工程”为抓手，强化基层党组织战斗堡垒作用发挥。农村常住居民人均可支配收入23765元，增速6.5%。

【村集体经济】　2022年，乌当区全部行政村经营性收入在5万元以上。其中，20万元以上的村28个，50万元以上的村13个。

【新型农业经营主体】　2022年，乌当区有新型农业经营主体507个。年内，规范提升农民专业合作社6家，新增家庭农场22户，新增种养大户154户。成功申报省级合作社3家，星级农业龙头企业1家，星级合作社3家，星级家庭农场6家，星级种养大户18家，市级家庭农场22家。

【耕地保护】　2022年，乌当区制止耕地“非农化”和“非粮化”等乱象，“非农化”和“非粮化”累计治理33.33公顷，撂荒地整治完成83.67公顷，全区耕地利用率在99.5%以上。

【人居环境整治】　2022年，乌当区各乡（镇、街道）在重要节日等时间节点前对各乡（镇、街道）政府、街道办事处、村委会所在地，454户以上村寨进行清扫整治。开展“三清一改”整治行动，发动农民群众投工投劳数量23113人次；清理农村生活垃圾9014吨；清理村内塘沟349口；清理村内沟渠1304.5千米；清理畜禽粪污等农业生产废弃物3458.5吨；拆除残墙断壁201处。实施村庄清洁行动，基本实现农村人居环境干净整洁有序清爽。

【沼气池安全生产】　2022年，乌当区落实沼气池安全生产“三级包保”责任体系，明确包保责任人。区农业农村局与各乡（镇、街道）签订“农村沼气安全目标责任书”（镇级）；各乡（镇、街道）与村（社区）签订“农村沼气安全目标责任书”（乡级）；乡（镇、街道）和沼气工程业主单位与农业农村局签订“沼气工程安全生产责任书”。制作31块沼气工程包保责任牌，全部挂牌上墙。开展乌当区沼气设施安全隐患排查整治专项工作，投入排查整治小程序管理员和信息员326人，录入沼气设施信息6328条。采取边录入边整改方式对辖区内沼气设施隐患进行整改。对辖区内沼气设施进行全面梳理摸底，建立3个台账，并按照最新工作情况完成动态更新。各乡（镇、街道）对已经填埋的农村户用沼气池及沼气工程进行全面排查，完成填埋名单梳理及相关资料整理。

（区农业农村局）

农村改革

【概况】　2022年，乌当区完成农村宅基地、基地建设用地权籍调查入库登记任务，审批宅基地81宗。新增5%建设用地机动指标，支持乡村新产业新业态发展。创建农村闲置宅基地和闲置住宅盘活利用示范点2个。完成土地确权长效管理。实施农村“三变”（资源变资产、资金变股金、农民变股东）共享项目4个。推进农村集体产权制度改革，全区74个村完成村党支部书记担任村集体经济股份合作社负责人工作，换发农村集体经济股份合作社登记证书。通过农村改革创新，培育苌楚农业、高山红等市场主体流转土地发展现代农业。

【农村宅基地管理】 2022年，乌当区申请宅基地267宗、面积3.06公顷，拟使用新增建设用地114宗、面积1.27公顷。审批宅基地81宗、面积0.88公顷、涉及人数263人，批准使用新增建设用地21宗，面积0.24公顷。创建偏坡布依族乡偏坡村和新堡布依族乡王岗村2个农村闲置宅基地和闲置住宅盘活利用示范点，盘活农房40栋，盘活宅基地面积0.48公顷，盘活农房面积0.92公顷，经营业态包括农家乐、民宿、刺绣、编花篮、豆腐作坊、超市，盘活涉及农户40户，盘活涉及人口129人，盘活带动农户增收173.7万元。发现宅基地违法总数18宗，全部依法处置完毕。

【农村集体产权制度改革试点】 2022年，乌当区74个村党支部书记担任村集体经济股份合作社负责人，颁发40个村农村集体经济股份合作社登记证书。

【农村“三变”改革】 2022年，乌当区76个村39634户129468人参与农村“三变”改革。实施农村“三变”共享项目4个：东风镇云锦尚城手提袋加工后续项目、下坝食用菌种植基地设施建设、百宜镇优质高产辣椒生产示范基地建设、新场镇王坝村食用菌产业，总投资712.27万元。

【土地流转】 2022年，乌当区通过农村改革创新培育苌楚农业、高山红、弘黔公司等市场主体到乌当区流转土地发展现代农业，完成土地流转100.38公顷，全区累计流转土地2000多公顷。

2022年，完成农村“五治”后的新堡布依族乡王岗村 （农业农村局 供图）

【土地确权】 2022年，乌当区完成土地确权长效管理，新增确权4400户，变更1205户，发放证书4399本。

（区农业农村局）

乡村治理

【农村基层组织建设】 2022年，乌当区实施基层党组织“筑固工程”，在各村采取集中学习和个人自学相结合、“线上学习”和“线下教育”相结合方式，教育引导党员、干部衷心拥护“两个确立”、忠诚践行“两个维护”。5月20日，乌当区新堡布依族乡第一联村党委在王岗村铜鼓广场宣讲省第十三次党代会精神，马头、长坡、陇脚、王岗等村的乡党代表通过宣讲为本村发展建言献策。年内，全区开展理论学习中心组集中学习2次，举办培训班8期。区、乡（镇、街道）组织开展村（社区）干部上讲堂20余次。全区533个党支部召开2021年度专题组织生活会并开展民主评议党员工作。实行区委常委会定期听取党建工作汇报、区委常委“五个定点”联系指导党建工作、党委（党组）班子成员党支部联系点等制度，明确区委常委定点联系乡（镇、街道）、基层党组织，通过下发党建工作要点、党建重点任务清单、抓党建促乡村振兴工作要点等明确党建责任，采取党建成效考核、定期集中观摩、年度述职考核评议等形式，抓好党建责任的落实。开展在职党员“双报到”“党旗在基层一线高高飘扬”“党课开讲啦”“我为群众办实事”“学习身边榜样”“讲好党员故事、展示党员风采”等活动，实行党员积分管理和无职党员设岗定责。组建200余支党员志愿服务队，建立1200余个党员先锋岗、责任区，推动解决问题100余个；加强党员队伍建设，举办发展对象培训班1期，参训人员106人。开展村（社区）“两委”换届“回头看”，成立11个回访调研组，通过个别访谈、入户走访等方式，对全区110个村（社区）“两委”换届后运行情况开展“回头看”，发现问题18个，现场督促整改8个。围绕党建引领基层社会治理，构建“乡（镇、街道）党工委＋村（社区）党组织＋网格党小组”三级组织体系，建立“一中心一张网十联户”“党小组＋网格员＋联户长”铁三角基层治理机制，划分网格598个，配备专职网格员579人，建立网格党小组408个，网格党组织实现全覆盖。实施村干部“学历提升”工程。乌当区实行差异化“一村一策”发展，76 个村均制定发展壮大村级集体经济方案。

【法治乡村和平安乡村建设】 2022 年 4 月，乌当区司法局开展“法治进乡村”活动，采取悬挂横幅、发放宣传资料、春节对联、设置法律咨询台等方式重点宣传《中华人民共和国宪法》《中华人民共和国民法典》《中华人民共和国人民调解法》等与百姓生活密切相关的法律法规，发各类宣传资料 300 余份，接待咨询群众 100 余人次。开展“2022 年青年普法志愿者法治文化基层行”活动，通过进农村广泛开展普法宣传、法律咨询、法律服务，培养更多的法律明白人、法治宣传员。开展 2022 年“百名法学家百场报告会”法治宣讲活动，邀请法学专家汪国庆以“美好生活民法典相伴”为题作专题讲座。开展“入村寨进社区走企业访群众”大走访活动，全区政法信访各单位主要领导及班子成员到乡镇、农户走访群众 1896 户，收集到问题线索和意见建议 205 条，解决问题及困难 200 个。开展矛盾风险防范化解，推动社会稳定风险评估制度化、规范化、专业化，健全矛盾纠纷多元化解机制，组建矛盾纠纷联动调解中心，探索建立“1+2+N”诉源治理模式，将各类矛盾纠纷化解在基层和萌芽状态。创建无毒村（社区）110 个、无毒乡（镇、街道）10 个；社区戒毒社区康复执行率为 100%，禁毒工作群众满意度为 99.16%。推进“一中心一张网十联户”三位一体综合运行体系建设工作，全区建成“三级”综治中心 124 个，划分一般网格 579 个，划分“十联户”单元 7069 个。探索市域社会治理新模式，打造羊昌镇产镇融合基层社会治理示范标杆、新堡布依族乡精准精细基层社会治理示范标杆、偏坡布依族乡共治善治基层社会治理示范标杆 3 个基层社会治理样板，26 个平安示范村（社区）及 10 大平安示范行业等。

【村级事务阳光工程】 2022 年，乌当区巩固村（社区）务公开民主管理示范区建设成果，村（社区）务公开工作常态化、制度化、规范化。7 月 11 日—15 日，乌当区村务公开工作指导小组到全区 6 个镇 2 个乡 5 个街道辖区的 10 个村委会和 7 个社区居委会开展第二季度村（社区）务公开工作督查。各村（社区）务公开栏设置合理，内容全面，均能按照规定对公开事项及时更新。

新堡布依族乡陇脚村分散式污水处理设施　　（区农业农村局 供图）

【移风易俗示范村创建】 2022 年，乌当区创建羊昌镇甲岗村、百宜镇红旗村、新堡布依族乡王岗村 3 个市级移风易俗示范村，按照“三统一”“一确保”标准，即统一场地、统一程序、统一服务、确保安全，倡导建设“婚事新办、丧事简办、其他不办”城乡文明新风，3 个示范村通过市级验收。

【农房风貌整治】 2022 年，乌当区开展农房风貌整治，重点靓化农房风貌，优化房屋功能布局，美化村寨周边环境。完成农房风貌整治 1050 户，其中羊昌镇 350 户、百宜镇 300 户、水田镇 80 户、新堡布依族乡 80 户、新场镇 80 户、偏坡布依族乡 80 户、下坝镇 80 户。建立农村建筑工匠库，培训 134 人，全部通过考试获得证书。

（区农业农村局）

农村“五治”

【治房】 2022 年 3 月，乌当区农村“治房”动员大会召开，成立以区政府副区长为组长的农村“治房”工作领导小组，制定《乌当区农村“治房”工作实施方案》，完成 48 个村规划编制。完成农房风貌整治 1050 户。其中，羊昌镇 350 户、百宜镇 300 户、水田镇 80 户、新堡布依族乡 80 户、新场镇 80 户、偏坡布依族乡 80 户、下坝镇 80 户。开展房地一体权籍调查 30894 宗，登记入库 8004 宗，入库汇交率为 100.05%。摸底调查闲置宅基地 7284 宗、闲置宅基地面积 99.6 万平方米、闲置房屋 112.36 万平方米；创建新堡布依族乡王岗村和偏坡布依族乡偏坡村 2 个农村闲置宅基地和闲置住宅盘活利用试点，示范引领全区闲置农房盘活利用全面铺开。新堡布依族乡王岗村有 4 户农房在贵州省农村资源资产权益交易中心贵阳运营中心平台挂网出租。组织 134 人参加农村建筑工匠培训，全部通过考试并获合格证书。

【治水】 2022年，乌当区完成5个行政村生活污水治理，2个农村供水保障工程。生活污水治理方面，阿栗村、新村村、大桥村、大岗村、谷溪村等5个行政村完成生活污水治理，全区建成乡镇污水处理厂7座，村级污水处理厂1座，处理规模为4230立方米/日，覆盖人口1.6万人；建成集中式、无动力分散式污水设施316套，启动并完成不正常污水设施提升改造47套，覆盖人口2.2万人，设施正常运行率为90%以上，全区污水收集处理率为68%以上。供水保障方面，阿栗片区和高穴片区2个供水工程竣工。全区累计建成农村集中式供水工程186处，农村供水水厂7座，供水保障工程完成率为100%，农村供水覆盖率为100%，入户率为100%。城乡水务一体化覆盖37个村65874人。乡镇、村组自行管理农村饮水安全工程涉及39个村74463人。东风镇高穴村、高新路街道阿栗村等14处千人以上集中供水工程和城市周边村寨纳入城市管网覆盖范围，巩固提升23810人饮水安全。黑臭水体治理方面，采取“截污控源、清淤疏浚、生态修复、水体净化”等措施，完成纳入国家监管的农村黑臭水体综合治理1处。

【治垃圾】 2022年，乌当区建设乡镇可回收物及有害垃圾回收站7个，建设村级可回收物及有害垃圾收集点58个并验收合格。投放垃圾斗653个、垃圾桶108个、果皮箱130余个。发放干湿垃圾分类桶1万余个，可回收垃圾收集筐8000余个。农村生活垃圾日均外运处置30吨，实现外运垃圾减量50%。

【治厕】 2022年，乌当区增强群众“治厕”意识，发布新闻宣传207条，推送短视频宣传6000余次，发放治厕倡议书、明白卡等宣传资料27620份。

2022年6月21日，羊昌镇黄连村开展“板凳会上聊‘五治’ 农家院里谋振兴”座谈活动
（区农业农村局 供图）

组建3支技术队伍，即：区、乡两级改厕技术队伍、村级监督人员及项目监理方队伍和改厕工匠队伍。其中，区级技术人员6人、乡（镇、街道）级51人，村级监督人员118人，改厕工匠320人。开展以会带训、专题培训、“首测过关”等技术服务2853次，组织培训2415人次。累计建成乡村公厕107座。年内完成“治厕”7130户，完成率为100.79%。其中，旱厕5818户，无厕户635户，非卫生厕56户，新建集中管网收集621户。制定下发《贵阳市乌当区农村户厕问题摸排整改“回头看”工作实施方案》，开展农村户厕问题整改，摸排农户28756户（其中，水冲式21522户，达到无害化户厕7992户，还需改造户厕7244户）。2013年至2022年各级财政支持改造的农村户用厕所2513户，其中不能全年使用户厕1597户。存在问题为厕屋问题81个、厕具问题140个、粪池问题1410个、用水问题107个、粪污处理问题1053个、后期维护问题581个、其他问题4个。年内完成整改136户，列入“十四五”期间长期整改1461户。完成农村户厕问题摸排整改95户。

【治风】 2022年，乌当区110个村（社区）全部完成村（社区）民公约修订，将“婚事新办、丧事简办、其他不办”纳入其中，并成立红白理事会。党员全部签订《文明节俭操办婚丧事宜承诺书》。建立信息共享、行业监督、安全检查、红白喜事备案机制，完善举报奖励制度，规范举报线索处置流程。通过倡议书发起来、承诺书签起来、喇叭喊起来、招呼打起来、活动办起来和新媒体作品转起来，持续提高群众“三率”（知晓率、支持率、满意率）。发放倡议书26万份。开展移风易俗下基层文艺巡演、“花画田园·囍在乌当”集体婚礼等活动130余场，志愿服务活动2410余场；制作宣传景观小品、墙绘等290余处，宣传视频230余个，总点击量500余万人次。创建羊昌镇甲岗村、百宜镇红旗村、新堡布依族乡王岗村3个市级移风易俗示范村，创建水田镇竹林村、新堡布依族乡大寨村2个区级移风易俗示范村。全区16个村试点将遵守村规民约等内容纳入积分管理制度，实行“红黑榜”管理和积分量化考评。

（区农业农村局）

乡村人才

【高素质农民培育项目】 2022年，乌当区完成高素质农民培育96人。其中，乡村治理乡村建设培训班21人、经营管理型培训班30人、专业生产型培训班45人。

【基层农技推广体系改革与建设】 2022年，乌当区实施基层农技推广体系改革与建设补助项目，补助资金50万元，开展农技人员培训，完成农技人员能力提升100人。其中，省级50人、区级50人。完成百宜苌楚猕猴桃、新堡优质稻米种植2个基地培训任务200人次。

【农技人员创新创业行动】 2022年，乌当区激励农技人员创新创业，共98人参与基础性示范服务，6个技术团队（个人）参与揭榜挂帅。

【农村实用人才培养】 2022年，乌当区培养农村实用人才，新增农村实用人才732人。对新增实用人才以及以前完成的存量全部进行系统化录入，纳入系统化管理，完成各类人才统计工作。

（区农业农村局）

乡村产业

【概况】 2022年，乌当区建成高标准蔬菜保供基地10246.67公顷，生猪出栏3.0615万头，水产品产量452吨，形成蔬、果、药、茶、生态畜牧五大重点产业体系，农产品加工转化率达58%。发展林下经济，利用林地221.33公顷种植铁皮石斛、黄精、梦花等中药材，种植冬荪、红托竹荪、羊肚菌、榆黄菇、赤松茸等食用菌面积63.33公顷，林下养鸡、养蜂等面积986.67公顷，乌当区林下经济产值17.8亿元。乌当区有家庭农场88家、农业专业合作社265家、农业龙头企业18家。

【乡村民宿产业】 2022年，乌当区民宿市场快速发展，成为文化和旅游消费新热点。有民宿128家，房间数2182间，床位数5860张。集中分布在偏坡布依族乡、新堡布依族乡、羊昌镇、东风镇。其中，精品级民宿13家。荷塘民宿、寻篱原舍、坡里小苑、山屿驻地、景尚原舍等是具有代表性的“贵州特色民宿”。有乡村旅游客栈经营户11家、农家乐86家。其中，五星级11家、四星级22家、三星级53家。新增民宿或酒店18家。其中，东风镇3家（德业民宿、爱菲斯酒店、禹宸山舍旅店），水田镇1家（山屿驻地民宿），下坝镇1家（新龙门花园山庄），羊昌镇2家（喜相冯旅店、蓝红宾馆），百宜镇1家（宜仙居民宿），新场镇1家（金昕酒店），新堡布依族乡1家（铜鼓庄园），偏坡布依族乡1家（树隐小筑），观溪路街道1家（蓝波湾一号酒店），新光路街道3家（贵州欧曼酒店、贵阳万家筑业酒店、新天大酒店），高新路街道1家（颐养东方老年公寓），泉丰城投1家（凯华花园酒店），五韵旅投1家（乌当纸墨书香别院音乐艺术酒店）。

【林下经济产业】 2022年，乌当区建设完成林下经济产业4处。香纸沟风景区：分布有山、水、石、林、洞、瀑布、峡谷、岩溶、文化古迹、民族风情等自然资源与人文资源。枫叶谷旅游度假区：省级体育公园，园林式温泉依山而建，有红枫、紫薇、桂花等珍贵树种，是国防技能实训（拓展）基地，是全国第三大丛林树上拓展项目。盘龙山省级森林公园：具有丰富多彩的阔叶林等生物景观资源，是贵阳市近郊面积最大、生长最好的核心林区，堪称“绿色大氧吧”，“万米云梯”森林步道坐落在林区中，途经观景塔、狮子岩、一碗井、滴水岩，沿途森林茂密、景观密布，主道总长7.5千米，支线2.5千米，共10千米。该森林步道真正体现回归自然体验生态走向健康的文化主题。羊昌黄连省级森林公园：将自然生态环境和厚重沉淀的历史人文景观相结合，有红军亭、白沙井、抗日标语、长征步道等红色文化景观，千年古树银杏树、落水潭瀑布、红色教育基地、布依、苗族文化产业传承，凸显森林康养红色文化。在建林下经济产业1处。百宜镇罗广村乡村旅游项目：有采摘农业、体验农业、康养农业等农业新业态，实现田园变公园、农区变景区、产品变商品、劳动变运动、农家变店家的发展模式。

【农民专业合作社经营】 2022年，乌当区有规模以上专业合作社59个。其中，粮食种植合作社6个，水果种植合作社12个，蔬菜种植合作社16个，养殖家禽合作社3个，养殖猪合作社3个，其他合作社19个。

【五彩农投公司】 乌当区五彩生态农业发展投资有限责任公司（简称五彩农投）于2012年12月28日挂牌成立，有全资子公司5家。2022年，五彩农投依托羊昌·花画小镇业态，开展“花海动物游园季”及“花画小镇梦想节”2次大型主题活动，完成政务接待78批次，人流量15万人次，其中研学接待3.15万人次，完成综合收入480万元。引进20余家企业、个体户商家入驻景区经营，其中房车露营基地增加帐篷露营项目，“花画小镇梦想节”活动增加儿童游乐园及水上游乐设施项目。协助“原味小镇·醉美偏坡”景区运营公司星力集团完成各类活动100余场，共接待游客27万余人，完成景区收入400余万元。贵爽公司盘活乌当区现代农业产业示范带项目，完成土地碎片化治理，完成羊昌镇、百宜镇蔬菜基地出租 83.6 公顷，与百宜百品百园合作社及甲岗村股份经济合作社签订《乌当区农业产业示范带项目百宜镇百宜村蛤蟆冲项目点合作种植协议书》，带动示范带产业发展。五彩鲜配公司通过“统一采购、统一分拣、统一配送”实现农产品生产组织与终端销售灵活对接，通过乌当区中小学、政府机关、酒店等近 20 个点生鲜蔬菜配送业务，完成果蔬、肉禽等农产品供应 16 万余千克，实现销售额 360 余万元。处理综合执法局及市民网络投诉案件 440 余条；对乌当城区各主要路段进行 5 次养护修剪工作；完成城市绿化、春节、二十大氛围营造育苗 210 万株、70 万盆；完成二十大花卉景观设置点位共 6 个。

（李仁凤）

脱贫攻坚成果巩固

【概况】 2022 年，乌当区农业农村局不断巩固脱贫攻坚成果，有效衔接乡村振兴工作。全区脱贫人口及监测对象动态管理系统调整为 1359 户 3681 人。累计审核发放贷款户 341 户，发放贷款 1152.9 万元，贴息 17.85 万元。区财政衔接资金 4177 万元，安排项目 61 个，开工率、安排率、拨付率均达 100%，报账率、竣工率为 100%。在社会扶贫基金使用方面，市、区两级共申报 19 户，拨付资金 84112 元。通过“贵州乡村振兴云”防贫监测系统开展预警线索核实 3500 余条，经研判 51 户纳为监测对象，全部落实帮扶措施。“防贫保”工作方面，全区脱贫户申报 85 人次，理赔金额 484038.9 元。“3+1”保障全面“回头看”专项行动方面，制发专项行动方案，组织涉及人员参加专项行动培训。排查农户 40714 户，排查出 2 个问题均整改销号。点名通过及举一反三排查出的 8 个问题已整改销号。制定专项行动工作方案，召开专项行动调度会议 5 次，实地抽查 7 个乡镇扶贫资产运行情况 5 次，提出工作建议 15 条。

【防贫监测】 2022 年，乌当区通过“贵州乡村振兴云”防贫监测系统开展预警线索核实 3500 余条，每月开展 1 次重点人员排查，纳入监测 29 户 94 人，全部为突发严重困难户。有针对性落实帮扶措施，因病纳入监测的 100% 落实医疗救助、防贫保险，无劳动力的 100%落实民政兜底政策，有劳动力有意愿的 100%落实就业服务和产业支持，户均 2.8 个。乌当区脱贫人口（含监测对象）人均纯收入 18428.93 元，增速 15.09%；易地扶贫搬迁人口收入稳定增长，易地扶贫搬迁一般户人均纯收入 17831.6 元，增速 12.83%；搬迁脱贫户人均纯收入 16657.98 元，增速 16.09%；无年人均纯收入 6700 元以下的脱贫人口。脱贫户和一般农户最低收入均高于监测标准，返贫率、致贫率、漏认定率为 0。

【“3+1”保障巩固提升】 2022 年，乌当区在教育保障方面，实现义务教育阶段辍学学生常态化动态清零。各级各类家庭经济困难学生做到应助尽助，资助学生 14790 人次，金额 938.29 万元。其中，脱贫家庭学生 3338 人次，金额 200.23 万元。实施营养改善计划，惠及学生 20660 人，金额 1051.43 万余元。在医疗保障方面，落实脱贫人口动态参保及资助，实现应保尽保，应资尽资。截至 10 月底，资助脱贫人口参保 3415 人，67.19 万元；资助特困人员（含孤儿和事实无人抚养未成年人）参保 318 人，10.17 万元；资助低保对象参保 2095 人，67.04 万元。落实“三重医疗保障”政策，特困、低保、脱贫人口、突发严重困难户住院（含门诊慢特病）就诊 1623 人次，产生医药费用 426.34 万元，基本医保报销 270.72 万元，大病保险报销 40.43 万元，医疗救助 32.9 万元，共报销 344.05 万元。家庭医生签约服务实现应签尽签，对四类慢病患者提供全程管理，家庭医生上门服务，为脱贫户和突发严重困难人群中的高血压、糖尿病、结核病、严重精神障碍 4 类慢病患者提供 2100 人次的访视服务。在住房安全保障方面，为 32151 户农户出资购买农房保险，并对 44 户受灾农户赔付住房损失金额 75900 元。对全部脱贫户开展房屋安全性评定，出具住房安全性评定结果，未发现住房安全保障问题。在饮水安全保障方面，建有水库 11 座，农村集中式供水工程 186 处，落实维修养护资金 295 万元，实现水源进家、水质安全、长期保障，农村供水工程覆盖率、进户率为 100%。建设蓄水池 380 个 11400 立方米，灌溉渠道 420 千米，农田水利设施不断完善，农村水量、水质、取水便利程度和供水保障率等均符合保障标准。

【产业帮扶】 2022 年，乌当区到位各级财政衔接推进乡村振兴资金 4177 万元，投入产业帮扶衔接资金 2469.95 万元，占比 59.13%，较 2021 年增加 22.88 个百分点。实施产业项目 13 个，覆盖带动帮扶对象 1512 户次。脱贫人口贷款余额户 317 户 1106.57 万元，贴息 17.85 万元，覆盖率为 31.1%。通过产业帮扶，脱贫户生产经营性净收入 3428 元，增长 48.01%。

【就业保障】 2022 年，乌当区开展线上线下招聘活动 32 场，提供企业 348 家，提供岗位 28520 个次，发放宣传资料 2480 份，达成就业意向 2330 人。截至 10 月底，乌当区脱贫人口务工就业 1561 人。其中，安排公益性岗位托底安置“三类人员”814 人，比 2021 年增加 210 人。就业帮扶车间 4 个，吸纳“三类人员”就业 30 人，比上年增加 4 人。

【扶弱济困】 2022年，乌当区印发《区级领导和单位联系村推进巩固拓展脱贫攻坚成果同乡村振兴有效衔接工作方案》等文件，区级领导“一对一”联系34个村，区级77个部门联系77个有农村人口的村（社区），选派72名干部到27个驻村工作帮扶点开展乡村振兴和巩固拓展脱贫成果工作，办理实事188件，协调资金719.27万元；选派单位主要领导和班子成员到村调研171人次，帮助解决困难85个。对农村低收入人口实施常态化帮扶，城乡低保对象1093户1954人，发放低保金969.02万元；特困供养对象234人，发放特困供养金232.46万元，护理费107.97万元；发放高龄补贴325.504万元，惠及老年人5091人；纳入保障孤儿和事实无人抚养未成年人78人，发放生活费85.3万元；发放残疾人生活补贴125.05万元，惠及682人；发放重度残疾人护理补贴137.16万元，惠及1782人。做到应保尽保，应兜尽兜、应助尽助。

【移民安置】 乌当区易地扶贫搬迁安置点云锦尚城位于东风镇洛湾工业园区，占地19820平方米，总投资1.47亿元，修建有14栋住宅楼286套住房，有搬迁群众281户1058人。其中，脱贫户85户282人，民政低保兜底203人、特困供养4人。2022年，乌当区易地扶贫搬迁安置点建成就业创业服务中心1个，实现“一户一人”稳定就业，开展就业创业服务1500人次，促进就业265人次，落实企业吸纳搬迁劳动力3人的社会保险补贴，补贴3.94余万元。引进贵州海德塑料包装有限公司就业扶贫车间1个，利用财政衔接资金建设云锦尚城手提袋加工车间1个，解决40人就业。全年获中央、省级财政易地扶贫搬迁后续扶持资金58万元。居委会建立重点人员台账，每月走访排查1次。除“贵州乡村振兴云”线上行业部门数据对比外，还增加与市场监督管理部门进行农户经商办企业失败线索比对，与信访部门进行因生活困难上访农户线索对比，与应急管理部门进行受灾农户线索对比等，实现风险线索无遗漏。制定出台《乌当区易地扶贫搬迁风险防范化解工作方案》《乌当区易地扶贫搬迁风险防范化解应急预案》《乌当区开展易地扶贫搬迁“回头看”专项行动工作方案》，确保工作规范化。安置点一般搬迁群众人均纯收入17831.6元，比上年增长12.83%；搬迁脱贫户人均纯收入16657.98元，比上年增长16.09%。云锦尚城社区党支部被列为全省党支部标准化规范化建设示范点，社区团支部被评为乌当区五四红旗团（总）支部。

（区农业农村局）

生态环境保护

综 述

【概况】 2022年，乌当区重点围绕工业转型升级行动、公共机构节能行动等工作，推动能源消费强度和总量双控，推进能源总量管理、科学配置、全面节约，促进经济社会绿色转型和高质量发展。开展存量能耗清查，挖掘全区存量能耗，最大限度为全区高质量发展争取能耗空间。由林业、文旅、水务、工信、住建等行业主管部门围绕“四型”产业（生态利用型、循环高效型、低碳清洁型、环境治理型）推进各行业绿色经济发展。提升农村环境质量，推进乡村振兴。开展乌当区高建河（车田河）流域水生态保护与修复治理项目，提升车田河水质，项目投资1350万元，其中河道暗涵污染清理332米，新建生态沟渠690米，新建生态阻隔墙护岸1200米，新建河道生态植物1750平方米，实收集主管网3650米，新建分散式污水处理系统312套，污水收集率为80%。河流水质由原来的劣Ⅴ类提升至Ⅳ水体。按照《乌当区生态环境网格化管理实施方案》，完善区、乡（镇、街道）和村（社区）三级生态环境网格建设，形成“横向到边，纵向到底”的网格化环境监管体系。围绕7张执法要点巡查记录表（畜禽养殖、工业企业、固体废物、核技术监管单位、入河排污口、水源地、疑似污染地块），推动辖区污染源生态环境管理水平提升。依托“双随机、一公开”制度加大对辖区重点行业、重点污染源、非煤矿山、畜禽养殖、散乱污企业等污染源的执法检查力度，严厉打击各类环境违法行为，妥善化解环境信访投诉。全年检查企业819家次，出动执法人员2048人次，立案查处生态环境违法行为为25起，其中下达行政处罚决定书14起，罚款64.75万元。累计约谈存在生态环保问题企业98家次，督促指导企业完成整改。接处环境信访件90件，处置率、回复率、结案率均为100%。兑现环境信访举报奖励9次4200元。

【“两山”基地建设】 2022年，乌当区探索打造生态延伸型“两山”实践创新基地绿色发展转型升级新路径，构建以大健康产业为主导产业体系，以大数据为引领支撑的技术体系，带动全区生态农业、生态工业、生态旅游服务业大发展。形成具有乌当特色的“大数据＋大健康产业＋全域旅游＋生态农业”四大“两山”转化模式。全区持续完善都市现代绿色产业体系，创新都市生态产品供给模式，弘扬“两山”文化，推动共建共治共享，建立健全“两山”基地建设长效机制。

（市生态环境局乌当分局）

环境质量

【大气环境质量】 2022年，乌当区大气环境质量优良率为100%，综合指数为2.36，在贵阳市空气质量考核排名第二位。

【水环境质量】 2022年，乌当区1个国控断面、3个省控断面、15条地表水河流、1个县级以上饮用水水源地、5个农村千人以上水源地，国、省控地表水考核断面、饮用水水源水质达标率为100%。

【土壤环境质量】 2022年，乌当区建设用地安全利用率为100%，土壤重点监管单位（高雁垃圾填埋场）无土壤污染报告。

【声环境质量】 2022年，乌当区功能区声环境噪声监测点位为2个，分别是乌当生态环境分局（2类区）、新庄污水处理厂（一期）（3类区）。乌当区建成区区域环境噪声平均值为55.2分贝，道路交通干线噪声平均值为65.3分贝。

（市生态环境局乌当分局）

污染防治

【水环境综合整治】 2022年，乌当区水务局落实河湖长制，河长常态化开展巡河1807次，区级河长巡河51次，巡河发现问题22个，解决问题16个。每月投入工作经费3万元，聘请专业团队对松溪河环溪河主城区段、南明河保利温泉至乌当大桥每天进行保洁。调动乡（镇、街道）公共资源，组织人员360余人次，对河流两岸及水面周边垃圾、杂物、漂浮物、秸秆、树枝等进行全面清理，累计清理河道180余千米，清运垃圾120吨。以“3·22”世界水日和“6·18”贵州生态日等活动为契机，会同贵阳市水政监察支队、市生态环境局乌当分局、区综合执法局等单位开展“6·18贵州生态日”宣传活动。以“安全生产月”活动为契机，排查各类安全隐患23个，整改到位20个。针对河道违建问题，出动6台挖机、8辆清运车、40人次，拆除3道违法修建拦河坝并清运11车违建渣土360余立方米。涉及中央环保督察群众投诉件2起（环溪河老区委段杂草较多、渔洞峡水厂噪声问题），完成环溪河河道清淤、杂草清理并建立长效机制；督促贵阳筑水水利产业有限公司完成噪声墙安装，解决渔洞峡水厂噪声问题。涉及中央环保督察问题2个（奶牛场污水处理厂进水浓度COD指标较低、小水电生态流量监管不到位问题）。实施松溪河环溪河水质达标整治工程，通过新建沿河污水管道，修复漏损点，奶牛场污水处理厂进水化学需氧量（COD）指标由75毫克/升提升至180毫克/升；涉及小水电3座，所有小水电均建立生态流量预警机制，小水电生态流量下方合格率在90%以上，完成狮子岩电站退出工作。

（区水务局）

【水污染防治】 2022年，乌当区生态环境分局印发《乌当区集中式饮用水水源地环境保护“十四五”巩固提升工作方案》，实施城乡集中式饮用水源保护区调整、划定及取消工作，调整取消乌当区水田镇三江马儿沟、水田镇定扒龙洞塘农村千人以上集中式饮用水水源地。加大松溪河、环溪河水质达标治理，通过整治，松溪河环溪河水质达标，奶牛场污水处理厂进水浓度COD指标由原来的75毫克/升提升到180毫克/升。

【大气污染防治】 2022年，贵阳市生态环境局乌当分局制定《乌当区2022年环境空气质量保障方案》《乌当区2022年—2023年冬春季环境空气质量管控攻坚工作实施方案》《乌当区轻、中度污染天气应急管控方案》，开展环境空气质量改善工作，补齐扬尘污染防治短板，推进细颗粒物和臭氧联防联控，强化轻、中度污染天气应急管控。开展柴油货车、非道路移动机械等污染治理常态化监督抽测服务监督工作、挥发性有机物综合治理工作，强化大气污染防治。全区空气质量优良率为100%，达到国家二级标准。

【土壤治理】 2022年，贵阳市生态环境局乌当分局开展土壤污染状况调查，加强污染地块风险管控、土壤重点监管单位（高雁垃圾填埋场）的监督管理。督促相关单位开展土壤污染状况调查，定期配合市局开展土壤状况调查评审工作。加强“6+1”土壤重点行业的风险排查、管控，查清疑似污染地块、污染地块情况。加强土壤重点监管单位监管，签订土壤污染防治责任书，定期开展排查，督促土壤重点监管企业按照目标责任书要求抓好落实。开展土壤安全利用，建设用地安全利用率为100%。

【固体废物污染防治】 2022年，贵阳市生态环境局乌当分局配合市级部门完成《贵阳市“十四五”时期“无废城市”建设实施方案》，并按照各项清单及进度逐步推进落实。辖区工业企业产生的固体废物均建设固定堆放场所堆放，与回收利用单位签订回收协议，定期回收利用。加强环境设施、场所的维护管理，做好防扬散、防渗漏等环境污染防治措施。

（市生态环境局乌当分局）

环境监管

【概况】 2022年，生态环境局乌当分局加大对辖区重点行业、重点污染源、非煤矿山、畜禽养殖、散乱污企业等污染源的执法检查力度，严厉打击各类环境违法行为，出动执法人员2680人次，检查企业1073家次。

【环境监测网络建设】 2022年，乌当区集中式饮用水水源地水质监测包括13个农村千人以上集中式饮用水水源

下坝镇巴喇峡谷 （余正发/摄）

2022年1月31日，乌当区综合行政执法局应急队员对航天路开展撒盐除冰行动，保障凝冻期间安全出行
（区综合行政执法局 供图）

地（9个地下水类型，4个地表水类型）；1个万人千吨饮用水源地。每季度监测1次，全年4次。辖区内地表水河流及水功能区断面水质监测包括清水河（未来方舟）、清水河（麦穰）、松溪河、南门河（九眼桥）、鱼洞河（鱼洞峡水库坝址）、鱼洞河（头堡河汇口）、小岩河、三江河（三江村）、普渡河（千坎箐水库坝址）、普渡河（下坝镇营盘山）、武扒箐河、王岗河、石板河（弄箐水库坝址）、石板河（马头寨）、白水河（下坝村）、白水河（河口）、新寨河、车田河、谷溪河（新场镇大桥村）、马路河等15条河流20个断面。农村环境质量监测点位为乌当区新堡布依族乡王岗村，主要开展出入境河流断面、湖库断面、种植业污染断面、农村生活污染控制断面水质监测、环境空气质量监测。5个生态监测样地开展生态环境遥感监测实地核查工作。完成重点排污单位新庄污水处理厂1期、2期，奶牛场污水处理厂监督性监测；完成3家重金属企业6次监督性监测。完成高雁垃圾填埋场每季度1次，全年4次监测。完成火石坡污水处理站、贵黔医院、贵州医科大学附属医院乌当分院等8家企业监督性监测。完成3个入河排污口水质监测。完成3家农村污水处理设施监督性监测（新堡布依族乡：下王岗人工湿地、长坡村人工湿地，水田镇罗庄村人工湿地）。开展1家医院（乌当区人民医院）每周一次监督性监测。开展双溪湿地公园、环溪河五〇一厂、瀑布冷链应急监测等。企业开展自行监测并及时上传自行监测数据，乌当区103家排污单位自行监测完成率为91.99%。开展区域环境噪声监测，乌当区域环境噪声昼间平均等效声级为55.2分贝，达城市区域环境噪声总体三级水平。

【声环境监测】 2022年，乌当区全年监测4次，功能区昼间和夜间监测总点次达标率为100%。区域声环境噪声设定33个监测点位，其中，一类区2个，二类区25个，三类区6个。一类区主要分布在保利公园和小谷龙小学，三类区主要分布在新庄污水处理厂一期、洛湾中学、洛湾小学、大堡村、云锦小学和贵州老外婆风味食品厂区内，其余区域均为二类区。区域环境噪声平均值为55.2分贝，区域声环境噪声监测点位的达标率为100%。设置8条道路交通干线声环境质量监测点位（新添大道、马东路、航天大道、高新路、观溪路、北衙路、新创路、温泉路），道路交通干线噪声平均值为65.3分贝，道路监测点监测结果达标率为100%。

【辐射监管】 2022年，乌当区生态环境保护综合行政执法大队对辖区54家涉核与辐射单位进行定期抽查检查，保障核与辐射安全。开展检查71家次，出动执法人员150余人次，发现一般隐患12条，均完成整改。

【废物废水监管】 2022年，市生态环境局乌当分局对全区98家排污许可证执行报告提交情况进行检查审核，审核通过率为100%。完善危险废物、医疗废物等有害垃圾收运处理体系，辖区内有12家工业企业、83家医疗机构产生的930.59吨工业危废、194.70吨社会源危废、367.12吨医废全部处置完毕。辖区内医疗废物统一交由贵阳市城市投资有限公司进行医疗废物集中处置。

【环保执法】 2022年，乌当区生态环境保护综合行政执法大队立案查处生态环境违法行为14起，下达行政处罚决定书14起，处罚款64.75万元，申请强制执行2起。

【环保信访件办理】 2022年，乌当区生态环境保护综合行政执法大队受理“12345”信访平台62件，“12369”信访平台8件，处置率、回复率、结案率为100%，兑现环境信访举报奖励9次4200元。

【环保督察问题整改】 针对第二轮中央生态环境保护督察反馈乌当区8个问题，39件信访件。截至2022年底，信访件办结32件，其余7件在办理中，8个问题按时序推进。

（市生态环境局乌当分局）

自然资源保护

【森林资源保护利用】 2022年，乌当区森林覆盖率为59.73%，居全市第一。开展森林资源保护，办理11起使用林地手续，批准使用林地面积162.6

公顷，征收森林植被恢复费 4780.73 万元。拟定《天然林资源保护年度实施方案》，与森林管护护林员 208 人、生态护林员 180 人签订管护协议，同各乡镇签订管护目标责任书。推进珍稀树木保护，全区有 1098 株管护古树，重点监测 55 株。实行每月不定期巡查巡视，实现对全区古树名木大树监测。发放宣传海报 500 余份，提高群众保护古树名木大树意识。完成 85980 平方米历史遗留矿山生态修复工作。完成森林抚育面积 333.33 公顷，完成实施 63.33 公顷林下食用菌种植，完成林下经济利用林地面积 14585.6 公顷，其中林下种植 331.33 公顷，林下养殖 387.6 公顷，林下采摘 666.67 公顷，森林景观利用 13200 公顷，完成林下经济产值 17.80 亿元。

【野生动物保护】 2022 年，乌当区在乡镇赶集期间，组织开展 2 次关于野生动植物保护、杜绝野生动植物交易、禁止食用野生动物、保护人民群众生命安全的宣传活动，发放宣传资料 1000 余份；在各乡镇张贴关于野生动植物保护，禁止野生动植物非法交易、非法捕猎滥采滥挖的“2022 清风行动”宣传海报 100 余份。配合森林警察大队开展野生动植物保护执法检查，查处 8 起非法经营国家一、二级保护动物经营案件，其中非法经营国家一级保护动物穿山甲甲片制品甲珠案件 1 起，非法经营国家二级保护动物画眉鸟案件 6 起，非法收购国家二级保护动物凤头蜂鹰案件 1 起。

（区农业农村局）

【土地执法监督】 2022 年，自然资源部下发乌当区卫片图斑 278 个，其中，1—11 月下发卫片图斑 256 个，截至 12 月 16 日，填报为违法和未通过省级审核地块 77 个，违法未通过审核地块耕地面积 6.32 公顷。11—12 月再次下发卫片图斑 122 个。对贵州省土地违法监管平台耕地保护督察系统反馈问题进行整改，其中乌当区 2019 年耕地保护督察反馈问题和往年例行督察“挂账”问题 39 个，完成整改省级通过的问题 20 个，其余问题仍在整改中；乌当区 2020 年耕地保护督察反馈问题 6 个，均在整改中。贵州省重点督办典型问题 33 个，完成整改 3 个，其余问题正在整改中。

【矿产资源执法】 2022 年，乌当区自然资源局对全区 8 个有效采矿权、7 个有效探矿权以及 48 处矿点开展矿产执法监督检查。矿产执法监督检查及巡查采取定期检查与不定期排查相结合的方式，动态巡查 40 余次。

（区自然资源局）

生态环境创建

【生态保护与修复】 2022 年，市生态环境局乌当分局开展乌当区高建河（车田河）流域水生态保护与修复治理项目，提升车田河水质，项目投资 1350 万元，其中河道暗涵污染清理 332 米，新建生态沟渠 690 米，新建生态阻隔墙护岸 1200 米，新建河道生态植物 1750 平方米，实收集主管网 3650 米，新建分散式污水处理系统 312 套，污水收集率达 80%。河流水质由原来的劣Ⅴ类提升至Ⅳ类水体。

【生态环保目标责任考核】 2022 年，市生态环境局乌当分局针对农村生活污水治理任务完成率、空气质量优良天数、地表水水质达标率、地下水环境质量达标率、单位地区生产总值能耗下降、绿色经济占地区生产总值比重、生态文明建设等 7 项指标对区直相关部门、区属事业单位和区属国有企业开展考核工作。其中，优秀（合格）单位 87 家。

【生态环保宣传教育】 2022 年，市生态环境局乌当分局依托“6·5”环境日牵头开展“生物多样日”“全国低碳日”“贵州生态日”“垃圾分类宣传”等系列宣传活动，发动志愿者 100 余人次，参与机关单位 10 余家次，参与企业 10 余家。

（市生态环境局乌当分局）

百宜镇拐吉村 （赵慧鹏／摄）

节能减排

【概况】 2022年，市生态环境局乌当分局完成规模以上工业企业2020年、2021年能耗数据调查。辖区有贵州聚恒达科技实业有限公司、贵州威门药业有限公司、贵阳新天药业股份有限公司属于书面综合监测；贵州景峰注射剂有限公司、贵州健兴药业有限公司属于书面综合监测+现场监测，按时上报书面综合监测表。配合贵阳市生态环境局节能监测站对贵阳新天药业股份有限公司、贵州健兴药业有限公司2家企业在用的电动机、热力输送系统、锅炉、风机、供配电系统、水泵及空气压缩机等重点用能设备进行现场节能监测工作。上报乌当区能源消耗1—12月汇总表以及能源、原材料消耗定额执行1-4季度情况报表。

【落后产能淘汰】 2022年，市生态环境局乌当分局引导工业企业转变能源消费方式推进节能减排，淘汰贵阳市白水河纸厂、贵阳市乌当区下坝白水河纸厂、贵州龙汇纸业发展有限公司3家落后过剩产能企业。

【重点企业节能管理】 2022年，市生态环境局乌当分局开展用能企业工业节能与资源综合利用专题培训。上报贵州天嘉公路工程有限公司、贵州健兴药业有限公司、贵阳新天药业股份有限公司3家企业节能诊断报告表。配合贵阳市生态环境局节能监测站对贵州天嘉公路工程有限公司现场检查和监测工作，在检查中对发现的问题提出节能注意事项及改正措施。上报贵阳新天药业股份有限公司、贵州健兴药业有限公司、贵州景峰注射剂有限公司、贵州天安药业股份有限公司、贵州威门药业股份有限公司5家企业的能源消耗统计报表及能源、原材料消耗定额执行情况报表。

（市生态环境局乌当分局）

【节能型机关创建】 2022年，乌当区机关事务管理局完成上年全区能源资源消费统计数据上报工作，组织全区公共机构开展全国公共机构节水宣传周线上活动，4月12日，制定《关于2022年度乌当区公共机构能源资源节约和生态环境保护工作安排的通知》《乌当区党政机关等公共机构2022年度生活垃圾分类工作方案》。4月22日，组织全区公共机构开展第53个“世界地球日”宣传活动。5月23日，召开2022年全区公共机构节约能源资源和生态环境保护工作推进会。完成区垃圾分类工作专班下达的2022年乌当区党政机关生活垃圾分类台账统计工作。组织全区公共机构开展能耗定额指标及充电基础设施相关数据核定工作，6月5日至7日，组织全区公共机构参与国家机关事务管理局主办的“公共机构塑料污染治理知识有奖‘云竞答’”活动，6月13至19日，组织全区公共机构开展2022年全国公共机构节能宣传周暨“贵州生态日”有关活动。联合新天二小举行“节能宣传进校园”活动。

（区机关事务管理局）

【节能宣传】 2022年，市生态环境局乌当分局利用节能宣传周、世界环境日、世界水日等重要时间节点，在机关、学校、社区、企业等开展节能减排宣传活动。在媒体宣传节能先进经验，曝光节能反面典型，发挥舆论在节能减排中的监督作用。开展以“节能降碳，绿色发展”“绿色低碳，节能先行”为活动主题的节能宣传周和全国低碳日活动，区直部门利用LED显示屏、宣传栏、悬挂横幅等形式开展宣传。6月13日—19日全国节能宣传周期间，市生态环境局乌当分局在未央广场开展宣传活动，发放“应对气候变化知识手册”“限塑减塑永续蔚蓝”“生物多样性”“践行低碳生活我们能做什么”“环境保护从我做起绿水青山就是金山银山”等宣传资料1000余份。

（市生态环境局乌当分局）

【节能降碳管理】 2022年，乌当区落实节能审查制度，遏制“两高”（高耗能、高排放）项目盲目发展，完成区级节能审查56件，区级节能审查告知承诺制备案56个。

（区工信局）

【建筑节能管理】 2022年，乌当区扩大绿色建筑标准执行范围，全区城镇规划区内新建民用建筑执行绿色建筑标准全覆盖，新建城镇建筑设计阶段执行绿色建筑标准的比例为78%。竣工民用建筑执行绿色建筑设计标准的比例76%。建筑节能强制性标准执行率为100%，绿色建筑占比为76%。推进海绵城市建设，29个项目执行海绵城市设计标准，城市建成区内47.48%的区域达到海绵城市建设标准。

【公共机构节能行动】 乌当区31家党政机关通过节约型机关创建省级审核认证。全区累计54家党政机关完成节约型机关创建，创建达标率为100%。

（区住建局）

应急管理

安全生产监督管理

【概况】 2022年，乌当区安全生产形势总体平稳，全年发生生产安全事故3起、死亡4人，均为道路交通事故，与2021年（发生生产安全事故4起，死亡4人）相比事故起数下降25%，死亡人数持平，未发生较大以上生产安全事故。乌当区应急管理局主要领导带队督导检查安全生产、应急管理、防灾减灾救灾工作200余次。共检查3320组次，检查人员11784人次，检查企业6246家次，立案调查802起，行政（刑事）拘留120人（危险化学品和烟花爆竹领域25人、交通运输94人、消防1人），罚款786.15万元。

【安全生产风险管控】 2022年，乌当区应急管理局印发《乌当区应急管理局关于进一步强化党的二十大期间直管行业领域安全生产提级管控工作方案》《关于国庆及二十大期间在全区开展安全隐患大排查大整治工作的通知》《关于进一步加强安全生产重大风险隐患管控工作的通知》，对道路交通、消防、建筑施工等17个重点行业领域开展安全隐患大排查大整治。区安全生产委员会采取每日一调度、每周一汇总工作调度方式，坚决遏制生产安全事故发生。全区派出检查组288组次，检查人员1013人次、检查企业445家次，发现隐患258条，督促整改隐患153条，105条隐患限期整改。

【安全生产执法监管】 2022年，乌当区应急管理局办理行政处罚类案件44起（其中，警告处罚3起、移交公安办理1起），罚款99.7万元（其中，对工贸行业办理案件22起，罚款36.9万元，对危化行业办理案件7起，罚款30.5万元，对烟花爆竹行业办理案件1起，罚款0.6万元，对建筑行业办理案件3起，罚款18万元，对非煤矿山行业办理案件1起，罚款1万元、对个人的行政处罚6起，罚款12.7万元）。以安全生产约谈的模式，对问题较多的企业进行约谈，全年约谈企业11家次。

【安全生产专项整治】 2022年，乌当区应急管理局开展安全生产专项整治三年行动、“打非治违”专项整治行动，牵头组织协调各级各部门对非煤矿山、危险化学品、消防、建筑施工、工贸行业、城镇燃气、旅游景区等重点行业领域开展专项整治，查处非法违法行为16357起，立案调查802起，联合惩戒6家次，行政（刑事）拘留120人；检查发现一般事故隐患8461条，重大事故隐患9条，行政处罚金额786.14万元。

【安全生产宣传培训】 2022年，乌当区应急管理局印发《关于宣传贯彻习近平总书记关于安全生产重要论述持续开展乌当区安全生产全覆盖大宣讲“五个一”活动的通知》，通过发放宣传册、发送宣传短信、张贴宣传海报、播放宣传视频等方式，加强安全生产宣传。全年开展“敲一次门、送一封信、隐患排查”等宣传教育活动，到大中型企业2572家，小型生产经营场所10539家，开展宣讲活动8889场，参加活动人数72531人次，发放各类安全宣传资料30多种50000余份。开展覆盖全区行业部门、乡（镇、街道）的大型培训1次，组织商贸、工贸、建筑施工、民爆、九小场所及市场主体等重点行业培训会15次，到乡（镇、街道）开展培训5次，培训850余人次。培训企业主要负责人和安全生产管理人员13班次，参训人员571人，其中主要负责人263人，安全管理人员308人。开展《灾情管理》《防灾减灾知识》《全国灾害信息员师资视频培训》等内容培训120余人次。

【安全生产责任体系建设】 2022年，乌当区应急管理局成立以区委区政府主要领导为主任、其他班子成员为副主任，区属60个单位主要负责人为成员的区安全生产委员会及16个安全生产专业委员会，形成“1+16”安全生产委员会格局。出台《乌当区党政领导安全生产“党政同责、一岗双责”的实施细则》《中共乌当区委、乌当区政府领导班子成员安全生产责任清单》《乌当区安全生产委员会成员单位安全生产工作职责分工》《乌当区推进企业全员安全生产责任制实施方案》等。组织安委会成员单位签订《安全生产目标责任书》，对严格落实地方党委政府安全生产责任、部门安全监管责任、企业安全生产主体责任进行明确规定，形成较为完善的安全生产责任体系。

【安全生产责任落实】 2022年，乌当区应急管理局落实安全生产责任，局主要领导班子成员带队督导检查安全生产、应急管理、防灾减灾救灾工作200余次。开展安全生产专项整治三年行动和“打非治违”专项整治行动，牵头组织协调各级各部门对非煤矿山、危险化学品、消防、建筑施工、工贸行业、城镇燃气、旅游景区等重点行业领域开展专项整治，采取暗察暗访、专项检查、联合执法、综合督查等形式，对各乡（镇、街道）和重点行业领域明察暗访全覆盖，检查企业966余家次、查出隐患1421条，整改1356条，行政处罚44家，罚款99.7万元。兑现安全生产隐患有奖举报2起，兑现举报奖励6000元。对国务院、省级、市级交办问题隐患，督促各责任部门、各乡（镇、街道）进行整改并开展“回头看”，聘请专家组对危化、工贸等领域开展复查检查，检查企业53家次，查出安全隐患511条，复查国务院督导组交办问题隐患130条，确保问题隐患及时消除、整改彻底。

【安全生产隐患整改】 2022年，乌当区应急管理局制定《乌当区应急管理局2022年度执法工作计划》，开展日常安全生产执法检查，各行业查出隐患1421条，整改1356条。

【危险化学品安全监管】 2022年，乌当区应急管理局开展危险化学品和烟花爆竹“打非治违”，检查发现一般安全隐患185条，整改落实185条。查处涉嫌危险化学品非法储存行为1起，罚款9.5万元。检查烟花爆竹零售店（点）308家次，查出隐患182条，整改182条，吊销烟花爆竹经营许可证（零售）44家。联合公安查处烟花爆竹非法销售4家，行政拘留2人。

【安全生产数字化治理】 2022年，乌当区应急管理局利用“贵阳市工贸小型经营单位安全生产服务云平台”，用数字化治理手段治理防范化解小型生产经营单位安全风险。在平台录入小型生产经营单位4986家次，完成核查1853家次，开展检查1362家次。查出一般隐患239条，完成整改220条，整改率为92%。

【自建房安全排查】 2022年，乌当区坚持“全面摸底、分类排查、压实推进”的原则，对全区自建房屋安全情况进行“拉网式”“地毯式”排查，聚焦城中村、城郊接合部、集镇所在地、三层以上、活动人员超过10人的生产经营性自建房进行重点排查。排查各类自建房36351栋，其中经营性自建房4184栋，非经营性32167栋，专业巡查房屋513栋，现场提出指导意见、消除隐患房屋275栋，行业主管部门整治存在安全自建房29栋，消除安全隐患的经营性自建房44栋。

【安全生产法专题培训】 2022年3月24日，乌当区召开安全生产法专题培训暨安全生产、消防工作推进会。会议邀请安全生产专家就《中华人民共和国安全生产法》进行专题培训。培训围绕《中华人民共和国安全生产法》修改背景与核心要求、修订要点及主要内容等方面进行解读。结合具体案例，对强化企业主体责任、加强监督管理力度、加大对违法行为处罚力度等方面进行讲解。

【安全生产教育考核】 2022年6月，乌当区应急管理局围绕全国“遵守安全生产法，当好第一责任人”主题，组织辖区内工贸行业、交通行业、人员密集场所主要负责人及安全管理人员进行2022年安全生产教育培训并考核。此次培训共开展三期10班次，培训总人数为488人，其中主要负责人221人，管理人员267人。培训内容涉及新《安全生产法》解读、安全责任制落实等。

【消防安全专项检查】 2022年2月25日至3月4日，贵州乌当经开区联合区消防救援大队、区应急局、区工信局等部门，对经开区辖区多家企业进行消防安全隐患排查工作。检查组到贵阳高新惠诚食品有限公司、贵州富鑫酒业有限公司、中国振华集团群英电器有限公司、贵州玖益包装科技有限公司等10余家规模以上企业进行消防安全检查。重点检查企业是否落实消防安全主体责任、日常消防安全管理、消防安全教育培训计划、消防设施设备是否保持完好有效等方面。

（区应急局）

应急救援

【应急预案编制】 2022年，乌当区应急管理局编制完成各类应急预案11个，乡（镇、街道）编制完成“多案合一”应急预案13个，建立应急联动机制、预警传递全覆盖机制26个。

【应急救援队伍建设】 2022年，乌当区组建由党员群众共同参与的应急救援队123支，全年各应急救援队参与森林防火、火警出动、防汛应对等应急处置347次，出动应急救援人员5000多人次。

【应急演练】 2022年，乌当区开展各类应急处置能力培训和实战演练共779场次，涉及210979人。

【应急处置能力提升】 2022年，乌当区应急管理局提升防汛应急处置能力，完善会商预警、值班值守、信息报送、工作记录及调度指挥等5项工作制度。编制《贵阳市乌当区突发事件总体应急预案》，督促各级各部门开展防汛抗旱、山洪灾害防御、冰雹应急演练、疫情防控、应急安全紧急避难撤离等应急演练314场次，培训1800余人次。提升森林火灾应急处置能力，按照《乌当区2022年度森林防灭火工作督促检查方案》《关于进一步加强森林防灭火工作的通知》，设立固定森林防火检查宣传卡点21个，高火险期设立临时森林防火检查宣传卡点58个，巡山护林人员371人，对过往人员、车辆进行宣传及检查，禁止火种火源进山入林。全年出动179组次，837余人次。

【应急值守】 2022年，乌当区应急管理局执行领导干部到岗带班和值班人员全年24小时值班值守制度，健全信息报告及交接班等制度，特别是对值班人员工作职责和值班纪律进行明确细化。执行紧急信息报送要求，规范值班信息报送工作，确保自然灾害、生产安全事故和重大险情及时上报，坚决杜绝突发事件信息迟报、漏报、谎报、瞒报及传达不到位、不及时等现象发生，做到在快的基础上更要准。

【应急避难场所建设】 2022年，乌当区应急管理局完成9个避难场所（即大坡生活圈的贵龙驾校应急避难场所、行政中心广场避难场所；顺海生活圈的为明温泉实验学校避难场所、全林驾校应急避难场所；新创生活圈的石厂坡为明国际小学避难场所、新天三小避难场所；龙广生活圈的振华广场避难场所、大龙潭湿地公园避难场所、新天学校避难场所），2个应急指挥中心（即龙广办事处应急指挥中心、高新办事处应急指挥中心）的建设。

（区应急局）

防灾减灾

【自然灾害风险普查】 2022年，乌当区应急管理局开展第一次全国自然灾害综合风险普查，调查数据2177条，其中承灾体234条，减灾能力1236条，历史灾害707条，填报进度为100%。7月普查工作通过省、市现场点上复核，11月普查成果上报省普查领导小组办公室，经省普查办专家评定，省普查办出具《贵州省贵阳市乌当区自然灾害综合风险评估与区划技术报告》。

【救灾物资保障】 2022年新冠疫情防控期间，乌当区应急管理局调拨救灾帐篷820顶，折叠床920张，折叠桌椅280套，救灾棉被117床等。救灾物资仓库储备应急救灾物资：大米3.75万千克，防寒服222件，雨鞋110双，棉鞋（解放鞋）100双，帐篷60顶，折叠床30张，发电机2台，手电筒200把等。

【防汛抢险】 2022年汛期，乌当区应急管理局先后4次启动防汛Ⅳ级应急响应，针对地质灾害点、城市易涝点、水库（水电站）、山塘、重要河道、在建水利工程等重点领域，组织自查、检查、督查72组/次，完成督查发现问题整改47个/处，发出防汛调度指令37次，调度人数8000人次，累计发布气象预报、实况快报561条，覆盖394104人次。全年未发生防汛抗旱事故。

【水旱灾害防范】 2022年，乌当区严防各类水旱灾害，做好汛前各水库（水电站）、山塘、山洪灾害危险区、在建水利工程及涉水企业汛前隐患排查治理工作全覆盖，成立4个汛前安全隐患排查检查组，到全区各水库（水电站）、在建水利工程及涉水企业进行全面排查，梳理问题清单，建立工作台账，进行销号管理。在汛期前及时更新小型水库（水电站）、重要山塘防汛“三个责任人”及水库大坝安全管理“三个责任人”，完善小型水库、水电站以及重要山塘的行政、技术、巡查工作责任制。

【地质灾害防治】 2022年，乌当区下发《关于做好汛期地质灾害防治工作的紧急通知》，对汛期地质灾害防治工作提前安排。会同区地质灾害技术保障单位完成全区37个在册地灾隐患点和8个风险斜坡汛前排查，提交排查总结报告和风险评估报告。成立督查组，对全区各隐患点、各涉及村进行全面检查，重点检查防治方案、应急预案等措施的落实情况和防灾责任人、监测人履职情况。入汛后，严格执行24小时值班制度，做到信息发布有记录，各监测点有记录，检查督促有记录。形成“齐抓共管、通力合作、逐级落实、各负其责”工作格局。

【森林防灭火】 2022年，乌当区开展全区森防卡点督促检查，出动179组次837人次，检查出隐患4个，下发区级通报4期，涉及问题24起，整改24起，问责13人，批评教育、警示告诫14人次，约谈单位主要负责人9人次，通报单位8家次，提醒谈话10人次，扣发绩效16人次，扣发金额4700元。各乡（镇、街道）成立检查组，开展检查1085组次、4369人次，发现隐患4起，整改4起。自开展“三年行动”以来，进行554次（包括乡镇）督促检查，出动554车次、1809余人次，排查村镇、林场、景区等单位1521家次，发现安全隐患15起，全部整改完毕。开展“森林草原行业领域‘打非治违’专项行动”，发现一般安全隐患68起，整改68起，追责当事人142人。

【防灾减灾宣传活动】 2022年5月7日至13日，乌当区各乡（镇、街道）开展主题为“减轻灾害风险 守护美好家园”的防灾减灾宣传活动。通过悬挂横幅、设立咨询台、摆放展板、发放宣传册等方式宣传防灾减灾知识，发放各类宣传资料3万余份、摆放展板30余块、悬挂横幅100余条、设立咨询台20余个，接待群众咨询8500余人次，受众人数达5万余人。

（区自然资源局）

消防救援

【概况】 2022年，乌当区发生火灾111起，伤亡0人，过火面积2849.5平方米，直接财产损失92.98万元。火灾四项指数比上年下降11.2%，直接财产损失下降30.91%。从火灾发生的种类看，用电用火导致的火灾占比仍然较高，发生64起，占总数的57.7%。

2022 年 2 月 10 日，区消防救援大队对重点单位开展消防安全专项检查

（区消防救援大队 供图）

从火灾发生的区域看，东风镇 33 起、新光路街道 26 起、新创路街道 5 起、高新路街道 15 起、羊昌镇 6 起、观溪路街道 7 起、水田镇 7 起、龙广路街道 5 起、百宜镇 2 起、新场镇 2 起、偏坡布依族乡 3 起。乌当区消防救援大队接警出动 791 起，出动车辆 1153 辆，出动警力 6246 人，抢救财产价值 950 余万元。完成“1·27 千叶药包火灾”“4·08 高铁东站人员营救”“5·01 乌当区龙广路排水排涝”“6·20 乌当区新添大道排水排涝”“8·16 雷打岩水上救援”“9·02 高新路街道天然气泄漏”“9·22 保利春天大道民房火灾”“11·07 渝筑高速交通事故”等任务。乌当区消防救援大队党委获贵州省消防救援总队先进基层党组织表彰；在全市消防救援队伍 2022 年度“筑消蓝焰·‘政’面交锋”政工岗位比武竞赛中，乌当区消防救援大队获团体第二名，乌当区消防救援大队政治教导员刘福波被评为“2022 年度优秀政治教员”；龙广路消防救援站团支部获“全省五四红旗团支部”；马百路消防救援站团支部获“全市五四红旗团支部”；1 人获贵阳市优秀共青团员表彰；2 名指战员获省级“最美劳动者”表彰；1 名消防员获 2022 年度全市春季练兵片区比武单杠卷身上科目第一名；在第二届贵州省消防救援队伍职业技能大赛中，1 名指战员获混凝土破拆工具与救援三脚架联用操第一名，1 名消防员教练带领社会组获团体第二名。区委、区政府主要领导召开消防安全工作部署会议 15 次，先后调研消防工作 5 次。

【消防设施建设】 2022 年，乌当区 7 个乡镇专职消防队规范化达标，110 个街道及村（社区）微型消防站全部实体化运行，5 个 15 分钟生活圈小型消防救援站完成建设，1 个消防服务中心、13 个消防服务所挂牌成立，保障乡（镇、街道）24 名事业编制消防工作人员。全区形成“邻站连通、人员联训、区域联防、整体联动”的灭火救援新格局。对辖区室内外消火栓进行全面排查，排查消火栓 10461 个，发现问题 198 处并专题上报区政府。改扩建 5 个小型消防站，对 5 个专职消防队站进行提档升级。完成聚林苑、振华小区、天馨家园等小区申请维修基金用于消防设施修复和改造。

【消防训练】 2022 年，乌当区消防救援大队基础体能合格率为 100%，优秀率为 50%。消防救援站基础体能合格率为 100%，优秀率为 90%，操法合格率为 100%，优秀率为 90%。实行练兵工作责任制，落实月考核等制度规定，做到以考促训，以比促练。乌当区消防救援大队召开安全形势分析会 20 余次，开展月考核 12 次，乌当区消防救援大队消防救援站训练及安全工作 30 余次。与应急、公安、交通、自然资源、水利、气象等部门开展不同灾害类型的综合实战演练 11 次，出动车辆 52 台次、出动指战员 235 人次。开展重点单位演练 100 余次，队员参训率、装备熟悉率、重点单位熟悉率为 100%。组建乌当区消防救援大队消杀分队，先后组织开展新冠疫情防控拉动演练 10 次，完成乐湾国际学校师生转移及校园消杀任务。

【消防安全专项整治】 2022 年，乌当区消防救援大队联合公安、商务、文旅、卫健、教育以及各乡（镇、街道）对高层建筑、学校、宾馆、商场、医疗机构、小型生产经营场所、生产经营租住（居）民自建房等场所进行排查，检查单位 25402 家，发现并整改隐患 17360 处，特别是针对小型生产经营场所和生产经营租住（居）民自建房进行重点整治，提请政府挂牌督办 4 家单位及区域自建房，拆除泡彩钢板房 3855 平方米，整改自建房用火用电不规范 947 处、清理疏散通道及安全出口 810 处、电动车违规停放或充电 316 处，搬离租赁户 79 户，对 43 家幼儿园自建房开设防盗窗逃生出口。乌当区政府下发《重点领域消防安全专项整治方案》，联合工信、应急、住建、发改行业部门对 75 家仓储、物流、劳动密集型生产加工企业、印刷企业、化危品企业开展专项检查，将发现的264条隐患上报区政府统一督办并逐单销号。组成工作组抽查乡（镇、街道）小场所、自建房排查情况，随机抽取1650余家小型经营场所和经营性自建房进行消防安全抽查，将抽查的124家存在违规住人、用火用电不规范等问题报区政府，纳入督办督查局专项督办并形成长效机制。对国务院、省、市督导组提出的136条问题建立“底数、隐患、整改、责任”四张清单。

【消防宣传】 2022年，乌当区消防救援大队参加百姓关注现场直播2次，开展大型宣传活动5次，宣传教育培训40余次，发动志愿者开展消防安全宣传活动30余次，发放消防宣传资料5万余份。新冠疫情防控期间，在省、市级媒体上稿175篇，指导乡（镇、街道）办开展“敲门行动”15663户，宣传惠及群众达5万余人次。

（区消防救援大队）

教 育

综 述

【概况】 2022年，乌当区有各级各类学校（园）148所。其中，幼儿园89所（公办25所，其他部门办32所，民办32所），完全小学36所（公办32所，民办4所），教学点3所，初级中学5所（均为公办），九年一贯制学校4所（公办3所、民办1所），高级中学2所（公办1所、民办1所），完全中学4所（公办2所、民办2所），中职学校4所（公办1所，民办3所），特殊教育学校1所。有在校学生65946人，其中幼儿园13854人，小学27289人，初中12010人，普通高中6051人，职业学校6637人，特殊教育学校学生105人。有专任教师4514人，其中幼儿园1092人，小学1592人，初中938人，高中610人，职业学校272人，特殊学校10人。招聘中小学教师56名，其中中央特岗教师10名、全市统一公开招聘中小学教师45名、“兵教师”1名。全区中小学幼儿园占地面积为1212625平方米，校舍建筑面积为1017232平方米；图书藏书量为1477538册。投入学生资助资金938.29万元资助各级各类家庭经济困难学生14780人次；营养改善计划惠及全区学校、幼儿园53所，惠及学生10378人。义务教育阶段辍学学生实现动态清零。

【教育管理体制改革】 2022年，乌当区完成新堡等17个学校、教学点撤并整合，整合培育10所“强校工程”项目（品质校5所、实验校3所、培育校2所），2所学校获省级公办强校计划培育学校表彰。深化教育管理体制改革，整合优化教育资源。在全区新建公办学校、幼儿园及小区配建公办学校、幼儿园全面推行“两自一包”改革，初步解决区域教育发展中公办学校“人权、事权、财权”的困难，突破教师编制、流动、激励三大“瓶颈”。

【教育项目建设】 2022年，乌当区涉及教育的重大实事项目有4个，规模共5445平方米，投资金额1400万元。增加学前教育学位810个。推进教育工程省考核项目21个（其中15个基建项目、6个设施设备采购），基建项目建筑面积共78261平方米，投资金额2363万元；设施设备采购项目投资金额970万元。

【教育信息化建设】 2022年，乌当区推进联网攻坚、打造智慧教育，开通教师空间3028个，学生空间5680个，学校空间142个。开展乌当区第三期智慧化课堂项目，加强新九学校、新天一小等5个“智慧化课堂”项目校跟进追踪，投入资金25万元，全区中小学500名教师参加项目培训。开展人工智能示范校、标准校建设，完成人工智能教师培训150人次，开展进校培训20次，培训师生700余人次。开展乌当区第二届人工智能机器人竞赛及市级竞赛选拔活动，全区共18所学校218支队伍436名学生参赛，评出优秀组织奖3个，个人奖项106个，完成市赛推送名额57个。在2022年贵阳市学生信息素养提升实践活动中，遴选推荐106件作品参赛，65件作品获奖；组织教师参加贵阳市“基础教育精品课”遴选，12节课获评贵阳市“精品课”，其中9节课被贵州省遴选推荐入“国家中小学智慧教育平台”。获2022年度贵阳市中小学网络学习空间普及应用暨竞赛活动优秀组织奖，获评贵州省

2022年4月28日，区教育局举办庆祝建团100周年乌当区集体（线上、线下）入团仪式
（区教育局 供图）

2022 年 6 月 1 日，区教育局承办“喜迎二十大 · 争做好队员”贵州省少先队主题队日示范活动
（区教育局 供图）

2022 年学生信息素养提升实践活动优秀组织奖。

【教育资助】 2022 年，乌当区投入学生资助资金 938.29 万元，资助各级各类家庭经济困难学生 14780 人次。其中，学前教育阶段共资助贫困幼儿园学生 699 人次，资助金额为 27.96 万元。义务教育阶段为农村义务教育阶段家庭经济困难学生 5904 人次发放生活补助资金 293.14 万元。落实普通高中农村建档立卡贫困生免学费政策，为普通高中原建档立卡等四类学生 102 人次免除学费 7.7 万元。为普通高中贫困家庭学生 749 人次发放国家助学金 74.9 万元。贫困乡民族乡就读公办普通高中学生免学费 130 人次，免除金额为 9.9 万元。城市低保就读公办普通高中学生免学费 15 人次，免除金额为 1.15 万元。中职学校学生免学费 2777 人次，免除金额为 277.7 万元。为中职学校困难家庭学生 1551 人次发放国家助学金 155.1 万元。发放中职国家奖学金 1 人，发放金额为 0.6 万元。落实教育精准扶贫学生资助政策，资助原农村建档立卡家庭学生 383 人次，金额为 40.771 万元。落实贵阳市“筑城温暖”活动补助政策，资助进城务工子女学生 2469 人，资助金额为 49.38 万元。

【学校食堂改造】 2022 年，乌当区教育局投入食堂改造及购置食堂设施设备经费 500 万余元对农村学校食堂进行改造，投入 30 万元对全区公办学校幼儿园食堂安装监控系统，确保学校食堂正常运行和食品安全监督管理，“明厨亮灶”工程全覆盖。

【营养改善计划】 2022 年，乌当区营养改善计划惠及全区 21 所学校，惠及学生 8119 人，涉及资金 844.22 万元；惠及全区 32 所学前教育机构，惠及幼儿 2259 人，涉及资金 235.45 万元。

【教育高质量发展大会召开】 2022 年 8 月 17 日，乌当区召开教育高质量发展大会。区委书记王鸣明出席会议并讲话。会议总结全区教育工作成绩，分析当前教育发展形势，系统部署全区教育高质量发展重点任务，推动全区教育事业迈上新台阶，办好人民满意的教育。区教育局汇报教育高质量发展工作推进情况；乌当中学、新九学校、中职校、实验小学、东风中心校、振新幼儿园及区属相关单位（部门）发言。

【教育经费投入】 2022 年，全区教育经费总收入为 10.77 亿元，比上年的 12.07 亿元下降 10.77%，其中国家财政性教育经费收入（包括公共财政预算教育经费、各级政府征收用于教育的税费、企业办学经费及校办企业等收入用于教育的经费）5.97 亿元、比上年的 7.52 亿元下降 20.61%。

【地方政府教育拨款】 2022 年，乌当区公共财政预算教育拨款 5.91 亿元，比上年的 6.48 亿元下降 8.80%。全年全市地方财政经常性收入 10.65 亿元，按各区（市、县）上报及市本级汇总计算，比上年的 13.09 元下降 18.64%，全市公共财政预算教育拨款增长高于财政经常性收入增长 5.82 个百分点。

【生均预算内教育事业费支出】 2022 年，乌当区幼儿园生均公共财政预算教育事业费支出 13799.74 元，比上年的 11620.33 元上升 18.76%。普通小学生均公共财政预算教育事业费支出 12893.97 元，比上年的 14832.56 元降低 13.07%。普通初中生均公共财政预算教育事业费支出 17034.81 元，比上年的 23486.37 元下降 27.47%。普通高中生均公共财政预算教育事业费支出 20704.43 元，比上年的 30857.38 元下降 32.90%。中等职业学校生均公共财政预算教育事业费支出 16432.59 元，比上年的 22488.14 元下降 26.93%。

【生均预算内公用经费支出】 2022 年，乌当区幼儿园生均公共财政预算公用经费支出 5462.25 元，比上年的 1698.77 元上升 222.28%。全区普通小学生均公共财政预算公用经费支出 1743.88 元，比上年的 1768.3 元下降 1.39%。全区普通初中生均公共财政预算公用经费支出 2272.73 元，比上年的 2459.96 元下降 7.59%。全区普通高中生均公共财政预算公用经费支出 2338.5 元，比上年的 7133.35 元下降 67.22%。全区中等职业学校生均公共财政预算公用经费支出 4778.22 元，比上年的 2155.23 元上升 121.7%。

【教育经费"两个比重"】 公共财政预算教育经费占公共财政预算支出的比重：2022 年全区公共财政预算支出 26.23 亿元，公共财政预算教育经费 5.65 亿元（包括教育费附加），公共财政预算教育经费比上年的 6.48 亿元下降 12.84 个百分点；2022 年全区公共财政预算教育经费占公共财政预算支出的比例为 21.54%，同口径比较，比上年的 24.55%下降 3.01 个百分点。

（区教育局）

教育管理

【"双减"工作】 2022 年，乌当区巩固"双减"工作，全区 29 所校外培训机构全部纳入全流程监管，3.9 万余名有需求的学生全覆盖推行"5+2+2"课后服务，"五项管理"全面落地。开展义务教育阶段学校全学科单元（章、节）作业设计评比活动，评出一等奖 82 名，二等奖 151 名，三等奖 141 名。

【校园安全】 2022 年，乌当区校园全面按时完成"4 个 100%"建设，按要求配齐配足校园安保人员，由资质齐全保安公司派驻保安承担校园安保工作；学校视频监控全部接入 110 报警平台；全部实现封闭式管理。按要求组织全区 148 所学校 6 万余名学生开展安全宣传教育，实现 100%全覆盖。加强学生法治宣传教育，在全区 50 余所学校开展防性侵及防校园欺凌等专题讲座。受理省、市、区各级转、交办信访件 2446 件，回复 2446 件，按期办结率、案件完成率为 100%。平稳处理突发网络舆情 57 件。

【优质课评比】 2022 年，乌当区探索课堂及教学优化方式，组织小学 8 个学科优质课评比，评选产生一等奖 39 名，二等奖 53 名，三等奖 41 名。开展乌当区 2022 年幼儿园优质课（社会领域）城镇组、乡镇组评选活动，评选产生一等奖 2 名，二等奖 5 名，三等奖 9 名。开展义务教育阶段学校全学科单元（章、节）作业设计评比活动，评出一等奖 82 名，二等奖 151 名，三等奖 141 名。开展中小学优质课及技能大赛竞赛，推荐 31 支队伍参加市级小学学科说课评比，获 4 个一等奖、18 个二等奖、9 个三等奖。组织 17 个教研组参加贵阳市校本教研评比，获一等奖 3 个，二等奖 4 个，三等奖 10 个。选拔初中 14 个学科教师参加贵阳贵安第二届初中教师说课评比活动，5 人获一等奖，14 人获二等奖，5 人获三等奖，一、二等奖获奖率为 79.2%，其中数学、物理、化学、美术 4 个学科获市级组织奖。

【教育科研】 2022 年，乌当区加强教研员学习力、研究力、培训力与指导力"四力"建设，组织教研员每月至少 2 次集中学习研讨、交流，组织教研员 40 余人次参加研训业务培训。开展中小学教育教学视导，听课 513 节，撰写反馈报告 56 份，撰写总报告 2 个（分中小学撰写）。对市级教学视导发现问题较多的学校进行 2 轮教学视导，完成全区 8 所义务教育阶段学校常规管理督查。各学段教研员参加 79 次市级教研活动，全年中小学各学科开展主题教研活动 282 场，示范课、观摩课 38 次。开展基于主题的学科教研和培训 100 余场，参加市、区级教研活动 13000 余人次，涵盖送课下乡、专题讲座、教学研讨、集体备课、校本教研、复习指导等课堂教学有效性的系列教研活动。立项区级课题 37 项，市级课题 18 项，省级课题 1 项；市级课题培育 26 项；全年结题 7 项，其中区级 4 项，市级 3 项，参与"贵阳市第二届教学成果奖"及"贵阳市 2022 年优秀教育科学研究成果"比赛，获教学成果一等奖 1 个，市教育科学研究成果 3 项（一、二、三等奖各 1 名）。组织开展中小学优质课及教学技能竞赛，遴选推荐 31 支队伍参加市级小学学科说课评比，获 4 个一等奖、18 个二等奖、9 个三等奖。组织 17 个教研组参加贵阳市校本教研评比，获一等奖 3 个，二等奖 4 个，三等奖 10 个。选拔初中 14 个学科教师参加贵阳贵安第二届初中教师说课评比活动，5 人获一等奖，14 人获二等奖，5 人获三等奖，一、二等奖获奖率达 79.2%，名列全市前茅，其中数学、物理、化学、美术 4 个学科荣获市级组织奖。

【家庭教育教研】 2022 年，乌当区按月开展家庭教育常规教研及专题培训，参训教师 200 人。指导乌当中学、新天学校贵州省家庭教育指导中心基地建设。实施家庭教育课题研究工作，开展幼儿园至高中的家庭教育优质课评比活动及家庭教育微课评比活动，开展全区幼儿园至高中家庭教育教学设计评比，14 位教师分别获市级一二三等奖。

【招生考试】 2022 年，乌当区义务教育招生入学通过"贵阳市义务教育入

表 23 2021—2022 年乌当区教育基本情况一览表

指标	单位	2021 年	2022 年
幼儿园	所	94	89
在园幼儿数	人	12319	13854
小学	所	40	39
小学在校生数	人	26460	27289
普通初中	所	15	5
在校生数	人	11109	12010
高中	所	4	4
在校生数	人	5164	6051

学服务平台”实施，按照“网上统一报名，免试划片入学，实施计划管理，公民办同步招生”工作原则，开展2022年义务教育阶段学校招生工作。实施中高考改革，推动学生全面发展，区教育局强化政策宣传引导，指导学校准确解读高考加分改革政策。全年完成中考、高考（含成人高考）、高等教育自学考试、教师资格考试等国家考试29场次，涉及考生11万余人次。其中，高考考点设在乌当中学，64个考场，有考生1665人；初三毕业生学业水平考试考点设在乌当中学、乌当二中、新九学校、乌当三中，共96个考场，考生2598人。小学一年级入学4738人，初一入学3892人。高考报名人数1665人，录取人数1512人，录取率为90.81%。

【语言文字工作】 2022年，乌当区开展2022年暑期普通话专项培训，对未达标教师开展小班化培训，开设二甲班2个、二乙班4个，聘请高校、中小学国家级、省级普通话测评员6人实施培训，培训教师233人。制定实施幼儿园专任教师普通话培训计划，启动23所新建幼儿园语言文字达标创建。召开2022年乌当区学校语言文字规范化达标创建工作培训会，对新增的26所学校（幼儿园）语言文字达标创建指标解读培训并安排布置下一阶段工作。指导偏坡九年制学校申报省级语言文字示范校，并对2021年申报市级语言文字示范校的学校进行回访。对全区1所（新天二小）国家级语言文字规范化示范校和7所省级语言文字示范校开展过程性督查，通过送培下校（普通话培训）、随机考查青年教师、查看校园环境、教师备课等形式，综合了解学校语言文字推进实施情况。召开语言文字市级示范校申报专题会，对11家单位申报市级语言文字示范校作出统一部署，按步骤、分阶段逐年申报。完成《学校语言文字规范化达标创建指导细则》解读，由26家新建学校（幼儿园）共同完成语言文字达标创建40个指标项对标对表解读视频制作，形成可操作、规范化、易使用的电子资源。开展“悦读群”活动6次，206人次参与，主题有“做最好的自己”“幸福的开关”“四时读书乐”“面对面碰一碰，我们行得更远”等。开展“推普周”活动，全区各级各类学校幼儿园通过线上形式观看第26届全国推广普通话宣传周开幕式宣传视频。乌当中学、新九学校、水锦花都幼儿园、振新幼儿园等学校（园）以录制“快闪视频”形式开展推普周宣传活动。8所省级以上语言文字规范化示范校分别组建推普志愿服务队。20人参加由省委宣传部、省图书馆和省电视台联合举办的全民阅读推广培训班活动，全区各级各类学校（幼儿园）观看贵州大讲堂“语言文字之美”讲座，44000余师生观看。

（区教育局）

教师队伍建设

【概况】 2022年，乌当区完成204名教师职称申报和72名教师教龄荣誉证办理。完成10名“特岗教师”、45名公招教师、1名“兵教师”招聘工作和770名教师资格证认定。全区有各级“三名”（名校长、名班主任、名师）、骨干教师662名。

【名师培养】 2022年，乌当区完成认定“十四五”第一期区级骨干教师100人，完成认定乌当区第二批区级“名校（园）长、名班主任、名教师”7人。开展贵阳市第五届中小学（幼儿园）教坛新秀评选，遴选39人参加市级评选，全部入围并获认定。推荐21人参加“十四五”第二批中小学（幼儿园）市级骨干教师选拔认定，18人获认定；开展市级骨干教师到期认定，上报材料14人，8人获重新认定。开展贵阳市第四批“名校长、名班主任、名教师”评选，22人申报参加区级初评，12人遴选参加市级评选。开展2022年中小学“黔灵名师”和省级骨干教师选拔工作，1人被认定为省级骨干。推荐1人参与全国乡村优秀青年教师培养奖励计划遴选并入选。全区有各级“三名”、骨干共662人，省级37人：省级名校长2人、省级名师（含乡村名师）13人、省级骨干教师22人；市级241人：市级名师（含乡村名师）7人、市级名班主任4人、市级骨干教师144人、市级教坛新秀80人、市级创新型人才6人；区级384人：区级名校（园）长2人、区级名教师6人、区级名班主任2人、区级骨干教师356人、区级创新型人才18人。

【教师培训】 2022年，乌当区教育局完成“国培”“省培”“市培”33个项目培训3370人。开展小学道德与法治培训、新教师培训、小学校长任职资格培训、师德师风建设培训、中小学思政骨干教师高级研修培训、中小学班主任及心理健康老师初级心理危机干预实操技能培训、“家庭教育指导师”专业技能培训等78个项目，培训3183人次。

【思想政治教师建设】 2022年，乌当区教育局加强德育、团队（思政）骨干教师队伍建设，提高共青团、少先队骨干教师综合素质，提升乌当区共青团、少先队活动质量。在2022年贵阳市中学团委书记团务技能大赛和少先队辅导员风采大赛中获团体三等奖2个，个人二等奖3个、三等奖2个，其中1名中学团委书记获省级中学团委书记技能大赛二等奖，1名大队辅导员获省级辅导员风采大赛团体一等奖。承办“喜迎二十大·争做好队员”贵州省少先队主题队日示范活动，组织全区各级各类学校校长、团总支书记、大队辅导员全程参与、观摩。组织全区中小学、幼儿园开展“党的二十大精神我学习·争做乌当好少年”活动师生宣讲比赛1场、主题班会300余场，收到主题征文优秀作品77篇、主题手抄报优秀作品129张、主题书画优秀作品100余幅。联合贵州省航模协会在全区18所学校开展“迈向航空新征程·共筑国防强军梦”为主题的国防科技进校园活动。

【教师招聘】 2022年，乌当区招聘中小学教师56名，其中中央特岗教师10名、全市统一公开招聘中小学教师45名、“兵教师”（退役后选择从事教育工作的军人）1名。

【教师职称评聘】 2022年，乌当区完成180名教师职称申报初审和教师个人补充材料。42名教师通过评审取得职称，其中高级职称7人、中级职称35人。

【教师资格认定】 2022年，乌当区开展教师资格认定工作，办理教师资格证书770人。

【“三名”工作】 2022年，乌当区为各工作室研发研修手册模板，开发工作室周期成果统计表，完成乌当区第二批区级“名校（园）长、名班主任、名教师”工作室的组建并进行授牌。开展乌当区“十四五”区级骨干教师线上培训工作，分学段、分学科以“网络课程+主题讨论+专家答疑+任务驱动”模块进行，培训人数为100人。全年各级工作室开展研修活动62次，受益人数884人次，其中乡镇教师138人次，占比15.61%，乡镇教师受益受众群体比例逐步加大。

【师德师风建设】 2022年，乌当区通过举办法治教育、师德教育专题讲座、演讲比赛、“师德师风知识测试”、开展“贵州教师誓词”宣誓活动等形式，加强师德师风教育，激发教师的大公无私、爱岗敬业意识。畅通信访举报渠道，配合、协助相关部门严肃查处违反中央八项规定、教育乱收费、违反教育惠民资金、政策规定等问题。常态化开展学校违规招生、教育乱收费、违规征订教辅材料、校外培训机构违规办学等各类专项整治行动。强化问题常态化约谈机制。开展集体约谈1次，对系统内科级干部、一般干部进行预防提醒谈话80人次。

（区教育局）

基础教育

【学前教育】 2022年，乌当区有幼儿园89所，其中公办25所，其他部门办32所，民办32所。按照市教育局下达公办率达60%及普惠率达85%以上的目标任务，全区增加学前教育公办学位4355个，加快推进学前教育公办率、普惠率。完成树人幼儿园、博艺幼儿园、诗岚幼儿园、乐恩幼儿园、神州智慧幼儿园、迪维乐幼儿园、阳光宝贝幼儿园7所普惠性幼儿园达标改造工作。以示范幼儿园创建为契机，提升全区学前教育质量，新增市级示范园1所，县级示范园6所。全区现有省级示范园1所，市级示范园9所，县级示范园21所。学前三年毛入学率为91.16%、普惠率为91.37%、公办率为63.74%。

【义务教育】 2022年，乌当区有小学39所（公办35所、民办4所），含教学点3所。在校小学生27289人（公办22600人、民办4689人），专任教师1592人（公办1292人、民办300人）。教学点学生23人。有初中阶段学校13所（公办10所、民办3所），其中初级中学5所，九年一贯制4所、完全中学4所。在校初中学生12010人（公办9211人、民办2799人），专任教师938人（公办692人、民办246人）。九年义务教育巩固率为117.63%，小学六年巩固率为102.42 %，初中三年巩固率为112.86%，完成市下达95%的目标任务。小学净入学率为99.98%，初中净入学率为99.98%。小学毛入学率为101.58%，初中毛入学率为106.20%。进城务工随迁子女在公办就读比例达100%。全区义务教育阶段失学辍学学生实现动态清零。各中小学按照“全面覆盖、免费托管、家

2022年9月1日，贵阳市乌当区实验小学分校开学 （区教育局 供图）

长自愿”工作原则，为所有义务教育阶段学校有需求学生推行“5+2+2”课后服务模式。

【普通高中教育】 2022年，乌当区有普通高中阶段学校6所（公办3所，民办3所），在校学生6051人（公办3024人，民办3027人），其中乌当中学1440人、乌当四中819人、乐湾国际学校1241人、为明国际学校1298人、民大附中765人、永胜高中488人。普通高中招生2147人，专任教师610人。全年高中阶段毛入学率达98.57%。启动并实施乌当中学与贵阳一中集团联盟发展，签订教育发展联盟合作协议，乌当中学完成省级二类示范性普通高中复查评估。乌当区教育局获贵阳市2022届“区、市、县”教育局教学质量管理评估三等奖。

【特殊教育】 2022年，乌当区将特殊教育作为基础教育重要组成部分，纳入基础教育发展总体规划，做到与基础教育统一规划、统一实施、统一督导。成立由区教育局、区民政局、区卫生健康局、区残疾人联合会四部门及专业机构人员组成的区残疾人教育专家委员会，开展对辖区内适龄残疾儿童少年的科学评估。全区有在特殊教育学校就读学生105人，三类残疾适龄儿童少年入学率达97.07%。

【素质教育】 2022年8月31日，乌当区印发《乌当区推进教育高质量发展实施方案》，明确实施五育并举“立德铸魂”工程，构建以社会主义核心价值观为引领的中小学和幼儿园一体的德育体系，在理想信念、爱国情怀、品德修养上下功夫；提升智育水平，在中小学打造一批名师精品课程，加强科学教育和实验教学，落实“双减”政策，规范校外培训机构发展，加强监测和督导，消除学生学业负担过重现象；增强美育熏陶，实施学校美育提升行动，厚植传统文化、地域文化等，推动各中小学走内涵式发展新路。

【撤点并校】 2022年，乌当区将新堡布依族乡民族中学和偏坡九年制学校初中部撤并。其中，新堡布依族乡民族中学撤并入乌当三中和乌当四中，偏坡九年制学校初中部撤并入乌当五中（2022年秋季学期撤并入乌当四中和下坝九年制学校，待乌当五中建成投入使用，偏坡九年制学校初中部撤并入乌当五中）。将新堡布依族乡王岗小学、陇脚小学、翁门小学，水田镇杂木小学、安多小学，羊昌镇尧上小学、小寨小学，

2022年乌当区撤点并校校点基本情况统计表

表24 单位：人

序号	中心校	撤并校点	预计2022年9月规模		现实有在岗教职工数					并入学校
			班级数	学生数	小计	在编教师	临聘教师	食堂工人	安保人员	
1	新堡中心校	新堡布依族乡民族中学	3	127	19	15	0	2	2	乌当三中、乌当四中
		新堡布依族乡王岗小学	2	12	3	3	0	0	0	新堡布依族乡民族小学
		新堡布依族乡陇脚小学	2	14	3	2	1	0	0	新堡布依族乡民族小学
		新堡布依族乡瓮门小学	2	8	3	2	1	0	0	新堡布依族乡民族小学
2	偏坡中心校	偏坡九年制学校初中部	3	45	10	10	0	0	0	乌当五中、乌当四中、下坝九年制学校
3	水田中心校	水田镇杂木小学	2	13	5	1	2	1	1	水田镇中心小学
		水田镇安多小学	0	0	5	0	3	1	1	水田镇中心小学
4	羊昌中心校	羊昌镇尧上小学	3	12	7	2	3	1	1	羊昌镇马场小学
		羊昌镇小寨小学	5	35	8	7	0	1	0	羊昌镇马场小学
5	新场中心校	新场镇老棚小学	5	23	15	10	3	1	1	新场镇中心小学
6	百宜中心校	百宜镇罗广小学	2	8	5	1	2	1	1	百宜中心小学
7	下坝中心校	下坝镇岩山小学	3	35	10	5	3	1	1	下坝九年制学校
	下坝中心校	下坝镇新桃小学	2	11	6	2	2	1	1	下坝九年制学校
		下坝镇喇平小学	3	57	11	7	1	2	1	下坝九年制学校
		下坝镇谷金小学	3	25	10	8	0	1	1	下坝九年制学校
		下坝镇谷庚小学	3	45	8	4	2	1	1	下坝九年制学校
		下坝镇谷定小学	3	113	15	6	4	3	2	下坝九年制学校
		合计	46	583	143	85	27	17	14	

新场镇老棚小学，百宜镇罗广小学，下坝镇岩山小学、新桃小学、喇平小学、谷金小学、谷庚小学、谷定小学撤并。其中，新堡布依族乡王岗小学、翁门小学、陇脚小学撤并入新堡布依族乡民族小学；水田镇杂木小学、安多小学撤并入水田镇中心小学；羊昌镇尧上小学、小寨小学撤并入羊昌镇马场小学；新场镇老棚小学撤并入新场镇中心小学；百宜镇罗广小学撤并入百宜镇中心小学；下坝镇岩山小学、新桃小学、喇平小学、谷金小学、谷庚小学、谷定小学撤并入下坝镇九年制学校。

【乌当区第三幼儿园转为公办】 2022年8月，乌当区第三幼儿园转为公办幼儿园，该园于2021年9月创办，位于乌当区保利公园小区，总投资2500余万元，占地面积为5000余平方米，建筑面积为4000余平方米，户外活动场地为2500余平方米，全园设置小、中、大三个年龄段共12个班级，可容纳360名幼儿入园。2021年9月至2022年8月幼儿园是以委托私营企业公办的模式办园。有教职工53人，其中专任教师24人。

【乌当区下坝九年制学校整合】 2022年9月，乌当区将岩山小学、喇平小学、谷庚小学、谷金小学、谷定小学、新桃小学等6所小学一至三年级撤并入下坝九年制学校。学校位于乌当区下坝镇下坝村宋二寨，有在校学生1755人，其中初中615人，小学1140人，共35个教学班。有教职工176人，其中专任教师118人。教师学历合格率为100%，其中专科14人，本科103人，硕士研究生1人。高级教师11人（4人为基层认定），一级教师37人。学校占地面积为683702.2平方米，校舍面积为32883.62平方米，运动场地面积为10550.9平方米。有图书32500本。开设根雕、刺绣、花棍舞、芦笙、唢呐、武术、舞蹈等26个兴趣课程。此前2018年，乌当区将原下坝中学、下坝中心完小、大山小学全部及岩山小学、喇平小学、谷庚小学、谷金小学、谷定小学等5所小学四至六年级撤并，组建下坝九年制学校。

【乌当区第四中学整合】 2022年8月，乌当区新堡中学、乌当区偏坡布依族乡九年制民族学校初中部撤并入乌当区第四中学。学校位于水田镇，占地面积为6.67万平方米，总建筑面积为61799平方米，建有教学实验楼2栋，综合主楼、行政楼、食堂、体育馆各1栋，学生宿舍楼4栋，标准运动场、篮球场等配套设施。学校有39个教学班，学生1957人，其中高中部847人，初中部1110人。有专职教师156人，教师学历合格率为100%。乌当区第四中学是2021年由原乌当区水田初级中学、乌当区水田三江九年制学校初中部、乌当区新天学校高中部撤并重组。

【贵州少先队主题队日示范活动】 2022年6月1日，“喜迎二十大·争做好队员”贵州少先队主题队日示范活动在乌当区新天学校举行。团省委书记、省少工委主任史麒麟，团省委二级巡视员、省少工委副主任、省少先队总辅导员邓守成，团省委宣传部部长、少年部部长、省少工委副主任毛莉，共青团贵阳市委副书记付宇一，区委常委、区人民政府常务副区长李立国，区委常委、区委宣传部部长、区委教育工委书记张薇出席活动。活动为乌当区获2020—2021年度贵州省“红领巾奖章”个人四星章的4名少先队员颁发奖章。乌当区以实验小学少先队的“种下小辣椒 收获红日子”为例汇报全区少先队学习中共十九届六中全会精神、开展主题研学实践活动的成果。活动结束后，参观乌当共青团员、少先队员们以“喜迎二十大”“学习理解省第十三次党代会”为主题创作的各类书画、手抄报等作品。

【教学技能竞赛】 2022年，乌当区开展中小学优质课及技能大赛竞赛，遴选推荐31支队伍参加市级小学学科说课评比，获4个一等奖、18个二等奖、9个三等奖。组织17个教研组参加贵阳市校本教研评比，获一等奖3个，二等奖4个，三等奖10个。选拔初中14个学科教师参加贵阳贵安第二届初中教师说课评比活动，5人获一等奖，14人获二等奖，5人获三等奖，一、二等奖获奖率达79.2%，名列全市前茅，其中数学、物理、化学、美术4个学科获市级组织奖。组织小学8个学科优质课评比，评选产生一等奖39名，二等奖53名，三等奖41名。开展义务教育阶段学校全学科单元（章、节）作业设计评比活动，评出一等奖82名，二等奖151名，三等奖141名。开展乌当区2022年幼儿园优质课（社会领域）城镇组、乡镇组评选活动，评选产生一等奖2名，二等奖5名，三等奖9名。

（区教育局）

中等职业教育

【概况】 2022年，乌当区有中等职业学校4所（公办1所，民办3所），在校学生6637人（公办1603人，民办5034人），其中民职中1603人、中华职校3177人、中医药学校1737人、行知科技学校120人。职业学校招生2226人（其中，民职中招生748人、中华职校招生550人、中医药学校招生808人、行知科技学校招生120人）。有专任教师272人（公办104人、民办168人）。中职学生流失率为8.21%。成立职业技能学历双提升工程工作领导小组，开展技能培训和创业培训，区教育局统筹牵头，依托乌当区中等职业学校计算机应用与维修、畜禽生产技术等专业，开设12个班级，完成全区职业技能学历“双提升”培训970人次，培训覆盖全区各乡（镇、街道）所有未上过学或低学历劳动者。

【乌当区中等职业学校】 乌当区中等职业学校占地5.5公顷，是一所集学历教育、长短期培训、社区教育、职业技能鉴定于一体的公办省级重点中等职业学校。2022年，学校开设有汽车运用与维修、新能源汽车运用与维修、中药、数控技术应用、计算机应用、高星级饭店运营与管理、美发与形象设计、数字媒体技术应用、畜禽生产技术、工业机器人技术应用共10个专业。有全日制学历教育学生1910人、非全日制学历教育学生1268人。建有中药、汽修运用与维修、计算机信息技术、数控、美容美发、旅游酒店管理等8个校内实训基地，专业实训室36间，实训大楼教学仪器设备总值2267.5万元。有教职工157人，专任教师人数125人，双师型教师62人，其中高级讲师27人，讲师48人，研究生学历专任教师8人，省级骨干教师1人，市级骨干教师4人，区级骨干教师10人；另有其他临聘管理人员59人。参加国家、省、市各级技能竞赛获国家级三等奖1人次，省级一等奖3人次、省级二等奖3人次、省级三等奖2人次，市级一等奖2人次、市级二等奖4人次、市级三等奖2人次；市级团体三等奖一次。开展各级各类培训活动13次，培训学员1320人次。毕业生人数274人，就业人数264人，就业率为96.35%。其中升入高职院校学生人数184人，升学率为67.15%。学校徐选霞、文道平、吴文林三名教师获贵阳市教坛新秀称号，11名学生获“省级优秀毕业生”称号，130名学生获市级“三好学生”“优秀学生干部”称号。学校获2022年度“乌当区五四红旗团总支”称号、学校拍摄的禁毒微电影（影视动画）获贵阳市中小学2022年创作竞赛三等奖。

【职业技能培训】 2022年，乌当区实施“中职强基”项目校建设，改善区中等职业学校软硬件设施，学校有在校生1600余人。中药专业为省级特色骨干专业，汽车运用与维修专业《汽车调色技术》为省级精品开放课程，毕业生就业率保持在95%以上。获全省职业院校技能大赛一、二、三等奖各2个；获贵阳市教师技能大赛信息技术教学应用成果比赛一等奖1个、二等奖4个、三等奖8个。成立全区职业技能学历双提升工程工作领导小组，开展技能培训和创业培训，区教育局统筹牵头，依托乌当区中等职业学校计算机应用与维修、畜禽生产技术等专业，开设12个班级，完成全区职业技能学历“双提升”培训970人次，培训覆盖全区各乡（镇、街道）所有未上过学或低学历劳动者。

（区教育局）

民办教育

【概况】 2022年，乌当区有各级各类民办学校（园）43所，其中幼儿园32所（普惠民办25所、民办7所）、小学4所、九年制一贯制1所、完全中学2所、高中1所、中职3所，另有校外培训机构29所。民办在校学生20573人，其中，幼儿园5024人、小学4689人、初中2799人、高中3027人、中职5034人。区教育局采取扩大

表25

2022年乌当区校外培训机构一览表

序号	名称	地址	类型
1	贵阳市乌当区思艺培训学校有限责任公司	红田路振华印象4楼	非学科类培训机构
2	贵阳市乌当区丽朝美术培训中心有限公司	新添寨松溪路18号	非学科类培训机构
3	贵阳市乌当区美艺空间艺术培训中心有限责任公司	新添大道南段160号航洋世纪地块二4楼	非学科类培训机构
4	贵阳市乌当区多姿艺术培训学校有限公司	新添寨育新路7号	非学科类培训机构
5	贵阳市乌当区鑫星源艺术培训学校有限公司	新添大道北段197号泉天下国际公馆泉城首府第三层B0346308	非学科类培训机构
6	贵阳市乌当区金斯塔艺术培训学校有限公司	新天大道北段99号蓝波湾新天卫城未央生活广场4F-02/07G	非学科类培训机构
7	贵阳市乌当区九韵艺术培训中心	新天大道北段99号蓝波湾新天卫城银庄老房子二层	非学科类培训机构
8	贵阳市乌当区米欧科小主持语言培训中心有限公司	新天大道北段99号蓝波湾．新天卫城．卫央生活广场4F-04G号	非学科类培训机构
9	乌当区雅艺优艺艺术培训有限公司	新添大道北段99号蓝波湾．新添卫城．未央街区3栋2-3号	非学科类培训机构
10	贵阳市乌当区星博雅艺术培训有限公司	环溪路环溪园3-1号门面	非学科类培训机构
11	贵阳市乌当区天籁艺术文化培训学校有限公司	顺海中路58号	非学科类培训机构
12	贵阳市乌当区奇才艺术培训学校有限公司	新庄村综合楼二楼	非学科类培训机构

续表 25

序号	名称	地址	类型
13	贵阳市乌当区青朵艺术培训学校	保利公园 2010 一期组团 4 区 9 号商业三段 2-5、2-6、2-8、2-9	非学科类培训机构
14	贵阳市乌当区乐思树艺术培训学校有限公司	城市魔方项目 16 号楼 6 楼	非学科类培训机构
15	贵阳市乌当区光一明艺术培训学校有限公司	高新北路 5 号	非学科类培训机构
16	德艺馨艺术培训学校	新添大道 198 号新星园 4-10 号楼负 1-1	非学科类培训机构
17	贵阳市乌当区芊韵艺术培训学校有限公司	火炬大道金田家园	非学科类培训机构
18	贵阳市乌当区清清艺术培训中心有限公司	新添大道航洋世纪 MIXC（B 地块 2#-6#4-47、4-48 号商铺）	非学科类培训机构
19	贵阳市乌当区千禾国标舞蹈培训中心有限公司	新天卫城卫央街区三栋二楼	非学科类培训机构
20	贵阳市乌当区彩色时光教育培训学校有限责任公司	温石路三产区一期 4 楼	非学科类培训机构
21	贵阳市乌当区喵咪艺术培训中心有限公司	新添大道北段 24-8	非学科类培训机构
22	贵阳市乌当区华鹰艺术文化培训学校有限公司	顺海中路 119 号	非学科类培训机构
23	贵阳市乌当区可人艺术培训中心有限公司	顺海中路 88 号保利温泉新城 15 栋 2 层 14 号、17 号	非学科类培训机构
24	贵阳市乌当区马莉舞蹈培训学校有限公司	新天大道北段 99 号蓝波湾．新天卫城．未央街区 3 栋办公单元夹层 1 号	非学科类培训机构
25	贵阳市乌当区飞扬睿启创客素质培训学校有限公司	新天大道北段 99 号蓝波湾．新天卫城．卫央生活广场 4F-05G/06G 号	非学科类培训机构
26	贵阳乌当区捷进教育培训学校有限公司	新创路新创商住楼二楼	学科类培训机构
27	贵阳市乌当区多多教育培训学校	育新路贵州龙美食城 1-3-1	学科类培训机构
28	贵阳市乌当区成成教育培训学校有限公司	新添大道北段 88 号新天商业中心 1 幢 2-3 层 2 号	学科类培训机构
29	贵阳市乌当区好优思课外培训中心有限公司	新添大道 156 号互创中心大楼 5 层 10-23 号	学科类培训机构

公办教育资源、压减民办学校招生、取缔关停部分民办学校、购买民办学校学位等措施，完成民办义务教育在校生占比不高于 15%的目标任务。开展无证民办幼儿园整顿治理，全区无证民办幼儿园实现动态清零。全面停止学科类校外培训机构审批许可，暂停非学科类校外培训机构审批，完成校外培训机构全流程监管，纵深推进监督培训机构治理行动，推动校外培训机构专项治理取得新成效。

【校外培训机构整治】 2022 年，乌当区全面停止学科类校外培训机构审批许可，暂停非学科类校外培训机构审批，完成校外培训机构全流程监管，纵深推进监督培训机构治理行动，推动校外培训机构专项治理取得新成效。全区 29 所校外培训机构全部纳入全流程监管。

【民办义务教育规范整治】 2022 年，乌当区规范民办学校办学行为，制定和完善政府购买学位管理办法，确保义务教育学位主要由公办学校和政府购买服务方式提供，通过扩大公办学校办学规模、消减民办学校招生计划、关停取缔部分民办学校、购买学位等措施，确保民办学校在校生占比控制在15%以内。加强“公参民”治理，8 月，贵阳市白云兴农中学（乌当教学点）移交乌当区后成为新九学校初中部（分校）。

（宋俊辉）

普通高等教育

【概况】 2022 年，乌当区有贵州师范学院 1 所普通高等院校。贵州师范学院有 18 个教学单位，52 个本科专业，涵盖经济学、法学、教育学、文学、理学、工学等 10 个学科门类，全日制在校生 13700 余人，形成包括本科教育、研究生教育、留学生教育、继续教育等多层次、多形式的人才培养体系。有教职工 1110 人，其中 70 人次获省部级以上人才称号，享受国务院特殊津贴专家 1 人，省政府特殊津贴专家 3 人，省管专家 3 人，省级学术带头人 4 人，省级教学名师 11 人，入选贵州省百人领军人才、千人创新创业人才、高层次创新型人才、省级优秀青年科技人才等 42 人次。校外兼职硕士生导师、博士生导师 100 余人。有国家级专业综合改革试点 2 项，国家级一流本科专业建设点 5 个，国家级一流本科课程 2 门，省级一流本科专业建设点 16 个，省级专业综合改革试点 5 项；贵州省区域内一流建设学科 1 个，省级特色重点学科、省级重点学科、省级重点支持学科共12个。国家级众创空间1个，省级院士工作站、省级“2011协同创新中心”、省级重点实验室、省级高校人文社科基地、省级人才基地等省部级科研平台38个，省级大学生创业示范中心2个，省级实验教学示范中心1个。年内，1名教师获“贵州省五一劳动奖章”荣誉称号。4名教师家庭分获“全国最美家庭”“最美书香润德家庭”等荣誉称号。1个支部获“全国五四红旗团支部”“全省五四红旗团支部”称号；106名学生获各类奖助学金。

【人才建设】 2022年，贵州师范学院实施干部队伍素质提升计划，组织处科级干部学习培训525人次。开设“传承师道文化涵养教育情怀”系列传统文化讲座，培训2548人次。抽调200余名优秀年轻干部参加校外跟岗锻炼、挂职学习。全年引进和培养高层次人才25人；申请省级财政住房补贴、高层次人才津贴400余万元。出台《贵州师范学院名誉教授、客座教授、兼职教授聘任管理办法（试行）》，聘请武汉大学、南方科技大学等高校的19名人才成为兼职教授、客座教授；聘请中国科学院、中国科学技术大学、哈尔滨工业大学、上海外国语大学、重庆大学的5名高层次人才到校开展工作。聘任年薪制特聘教授19人、评选表彰印山英才奖2人；出台《贵州师范学院最美“印山红烛”评选办法（试行）》，评选表彰学校最美“印山红烛”荣誉称号教师13人。

【教育教学改革】 2022年，贵州师范学院印发《关于修订2022版本科专业人才培养方案的指导意见》《本科专业课程体系合理性评价实施办法（试行）》《贵州师范学院教材工作委员会工作实施办法（试行）》《贵州师范学院本科教育教学审核评估工作方案》系列文件，修订22项制度和方案，新建优质实践基地34个，新增基础教育和行业一线专家52人，教师获省级教学竞赛奖6项，其中，贵州省第二届高校教师教学创新大赛奖2项，贵州省青年教师教学竞赛一等奖3项、二等奖1项。遴选校内优秀教学案例75项，获批省级教改项目16项，立项建设校级教改项目（含自筹）34项。获省级高等教育教学成果奖5项，其中特等奖1项、一等奖1项；获省级中小学（幼儿园）教学成果奖2项。“深化本科高校学生实习考核改革”“探索建立贵州省应用本科院校评价标准及指标体系”获批贵州省深化新时代教育评价改革试点项目立项。

贵州师范学院 （来源网络）

【科研水平提升】 2022年，贵州师范学院获各级各类科研项目151项，其中国家级科研项目12项，省部级科研项目28项，厅级科研项目84项，横向项目27项；获批科研经费总额2106万元，其中，纵向项目经费1468万元，横向项目经费638万元，师均科研到账经费2.58万元，增幅为15.2%；获批国家社科基金艺术学项目2项，贵州省哲学社会科学规划重大课题1项，为全省唯一获批此类项目的高校；全年获奖13项，其中贵州省科学技术进步奖二等奖1项、三等奖1项，贵州省技术发明奖三等奖1项，贵州省青年科技奖1项，省教育科学研究优秀成果奖8项，贵州文艺奖1项；师生被收录高水平论文数为111篇，增幅5.7%。获批省级智库“贵州省乡村振兴研究院”、省级科技成果转移转化基地“贵州师范学院科技成果转移中心”、贵州省科技平台“贵州师范学院院士工作站”、贵州省高等学校人文社会科学研究基地“贵州省大中小学思政课一体化发展研究中心”等系列科研创新平台；贵州省林火生态与管理重点实验室和乡村振兴成果监测与评估产业化示范基地，分获贵州省教育厅特色重点实验室和乡村振兴示范基地建设；培育建设“特色微生物资源开发应用平台”和“聚合物基电磁材料研究中心”等校级科研创新平台。

【创新创业教育】 2022年，贵州师范学院出台《学科竞赛排行榜管理及积分办法（试行）》，构建竞赛与教学，竞赛与“双创”，竞赛与产学合作的有机融通生态。牵头编撰贵州省青年创新创业白皮书，搭建全国第一个省级创新创业地图；在第八届中国国际“互联网+”大学生创新创业大赛决赛中获国赛金奖2项，铜奖3项，实现贵州省高校在高教主赛道和红旅赛道同获金奖的历史性突破。在第十三届“挑战杯”大学生创新创业计划竞赛中获国赛铜奖3

乌当区中等职校汽车维修教学　（赵慧鹏/摄）

项，省赛一等奖4项，二等奖6项、三等奖20项。在第九届“创青春”中国青年创新创业大赛中获国赛金奖1项，银奖1项，实现贵州省金奖零的突破；学生创业项目“足球大师”获真格资本2000万元风投，多个项目入选西安交通大学等985院校双创教材。学校创新创业成效被中央电视台、人民网、新华网等媒体报道共130次。

【“三全育人”体系建设】　2022年，贵州师范学院印发《贵州师范学院“三全育人”综合改革试点建设实施方案》，开展学校“三全育人”综合改革国家试点院系与全省试点高校及院系建设，音乐舞蹈学院、生物科学学院获评全省高校第二批“三全育人”综合改革试点院（系）。在省级教改项目中立项课程思政项目8项，校级教改项目中立项课程思政项目13项。开展贵州师范学院2022年度优秀教学案例推荐评选工作，建成课程思政优秀教学案例库1个。音乐舞蹈学院《声乐教学与演唱》等3个案例入选国家教指委音乐舞蹈类课程思政教学指南优秀教学案例库。构建家、校、企、社多元协同的实践教育体系，1名学生获全省第七届“优秀春晖使者”，1支志愿服务队获2022年全国“七彩假期”志愿服务示范团队，1个实践项目获评“全国优秀社会实践品牌项目”，22个团组织、服务队及个人获评省级优秀服务单位、品牌项目、实践团队。

（贵州师范学院）

成人教育

【成人教育考试】　2022年，乌当区成人高考考点设在乌当二中，考场数为38个，参考人数为1350人。

【自学考试】　2022年4月，乌当区设自学考试考点2个，分别为乌当中学、乌当二中。参考人数为5126人，其中乌当中学2764人，乌当二中2362人。10月自考考点设在乌当中学，有考场59个，参考人数为2272人。

【老年教育】　2022年，乌当区新建老年学校5所，区老年学校达124所，学员有15644人。其中，区老年大学1所，有任课教师37人，后备教师80余人，开设有28个专业学科68个教学班，学员2948人；乡（镇、街道）老年学校13所，学员4795人；村（社区）老年学校110所，学员7901人，建校率为100%，实现老年学校全覆盖。开展“能者为师”行动。聘请偏坡布依族乡陈满友、陈满香为区老年大学布依民歌教师，贾流萍为区老年大学服饰蜡染教师。支持新天二小开展太极传统文化进校园，3名老年大学教师被聘为校外辅导员。组建乌当老年游学“四基地”，即黄连红色文化游学基地、偏坡民族文化游学基地、红旗生态农业游学基地、百宜天贵茶园学农游学基地。将“原味小镇·醉美偏坡”作为贵州省老年教育系统游学线路进行申报。获“强国复兴有我 感受乌当十年新变化”短视频征集活动三等奖。开展摄影志愿服务活动5次，新闻报道志愿服务活动18次，播音主持志愿服务活动4次，医疗健康志愿服务活动2次，礼仪志愿服务活动5次，疫情防控志愿者服务活动200余人(次)。1名同志被区委老干局提名推荐“全省最满意公务员”，1名同志被提名推荐抗疫先进个人。

（区教育局）

科学技术

综　述

【概况】　2022年，乌当区围绕“一主一特”产业布局，聚集科技创新要素，搭建创新平台、培育创新人才、促进创新主体成长，全年32家企业申报高新企业，21家获认定，通过率超过全省平均水平，市级目标完成率为70%。全区拥有科技型备案企业115家，高新技术企业67家，孵化器（众创空间）中在孵企业97家。高新技术企业中，电子信息和先进装备制造业19家，占28%；健康医药和医疗器械制造业15家，占22%；信息和环保科技服务业17家，占25%，初步培育形成以高新技术企业为核心的科技型企业集群。

【研发投入水平】　2022年，乌当区“三上”企业中有研发投入（R&D）的企业数为31家，填报金额为5.51亿元；规模以上工业企业中有研发投入（R&D）的企业29家，研发经费支出5.1亿元。

【科技补助】　2022年，乌当区高新技术企业有发明专利19件，21家高新技术企业获省、市2020年、2021年补助377.5万元。23家科技企业获研发投入后补助资金969万元。获省、市科技项目39项，补助2594万元。

【科技创新队伍建设】　2022年，乌当区直接引进高层次及急需紧缺人才14名、高层次人才创新创业人才团队3支，获2022年贵州省“最美科技工作者”称号科技工作者1名，获贵州省2022年科学技术进步奖二等奖项目1个，培育3个专家工作站获批贵阳市第二批专家工作站建设，重点支持5名优秀青年科技人才负责的区级科技计划项目。全区科技从业人员达5000余人。

【科技人才引进】　2022年，乌当区加强与厦门大学、贵州师范学院、贵州农业职业学院等院校合作，引进高层次创新创业人才团队3支，新增各类人才7164人。装修人才保障房660套，发放人才优享卡46张，兑现扶持资金305万元。

【科技特派员】　2022年，乌当区推进科技特派员工作，建立工作台账和通讯录，开展产业技术指导服务、品种技术引进推广、农业产能功能拓展等服务，覆盖水田、新堡、百宜、下坝、新场5个乡镇。开展技术培训15次，解决技术问题4个，农业新技术示范推广1项，农业新品种示范推广1个，帮扶企业、合作社8个，帮扶农户2户，培养技术能手3名。

【“科创中国”创建】　2022年，乌当区做好“科创中国”科技经济融通平台工作，出台《贵阳市创建“科创中国”示范城市乌当行动实施方案》，召开“科创中国”专题会议3次。开展2022年度“百万公众网络学习工程”活动。

（区科技局）

科技平台

【概况】　2022年，乌当区有市级以上各类科技创新平台76个。其中，省级重点实验室2个，国家级企业技术研究中心1个、省级企业技术研究中心26个，省级院士工作站3个；拥有市级以上科技企业孵化器（众创空间）6家。38家科技型企业入驻智汇云锦孵化基地。

【高新技术企业培育】　2022年，乌当区科技局建立部门联动工作机制，将辖区内条件较为符合高新技术企业认定标准的近百家企业初步纳入乌当区高新技术企业培育库，通过走访进行综合评分，确定培育库第一批培育名单为36家，第二批为45家，第三批为12家。在“千企面对面”活动中，带领高新技术企业培育专家、领导班子成员和业务科室走访贵州红霆标准件制造有限公司、贵阳精一科技有限公司、贵州万业包装有限公司、贵阳立特精密机械有限公司等30余家企业，宣传高新技术企业奖补政策，帮助企业了解申报条件、申报流程及扶持方式。区科技局进行网格化分工，将高新技术企业申报工作落实到人、责任到人，工作人员每人负责10余家企业申报跟踪服务工作，与企业建立长期有效的联络机制，每周实时跟进企业申报进度、解答企业申报过程中遇到的疑问，服务好申报全过程，最大程度提高认定通过率。全年组织32家企业申报高企，21家通过认定，通过率超过全省平均水平。高新技术企业累计67家，其中规模以上企业32家，上市企业2家。

【科技创新平台建设】　2022年，乌当区组织32家企业申报高新技术企业，21家获认定，有效期高新技术企业67家，万家法人高新技术企业数为86.88%，在全省第一梯队30个区（市、县）中排名第四。多彩贵州印象网络传媒股份有限公司获省级企业技术中心，

表 26

2022 年乌当区企业获上级科技项目资助一览表

单位：万元

序号	项目名称	承担单位 / 承担人	上级部门	计划类别	资助经费
1	集成化大功率固态功率控制器研发	贵州振华群英电器有限公司（国营第八九一厂）	省科技厅	科技支撑	60
2	高功率低线宽石榴石旋磁铁氧体的研制	贵州振华红云电子有限公司			80
3	微型芯片电容用高性能电介质陶瓷材料工程化研制	中国振华集团云科电子有限公司			60
4	可生物降解塑料包装容器制备及成型关键技术研究	贵州千叶药品包装有限公司			60
5	低漏感塑封型驱动变压器研究	中国振华（集团）新云电子元器件有限责任公司（国营第四三二六厂）			60
6	高电压小型化固封极柱的研究	中国振华电子集团宇光电工有限公司（国营第七七一厂）			60
7	绿色高效功能改性剂在聚酯包装材料中应用研究与示范	贵州万业包装有限公司		科技成果应用及产业化	60
8	耐高温高湿片式钽电容器研究与示范	中国振华（集团）新云电子元器件有限责任公司（国营第四三二六厂）			100
9	贵州喀斯特洞穴现代孢粉埋藏过程与沉积特征及其环境指示意义研究	贵州师范学院唐亮		基础研究计划（自然科学）	10
10	用于食管癌标志物筛选的“免电极修饰”电化学生物传感器研究	贵州师范学院孙婷			10
11	高灵敏有机光－电化学晶体管生物传感器的构建及其在有机磷农药检测的应用研究	贵州师范学院班睿			10
12	刺梨维 C 含量对生物炭与氮配施的响应机理研究	贵州师范学院向仰州			10
13	微生物硫还原作用对矿区河道尾砂沉积物中砷、锑活动性影响的研究	贵州师范学院柳凤娟			10
14	硫、铅、锌、镉同位素对贵州西部铅锌矿床成矿流体运移路径的指示研究	贵州师范学院许冲			10
15	低碳模式下电化学与厌氧生物反应器联合处理锑矿废水的研究	贵州师范学院陈京晶			10
16	概率安全多方计算及隐私保护数据共享关键技术研究	贵州师范学院马敏耀			10
17	基于近地激光雷达遥感的中国南方典型喀斯特小流域森林植被碳储量估算与多源验证研究	贵州师范学院吴洋洋			10
18	复杂混沌系统特性分析及在大数据安全中的应用研究	贵州师范学院刘卓			10
19	2020 年高企认定后补助	（阳光水木、云数蔚来）			60
20	2021 年高企认定后补助	（天辰三江、百草轩、地矿测绘院、中聚伟、华劲科技）			150
21	研发投入工业扶持计划	健兴药业（100）、远程药业（100）、新豪光电（80）、皓科（80）、百草轩（80）			540
22	独家大品种筋骨伤喷雾剂中药保护临床试验及质量标准提升研究	贵州远程制药有限责任公司			63（2022 年 33 万）
23	基于可信度量的物联网智能边缘网关及控制器成果转化及产业化推广	贵州省通信产业服务有限公司	市科技局	科技成果转化培育	15
24	“高压油缸出厂试验台”成果转化与产业化生产	贵阳力科液压技术有限公司			25
25	顶锤式液压凿岩钎具精密制造技术的产业化	贵州捷盛钻具股份有限公司			25

续表 26

序号	项目名称	承担单位 / 承担人	上级部门	计划类别	资助经费
26	磷石膏空心砌块半干压法成套工艺技术研发与示范	贵州天辰三江建材有限公司	市科技局	科技成果转化培育	28
27	2020 年研发投入后补助	23 家企业			485
28	山地特色蔬菜种质资源收集保存与创新利用	贵阳市农业试验中心		一般农业项目	45
29	基于 DNA 分子标记的黄精遗传多样性研究及优异种质资源筛选	贵州贵阳国家农业科技园区管理委员会			20
30	沼液沼渣在集约化蔬菜绿色生产上的应用	贵州安诚远生态农业服务有限公司			35
31	山地猕猴桃提质增效关键技术研究与示范	贵州苌楚果香农旅开发有限公司			40
32	优质、高产、广适性杂交水稻新品种的选育与推广	贵州筑农科种业有限责任公司			50
33	精品草莓良种引进及优质高产栽培技术研究与应用	贵州果汇来农业科技发展有限公司			30
34	奶牛高产健康养殖关键技术集成与示范	贵州乳之源种养殖有限公司			40
35	金鱼选育及规模化繁育技术研究与示范	贵阳市乌当区小李红霖观赏鱼养殖场			33.5
36	林地生态小香鸡绿色加工研究与示范	贵阳乌当同创生态养殖基地			35
37	黄颡鱼池塘健康高效养殖技术研究与集成示范	贵州鲟龙湾养殖有限公司			30
38	2021 年高企认定后补助	16 家企业			167.5
39	贵阳市装备制造（工程机械）产业技术创新中心	贵阳市装备制造智能技术研究院有限公司		创新平台建设	100
合　计					2594

表 27

2022 年乌当区科技创新平台一览表

类别	名　称	建设单位	建设时间
博士后工作站	贵阳新天光电科技有限公司（国家级）	人力资源和社会保障部	
	中国振华电子集团有限公司博士后科研工作站(国家级)	人力资源和社会保障部	2000 年
贵州省院士工作站	贵州省贵阳新天光电科技有限公司光学测量院士工作站	贵阳新天光电科技有限公司	2012 年
	贵州省教育大数据技术与教育数学院士工作站	贵州师范学院	2016 年
	贵州师范学院院士工作站建设	贵州师范学院	2022 年
贵州省重点实验室	贵州省纳米与低维电子材料设计重点实验室	贵州师范学院	2011 年
	贵州省流域地理国情监测重点实验室	贵州师范学院（郁钟铭）	2022 年
贵州省工程技术研究中心	贵州省光学测量工程技术研究中心	贵阳新天光电科技有限公司	2009 年
	贵州液压工程技术研究中心	贵州金江航空液压有限责任公司	2004 年
	贵州省猪肉制品工程技术研究中心	贵州五福坊食品有限公司	2013 年
	贵州省片式电子元件工程技术研究中心	中国振华电子（集团）科技有限责任公司	2007 年
	贵州省乳业工程技术研究中心	贵阳三联乳业有限公司	2010 年
省级工程研究中心（发改）	贵州省注射制剂工程研究中心	贵州景峰注射剂有限公司	2018 年
省级工业设计中心（工信）	贵州振华群英电器有限公司（国营第八九一厂）高可靠继电器及智能控制模块组件工业设计中心	贵州振华群英电器有限公司	2018 年
	中国振华集团永光电子有限公司（国营第八七三厂）半导体功率器及模板工业设计中心	中国振华集团永光电子有限公司	2018 年

续表 27

类别	名　称	建设单位	建设时间
省级工业设计中心（工信）	中国振华（集团）新云电子元器件有限责任公司电容器工业设计中心	中国振华（集团）新云电子元器件有限责任公司	2019 年
	中国振华电子集团宇光电工有限公司(国营第七七一厂)电真空器件及开关组件工业设计中心	中国振华（集团）新云电子元器件有限责任公司	2020 年
	贵州振华集团云科电子有限公司微波阻容工业设计中心	贵州振华集团云科电子有限公司	2020 年
	贵州振华红云电子有限公司压电陶瓷材料及元器件工业设计中心	贵州振华集团云科电子有限公司	2020 年
	贵州振华风光半导体有限公司集成电路工业设计中心	贵州振华集团云科电子有限公司	2018 年
国家级企业技术中心	中国振华电子集团有限公司技术中心	贵州振华集团云科电子有限公司	1994 年
省级企业技术中心（工信）	贵州千叶（塑胶）药品包装股份有限公司企业技术中心	贵州千叶（塑胶）药品包装股份有限公司	2004 年
	贵州三联乳业公司技术中心	贵州三联乳业公司	2009 年
	贵阳新天药业股份有限公司企业技术中心	贵阳新天药业股份有限公司	2004 年
	贵州远程制药有限责任公司企业技术中心	贵州远程制药有限责任公司	2005 年
	贵州威门药业股份有限公司企业技术中心	贵州威门药业股份有限公司	2003 年
	贵阳新天光电科技有限公司企业技术中心	贵阳新天光电科技有限公司	2003 年
	贵州路桥集团有限公司技术中心	贵州路桥集团有限公司	2017 年
	贵州五福坊食品有限公司企业技术中心	贵州五福坊食品有限公司	2006 年
	贵州健新药业有限公司技术中心	贵州健新药业有限公司	2021 年
	贵州景峰注射剂有限公司企业技术中心	贵州景峰注射剂有限公司	2011 年
	贵州天安药业股份有限公司企业技术中心	贵州天安药业股份有限公司	2016 年
	贵州捷盛钻具股份有限公司企业技术中心	贵州捷盛钻具股份有限公司	2017 年
	中航力源液压股份有限公司企业技术中心	中航力源液压股份有限公司	2006 年
	贵阳万江航空机电有限公司企业技术中心	贵阳万江航空机电有限公司	2010 年
	中国振华（集团）新云电子元器件有限责任公司企业技术中心	中国振华（集团）新云电子元器件有限责任公司	2004 年
	振华永光电子有限公司企业技术中心	振华永光电子有限公司	2006 年
	振华电子集团宇光电工有限公司企业技术中心	振华电子集团宇光电工有限公司	2008 年
	中国振华集团群英电器有限公司企业技术中心	中国振华集团群英电器有限公司	2009 年
	贵州振华风光半导体有限公司企业技术中心	贵州振华风光半导体有限公司	2009 年
	中国振华集团云科电子有限公司企业技术中心	中国振华集团云科电子有限公司	2009 年
	贵州振华红云电子有限公司企业技术中心	贵州振华红云电子有限公司	2010 年
	贵州振华天电子集团建新机电有限公司技术中心	贵州振华天电子集团建新机电有限公司	2010 年
	贵州宏宇药业股份有限公司企业技术中心	贵州宏宇药业股份有限公司	2019 年
	多彩贵州印象网络传媒股份有限公司企业技术中心	多彩贵州印象网络传媒股份有限公司	2022 年
市级企业技术中心	贵阳永乐药业有限公司技术中心	贵阳永乐药业有限公司	2021 年
	贵州万顺堂药业有限公司技术中心	贵州万顺堂药业有限公司	2021 年
市级产业技术创新中心	贵阳市装备制造（工程机械）产业技术创新中心（贵阳市装备制造智能技术研究院有限公司）	贵阳市装备制造（工程机械）产业技术创新中心（贵阳市装备制造智能技术研究院有限公司）	2022 年
贵阳贵安科技成果转移转化试点单位	多彩贵州印象网络传媒股份有限公司	多彩贵州印象网络传媒股份有限公司	2022 年
省级产学研结合示范基地	中国振华电子集团宇光电工有限公司	中国振华电子集团宇光电工有限公司	2007 年
	贵阳新天药业股份有限公司	贵阳新天药业股份有限公司	2007 年
	中国振华（集团）新云电子元器件有限责任公司（国营第四三二六厂）	中国振华（集团）新云电子元器件有限责任公司（国营第四三二六厂）	2010 年
	中航力源液压股份有限公司	中航力源液压股份有限公司	2014 年

续表 27

类别	名　称	建设单位	建设时间
省级产学研结合示范基地	中国振华集团永光电子有限公司（国营第八七三厂）	中国振华集团永光电子有限公司（国营第八七三厂）	2016 年
	贵州振华群英电器有限公司（国营第八九一厂）	贵州振华群英电器有限公司（国营第八九一厂）	2016 年
国家级技术创新示范企业	中国振华集团永光电子有限公司（国营第八七三厂）	中国振华集团永光电子有限公司（国营第八七三厂）	2019 年
省级技术创新示范企业	贵州威门药业股份有限公司	贵州威门药业股份有限公司	2015 年
	贵州景峰注射剂有限公司	贵州景峰注射剂有限公司	2015 年
	中航力源液压股份有限公司	中航力源液压股份有限公司	2015 年
	贵州振华群英电器有限公司（国营第八九一厂）	贵州振华群英电器有限公司（国营第八九一厂）	2015 年
	中国振华（集团）新云电子元器件有限责任公司（国营第四三二六厂）	中国振华（集团）新云电子元器件有限责任公司（国营第四三二六厂）	2015 年
	贵州捷盛钻具股份有限公司	贵州捷盛钻具股份有限公司	2015 年
	中国振华集团云科电子有限公司	中国振华集团云科电子有限公司	2015 年
	贵州宏宇药业股份有限公司	贵州宏宇药业股份有限公司	2015 年
	贵阳新天光电科技有限公司	贵阳新天光电科技有限公司	2015 年
国家级小型微型企业创业创新示范基地	贵州（乌当）大数据智慧产业基地	贵州智源信息产业孵化基地有限公司（乌当区）	2018 年
省级创业孵化基地	乌当区信息创业孵化园微型企业创业基地	贵州智源信息产业孵化基地有限公司	2015 年
	贵州师范学院大学科技园	贵州师范学院大学科技园管理有限责任公司	2015 年
省级双创示范基地	乌当区		2018 年

贵阳贵安科技成果转移转化试点单位；贵阳市装备制造智能技术研究院有限公司获得贵阳市装备制造（工程机械）产业技术创新中心。全区拥有各级各类科技创新平台 76 个。建成省级重点实验室 2 个，国家级企业技术研究中心 1 个、省级企业技术研究中心 26 个，省级院士工作站 3 个；拥有市级以上科技企业孵化器（众创空间）6 家；新增省级企业技术中心 1 家，市级科技成果转移转化试点单位 1 家。

（区科技局）

科技成果

【概况】 2022 年，乌当区辖内企业振华永光“新型显示用薄膜晶体管器件关键技术及应用”项目、振华群英“光电隔离开关高电压隔离与抗辐射加固技术”项目、振华风光“基于三维集成多芯片组件关键技术的研究与应用”项目、振华科技“微型一体成型磁屏蔽式大电流贴片电感器”项目、景峰注射“中药多组分体内过程关键技术在贵州名优品种的创新应用”项目分别获省科学技术进步奖三等奖。

【科技成果转化】 2022 年，乌当区推进科技成果技术交易，完成科技成果技术合同认定 7.3 亿元，技术合同成交额占地区生产总值的 3.77%，全省第一梯队 30 个区（市、县）中排第四。全年获批上级科技项目 39 项，获批资金 2500 余万元。获批市级科技成果转化培育计划项目 4 个。

【中药多组分体内过程关键技术在贵州名优品种的创新应用项目】 该项目由贵州医科大学、贵州益佰制药股份有限公司、贵州景峰注射剂有限公司、贵州宏宇药业有限公司共同研发。该项目基于药物代谢酶调控的参芎葡萄糖注射液 PK-PD 相关性及配伍机制研究、基于 PI3K-Akt 通路的参芎葡萄糖注射液抗氧化应激的药效物质基础研究，通过与贵州医科大学的产学研合作完成参芎葡萄糖注射液的药效物质基础、体内过程、PKPD 相关性及配伍机制研究。该项目获 2022 年度贵州省科学技术进步奖三等奖。

（区科技局）

科普活动

【概况】 2022 年，乌当区科技局举办农业实用技术培训 42 期，通过劳动模范推优评选、“老智助筑行”、新时代基层干部主题培训班等形式，提升青少年、农民、工人、老年人、领导干部和公务员科学素质。新增市级科普教育示范基地 1 个，区级科普教育示范基地 1 个，全区有国家、省、市、区各级科普教育基地 8 个。

【科普宣传】 2022年，乌当区利用微信公众号、LED滚动屏、“科技三下乡、四进社区”开展科普宣传，在各乡（镇、街道）开展专题宣传活动30余次，发放科普宣传资料2万余份。开展青少年科学素质提升行动，举办乌当区第五届青少年科技节暨第二届中小学生科技运动会、国防科技教育进校园活动、贵阳市第十一届青少年机器人大赛（乌当区选拔赛）暨乌当区第二届中小学人工智能机器人竞赛活动。组织区内2022年贵州省基层科普行动计划项目申报工作和市科协重点科普资助项目的申报，获得省科协“科普惠农工程”项目1个、“科普益民工程”项目1个、市科协重点科普资助项目1个。

【科学素质提升】 2022年，乌当区推进青少年科学素质提升，5月举办乌当区第五届青少年“科技节”暨“第二届中小学生科技运动会”，全区各中小学校的800余名学生参加；联合区少年宫开设科学探究、乐高、手工等课程，受益学生300余人。开展“我是文明小使者，垃圾分类我先行”为主题的科普实践活动，带领儿童制作垃圾分类宣传画，拍摄儿童科普微电影“电池奇遇记”，开展“小手牵大手”家庭垃圾分类大行动等活动。农民科学素质提升，依托新时代文明实践所（站）配备科普教育器材并开设培训班，主要对养殖大户、农村致富带头人、科技致富带头人采取经验交流、观看教学视频等方式进行宣传和培训，开展农业实用技术培训42期，培训人员1470人次。5月，贵州远志职业技术学校在新堡布依族乡马头村开展高素质农民培育后续跟踪服务，针对马头村葡萄种植专业户，采取到村入户方式，开展高素质农民培育后续跟踪服务。产业工人科学素质提升，通过短训、中长期项目制培训以及新型学徒制长期培养等方式，分层次多形式培养产业工人，落实证书直补政策，鼓励企业职工通过自主缴费培训考取职业资格证（技能等级证），全年开展企业职工各类培训1252人次，落实证书直补补贴54人次16.62万元。提升老年人科学素养，乌当区利用老年大学微信公众号对学校工作、防养老诈骗、学员风采等进行宣传，推送信息、视频13条（个）。针对老年人出行、就医、消费、办事等方面遇到的智能技术应用困难，开展专项培训10余次。实施“老智助筑行”，乌当区老科协扶助百宜国霞生态果蔬种植农民专业合作社、百宜百胜皆宜裕展农业有限公司发展农产品深加工等。在偏坡布依族乡完成“微菜园”拓展示范，对下院村13.33万平方米黄金桃基地的建设进行技术培训，并投资购肥料款6000元，购置农药、机械等。领导干部和公务员科学素质提升，乌当区利用智慧云锦馆舍，围绕保护生态环境、节约能源资源、绿色生产、防灾减灾、卫生健康、移风易俗等，邀请专家学者授课，1-11月开展培训18期，培训人员2476人。其中，主体班8期，培训655人；短期班10期，培训1821人次；新时代基层干部主题培训班7期，培训1466人。

【乌当区第二届中小学人工智能机器人竞赛】 2022年11月，乌当区开展贵阳市第十一届青少年机器人大赛（乌当区选拔赛）暨乌当区第二届中小学人工智能机器人竞赛活动，产生各赛项区级一等奖23个、二等奖38个、三等奖56个，乌当区第二中学、乌当区新天一小、乌当区新天九年制学校高新分校三所学校荣获优秀组织奖，并向贵阳市第十一届青少年机器人大赛暨第二届人工智能大赛推送69支参赛队伍。

【国防科技公益科普进校园】 2022年6月，乌当区开展“迈向航空新征程·共筑国防强军梦”国防科技公益科普进校园系列活动，围绕弘扬科学精神和科学家精神主题，通过讲解飞机构造、气流原理、飞机的趣味故事，现场展示飞行技能、涡喷航模战斗机着车表演等，激发学生崇尚科学、学习知识的热情。

【防灾减灾宣传活动】 2022年5月13日，乌当区科技局、区科协组织开展2022年全国防灾减灾宣传活动。科普志愿者在赶场期间，到乌当区水田镇集市，围绕“减轻灾害风险 守护美好家园”主题，通过悬挂标识标语、现场安全知识讲解、发放安全知识宣传手册等方式，为广大群众全面普及防灾减灾安全知识。特别针对山体滑坡、强降雨恶劣天气、泥石流等常见地质灾害；电动车停放和充电、家庭水电、天然气、一氧化碳中毒等安全隐患；禁止在山塘水库游泳、焚烧秸秆等安全常识。

【爱科学之《中国制造》观影活动】 2022年5月25日，乌当区新时代文明实践中心联合乌当区科技局、科协新时代文明实践分中心、新光居委会新时代文明实践站在新光里文创园举办“走进科技·你我同行”科学成就梦想——2022年科技活动周科普展览及科技纪录片观影活动。活动现场设置咨询台、悬挂横幅、摆放展板、发放宣传资料等方式，向机关干部、过往群众宣传科技法律法规、防震减灾、垃圾分类、防疫健康和反邪教等科普知识。30名干部职工及新光居委会群众观看纪录片《中国制造》。

（刘远洋）

知识产权

【概况】 2022年，乌当区专利授权总量651件，其中，发明专利118件，实用新型474件，外观设计59件。

【知识产权宣传】 2022年，乌当区在第22个“世界知识产权日”期间，利用微信公众号、官方微博、微信群、企业及户外LED显示屏等新媒体开展以“全面开启知识产权强国建设新征程”为主题的知识产权宣传周系列活动。4月26日，联合贵阳市文化综合执法支队、区公安局、区委宣传部在新添寨商业街广场开展知识产权保护现场宣传活动。开展北京冬奥会、冬残奥会等奥林匹克知识产权保护检查。

2022 年，区人武部组织实施乌当区人工增雨防雹作业 26 次，发射增雨防雹炮弹 162 发，火箭弹 26 枚。图为民兵使用车载流动火箭发射装置进行人工增雨作业　　（区气象局　供图）

【知识产权保护】　2022 年，乌当区在北京冬奥会、冬残奥会召开期间，对辖区商场、超市、广告经营单位、体育用品商店、体育运动场所开展专项检查 30 次，出动执法人员 57 人次，检查经营户 55 户次，未发现侵权假冒北京冬奥会、冬残奥会等奥林匹克标志违法违规行为，未收到相关违法违规投诉举报。全年办理专利标识不当 4 件，责令整改。办理终结假冒专利 1 件，没收违法所得 68.25 元，罚款 204.75 元。商标侵权 1 件，没收假冒“天朝上品酒”73 瓶，罚款 60000 元。对专利、商标使用及代理等行为开展双随机抽查，抽查 5 家企业；联合农业农村局双随机抽查 6 家。受理处理 13 件涉及知识产权的投诉举报。开展规范专利申请行为专项整治，排查 11 件非正常专利申请，撤回 4 件，7 件无法找到联系人。

【知识产权运用】　2022 年，乌当区企业申报省、市、区知识产权项目，中国振华集团永光电子有限公司“低电容金属封装硅瞬态电压抑制二极管的制造方法”发明专利荣获 2021—2022 年度贵州省专利优秀奖。中国振华电子集团宇光电工有限公司（国营第七七一厂）获国家知识产权优势企业项目。贵阳万江航空机电有限公司、贵州天安药业股份有限公司、贵州千叶药品包装有限公司获省级知识产权优势企业项目，省级资助各 20 万元。贵阳万江航空机电有限公司获贵阳市知识产权示范企业项目，市级资助 10 万元。贵阳永乐药业有限公司获贵阳市知识产权优势企业项目，市级资助 5 万元。中国振华（集团）新云电子元器件有限责任公司（国营第四三二六厂）的一种钽电容器的制造方法发明专利获贵州省高价值核心专利资助项目，省级资助 50 万元。贵州中聚伟科技有限公司、贵州益恒创兴科技有限公司、贵阳永乐药业有限公司 3 家企业通过知识产权管理体系认证。贵州健兴药业有限公司用发明专利“止咳止喘的中成药”向中国光大银行质押获贷款 264 万元。贵阳新天药业股份有限公司用发明专利“一种治疗更年期综合征的中药复方制剂及其制备方法”向交通银行股份有限公司贵州省分行质押获贷款 2000 万元，并获省知识产权质押贷款贴息资助，贴息资助金额 10 万元。贵州威门药业股份有限公司以川芎茶调颗粒产品相关专利 3 项质押贷款，获市级专利质押补贴 19.7 万元。培育贵阳永乐药业有限公司、贵州五福坊食品（集团）股份有限公司、贵州师范学院大学科技园管理有限责任公司、贵州正道生物科技有限公司 4 家为乌当区知识产权试点企事业单位。

【乌当区商业秘密保护及知识产权试点单位授牌】　2022 年 11 月 18 日，乌当区商业秘密保护及知识产权试点单位授牌会举行，贵阳永乐药业有限公司、贵州五福坊食品（集团）股份有限公司、贵州师范学院大学科技园管理有限责任公司、贵州正道生物科技有限公司四家企业被授予“2022 年度乌当区知识产权试点企业”。

（区市场监管局）

气象测报

【气象观测】　2022 年，乌当区建有国家基本气象站 1 个、常规自动气象站 20 个，覆盖乌当区城区及 6 镇 2 乡。在多次暴雨、冰雹、低温雨雪等灾害性天气过程基本做到监测不漏网、预报报得准、服务零失误。

【气象服务】　2022 年，乌当区气象台发布各类气象预警信号 117 条，气象预报、实况快报短信 495 条，服务 46 万余人次。利用区应急广播系统发布气象预警信息 7 次。制作发布《气象信息报告》96 期、《气象信息快报》81 期、《专题气象服务》601 期、《重要气象信息专报》8 期。修订完善《乌当区气象灾害应急预案》，建立以气象预警信号为先导的气象灾害应急处置机制。区气象灾害应急指挥部办公室启动暴雨灾害应急响应 7 次。

【气象科普宣传】　2022 年，乌当区利用“3·23”世界气象日、“4·28”安全生产日、“5·12”全国防灾减灾日及“10·13”国际减灾日等宣传日开展气象科普宣传活动，提高人民群众气象科普知识和气象灾害避险应急意识。向公众发放气象灾害防御科普宣传资料约 2000 份，普及“认知风险　远离灾难”安全意识。

【人工影响天气服务】　2022 年，乌当区在新场镇、羊昌镇、百宜镇、水田镇等 4 个乡镇布置 5 个人工影响天气作业站，配备 5 门三七高炮、1 门固定火箭发射架、1 门流动火箭发射架及 22 名人工影响天气作业人员。全年组织实施人工增雨防雹作业 26 次，发射增雨防雹炮弹 162 发、火箭弹 26 枚。

（区气象局）

文 化

文化市场管理

【概况】 2022年，乌当区文旅体市场有酒店15家，其中五星级酒店1家，三星级酒店1家。互联网上网服务营业场所12家，歌舞娱乐场所8家。景区8个，其中国家AAAA级旅游景区5个，AAA级旅游景区2个，其他旅游景区1个。体育武术健身场馆1家，出版印刷企业1家。民宿2家，露营基地1处，旅行社4家。

【文化行政审批】 2022年，乌当区文化旅游部门严格执行“一窗综办”，将137项依申请办理类事项纳入无差别综合窗口受理。全年办理审批事项9件，按时办结率为100%，群众满意率为100%。个人办理类事项压减时限为75%，平均跑动次数压缩至1.5次，“好差评”主动评价率为100%。

【扫黄打非】 2022年，乌当区围绕“扫黄打非”五大专项行动，组织市场检查100余次，出动人员600余人次，查办“扫黄打非”案件8件，收缴各类违法书籍249册、光碟19张。组织联合集中专项检查13次，出动检查人员200余人次，重点检查出版印刷企业41余家次、复印店146家、大型物流公司4家、宗教活动场所12处，新天城区书店5家、电影院3家，附带经营出版物的商超、文具店等30余家。查办涉邪教反动宣传品案4件，其中刑事案件1件，刑事拘留3人，行政案件3件，行政拘留3人。查办无证经营出版物案件4件，收缴非法售卖图书118册，清理属地网站及APP软件633家，行政警告2人。核查处置“洋宇图书店涉嫌违规销售出版物”“喵匠文具店售卖缺失的中国地图”“入云别院违规放映电影”“祖三贴包装袋存在印制中国地图不全”“劲松文具店违规销售耽美商品”等“12345”平台投诉举报线索5起，自主查办省级督办案件1起，实现督办案件零的突破。

（区文体广电旅游局）

公共文化

【概况】 2022年，乌当区在“一圈两场三改”工作中，完成保利生活圈、观溪北衙生活圈、新天生活圈、新创生活圈、大坡生活圈、顺海生活圈、龙广生活圈7个生活圈、15个综合文化服务中心提升改造。利用全区文化馆、图书馆总分馆资源，以“我们的中国梦——文化进万家活动”“我们的节日”主题活动等开展文化志愿服务线下活动38场次，利用数字文化馆平台开展线上文化服务170次。组织文艺工作者创作各类文艺作品18件。开展全民阅读推广系列文化活动321次。全年参与线下文化活动人员23489人次。组织“文化进万家·视频直播家乡年”暨“美拍多彩贵州悦享非遗年俗”春节系列活动、“活力乌当·粽情端午”活动非遗集市、“黔文传承·遇见非遗”系列活动之纸间技艺——香纸沟土法造纸手工花草纸灯体验、2022年“文化和自然遗产日”甲秀楼景区、青岩古镇景区宣传展示活动等非遗展示。完成骆越魂等9家非遗工坊的区级认定工作。完成省级代表性传承人胡宗亮申报第六批国家级项目皮纸制作技艺级代表性传承人工作，韦丽等8名区级传承人晋级贵阳市第六批非物质文化遗产代表性传承人。组织非遗传承人群培训班2期，90名非遗传承人群参加白水河手工纸技艺、王岗染织绣创新应用培训班学习。

【公共文化设施建设】 2022年，乌当区完成35个乡（镇、街道）、村（居）综合文化服务（中心）站提升改造工作。其中，综合文化服务（中心）站建设9个，26个基层文化服务（中心）站达标。申报新光路街道保利公园综合文化服务中心为特色引导型综合文化服务中心，高新路街道春天综合文化服务中心为品质提升型综合文化服务中心，两个项目补助资金50万元。完成龙广社区居委会、保利公园社区居委会、新光路街道新光居委会、观溪路街道环溪居委会4个“共享图书系统”安装。易地扶贫搬迁安置点云锦尚城社区文化服务中心纳入贵州省2022年易地扶贫搬迁综合性文化服务示范点建设，投入经费10万元，完成文化广场设置阅报栏安装，纳入文化馆、图书馆分馆进行管理，图书统一编目，实现统借统还。

【乌当区图书馆文化服务】 乌当区图书馆创建于1978年，位于北衙路8号的新馆于2012年3月开馆，建筑面积为3850平方米，总分馆藏书56万余册。2022年，乌当区图书馆开展“阅悦乌当·满城书香”全民阅读推广新时代文明实践文化志愿服务，每周完成开馆 84 小时，累计开放 4302 小时；新增办证读者 966 个，累计有持证读者 14736 个；累计场馆服务 135818 人次，借阅图书 41126 人次，图书 107338 册次；征订期刊 246 种。开展全民阅读推广系列文化活动 353 次，参与线下文化活动达 30186 人次；新开设“二胡培训朝阳班”“绘本剧表演”“美美与共”等全民阅读推广活动，对“科普世界”活动进行升级打造；开展“4·23世界读书日”系列全民阅读活动；开展“5·15 第三十二次全国助残日”活动。开展“我们的节日·元旦、春节、清明、端午”新时代文明实践活动；二楼三楼常设“文津图书奖获奖图书推荐展览”，参观人数达 8.41 万人次。开展送文化进乡镇、进社区、进军营、进学校 5 次，为市民送去图书 1500 余册，为官兵送去图书 1000 册；制作发放《乌当图书馆 2022 年度读者活动一览表》1 万份。自媒体宣传 942 篇次；在微信公众号开展第七个“全民国家安全教育日”、第 35 个“世界无烟日”宣传活动；向读者推荐免费阅读电子图书 550 册；网站更新 541 篇次。举办 2022 年度阅读达人颁奖活动，为全年累计借书前 20 名的读者颁发奖状和奖品。城市书房对市民免费开放。在贵州师范学院招募新一届文化志愿者 108 名，考核合格 30 名，文化志愿者累计服务 10300 余小时，志愿者老师开展 104 节课辅导培训。

【城市主题书房建成开放】 2022 年 10 月 22 日，乌当区城市主题书房对外开放。书房设在乌当区图书馆一楼，面积为 105 平方米，总投资 151 万元，藏书 3000 余册，服务人口 5 万余人，书房全天开放，为自助服务模式。至 12 月 31 日，图书外借量为 1025 册次，进出 13665 人次，读者满意率为 98%。

【乌当区文化馆活动】 2022 年，乌当区文化馆开展文化惠民，围绕“春节系列文化活动”“我们的中国梦”——文化进万家活动、“我们的节日”主题活动、全国助残日、送文化进军营、进校园、学习宣传贯彻中共二十大精神等主题开展文化志愿服务活动，全年完成广场演出活动 20 场、文化进社区活动 8 场、送文化下乡活动 10 场；利用数字文化馆平台开展线上文化服务 170 次，涵盖疫情防控知识普及、文艺作品推广、主题活动宣传、有奖知识竞答、文化慕课服务、经典阅读、线上主题展览等。在线上开展“我们的节日”系列活动 12 期，包括有奖知识竞答、图片有奖征集、传统文化知识普及、好书推介、诗词赏析等线上文化活动；红色经典文艺展播 15 期，涵盖歌舞剧、诗歌、歌曲、书画等；“朗朗乾坤”红色故事会 20 期，推出红色经典故事会系列、传统文化系列、八一建军节系列、“我们的节日”系列；其他数字文化服务 123 期，普及文明城市建设、疫情防控知识、文化活动资讯、文化慕课服务、文艺作品推介、经典书籍阅读、连环画、线上主题展览等。线下开展文化志愿服务活动 25 场次，有“我们的节日·春节”迎新春送春联活动、“我们的节日·元宵节”文化志愿服务进万家活动、“弘扬雷锋精神 做新时代文明人”志愿服务活动、“五一”劳动节志愿服务活动、“六一”送文化进校园、“全国助残日”宣传活动、“我们的节日·端午节”养老院慰问文艺演出、“喜迎二十大 七一颂党恩”文艺演出、送文化进军营活动、戏曲进乡村、垃圾分类宣传演出、道德模范事迹宣传演出、纪念抗战胜利 77 周年文艺演出、“同绘美丽乡村 共筑幸福家园”群众美术作品展等活动；“我们的中国梦”——文化进万家暨移风易俗下基层文艺巡演 13 场；免费开放群众艺术培训，开设舞蹈、声乐、器乐、朗诵、越剧培训班，每周对外免费开放 56 小时，每周开设 18 班次，全年共 170 班次，受益群众 7650 余人。开展文艺创作，创作各类文艺作品 8 件，包括小品《摆酒》，相声《治风气 让咱乌当更美丽》，歌曲《相守》《微光》《风吹稻花香》《少年郎》以及油画等作品。

【文化巡演和志愿服务】 2022 年，完成《乌当区庆祝中国共产党成立 100 周年文艺活动方案》，全区共开展文艺巡演 20 余场次，群众参与 1620 余人次，志愿服务活动 1500 余场次。疫情防控期间共开展疫情网络书法作品展 2 次，向抗疫志愿者捐献书法作品 100 件。

【公益电影放映】 2022 年，乌当区完成电影公益放映 900 场。其中，农村 888 场、易地扶贫搬迁点 12 场。

2022年7月4日，乌当区文化馆对市民进行艺术培训　　（区文体广电旅游局　供图）

2022年1月20日，乌当区联合贵阳市群众艺术馆到东风镇云锦尚城小区开展"我们的节日·春节"新时代文明实践志愿服务活动

（区文体广电旅游局　供图）

【农家书屋建设】 2022年，乌当区76个行政村农家书屋点采购书籍4928册，购书款价值15.4万元，涵盖政治、文化、少儿、科技、医卫、生活等类。

【全民阅读】 2022年，乌当区围绕"新时代乡村阅读季""爽爽贵阳 书香筑城""钟情于书""阅读小康气象，奋进振兴征程"主题，开展"新时代乡村阅读季"主题阅读活动。制作移风易俗宣传视频、MG动画和H5，发布视频200余个，线上阅读量达150万余人次。开展"钟情于书"暑假阅读活动，举办"读物阅读＋读后征文"比赛，参赛学生有174名。依托图书馆、农家书屋等阅读平台，打造"阅悦乌当·满城书香"全民阅读活动品牌，先后获中国图书馆学会授予全国24家图书馆"全民阅读示范基地"等5项国家级、省级荣誉奖项。

（区文体广电旅游局）

文艺活动

【"我们的节日·春节"移风易俗下基层新时代文明实践文艺巡演】 2022年1月，由乌当区文化志愿者组成的"移风易俗倡新风"文化志愿服务队到各乡镇开展"我们的节日·春节"移风易俗下基层新时代文明实践文艺巡演活动。活动由乌当区新时代文明实践中心主办、区文旅局新时代文明实践分中心承办、各乡镇新时代文明实践所协办。

【"我们的节日·春节"新时代文明实践志愿服务活动】 2022年1月20日，乌当区联合市群众艺术馆到东风镇云锦尚城小区开展"我们的节日·春节"新时代文明实践志愿服务活动。

【送文化进军营活动】 2022年3月21日，乌当区文化馆到武警贵阳支队乌当中队，对武警官兵进行慰问，为部队赠送一批优秀书画作品，加强军地文化交流。

【垃圾分类宣传文艺演出】 2022年7月27日，由乌当区生活垃圾分类领导小组办公室主办，乌当区文化馆、新光路街道承办的"垃圾分类齐参与 引领文明新风尚"垃圾分类宣传文艺演出在仁恒步行街举行。

【贵阳贵安道德模范先进事迹巡演（乌当站）】 2022年7月29日，由贵阳市委宣传部主办、区委宣传部承办的"2022年贵阳贵安'强国复兴有我'道德模范先进事迹巡演（乌当站）暨农村'治风'宣传文明实践活动"在易地扶贫搬迁安置小区云锦尚城举行。

【"我们的中国梦"——文化进万家戏曲专场公益演出】 2022年7月22日，乌当区文化馆联合贵州京剧院，在喷水池国艺剧场举行"我们的中国梦"——文化进万家暨"爽爽贵阳·活力乌当"戏曲专场公益演出。

【群众美术作品展在乌当区会展中心举行】 2022年12月19日，由贵阳市群众艺术馆、中共乌当区委宣传部主办，乌当区文化馆承办的学习宣传贯彻中共二十大精神"同绘美丽乡村 共筑幸福家园"——贵阳市群众美术作品展在乌当区会展中心举行。

【"我们的节日·端午节""'粽'情端午"诗会暨诗集《活力乌当》首发仪式】 2022年6月2日，"爽爽贵阳·活力乌当·'粽'情端午"诗会暨诗集《活力乌当》首发仪式在羊昌·花画小镇水东文化广场举行。贵州省政协原副主席相小青，著名诗人、贵州省作协原副主席、贵州省诗人协会终身名誉主席李发模，著名文化学者、中共贵州省委原副秘书长、政研室原主任李裴，中国作协会员、贵州省作协理事小语等专家、学者、作家参加活动。贵阳市委宣传部常务副部长戴建伟、贵阳市文体广电旅游局调研员龙世金，乌当区委书记王鸣明等市相关部门有关负责人及区领导出席活动。活动还发布乌当区端午精品旅游线路和端午文旅活动。

【喜迎二十大系列文艺演出】 2022年6月29日，乌当区文化志愿团队在振华广场举行"喜迎二十大·七一颂党恩"文艺演出活动。9月2日，由乌当区文体广电旅游局主办，区文化馆承办的“喜迎二十大·奋进新征程”纪念中国人民抗日战争胜利77周年文艺演出在振华广场举行。11月11日，乌当区文化馆联合贵州京剧院、羊昌镇人民政府到黄连村开展“我们的中国梦”——文化进万家暨宣传党的二十大精神送戏曲进乡村文化志愿服务活动。

（区文体广电旅游局）

文化遗产保护

【概况】 2022年，乌当区有50个项目被列为非物质文化遗产代表性项目，其中国家级2项、省级10项、市级34项、区级4项。有非遗代表性传承人33人，其中国家级1人、省级6人、市级19人、区级7人。打造2个非遗展示中心：偏坡布依服饰展示中心、东风镇石头寨苗族文化展示中心。有区级非遗旅游体验空间8家。

【文物保护】 2022年，乌当区有不可移动文物87处，其中省级文物保护单位2处、市级文物保护单位24处、区级文物保护单位3处。开放81处，开放率为93%。有金芳云烈士墓、百宜红军烈士陵园、黄连抗日标语、新场红军烈士墓4处公布为省第一批革命文物。乌当区文化遗产保护服务中心（乌当区非物质文化遗产保护服务中心）负责实施推行文化遗产保护和优秀民族文化的传承及普及工作。完成文物保护单位保护范围和建设控制地带的划定28处。投入30万元对金芳云烈士墓周边环境进行改造提升，实施百宜红军烈士陵园提升改造；完成中共贵州省工委北衙活动旧址保护及提升主体修缮工程。58处“三普”点设立保护标志牌，明确直接责任人。与对外开放的省级文物保护单位协天宫、市级文物保护单位后所祖师庙共计2处宗教场所使用人签订管护协议。对未开放的省级文物保护单位来仙阁、市级文物保护单位川主庙、唐家大院3处古建筑均明确1名当地文保员进行有偿管护。可移动文物5件，其中，“红军绝对不杀敌方投诚官兵”标语陈展于百宜红军烈士陵园，其余4件藏于区文旅局。

【非物质文化遗产申报】 2022年，乌当区完成区级第七批非物质文化遗产代表性项目申报，王岗庖汤、王岗八大碗、布依族姊妹箫、偏坡传统豆制品制作技艺、黔五福腊肉制作技艺5项获推荐。完成贵阳市第七批非遗代表性项目推荐申报，王岗庖汤、王岗八大碗、布依族姊妹箫、偏坡传统豆制品制作技艺、黔五福腊肉制作技艺5项以及布依三滴水调、周氏除痹特色诊疗法2项直报项目通过专家评审。完成第六批国家级非遗代表性传承人推荐申报，乌当区国家级项目皮纸制作技艺省级代表性传承人胡宗亮获推荐。组织完成乌当区非遗工坊认定，骆越魂等9家非遗工坊获认定。2022年1月，偏坡非遗小镇由贵阳市文化和旅游局认定为市级非遗小镇。第六批市级代表性传承人由贵阳市人民政府公布，乌当区韦丽等8名区级传承人晋级市级代表性传承人。

【非遗工坊】 2022年，乌当区有区级非遗工坊9家，分布在新堡布依族乡、偏坡布依族乡、下坝镇、东风镇，分别是：骆越魂非遗工坊、石头长歌非遗工坊、宗亮纸苑非遗工坊、罗远礼非遗工坊、陈慧珍布依文化非遗工坊、偏坡灰豆腐非遗工坊、绮染植绣非遗工坊、王万玉非遗工坊、仲家衣人非遗工坊。非遗工坊以“工坊＋农户”的模式，推进“非遗＋旅游”的发展。皮纸制作技艺开发花草纸制作及以花草纸为基础制作的相关文创产品，蜡染、枫香染、扎染、簸箕画、布依土酒酿造等技艺衍生的手工艺产品受到游客青睐。

【非物质文化遗产及传承人数字化信息采集】 2022年，乌当区完成19个市级以上非遗项目的数字化采集和录入工作，与贵州师范学院合作，建立乌当区非遗数据库，实现非遗数据异地安全存放。完成非遗传承人罗守全、刘朝发、卢启国的抢救性记录工作。

【非物质文化遗产研究成果】 2022年，乌当区编写完成《乌当区非物质文化遗产集成》《遗韵乌当》《乌当区民间民俗故事集》《贵州器乐曲集》《贵阳器乐曲集》《乌当区器乐曲集》《贵州民间歌曲集》《贵阳民间歌曲集》《乌当区民间歌曲集》《乌当区民间舞蹈、戏剧、说唱音乐集》《中路花灯》《贵阳市布依族民歌选》等12册书籍。

【非物质文化遗产传承】 2022年，乌当区完成市级非物质文化遗产代表性传承人25人绩效评估。完成贵州省手工纸制作技艺、染织绣创新应用2期非物质文化遗产传承人培训班，90人完成为期15天的理论和实践培训课程。完成贵州省推送文化和旅游部“非遗进万家，文化过大年”节目视频拍摄，布依雷神龙、花米饭入选视频。支持非遗进校园活动，省级项目“苗族花棍舞”在下坝镇九年制学校作为特色课程，将花棍舞改编为花棍操，作为课间操进行锻炼。文琴戏走进乌当小学、头堡小学的课堂；布依族姊妹箫走进偏坡学校；枫香染走进乌当实验小学、贵航职业学院等，让学生们体验本地特色文化。

（区文体广电旅游局）

广播电视

【广播电视安全保障】 2022年，乌当区保障春节、冬奥会、全国两会、省第十三次党代会、中共二十大等重要节点期间广播电视及网络安全，保障大讲

2022 年 12 月 15 日，贵州广电网络乌当分公司为小河口用户上门维修网络电视故障

（区文体广电旅游局　供图）

堂直播 63 场次，保障电视电话会议网络信号联调传输 30 余次。

【应急广播系统建设】 2022 年 6 月，乌当区全面完成应急广播平台建设，9 月通过市级验收。全年播发疫情防控、农村五治、垃圾分类等社会治理信息 1000 余条。拟写《乌当区应急广播管理办法（征求意见稿）》，向各平台征求意见建议，制定《乌当区应急广播信息播出审签单》，完善应急广播制度化规范化建设。

【智慧广电实验区建设】 2022 年，乌当区推进“一云双网、一主三用”智慧广电新体系建设，对照广播电视网络信息系统智慧化生产、智慧化传播、智慧化服务和智慧化监管的目标，完成智慧广电综合实验区项目建设并形成结项报告。

【收视费优惠补助】 2022 年，乌当区优惠减免区域内在网酒店收视费 23.17 万元。2020—2022 年，累计优惠减免 82.61 万元。投入资金 11.3 万元，保障 1130 户建档立卡贫困户正常收看电视节目。发放老广播员生活补助 27840 元。

（区文体广电旅游局）

融媒体

【概况】 2022 年，乌当区融媒体中心（简称区融媒体中心）以迎接、宣传、贯彻中共二十大为工作主线，开展“《喜迎二十大》”等主题宣传，推进媒体融合，讲好乌当故事。开设《喜迎二十大》《二十大代表风采》《推动强省会开启新征程》《疫情要防住经济要稳住》《爽爽贵阳城暖暖贵阳人》《我为群众办实事》《落细落实农村“五治”》《一圈两场三改》《全国文明城市巩固提升进行时》等 30 余个专栏，发布稿件 358 篇。在《贵州新闻联播》上稿 40 条，《贵阳新闻联播》上稿 58 条。

【重大主题宣传】 2022 年，区融媒体中心对全区贯彻落实新国发 2 号文件总体发展思路进行专题报道、深度解读、系列呈现。推出《深入学习贯彻党的二十大精神·发展有思路》系列访谈专栏。全年“一把手”系列访谈推出精彩视频 27 期。组织中共二十大宣传，全媒体开设《深入学习贯彻党的二十大精神》等栏目，刊播电视、短视频等原创报道 90 余条。新冠疫情防控期间，全媒体发布区疫情防控指挥部各类重要通告 41 条，开设抗击新冠肺炎疫情专栏 5 个。

【新闻宣传】 2022 年，区融媒体中心围绕乌当经济社会总体发展思路开展新闻宣传，编发稿件 16500 余条。乌当电视台《乌当新闻》制作播出 200 余期，播出稿件 1600 余条（含新闻广角）；乌当电视台播出公益广告 3000 余条次，内容涉及文明城市、反诈、疫情防控、垃圾分类、农村“五治”工作等。

【新媒体建设】 2022 年，“爽爽贵阳活力乌当”微信公众号关注量为 46313 人，制作推出 500 余期，发布稿件 3700 余条（含综合稿），阅读量为 204.04 万次；“活力乌当”APP 客户端总下载量为 61028 次，发布稿件 8403 条，阅读量为 1070.4 万次；“爽爽贵阳活力乌当”视频号推送视频 416 条，累计阅读量为 400 余万次。

【媒体融合发展】 2022 年，区融媒体中心通过体制机制创新、短视频制作创新、宣传平台创新、重大主题宣传创新，推进媒体深度融合。在传统图文传播的基础上，增加采编音频、视频、问答互动、嘉宾做客演播厅等形式。制作 3 期“走街串巷读报告”被央视新闻、新华社采用，点击量为 100 余万人次。

（区融媒体中心）

档案管理

【概况】 2022 年，乌当区档案馆针对贵阳贵安 2022 年度档案安全督导工作通报的无消防、安防、信息化安全设备设施问题，制订出整改方案并推进落实。

【档案接收征集】 2022 年，乌当区档案馆开展乌当区国企退休人员人事档案进馆工作，累计接收 11636 卷。推进制定精准扶贫和疫情防控档案整理方案，精准扶贫档案共计 3228 卷，电子档案 529694 页，卷内条目 25542 条。2020 年至 2021 年疫情防控档案共 12210 件，83119 页。其他各类单位档案有 4751 卷, 5150 盒。开展“强省会”、党史学习教育、疫情防控等立档单位进馆前档案业务指导工作，全年开展档案业务指导 40 余次。

【档案服务利用】 2022 年，乌当区档案馆实行“一站式”档案信息服务，向查询者提供登记、审批、查档、复印、出具证明等系列服务，接待社会各界档案利用者 841 人次，查阅档案 1930 卷（件）。其中，查阅婚姻档案 305 人次，利用 348 件；查阅土地档案 144 人次，利用 194 卷；查阅其他文书类档案 392 人次，利用 1388 卷（件）。

（区档案馆）

地方志工作

【概况】 2022 年，乌当区报市志办信息 12 期、《人文贵阳》信息 5 期，市志办采用 8 期。组织召开乡镇志（名镇志、名村志）编纂工作推进会。赴 8 个乡镇开展乡镇志（名镇志、名村志）编纂督导。组织开展乡镇志（名镇志、名村志）线下培训 2 次、线上培训 2 次。参加中国年鉴精品工程研讨会暨第七期全国年鉴主编培训班线上培训。

【志书编纂】 2022 年，乌当区地方志办督促指导乡镇志编纂，8 个乡镇组建编纂委员会和编辑部，成立各乡镇党委书记和乡（镇、街道）长任组长，分管领导任副组长，各部门负责人、各村支书主任为成员的工作领导小组，制定乡镇志编纂工作实施方案，明确主编、总纂、资料收集联络员。8 个乡镇均召开乡镇志编纂启动培训会。成立《贵阳市名镇志》《贵阳市名村志》乌当区分卷编纂委员会及乌当分卷编辑部，印发《贵阳市名镇名村志乌当区分卷编纂方案》，召开《贵阳市名镇名村志》（乌当区分卷）编纂启动会。

【年鉴编纂】 2022 年，《乌当年鉴（2022）》由贵州人民出版社出版发行。《乌当年鉴（2022）》全书 76.3 万字，彩图 100 余幅，主要内容包括大事记、部门条目、领导人名录、特载等。

（区档案馆）

卫生健康

综 述

【医疗卫生资源】 2022年，乌当区有医疗机构数量191家。其中疾病控制中心2家、三级医院4家，医学检验中心2家，血液透析中心1家，二级医院7家，一级医院5家，社区卫生服务中心5家，乡镇卫生院8家，社区卫生服务站12家，医务室（卫生所）5家，门诊部2家，诊所61家，村卫生室77家。全区医疗卫生技术人员4243人，执业（助理）医师1442人，注册护士2090人，其他专业人员711人，实有医疗床位数3434张。每千人常住人口拥有床位10.22张、执业（助理）医师4.29人、注册护士6.22人，高于全国全省平均水平。推进区人民医院门诊部、新光路社区卫生服务中心、龙广路社区卫生服务中心建设项目。完成新光里社区卫生服务站、保利公园社区卫生服务站建设。启动乌当区卫生健康信息化建设平台项目，区人民医院三大主系统上线运行。

【爱国卫生运动】 2022年，乌当区围绕“爱国卫生月”主题开展系列宣传活动，发放宣传品6870份，接受群众咨询2920人次。各乡（镇、街道）卫生医疗机构开展宣传活动98次，发放宣传资料、宣传品6000余份。创建巩固“无烟单位”党政机关56家，建成56家。指导各乡（镇、街道）和爱卫会成员单位开展环境卫生整治，在重点区域投灭鼠药1500余千克，安装毒饵站2000个，毒饵盒1500个。组织3家企业22名员工申报为市级“职业健康达人”，其中1家企业获市级创建“职业健康企业”。

【医疗人才队伍建设】 2022年，乌当区开展医疗“招才引智”人才梯队建设，对持有“乌当人才优享卡”的人才提供免费体检服务；通过第十届人才博览会2022年引进2人，面向社会公开招聘8人，引进中医类研究生15人。组织医疗卫生机构参加省内高校线上线下招聘，招聘160人。外派医务人员60人次进修，省级1期，市级2期。18名医务人员完成省管专家申报。

【卫生信息化建设】 2022年，乌当区依托区域卫生信息平台，建成乌当区健康档案数据库，并集成到乌当区人民医院HIS系统和基层云HIS系统的门诊医生站、住院医生站，医生可以便捷调阅患者健康档案。完成乌当区“健康乌当”公众号建设，覆盖乌当区医共体总院和下属11家乡（镇、街道）卫生院，公众号提供预约挂号、在线缴费、报告查询、病案复印等功能。乌当区人民医院排队叫号系统上线运行，实现门诊、采血窗口、药房、放射科、检验科等科室的诊间叫号。完成乌当区人民医院自助机建设，提供自助发卡、黔康码申领、预约挂号、扫码付、住院充值、报告打印等功能。

【卫生应急】 2022年，乌当区无甲类传染病，乙丙类传染病共发病1091例，发病率为324.35/10万，比上年上升5.5%。乙类传染病325例，发病率159.94/10万，比上年下降31.72%；丙类传染病553例，发病率为164.41/10万，比上年下降0.36%。完成重症手足口病6例，伤寒、副伤寒3例个案调查，指导病家消杀。

【健康教育】 2022年，乌当区构建区、乡、村三级健康教育网络体系，实现健康服务网络化、全民化。建立乌当区健康科普专家库，组织开展“三下乡”“医疗服务进社区”等系列健康科普宣传教育活动。基层医疗机构设置宣传栏120块，更新次数858次；集中开展现场健康主题日宣传活动236次，发放健康科普知识宣传资料30种12328份，接受健康咨询人数为31978人；通过区级媒体播放音视频资料26种3932次26205小时；举办健康知识讲座603次，聆听人数为16275人。“健康乌当”微信公众号、微博转发各类知识及信息400余条。

【健康促进】 2022年，乌当区印发《居民健康素养水平提高专项行动方案》，开展健康促进场所建设，全区有23个村（社区）、6家医院、12所学校、39家机关、3家企业创建为健康细胞。印发《乌当区2022年居民健康素养监测实施方案》，于10月31日至12月3日到新场镇、羊昌镇、新堡布依族乡、高新路、观溪路和新创路街道开展问卷调查并上传数据到省市平台，乌当区居民健康素养水平为36.07%。

（区卫生健康局）

医疗卫生改革

【医疗体制改革】 2022 年，乌当区卫生健康局完成区人民医院、区妇保院深度融合，组建乌当区医共体总院，逐步形成“基层首诊、双向转诊、急慢分治、上下联动”分级诊疗体系。探索“医防融合”新型管理和服务模式，推动“以治病为中心”向“以人民健康为中心”转变，推进医疗服务与公共卫生服务协同融合发展。完善考评办法，推动慢性病管理、医疗服务与公共卫生服务项目融合。推动医保支付方式改革，变“被动控费”为“主动控费”，发挥医保基金在医共体试点改革中的“杠杆”作用。

【紧密型县域医共体国家级试点】 2022 年，乌当区将区人民医院与区妇幼保健院整合为医共体总院，整合区级公立医疗卫生资源，将辖区 8 家乡镇卫生院、3 家公办社区卫生服务中心和 77 家村卫生室全部纳入医共体一体化管理，实行行政、业务、人员、药械、财务、绩效、信息化“七统一”管理，建成具有乌当特色的紧密型县域医共体。

【乌当区县域医共体信息化平台建设】 2022 年，乌当区建成贵阳市第一家县域医共体信息化系统平台，包含辖区内各公立医疗机构及村卫生室。该项目提升医疗资源使用效益，降低群众的医疗卫生费用，节约医疗卫生信息化整体投入。

【“医防融合”新型管理】 2022 年，乌当区探索“医防融合”新型服务模式，推进医疗服务与公共卫生服务协同融合发展。1 月，医共体总院成立乌当区医共体医防融合管理中心。制定《乌当区医共体紧密型区域医疗卫生共同体医防融合管理工作方案》《乌当区医共体慢性病患者（高血压、糖尿病）免费用药实施方案》《乌当区医共体家庭医生签约服务团队实施方案》。在医共体总院举办 7 期乡村医生培训班，参加培训班的有 11 个成员单位 18 名临床医生，100 名乡村医生，培训完成率为 100%。培训内容主要涉及院前诊断和中医适宜技术、门诊病历书写及常见病、多发病等相关知识。参加总院院内学术培训 108 人；到总院进修 4 人；2022 年度基层卫生人才能力培训乡村医师学员 10 人。北部片区卫生院 7 月至 12 月免费发药 7726 盒，药品金额 28490.29 元。其中，百宜卫生院发放 160 盒，金额 874.03 元；羊昌卫生院发放 2799 盒，金额 8145.74 元；新场卫生院发放 4767 盒，金额 19470.52 元。医共体到各成员单位组织义诊、宣传健康教育活动 8 次，参加义诊、宣传健康教育医务人员 96 人次，接受义诊宣传健康教育人员 1023 人。走访困难户 6 户。现场针灸、穴位贴敷 188 人。免费发放药品 441 人，发放处方宣传单 556 份，测量血压 941 人次，测量血糖 761 人次。以高血压、糖尿病等慢性病为“医防融合”切入口，推进家庭医生签约服务，签约 68767 人，其中重点人群签约 63005 人，一般人群签约 5762 人。对全区群众进行肺功能筛查 6776 人。

（区卫生健康局）

疾病预防控制

【传染病防治】 2022 年，乌当区无甲类传染病，乙类传染病 325 例，发病率为 159.94/10 万，比上年下降 31.72%。丙类传染病 553 例，发病率为 164.41/10 万，比上年下降 0.36%。全区无预防接种事故和疑似接种副反应发生，安全注射率为 100%，各种免疫规划疫苗接种率达 95%以上。

【慢性病防治】 2022 年，乌当区常住居民电子健康档案建档率为 92.82%，居民规范化电子健康档案覆盖率为 85.87%，健康档案使用率为 58.01%。高血压患者应管理 18500 人，完成 18157 人，完成率为 98.14%。提供高血压患者健康规范管理服务 13115 人，规范管理服务率为 72.23%；最近一次随访血压达标 16165 人，管理人群血压控制率为 89.02%。区内 2 型糖尿病患者应管理 5400 人，完成 5924 人，

2022 年 10 月 24 日，乌当区政协联合乌当区卫生健康局走进新堡布依族乡王岗村，开展“医卫下乡，护群众健康”义诊活动

（区卫生健康局 供图）

完成率为109%。按规范要求提供2型糖尿病患者健康管理服务的3915人，规范管理率为66.08%；最近一次随访空腹血糖达标的人数4849人，血糖控制率为81.85%。地方病防治方面，完成两类人群碘盐样采样收样工作，6月底前完成化验室监测样品及复核。区内登记在册的确诊严重精神障碍患者1211人，社区在册居家严重精神障碍患者健康管理1057人，严重精神障碍患者报告患病率为3.6‰，严重精神障碍患者体检率为78.1%。

【免疫规划与疫苗接种】 2022年，乌当区设有12家预防接种门诊，5家新冠疫苗临时接种门诊，全区17个疫苗接种门诊开展疫苗扫码入库和扫码接种，实现疫苗接种全程可追溯。在新冠疫苗接种中，乌当区疾控中心利用“贵州省免疫规划信息管理系统”对疫苗做到统一管理、分发、调配。

【职业病防治】 2022年，乌当区组织8个乡镇卫生院、4个社区卫生服务中心完成本辖区内尘肺病随访与调查，排查到11人尘肺病信息。组织企业参与职业健康“温暖活动”，共100人开展职业健康检查。指导用人单位做好职业病危害项目申报，辖区内职业病危害重点行业（矿山、冶金、化工、建材）职业病危害项目申报率为96%。开展职业病危害专项监督执法，出动车辆51辆次，检查人员150余人次，排查企业37家次，开展职业健康重大风险隐患排查治理；推进10家国有企业参与争做“职业健康达人”活动，22人获“职业健康达人”称号；3家企业创建“职业健康企业”，其中1家企业获得市级创建“职业健康企业”。

【结核病防治】 2022年，乌当区经上级定点医疗机构确诊并通知基层医疗卫生机构管理的肺结核患者146人，开展管理的肺结核患者143人，管理率为97.95%。年内区疾控中心对全区各乡镇卫生院、社区卫生服务中心、各村卫生室、社区卫生服务站基公负责人及结防人员，对贵阳市公卫救治中心（市五医）、乌当区人民医院体检科及各乡镇卫生院、社区卫生服务中心负责结核病筛查及体检机构负责人及辖区内各级各类学校传染病负责人及工作人员开展结核病防控工作培训。3月24日，区疾控中心在羊昌镇马场村开展结核病防治知识宣传活动。发放宣传资料8种1000余份，发放宣传品200余份，接受咨询100人，现场免费测量血压78人，受益群众人数为1700人。

（区卫生健康局）

基层医疗卫生

【概况】 2022年，乌当区建成5个社区卫生服务中心、12个社区卫生服务站，达到“15分钟城市社区卫生健康服务圈”和“30分钟乡村医疗健康服务圈”要求，实现社区卫生健康全覆盖。建立家庭医生团队42个，有家庭医生269名，常住人口签约6618人，全区重点人群签约78729人，签约率为82.9%。全面建成覆盖区、乡两级远程医疗服务体系。实施医共体总院5个重点专科建设，医共体总院高层次人才定期、定点到成员单位开展服务，组织基层医务人员到总院顶岗学习，提升基层医务人员医疗服务能力。

【基本公共卫生服务】 2022年，乌当区居民健康电子建档率为92.82%，居民规范化电子健康档案覆盖率为85.87%。辖区内登记在册确诊严重精神障碍患者1211人，进行健康管理1057人，健康管理率为94.29%。市级下达高血压管理任务数18500人，完成18157人，高血压患者规范管理率为98.14%。糖尿病管理任务5400人，完成6137人，2型糖尿病患者基层规范管理服务率为66.08%以上。全区无预防接种事故和疑似接种副反应发生，安全注射率达100%，各免疫规划疫苗接种率达95%以上。辖区登记在册肺结核病人182例，进行健康管理175例，管理率为96.15%。完成7所学校学生常见病及健康影响因素现场监测和问卷调查工作，学生常见病及健康影响因素问卷调查共2210人，体检1450人。开展年度枯丰两季水质检测，饮用水水质卫生监测枯水期和丰水期共监测60份水样，合格率为85%，市政管网末梢水监测水样150份，合格率为100%。完成病媒生物鼠密度监测工作。

【基层困难人群医疗服务】 2022年，乌当区落实脱贫人口、边缘易致贫人群和突发困难人群家庭医生签约和慢性病服务政策，全年为高血压、糖尿病、结核病、严重精神障碍4类慢性病患者提供2773人次访视服务。落实脱贫人口、农村低保对象、特困人员、易返贫人口一并纳入县域内公立医疗机构住院“先诊疗后付费”政策，在辖区公立医疗机构享受到住院“先诊疗后付费”政策对象318人次，免收住院押金31.3万元。落实大病专项救治政策，对158名大病患者实行动态管理，建立独立档案，由乡村医生每季度对大病救治人员进行病情访视，根据患者健康状况进行健康指导。

（区卫生健康局）

妇幼保健

【概况】 2022年，乌当区妇幼保健机构执行妊娠风险分级分类管理，强化孕产妇信息全程追踪管理，最大限度保障母婴安全。全区新增孕妇3311例，产妇数3206人，活产数3259例；孕产妇建册率为95.88%；产前检查率为83.99%；住院分娩率为99.94%；产后访视率为94.38%；新生儿访视率为 95.61%；全区 5 岁以下儿童死亡率为 5.53‰；新生儿疾病筛查率达 94.25%。完成市级下达的农村妇女“两癌”筛查目标任务。超额完成免费孕前优生健康检查 1859 对，完成率为 100.48%。

【妇女儿童健康保障】 2022 年，乌当区印发《乌当区新冠疫情防控期间孕产妇医疗服务保障工作方案（试行）》《乌当区进一步做好孕产妇和儿童健康管理与医疗服务保障工作方案》等文件，公布疑似和确诊孕产妇产检和住院分娩定点医院名单，区危重孕产妇救治中心设置热线电话为服务对象答疑解惑和心理疏导，各医疗机构建立孕产妇管理微信群，针对孕产妇儿童特点和问题进行指导，消除群众顾虑，引导有序就诊。9 月新冠疫情防控期间，协调转运孕产妇 188 人，区内 157 人，转到区外 31 人。转运的 188 人中，产检及产后就诊 123 人，到医院待产 57 人，分娩后出院 8 人。

【母婴健康包保服务】 2022 年，乌当区妇幼保健院对辖区内重点人群建立“一人一档”、一个高危孕产妇由“1 名专家 + 妇幼保健院 1 名中层干部 + 乡镇卫生院（社区卫生中心）家庭医生 + 村医”组成的妇幼健康团队，开展全程、闭环包保服务。对重点人群每两天开展一次随访，特殊需要对象增加随访频次，指导医疗保健和引导就诊。同时与乡（镇、街道）等各部门加强联动，将动态重点人群信息反馈至乡（镇、街道）、村（社区），确保有人服务。

【妇幼健康服务人员能力提升】 2022 年，乌当区妇幼保健院组织人员参加市级预防艾滋病、梅毒和乙肝母婴传播知识竞赛，产科临床技能，危重孕产妇及新生儿救治等共 9 个项目的竞赛活动，其中预防艾滋病、梅毒和乙肝母婴传播知识竞赛获团体一等奖及个人一、二、三等奖，危重孕产妇及新生儿救治应急演练竞赛获优秀组织奖，妇幼健康科普微视频竞赛贵黔国际总医院获团体一、二等奖。

【妇幼健康宣传】 2022 年，乌当区妇幼保健院结合健康乌当行动做好预防出生缺陷日、世界地贫日、母乳喂养周、疫情防控知识等主题宣传活动，开展健康教育宣传活动 95 次，群众咨询 11212 人，发放宣传资料 69986 余份、宣传品 8145 份；开展妇幼健康教育讲座 35 次，参与 1250 人次；制作宣传资料共 2 个种类 2500 份，宣传品 1 个种类 3000 份；制作宣传栏 133 期；孕妇学校开课 115 期，参与听课 3149 人次。利用健康教育电视、LED 屏等影像设备播放视频 60 余种 4314 天。利用医院微信公众号宣传妇幼健康服务政策及健康教育知识 372 条，阅读量达 52848 人次。

【出生缺陷防控】 2022 年，乌当区推进出生缺陷三级预防，强化婚前、孕前一级预防，完善产前、产后二级预防，推进新生儿筛查三级预防。向目标人群发放叶酸 2915 人，叶酸服用率为 99.93%，完成民生基因无创 DNA 检测 1533 例。产前筛查率为 99.6%，新生儿苯丙酮尿症筛查、新生儿先天性甲状腺功能减低症筛查、新生儿听力障碍筛查率均为 100%。

【儿童保健】 2022 年，乌当区有 7 岁以下儿童 27067 人，保健管理 25547 人，7 岁以下儿童系统管理率为 94.38%，3 岁以下儿童 14634 人，3 岁以下儿童系统管理率为 93.79%。新生儿访视 31114 人，访视率为 95.61%。0—6 岁儿童眼保健和视力检查覆盖率为 90.86%。

（区卫生健康局）

中医药事业

【概况】 2022 年，乌当区创建贵州省中医药综合改革示范区，以医共体建设为基础，推动中医基层工作机制建设，发展中医医养工作和中医药文化知识传播，营造中医药文化氛围。在全区开展中医适宜技术防控儿童青少年近视试点工作。建成以区人民医院中医科为龙头，基层医疗机构中医馆为骨干，村卫生室为网底，民营中医医疗机构为补充的中医药服务网络。全区公立综合医院和社区卫生服务中心（乡镇卫生院）中医科设置率为 100%，实现中医药服务全覆盖。

【中医药服务能力建设】 2022 年，乌当区建成区级中医治未病中心。建设村卫生室和社区卫生服务站中医综合服务区（中医阁）3 个，建设省级示范中医馆 1 家，实施提升基层医疗机构中医馆服务能力 3 家，实施中医名医传承项目 1 个，推进全国基层名老中医药专家传承工作室建设 1 个。加强区人民医院、区妇幼保健院、基层医疗卫生机构的中医药服务能力建设，提高中医药资源的利用率和服务覆盖率，乌当区社区卫生服务中心和乡镇卫生院设立中医馆和中医科全覆盖，能够按照中医药技术操作规范开展 6 类以上中医药适宜技术，44 个村卫生室（社区卫生服务站）实现中医药服务，能够提供 3 类以上中医药技术方法的中医药服务，基层医疗卫生机构中医诊疗量逐年提高。开展中医适宜技术防控儿童青少年近视试点工作。

【中医人才建设】 2022 年，乌当区建设 1 家基层名老中医传承专家工作室，培养继承人 11 名。开展第二批和第四批名老中医传承工作，培养继承人 6 名。推荐 34 名优秀中医师参加市级中医类人才培训；15 名中医师参加贵阳市中医适宜技术（舌针）骨干人员培训；乌当区医共体总院开展中医适宜技术培训 3 次，培训基层医生 221 人；依托乌当区医共体总院中医科技术优势，安排优质中医医疗资源到乡镇卫生院（社区卫生服务中心）以及村卫生室开展中医药诊疗服务。推动中医确有专长人员考核考试，报名传统医学医术确有专长人员考核考试 12 人，报考传统医学医术确有专长人员医师资格考核 11 人。

【中医药行业发展】 2022 年，乌当区建立以区人民医院中医科为主，乡镇卫生院（社区卫生服务中心）中医馆为枢纽，村卫生室中医适宜技术开展为网底，民营中医医疗机构为补充的中医药服务网络。将乌当区医共体总院中医科作为医院重点科室建设，完成中医特色专科（专病）建设。依托乌当区卫生健康信息化平台，强化中药库房管理、人才管理、绩效管理等；新冠疫情防控期间研发中药全智能配发小程序，发挥中医药在新冠疫情防控中的优势作用。联合区委宣传部、区融媒体中心开展“爽身”活动，开展中医药进社区、进机关活动，共开展中医药宣传讲座、义诊活动 14 次；拍摄二十四节气中医养生及中医药防病治病宣传视频 8 个。

【中医药适宜技术推广】 2022 年，乌当区医共体总院对医共体成员单位中医生和临床医生开展中医适宜技术培训班 3 期，培训基层医生 221 人，主要讲解灸法、小儿推拿、刮痧、罐疗、穴位贴敷和耳穴压豆等操作技术手法和要点。全区社区卫生服务中心、乡镇卫生院按照中医药技术操作规范开展 6 类以上中医药适宜技术，44 个村卫生室（社区卫生服务站）实现中医药服务，能够提供 3 类以上中医药技术方法的中医药服务。以健康宣讲、义诊、健康宣教小视频、发放中医药家庭工具包等形式开展“中医药—健康进万家”活动，宣传推广中医药健康文化。组织乌当区人民医院、基层医疗机构及民营中医院在辖区内开展中医健康宣教活动 15 次，为辖区内居民普及中医健康知识，讲解中医药家庭工具包使用方法，发放中医药家庭工具包 1000 个。10 月 27 日，组织乌当区人民医院中医康复科医师为辖区居民进行义诊，宣传中医防病治病相关知识。

【中医药健康管理服务】 2022 年，乌当区内 65 岁及以上常住居民应接受中医药健康管理服务 23475 人，完成 24153 人，完成率为 102%，全区中医药健康档案规范率为 98%。

【获批省级中医药综合改革示范点】 2022 年，乌当区获批省级中医药综合改革示范点，建立健全中医药工作联席会议制度，成立以区政府分管领导为组长的领导小组，对中医药综合改革示范区工作进行安排部署。制定《乌当区创建中医药综合改革示范区建设工作方案》，明确在管理机制、服务体系、中西医协作、人才队伍、科技创新、文化传播 6 个方面的工作职责和内容。

（区卫生健康局）

卫生监督

【医疗行政执法】 2022 年，乌当区卫生健康局受理办结各类卫生行政许可 223 件，办结率为 100%；出动监督执法人员 1350 余人次，车辆 690 余台次，监督检查各类监督管理对象 2000 余户（点）次，查办各类卫生违法案件 107 件，罚款金额 9.97 万元；完成国家双随机任务 158 件，通过随机任务查办卫生健康违法案件 37 件，任务比为 23.4%，案件比为 34.6%；完成省双随机部门联合抽查 3 次；督促指导卫生健康监督协管站开展巡查工作 1151 户次。

【校园卫生监管】 2022 年，乌当区卫生健康局开展学校新冠疫情防控监督检查，检查学校 25 所和 23 家托幼机构，指导学校复学复课。在春秋季卫生工作专项监督检查中，对全区 72 所学校和 41 家托幼机构（含村幼）进行专项监督抽查和自查，重点检查学校传染病防控管理组织、报告制度，登记工作及晨检、因病缺勤登记报告和健康教育等工作情况，环境、设施、生活用品等清洁消毒必须做到措施到位、责任到位，并下达整改监督意见书，严防学校突发公共卫生事件的发生。开展国家“双随机”专项检查，检查 11 所中小学，各学校传染病防控整体情况良好。在学校教学环境、生活设施卫生状况监督中，对于个别不能达到要求的学校下达相关意见书，提出整改方案。

【公共场所卫生监管】 2022 年，乌当区卫生健康局开展新冠疫情防控、日常监督、双随机、专项执法等工作，累计检查 1525 户次，对主体持证经营、从业人员持证上岗、卫生管理制度落实、公共用品用具消毒情况、集中空调检测情况、店堂内外环境情况、安全生产等方面进行监督检查，针对查出的问题，分别进行行政处罚或下达整改意见书，督促问题单位进行整改；对取得“公共场所卫生许可证”且连续经营一年以上的公共场所进行量化分级管理。在重大活动及高、中考期间，对活动酒店及考点周边住宿卫生安全进行专项督查。

【职业卫生监管】 2022 年，乌当区对区域内纳入职业病危害专项治理的重点企业进行专项督查，开展药品企业场所职业病危害专项治理检查、开展推进金属粉尘和木粉尘企业尘毒危害专项整治工作检查、建设项目职业病防护设施“三同时”专项执法检查、石油天然气职业健康专项检查、放射诊疗专项监督检查、防暑降温专项检查等。全年检查出动监督执法人员 430 人次，执法车辆117台次，监督检查企业458家次，下达卫生监督意见书162份，当场行政警告15家，责令存在问题的单位限期整改，并要求整改的企业将整改报告交至执法大队。

（区卫生健康局）

医政医药管理

【医政管理】 2022年，乌当区制定《乌当区卫生健康局2022年医疗质量和医疗安全督查实施方案》，对各医疗机构医疗（医技）质量与安全、护理质量、病案质量、医院感染管理开展督察、指导。加强医疗机构监管，医疗机构电子化系统办理事项220件，其中机构校验（延续）161件，机构注销4件，机构注册9件，机构变更46件。完成医师执业注册和变更注册180人，其中执业注册34人，执业变更注册145人，注销0人，注册备案1人；护士执业注册347人，其中首次注册69人，变更注册191人，延续注册86人，注销1人。对辖区内各医疗机构新冠核酸采样人员，按照年龄分3个梯次通过医博士APP开展理论培训和实操培训。

【基本药物制度监管】 2022年，乌当区公办二级医疗机构1家，社区卫生服务中心3所，民办社区卫生服务中心2所，乡镇卫生院8所，村卫生室共77所，除2所民办社区卫生服务中心，公办医疗机构全部执行国家基本药物制度。基层医疗卫生机构（含村卫生室）全部通过省药品采购平台集中网上采购、统一配送，并实行零差率销售政策，建立药品入库验收制度。对村卫生室开展国家基本药物制度、短缺药品上报、合理用药、特殊药品管理等培训4次。采取电子显示、制作宣传栏、宣传单和口头讲解等宣传方式，向辖区群众宣传基本药物知识。公办基层医疗机构使用基本药物品种占所有药品品种的70%以上，公办基层医疗机构销售基本药物金额占所有销售药品金额的60%以上。对乌当区人民医院、乡镇卫生院、社区卫生服务中心和部分村卫生室开展2次考核。统筹省、市、区级国家基本药物补助资金，足额拨付到基层医疗机构。

【医疗安全管理】 2022年，乌当区实施全面医疗质量管理，指导、监督、检查、考核和评价医疗质量，通过医院医疗质量与安全管理委员会管理办公室，以病历、终末病历质量为抓手，提高医疗质量。开展医院安全管理，购买医责险、参与医疗纠纷第三方调解机制、建立医疗风险防范、控制和追溯机制，建立投诉管理制度与流程，在医院醒目位置向社会公布投诉方式和投诉电话。

（区卫生健康局）

医疗机构

【乌当区医共体总院】 该院是国家级医共体试点医院、国家呼吸医疗质量控制与管理哨点医院、贵阳市第一城市医疗集团乌当分院、贵阳市第四人民医院“骨科专科联盟”医院，是重庆市綦江区人民医院、贵阳市妇幼保健院对口帮扶医院。2022年该院有业务用房面积37346.56平方米，床位483张；有职工总数693人，其中正式在编人员276人，非编制人员417人。专业技术人员627人，其中高级64人、中级174人、初级389人。管理岗位27人，工勤岗位39人。具有大学本科、专科以上学历640人。医院获批“王立新教授名医工作室”“杨桂玲全国基层名老中医药传承工作室”等2个名医工作室。

【贵黔国际总医院】 位于乌当区乐湾国际城，占地面积为20万平方米，建筑面积为45万平方米，编制床位3000张，总投资35亿元，是集医疗、教学、科研、预防保健于一体的大型混合所有三级综合医院。医院引进国内外知名医院学科带头人组成的专家团队有150余人，在职员工1765人。医院于2017年5月启动建设，2019年10月18日正式对外开诊。2022年开放床位1500张，接收门、急诊患者65万人次，住院4.98万人次，手术2.27余万台，其中三级以上手术占比73.5%，四级手术占比36.6%。

【贵州医科大学附属乌当医院】 贵州医科大学附属乌当医院是非营利性三级综合医院。医院位于新添大道肉联厂公交站（地铁高新站）旁，于2013年9月29日开诊运行。建筑面积为27736.91平方米。设有科室近40个。编制床位502张，职工443人，初中高级职称占87%。在贵州省医学会各专业分会任职14人。2022年，医院门急诊量为122922人次，比上年减少2%，出院病人8167人次，增加4%。

【贵阳东方骨科医院】 是二级骨科专科医院，位于乌当区新添大道北段65号，建筑面积为10000平方米，其中业务用房8600平方米，编制床位100张。2022年，门急诊量19784人次；出院3125人次；完成手术1655台。医院职工271人，其中卫技人员182人，其中医护人员149人。医院设10余个临床医技专业科室。

【贵州盛京中医肝病医院】 成立于2012年，是集临床、教学、科研、预防、保健、康复医疗于一体的贵州首家中医肝病专科医院。设置床位100张，开放床位50张；建筑面积为10000平方米。医院开设肝病科、内科、外科、中西医结合科、康复医学科、检验科、放射科等临床医技科室。2022年，有职工97人，卫生专业技术人员60人，行政后勤人员32人，其他5人。诊疗量11450人次。

（区卫生健康局）

体育

体育设施

【概况】 2022年，乌当区有体育场地面积约289784.6平方米(不含高尔夫场地面积)，人均体育场地面积约1.2平方米（按户籍人口数）。乡镇、社区辖区内体育场地总面积约为127123.6平方米，其中篮球场69个，综合馆2个，门球场4个，游泳池6个，健身房6个，跆拳道馆3个，网球场8个，五人制足球场3个，羽毛球场28个，登山步道2条，足球场1个，健身步道两条，乒乓球场1个，健身路径145条，生态体育公园1个，8个乡镇建成9个乡镇级农民体育工程(面积约2000平方米)，76个行政村已建53个村级农民体育工程(面积约1000平方米)，其余行政村均安装健身路径工程。体育设施覆盖率为100%。

【生活圈体育场地改扩建】 2022年，乌当区完成“大坡生活圈、新创生活圈、顺海生活圈、龙广生活圈”4个生活圈体育场地改扩建和设施设备安装。完成新天生活圈松溪河多功能运动场（含多功能运动场1个，羽毛球场及乒乓球场各1块）建设；完成保利温泉新城小区1个智能健身驿站建设；完成保利温泉新城小区健身场地700平方米铺设，增设3张室外乒乓球桌和4张室内乒乓球桌、4个羽毛球网、2个室外棋牌桌；在振华广场、核工业小区、阳晨美林等小区安装12套全民健身路径。

【群众体育设施建设】2022年，乌当区完善全区群众体育基础设施，提高体育锻炼社会保障水平。建成多功能运动场1个，面积为650平方米；建成智能健身驿站1个，面积为300平方米；建成健身路径6套，面积为600平方米；建成新堡布依族乡白水河汽车露营基地，面积为800平方米；建成斯迈尔游泳馆，面积为500平方米；建成酷达健身游泳馆，面积为400平方米。全区新增体育场地面积3250平方米。

【大坡生活圈体育场地】 大坡生活圈云顶魔方足球场包含3个5人制足球场、1个11人制标准足球场。5人制足球场2021年初开始修建并投入使用，该场地免费向市民开放。

【新创生活圈体育场地】 新创生活圈尚善御景智能健身驿站项目2021年7月动工，10月投入使用，该项目主要功能是为生活圈居民解决健身需求。

【顺海生活圈体育场地】 顺海生活圈包括智能健身驿站、保利温泉2期小运动场，该项目2022年7月施工，11月投入使用，该项目解决保利温泉新城及顺海生活圈内居民健身需求。

【龙广生活圈体育场地】 龙广生活圈振华广场健身路径于2022年5月开始选址，7月进场施工，11月投入使用，该项目解决龙广生活圈居民的健身需求。

【新天生活圈松溪河多功能运动场】新天生活圈松溪河多功能运动场由原选址在新光里的球场变更至松溪河湿地公园养老院门口，2022年6月开始施工，7月投入使用，该项目解决新天生活圈没有多功能球场的困境，也让生活圈内的居民得到体育锻炼的便利。

（区文体广电旅游局）

全民健身

【概况】 2022年，乌当区在“三八”妇女节、全民健身日、重阳节期间，组织开展以“健康、知性、美丽”为主题的体育活动。5月，组队参加在观山湖区举办的“2022年贵阳贵安社会体育指导员技能展示活动”，选手们展示拉丁舞表演；7月，承办贵阳市第九届老年人运动会太极拳比赛，组队参加并获一等奖；8月，由区总工会与区文旅局联合承办的乌当区职工运动会共设足球、篮球、羽毛球、乒乓球、跳绳、趣味运动比赛等项目，来自全区各单位各部门的1000余名干部职工参加此次活动；8月，贵阳市第二届健身气功站点联赛举办，乌当区代表队获团体总分第一名；9月，区健身气功队代表贵阳市参加贵州省老年健身气功线上交流比赛取得优异成绩；10月，组织开展太极、健身气功、广场舞线上交流比赛，收到交流视频170余个，参与人数4000余人；11月，“共享新时代·全民健身贵阳行”贵阳市第二届健身气功站点联赛举办，乌当区代表队获个人赛第一名。

【承办市九届老年运动会太极拳（剑）交流赛】 2022年7月21日，由乌当区承办的贵阳市九届老年运动会太极拳

（剑）交流赛举行。来自贵阳市区（市、县）及市直部门的 12 支队伍近 150 名运动员参赛。

【观溪路街道老年人象棋比赛】 2022 年 5 月 10 日，观溪路街道金江苑社区党委联合贵州省乌当农商银行北衙党支部共同开展“金江苑社区 2022 年老年人象棋比赛”。比赛按年龄分为 A 组和 B 组，20 余人参加比赛。经过一天半时间，57 场次的比赛，A 组决出冠军、亚军、季军三名，B 组决出冠军、亚军两名，其余选手给予参与奖。

【“喜迎党的二十大胜利召开”门球交流活动】 2022 年 3 月 11 日至 13 日，乌当区老干局、区老年体协主办，老干活动中心、门球协会承办“乌当区 2022 年庆‘三八’喜迎党的二十大胜利召开门球”交流活动举行。本次交流活动有 9 支女子门球队、近 60 名队员参加。

【庆七一喜迎党的二十大胜利召开门球交流活动】 2022 年 7 月 1 日至 3 日，由乌当区老干局、区老年体协主办，区老干活动中心、区老年体协门球协会承办的“乌当区 2022 年庆七一喜迎党的二十大胜利召开门球交流活动”在乌当区老干活动中心门球场举行。活动有 15 支门球队、96 名运动员参加。

【太极拳（剑）线上交流活动】 2022 年 10 月 28 日至 11 月 30 日，乌当区开展四十二式太极拳（剑）线上交流活动。活动收到视频 50 余件，评出优胜奖 10 名，优秀奖 15 名。

【太极文化进校园】 2022 年，乌当区二中校园文化运动会二十四式太极拳展演活动举行。全校 46 个班、2246 名学生参加。乌当二中把太极进校园作为培养学生德智体美的主要内容，练习太极成为该校学生每天课间操的必练内容之一。

2022 年 8 月 14 日，“喜迎党的二十大胜利召开 携手共绘活力乌当”区职工运动会篮球比赛在顺海篮球馆开赛 （区委办 供图）

【群众体育培训】 2022 年 3 月，区组织举办为期 3 天的健身气功骨干培训班，培训人员 80 余人，并推广了新功法。开展网上学习培训活动，培训人员 100 多人。2022 年，全区有 10 人取得“一级社体指导员”证书、有 12 人取得“二级社体指导员”证书。5 月 11—13 日，组织举办“乌当区三级社会体育指导员”培训 1 期，培训人员 79 人；各乡镇（街道）全年办班 11 期，培训人员 260 余人次。

（区文体广电旅游局）

竞技体育

【参加贵阳市第十四届运动会】 2022 年，乌当区组织 300 余人参加贵阳市第十四届运动会，参与游泳、田径、羽毛球、乒乓球、篮球、围棋、象棋、体操、跆拳道、健身气功、太极拳、击剑等 19 个项目比赛，获金牌 39 块，银牌 30 块，铜牌 24 块。

【2022 年职工运动会】 2022 年 8 月 20 日至 21 日，乌当区 2022 年职工运动会乒乓球、羽毛球、足球及趣味运动项目相继开赛。乒乓球、羽毛球比赛共设男子单打、女子单打、男子双打、女子双打及男女混合双打五大项。趣味运动会则为团体赛制，最终取前 8 名。三个项目共 42 家单位参赛，其中乒乓球赛参赛运动员 67 人，羽毛球参赛运动员 136 人，趣味运动参赛运动员 441 人。足球比赛采用 6 人制，共 11 支球队参赛。本次运动会，共计参赛职工 1000 余人次。

【贵阳市第十四届运动会竞技体育组高尔夫球比赛】 2022 年 11 月 13 日，贵阳市第十四届运动会竞技体育组高尔夫球比赛在乌当区乐湾高尔夫球场成功举办，来自观山湖区、乌当区、花溪区和云岩区 4 个代表队的 31 名青少年球员参加比赛。最终决出各组别一二三名共计 12 名获奖选手。

【参加省第十一届运动会乒乓球竞技体育比赛】 2022 年 7 月 28 日，乌当区实验小学学生作为贵阳代表团选手参加在六盘水师范学院体育馆举办的贵州省第十一届运动会乒乓球竞技体育比赛，李传星韵赢得女子丙组单打冠军、牟宇栋赢得男子丙组单打冠军。

（区文体广电旅游局）

学校体育

【概况】 2022年，乌当区教育系统开展阳光体育运动，聚焦“教会、勤练、常赛”推进体育教学改革，使每一名学生掌握健康知识、基本运动技能和1—2项专项技能。发挥体育考试导向作用，改进中考体育测试内容、方式和计分办法，形成激励学生加强体育锻炼的有效机制。新九学校获2018—2022年度省级学校体育工作先进集体称号。乌当区对照《贵州省中小学体育工作评估指标体系》，组织各学校开展体育评估工作，通过国家学生体质健康标准数据管理与分析系统进行填报。全区共有各级各类学校48所参与阳光体育项目，其中完全小学35所（公办31所、民办4所），初级中学4所（均为公办），九年一贯制学校4所（公办3所、民办1所），高级中学1所（为公办），完全中学3所（公办1所、民办2所），中职学校1所（为公办）。通过评估，20所为优秀等级，占比41.7%；22所为良好等级，占比45.8%；6所为合格等级，占比12.5%；加分学校12所，占比25%。全区有体育教师290人，其中专职188人，兼职102人。

【学校体育场地】 2022年，乌当区学校体育场地总面积约为162661平方米，其中篮球场92个，乒乓球场、篮球馆2个，五人制足球场1片，羽毛球场17个，武术馆1个，小运动场4个、体育馆1个，综合馆1个，排球场7个，体育场4个（400米标准跑道）。

【学校体育专项经费】 2022年，乌当区学校体育专项经费纳入年度教育经费预算，学校田径场的建造、添置大型体育设施设备、体育活动经费、奖励经费等，采取下拨专项经费的形式予以投入，形成体育工作的长效保障机制。全区学校体育经费总支出为774.5924万元，其中体育场地经费支出631.491万元，体育专用器材经费支出93.6835万元、体育工作经费49.4179万元。

2022年1月9日，新天学校体育场地面向社会开放。图为市民带孩子在进行足球训练

（区融媒体中心 供图）

【学校体育师资队伍】 2022年，全区体育教师290人(其中专职188人，兼职102人)，学历合格率为100%。区教培中心结合教师区域发展，组织开展3次大片区教研，协调片区内体育教师参与教研活动。结合省、市、区的教师技能大赛，教培中心通过比赛，推送乌当区体育教师分别参加省、市中小学和高中的说课比赛，小学校本教研比赛，小学教师的微课比赛等活动。推荐专职体育老师参加国培和省、市、区的各级培训和教研活动。

【体育教学】 2022年，乌当区各学校执行国家体育课程计划规定，开足开齐上好体育课，没有以任何理由挤占体育课时，要求做到“四表”相符，保证课程计划的实施，开课率达100%。学校按照相关要求和学校实际制定《学校体育工作计划》，教学实施总体情况以“健康第一”为指导，抓好体育教学工作，学习落实“课标”中的教育理念，改革学习方式、教学方法和评价方式。杜绝“甩课”和无教学组织的“放羊式教学”，确保每一堂体育课有计划、有组织、有重点地开展实施；保证每位学生都学到“课标”要求的体育基本知识、掌握两项以上的体育锻炼的基本技能、逐步形成体育锻炼的终身意识。

【阳光体育活动】 2022年，乌当区加强“大课间”活动的指导，提高学生在校运动与保健的质量。学校推广“大课间”活动，要求各校制定“大课间”活动组织方案，确保学生每天锻炼一个小时，与此同时，加强体育工作督导检查，定期检查学校体育教学、“两操”和“大课间”活动开展情况。落实“两操”和“大课间”制度。以形式多样学校体育活动，推动校园阳光体育的开展。学校结合自身实际情况，开展传统体育竞技项目比赛，包括春秋季全校性运动会、广播操、拔河比赛、跳绳比赛等，各项活动由学校领导亲自挂帅，带领体育教研组制定竞赛规程、比赛规则、活动安排等，由体育教师利用体育课和课外活动时间对比赛项目进行专门指导。每次活动都做到赛前有计划和安全预案、过程有记载、赛后有总结，活动出实效。在校园内开展每天一小时阳光体育活动，组建各项目区级代表队，组队参加贵阳市体育艺术比赛。

【校园足球】 2022年，全区有足球教育专业教师5人，多数学校足球教学训练任务由体育专职教师兼任，或是通过外聘足球教练员进校园指导开展。2022年，区教培中心派出16人次参加省市级体育教师培训和学习。全区有大小足球场21块，(其中11人制6块，7人制2块，5人制13块)，新建4块(其中11人制2块，5人制2块)，改扩建2块(其中11人制1块，5人制1块)，根据体育教学实际，配齐各类体育教学、课外活动、业余训练器材，每年及时对损坏缺额器材进行更换、维修、补充。乌当区投入2245万元新建足球场，每两年举办一次综合性中小学生运动会，学校设立体育工作专项经费年生均足球专项经费不低于5%，校级足球联赛和培训工作正常开展，为学生新增购买运动意外伤害险。

乌当区有足球特色学校3所（高中1所，初中2所），按照校园足球特色学校指标要求开发足球课程资源，实施适合学生年龄特点的足球教学和课外活动，探索足球活动规律，提高学校足球运动水平和足球竞技水平。

【学生体质健康监测】 2022年，乌当区各学校重视学生体质健康标准测试工作，制订实施方案和安全预案，完善测试组织机构，落实各项保障措施。学校按《国家学生体质健康标准（2014年修订）》规定的测试对象、项目指标、评分标准，落实测试工作。根据学校的环境、场地、设备制定测试方案，保证测试环境安全在规定时间进行上报，全区上报率为100%。公布测试结果，学校学生的体质健康标准测试数据上报情况和测试结果纳入学校年终目标考核指标，促进学校体育工作，提升全区中小学生的体能素质水平。

【学校体育场地免费向社会开放】 2022年，区教育局制订下发《乌当区学校体育场地免费向社会开放工作方案（试行）》，按照“应开必开、能快则快”的原则，全区有63所学校体育场地于2022年3月份全面免费向社会开放。2022年秋季学期，撤点并校11所，新增学校2所。全区实际有54所学校体育场地全面免费向社会开放。

（区教育局）

社会生活

人口家庭

【人口监测】 2022年，乌当区常住人口出生3304人，比2021年减少206人，减幅5.87%，出生率10.48‰，自然增长率5.52‰，符合政策生育率96.64%。其中，一孩出生1417人，一孩率42.89%，上升3.48个百分点；二孩出生1348人，二孩率40.8%，下降4.7个百分点；多孩（含三孩及多胞胎）出生539人，多孩率16.31%，上升1.52个百分点。从近五年数据来看，一孩率、二孩率持续下降，多孩率持续上升，孩次结构发生变化，孩次结构将趋于一个新平衡。

【流动人口管理】 2022年，乌当区开展流动人口服务管理工作，执行流动人口重点对象每月巡查1次制度，全市清理流动人口116892人，提升流动人口服务融合工作，解决流动人口子女入学、职业培训、医疗健康、住房保障等方面需求，增进流动人口融入贵阳市的幸福感、获得感。

【婚姻登记】 2022年，乌当区办理婚姻登记2543对。其中，结婚登记1679对，离婚登记864对。全区持续实施婚姻登记“全省通办”，区婚姻登记部门于11月4日入驻乌当区政府政务服务中心，11月7日起正式办公。

【家庭发展】 2022年5月，区民政、区妇联联合开展《中华人民共和国民法典》政策宣传活动，向前来登记的群众发放《中华人民共和国民法典》《婚姻登记条例》《贵阳贵安文明和谐婚姻家庭建设倡议书》等。针对家事纠纷案件增多，区人民法院成立“朱妈调解工作室”，负责家事类纠纷调解，联合区妇联、社区居委会开展家庭教育指导，以司法力量保障未成年人健康成长。年内，开展上门指导服务49次，举办活动15场。

【托育服务】 2022年，乌当区新增备案托育机构1家，新增备案托育机构托位数80个。每千人口拥有3岁以下婴幼儿托位数为3.05个。吾之幼托育服务中心为乌当区示范性托育机构。

【二孩三孩政策落实】 2022年，乌当区围绕“十四五”期间力争实现人口规模翻一番目标，落实优化生育政策，抓好奖励兑现、“暖心行动”以及其他住房、税务等支持措施，落实产假、护理假等休假制度，构建良好的生育环境。13个乡（镇、街道）开展婚育新风进万家活动，入户开展三孩政策解读，提高三孩生育政策知晓率。

【生育支持政策落实】 2022年，乌当区围绕“十四五”期间力争实现人口规模翻一番目标，落实优化生育政策，获市级“暖心行动—计生特殊家庭生活环境改善项目”，项目资金20万元。帮扶乌当区12户计生特殊家庭。落实产假、护理假等休假制度，符合政策生育的，除享受国家规定的产假外，女方增加产假60天，男方享受护理假15天，3周岁以下婴幼儿的父母双方每年享受育儿假各10天。构建良好的生育环境。13个乡（镇、街道）开展婚育新风进万家活动13次，入户开展三孩政策解读，提高三孩生育政策知晓率。

【殡葬管理】 2022年，乌当区加快农村公益性公墓设施建设，新建5个农村公益性公墓，提质改造5个，乌当区建设完成惠民墓位1300个，其中下坝城镇公益性公墓1000个、水田福安城市公益性公墓300个。全年死亡1338人，火化率100%，殡葬惠民减免费用167.25万元。4月1日，乌当区第三届“公益生态葬”集体安葬仪式在水田福安城市公益性公墓举行，5位逝者骨灰以节地生态花坛葬的方式安葬，所使用骨灰坛为可降解骨灰坛。至此，公益生态葬累计免费安葬15名逝者。

（区民政局）

收入消费

【城镇居民收入】 2022年，乌当区城镇居民人均可支配收入为45075元，比上年增长5.2%，其中工资性收入31966元，经营净收入2611元，财产净收入5010元，转移净收入5488元。四大项收入占比为71∶6∶11∶12。

【城镇居民支出】 2022年，乌当区城镇常住居民人均消费支出为31539元，比上年下降7.4%，其中人均食品烟酒消费10272元，人均衣着消费2242元，人均居住消费5881元，人均生活用品及服务消费1504元，人均交通通信消费4411元，人均教育文化娱乐消费3729元，人均医疗保健消费 2729 元，人均其他用品和服务消费 771 元。

【农村居民收入】 2022 年，乌当区农村居民人均可支配收入为 23764 元，比上年增长 6.5%，其中工资性收入 10733 元，经营净收入 11201 元，财产净收入 361 元，转移净收入 1469 元。四大项收入占比为 45∶47∶2∶6。

【农村居民支出】 2022 年，乌当区农村常住居民人均消费支出为 19169 元，比上年下降 5.6%，其中人均食品烟酒消费 5369 元，人均衣着消费 1422 元，人均居住消费 5238 元，人均生活用品及服务消费 853 元，人均交通通信消费 3450 元，人均教育文化娱乐消费 1447 元，人均医疗保健消费 992 元，人均其他用品和服务消费 398 元。

【市场物价】 2022 年，乌当区重要商品价格涨跌互现，供应充足。从全年变化来看，粮食、食用油价格稳中略涨，肉类价格涨幅明显，水产品价格呈季节性波动，蔬菜价格稳中有降，石油液化气价格持续攀升。

粮食市场供应充足，粮食价格稳定。列入监测的香满园御品稻花香大米、海天代代田小町大米、农大哥秋田小町王大米、东北产五常昌原长粒香大米、泰国大米零售价分别稳定在 1.59 元 / 千克、1.51 元 / 千克、1.29 元 / 千克、1.45 元 / 千克、2.64 元 / 千克同比持平；黄豆、红小豆、绿豆、玉米粉零售价分别稳定在 2.49 元 / 千克、3 元 / 千克、2.9 元 / 千克、1.9 元 / 千克，同比持平。金龙鱼特香低芥菜菜籽油、金龙鱼调和油零售价分别为 32.9 元 /4 升、41.45 元 /5 升，金龙鱼外婆乡小榨菜籽油、香满园纯正菜籽油零售价分别 49.95 元 /5 升、46.45 元 /4 升，涨跌互现。

猪肉价格全年稳中有降。第四季度，传统腊肉制作消费带动肉类需求增长，猪肉价格小幅上涨，根据新添农贸市场 20 日监测数据显示，12 月适合制作腊肉的精瘦猪肉、带皮后腿肉、猪肋排零售价分别 7.5 元 / 千克、9 元 / 千克、11.5 元 / 千克。鸡场蛋零售价涨跌互现，12 月份价格为 3.29 元 / 千克。

水产品价格季节性波动。一季度春节期间，水产品价格呈节日性上涨，节后回落；二季度禁渔期开始后水产品价格整体上涨，淡水鱼价格随之上涨。三季度从 8 月开始至 9 月中旬禁渔期全面结束，水产品价格逐渐回落。四季度，海鲜产品受冷空气等天气因素影响市场供应量不稳定，价格波动上涨，12 月，淡水鱼零售价分别稳定在鲫鱼 6.5 元 / 千克、草鱼 5 元 / 千克、江团 13.5 元 / 千克；鲤鱼、鲢鱼基本无销售；大闸蟹零售价上涨 59 元 / 千克，海虾价格稳定在 19 元 / 千克。

蔬菜均价整体波动运行。从全年变化来看，蔬菜价格主要受季节性波动规律和天气因素两方面影响，前三季度，受寒潮和节日影响，蔬菜市场供应收紧，价格先涨后跌；四季度蔬菜价格继续上涨，年末蔬菜价格基本回落。

（区统计局）

劳动就业

【概况】 2022 年，乌当区拓宽就业渠道，深挖岗位 13316 个，实现本地就业 2577 人，返乡农民工就业 1013 人，返乡农民工创业 104 人，累计完成城镇新增就业 6016 人，农村劳动力转移就业 2317 人，失业人员再就业 1518 人，就业困难人员就业 392 人，“零就业家庭”保持动态清零。

【高校毕业生就业】 2022 年，乌当区推进高校毕业生就业，高校毕业生实名制登记 512 人，就业 316 人，就业率 92.67%。新增高校毕业生就业人数 5968 人，超出目标任务数 8.51%。认定就业见习单位 2 家，新建就业见习基地 1 家，吸纳 40 名毕业生见习。组织 150 余家企业参加贵阳康养大学、贵州大学、贵州财经大学等校园招聘活动 19 场，提供岗位 14037 个次，达成就业意向 1718 人。

【创业带动就业】 2022 年，乌当区新建农民工创业示范园 1 个——贵州

2022 年 12 月 14 日，乌当区民政局组织开展 80 周岁以上户籍居民高龄老人长寿补贴发放工作入户抽查

（区福利中心 谭敏 / 摄）

苌楚果香农旅开发有限公司，带动就业80余人。新增认定就业帮扶车间1个，拨付奖补资金1万元。发放小额担保贷款2721.67万元，带动就业418人。

【就业政策扶持】 2022年，乌当区集中开展4场就业创业扶持政策宣传服务活动，对区文旅局、经开区、大数据园区所辖企业以及驻区部队等开展有针对性的政策培训和指导，参加企业单位共75家，发放惠企政策宣传资料1000余份。

【公共就业服务】 2022年，乌当区举办各类招聘活动33场，累计提供就业岗位28520个次，通过基层公共就业服务平台，共计帮助全区各类就业创业人员7000余人。公益性岗位托底安置就业困难人员就业1022人，拨付公益性岗位人员岗位补贴和社会保险补贴1612.25万元。

【劳动监察】 2022年，乌当区人社局劳动执法部门接待来访476次2421人，立案受理投诉案件154起，涉及农民工479人；移交公安机关拒不支付劳动报酬罪案件4件，执行行政处理案件9件，处罚案件1件；处理应急突发事件20余起；处置平台投诉件1536条。

【劳动争议化解】 2022年，乌当区人社局收到劳动人事争议案件785件，其中，受理劳动争议案件309件，不予受理案件14件，案外430件，“互联网+调解仲裁”平台32件。受理的309件案件中，裁决141件，调解167件，其他1件。审理结案309件，结案率100%。终结裁决劳动争议案件73件，终结率77.66%；调解处理劳动人事争议案件629件，案件调解成功率81.58%。

【参加“中国创翼”创业创新乌当赛区选拔赛】 2022年，乌当区征集80余个创业项目参加“中国创翼”创业创新乌当赛区选拔赛，优选10个项目参加贵阳贵安选拔赛，获市级一等奖、三等奖各1个，优胜奖2个，4个获奖项目参加“中国创翼”创业创新省级选拔赛，获省级选拔赛二等奖1个。

【职能技能培训】 2022年，乌当区人社局开展网创培训1910人次，开展“短平快”培训1212人次，开展中长期项目制技能培训457人次，提升劳动者职业技能水平和就业创业能力。

【特殊群体就业】 2022年，乌当区推进动态监测脱贫户、突发严重困难户、农村低收入户等特殊群体就业，城镇就业形势基本稳定。全区有脱贫户1310户3510人，就业830户1359人（区内就业967人，区外省内就业252人，省外就业140人），就业率96.31%；突发严重困难户29户94人，就业14户16人；易地扶贫搬迁安置点281户1058人，就业456人（区内297人，区外省内99人，省外60人），就业率为96%，户就业率100%。全区公益性岗位托底安置就业在岗1031人，其中，乡村公益性岗位521人，城镇公益性岗位510人。有劳动能力复退军人2659人，就业创业2570人；刑满释放人员379人，就业创业263人；残疾人1851人，就业创业1633人；戒毒康复人员170人，就业创业120人。

（区人社局）

社会保险

【概况】 2022年，乌当区城镇职工基本养老保险参保人数为88166人，失业保险参保人数为35586人，工伤保险参保人数为61829人，城乡居民基本养老保险参保人数为39254人。城乡居民基本养老保障水平持续提升，每人每月达228.64元。为855名重度残疾人代缴保费85500元。按时足额发放各项社会保险待遇。

【养老保险】 2022年，乌当区城乡居民基本养老保险参保人数39254人，发放城乡居民基本养老保险待遇15.62万人，发放待遇金额3722.11万元。乌当区辖区企业参加城镇职工基本养老保险参保人数为65500人，企业发放城镇职工基本养老保险待遇152424人，发放待遇金额27587.22万元；机关事业单位参保人数为6410人，机关事业单位发放待遇35599人，发放金额17806.66万元。

【社会保险基金征缴】 2022年，乌当区社会保险征缴由税务局统一征收，全年区税务局养老保险征收48991.37万元；失业保险征收1702.61万元，工伤保险征收1687.03万元。

【工伤保险】 2022年，乌当区工伤保险参保人数61829人，工伤保险征收1687.03万元。工伤保险待遇领取人数968人，领取待遇金额1197.96万元。工伤认定申请230件，认定（含视同）为工伤217件，不予认定为工伤5件，撤销8件。

【失业保险】 2022年，乌当区人社局审核落实失业保险待遇13437人次1837.89万元（其中失业保险金9205人次1556.71万元；失业补助金4232人次281.18万元）；审核代缴领取失业待遇人员医疗保险9562人次617.31万元；审核领取失业保险待遇人员价格临时补贴1985人8.5万元（其中失业金补贴1464人6.3万元；补助金补贴521人2.2万元）。

【生育保险】 2022年，乌当区出台《关于进一步做好生育保险工作的实施方案》，全面建立生育保险基金风险预警机制，完善生育保险费率调整机制。生育保险参保人数达18560人，生育保险基金征缴覆盖应保人数85%。

【社会保险政策助企纾困】 2022年，乌当区对符合条件的企业“免申即享”，从快从速兑现稳岗返还政策。将中小微企业稳岗返还比例从60%提高至90%，大型企业提高至50%。全年稳岗返还补贴发放1560家928.5万元。执行社会保险费缴费比例下调政策，养老保险单位缴费比例下调至16%，失业保险单位缴费下调至0.7%，个人缴费比例下调至0.3%。推进餐饮、零售、旅游、纺织服装服饰业等22个行业企业缓缴三项社保费政策，缓缴金额422.95万元，其中申请缓缴养老保险企业58户，缓缴金额394.31万元；申请缓缴失业保险企业56户，缓缴金额17.3万元；申请缓缴工伤保险企业37户，缓缴金额11.34万元。

【社保稽核】 2022年，乌当区社保稽核接到投诉51件，处理50件，未处理完毕投诉1件（投诉人投诉的单位已注销，当事人起诉至区人民法院）。

【经办服务】 2022年，乌当区城乡居民养老保险具备参保条件的重度残疾人、低保、特困人员参保率达95%以上。对返贫人员及易地扶贫搬迁人员实施动态管理。对717名重度残疾人代缴保费71700元。为299名低保、特困人员代缴14950元。

【基金管理】 2022年，乌当区人社局为确保社保基金安全运行，执行“一岗双责、失职追责”监督，落实“一年一内审，两年一外审”制度，按照“人防、制防、技防、群防”要求做好风险防范，全年未出现一起社保基金管理事故。

（区人社局）

医疗保障

【概况】 2022年，乌当区城乡居民医保参保目标15.23万人，实际参保人数155946人，参保率超出2%。个人参保筹资4990.27万元；城镇职工参保49227人，累计征缴医疗保险费8.4亿元。受理报销生育保险费用申请（含产前检查、生育住院、无业配偶生育、计划手术）共740人，审核通过740人，报销生育保险费用86.16万元；发放职工生育津贴811人，共1888.95万元。区医疗保障局印发《乌当区打造“15分钟医保服务圈”试点建设工作方案》，以新光社区、保利公园社区、保利温泉新城社区、环溪社区、松溪社区、新联社区、振华第一社区为试点，打造“15分钟医保服务圈”，将“城乡居民参保登记”“异地就医备案”等7个医保政务服务事项下沉到试点社区，实现参保群众医保服务事项“就近办”“家门口办”。举办医保政策集中培训4次，政策宣讲1次，印发《乌当区医疗保障政策进千家万户宣传宣讲活动实施方案》，组织乡（镇、街道）医保经办机构开展医保政策宣讲，发放城乡居民医保征缴宣传折页20000余份、“两病”明白卡10000份。

【医疗保障助力乡村振兴】 2022年，乌当区医疗保障局发挥医疗保障助力乡村振兴作用，资助脱贫人口参保3426人，67.3万元；资助特困人员参保339人，10.84万元；资助低保对象参保2120人，68.01万元。区内特殊群体在市域内定点医疗机构就诊，均享受“一站式”即时结算服务，基本医保、大病保险、医疗救助“三重医疗保障”制度全覆盖。全区特困、低保、脱贫人口住院就诊（含门诊慢特病）5953人次，“三重医保”报销124.49万元。制定《乌当区医疗保障局防止因病返贫致贫预警监测帮扶工作机制》，加强医疗保障防止因病返贫致贫预警监测，按月将脱贫人口、低收入人口门诊慢特病和住院单次自付费用超过4000元、年度累计个人自付超过6700元，普通城乡参保居民门诊慢特病和住院年度累计个人自付超过10000元的人员作为预警数据进行核实。全年提供预警数据2581条，排查医疗保障政策落实情况2581人次，发放突发严重困难户医疗救助19人次，6.89万元。

【医保基金监管】 2022年，乌当区城乡居民医保中央补助标准488元/人，中央补助7610.16万元；省级补助标准79.3元/人，省级补助1236.65万元；市级补助标准17.08元/人，市级补助266.36万元；区（县）级补助标准25.62元/人，区级补助399.53万元（各级均按市级清算参保人数155946人补助）；个人筹集的参保筹资4990.27万元。全年参保基金为14502.98万元。基金由市级统筹，全部归入市级专户。全年城乡居民参保人员发生补偿费用12807.9万元。受理职工医保手工报销77人次，报销基本医疗费用77.26万元。制定《乌当区2022年医保基金监管工作方案》《关于开展乌当区2022年第一季度医保基金监管专项检查工作的通知》《关于印发医保基金内控管理相关制度的通知》《关于开展乌当区医保基金监管2022年上半年日常检查和第二季度专项检查工作的通知》等系列方案，加强医保基金监管；制定《关于印发乌当区开展2022年医保基金监管集中宣传月活动实施方案的通知》，以各乡（镇、街道）医保经办机构和各定点医疗机构为宣传主阵地，进行覆盖全区的宣传，营造打击欺诈骗保宣传氛围，向定点药店和乡级经办机构发放医保基金监管宣传资料8000余份；对辖区内112家定点医疗机构，163家定点药店开展专项检查、日常检查、全覆盖检查、自查自纠；联合第三方对112家医院、84家药店开展检查，其中对18家医院、2家药店按“医保协议”实行扣分处理，对 18 家医院违规违约行为进行扣款 8.18 万元处理；组织完成 34 家医院、163 家药店自查自纠。

【药品集中采购】 2022 年，乌当区医疗保障局将医疗机构药品和医用耗材集中招标采购相关文件下发给定点医疗机构，要求定点医疗机构按期完成采购任务；邀请市医疗保障局为全区定点医疗机构授课；按月对全区药品和医用耗材集中招标采购工作完成情况进行通报；对药品和医用耗材集中招标采购工作完成效果不好的医疗机构进行约谈；联合区卫生健康局开展辖区种植牙项目调查，按时限向市医疗保障局上报调查情况及数据。

（区人社局）

2022 年 8 月 6 日，省残联、市残联到乌当区“贵阳永乐药业”调研集中安置残疾人就业情况

（区残联　供图）

住房保障

【保障性租赁住房建设】 2022 年，乌当区启动保障性租赁住房建设 2875 套，其中，中天吾乡项目配建公租房 1892 套开工建设；乌当区顺海绿洲安置房项目剩余安置房源用作保租房 185 套在进行主体工程；乌当区龙井安置房项目剩余闲置安置房源用作保租房 138 套，项目完工；贵州乌当经济开发区建设投资开发有限公司购买乌当区阳晨美林小区存量商品房 146 套用作人才保障性租赁住房，达到入住条件；乌当区新庄保障房剩余闲置安置房改建，位于乌当区高新路新庄保障房项目，有安置房 398 套，由贵阳乌当产投发展有限公司购买后作为保租房建设；乌当区关山安置房项目闲置安置房源用作保租房 116 套，达到入住条件。交付使用人才保障性租赁住房 660 套。

【农村住房保障】 2022 年，乌当区住建局开展农村低收入群体住房动态排查，对农村易返贫致贫户、突发严重困难户和符合条件的其他脱贫户进行全面核查，未发现低收入群体住房暂未保障的情况。年内，开展农村房屋安全隐患整治，下发工作通知 8 次，召开工作会议 8 次，到乡镇巡查 45 次，抽查农户住房 900 余户。开展农房抗震排查，6 月至 7 月，召开农村抗震排查工作会议，开展第一轮农村住房抗震排查，10 月至 11 月开展第二轮农村住房抗震排查。

（区住建局）

社会救助

【医疗救助】 2022 年，乌当区医疗保障局发放 30 家医疗机构垫付“一站式”医疗救助资金 4237 人次 79.89 万元。通过“一卡通”发放困难群众医疗救助金共 140 人次 43.98 万元，其中，救助因医疗自付费用过高导致家庭无力承担患者 12 人次 12.56 万元。

【最低生活保障】 2022 年，乌当区制定《乌当区 2022 年城乡低保提标方案》，城乡低保标准从 2021 年的 705 元 / 月·人统一提高到 725 元 / 月·人，全年发放城乡低保金 1162.613 万元，保障 13326 户次 23636 人次。区集体企业未参保人员生活费和 60 年代精减退休职工定期生活补助标准按照低保标准执行，累计保障 603 人次，发放生活费 44.82 万元。

【特困人员供养】 2022 年，乌当区特困供养基本生活标准，从上年的 1128 元 / 月·人提高到 1160 元 / 月·人，全年发放特困供养金 291.392 万元、护理费 133.61 万元，保障特困供养对象 2504 户次 2528 人次。

【特殊儿童保障】 2022 年，乌当区散居孤儿生活费保障标准为 1200 元 / 月·人，全年保障散居孤儿 184 人次，发放生活费 22.08 万元。事实无人抚养未成年人保障标准参照散居孤儿生活费标准 1200 元 / 月·人执行，全年保障事实无人抚养未成年人 684 人次，发放生活费 81.81 万元。

【临时救助】 2022 年，乌当区救助各类因重大疾病、意外事件等困难群众 255 户次 644 人次，发放各类临时救助金 89.46 万元。

【重度残疾人护理补贴】 2022年1月起，乌当区提高重度残疾人护理补贴标准并适度扩大发放范围，将重度残疾人护理补贴标准从“一级残疾”70元/月·人提高到100元/月·人、“二级残疾”50元/月·人提高到80元/月·人，并将重度残疾人护理补贴发放范围扩大到三级精神和智力残疾人，标准为40元/月·人。全年发放重度残疾人护理补贴20895人次175.422万元。

【流浪乞讨人员救助】 2022年，乌当区民政局出动搜救车辆10台次，出动搜救人员60人次，救助2名流浪乞讨人员返乡，帮助因务工陷入临时困难群众返乡1人。新冠疫情防控期间，接听电话860人次，其中救助类电话60人次，咨询类电话800人次。

【社会救助权限下放】 2022年，乌当区民政局选取新创路街道、东风镇、偏坡布依族乡作为社会救助事项审核确认权限下放试点。召开试点启动会，签订《社会救助审核确认权限下放授权书》。统一受理社会救助申请、综合评估救助需求、明确职责分工、及时办理转接、压实主体责任、精准保障对象，严格做好动态管理，做到应享尽享、应退尽退。加强对权限下放试点工作申请、审核、确认等操作流程的培训。全年开展社会救助指导6次，入户抽查15户。2022年5月，乌当区将城乡居民最低生活保障、特困人员救助供养、临时救助的审核确认权限下放扩大到羊昌镇政府、观溪路街道办事处，权限下放后由乡（镇、街道）直接审批新增低保12户27人，特困供养人员6户6人。建立街面巡查协同机制，全年累计救助23人，救助支出费用1.76万元。

（区人社局）

2022年7月27日，乌当区生活垃圾分类领导小组办公室在新光路街道仁恒步行街举行“垃圾分类齐参与 引领文明新风尚”垃圾分类宣传文艺演出 （王丽娟/摄）

社会福利

【概况】 2022年，乌当区民政局、区财政局、区乡村振兴局出台《乌当区2022年城乡低保提标方案》，实行城乡低保标准一体化，城乡低保调整后保障标准为725元/月。特困供养基本生活标准继续按照城市低保标准725元/月的1.6倍（1160元/月）从4月1日起执行。全护理标准按照贵阳市最低工资标准（1790元/月）执行，半护理标准按不低于最低工资标准的60%（1074元/月）执行，全自理标准按照不低于最低工资标准的20%（358元/月）执行。分类救助遵循“不累加”和“就高”原则，低保对象中的重残人员（指持有第二代“残疾人证”，残疾等级为一级、二级的残疾人）、重病患者（国家每年列入大病专项救治病种的病人，以卫健、医保部门提供的重病种类为准），按当地低保标准的30%增发特殊困难补助金。低保对象中的老年人（年满60周岁以上）、在校学生（凭“学生证”或学校出具的就学证明），按当地低保标准的20%增发特殊困难补助金。低保对象中的单亲家庭成员、独生子女家庭成员、符合计划生育政策的纯女户家庭成员和失地农村家庭成员，按当地低保标准的15%增发特殊困难补助金。低保对象中的一般残疾人，按70元/月发放困难残疾人生活补助。纳入低保“单人保”的包括老年人（年满60周岁以上）和未成年人在内的重度残疾人、重病患者，按当地低保标准的30%发放特殊困难补助金。

【老年福利】 2022年，乌当区发放80岁以上高龄长寿补贴60446人次，金额396.36万元。12月，乌当区有80—90岁老人4853人，发放31.88万元；有90—100岁老人445人，发放4.45万元；有100岁以上老人8人，发放4000元。

【儿童福利】 2022年，乌当区民政部门做好孤儿基本生活保障，按照自然增长机制对孤儿基本生活保障标准进行调整，将全区集中供养的孤儿、散居孤儿的供养标准分别提高到1934元和1257元。截至年底，全区有孤儿41人，其中集中供养的孤儿14人、散居孤儿27人。区儿童福利中心日均开展儿童康复训练达到80人次，完成残疾儿童康复训练30人次、住院治疗手术干预3人。

（区民政局）

【残疾人福利】 2022年，乌当区残联开展残疾人家庭无障碍改造，投入资金26.5万元，惠及残疾人75人。残疾人残疾评定补助61人9150元。补助1.2万元用于帮助助残志愿组织“乌当区就业扶贫促进会”改善办公条件。投入资金7.37万元，开展春节慰问残疾人、残疾人机构等活动。

（区残联）

老龄事务

【老年健康卫生】 2022年，乌当区实施老年健康服务专项行动，健全完善老年健康服务体系，推进医养结合，构建老年友好型社会。乌当区人民医院、贵黔国际医院设立老年医学科，二级及以上综合性医院设立老年医学科占66.67%。乌当区人民医院、贵阳曜阳中西医结合医院、贵黔国际医院、贵州省康复医院、贵州福万康康复医院等医院均建立老年人医疗、康复、护理双向转诊机制。各乡镇卫生院、社区卫生服务中心均建立中医馆，为辖区老年人提供中医诊疗服务。辖区各医疗机构均规范建立老年人就医绿色通道，13家乡镇卫生院、社区卫生服务中心为本辖区内65岁以上老年人免费开展健康档案建立、生活方式和健康评估、体格检查、辅助检查和健康指导及中医药健康管理、家庭医生签约等服务。全年为23074名65岁以上老年人提供1次老年人健康管理服务，65岁以上老年人规范化健康管理率68.8%。各医疗机构开展“世界阿尔茨海默病日”和老年健康周宣传活动，对老年人开展慢性病防控知识、合理用药、控烟知识宣传、食品安全卫生、健康生活方式等健康教育。

【老年友好单位创建】 2022年，乌当区内有17家医疗机构开展创建老年友善机构活动。推动全国示范性老年友好型社区创建工作，指导社区围绕改善老年人居住环境、方便老年人日常出行等方面内容。新光路街道保利温泉社区居委会被命名为全国示范性老年友好型社区。

【老年优待关爱服务】 2022年，乌当区对辖区内65周岁以上老人提供信息筛查和能力评估服务，为60岁以上43121名老人建立健康档案（其中65岁以上23321人），同时对22295人进行健康体检。以政府购买服务的方式将37名有入住意愿的特困供养人员安置在辖区内养老机构进行社会化供养，“愿住尽住”安置率100%。与215个分散供养人员委托人签订照料护理服务协议。新光社区养老服务中心、地矿新村“诚善助老”2家助餐服务机构提供助餐服务，对60岁以上老人12元/餐，80岁以上老人8元/餐，90岁以上老人免费，每日接待量30人以上。

（区卫生健康局）

关心下一代工作

【概况】 2022年，乌当区关心下一代工作委员会（以下简称关工委）持续推动法治宣传教育进校园、进课堂、进社区、进乡村。利用“6·26”国际禁毒日，全区各级关工委开展“绿色人生健康无毒”主题禁毒宣传活动共100余场，发放各类宣传资料2万余份，受众面达3万余人。以“六一”国际儿童节、秋季开学为契机，开展农村留守儿童、困境青少年“开学季、关爱行”活动；投入资金3万元慰问水田镇、羊昌镇、新场镇150名留守儿童、困境儿童及品学兼优学生；投入资金1.59万元慰问53名事实无人抚养青少年；投入资金2万元慰问支持水锦花都幼儿园教育教学设施建设。区关工委系统干部黄兴荣获国家五部委授予的“全国青少年普法教育先进工作者”称号。区关工委获“贵州省基层关工委工作样板县”称号，区关工委罗安艳获由中国关工委主办的《中国火炬》2022年“优秀通讯员”称号。

【社会关爱】 2022年3月28日，省委组织部副部长、老干部局局长郭焱带队赴乌当区新堡布依族马头村调研科技服务示范基地建设项目实施情况，对乌当区关工委“党建+组合拳”老干部助力脱贫攻坚乡村振兴品牌表示赞赏。市关工委投入资金3万元帮扶乌当二中、乌当四中及偏坡布依族乡九年制学校教学体育设施；投入资金1万元结对帮扶10名困境儿童；投入经费5万元，慰问100名农村建档立卡脱贫户家庭、残疾人家庭、城乡低保户家庭、因病因故致贫家庭、退役军人困难家庭、事实无人抚养儿童、孤残儿童、留守困境儿童。

（区关工委）

残疾人事业

【概况】 2022年，乌当区有办证残疾人员5588人，其中视力残疾505人、听力残疾485人、言语残疾85人、肢体残疾3323人、智力残疾495人、精神残疾413人、多重残疾282人，重度残疾（一级）660人。办证残疾人中农业户为4217人。全年发放重度残疾人护理补贴17392人次146.54万元。居家托养入户服务1800人次，拨付机构服务资金45万元。11月10日，乌当区残疾人联合会（以下简称乌当区残联）第七次代表大会召开，参会代表115人，其中残疾人及亲友代表77人，大会选举杨兰兵为区残联第七届执行理事会理事长，蔡彬为副理事长。

【残疾人创业就业】 2022年，乌当区132家企、事业单位安置残疾人就业215人。发放残疾人创业就业个体工商户补助23户，资金24.7万元。补贴残疾人灵活就业209户，资金20.9万元。开展农村残疾人实用技术培训班3期，培训234人，扶持45户从事养猪、89户从事养鸡工作。全年投入培训扶持资金20万余元。组织区残疾人参加贵州省职业技能竞赛，获海报设计项目第一名，美甲项目第二名，蜡染项目第三名，礼服制作项目第三名。

【残疾人康复服务】 2022年，乌当区完成残疾人支持性服务892人，投入资金15.2万元；辅助器具适配491人，投入资金45.5万元；完成147名残疾儿童康复，投入资金174万元；完成精神病人康复服药222人，住院12人，投入资金17.76万元。

【残疾人教育】 2022年，乌当区发放上年度残疾人子女及残疾学生入学就读补助资金75人17.6万元。全年慰问残疾留守儿童17人，发放物资5100元；慰问残疾家庭子女留守儿童7人，发放物资2100元。开展“六一”慰问残疾儿童活动，发放资金2.67万元，其中慰问特殊教育机构残疾儿童195人，发放学习用品生活用品物资资金1.95万元。

【残疾人文体活动】 2022年，乌当区残联组织参加贵阳市、贵安新区残疾人迎新春文艺活动，开展主题为“促进残疾人就业，保障残疾人权益”的第32个全国助残日活动，完成“五个一”活动和“特奥运动员培训”工作，配合市残联在林桧阳光家园组织开展第16次“全国特奥日”活动。组织区残疾人参加贵阳市第十二届残疾人运动会，获5金、10银、2铜。

（区残联）

社会组织管理

【概况】 2022年，乌当区开展社会组织培育和登记管理，注册登记社会组织176家（其中社会团体40家、民办非企业单位136家），新增注册登记社会组织5家（民办非企业单位5家）、注销登记14家、变更12家、换证63家、开立临时账户7家、名称预审10家。完成137家社会组织年审，年检率78%。

【农村社会组织建设】 2022年，乌当区探索发挥社工专业机构参与社会治理作用，完善农村社区服务体系，完成110个村（社区）红白理事会备案。

【志愿服务站建设】 2022年，乌当区社会组织申报志愿服务示范站1个（新堡布依族乡马头村志愿示范站）、社会工作和志愿服务站3个（观溪路街道社会工作和志愿服务站、高新路街道社会工作和志愿服务站、东风镇社会工作和志愿服务站）、社会工作总站1个（乌当区社会工作和志愿服务总站）。

【社会组织服务】 2022年，乌当区发挥社会组织社会工作专业优势及特长开展专业服务，购买乌当区创新蔚蓝服务社服务，实施乌当区新创路街道和下坝镇社会工作和志愿服务站项目，服务内容主要以通过乡（镇、街道）社会工作和志愿服务站推行“3+N”服务模式，服务民政重点对象，做好救助、养老、儿童三个领域的社会工作服务。

（区民政局）

基层治理

【概况】 2022年，乌当区民政局指导110个村（社区）修订完善各类规章制度和村规民约（居民公约），并配合完成合法性审查；明确旭辉金科建设区域服务管理权属，划分到观溪路街道办事处管辖；打造百宜镇红旗村、羊昌镇甲岗村、新堡布依族乡王岗村3个市级“治风”示范村，于4月通过市级验收；推进龙广路街道振华二居、新创路街道新业社区天骄豪园小区、东风镇云锦尚城、新创路街道新创社区、高新路街道春天社区“三感社区”建设工作；配合区委组织部修订完善《社会工作者职业体系建设工作调查摸底方案》《社会工作者职业体系建设工作首次认定方案》。

【基层政权】 2022年，乌当区辖6镇、2个民族乡、5个新型社区、76个村（场）、19个社区居委会。区民政局通过整合闲置资产、租赁、督促房开公司提供办公用房等方式，完成18个社区办公用房整改工作。

【社区建设】 2022年，乌当区立足“三线企业”老旧小区实际，以党建引领“三感（获得感、幸福感、安全感）社区”创建为抓手，在新光路街道新光社区、龙广路街道新云社区、观溪路街道金江苑社区、新创路街道新业社区、高新路街道春天社区5个社区开展“三感社区”试点创建，通过建设集就业、就医、就学、住房、社保等公共服务于一体的社区便民服务中心，集社会治安综合治理、矛盾纠纷调处、社区综合执法、法治宣传和法律援助服务等功能于一体的社区综治工作中心，集养老、托幼、助残等服务于一体的社区日间照料中心，打通服务群众“最后一米”。

【地名管理】 2022年，乌当区对“中国·国家地名”信息库乌当区数据进行审核修订，完成乌当区2935条地名信息库数据审核；完成乐湾国际温泉、羊昌·花画小镇、万象温泉、保利国际温泉、贵御温泉5个国家AAAA级旅游景区地名故事编写工作；做好乌当区“中国·国家地名”信息库第二阶段数据质量建设工作，完成乌当区2020条地名信息库数据审核的各项任务；协同完成贵阳轨道交通三号线一期工程运营乌当区6座站名现场踏勘工作。

（区民政局）

民族宗教事务

【概况】 2022年，乌当区有2个民族乡（新堡布依族乡、偏坡布依族乡），少数民族人口达30%以上的行政村有23个、自然村寨5个，全区主要有汉族、布依族、苗族等40个民族，少数民族人口占全区总人口的22.76%。有全国少数民族特色村寨6个（偏坡布依族乡偏坡村、下院村，新堡布依族乡王岗村、马头村、陇上村，羊昌镇黄连村），省级民族特色村寨8个（偏坡布依族乡偏坡村、下院村，新堡布依族乡王岗村、马头村、陇上村、大寨村，羊昌镇黄连村，下坝镇下坝村）；全国民族团结进步模范集体4家（区民宗局、新堡布依族乡、偏坡布依族乡、乌当区五彩农投公司），省级民族团结示范单位19家、市级民族团结示范单位35家；民贸民品企业6家（贵阳新天药业股份有限公司、贵州威门药业股份有限公司、贵州远程制药有限责任公司、贵州万顺堂药业有限公司、贵州健兴药业有限公司、贵州伊清绿月食品有限公司）。乌当区有佛教、道教、天主教、基督教，宗教教职人员19人。

【民族经济社会发展】 2022年，乌当区争取衔接推进乡村振兴（少数民族发展任务）补助资金711万元，涉及项目11个；争取财政衔接推进乡村振兴补助资金340万元，建设项目3个，支持和帮助少数民族村寨培育特色产业。开展民族贸易和民族特需商品生产优惠利率贷款贴息申报，2021年至2022年申请贴息3189.17万元。全区民族贸易和民族特需商品生产企业户数5户，承贷金融机构7个，贷款笔数5笔，贷款本金1.1亿元，申请贴息金额316.8万元。全区获贵阳市创建全国民族团结进步示范市工作先进集体2个、先进个人4人。

【民族文化体育事业发展】 2022年，乌当区组织布依学会专家收集整理《贵阳市布依族村寨风采录（乌当篇）》《夜宴歌——黔中布依族民间婚宴长歌》2本民族图书，其中争取省级资金8万元用于出版发行《夜宴歌——黔中布依族民间婚宴长歌》1000册。将《贵阳市布依族村寨风采录（乌当篇）》作为2023年项目申报至贵阳市民宗委，争取上级资金扶持。东风镇云锦尚城社区易地扶贫搬迁安置点开展“舞动四月八”和乌当区民族体育发展协会开展“火红六月六”活动。乌当区代表团参加贵阳市第十一届少数民族传统体育运动会陀螺、花样跳绳、蹴球、花棍舞、板鞋竞速、独竹漂等比赛项目，获一等奖6个、二等奖6个和三等奖3个。争取上级资金15万元用于乌当区中等职业学校少数民族传统体育陀螺基地维修改造项目，支持乌当区中等职业学校开展少数民族传统体育项目进校园，在乌当区新天学校设立“民族音乐屋”。

【宗教事务管理】 2022年，乌当区经常参加宗教活动群众2.74万人，履行入教手续信教群众0.12万人，登记宗教活动场所12个（协天宫、龙山道观、古林寺、方经寺、宝鼎寺、佛山寺、南静寺、金山寺、水口寺、青龙观音寺、天主教圣心修女院、新添寨基督教固定活动处所），宗教团体2个（天主教爱国会、佛教协会）。年内区委区政府召开宗教工作会议3次，举办宗教“四员”学习培训会5天，市、区领导实地走访调研检查14次，县级宗教督导员检查工作25次。

【民族团结示范创建】 2022年，乌当区围绕铸牢中华民族共同体意识主线，推进民族团结进步示范创建各项工作。制定下发乌当区落实《关于推进贵阳贵安新时代民族工作高质量发展持续深化民族团结进步创建的通知》的工作方案，促进少数民族村寨发展、民族文化发展、特色产业发展、民族事务治理，全面推动全区民族事业高质量发展。指导偏坡布依族乡成功申报贵州省乡村旅游与传统村落和少数民族特色村寨深度融合发展示范点。3月，乌当区获贵阳市创建全国民族团结进步示范市工作先进集体2个、先进个人4人。开展乌当区民族宗教示范队伍专题培训班和城市基层干部主题培训班工作。制定《乌当区关于做好全区学校铸牢中华民族共同体意识开展“五旗 五徽 五认同”主题教育的工作方案》，由乌当区民宗局、乌当区教育局牵头，协力推进全区各高校、职校、中小学学校铸牢中华民族共同体意识开展“五旗 五徽 五认同”主题教育工作，有60余所学校开展铸牢中华民族共同体意识“五旗 五徽 五认同”主题教育活动。开展少数特色民族村寨安全巡查10余次，坚决抓好少数民族特色村寨防风险、保安全、护稳定各项工作，不断提升各族群众安全生产的意识，确保社会大局和谐稳定。年内乌当区未发生影响民族关系民族团结的矛盾纠纷。

（区民宗局）

精神文明建设

【概况】 2022年，乌当区以培育和践行社会主义核心价值观为主线，持续深化文明培育，深入开展群众性精神文明创建活动，利用全区152个宣传阵地、平台，发放“移风易俗”倡议书等移风易俗类宣传资料8.2万份、推送信息0.1万条，举办文明礼仪竞赛等活动170余场次。创建市级文明家庭19户、文明校园7所。欧阳俊获评2022年贵州好人。探索实施“百千万”志愿服务工程，组建各类志愿服务队伍共3万余人，开展志愿服务活动招募志愿者16400余人次。

【文明村镇创建】 2022年，乌当区有全国文明村镇4个、全省文明村2个、全省文明镇2个。全区广泛开展科学技术、文化文艺、新冠防疫等知识宣传教育，在全区形成“学科学、爱文化、爱健康”的良好习惯；农村生活污水处理设施覆盖率68.42%，消除农村旱厕7074户，实施农房风貌整治1050户。印制发放10万份移风易俗倡议书、举报电话宣传海报等。开展文艺巡演20余场次，志愿服务活动1000余场次，受众22万人次。推进乡（镇、街道）试点村治丧“三统一”工作，全区红白喜事715起，其中红事登记446对，丧事269起；接到各类举报28起，其中12345平台举报21起，区“治风”办电话举报7起。成功劝阻25起，依据相关规定处罚2起。依托1个区级中心、28个分中心、13个实践所、110个实践站，在辖区各村（社区）全面组建“移风易俗倡新风”志愿服务队，开展“婚事新办”“丧事简办”“其他不办”为主题的形式多样的新时代文明实践志愿服务活动。向群众发放移风易俗倡议书68000余份，在各乡（镇、街道）开展移风易俗志愿服务活动170多次，参加志愿者2000余人次，惠及群众10万余人次。

【文明单位创建】 2022年，乌当区有全省文明单位17家。乌当区广泛开展干部职工理论教育，强化政治思想建设，加强干部职工学习习近平总书记系列重要讲话精神，提升自我文化修养、业务知识、理论知识。区委办开展“读书班”活动，开展单位集中活动教育强化整体队伍建设，以集中学习、文艺活动、脱贫帮扶、节日慰问等活动为载体，健全干部职工的集体主义观念。广泛宣传单位助人为乐事迹强化社会意识建设，中国移动乌当分公司开展“道德讲堂”活动。区政务服务中心结合“党员先锋岗”创建，开展形式多样文明单位自身文化建设，通过对窗口人员考勤、纪律执行、业务办理及服务质量等情况进行综合打分，评选月度及年度“贵人服务之星”并新增“特色服务窗口”，专门为残疾人、老年人、军人、孕妇等特殊群体办理业务，该窗口实现多个部门共计53个事项可直接办理，通过细化办理模式，用心打造安全、便捷的办事环境，不断提升企业群众体验感和满意度。

【文明家庭创建】 2022年，乌当区以“家和万事兴”为主题，注重家教、家规、家训、家风，开展文明家庭创建活动。开展“重家教、立家规、传家训、树家风”为主题的系列“家庭文化”活动。“家·阅读”读书沙龙开展36期，“家·连心”课堂开展60余次，乌当区家庭教育指导教师专题培训班，为全区中小学校（园）家庭教育教师160人进行家庭教育指导。全区有省级文明家庭2家，市级文明家庭19家。

【文明校园创建】 2022年，乌当区教育部门指导中小学校开展文明校园、文明班级、文明社团、文明宿舍创建活动。弘扬良好校训校风，加强校园文化建设，开展形式多样、健康向上、格调高雅的校园文化活动，形成良好的育人氛围。依托未成年人思想道德建设工作开展文明校园建设。加强活动阵地建设，有省级爱教基地1个、区级图书馆1个、5个街道未成年人活动场所等公共文化设施，均免费对外开放。全区有省级文明校园1所，市级文明校园7所。

【农村精神文明建设】 2022年，乌当区推进移风易俗工作，完成全区村（社区）民公约修订，打造羊昌镇甲岗村、百宜镇红旗村、新堡布依族乡王岗村3个市级“治风”示范点，倡导“婚事新办、丧事简办、其他不办”，文明新风得以弘扬，文明乡风得以树立，移风易俗蔚然成风，农村“治风”考评排名全市第二。

【志愿服务活动】 2022年，乌当区开展“践行雷锋精神，共建文明城市”志愿服务活动，将“文明城市建设宣传周”与“3·5”学雷锋志愿日相结合，利用新时代文明实践中心、所、站，组织志愿者到背街小巷、小区等开展垃圾清理、交通引导等志愿服务活动，引导居民群众车辆有序停放，劝阻行人、非机动车随意横穿马路、闯红灯等不文明交通行为。打造“活力乌当·26度同行”新时代文明实践品牌。开展《贵州省文明行为促进条例》宣传志愿服务活动，志愿者走街串巷、进村入户向居民发放《乌当区移风易俗倡议书》《垃圾分类倡议书》《参与垃圾分类共建绿色贵阳》等宣传资料3000余份，开展志愿服务活动7400次，注册志愿者团体287个，志愿者61025人，参与志愿活动39407万人次，志愿服务时长累计112.45万小时，共服务群众30万人次。

【文明城市巩固提升】 2022年，乌当区制定《乌当区全国文明城市巩固提升暨“文明在行动·满意在贵州”活动目标考核办法》《乌当区2022年全国文明城市巩固提升暨农村“治风”督查问责工作方案（试行）》《乌当区全国文明城市巩固提升暨“文明在行动·满意在贵州”活动、农村“五治”工作落实区领导“五包”责任制工作安排》《关于做好2022年“文明在行动·满意在贵州”活动省直部门考核指标对接协调的工作提示》，整改落实存在的问题，收到市指挥部实地暗访组《整改令》65 期、现场督办 18 期、督办令 3 期、督查通报 1 期，涉及 2670 个问题全部整改完毕。区指挥部下发整改令 45 期、督办令 8 期，涉及问题 1298 个，全部整改完毕。印发《乌当区不文明行为专项治理行动工作方案》《乌当区关于开展十类不文明行为整治的通告》《乌当区关于开展不文明行为公开曝光的通告》，发放张贴“向不文明行为宣战，做文明有礼乌当人”倡议书 5 万余份，签订“向不文明行为宣战承诺书”5000 余份，张贴海报 500 余张。在“乌当电视台”开设《曝光台》专栏 1 个，播出不文明行为曝光新闻 5 条次；在“爽爽贵阳·活力乌当”开设《全国文明城市巩固提升进行时》《乌当区十类不文明行为整治措施》《文明城市曝光台》专栏 3 个，发布稿件 28 条次。2022 年“文明在行动·满意在贵州”活动考核中，在全省排名第五。

【好人评选】 2022 年，乌当区精神文明办按持续开展好人评选工作，凡乌当区户籍或在乌当区学习、生活、工作的人员，年龄在 16 岁以上，不分职业、性别、民族，自觉践行社会主义核心价值观，模范遵守公民道德规范建设实施纲要，在社会公德、职业道德、家庭美德、个人品德建设中表现突出，在引领社会文明风尚中发挥示范作用的个人或集体均可参评。13 人荣登市级“身边榜样”，20 人获区级“身边榜样”称号。

【“我们的节日”活动】 2022 年，乌当区利用文化馆、图书馆总分馆资源，开展“我们的节日”主题活动。全年文化志愿服务线下活动 38 场次，线上文化服务 170 次。开展全民阅读推广系列文化活动 321 次，参与线下文化活动人员达23489 人次。区文化馆开展“我们的节日”系列活动 12 期，利用微信公众号平台在春节、元宵、清明、端午、七夕、中秋、重阳等传统节日开展“我们的节日”系列活动，包括有奖知识竞答、图片有奖征集、传统文化知识普及、好书推介、诗词赏析等线上文化活动。区图书馆开展我们的节日“春节、元宵、清明、端午”新时代文明实践活动，在图书馆二楼、三楼常设“文津图书奖获奖图书推荐展览”，参观受益人数 8.41 万人次。

（区委宣传部）

街道·乡镇

新光路街道

【基本情况】 新光路街道位于乌当区东南，总面积24.41平方千米。辖顺海村、北衙村2个村，新光社区、山花社区、保利温泉新城社区、保利公园社区4个社区。2022年末常住人口34851人，户籍总人口21351人，60岁以上人口5116人，辖区人口较多的少数民族是布依族和苗族。人口出生率11.25‰，自然增长率8.21‰。年平均气温14.6°C，森林覆盖率50%。辖区企业655家（其中，规模以上工业企业15家、规模以上服务业13家、规模以上房地产业9家、规模以上商贸业15家、资质以上建筑业2家）。幼儿园7所（其中，公立2所，私立5所），小学7所（其中，公立5所，私立2所），初高中2所（其中，公立1所，私立1所）。养老机构5家。基层党组织31个，在册党员830人。

【经济发展】 2022年，新光路街道农业总产值456万元，规模以上工业总产值4.41亿元，社会消费品零售总额8.8亿元，固定资产投资4亿元，招商引资产业到位资金3.6亿元，引进2家优强企业，固定资产投资绝对值排名全区第三。协调申请支小再贷款2000万元用于支持街道辖区企业发展；协同乌当区富民村镇银行到火石坡工业园区对15家有资金需求企业实地走访，为企业融资395万元。召开安全生产专题会议10次，排查农村自建房1224栋，针对22栋存在安全隐患的自建房，以一房一策一方案限时整改；对辖区老旧小区、高层建筑、人员密集等场所进行排查，存在安全隐患70条，现场整改14条，限期整改56条；开展集体聚餐监管18次，对16所校园开展春、秋季食品安全隐患排查，建立排查台账266家，紧盯明查点位34家，督促隐患问题整改30余个；组织开展4次应急救援演练。

【社会事业】 2022年，新光路街道完成城镇新增就业1092人，就业困难人员就业60人，下岗失业再就业225人，农村富余劳动力转移就业176人，面向辖区717家企业征集就业岗位706个，新增高校毕业生就业232人，达成就业意向232人。救助困难群众20户38人，申请救助金67165元。城镇低保户30户36人，发放低保金23.57万元，落实老龄优待政策403人，为残疾人申办护理补贴33人，对2名事实无人抚养儿童进行建档帮扶。开展对防贫预警184人入户核查；开展顺海村、北衙村1666户4753人重点监测帮扶对象集中排查，防止出现返贫风险。投入30万元建设街道、村（社区）两级综治中心；完成智能调度厅、群众接待室、矛盾调解中心、网格化管理室、社会服务室5大功能室建设；街道划分网格52个，配备专职网格员52人，实现52个网格党小组全覆盖。收集社情民意和协助化解矛盾纠纷279个；在6个村（社区）配齐601个联户长，实现“十联户”模式100%全覆盖。推进农村“五治”，召开3次党工委会议和10次专题会议推进；出台《农村“治风”七条措施》，748名党员100%签订承诺书；6个村（社区）均配备红白理事会，推选52名红白理事会成员，红事报备54起，白事报备47起，成功劝阻2起满月酒；通过4次文艺会演、百余次入户宣传、发放倡议书9000余份、张贴宣传海报1000余份、自编自导打油诗、编排布依族山歌等形式营造新风气。

新光路街道新天城区 （李雁秋/摄）

【城镇建设】 2022年，新光路街道实施房屋征收未签约攻坚行动，完成涉及顺海片区棚改项目红线范围内26.67公顷土地征收兑现，完成涉及东新路项目红线面积29.13公顷土地征收兑现，完成北衙棚改项目625个编号面积342031.68平方米房屋征收，完成WD-01-01-01地块惠诚项目涉及4000平方米房屋征收签约兑现。打造保利公园、新天、顺海3个“15分钟生活圈”。召开企业代表座谈会、群众坝坝会等12次，通过线上转发、线下发放“一圈两场三改”相关的文字、图片、视频资料6300余份，广泛征集辖区群众意见建议16798条。完成保利公园生活圈内的保利公园卫生服务站、保利公园ATM机、保利生活垃圾投放点、保利公园社区基层综合文化服务中心4个新建项目建设及保利公园社区基层综合文化服务中心、保利为明中学多功能运动场地、保利公园社区为民养老服务站、为民国际学校避难场所、实验二小应急避难场所、保利公园惠民生鲜超市粮油应急供应网点6个改扩建项目建设。完成新天生活圈内新光社区卫生服务站、新光里多功能运动场地、生活垃圾分类投放点、新光里文化产业园微型消防站4个新建项目建设及新天九年制学校多功能运动场地、新光路街道养老服务中心2个改扩建项目建设。完成顺海生活圈内的顺海生活垃圾投放点、顺海生活圈微型消防站新建项目建设和顺海村文化活动中心、保利温泉新城居委会基层文化综合服务中心、为明实验小学多功能运动场地、保利温泉多功能运动场地、顺海中路全林驾校避难场所、为民温泉实验学校避难场所、惠民生鲜超市一家禾鲜保利温泉店粮油应急供应网点7个改扩建项目建设。

【生态建设】 2022年，新光路街道开展大气污染防治巡查60余次，制止焚烧秸秆、垃圾5起，清退无证占道经营产生油烟污染57起。整改中央环保督察“回头看”交办的21件群众信访投诉件问题，其中第一轮中央环保督察及“回头看”反馈的20个问题全部验收销号，2021年中央环保督察反馈的1个问题验收销号。信访件办结率和群众满意度均达100%。

（新光路街道）

高新路街道开设儿童之家，提供假期托管服务 （高新路街道 供图）

高新路街道

【基本情况】 高新路街道地处乌当区中心城区，距市中心8千米，距龙洞堡国际机场8千米，距贵阳火车站10千米，距贵阳火车东站3千米，距贵阳火车北站15千米。2022年，辖新庄村、新添村、阿栗村3个村及春天、大桥2个社区居委会。辖区面积23.93平方千米，常住人口53432人，户籍人口19988人，森林覆盖率44%。辖区内有1所高等院校、5所中小学校、10所幼儿园、4所托管园和1所卫生服务中心；有贵阳东郊水厂、贵州省最大花卉交易集散中心阿栗花卉市场、贵州路桥集团有限公司、贵州景峰注射剂有限公司、贵阳立特精密机械有限公司、贵州航天电源科技有限公司、贵州筑信水务环境产业有限公司、联德液压（贵阳）有限公司、曜阳养老服务中心等机构。

【经济发展】 2022年，高新路街道完成农业总产值9207万元，规模以上工业生产总值6.25亿元，规模以下工业生产总产值2664.4万元，社会消费品零售总额7.48亿元，外贸进出口1201万美元，固定资产投资1.41亿元，引进2家优强企业，引进产业项目到位资金1.51亿元。居民人均可支配收入43723元，新增餐饮、零售业等市场主体45家，“一码游贵州”覆盖率和商户入驻率覆盖率100%，新增旅游床位112张，新增投资500万元以上旅游项目2个，新增A级旅游厕所1座，新增旅游停车场车位55个。

【社会事业】 2022年，高新路街道安置城乡统筹就业1311人、本地就业410人，支持大学生创业15人。城乡居民基本养老保险新参保15人、续保缴费122人，缴费金额28万元；医疗保险参保12529人；核实特困、低保、重度残疾人等特殊群体参保、资助135人。发展市场建设、土石方工程队、运输队等服务创收型产业。以农村“五治”为抓手推进乡村振兴，提升农村人居环境质量，在阿栗村实施“治污水”“治饮用水”两水同治。组织2支队伍参加“永远跟党走，党的光辉照我心”太极拳（剑）交流活动。

【城镇建设】 2022年，高新路街道完成区医院、狮岩路、九灌塘地块等土地征用 1.54 公顷，兑现征地资金 291 余万元；房屋征收 25774.36 平方米，兑现 4738 余万元。“一圈两场三改”项目石厂坡停车场完成场地平整；为民学校、新天三小多功能运动场投入使用。对新添村、新庄村、春天居委会、大桥居委会沿街门店延伸占道等行为进行巡查管控、集中整治。清退门面延伸占道经营 783 起，劝离流动摊贩占道经营 1707 起，宣传教育 1500 余人次。依法对门头广告安全隐患排查 513 户，整改 1 户；清除“野广告”、落地广告牌 507 起。出动垃圾分类宣传志愿者 240 人次，宣传 1200 余户，发放宣传资料 1500 余张。加大对温石路、石厂路、新东路及学校周边车辆乱停乱放现象的整治工作，劝离违停车辆 800 余次，劝离占用城市道路，侵占市政设施的行为 450 起。严厉控制和打击违法建设行为，拆除违法建筑 57 户 58 栋 15968 平方米。

【生态建设】 2022 年，高新路街道落实好河长制，开展巡河 8 次，发放河长制宣传资料 200 余册；组织整治河道、清洁河面行动 3 次。

【“五治”小小宣传员上岗】 2022 年 6 月，乌当区高新路街道新庄村农村“五治”小小宣传员上岗。新庄村组织小学生成立农村“五治”小小宣传员队伍，通过诵读、歌唱、顺口溜、儿歌，以及文艺节目表演等方式，向村民宣传农村“五治”的重要性、必要性。小小宣传员的可爱形象让农村“五治”宣传工作更加深入人心，也使“五治”工作成为家庭教育的一部分。

（高新路街道办）

龙广路街道

【基本情况】 龙广路街道位于乌当区新添大道北段 196 号，北至保利紫薇郡和白鹭洲，西达喜天酒店和民职中，东抵振华片区，与东风镇、高新路街道、新光路街道、新创路街道、观溪路街道接壤。辖区内青山绿水，空气清新，聚居着汉族、苗族、侗族等多民族。云开二级公路贯穿而过，新添大道北段、高新路、航天路、龙广路主次干道形成“一横三纵”干线路网。2022 年，区域总面积 4.5 平方千米，总人口 5.3 万人，下辖新云、龙广、振华第一、振华第二、幸福、新都 6 个社区，20 个小区，54 个网格，262 栋 760 个单元。辖区有市场主体 1339 家，个体户 770 家，规模以上企业 37 家。有学校 12 所（幼儿园 10 所，其中民办 8 所）。公立医院 1 所，卫生服务站 3 所。

【经济发展】 2022 年，龙广路街道完成招商引资项目 8 个，到位资金 4.56 亿元；引进优强企业 2 家，占全区的 77%；固定资产投资项目 5 个，金额 1.7 亿元；完成工业总产值 92.24 亿元，占全区的 51%；完成工业增加值 22.84 亿元，比上年增长 8.8%。城镇居民人均可支配收入 99613 元，比上年增长 33.5%。外贸进出口总额 432.12 万美元；社会消费品零售总额 4.2 亿元，比上年下降 4.4%。新增市场主体 801 户，占全区的 12%。培育企业上规入统 5 家（贵州通和济康、贵州新尚优马特商贸有限公司、贵州聚源隆盛餐饮、贵州振华系统服务、国元康药业）；32 家规模以上企业上缴税收 10.03 亿元，占全区税收总量 35.2%。到 637 家企业开展安全生产宣传，督促企业完善措施、落实责任。开展消防安全排查整治，对辖区“二合一”“三合一”“多合一”、仓储等高风险场所大整治大检查 8 次，排查整改隐患 85 个。持续开展“打非治违”和安全生产集中攻坚行动，安装餐饮行业燃气报警器 124 户，完成率 100%。

【社会事业】 2022 年，龙广路街道全面开展政务服务网事项办理，贵州政务服务网上办理事项录入指标任务 10080 条，完成 10125 条，完成率 100.45%。完成街道及 6 个社区退役军人服务站建设，退役军人建档立卡 897 人，办理优待证 730 人、医疗蓝卡 200 人、乘车卡 320 人。低保权限下放审批录入完成率 100%，向现有低保户、残疾人、失独家庭等，累计发放各类补贴 80 余万元。开展房屋安全普查 597 栋，自建房安全隐患排查 26 户。城镇新增就业 1080 人；高校毕业生就业创业 25 人；深挖岗位 1815 人；以业管人 420 人；高校毕业生留筑就业 48 人。实现全年“0”安全生产事故、“0”交通事故、“0”安全生产伤人亡人事故。获评市级“三感”示范社区 1 个；成功创建“无毒街道”，创建无毒村（社区）6 个、市级民主法治示范村（社区）1 个、“无邪教居”2 个。完成大学毕业生征兵 8 人。12345 平台，案件受理率、处理率、满意率均达 100%。电诈、“两抢一盗”实现同比、环比双降目标。承办乌当区“6·26”国际禁毒日大型集中宣传活动。电子医保激活 6290 人，激活率 84%。代理办理事项 10125 件，电子印章调用数据录入 10125 条。

【城镇建设】 2022 年，龙广路街道开展“一圈两场三改”大宣传、大走访、大调研，发放宣传手册 23000 余份、横幅 30 条、张贴海报 150 张、发放调查问卷 6000 份，设立“一圈两场三改”意见箱和雅旭园片区老旧小区改造项目义务监督员。16 个项目（新天学校体育场、龙广路街道养老服务中心、龙广生活垃圾投放点、谊品生鲜超市粮油应急供应网点、振华广场应急避难场所、龙广路司法所、龙广社区养老服务站、幸福社区养老服务站、白鹭洲幼儿园、幸福里二幼、龙广路街道应急指挥中心、振华第一社区居委会、幸福社区居委会、新云社区居委会、新都社区居委会综合文化服务中心及龙广路街道综合文化站）均已完成。完成雅旭园老旧小区改造项目前期入户走访、宣传动员、征求意见、项目立项，于 6 月 9 日进场施工，完成花池拆除、停车位新建、环形车道硬化、消防车道扩宽、活动场地硬化、地下管沟（开挖、管道预埋）、化粪池

市民在新创路街道梅兰山公园晨练（刘萍 / 摄）

（开挖、安装、回填）、居民活动室浇筑等，主体完工。

【生态建设】 2022 年，龙广路街道紫薇郡、新云小区、振华锦源 3 个小区在全区率先开展生活垃圾分类工作，街道 15 个小区均完成初核。完成 37 栋 1466 层高层楼摆桶。1 件生态环保投诉案第一时间处置回访，配合其他单位处置投诉案件 5 件。控违拆违完成 11 家 2423 平方米，完成率 121%。

（王靖东）

新创路街道

【基本情况】 新创路街道位于乌当区中心城区，东起高新路臣功新天地，西至乌当区北衙路、温泉路，南起城市山水公园、梅兰山路，北至尚善御景、泉天下国际公馆，区域总面积 3.56 平方千米。2022 年，下辖新创、新业、新泉、新联、新竹、新欣、清溪 7 个居委会，总人口 21329 户 5.06 万人。细分为 59 个网格，有基层党组织 21 个，党员 640 人。

【经济发展】 2022 年，新创路街道工业总产值 8142 万元；社会消费品零售总额 45823.6 万元；引进优强企业 2 家；新增市场主体 751 户，新增培育企业上规 3 家，新增旅游类市场主体 44 个。开展企业走访 3200 余次，涉及 1304 家，解决涉及诉求政策兑现、公共配套等问题 12 个。排查辖区小型生产经营场所 2054 家，清理违规住人 38 家，发现隐患 391 处，整改隐患 391 处，整改率达 100%。组织消防安全网格员培训 6 次，发放消防安全告知书等宣传资料共计 8.2 万余份。

【社会事业】 2022 年，新创路街道发放各类慰问金、补贴 213 万元，惠及 1053 人；临时救助 25 户，医疗救助 3 户；深挖就业岗位 1893 个，提供公益性岗位 27 个，新增城镇就业 1077 人。开展低保年度核查，核准低保 59 户 94 人。开展全程代理 419 件、走访慰问群众 156 余人。为辖区企业及个体工商户提供法律咨询 20 余件次，解决矛盾纠纷 60 余件。及时处理 12345 热线问题 2303 个，处置回复率 100%，办结率 100%，案发率比上年下降 41.11%。处置非法集资案件为辖区居民追回 2 万余元经济损失。

【城镇建设】 2022 年，新创路街道推进狮岩路、区医院地块 2 个城市更新改造项目，开展入户宣传 6200 余次，区医院地块、狮岩路地块住户签约率分别达 97.09%、83%。街道老旧小区改造涉及 30 个小区 1828 户，召开“坝坝会”35 次，收集群众意见 100 余条，改造提升 30 个老旧小区、14 条背街小巷。

【生态建设】 2022 年，新创路街道开展各类专项整治活动 5000 余次，清理“野广告”1 万余条、清理乱堆乱放 300 余处、卫生死角清理 620 余次，张贴交通安全宣传广告 720 张，签订责任书 550 余份。拆除各类违法建筑面积达 5083 平方米。对涉及辖区 4 件信访投诉件进行整改和“回头看”，解决群众反映强烈的突出生态环境问题。

【“垃圾分类人人动手　干湿分离家家行动”主题宣传活动】 2022 年 11 月 9 日，乌当区新创路街道开展“垃圾分类人人动手　干湿分离家家行动”主题宣传活动。活动中，社区工作者、党员、志愿者等通过“坝坝会”宣讲、入户走访辖区群众、张贴生活垃圾分类公益广告、发放生活垃圾分类明白卡和宣传单、转发科普知识小视频、签订生活垃圾分类承诺书等方式，向群众宣传垃圾分类的意义，以及垃圾如何分类、如何投放等应知应会知识，进一步提高群众对垃圾分类的知晓率，引导群众自觉参与到垃圾分类行动中来。活动共发放《贵阳市居民生活垃圾分类指引》宣传单500余份，发放生活垃圾分类明白卡1000余份，签订生活垃圾分类承诺书1000余份。

【“移风易俗引领风尚　文明新风润泽城乡”移风易俗主题志愿服务活动】 2022年10月26日，乌当区新创路街道开展“移风易俗引领风尚 文明新风润泽城乡”移风易俗主题志愿服务活动。活动中，志愿者通过发放《弘扬文明新风 切勿滥办酒席》宣传单，向群众宣传“治风”相关规定。志愿者还邀请群众参与有奖问答，向答对题目的群众送上小礼品。

【“垃圾分类我先行”系列活动】 2022年7月21日至8月11日，乌当区新创路街道组织辖区未成年人开展“垃圾分类我先行”系列活动，共有6个子活动。在“垃圾分分类·地球不受罪”主题活动中，向未成年人普及垃圾分类知识，培养未成年人垃圾分类意识；在“心灵手巧的艺术家”活动中，引导未成年人将身边的废弃物进行回收利用，让未成年人感受“变废为宝”的乐趣；指导和帮助未成年人完成可回收物的“再生产”过程；引导、帮助未成年人进行纸袋改造手工活动，强化未成年人的环保意识；组织未成年人开展环保知识竞赛，在竞赛过程中对环保知识进行补充；开展“文明城市有我”志愿服务活动，带领未成年人参与全国文明城市巩固提升工作，通过寻找社区污染点、消除白色垃圾、美化生活环境，营造“保护环境从小做起、从我做起”的良好氛围。

【文化进万家文艺汇演】 2022年5月26日，乌当区新创路街道在金僖苑小区开展“我们的节日・端午节”文化进万家文艺汇演，邀请辖区文艺队伍、居民、老党员等100余人参加。新泉社区移风易俗志愿服务队的志愿者们向现场观众发放移风易俗宣传手册100余份，面对面宣讲“治风”工作内容，提醒广大居民群众婚事新办、丧事简办、其他不办，做到文明过节，让文明新风深入人心。

（熊迪）

2022年4月12日，观溪路街道环溪社区基层网格员和志愿者向社区居民进行垃圾分类宣传

（观溪路街道　供图）

观溪路街道

【基本情况】 2022年，观溪路街道区域面积4.61平方千米，辖育新、环溪、金江苑、观云和松溪5个居民委员会，总人口23521户51613人。基层党组织26个，党员总数832人。区域内有幼儿园9所、小学2所、高中1所，特殊学校1所，校外培训机构18家；公立医院1所，私立医院2所，卫生服务站2所；城市商圈综合体1个，个体工商户950余户，大型农贸市场1个，企事业单位800余个，规模以上企业32家，小区院落72个。

【经济发展】 2022年，观溪路街道在建项目2个，在库项目1个，完成投资1.1亿元。规模以上工业产值6.3亿元，比上年增加18.84%，增加值10791万元，比上年下降11.6%。招商引资到位资金4.87亿元。新增市场主体624家，累计1600余家。新增规上企业7家。街道工作人员走访辖区市场主体共计2000余次，建立企业诉求台账问题16个，帮助企业解决问题16个。

【城镇建设】 2022年，观溪路街道推进辖区涉及北衙、大坡两个“15分钟生活圈”项目建设，开工率100%，建成观云社区服务中心。推进辖区老旧小区改造，选点片区位于乌当区核心城区新添大道北段，共计48栋楼宇，改造户数2260户（含门面20间），人口5200人，总建筑面积8.03万平方米，总用地面积6.67公顷，总投资4840.7万元。拆除违法建筑13处，涉及13户3016平方米。清理“野广告”2000余个、取缔占道经营500余起，整治流动摊贩2000余起，清理乱堆乱放60余处，出动人员1200余人次。接到上级交办的市民举报转办件及举报件7件。

【社会事业】 2022年，观溪路街道有低保户34户50人，发放低保金29.31万元；特困户2户2人，发放特困补助金2.32万元，发放护理补贴1.43万元；临时救助18户，发放金额4.83万元；高龄补贴576人，发放高龄补贴3.91万元；残疾人324人，118人享受重度护理补贴，1人享受特困供养。辅助新光路街道卫生服务中心完成65名残疾人支持性基本康复服务；为辖区2名残疾学生、1名残疾人家庭子女申报就读补助，按期完成观溪路街道第二届残联的换届选举。新增1户1人事实无人抚养儿童，共有3户4人事实无人抚养儿童。新增就业完成1040人；完成高校毕业生留筑统计16人。落实戒毒康复22人、“零就业家庭”2户、刑满释放人员39人特殊群体就业援助。灵活就业社会保险补贴人员61人，均按要求发放补贴。公益性岗位56人，劳动保障协管员20人，普通岗位36人，按时签订劳动合同；深挖就业岗位1300个；本地就业409人；发布企业招聘岗位1500个，完成305户劳动监察联审任务。开展出生缺陷干预，孕前优生完成187对。开展多种形式宣传卫生健康知识及政策宣传活动1次。完成卫生健康宣传栏5期；开展“文明健康 绿色环保——第34个爱国卫生月”宣传1次；第35个世界无烟日以“烟草威胁环境”为主题，开展宣传1次，健康知识讲座3次，发放健康知识控烟等宣传资料500余份。8月2日至8月25日，联合辖区派出所、城管、网格员开展夏季治安打击整治“百日行动”，提升街道红袖标见面率，出动人员500余次。

【生态建设】 2022年，观溪路街道加强黑臭水体治理，每月召开“河长制”工作专题会，发放河长制宣传资料400余份，更换公示牌2张。各级河长利用两山水务APP开展巡河。开展文明城市常态长效巩固提升：新增垃圾桶18个，清运垃圾15吨，整改污水横流、积水6处，整治占道经营621起，整治清理“野广告”2350处，清理乱搭乱建、乱堆乱放10处，清理“僵尸车”11辆，治理非机动车乱停乱放97辆，处理机动车乱停放54辆。开展垃圾分类宣传，利用“线上＋线下”形式，提升辖区居民对垃圾分类的知晓率和参与率。张贴海报800余份，创建宣传栏53个，开展现场宣讲或现场引导活动12次，发放宣传资料4000余份。置办居民小区可回收物、有害垃圾暂存点16个，高层设施每层摆桶率100%。

（观溪街道）

东风镇

【基本情况】 东风镇位于贵阳市东北郊，区域总面积73.67平方千米，距市中心16千米，距区行政中心7千米。平均海拔1100米，年均气温14.5℃，年降水量1180毫米，属亚热带季风湿润气候。南明河、渔梁河、渔洞河蜿蜒交汇，形成九曲蜿蜒河岸景观——十里河湾。2022年，辖13个村7个居委会，户籍总人口31248人、总户数9532户，外来流动人口21841人。居住有汉族、苗族、布依族、白族、仡佬族等15个民族。东风镇源于1958年成立的全省第一个人民公社——东风人民公社，1960年周恩来总理视察贵阳时亲自题写社名。先后获“全国双百小城镇”“全国重点镇”“全省十大魅力乡镇”“全省文明村镇”称号。辖区内有“来仙阁”以及宋氏别业等文物古迹，有腰鼓队、棋字灯、文琴座唱、舞龙、舞狮、太极拳等民间艺术，有石头寨苗族“跳场”少数民族文化活动。境内有东风大道、高新东路、马东路、马百路等城市主干道，北京东路延伸段贯穿全境，轨道3号线穿境而过。以健兴药业、新天药业等为主导的医药制造、医疗器械、医药物流和医疗服务等大健康产业体系基本形成。随着乐湾国际城市综合体、乐湾国际学校、贵黔国际总医院、中央民大附中、智汇云锦孵化基地、区政府政务服务大厅、振华万象温泉等公共服务产业和生产生活业态的建成运营，产城融合、宜居宜业、富有活力的现代化新城镇初步建成。

【经济发展】 2022年，东风镇规模以上工业总产值60.45亿元，工业增加值19.88亿元，固定资产投资3.95亿元，社会消费品零售总额5.47亿元。引进新项目6个，到位资金10亿元，其中工业到位资金9亿元。

【社会事业】 2022年，东风镇新增就业1051人，公益性岗位安置77人，农村劳动力转移就业610人，帮助99名困难对象就业。累计发放低保金131万元，发放特困补助21万元，发放临时救助4万余元，发放残疾补助2万余元。投入8万元改善10户计划生育特殊家庭生活环境。投入135万元完成东风卫生院医共体改革。参加城镇居民基本医疗保险23029人，参保率97.79%。投入62.86万元资助1481名计生“两户”和507名计划生育特殊人群参保。排查安全隐患1027条，督促整改隐患673条，责令企业整改354条，下达执法文书292份；督促指导企业整改隐患541条；推动化解各类矛盾纠纷741起。开展反电信网络诈骗宣传1.2万余次，社会巡逻巡查6万人次。关闭生产经营房屋2栋；维修加固房屋9栋；拆除危房1栋；采取封控警示、观察使用等方式整治房屋114栋；利用节假日、赶场天开展法学宣传15次，发放宣传资料1500余份，受众1500余人，发展会员3人。

【城镇建设】 2022年，东风镇推进新天电子元器件产业园、国药西部医疗产业园、云锦标准化厂房、高穴标准化厂房、洛湾标准化厂房、贵阳至黄平高速等重点项目征地建设，完成征地44.07公顷，兑现征收补偿款9000万元。整治占道经营3000次，新增停车位100余个，查处乱倒渣土车辆300余辆，拆除违法建筑349户84261平方米。修复市政道路、绿化设施80余处。完成改厕529户，其中旱厕510户、无厕19户。

【生态建设】 2022年，东风镇投入1500余万元资金改善高穴片区饮水工程，惠及高穴村、茅草村和龙井村村民1400余户。投入330万元资金，修建新村村排污管道2000米，惠及全村200户群众。清理占用公共用地乱堆乱放48处，拆除老、破、旧残垣断壁3处，清除“野广告”2100余处，清理各种生活垃圾12000吨，整治黑臭水体1处，清理村内沟渠1.1千米，清理淤泥14吨，清理农业生产废弃物6吨。

【“健康人生、绿色无毒”国际禁毒日宣传活动】 2022年6月24日，乌当区东风镇禁毒办联合贵阳市三江强制隔离戒毒所、辖区各村（社区）以“健康人生、绿色无毒”为主题开展国际禁毒日宣传活动。组织辖区小学生、居民开展禁毒宣誓，现场参观仿真毒品模型和同心路禁毒宣传阵地，学习禁毒知识。100余名小学生及群众参加活动，发放《东风镇禁毒承诺书》《禁毒应知应会知识》资料1000份，禁毒宣传品2000份。此外，东风镇20个村（社区）开展线上线下宣传活动，100名网格员和671名联户长到群众家中开展禁毒知识入户宣传，并在各网格微信群转发相关禁毒宣传视频，在各村（社区）主要路口和小区楼栋显眼处张贴禁毒宣传标语。

【“共建清洁美丽世界”世界环境日主题宣传活动】 2022年6月1日，乌当区委老干部局组织离退休干部志愿者到东风镇开展“共建清洁美丽世界”世界环境日主题宣传活动。活动中，离退休干部志愿者向群众宣传宣讲农村“五治”与生态文明建设“五护”（护林、护水、护路、护卫生、护野生动物）相关政策，普及环境保护知识，并开展太极拳健身活动表演。

【“五老”变“四员”助力农村“五治”】 2022年，东风镇探索“五老”人员助力农村“五治”工作机制，将“五老”变“四员”，推动农村“五治”落地落实。结合全镇开展党建引领老干部工作向基层延伸试点工作的契机，利用老体协、老年大学等，为“五老”搭建继续工作的平台、发挥余热的舞台，推动“五老”变“指导员”。组建“五老”宣讲团，通过“坝坝会”、入户宣传等形式，宣传农村“五治”的政策要求，推动“五老”变“宣传员”。将乡贤、寨老等在农村有威望的人纳入村（社区）红白理事会和“移风易俗倡新风”志愿服务队，发挥示范带动效应，整合村干部和乡贤寨老力量，推动“五老”变“示范员”。引导老同志参与到基层一线，带头扛起推动农村“五治”工作的监督责任，将“五老”变“监督员”。

（徐红瑾）

水田镇

【基本情况】 水田镇位于乌当区北部云雾山麓，距乌当区政府驻地新添寨18千米，距贵阳市中心28千米。东邻下坝镇，南接东风镇，西与白云区交界，北与新堡布依族乡相连。南北长15千米，东西宽15.5千米，镇政府驻水田坝。全镇为山地河谷和高丘河谷，云雾山主峰主庙窝顶海拔1659米。辖区内有清代宝鼎寺、朝阳桥、三江桥、唐家大院和唐氏墓地，有省级风景名胜区相思河、盘龙山森林公园，有清代修建的定扒大沟和1993年建成的千坎箐水库。矿产资源主要有铝土矿、铁矿、煤矿、耐火黏土矿等。主产水稻、玉米，经济作物有苗木、蔬菜、水果等。2022年末，全镇辖11个村1个居委会，土地面积113平方千米。

【经济发展】 2022年，水田镇固定资产投资4.07亿元，比上年增长38.6%；规模以上工业总产值3.21亿元，比上年增长16.3%；规模以上工业增加值0.75亿元，比上年增长15%；社会消费品零售7800万元。培育中尊包装、颐沁坊食品、善食谣食品等企业8个，新增就业岗位400余个。市场主体净增长250户，其中企业40户、个体工商户210户；产值200万以上4户、产值500万以上1户。全年走访企业2126人次，协调解决飞龙雨、天辰等20家企业发展难题。扶持精一科技、黔鹰环卫上规升级。

水田镇董农村油菜花田 （葛基民/摄）

【村镇建设】 2022年，水田镇加强耕地"非农化""非粮化"和撂荒地整治力度，整治农村乱占耕地图斑31个。治理黄泥沙湾撂荒地11.53公顷，在李资、培鹅、瓮蓬、董农等村取缔"非粮化"苗木33.33公顷。争取资金159.74万元完成罗庄村进村道路提升改造、瓮蓬村石板寨门口路面硬化和罗庄村白岩组道路硬化项目。争取高标准农田建设资金945.62万元，在李资、竹林、上坝、董农修建机耕道9520米、排洪沟渠3500米，生产便道2100米。将定扒、竹林高速路出口、牛昌坝、水田国际等闲置地块纳入城镇开发边界。投入资金30余万元解决牛昌坝征地历史遗留问题，并将牛昌坝地块纳入工业集聚区，为铭材、新阳汽配厂等企业落地腾出空间。聚焦闲置厂房，成功引入企业盘活甲秀造漆厂，实现"腾笼换鸟"。

【农村"五治"】 2022年，水田镇开展"房地一体"宅基地和集体建设用地权籍调查，完成房屋权属调查750宗。投入资金240万元完成水相路沿线80户农房风貌整治。拆除违法建筑2.1万平方米。在罗庄村、竹林村试点开展宅基地使用权有偿置换和闲置房屋盘活工作。投入应急资金12万余元解决安多、培鹅等村群众吃水困难。完成上坝村人饮工程、水田村兴隆组人饮工程管网建设。协调将三江村一至六组纳入集镇供水，逐步实现农村饮水规范化运行。争取农业、水利项目，实施三江村"两水同治"示范点和竹林村污水管网提升改造工程。开展河道、水库水源地周边环境日常巡查整治，确保辖区内不产生黑臭水体。完成11个行政村垃圾分类亭建设，实现农村外运处理垃圾减量50%的目标。完成1031户厕所改造提升。

（水田镇政府）

羊昌镇

【基本情况】 羊昌镇位于乌当区北部，东邻百宜镇，南接新堡布依族乡，西连新场镇，北与开阳县禾丰布依族乡、南江布依族乡毗邻。2022年，辖8个行政村1个居委会89个村民组，总人口3231户17495人，居住有汉、苗、布依等10个民族。平均海拔1310米，属于北亚热带季风湿润性气候，常年气温为15°C。镇内山水环绕、生态环境良好，物资物产丰富。有水库（金螺湖水库、金家箐水库、迎风水库）3座。贵瓮高速公路、贵遵复线、贵开二级公路和贵开城际铁路贯穿全境，羊昌环线、羊百线、羊新线分别与境内高速路和快铁相连，形成四通八达的陆路立体交通，成为贵阳市东北部交通"十字"枢纽。羊昌镇是省委、省政府确定的首批100个示范小城镇之一。

羊昌镇花画小镇 （章全英/摄）

【经济发展】 2022年，羊昌镇公共财政预算收入2751.21万元，旅游收入2.13亿元。引进各类外来投资项目8个，引进资金2.8亿元。固定投资2.64亿元，入库项目9个。走访企业406家，了解并帮助解决发展困难。完成粮食作物种植面积1186.67公顷，粮食产量2276.96吨。依托甲岗村田园乡村·乡村振兴集成示范点建设，发挥特色产业示范引领作用，全镇建设完成蔬菜大棚10.87公顷，番茄、辣椒、草莓等农特产品150.33公顷。重点发展林下种植，红托竹荪、虎奶菇等林下食用菌产量达740吨。贵州菜篮子有限公司落地羊昌，培育菌棒3.5万棒。

【旅游产业发展】 2022年，羊昌镇打造羊昌旅游品牌，提升旅游服务质量。借助自媒体、新闻媒体等宣传方式，对羊昌避暑旅游宣传造势，提高"羊昌·花画小镇"景区旅游附加值，做大做强乡村避暑旅游。全镇接待游客60.81万人次，旅游收入2.13亿元，比上年增长17.2%。开展大型促消费活动4次，新增旅游市场经济主体21处，完成4户农家乐改造提升，成功申报提升4星农家乐4家。结合镇内黄连红色文化、甲岗村农耕文化、"花画小镇"休闲娱乐项目等资源，打造集观光旅游、科普体验于一体的综合性文化休闲旅游项目。围绕民俗活动开发，开展特色民宿文化活动12场，邀请专家开设民族民俗文化专题讲座5场。坚持"以文塑旅、以旅彰文，推进文化和旅游深度融合发展"，先后在黄连村、平坝村、甲岗村开发以红色文化、民族文化、农耕文化为主题的研学线路，联合风向标科技有限公司开展研学实践活动，通过"机构＋村集体经济＋农户"运营模式，打造好研学产业完整链条。开展研学活动30余场次，带动增收50余万元。

【乡村振兴】 2022年，羊昌镇有脱贫户201户557人，新增监测户9户27人，享受低保政策74户133人。排查核实防贫预警线索469条，成功申报防贫保37例，完成小额信贷48户，通过产业项目实现脱贫户分红120余万元。投入320万元完成甲岗村道路改造2.8千米以及甲岗村灌溉沟渠改造4.2千米、排洪渠0.35千米；投入55万元修复黄连村道路1.75千米。完成贵阳市1666.67公顷高标准设施蔬菜保供基地菌种研发保供及菌棒生产基地建设项目（羊昌中心），建设完成羊昌环线基围虾养殖基地项目，完成乌长高速征地拆迁工作。

【农村“五治”】 2022年，羊昌镇完成农房风貌整治350户，编制完成7个村村庄规划，整治农村危房5栋。坚持“三水同治”，完善饮水设施，将平坝村大冲组、毛栗科村何家凹组和高寨组纳入城乡水务一体化管理，共覆盖139户493人。开展“垃圾分类”，在全镇89个村民组均设置垃圾分类收集点，集中处理生活垃圾，实现垃圾减量50%。完成户厕改造982户，超额2%完成任务。劝阻违规酒席6起，办理红白酒席121起；黄连村探索出酒席新办“一锅香”经验，甲岗村通过市级“治风”示范村验收，移风易俗成效显著。

【社会事业】 2022年，羊昌镇城乡居民基本医疗保险参保12450人，办理医疗报销3269人次共898.5万元，申请医疗救助18人共5.6万元。组织开展老年人、妇幼健康体检1200余人次，开设健康知识讲座50余场。完成劳动力转移就业278人，城镇新增就业150人，重点人群就业314人，办理就业失业登记10人，失业率控制在4%以内，脱贫户劳动力无“零就业”家庭，实现就业帮扶100%。全镇农村学前教育和农村义务教育营养改善计划实现学校（园）全覆盖，共计1510人。建档立卡贫困学生区外就读资助春季学期学前4人，资助金额1600元；小学5人，资助金额1250元；中职8人，资助金额21850元；专科7人，资助金额21140元；本科2人，资助金额2200元；博士1人，资助金额43000元，共91040元。秋季学期学前3人，资助金额1200元，小学6人，资助金额1500元；中职7人，资助金额24750元；专科4人，资助金额19350元；本科3人，1人休学、1人读的函授本科，资助金额4400元；博士1人，资助金额31000元。落实建档立卡贫困学生及孤儿“全免”政策。成立“红袖标志愿者”治安巡逻队伍9支，建立“治安观察哨”17个，组织开展巡逻80余次，发放宣传资料和宣传礼品5000余份。联合交警大队、派出所、学校等职能部门开展安全生产隐患排查200余次，组建1支专职消防员队伍，开展安全生产“进校园”活动4次，发放安全告知书21586份，宣传惠及16701人。建立领导干部接访下访机制，接访群众159人次，化解群众矛盾纠纷6件，处理解区级转交信访案件130件，处置“12345”平台案件307件。全镇划分32个网格，组建22个网格党小组（联合党小组），任命网格长8名，网格指导员75名，专职网格员30名，招聘专职网格员2名，调整配强联户长390名。围绕群众生产生活情况开展网格走访调研4次，收集群众困难诉求20条，协调解决20条。

【农村“治房”工作现场观摩会】 2022年7月21日，乌当区农村“治房”工作现场观摩会在羊昌镇甲岗村举行，由羊昌镇、新堡布依族乡工作人员、党员代表、群众代表组成的观摩队成员30余人参加活动。观摩活动通过实地观摩、现场座谈交流等形式，沉浸式体验、互动式观摩、直观式感受农村“治房”工作的经验做法和工作成效。

（羊昌镇政府）

百宜镇

【基本情况】 百宜镇位于乌当区东北面，地处南明河下游，距贵阳市区53千米，距区行政中心45千米。2022年，区域总面积98平方千米，辖百宜、红旗、场上、沙坝、洛坝、罗广、拐九、拐吉、拐比9个行政村，92个村民组，现有户数4866户，人口16151人，是一个汉族、布依族、苗族等杂居的多民族镇。全镇森林覆盖率70%，境内平均海拔1330米，属亚热带气候，具有明显的高原性气候特征，素有“天然氧吧，绿色宝石”之美誉。南明河流经此地，有新寨河峡谷、罗广河谷等旅游景点；生态资源丰富、环境优美，气候宜人。贵开快铁、贵瓮高速公路在百宜镇均有站点，处于“贵阳市半小时经济圈”内。

【经济发展】 2022年，百宜镇实现农业增加值4.59亿元，比上年增长

百宜镇改造后的农房 （区文旅局 供图）

8%；固定资产投资2.8亿元，比上年增长6%；农村常住人口人均可支配收入22140元，比上年增长10%；新引进项目到位资金3.9亿元，比上年增长20%；社会消费品零售总额9317万元，比上年增长11%。种植粮油作物1600公顷，产量12259吨。全年出栏生猪5900头，活家禽存栏数78032只，禽蛋90吨，蔬菜37073吨。种植红香米53.33公顷，助农增收240万元。推进全国第二批国家农作物品种展示评价基地项目，引种、展示蔬菜、辣椒品种200余种。

【村镇建设】 2022年，百宜镇完成红旗村林头组至慈姑田组沥青道路提升改造2.6千米、机耕道建设5.9千米，完成柏枝田旱改水13.33公顷、红旗村旱改水40余公顷，新增1.8千米、修复沟渠2千米。依托省农职院农业科教产业示范园区、天贵茶园等优势，引进贵州山河兴农业发展有限责任公司等农业企业，发展集精品果蔬茶种植、养殖、科普、观光、休闲于一体的现代高效农业。

【乡村振兴】 2022年，百宜镇人均年收入达1.7万元，增长15%，动态监测脱贫对象240户682人。建成辣椒、油菜、大豆、粮油示范基地，完善生产便道和灌溉系统；采取“企业+村合作社（农户）+农户”种粮模式，培养、培育粮食生产各类新型经营主体，巩固拓展脱贫攻坚成果同乡村振兴有效衔接。完成农职院科教实训建设项目农用地报批工作；推进市级特色田园乡村·乡村振兴集成示范点建设，红旗村在2022年度全市示范点考核中获全市第三名。

【农村“五治”】 2022年，百宜镇完成8个村村庄规划编制，风貌整治300户，办理农房宅基地申请“一证一书”27户；排查农村自建房3371栋；开展控违拆违巡查活动400余次，清理“野广告”300余次，整治占道经营600余次，拆除违法建筑23户20050平方米。推进4个千人以上饮水工程、30个千人以下饮水工程，建成并投入使用污水处理厂1个、污水集中处理设施7个、分散式污水处理设施227个。完成场上村分散式生活污水处理工程、红旗村饮水工程验收移交。新增备用水源点7个，保障8000余人饮用水需求。完成垃圾收集点9个，沤肥点2个；开展进村入户宣传教育60场次，发放宣传资料12914份，张贴宣传标语415条；清理水塘58口、沟渠69千米、农业生产废弃物32.5吨。完成“治厕”1329户，“两水同治”覆盖97户，完工率100%。全镇党员、干部职工100%签订《文明节俭操办婚丧事宜承诺书》，发放调查问卷6500余份，全年红事办理28起，白事31起，劝阻违规办酒2起。

【乡村旅游】 2022年，百宜镇发挥区位交通、生态环境比较优势，实施“乡村旅游、避暑度假、观光体验”三大休闲旅游产业，百宜镇获“省级乡村旅游重点镇”称号，红旗村获乡村旅游重点村称号。建成高山红蓝莓、绿宝石、农职院八月瓜、洛坝村黄金梨、冰麒麟西瓜、苌楚猕猴桃等水果采摘园区；建成迷宫花谷、花开富贵园、彼岸花园等花卉观光园区；融合度假+花园+亲子教育计划等景观主题内容，百园百品旅游品牌效应初步彰显。“一码游贵州”覆盖率达100%；入驻尚客圆餐饮店、紫均餐饮山庄、百宜餐饮农家乐、迷宫花谷等商户；新增宜号酒店、元宿酒店等2家民宿酒店；做强远山·梵寓、农职院观光旅游、拐比露营基地等；打造集摄影、露营、团队拓展、自驾游、摩托车骑行、亲子夏令营等项目，形成沉浸式体验“活”着的避暑乡村。委托贵阳乌当实合旅游开发有限公司对百宜红军烈士陵园进行管理维护，修复展厅、修建围墙。全年参观烈士陵园的游客达2万人次。

【生态建设】 2022年，百宜镇森林覆盖率70%。实现河流管理动态精准化，镇、村河长常态化开展巡河，全面实施长江十年禁渔。推动化肥农药减量增效和畜禽养殖废弃物资源化利用，农作物秸秆综合利用面积达933.33公顷，利用率100%；农膜使用回收率94.8%。完成121户粪污处理设施、安装污水处理站2处。开展农村饮用水水源环境风险排查整治，建立黑臭水体纳入国家监管清单制度，饮用水源达标率100%。

【社会事业】 2022年，百宜镇有低保138户302人，特困16户16人，发放低保金200余万元、特困金41万余元。特殊人群参保代缴工作完成率100%，完成1776名待遇领取人员生存认证工作。全镇特殊群体城乡居民基本医疗保险参保率100%。在百宜村改建53平方米儿童之家。为17名残疾学生及残疾人子女申请入学就读补助3.8万元。深挖就业岗位安排30人，城镇新增就业76人，发放农民工返乡创业一次性补贴3万元，开展培训1200人次。完成100对孕前优生检查，补助资金1万元，办理准生证74人次。

（百宜镇政府）

下坝镇

【基本情况】 下坝镇位于乌当区东北部，南明河下游，东与黔南州龙里县交界，南连偏坡布依族乡、东风镇，西接水田镇，北抵百宜镇、新堡布依族乡，距乌当区行政中心22千米；辖下坝村、喇平村、岩山村、谷金村、谷庚村、谷坝村、谷定村、新桃村8个行政村，76个村民组，总人口5944户17917人，居住着汉族、苗族、布依族等民族。区域总面积106.27平方千米。平均海拔1250米，最低海拔827米，是贵阳市近郊海拔落差较大的农业乡镇。属亚热带季风温热区，平均气温15℃，无霜期长。境内自然资源丰富，探明的矿产资源有煤、白云石、硅矿、大理石等。南明河自西南向东南纵贯，下坝电站总库容1950万立方米，年发电量6420万千瓦时。

【经济发展】 2022年，下坝镇农业总产值61177万元，比上年增长6.9%；农业增加值38348万元，比上年增长6.6%；规模以上工业增加值850.93万元，比上年下降4.57%；社会消费品零售总额3993.95万元，比上年增长6.22%；固定资产投资4.05亿元，比上年增长163.25%；一般公共预算收入2550万元，比上年增长2.6%；农村常住居民人均可支配收入30821元，比上年增长38.71%；新增市场主体664户；贵平高速路（下坝段）开工建设。

【农村“五治”】 2022年，下坝镇19个农村污水处理设施实行统一管护，实施山老河、普渡河、白水河等主要水体保护治理，劝导劝阻破坏环境行为1000余人次；综合设置13个垃圾分类收集点，配置垃圾收运设施70余个，垃圾日产日清；完成6个村村庄规划，整治农房风貌80户，拆除违法建筑62处3万余平方米；开展“厕所”攻坚，消除农村旱厕户、无厕户1557户，改造提升集镇公厕1座；全面执行“两书一约一会”，“婚事新办、丧事简办、其他不办”的文明理念深入人心。

【社会事业】 2022年，下坝镇有下坝九年制学校1所，占地面积683702.2平方米。整合全镇教育教学资源，撤销村级教学点，并入下坝九年制学校统一招生入学，有在校学生1743人。开通5条学生定制公交专线，一早一晚接送学生上下学。贵阳市公共卫生救治中心下坝院区投入使用，占地面积15.84万平方米，规划床位1200张。卫生院一体化信息平台开始运行，8个村级卫生室标准化建设达标，实现贫困人口和低收入困难户家庭医生签约率、健康体检率、健康档案建档率、慢性病管理率、参合率均为100%；建档立卡贫困户、易地扶贫搬迁户、重度残疾人、低保户、特困户、复退军人、失地农民等人员参保率100%。

【乡村建设】 2022年，下坝镇维护修缮下坝大沟等灌溉沟渠29条14千米；清理改造喇平大沟等水利设施2条15千米；启动实施新桃村、喇平村高标准农田建设157.47公顷；完成谷定村、谷庚村、下坝村道路提升改造项目3个5千米；修缮岩山村断头路1552千米；建成大寨组通组桥，解决68户246人出行难题。农业基础设施建设投入资金954.88万元。

【“挥动彩色画笔，绘制农村‘治风’”主题活动】 2022年8月24日，由乌当区委宣传部、乌当区新时代文明实践中心主办，下坝镇新时代文明实践所协办的“挥动彩色画笔，绘制农村‘治风’”主题活动走进下坝镇。活动中，10余名小学生在新时代文明实践志愿者的指导下共同绘制手抄报，一幅幅主题鲜明、构思独特的作品跃然纸上。小朋友们用想象为画笔插上翅膀，用画笔表达“治风”心声，用童真和童趣绘制乡风文明新未来。

（下坝镇政府）

新场镇

【基本情况】 新场镇位于乌当区北部，距区政府驻地新添寨36千米，距贵阳市中心46千米。东与羊昌镇相连，南与新堡布依族乡、白云区交界，西与修文县接壤，北与修文县、开阳县相邻。南北长11千米，东西宽12千米，镇人民政府驻新场街。境内属亚热带季风气候，冬无严寒，夏无酷暑，最高海拔1405米，平均气温14.3℃。境内水资源丰富，有羊午水库、谷溪河。2022年末，全镇辖13个村民委员会，1个居民委员会，区域总面积91.86平方千米。户籍人口17101人，流动人口5281人，境内居住有汉族、布依族、苗族等民族。有幼儿园、中小学校6所，职业学校2所，图书馆1个，新场镇科技宣教文化信息服务中心1所，村文化活动室14个，卫生院1个，村卫生室13个。

【经济发展】 2022年，新场镇固定资产投资24990万元，引进省外到位资金30200万元，签约项目7个。完成粮食播种面积1411公顷，完成秋冬种植粮食351.7公顷。抢修应急沟渠

新场镇苗族《小尧花鼓舞》表演场景 （区文旅局 供图）

5.633千米，完成农机检修370台，完成基肥储备2000吨、农药1.5吨、农膜7.5吨。一般性公共预算农林水支出1273万元，灾害防治及预算管理56万元。全面落实耕地力补贴、种粮补贴，发放资金56万元。发放农村公益事业奖补资金175.19万元。

【社会事业】 2022年，新场镇特困保障户33户33人（新增3户3人），其中脱贫户16户16人，发放特困金420人次，70万余元。救助因病临时困难群众28户86人，其中脱贫户2户5人，易地扶贫搬迁户1户2人，发放资金97995元；医疗救助10户，其中脱贫户1户，发放救助资金90598.92元。完成每月重度护理补贴动态核准164人，精神智力三级残疾人护理补贴26人，完成“阳光家园”托养服务24户192次，慰问残疾人25户，发放资金8700元。发放低保金3275人次、146万余元；享受高龄补贴服务对象335人，其中新增49人，发放高龄补助3707人次249160元。完成医保缴费13902人。有留守儿童34名，其中事实无人抚养儿童7名，给予生活补助每人每月1200元。发放“八一”慰问金31200元，春节走访慰问优抚对象163人，发放慰问金81500元，现役军人家属优待金18802元。新增就业71人，下岗人员再就业106人，在筑大学生岗位开发160个。

【生态文明建设】 2022年，新场镇完成“治房”任务80户、完成宅基地及附属设施审批60户，颁证20户、拆除违法建筑36户，涉及拆除违法建筑面积25000余平方米。完成大岗村、大桥村、谷溪村3个污水处理项目，完成大坝村400余户生活污水截污管网建设。建成垃圾处理站1个、村级垃圾分类集中收集点29个，采购垃圾转运车2辆、垃圾斗35个。采取“农户+中标方+村级施工队”方式推进治厕工作，完工1218户。红白理事会共接到酒席报备228起，开展督查指导200余次。治理撂荒面积1公顷。

【“垃圾分类赛一赛”主题活动】 2022年7月，乌当区综合行政执法局联合新场镇举办“垃圾分类赛一赛”主题活动。来自新场镇的14个村（社区）及新场镇机关党支部共15支参赛队参加此次活动。比赛内容为参赛队伍在10分钟之内完成干湿垃圾分类。

（龙璀昀）

新堡布依族乡

【基本情况】 新堡布依族乡位于乌当区东北部，距贵阳市区30千米，距乌当区行政中心24千米。辖区交通便利，贵瓮高速公路、贵遵复线、贵开快铁、云开二级公路从乡境内穿过。区域总面积56.8平方千米，辖陇上、新堡、马头、王岗、陇脚、长坡、大寨7个行政村35个村民组，总人口2069户5996人，境内居住有汉族、布依族、苗族、土家族、侗族等民族，其中布依族、苗族等少数民族占比58.6%。有党员299人，村“两委”干部43人。全乡生态环境优美，森林覆盖率达72.6%。先后获“全国民族团结进步先进集体”“全国文明村镇”“中国最美村镇”“国家卫生乡”“省级食品安全示范乡镇”“贵州省森林乡镇”等称号。

【经济发展】 2022年，新堡布依族乡完成农业增加值10732万元，比上年增长8%；农村居民可支配收入24557元，比上年增长12.5%；固定资产投资入库项目21个，总投资3.2亿元；招商引资完成2.21亿元。前三季度，全乡旅游接待总人数170.32万人次，总收入8.32亿元，比上年增长3.2%。通过对辖区企业走访排查，提供“贵人服务”“店小二”“保姆式”“伴侣式”服务，为企业解决问题8个。制定《新堡布依族乡2022年旅游产业化高质量发展工作方案》，细化分解25项重点任务，完成24项任务。成功获批3个旅游板块130万元资金。成立“贵阳市乌当区新堡布依族乡旅游协会”，覆盖全乡农家乐、民宿、农特产品售卖等经营主体35家。推荐陇上、马头、王岗、陇脚4个村参与阿里拍卖和“数字乡民”百村文化推展活动。陇上村获市级乡村旅游重点村称号。坚持以“体育+”“文化+”为抓手，提升“童梦溪田田园综合体”和“寻味贵阳·王岗庖汤一条街”旅游质感，探索发展“林上林中林下”绿色经济。

【民生保障】 2022年，新堡布依族乡就业2941人，占总劳动力的88.96%；帮助脱贫人员就业107人，高校毕业生就业创业12人，退役军人就业创业86人，戒毒康复人员就业1人，刑满释放人员就业创业20人，残疾人就业创业81人，发放返乡农民工创业一次性补贴5人共1.5万元。完成孕前优生56对，网上准生证办理率100%。开展社会救助9户3.7万元，申报80周岁高龄老人津贴30人。办理退役军人公交乘车卡73人，发放拥军优属慰问金9.5余万元。慰问残疾人8人共2400元，申请获残疾人补贴共1.2万元，走访慰问留守儿童等45人次。乡红十字会慰问困难群众60人，组织“博爱一日捐”活动募集捐款3590元，社会救助4户1.74万元。对2021至2022年度全乡高考、中考、小升初19名优秀学生进行表彰鼓励，奖励5.7万元。9月，新堡民族中学整体划转到乌当四中。

【城乡建设】 2022年，新堡布依族乡完成中央财政衔接资金产业项目王岗村、陇上村民族团结特色基地建设项目2个，省级财政衔接资金污水处理工程项目1个，市级财政衔接资金项目机耕道建设1个、民宿1个、先建后补项目1个，完成损毁沟渠维修3860米，完成污水处理项目8个、机耕道1条、产业路1条。

【环境治理】 2022年，新堡布依族乡围绕农村人居环境整治，创新“蓝袋行动”垃圾分类工作法。推行垃圾“户集、村收、公司运”，实现环境整治、集体增收、劳动就业“三赢”。压实河长、林长责任，全面排查开展“一河一策”综合整治。充分利用“一中心一张网十联户”组织力量，采取村级小微权力清单、“蓝袋行动”鼓励制、“红黑榜”上墙公示等形式，开展“清四乱”专项行动2次，清理违法占用河道5处，辖区普渡河、白水河水质均达Ⅲ类以上水体标准。落实“一厕一人”管理责任制，保持全乡14座公厕干净整洁无异味。推进村庄清洁活动，整治环境问题80余处。发动团员志愿者、党员志愿者、群众志愿者近500人次，开展宣传活动10余次，志愿服务受益2000余人次，开展文明劝导200余次，开展人居环境整治宣传100余人次，清理各类垃圾20余吨。

【社会治理】 2022年，新堡布依族乡建立健全安全生产“党政同责、一岗双责、齐抓共管”工作机制，开展安全隐患排查治理，深化安全生产教育、培训机制。利用“数字新堡”平台和“红黑榜”机制，形成“党小组+网格员+联户长”社会治理铁三角，推动“一中心一张网十联户”、每日一名乡领导接访制度，提升“五个零”服务机制，实现“一站式”服务群众办事。全面打通服务群众“最后一千米”。全乡成功调解矛盾纠纷63起，受理办结“12345”投诉案件129件，结案率100%。群众安全感稳定在98%以上。

【美丽乡村建设】 2022年，新堡布依族乡防贫返贫动态监测和帮扶机制不断完善，易地扶贫搬迁劳动力家庭就业率100%。累计完成小额信贷16户。建立覆盖全乡7村的农业产业示范带和旅游产业示范带。全乡粮油种植528.53公顷。发放一次性种粮补贴822户3.95万元。完成7个村规划编制，完善宅基地联审联办制度，完成建房乡级审批16户并上报制发规划许可证，核准发证8户。盘活市级试点王岗村闲置农房20余栋，出租收益达10.7万元，带动当地固定就业20人、临时就业20人。坚持“自愿申报、以奖代补”原则，完成全乡农房风貌整治80户。拆除违法建筑23户，共15000多平方米。17处集中饮用水源点保障全乡村民安全饮水全覆盖。投入资金1533万元，实施新建8个污水处理项目，日处理污水达710吨，生活污水处理率达95%以上。全乡日产垃圾7吨，就地消化达50%。全年210户治厕任务全部竣工，竣工率100%。全乡酒席村级备案率100%，指导7个村修订完善《村民约》，全乡299名党员全部签订《文明节俭操办婚丧事宜承诺书》，发放《摒弃婚丧陈规陋习 弘扬时代文明新风倡议书》2000余份。豆制品制作技艺、王岗庖汤、王岗八大碗等3个项目成功申报成为市级非遗代表性项目，“古法造纸”“簸箕画”“枫香染”3座工坊成为区级非遗工坊。打造乡史馆、王岗村村史馆。

【新时代基层党员干部主题培训班】 2022年8月24日，由乌当区新堡布依族乡党委与贵州师范学院商学院联合举办的为期三天的新时代基层党员干部主题培训班，在新堡布依族乡新时代文明实践所开班。此次培训采取专题讲座、案例分析、现场互动交流、自学等线上+线下的形式进行。线下培训由贵州师范学院商学院多名教师分别从乡村产业转型升级发展的案例、模式和路径分析等内容进行授课。来自全乡各村党支部书记、村“两委”班子、驻村干部、乡村党员、村级后备干部、非公党支部的党员，乡机关党员干部职工等180人参加培训。

【村党支部书记抓党建促乡村振兴演讲比赛】 2022年8月11日，乌当区新堡布依族乡举行主题为“支部书记大练兵·担当实干促发展”的村党支部书记抓党建促乡村振兴演讲比赛。来自全乡7个村党支部书记立足本村实际，围绕以抓党建促乡村振兴为主题进行演讲。通过晒成绩、谈经验、比思路、比措施、比效果，达到“看”出压力、“讲”出活力、“评”出动力的良好效果。比赛评出一等奖、二等奖、三等奖。

【党建共建活动】 2022年3月16日，乌当区新堡布依族乡与贵州师范学院商学院党建共建活动启动。启动仪式后，贵州师范学院商学院学生结合农村“五治”等群众关心的民生实事，用生动活泼的情景剧、PPT图片展示等形式从农村垃圾处理现状、什么是垃圾分类、如何进行垃圾分类、垃圾桶投放以及日常生活中的垃圾分类小知识等方面进行展演。新堡布依族乡还向聘为乡“政策宣讲员”的贵州师范学院商学院学生颁发聘书。党建共建活动本着“资源共享·联建互促”的方式开展，依托“主题党日”活动，打造“开展一次培训、打造一个阵地、进行一次展演、拍摄一次照片、举办一次座谈、举办一期读书会、进行一次心理辅导、开展一次志愿服务、体验一次非遗文化、做好一次葡萄销售”“十个一”实践活动。

（新堡布依族乡政府）

偏坡布依族乡偏坡村花歌场　　（偏坡布依族乡　供图）

偏坡布依族乡

【基本情况】　偏坡布依族乡区域总面积21.93平方千米，辖2个行政村，12个自然村寨，20个村民组。总人口601户2064人，其中布依族人口占97%，农业人口占97.14%。全乡森林覆盖率66.3%，山水与林田错落交融，田畴纵横、塘溪环绕，千年银杏、榔树、皂角等古树及古井、溶洞等自然景观极其丰富。有布依族"六月六"、祭布洛陀大典、布依上梁等民族风俗；营盘遗址、解放军烈士墓群等历史遗存；布依族服饰、布依婚宴盘古歌、布依古法酿酒等列入非物质文化遗产名录。2018年被列为贵阳市特色小镇之一，有濮越香街、米酒一条街、花喵街等景观业态及农家乐、民宿、文创工作室等，一个"古原生态之乡、布依文化走廊"具有布依特色小镇初具雏形，呈现出一幅"房在林中建、人在画中游"的乡村美景。相继获"全国民族团结进步模范集体""国家级生态乡""国家级卫生乡""全国文明村镇""第一批中国少数民族特色村寨""贵州省乡村振兴示范乡""贵州省森林小镇""省级旅游度假区""全国乡村旅游重点村""中国美丽休闲乡村"等称号，素有"醉美偏坡"之美誉。2022年获贵阳市市级非遗小镇、第一批贵阳市乡村振兴实践教学基地称号。

【经济发展】　2022年，偏坡布依族乡农业增加值6328万元，比上年增长4%；农村居民可支配收入2.38万元，比上年增长8.3%；社会消费品零售总额4941.9万元；固定资产投资1.78亿元；一般公共预算收入1071万元，一般财政预算支出1071万元。完成水稻种植26.33公顷，玉米种植92.35公顷，大豆种植14.02公顷；完成蔬菜种植218.27公顷，产量4170吨；完成食用菌种植50万棒；完成生猪出栏220头，家禽出栏13550羽；禽蛋产量97吨。完成产业项目建档立卡脱贫（监测）户先建后补项目、偏坡村基础设施建设项目及堡坎加固、偏坡村和下院村通组路维修改造1.3千米；下院村申报并实施偏坡布依族乡2022年鲜食玉米种植示范项目，向区科技局申请资金10万元，完成鲜食玉米种植4.67公顷。以"乡村旅游与传统村落和少数民族特色村寨深度融合示范点""乡村旅游重点村镇"为名片，农家乐经营户达60户，其中"五星级"12户，"四星级"11户。文创坊、工作室达11家，全年游客总接待31.4万人次，旅游收入累计1740万元。累计注册市场主体190户。

【社会事业】　2022年，偏坡布依族乡制定《偏坡布依族乡关于健全防止返贫致贫动态监测和帮扶机制的工作方案》，开展动态调整。全乡有脱贫（监测）户35户90人，未出现返贫及新增贫困现象，脱贫（监测）人口人均纯收入为2.34万元，比上年增长15.08%。对8名留守未成年人和2名孤儿进行动态监管，确保基本生活得到保障；对12户20名困难群众给予临时生活救助，共发放资金28940元；完成居民医保电子凭证激活1222人；完成城乡"两病"门诊慢特病证办理137人；完成劳动力转移目标80人，完成率100%。全年3个产业分红项目，脱贫（监测）户均分红近1100元。

【乡村建设】　2022年，偏坡布依族乡完成上年度第二批大中型水库移民后期扶持项目（含偏坡村牛厂组路灯亮化工程项目、偏坡村牛厂组污水处理设施改造项目），总投资86万元；完成偏坡村基础设施建设项目及堡坎加固，总投资113万元；完成偏坡布依族乡产业项目建档立卡脱贫（监测）户先建后补项目，为24户建档立卡脱贫（监测）户购买鸡450羽、猪6头，申请资金3万元，拨付率、报账率、竣工率均100%；完成偏坡村、下院村通组路维修改造建设项目，维修改造通组路3.92千米(共7段，偏坡村2段、下院村5段)，路均宽3.5米，总硬化面积14210平方米，总投资130万元，拨付率、报账率、竣工率均达100%。配合区水务局完成新寨人饮工程；配合区生态环境局完成污水处理设施提升改造项目（偏坡村新寨、岩上、关口、下院村笋冲、大土、上下院、青杠林）实施和验收。在项目库建设方面，对多年未实施的在库项目进行清理，清退6个（下院村生态养鱼入股分红项目、下院村青杠林冷库建设项目、下院村猕猴桃园采摘步道建设项目、民族文化展示项目、下院村柿花坡冷库建设项目、下院村黄桃园采摘便道建设项目）；调整实施年度1个，即偏坡村新寨组饮水工程项目，调整到2023年度实施；新申请入库项目3个，分别为偏坡村、下院村通组路维修改造建设项目、下院村民宿改造项目、偏坡村岩上古井背后坡至点麻机耕道路面硬化以工代赈项目。

【生态建设】 2022年，偏坡布依族乡加强垃圾分类宣传，建成2个垃圾分类收集示范点。加强垃圾收集运输管理，建成垃圾转运站1座，购置垃圾清运车1台，车载垃圾斗42个，将各村寨垃圾收集点录入贵州数字乡村平台每天按时收集处置，形成村收集、乡转运的垃圾处置体系，确保“日产日清”。持续开展人居环境卫生大整治，对12个自然村寨开展卫生集中整治。各新时代文明实践所(站)开展各类活动共90余次，发动志愿者2000余人次。加强生态文明宣传，对破坏生态行为开展巡查劝导10余次。调动志愿者、村民300余人参与到人居环境整治中，督促做好做实“门前三包”、垃圾分类等工作。修建休闲凉亭、停车场、青石板道路、安装路灯、环境绿化等公共设施建设30余处，推进村镇公共基础服务设施建设。全年选出“星级文明户”19户，其中十星级2户，九星级4户，八星级13户。接收市区各类文明城市整改令10期，完成问题整改56个。投入资金10余万元改造下院村村史馆、幸福院、停车场等设施。

【农村“五治”】 2022年，偏坡布依族乡严格落实农房审批制度，全年无新增违法建筑，无违规“种房”现象发生。完成农房风貌整治80户，闲置农房盘活20户。打通集中供水“最后一公里”，完成偏坡村新寨组饮水工程项目，全乡20个村民组全部实现供水，集中式饮用水源达标率100%。全乡保洁人员20余人，实现卫生保洁村寨全覆盖，在村收集、乡转运的垃圾处理模式基础上，建成生活垃圾分拣站2座，开展垃圾分类宣传900余人次。制定“一户一策”旱厕改造方案，完成131户厕所改造，卫生厕所普及率100%。将“婚事新办、丧事简办、其他不办”等内容纳入村规民约中，组建红白理事会，对家庭办婚宴、寿宴、满月宴、乔迁宴等进行预判分析，成功劝阻酒席滥办11起。

【“布依山歌唱响农村‘五治’主旋律”民族文化展演活动】 2022年7月27日，乌当区偏坡布依族乡举行“布依山歌唱响农村‘五治’主旋律”民族文化展演活动。志愿者用山歌唱响农村“五治”，展现农村“五治”工作给偏坡布依族乡带来的点滴变化。志愿者还通过组织拦门酒、跳竹竿舞的形式，用一杯杯清酒、欢快生动的舞蹈带动现场群众一起学习农村“五治”知识，向群众讲解农村“五治”的相关要求，宣传科学、文明、进步的观念，引导广大群众破除陈规陋习，树立勤俭节约、绿色健康的文明新风尚。

【“布依山歌·唱响移风易俗”的志愿服务活动】 2022年7月13日，乌当区偏坡布依族乡花歌场举行主题为“布依山歌·唱响移风易俗”的志愿服务活动。来自偏坡布依族乡下院村的山歌志愿服务者，用优美的布依山歌向群众传唱农村“治风”知识，并向村民发放《向不文明行为宣战 做文明有礼乌当人倡议书》，引导群众做文明行动的示范者。

（偏坡布依族乡）

人物荣誉

先进人物

王金华 1967 年生，贵州省开阳县人，1986 年参加工作，民主党派，硕士研究生学历，中级工程师，贵阳新天药业股份有限公司项目及工程建设副总经理。2022 年获贵州省五一劳动奖章。王金华贯彻落实“中国制造2025”，促进信息化和工业化深度融合，发挥自己的专业特长，带领新天药业完成中药制剂产品产能提升建设项目、研发中心建设项目，并于 2021 年底围绕产品质量升级、效能的提升和新技术的应用开始实施中药配方颗粒建设项目，这些项目的实施为新天药业的产能保障提供有力支撑，同时也实现工业经济的转型升级。王金华作为一名乌当区人大代表和公司高级管理人员，时刻不忘履行自己的社会责任，每年定点对乌当区贫困人员进行慰问，并资助一名贫困家庭的子女读书至大学毕业。

欧群 女，侗族，中国振华集团云科电子有限公司丝网印刷组工人。2022 年 3 月，全国妇联授予欧群“全国三八红旗手”称号。欧群在工作岗位上练就娴熟的操作技能，具有高度的责任心。她无论从事丝网印刷，还是浆料配制工作，都主动去学习掌握运用更多的知识、技能，出色地完成工作任务。在同事眼中，欧群是个热爱工作、热爱同事，刻苦钻研、乐观向上的“女汉子”，又是一丝不苟、精益求精、屡次取得科技攻关成果的“小巨人”，先后获“中国电子技能大赛电容器制造工竞赛第一名”“全国技能能手”“五一巾帼标兵”贵州省“劳动模范”等荣誉。2020 年 12 月，被评为 2020 年贵州省劳动模范。欧群发挥老员工和生产骨干的作用，配合组长做好班组建设工作，并以身作则、言传身教，引导大家自觉学习业务操作知识、增强质量意识理念，并将自己多年在丝网印刷、浆料配制等方面积累的经验与同事分享。2021 年，小组年度产出再创历史新高，获云科公司“质量工作先进班组”。在生活中，欧群像大姐一样关爱同事，正是她的这种认真负责、勤奋学习、肯干钻研和热心帮助同事的精神，带动全工序员工的学习劲头和团队精神，班组里比、学、帮、超的学习气氛十分浓厚。

表 28

2022 年乌当区获贵州省最美劳动者一览表

姓名	性别	民族	单位
江晓菊	女	汉族	贵阳龙凤吉祥家政服务有限公司
杜书睿	男	汉族	贵阳市乌当区水田镇竹林村村民委员会
李全芳	女	汉族	乌当区新堡布依族乡马头村村民委员会
王克禄	男	汉族	乌当区东风镇云锦尚城社区
蔡常贵	男	汉族	乌当区高新路街道新添村党总支
朱立辉	女	汉族	乌当区高新路街道大桥社区居委会
黄晓军	男	汉族	贵州振华保安有限公司
王　睿	女	汉族	贵州振华保安有限公司
曾　雪	女	汉族	贵州瀑布冷链食品投资有限公司
许连贵	男	汉族	乌当区羊昌镇综合执法大队
周代兰	女	汉族	乌当区羊昌镇甲岗村村民委员会
汤忠秀	女	汉族	乌当区水田镇三江村村民委员会
田景国	男	汉族	乌当区水田镇定扒村村民委员会
蒋　艺	女	汉族	国家税务总局贵阳市乌当区税务局

续表 28

姓名	性别	民族	单位
罗凯达	男	汉族	国家税务总局贵阳市乌当区税务局第二税务分局
王　红	男	苗族	下坝镇人民政府
黄　链	女	汉族	下坝镇谷庚村村民委员会
刘德柱	男	苗族	新场镇王坝村村民委员会
杨　浪	男	汉族	乌当区消防救援大队
何穷力	男	蒙古族	乌当区消防救援大队
穆启翔	男	苗族	贵州远程制药有限责任公司
杨玉兰	女	汉族	贵州远程制药有限责任公司
龙春柳	女	侗族	保利公园社区居委会
史　方	男	汉族	山花社区居委会
谢宇兰	女	白族	贵阳市乌当区实验小学
周　钦	男	汉族	贵阳市乌当区中等职业学校
冯　斌	男	汉族	贵阳新天药业股份有限公司
邹庆鹏	男	汉族	贵阳新天药业股份有限公司
梁军辉	男	汉族	贵阳市乌当区综合行政执法局
吴　梅	女	汉族	贵阳市乌当区综合行政执法大队
程　妙	女	仡佬族	贵阳市乌当区新创路街道
刘东林	男	汉族	贵阳市乌当区新创路街道
唐正华	男	苗族	贵州景峰注射剂有限公司
罗继友	男	汉族	贵州景峰注射剂有限公司

表 29

2022 年乌当区获贵阳贵安“筑城工匠”一览表

姓名	性别	民族	单位
申基琛	男	仡佬族	贵州天安药业股份有限公司
郑　芳	女	侗族	贵阳市乌当区人民医院
唐靖雯	女	苗族	贵州威门药业股份有限公司
何忠磊	男	苗族	贵阳新天药业股份有限公司
孙建峰	男	汉族	贵阳水务集团乌当水务有限公司
崔延宁	男	汉族	贵阳市为明高级中学

表 30

2022 年乌当区获市级以上荣誉称号单位一览表

序号	单位名称	称号	颁发单位
1	贵州威门药业股份有限公司	贵州省五一劳动奖状	贵州省总工会
2	国家税务总局贵阳市乌当区税务局新光税务分局	贵阳贵安“工人先锋号”	贵阳市总工会
3	贵州天安药业股份有限公司质量部	贵阳贵安“工人先锋号”	贵阳市总工会
4	贵州天下家政有限公司运营部	贵阳贵安“工人先锋号”	贵阳市总工会
5	贵阳乌当富民村镇银行股份有限公司营业部	贵阳贵安“工人先锋号”	贵阳市总工会
6	贵阳市乌当区为明春天实验小学德育处	贵阳贵安“工人先锋号”	贵阳市总工会

统计公报

乌当区 2022 年 国民经济和社会发展统计公报

乌当区统计局

2023 年 6 月 30 日

2022 年，全区上下认真贯彻落实区委、区政府决策部署坚持稳中求进工作总基调，坚持以高质量发展统揽全局，立足新发展阶段，完整、准确、全面贯彻新发展理念，开创了乌当经济社会发展新局面。

综　合

全年实现生产总值 195.9 亿元，同比增长 1.8%。其中：第一产业增加值 22.08 亿元，增长 3.7%；第二产业增加值 94.98 亿元，增长 3.8%；第三产业增加值 78.84 亿元，下降 1.1%。

农　业

全年粮食播种面积 5146.63 公顷，与上年增长 0.03%；油菜籽播种面积 1101.33 公顷，同比增长 62.57%；蔬菜播种面积 10414.29 公顷，同比增长 0.24%。

全年粮食产量 23087.82 吨，同比增长 1.65%。其中，夏粮产量 2553.42 吨；秋粮产量 20534.40 吨。

全年四肉总产量 4926.42 吨，同比增长 5.6%；牛奶产量 0 吨，同比下降 100.0%。

农用化肥施用量 4810.9 吨（按实物量计算），同比下降 8.57%。

表 1　　2022 年 GDP 完成情况

指标	绝对值（万元）	增长（%）
地区生产总值	1958970	1.8
农、林、牧、渔业	235955	4
农、林、牧、渔服务业	15189	7.5
工业	765309	1.4
建筑业	185818	14.3
批发和零售业	75557	0.3
批发业	39820	1.7
零售业	35738	-1.2
交通运输、仓储和邮政业	86863	3.4
住宿和餐饮业	42494	-6.0
住宿业	7275	-3.9
餐饮业	35219	-6.4
金融业	74901	2.9
房地产业	65885	-11.3
房地产业（K 门类）	11748	-50.4
居民自有住房	54137	4.5
其他服务业	426186	-0.9
第一产业	220766	3.7
第二产业	949759	3.8
第三产业	788445	-1.1

表 2　　2022 年主要农产品产量

指标	绝对数（吨）	同比增长（%）
粮食	23087.82	1.65
薯类	2784.82	2.23
中药材	7299.62	8.07
蔬菜	228205.7	3.29
油菜籽	1834.73	68.16
园林水果	103496.5	4.49
茶叶	637.25	-0.59

表 3

2022 年主要畜产品产量

指标	单位	绝对数	同比增长（%）
四肉总产量	吨	4926.42	5.6
# 猪肉	吨	3871.10	8.6
牛奶	吨	—	-100.0
禽蛋	吨	1130.53	12.9
大牲畜年末存栏数	头	2243	—
大牲畜当年出栏数	头	1303	—
猪年末存栏数	头	28640	-13.1
猪当年出栏数	头	40576	3.2
羊年末存栏数	只	417	43.8
羊当年出栏数	只	394	7.7
家禽年末存栏数	只	346716	-9.8
家禽当年出栏数	只	475918	-2.6

表 4

四大支柱产业完成情况

工业行业名称	2022 年			
	工业总产值（亿元）	同比增长（%）	工业增加值（万元）	同比增长（%）
医药制造业	58.68	-1.3	204132	-1.4
特色食品加工业	7.55	-5.8	16327	-7.7
新材料行业	3.84	23.1	9767	21.7
装备制造业	98.44	14.1	23188	6.6
四大产业合计	168.51	2.2	253414	1.1

表 5

工业行业资金结构情况

指标	2022 年	
	绝对数（万元）	同比增长（%）
工业增加值	505654	1.9
其中：国有企业	213686	9.2
股份合作企业	818	9.2
股份制企业	266780	-3
外商及港澳台投资企业	22881	4.9
其中：公有制经济	362600	14.4
非公有制经济	273999	-1
其中：轻工业	238293	-2.2
重工业	267361	6.1

表 6

主要产品产量表

产品名称	计量单位	12 月	增长（%）	1—12 月	增长（%）
饮料酒◇	万千升	0.01	0	0.04	-20.00
其中：◇白酒（折 65 度，商品量）	万千升	0.01	0	0.03	-25.00
辣椒制品	万吨	0.01	-50	0.13	-71.11
塑料制品◇	万吨	0.04	100	0.27	12.50
饲料◇	万吨	0.07	0	0.9	-5.26
化学药品原药	吨	0.01	0	1.21	-24.38
隔热、隔音人造矿物材料及其制品	万吨	0.06	0.00	1.83	-33.94
化学试剂	万吨	0.10	-41.18	1.96	45.19

续表 6

产品名称	计量单位	12 月	增长（%）	1—12 月	增长（%）
传感器	万只	0.42	-32.26	3.85	-31.13
金属切削工	万件	1.00	-81.82	30.10	-28.33
饮料◇	万吨	2.78	46.32	32.28	55.04
◇包装饮用水	万吨	2.78	46.32	32.28	55.04
砂石	万吨	4.34	-42.21	38.91	-25.09
糖果	吨	0.84	-95.98	43.03	-90.10
多色印刷品	万对开色令	10.74	26.35	49.07	17.22
产销率	%	86.13	11.03	84.56	3.65
商品混凝土	万立方米	11.70	16.30	85.79	-13.28
速冻食品◇	吨	331.69	37.85	1206.53	-29.28
其中：◇速冻米面食品	吨	331.69	37.85	1206.53	-29.28
锂离子电池	万只（自然只）	165.87	34.08	1327.05	-35.73
味精（谷氨酸钠）	吨	243.00	984.82	1414.00	119.87
中药饮片	吨	176.95	-19.26	1652.46	5.56
工业自动调节仪表与控制系统	台（套）	108.00	-79.43	1905.00	-33.97
熟肉制品	吨	354.00	-8.55	2730.00	-10.44
自来水生产量	万立方米	239.35	60.36	3019.33	67.19
初级形态塑料◇	吨	761.00	15.30	8846.00	18.50
中成药	吨	4091.06	74.33	16990.98	15.55
液压元件	件	3551.00	-63.34	33376.00	-78.38
光学仪器	台（个）	3281.00	-48.39	43749.00	-39.16
矿山专用设备	台	6950.00	79.45	51942.00	36.55

工 业

2022 年规模以上工业同比增长 1.9%；年营业收入同比增长 17.6%。四大支柱产业累计实现工业总产值同比增长 7.7%，累计实现工业增加值同比增长 10.8%，占全区规模以上工业增加值的 92.6%。工业经济增长较快，质量效益稳步提升，新型工业化先行区建设迈上新台阶。

规模以上工业主营业务收入 159.1 亿元，同比增长 17.6%。工业产销率达 84.56%，同比增长 3.65 个百分点。实现利润总额 33.4 亿元，同比增长 70%。

固定资产投资

全年固定资产投资 169.92 亿元，同比增长 4.0%（500 万以上口径）。

表 7　　2022 年分产业（行业）固定资产投资及其增长速度

产业（行业）名称	同比（%）
固定资产投资	4
第一产业	30
第二产业	95
# 化学原料及化学制品制造业 26	—
医药制造业 27	559
非金属矿制品业 30	-88
黑色金属冶炼及压延加工业 31	—
有色金属冶炼及压延加工业 32	-100
电气机械及器材制造业 38	-100
第三产业	-11
# 交通运输、仓储和邮政业 53-60	173
# 道路运输业 54	243
信息传输、计算机服务和软件业 63-65	-30
批发和零售 51-52	71
住宿和餐饮 61-62	44
水利、环境和公共设施管理业 76-79	-78
# 公共设施管理业 78	-78
教育 83	-40
卫生和社会工作 84-85	637
文化、体育和娱乐业 86-90	60

表 8

2022 年房地产开发和销售主要指标完成情况

指标	单位	2022 年	
		绝对数	同比增长（%）
本年施工面积	万平方米	226.73	-18.3
#住宅	万平方米	151.15	-19.6
本年新开工面积	万平方米	4.53	-92.5
#住宅	万平方米	4.53	-91.9
本年竣工房屋面积	万平方米	0.00	-100.0
#住宅	万平方米	0.00	-100.0
商品房销售面积	万平方米	23.47	-77.4
现房销售面	万平方米	0.00	—
#住宅	万平方米	0.00	—
期房销售面	万平方米	23.47	-77.3
#住宅	万平方米	23.47	-77.3
商品房销售额	亿元	21.42	-80.2
现房销售额	亿元	0.00	—
#住宅	亿元	0.00	—
期房销售额	亿元	21.42	-80.2
#住宅	亿元		-79.9

分产业看，第一产业投资15.17亿元，同比增长30.33%；第二产业投资29.04亿元，同比增长94.90%；第三产业投资167.54亿元。

全区房地产开发投资同比下降16.1%。商品房销售面积23.47万平方米，同比下降77.4%；商品房销售额21.42亿元，同比下降80.2%。

建筑业

2022年建筑业增加值18.58亿元，比上年增长14.3%。具有资质等级的总承包和专业承包建筑企业17个，资质以上建筑企业房屋建筑施工面积47.34万平方米，增长5.3%；从事建筑业活动的从业人员平均人数19754人，下降16.0%。

表 9

乌当区 2022 年社会销售品零售完成情况

单位：万元/%

指标	2022 年	2021 年	同比增长
社会消费品零售总额	679112.1	705801.1	-3.8
一、按销售单位所在地分			
1. 城镇	651947.6	677569.1	-3.8
其中：城区			
2. 乡村	27164.5	28232	-3.8
#：限额以上企业（单位、个体和产业活动单位）	130285.6	130241.5	-6.7
限额以下企业（单位）和个体户	548826.5	575559.6	-4.6

表 10

乌当区 2022 年旅游景区（点）接待人次

指标名称	接待人次（万人次）	同比增长（%）
贵御温泉	19.34	-15.14
保利温泉	13.84	-22.25
万象温泉景区	15.91	-30.71
乐湾温泉景区	3.06	-60.16
枫叶谷景区	9.25	-17.41
花画小镇景区	14.99	110.53

商贸、招商引资与旅游业

全年乡村旅游业接待游客337.14万人次、增长-54.5%，实现旅游总收入达33.39亿元，年均增长-43.73%。通过大力发展旅游产业，辐射带动周边乡（镇、街道）餐饮、商贸、房开等行业持续发展，城乡市场活跃，物价基本稳定。全年实现社会消费品零售总额67.91亿元，降幅3.8%。

2022年我区新引进产业项目到位资金82.62亿元，完成全年目标103.3%；工业到位资金完成54.3亿元（工业占比65.9%），完成全年目标（44亿元）的123.4%；优强企业26家，完成全年目标113.0%。党政主要领导多次调度洽谈，全年带头招商共46次，引进产业到位资金10.43亿元（仅计当年签约项目），投产率87.1%。2022年外贸进出口额2250万美元，同比下降4%。

财政、金融、保险

2022年一般公共财政预算收入16.19亿元，同比增长0.6%；公共财政预算支出26.23亿元，同比下降0.62%。

科学技术和教育

2022年全区共拥有市级以上科技研发平台76个。其中：国家级博士后工作站2个，省级院士工作站3个；国家级企业技术中心1个；省级企业技术中心24个；国家级技术创新示范企业1个；省级工程技术研究中心5个；省级工业设计中心7个；省级工程研究中心1个；省级重点实验室2个；省级产学结合示范基地6个；国家级小型微型企业创业创新示范基地1个；国家和省级科技企业孵化器（众创空间）4个（含国家级2个）；省级大学科技

表11　2022年乌当区财政收入

项目	完成数（万元）	增长（%）
一、税收收入	105043	-14.47
增值税	33285	-34.03
企业所得税	17158	77.09
个人所得税	8159	47.7
资源税	228	86.89
城市维护建设税	5665	-12.37
房产税	9281	-11.31
印花税	4427	41.8
城镇土地使用税	3689	7.24
土地增值税	3416	-70.71
车船税		
耕地占用税	948	-69.61
契税	18707	-0.13
烟叶税		
环境保护税	37	-202.78
其他税收收入	43	-25.86
二、非税收入	56826	49.21
专项收入	5876	1.01
行政事业性收费收入	1794	4.73
罚没收入	11944	58.64
国有资本经营收入		
国有资源（资产）有偿使用收入	36955	67.69
政府性住房基金收入	2	-88.89
其他收入	255	-73.71

表12　2022年乌当区财政支出

项目	完成数（万元）	增长（%）
一、一般公共服务支出	43646	11.42
二、外交支出		
三、国防支出	2455	809.26
四、公共安全支出	15591	-4.98
五、教育支出	57030	-13.05
六、科学技术支出	494	-62.89
七、文化旅游体育与传媒支出	2517	-33.78
八、社会保障和就业支出	35278	3.38
九、卫生健康支出	21000	-9.19
十、节能环保支出	2381	58.42
十一、城乡社区支出	14311	8.56
十二、农林水支出	28791	-15.33
十三、交通运输支出	2149	-32.68
十四、资源勘探信息等支出	8794	6.54
十五、商业服务业等支出	3273	557.23
十六、金融支出		
十七、援助其他地区支出		
十八、自然资源海洋气象等支出	1612	0.69
十九、住房保障支出	13236	71.23

园1个。智慧云锦孵化基地作为省级、市级科技孵化器，目前有大健康、大数据领域在孵企业15家。教育事业稳步发展。投入3.97亿元新建、改扩建中小学、幼儿园16所，新增学位2160个，乌当实验小学分校建成投用，兴农中学转为公办。学前教育公办率、普惠率以及九年义务教育巩固率分别达63.74%、91.37%、117.63%。深入实施“公办强校”计划，乌当中学与贵阳一中组建教育发展联盟。全区普通中学在校生24698人，其中，高中在校生6051人，初中在校生12010人，职业中学在校生6637人；普通小学在校生27289人；幼儿园儿童数13854人；特殊教育学校在校生105人。全区专职教师4514人。全区小学适龄儿童净入学率99.98%，初中适龄少年净入学率99.98%。社会教育事业稳步发展。全区社会办小学39（3个教学点）所，在校生27289人；中学9所（4所九年制），在校生12010人；幼儿园共89所，公办25所，民办32所，其他部门办32所。在园幼儿13854人，其中公办8830人（公办4586人，其他4244人），民办5024人。

卫　生

年末全区共有卫生医疗机构190个，其中：医院40所，村级卫生室77个，疾病控制中心1个，卫生监督所1个。医院（卫生院）床位3434张。卫生技术人员4243人。

续表12

项目	完成数（万元）	增长（%）
二十、粮油物资储备支出	113	-31.52
二十一、灾害防治及应急管理支出	2714	-16.23
二十二、预备费		
二十三、其他支出		
二十四、债务付息支出	6884	2.46
二十五、债务发行费用支出	36	56.52

表13　　2022年乌当区卫生事业主要指标

指标	单位	2021年	2022年
一、全区卫生医疗机构	个	182	190
其中：医院（卫生院、社区卫生服务中心、社区卫生服务站、门诊部）	所	36	40
诊所、医务室	个	63	67
村卫生室	个	77	77
疾病中心	所	1	1
妇幼保健院	所	1	1
村级妇保站	所	0	0
卫生监督所	所	1	1
其他医疗机构	个	3	3
二、卫生人员总数	人	4726	5098
三、卫生技术人员	人	3897	4243
按机构类型划分			
其中：公立医疗机构	人	1260	1049
民营医疗机构	人	2637	3194
村卫生室（村医）	人	102	102
诊所	人	252	242
按专业划分			
其中：中医师	人	184	190
西医师	人	1383	1596
中西医师	人	63	73
四、医院床位数	张	3263	3434
五、村级妇幼保健员	人	100	100
六、城镇职工基本养老保险	人	92856	88166

人民生活和人口

2022年全区年末常住人口数为35.1万人，与2021年末常住人口相比，增加8000人。全区户籍人口数为237183人，其中城镇人口数为140970人，农村人口数为96213人。（户籍人口数据来源于公安分局）

城镇居民人均可支配收入为45075元，同比增长5.2%。其中，工资性收入31966元，经营净收入2611元，财产净收入5010元，转移净收入5488元。四大项收入占比为71：6：11：12。城镇居民人均消费支出为31539元，同比下降7.4%。

农村居民人均可支配收入为23765元，同比增长6.5%。其中，工资性收入10733元，经营净收入11201元，财产净收入361元，转移净收入1469元。四大项收入占比为45：47：2：6。农村居民人均消费支出为19168元，同比下降5.6%。

附 录

2022年乌当区领导干部名录

本名录收集范围为2022年度区党政领导机关及区属副科级以上行政事业单位、派驻机构、区管国有企业的副科级以上班子领导干部，截止时间为2022年12月31日。人名后面有“*”的，表示于2022年12月31日止已不再担任该职务。

中共乌当区委

书　　记：王鸣明
副 书 记：艾　疆　吕槐乐
常　　委：李立国　胡传富
张　薇（女）　谭全权
喻应雄*　金　雷
冯　青*　杨光洪（土家）
蒋芳菊（女）*　王　飞*
孙　猛（土家）*
马　晶（女、回）

中共乌当区委各工作部门

区委办公室

主　　任：刘承俊（回）
副 主 任：朱克春（回）
王　文（兼）*
陈建祥（兼）　徐伦杰
王泽学（兼）
郭　雄（兼）
区委政策研究服务中心主任：刘　超*
兰　茜（女）
区委政策研究服务中心副主任：
兰　茜（女）*
张净晓（女）

组织部

部　　长：喻应雄*　金　雷
常务副部长：马孝波
副 部 长：马昔珍（女）*
陈　婧（女）
陈文汉（布依、兼）*
王家星（苗、兼）
冯良勇（兼）*
滕建友（兼）
部务委员：李闻鉴　陈瑞莹（女）
区远程教育管理中心副主任：黄季芳
党员干部教育培训中心主任：
张　荷（女、侗）
干部监督举报中心主任：李闻鉴*
周　黔

宣传部

部　　长：张　薇（女）
常务副部长：叶春前*　贺　波（女）
副 部 长：杨贤君（女、土家）
韩　雪（女）*
方　操
互联网舆情研究中心主任：
张刚强（土家）
精神文明建设指导服务中心（区志愿服务指导中心）主任：徐连志

统战部

部　　长：马　晶（女、回）
常务副部长：马昔珍（女）
副 部 长：崔　俊*　宋　麒

政法委

书　　记：冯　青*　杨光洪（土家）
副 书 记：万学云*　郭茂辉
王　文（兼）　李和平
区委政法委办公室主任：张　燕（女）
区委政法委员会委员，政工科科长：
林　青（女、土家）
区法学会专职副会长（秘书长）：
谢吉平（女）
区社会治理综合服务中心主任：孙泽星
区社会治理综合服务中心副主任：
裴　莹（女）　杨艳飞

机构编制委员会办公室

主　　任：余　海（蒙古）
副 主 任：李　波
事业单位登记局局长：盛进松

区直机关工委

书　　记：吕槐乐
常务副书记：封洪福
副 书 记：张　秀（女）　贾忠祥

区委老干部局

局　　长：冯良勇
副 局 长：胡光华*
宋安敏（女、苗）
沈成贵

区委党史研究室

主　　任：杨志华*　王　文
副 主 任：朱晓忠

区委党校

校　　长：金　雷（兼）
常务副校长：车　冰*　刘　杨
副 校 长：彭世洪*
王彦人（女、侗）
办公室主任：曾雪羽（女）
干训科科长：严　莉（女、土家）
教科办主任：邓　涛*　柳　冰（女）
社会主义学校工作科科长：詹丽娟（女）

教育工委

书　　记：胡　红(女)*　张　薇(女)
副 书 记：梁　燕(兼)(女)　卢　浩

信访局

局　　长：王　文
副 局 长：罗天灵（女、布依）
　　　　　宋兆平*　耿聂荣
区群工中心副主任：段晶屏（女）*
　　　　　罗远贤（布依）
　　　　　李　伟

老年大学

校　　长：蔡常洪*　沈成贵
副 校 长：刘立勤*

区纪委区监委

书记、监委主任：胡传富
常务副书记：唐　力
副书记、监委副主任：李春林（土家）
常委、监委委员：洪正刚*
　　　　　荀亚玲（女、仡佬）*
　　　　　黄家春（女）*
　　　　　罗马马（布依）*
　　　　　吕　毅　郭荣康(侗)
　　　　　杨　俊　封　顺(女)
监委委员：靳　文*　原　非

办公室

主　　任：周晓荣

纪委、监委干部室（纪检干部监督室）

主　　任：黄　丹（女）

纪委、监委信访室

主　　任：衡秀琴（女）

纪委、监委党风政风监督室

主　　任：宋　瑜（女）

纪委、监委宣教室

主　　任：盛　燕（女）

纪委、监委案件审理室

主　　任：杨　俊

纪委、监委案件监督管理室

主　　任：李　佳（女）

第一纪检监察室

主　　任：杨盛富（穿青人）

第二纪检监察室

主　　任：郭荣康（侗）*

第三纪检监察室

主　　任：苏少愚

第四纪检监察室

主　　任：石　萍（女、回）

第五纪检监察室

主　　任：尹向阳（土家）

第一派驻纪检监察组

组　　长：原　非*
副科级专职纪检监察员：张代忠

第二派驻纪检监察组

组　　长：张　华（苗）

第三派驻纪检监察组

组　　长：马　川
副科级专职纪检监察员：马兆扬

第四派驻纪检监察组

组　　长：龙利祥
副科级专职纪检监察员：张代林

第五派驻纪检监察组

组　　长：杨　慧（女）
副科级专职纪检监察员：国晓梅

第六派驻纪检监察组

组　　长：刘夜云（女、苗）
副科级专职纪检监察员：陈正科

第二派驻纪检监察组副科级专职纪检

监　察　员：杨　慧（女、满）

区委巡察工作领导小组办公室

主　　任：吕　毅
副 主 任：盛　燕（女）
　　　　　夏绍敏（女、回）
正科级巡察专员：唐礼刚
　　　　　韦　勇（布依）
　　　　　罗祥刚（布依）
　　　　　洪正刚

区人大常委会

主　　任：马定武
副 主 任：胡　红（女）　王远航
　　　　　赵小素（女、布依）
　　　　　陈学云（布依）
　　　　　曹　冰　冯良勇
党组书记：马定武

人大常委会办公室

主　　任：宋继方*　洪正刚
副 主 任：宋　瑜　周地醇
　　　　　宋聚波

选任联委

主　　任：刘　杨*　陈　菲（女）
副 主 任：薛永芬（女）

教科文卫委

主　　任：梅素娟

城建环保委

主　　任：杨晓琪（彝）

财经委

主　　任：黄晓斌

监察和司法委员会

主　　任：陈祥刚（布依）

社会建设委员会

主　　任：周祥军

区人民政府

区　　长：李　成*　艾　疆
常务副区长：李立国
副 区 长：蒋芳菊（女）　谢　军
　　　　　朱快春（瑶）　王　飞
　　　　　杨东华
党组书记：李　成*　艾　疆
党组副书记：李立国

区政府各工作部门

政府办公室

主　　任：孙　猛（土家）*
　　　　　余　华

副　主　任：黄明武　徐　钦
蔡　勇（仡佬）
杨智者（侗）
王杨矫弘（女）
田　空（土家）
邹　阳（兼）

区政府经济发展服务中心

主　　任：张　毅（土家）
副　主　任：刘西安（侗）　杨朝江

贵阳火车东站综合协调服务中心

主　　任：王　伟

督办督查局

局　　长：邹　波
副　局　长：许　刚　夏　静（土家）

发展和改革局

局　　长：廖文豪（黎）*
兰　波（仡佬）
副　局　长：肖兴菊（女）　肖　平
姚凌弘（仡佬）　梁桂超

大健康办 * 优化营商环境服务中心

主　　任：李云洪
副　主　任：艾　明*　刘　坚
马松政

工业和信息化局

局　　长：刘　超
副　局　长：刘明利　罗呈红（布依）
余佰峰　贺业全
党组书记：申飞勇*　刘　超
军民融合服务中心主任：贺业全*
俞　霞

教育局

党委书记、局长：梁　燕（女）*
苏利霞（女）
副　局　长：黄原春（女）
孙力军*　徐振海
吕　莹（女）
工委副书记（兼）：苏利霞（女）
工委副书记：卢　浩
正科级教育督学：陈秀岚（女）
少年宫主任：李华英（女）
区教培中心主任：马仲玲（女、回）
区教培中心副主任：黄明熠
龙尼娜（女）*　杨秀林

科技局、科协

局　　长：唐　洁（女）*
陈文汉（布依）
副　局　长：饶家勇*　田　涛（土家）
杨怀林
党组书记：唐　洁*　陈文汉（布依）
区科协常委、主席：马长云（女、回）
科协秘书长：陈　蕾（女）
科学技术服务中心主任：沈　楠（土家）

财政局

局　　长：芮　波（女）*　幺　俊
副　局　长：胡庆慧（女、布依）
谢安文（彝）
陈光莉（女）
党组书记：芮　波（女）*　幺　俊
国库集中支付中心主任：钟安琼（女）
国有资产工作服务中心主任：
罗远贤（布依）

文体广电旅游局

局　　长：陈晓琼（女、布依）*
唐　洁（女）
副　局　长：王　杰*　韩　雪（女）
潘显刚　吴静宇
党组书记：陈晓琼（女）*
唐　洁（女）
文化遗产保护管理局局长：夏德慧*
唐　玮(彝)
文化市场综合行政执法大队大队长：
葛　昆
文化市场综合行政执法大队教导员：
黄明华

风景名胜区管理处

主　　任：李　欣
副　主　任：徐麒麟（女）　黄　卫

民族宗教局

局　　长：帅　颂（女、穿青人）
副　局　长：石　勇
杨亚平（女、满）*
武燕子（女）
党组书记：帅　颂（女）

民政局

局　　长：何光明（苗）
副　局　长：韩德生*　李　松
陈　丽（女）
李　敏（女）
党组书记：何光明（苗）
社会救助服务中心主任：程泽华
社会福利中心主任：何仕燕（女）

司法局

局　　长：杨代义
副　局　长：李仁忠
郭　昶（女、布依）*
饶家勇
党组书记：杨代义

人力资源和社会保障局

局　　长：陈文汉（布依）*
王家星（苗）
副　局　长：黄建军　高　剑（彝）
党组书记：陈文汉（布依）*
王家星（苗）
劳动监察大队大队长：刘　丽（女）
城乡居民社会养老保险基金收付管理中心主任：杨安勇
人才交流中心主任：何仕燕（女）*
李俊霖（女）
劳动人事争议仲裁院院长：
王忠敏（女、苗）
社会保险基金收付管理中心主任：
李晓霞（女、回）
企业退休干部托管中心主任：鄢　镔*
陈　鹏（布依）

住房和城乡建设局

局　　长：黄德继*　宋　玺
副　局　长：林绍忠　龙建宏（侗）
黄　磊　王欣欣（女、彝）
党组书记：黄德继*　宋　玺

房屋征收局

局　　长：向顺江

副　局　长：马博文＊　张正涛
房产管理办公室主任：段鹏程

交通运输局
局　　长：廖　斌＊　甘　顺（仡佬）
副　局　长：欧阳雪松（苗）
孙建华（女）
党组书记：廖　斌＊　甘　顺（仡佬）
地方海事处处长：张维安
交通运输综合执法大队大队长：
刘孝祥
交通运输综合执法大队教导员：许　鑫
公路管理所所长：张乾海

农业农村局（乡村振兴局、生态移民局）
局　　长：余　华＊　王泽学
副　局　长：王培衬　赵雪琴（女、苗）
孙　瑜
党委书记：余　华＊　王泽学
农业综合行政执法大队大队长：
舒林海（侗）
农业综合行政执法大队教导员：
吴吉华（女、土家）
畜牧事业发展中心主任：汪海波
高效农业示范园区管委会办公室主任：
陈大勇（布依）
高效农业示范园区管委会办公室副主任：潘国柱　龙云芝（女、苗）
农产品质量安全监管中心主任：
韦学昌（布依）
农业技术推广中心主任：赵　英（女）
农业科技园区建设服务中心主任：
杨　涛
农业科技园区建设服务中心副主任：
李晓波　欧弟波（仡佬）
农业综合开发中心主任：
吴吉华（女、土家）
农业综合开发中心副主任：
杨胜荣（土家）　鄢　镔

水务局
局　　长：高德云
副　局　长：龙天寿（苗）　代艳霞（女）
党组书记：高德云
水政监察大队教导员：王　超＊
陆　军

商务局
局　　长：宋　麒＊　陈晓勇
副　局　长：张忠进＊　王　兰
李　喆（女、蒙古）
杨环帆（女、侗）
党组书记：宋　麒
商务综合行政执法大队大队长：
许　胜（土家）
商务综合行政执法大队教导员：郭永军

投资促进局
局　　长：方　芳＊（女）
肖兴菊（女）
副　局　长：胡　汛　顾　嘉

红十字会
专职副会长：杨　爽（女、侗）
秘　书　长：杨仁海（侗）

卫生健康局
局　　长：陈　琳（女）
副　局　长：李　松＊　韩德生
齐　英（女）
冯晓丽（女）
党委书记：陈　琳（女）
卫生健康综合行政执法大队大队长：
宋国芬＊　邓　涛
卫生健康综合行政执法大队教导员：
胡绪贵

疾病控制中心
主　　任：李　琼（女）
副　主　任：陈蓉江（女）　尹　斌
医疗保障服务中心主任：熊贵平

计生协会
专职副会长：班举明（布依）
秘　书　长：詹丽娟＊　杨亚萍（女、满）

区人民医院
院　　长：于　浩
副　院　长：罗红阳　陈文军（土家）

妇幼保健院
院　　长：施建阳

医疗保障局
局　　长：秦德盛
副　局　长：龙增凤（女、布依）
刘　琳（女）
党组书记：郑玉霞（女）＊　万学云
医疗保险结算中心主任：陈世敏

退役军人事务局
局　　长：黄家春（女、彝）
副　局　长：韦　勇　邓绪远
刘福军
党组书记：黄家春（女）
退役军人服务中心主任：黎启瑞（土家）

应急管理局
局　　长：朱江筑＊　郭　雄
副　局　长：陈　华＊（布依）
韩祥欣　周大炜
陈　洁（女）
党组书记：朱江筑＊　郭　雄
应急管理综合行政执法大队大队长：
陈永辉
应急管理综合行政执法大队教导员：
刘　林
应急服务中心主任：陈荣庆

综合行政执法局
局　　长：张　未
副　局　长：宋兆平　高照华
党委书记：张　未
环卫站站长：肖兴跃
城市综合行政执法大队教导员、大队长：
罗　勇（侗）
市政基础设置管理所所长：刘　勇

统计局
局　　长：兰　波＊（仡佬）
胡玉秀（女）
副　局　长：罗　燕（女、布依）
张忠进
党组书记：兰　波＊（仡佬）
胡玉秀（女）
乡镇统计管理中心主任：周　明（仡佬）
乡镇统计管理中心副主任：倪　敏（女）
陈晓江（女、布依）
统计执法大队队长：肖　欣（女）

统计执法大队教导员：余小荣*
李登洋

档案馆
馆　　长：张　建
副 馆 长：邹　婷（女）　陈　静（女）

市场监督管理局
局　　长：张国权*　高　伟
副 局 长：彭时全　阮仁辉
杨勇灵（兼）*
刘晓圻（女）
党委书记：张国权*　高　伟
检测检验中心主任：李旭东
市场综合行政执法大队大队长：杨勇灵
市场综合行政执法大队教导员：秦士祥
新天分局局长：杨守西*
创新分局局长：彭时全*
高新分局局长：宋应红
东风分局局长：许安南
水田分局局长：杨洪涛*
羊昌分局局长：来亭余

供销合作社
主　　任：王文章（苗）
副 主 任：莫仲康（布依）
罗建奎（女、布依）
党组书记：王文章（苗）
监事会主任：董　斌

政务服务中心
主　　任：王　兰*
陈　翀（女、布依）
副 主 任：高　鹏　周　娴（女）

机关事务管理局
局　　长：陈晓勇*
陈　煊（布依）
副 局 长：张　艳（女）
陈　煊（布依）*
李玲子（女）

高新经济发展局
局　　长：陈　俊
副 局 长：郭永军　张正涛

融媒体中心
主　　任：贺　波（女）
副 主 任：王志勇　运　明
马海燕（女）

园区建设服务中心（新天高新技术园区建设服务中心）
常务副主任：申飞勇*　廖颖冰（女、壮）
副 主 任：陈朝辉
韦祥雁（女、布依）
罗尚有（布依）
经济发展服务部部长：张　伟*
陈　俊
经济发展服务部副部长：谢天骄（白）
招商引资服务部部长：艾　明
招商引资服务部副部长：宋延锋
综合协调服务部部长：孔庆莹（女）
综合协调服务部副部长：
郭　琴（女、布依）
规划建设服务部部长：刘　艳（女）
规划建设服务部副部长：刘小青（女）
应急管理服务部副部长：徐连志*
朱时超
财政金融服务部副部长：姜希齐（苗）

贵州乌当经济开发区管委会
主　　任：李立国
副 主 任：罗国恒　黄　彬
任云霄　苏国斌
熊　伟　汪端云（女、侗）
党工委副书记：李立国
党政办主任：滕建友（苗）*　刘明利
党政办副主任：陈　翀（女、布依）
规划建设局局长：孙　权
经济发展局局长：吴　捷
财政金融局副局长：杨玉洁（女、苗）
产业服务中心主任：王　宁（土家）
产业服务中心副主任：廖颖冰（壮）

“三变”改革办公室*区城市更新事务中心
主　　任：周训军*　伍　岳
副 主 任：罗　碧（女）
马召祥（回）

土地矿产资源储备中心
主　　任：朱　源
副 主 任：窦兴栋

区政协
主　　席：龙　云（女、苗）
副 主 席：黄才秀（女）　张　斌
严开华　成　龙
王　莉（女）　陈晓军
黄　洋
党组书记：龙　云（女、苗）
秘 书 长：蒋海涛（女）

智力支边办公室
主　　任：张恩全*　陈丽华（女）

科技经济委员会
主　　任：田茂奇（彝）

文化文史和学习委员会
主　　任：李孟芬（女）

提案法制社会委员会
主　　任：万丹丹（女）

人口资源环境委员会
主　　任：何　萍（女、土家）

区人民法院
党组书记、院长：毛　晋
副 院 长：王　震*（苗）
杨　萍（女、土家）
冯婷婷（女）
周鲜伦（女、苗）
政治部副主任：杨维拉（女）*
高　闫（女）

区人民检察院
检 察 长：王　静（女）
副检察长：满　欣　魏　凯（土家）
杨丽娜（女）
党组书记：王　静（女）
政治部主任：陈　捷
办公室主任：姜建华（白）
东风镇监察室主任：王　斌*
专职委员：陈永胜

区人民武装部
部　　长：谭全权
政　　委：杨　蓟（侗）

群团组织

文联
主　　席：冯　容（女、土家）
副 主 席：黎　斌（女）
秘 书 长：黎　斌（女）

工商联
副 主 席：任良鹏（土家）
　　　　　赵　璐（女）
党组书记：宋　麒

侨联
主　　席：岳　山
秘 书 长：岳　山

总工会
主　　席：曹　冰（兼）
副 主 席：黄时鹏　周　杨

团区委
书　　记：周　玮（女）＊　丁志文
副 书 记：刘　筱（女）

区妇联
主　　席：赵　璐＊　向顺静（女）
副 主 席：毛丽萍（女）

残联
理 事 长：杨兰兵
副理事长：李菊美（女、布依）
残疾人综合服务中心主任：刘　晖

区属学校

乌当中学
校　　长：肖文渊（女）
副 校 长：李明非　罗安伟＊
　　　　　胡海鹏（苗）

乌当二中
校　　长：郑传仲（仡佬）
副 校 长：王朝凤（女）　钟　琴（女）

乌当三中
副 校 长：李庆曦＊　李艳玲（女）
　　　　　刘照巧（女）　白明勇

乌当四中
校　　长：叶　东（苗）
副 校 长：胡新华　曾佩全

中等职业学校
校　　长：周贵平＊　夏　毅（女）
副 校 长：王玉斌　李志平
　　　　　吴叶忠（苗）

新九学校
校　　长：黄　艳（女）
副 校 长：潘　明（女）＊
　　　　　韩继祥（仡佬）＊
　　　　　周　娴（女）　李庆羲
　　　　　李　弥（苗）

新天学校
校　　长：夏　毅（女）＊　罗安伟
副 校 长：林　力＊　易佑飞＊
　　　　　杨　峰（侗）
　　　　　赵明政（仡佬）
　　　　　杨　林

下坝九年制学校
校　　长：潘　明（女）
副 校 长：叶　东（苗）＊　张　军
　　　　　张建飞

乡（镇、街道）

东风镇
党委书记：甘　顺（仡佬）
党委副书记：李　健
镇　　长：李　健
人大主席：杨通胜（苗）
纪委书记、政法委员：高腾峰（土家）
人武部长：刘　毅
副 镇 长：雷　扬（黎）　郝　瀚
　　　　　王在兵
组织委员、宣传委员、统战委员：
　　　　　夏　芳（土家）
综合行政执法大队大队长：卢晓峰

水田镇
党委书记：吕槐乐
党委副书记：马赛龙　邓雪平
镇　　长：马赛龙
人大主席：陈　菲（女）＊
　　　　　陈剑明（布依）
纪委书记：唐　雪
政法委员：邓雪平
人武部长：程俊松（布依）
副 镇 长：徐忠平　谢德亮
组织委员、宣传委员、统战委员：
　　　　　宋　佳（女）
综合行政执法大队大队长：王兴武

羊昌镇
党委书记：王家星（苗）＊　袁会斌
党委副书记、政法委员：肖　平
镇　　长：贺　威
人大主席：宋庆华
纪委书记：夏朝霞
人武部长：李　翀
副 镇 长：李　翀　花　全（布依）
　　　　　韦　璐
组织委员、宣传委员、统战委员：
　　　　　吕　莹＊
　　　　　黄　倩（女、侗）
综合行政执法大队大队长：王　鹏

新场镇
党委书记：陈建祥＊　黄德继
党委副书记：黄永玉　李　跃
镇　　长：黄永玉
人大主席：邓　勇（布依）
纪委书记：龙珍泉（苗）
政法委员：罗文革（布依）＊
　　　　　张亮生
人武部长：张亮生
副 镇 长：杨焘榕
组织委员、宣传委员、统战委员：
　　　　　李建杰＊　丁　政
综合行政执法大队大队长：李　钱

百宜镇
党委书记：苏利霞（女）＊
　　　　　罗　勇（布依）
党委副书记：赵　慧　李　盛

镇　　长：李　盛
人大主席：王必权（苗）
纪委书记：高英华
政法委员：林绍忠
副 镇 长：兰　莉（女、彝）
　　　　　李　响
组织委员、宣传委员、统战委员：
　　　　　徐　娇（女）
综合行政执法大队大队长：尹昌文

下坝镇

党委书记：邵　亮
党委副书记：龙　洋　罗　伦（布依）
镇　　长：龙　洋
人大主席：孙一玲（女）
纪委书记：罗登凤
政法委员：罗　伦（布依）
人武部长：张　荣
副 镇 长：张　松　张　玲（女）
组织委员、宣传委员、统战委员：
　　　　　杨　月（女）*
　　　　　宋　丹（女）
综合行政执法大队大队长：
　　　　　田煜琨（土家）

新堡布依族乡

党委书记：张俊妍（女）*　吕　毅
党委副书记：陈　华（布依）　汤敬忠
乡　　长：陈　华（布依）
人大主席：汪继平*　周　玮（女）
纪委书记：徐林莎（女）
政法委员：熊　涛
人武部长：熊　涛
副 乡 长：张　波*　陈　凯
　　　　　曾晓平
组织委员、宣传委员、统战委员：
　　　　　谢　飞（女）
综合行政执法大队大队长：邓贵林

偏坡布依族乡

党委书记：陈方文（布依）*
　　　　　陈　邓（布依）
党委副书记：查仕莲（女、布依）
　　　　　郭　昶（女、布依）
乡　　长：郭　昶（女、布依）
人大主席：陈剑明（布依）*
　　　　　陈其林（布依）
纪委书记：杨雯婷（女）
政法委员：查仕莲（女、布依）
人武部长：王　浩
副 乡 长：余雯雯（女）
　　　　　王　俊（仡佬）
组织委员、宣传委员、统战委员：
　　　　　王杨矫弘（女）*
　　　　　岑代娅（女、布依）
综合行政执法大队大队长：徐立星

新光路街道

党工委书记：苏国斌*　陈学平（布依）
党工委副书记：李荣华（女）　杨　俊
人大工委主任：唐　梅
政法委员：杨　俊
人武部长：曾　超
副 主 任：余　帆
组织委员、宣传委员、统战委员：
　　　　　杨　月（女）

党建服务中心（科技宣传文化服务中心）

主任（副科长级）：夏德慧（女）
政务综合服务中心（党建服务中心）主任（副科长级）：张　简（女）
综治服务中心（网格化服务中心）主任（副科长级）：周　蕾（女）
优化营商环境服务中心主任：刘龙芳
社会事务服务中心主任：陈　鹏（布依）
综合行政执法大队大队长：
　　　　　张荣华（土家）

高新路街道

党工委书记：陈学平（布依）*
　　　　　陈晓琼（女、布依）
党工委副书记：黄明武*　孙力军
　　　　　龚　路
主　　任：孙力军
人大工委主任：许　夏（女）
政法委员：龚　路
纪工委书记：邵德英（女）
副 主 任：罗文革（布依）

党建服务中心（科技宣传文化服务中心）

主　　任：张　磊（女）
综治服务中心（网格化服务中心）主任（副科长级）：杨华敏（女）
社会事务服务中心主任（副科长级）：
　　　　　韦富兰（女、布依）
优化营商环境服务中心主任：
　　　　　赵　瑜（女）
综合行政执法大队大队长：马博文

观溪路街道

党工委书记：宋　玺*
党工委副书记：张　樱（女）
主　　任：张　樱（女）
人大工委主任：郑玉霞（女）
纪工委书记：刘菲菲*　李建杰
政法委员：陈　华（布依）
人武部长：贺仕钢
副 主 任：赵　兵（女）
公共事务服务中心（科技宣传文化服务中心）主任：田慧艺（女、土家）
党务政务综合服务中心（党建服务中心）主任（副科长级）：杨艳勤（女）
综治服务中心（网格化服务中心）主任（副科长级）：朱时超*　宫　也（女）
优化营商环境服务中心主任：刘　杰
综合行政执法大队大队长：王　超

龙广路街道

党工委书记：宋　暾（土家）
党工委副书记：袁会斌*　朱江筑
　　　　　路宪礼
主　　任：袁会斌*　朱江筑
人大工委主任：宋　莉（女）
纪工委书记：韦富兰（女）*　苏少愚
政法委员：郭　雄*　路宪礼
副 主 任：韩发祥
组织委员（宣传委员）：黎怡君（女）
党务政务综合服务中心（党建服务中心）
主　　任：罗安俊（布依）
综治服务中心（网格化服务中心）主任（副科长级）：毛梅桂（女）
社会事务服务中心主任（副科长级）：
　　　　　李　玫（女、布依）
优化营商环境服务中心主任（副科长级）：袁成江（土家）
综合行政执法大队大队长：张　虎

新创路街道

党工委书记：陈晓军＊ 李培雄
党工委副书记：余佳丽（女）
黄 磊＊ 付 将
主 任：余佳丽（女）
人大工委主任：宋聚波＊ 黄晓斌
政法委员：付 将
人武部长：徐 超（彝）
副 主 任：张华海
纪工委书记：李文强（苗）
综治服务中心（网格化服务中心）主任：
尹亚明（土家）
公共事务服务中心（科技宣传文化服务中心、生态环境保护站）主任：
罗 庆（女、布依）
优化营商环境服务中心主任：
杨俊果（侗）
党务政务综合服务中心（党建服务中心）主任（副科长级）：李 芳（女）
综合行政执法大队大队长：朱 涛

区属平台公司

贵州乌当经济开发区建设投资开发有限公司

董 事 长：刘仁龙
总 经 理：杨 程
副总经理：黄天林 刘 颖
杨 洋＊ 张家运

贵州智源信息产业孵化基地有限公司

董事长兼总经理：郭 剑＊ 杨 洋
副总经理：高 阳 刘缤纬（布依）

贵阳泉丰城市建设投资有限公司（贵阳新天房地产开发公司）

董 事 长：余庆红（女、苗）
总 经 理：姜科海
副总经理：黄甫寅 李久龙＊
余小荣 彭 倩（女）
周坪沅

贵阳泉城五韵旅游文化投资开发有限公司

董 事 长：肖兴菊（女）＊ 张 伟
总 经 理：陈海平（女）
副总经理：梁小龙 包良平（女）＊
张梦霞（女） 罗 俊

乌当区五彩生态农业发展投资有限责任公司

副总经理：黄淑刚 周 迅 徐 伟

贵阳市乌当区国有资产运营公司

董事长兼总经理：郭 剑
副总经理：李久龙 罗 莎（女）

贵阳市乌当区泉丰宜信融资担保有限公司

副总经理：杨靖钊（土家）
洪素娟（女）
贵阳市乌当区综合投资公司副总经理：
王晓玉（女）

（中共乌当区委组织部办公室）

乌当区第十八届人民代表大会代表名录

共176名，以乡（镇、街道）、驻区部队选区为单位，按姓名笔画为序

东风镇（20名）

马昔华 王怀平 王金华 王爱华（女）
甘 顺（仡佬） 艾 疆 冯良勇
吕 磊 刘云凯（苗） 刘玉馥（女）
刘海山 严 猛 苏 勇 李 健
李 燕（女） 杨通胜（苗）
陆 茜（女） 陈 凯（布依）
陈雪梅（女） 赵 琴（女、布依）

水田镇（13名）

马赛龙 王小顺（布依） 王远航
王 芸（女、白） 吕槐乐
杜飞鹏（仡佬） 杜应荣 余盛惠（女）
张登国 陈 菲（女） 邵金权
钟佰宏 崔先虎

羊昌镇（12名）

王鸣明 王晓娟（女） 王家星
尹德明 白 玉（女、苗） 宋庆华
周 敬 赵 莹（女） 贺 威
班正秀（女、布依） 曹 冰
韩 斌（布依）

下坝镇（12名）

韦 英（女、布依） 龙 洋
孙一铃（女） 孙德良 李立国
宋朝亮 邵 亮 周家龙
班昌敏（女、布依） 袁长贵
高言惠（女） 黄晓斌

新场镇（13名）

王 华 毛 晋 邓 勇（布依）
付文书 吴仕祥
狄文兰（女、布依） 陈建祥 周 平
赵小素（女、布依） 胡传富 黄永玉 寇丽海（女） 蒋明华

百宜镇（11名）

王必权（苗） 韦 珊（女）
苏利霞（女） 李 盛
杨晓琪（女、彝） 邹世国
汪继帅 张 薇（女） 罗清华（布依）
周 旗 赵 璐（女）

新堡布依族乡（8名）

韦 丽（女、布依） 刘小维（女）
汪继平 张俊妍（女）
陈学云（布依） 罗忠伦（布依）
罗 勇（布依） 喻应雄

偏坡布依族乡（6名）

孙 猛（土家） 张羽华（女、布依）
陈方文（布依） 陈 邓（布依）
陈 珊（女、布依） 陈剑明（布依）

观溪路街道（20名）

韦元兴 冯 青 刘 杨 刘锦华
江 玲（女） 孙泽星 李秀平（侗）

杨洪坤（仡佬） 宋 玺 张贤忠
张 勇 张 樱（女） 陆亚男（女）
陈家仙（女、布依） 周先萍（女）
郑玉霞（女） 胡 健 施建阳
夏德慧（女） 谭 蓉（女）

新光路街道（14 名）

幺 俊 王 静（女） 石兴春（女）
龙 云（女、苗） 苏国斌 李分龙
李 刚 李应琼（女、土家） 李 斌
何 汛（女） 陈天伦 陈祥刚（布依）
徐晓艳（女） 郭兴琴（女、布依）

新创路街道（14 名）

马仲玲（女、回） 邓胜菊（女）
冯建平 刘显华（苗） 杜茂龙
李 榛 余佳丽（女） 宋聚波
周祥军 赵 娜（女） 侯江勇（土家）
高 闫（女） 蒋芳菊（女）

高新路街道（14 名）

王 毓 许 夏（女） 孙泽祥
肖宇怡（女、土家）
张 勇 陈学平 陈 嵘 郑玉莲（女）
胡 红（女） 唐金祥（苗） 黄时鹏
梅素娟（苗） 韩 健 蔡常斌

龙广路街道（17 名）

马定武 王庆宇 王兴菊（女）
朱子德 芮 波（女） 肖立书
宋 莉（女） 宋继方 宋 暾（土家）
张 承 陈 刚 陈 茂（女）
陈莉君（女、布依） 周 玮（女）
袁会斌 夏冰寒（仡佬） 蔡 锋

驻区部队（2 名）

王 杰 谭全权

政协第十一届贵阳市乌当区委员会委员名单

中国共产党：
龙 云（女） 张 斌 严开华
陈晓军 万丹丹（女） 李春林
朱克春 徐 钦 马昔珍（女）
李培雄 张恩全 封洪福 李和平
叶春前
无党派人士：
王明辉 杜明达 龙明友（女）
罗 进 许学敏（女）

中国共产主义青年团：
寇 源（女） 艾 岚（女）
蒋诚松 刘芳瑜（女）

总工会：
周 杨 梁 材 邓珺文（女）

妇女联合会：
毛丽萍（女） 葛 昆（女）
王彦人（女） 杨丽萍（女）
龚海燕（女）

工商业联合会：
王路杨 向顺静（女） 陈克平
李观勇 宋红霞（女） 袁 倚
范应普 冉光齐 王 斌 闵胜利
吴 超 陇宗烨 侯 强 徐筱菁(女)
程 溯 杨西郎 张蓓蕾 田志云(女)
陈 军 王传方

归国华侨联合会：
赖亚飞 梁中美（女） 何千帆
曾 燕（女） 李 鸿 杨 衍（女）

科学技术界：
何 萍（女） 施滨毅 欧 军
李燕鸣（女） 杨 建 田茂奇
王莎莉（女） 张远波 饶 蕾（女）
蔡 俊 陈云飞 付 尧 杨喆野
胡 鑫 范鸿钧 梅世云（女）

经济界：
成 龙 王 兰（女） 王悦竹（女）
蒋海涛（女） 梅 燕（女） 黄德继
胡忠芹 陈 晓 熊 璐（女）
赵 雯（女） 罗 超 李 松

农业界：
王泽学 杨长敏（女） 刘秋廷（女）
龙云芝（女） 高 翔 任 静（女）
肖兴菊（女） 徐 林 罗 倩（女）
孙宏寅 张 宇 余泽卉（女）
谢波林 黄 超

教育界：
张主玉（女） 龙秋榕（女） 苏京伟
杨国文 黄丽云（女） 李海燕（女）
赵明政 韦 勇 杨锦辉
陈荣芬（女） 梁 燕（女）
李 新 李庆曦 何凤辉（女）
钱 莹（女） 段海滔 罗仕云（女）

文体界：
唐 洁（女） 陈晓琼（女）
王 宁 李孟芬（女） 张万贵
金俞希（女） 周 荣（女）
汪小超（女） 牛 宁（女）
李 燕（女） 钟振亚(钟中)
药卫生界：
朱湘慧 杨兰兵 陈 琳（女）
徐惠成 龚治媛（女）王 雯（女）
李培刚 秦德盛 向召兰（女）
颜鲁风 杨 敏（女） 白孝廉
汪 卿（女） 王爱玲（女）
唐 勇

少数民族界：
郑文祥 陈慧珍（女） 姜建华（女）
王 震

宗教界：
石 勇 陈明登 钟学秀（女）
特别邀请人士：
夏 芳（女） 宋 佳（女）
吕 莹（女） 杨 月（女）
李建杰 方 操 谢 飞（女）
王杨矫弘（女） 李荣华（女）
黄明武 黄 磊 杨艳勤（女）
罗安俊 黎 权 周晓松 廖 斌
邹 阳 黄晓军 伍 岳 田兴建
徐晓艳（女） 施国玉（女）
费朝年 周 娴（女） 肖棠译
黄才秀（女） 吴佳佳（女）

索 引

说 明

一、本索引按索引条目第一个汉字拼音字母顺序及声调排列。第一个汉字相同时，比第二个汉字的音序，以此类推。
二、索引条目后的数字，表示索引条目所在的页码，数字后的拉丁字母（a、b、c）表示从左至右的栏别。
三、条目之下附有相关的条目不按汉语拼音音序排列，条目后的数字作为参见。

X

H

J

R

S

T

W

X

Y

Z